GÜTERSLOHER
VERLAGSHAUS

G

MIX
Papier aus verantwortungsvollen Quellen
Paper from responsible sources
FSC® C105338

John Witte, Jr.

RECHT und PROTESTANTISMUS

Die Rechtslehre der
lutherischen Reformation

Aus dem Amerikanischen übertragen
von Dagmar Kelle

Gütersloher Verlagshaus

Bibliografische Information der Deutschen Nationalbibliothek

Die Deutsche Nationalbibliothek verzeichnet diese Publikation
in der Deutschen Nationalbibliografie; detaillierte bibliografische Daten
sind im Internet über https://portal.dnb.de abrufbar.

1. Auflage
Copyright © 2014 by Gütersloher Verlagshaus, Gütersloh,
in der Verlagsgruppe Random House GmbH, München
Dieses Werk einschließlich aller seiner Teile ist urheberrechtlich geschützt. Jede Verwertung
außerhalb der engen Grenzen des Urheberrechtsgesetzes ist ohne Zustimmung des Verlages
unzulässig und strafbar. Das gilt insbesondere für Vervielfältigungen, Übersetzungen, Mikroverfilmungen und die Einspeicherung und Verarbeitung in elektronischen Systemen.

Umschlagmotiv: Holzschnitt. Aus: Der Stat Nürnberg verneute Reformation, Nürnberg 1564.
© der Vorlage: akg-images, Berlin
Satz: SatzWeise, Föhren
Druck und Einband: Books on Demand GmbH, Norderstedt
Printed in Germany
ISBN 978-3-579-08130-4
www.gtvh.de

Inhalt

Vorwort 9

Danksagung 17

Einleitung 19
   Recht und Theologie in der lutherischen Reformation 24
      Die Lehre von den zwei Reichen 24
      Recht, Politik und Gesellschaft 28
      Gesetze der lutherischen Reformation 35
   Ernst Troeltsch und die Geschichtsschreibung der
   lutherischen Reformation 45

Erstes Kapitel

Das kanonische und das weltliche Recht
am Vorabend der Reformation 55
   Das kanonische Recht 57
   Das weltliche Recht 66
   Kanonisches Recht und weltliches Recht 71
   Schlussfolgerungen 76

Zweites Kapitel

Liebet eurer Feinde Gesetz: Die evangelische Konversion
des katholischen Kirchenrechts 79
   Der Kampf um das kanonische Recht 79
   Luthers Angriff 82
   Luthers Verbündete 87
   Krise und Kritik 94
   Der Kompromiss: Die evangelische Konversion des
   kanonischen Rechts 100
   Der theologische Kompromiss 101
   Der juristische Kompromiss 108
   Zusammenfassung und Fazit 117

Drittes Kapitel

Ein' feste Burg: Luther und die Zwei-Reiche-Lehre 121
- Eine Wüstenei der Kasuistik 122
- Die Lehre vom Sein 124
- Die Lehre vom Menschen 129
- Die Lehre von der Kirche 133
- Die Lehre von der Erkenntnis 136
- Die Lehre von der Gerechtigkeit 138
- Konsequenzen für die Lehren von Recht, Politik und Gesellschaft 143
- Gesellschaftliche Konsequenzen 144
- Politische Konsequenzen 147
- Rechtliche Konsequenzen 152
- Zusammenfassung und Fazit 155

Viertes Kapitel

Womöglich sind Juristen doch gute Christen: Lutherische Lehren zu Recht, Politik und Gesellschaft 159
- Luther und die Juristen 159
- Die Rechtsphilosophie Philipp Melanchthons 162
- Naturrecht und biblisches Recht 164
- Der Gebrauch des Naturrechts 170
- Vernunftgeleitetes positiviertes Recht 172
- Übereinstimmung mit dem Naturrecht 173
- Vereinbarkeit mit dem Gemeinwohl 178
- Johannes Eisermann über das Recht und das Gemeinwohl . 186
- Von der Natur zur Gesellschaft 190
- Das christliche Gemeinwesen 194
- Der Mensch 195
- Der Berufsstand der Juristen 198
- Johann Oldendorp zu Recht und Billigkeit 203
- Die Quellen des Rechts 207
- Das göttliche Recht 208
- Das Naturrecht 211
- Das bürgerliche Recht 213
- Oldendorps Lehre von der Billigkeit 216
- Zusammenfassung und Fazit 221

Fünftes Kapitel

Vom Evangelium zum Gesetz:
Die lutherischen Reformationsgesetze 231

    Die frühen Rechtsreformen 231
    Die lutherischen Reformationsgesetze 237
    Das Beispiel Wittenberg 240
    Reformmodelle 245

Sechstes Kapitel

Der Inbegriff aller weltlichen Gesetze:
Die Reform des Eherechts 257

    Das Erbe 262
    Die Theologie der Ehe 262
    Das kanonische Eherecht 272
    Die neue evangelische Theologie der Ehe 277
    Luthers Angriff 277
    Traditionelle Grundlagen 280
    Eheliche Liebe 283
    Kinder 286
    Bewahrung vor der Sünde 287
    Kein Sakrament 292
    Die Ehe als gesellschaftlicher Stand 297
    Das neue bürgerliche Eherecht 299
    Das Zustimmungsrecht zur Ehe 300
    Das Gesetz von den Ehehindernissen 310
    Das Recht auf Scheidung und Wiederheirat 316
    Zusammenfassung und Fazit 325

Siebentes Kapitel

Das seminarium civitatis: Die Reform des Bildungsrechts . . 331

    Das Erbe 333
    Die neue lutherische Bildungstheologie 338
    Kritik 338
    Rekonstruktion 341
    Das neue bürgerliche Recht zur öffentlichen Bildung 356
    Öffentliche Schulen in der Stadt: Beispiel Braunschweig . . . 358

Inhalt

    Die öffentlichen Landesschulen: Beispiel Württemberg 364
    Zusammenfassung und Fazit 371

Schlussbetrachtung 375
    Das rechtliche Vermächtnis der lutherischen Reformation . . 378
    Das theologische Vermächtnis der lutherischen Reformation . 381

Namens- und Sachregister 389

Vorwort

Millionen von Menschen haben nur ein Auge und können trotzdem recht gut sehen. Ein paar von ihnen tragen eine Augenklappe; ein paar andere mit nur einem »guten« Auge entscheiden sich für ein Monokel, um ihre Sehkraft zu verbessern – und sich obendrein eine gewisse persönliche Note zu geben. Die verschiedenen Vorzüge solcher Hilfsmittel zu beschreiben fällt schwer. Auch Sie werden gerade beim Lesen dieses Buches die eine oder die andere Art des Sehens bevorzugen.

Wenn das von mir Beschriebene für die buchstäbliche Welt des Sehens gilt, so trifft dies auch auf jene Welt der Symbolik und Metaphorik zu, in der John Witte zu Hause ist. Jene Welt möchte er auf den folgenden Seiten mit seinen Leserinnen und Lesern teilen. Indem er den Ausdruck der »binokularen Weltsicht« von einem Experten der Theologie- und Geistesgeschichte, Jaroslav Pelikan, entlehnt, fragt Witte nicht sosehr danach, *was* wir sehen, sondern *durch welche Linse* wir sehen sollten.

In der vorliegenden Arbeit verbindet er die Determinanten »Recht« und »Theologie« der Reformatoren des 16. Jahrhunderts, die in jenen Landstrichen gelebt und gewirkt haben, die den Großteil der heutigen Bundesrepublik Deutschland ausmachen. Er weist darauf hin, dass zu viele Historiker entweder nur durch die Linse des Rechts *oder* die Linse der Theologie blicken, wenn sie sich mit solchen Themen befassen, die doch miteinander verbunden sind. Doch unter gewissen Umständen – zum Beispiel wenn der Wissenschaftler gerade durch sein Mikroskop schaut – kann freilich auch nur ein Auge eingesetzt werden.

Was aber geschieht, wenn jemand ein Panorama betrachten möchte, das von Menschen geschaffen wurde, die zwar eine ganze Reihe wichtiger rechtlicher Schritte umsetzen konnten, diese aber nicht mit der Theologie verbunden haben? Und *umgekehrt:* Wie sollen wir jene recht betrachten – ob sie nun Juristen oder Theologen waren –, die es nicht vermocht haben, theologische Entscheidungen zu treffen, ohne die juristischen Konsequenzen zu überschauen?

Nun wird Witte sein eigenes Panorama schaffen. Als Wissenschaftler ist er bestens gerüstet, Recht und Theologie gleichermaßen in seine umfassende Studie einzubeziehen. Zugegeben, in geographischer Hinsicht ist sein Radius alles andere als gewaltig. Die deutschen Territorien, deren rechtliche und theologische Aufzeichnungen und Protokolle er sorgfältig untersucht und mit einer solchen Vitalität und Sorgfalt ans Licht gebracht hat, waren relativ klein und werden auch in Zukunft die meiste Zeit unserer eigenen Erfahrungswelt fernbleiben. Nichtsdestotrotz sollen sie für die spätere europäische, man kann sogar sagen für die gesamte Weltgeschichte eine große Rolle spielen.

Machen wir uns die Perspektive bei der Wahl solcher Themen einmal deutlich: Menschen in Sri Lanka, Kapstadt oder Boise/Idaho wachen vermutlich nicht morgens auf und denken über die Reform von Recht und Theologie nach. Selbst wenn sie es tun, so fällt es dennoch schwer, sich vorzustellen, wie sie jene Gedanken auf das Rechtssystem und die kirchlichen Strukturen beziehen, die vor einem halben Jahrtausend in Deutschland in Geltung waren. Darum: Taucht die genannte Frage im Laufe eines ganz normalen Lebens überhaupt *jemals* auf? Vermutlich nicht, zumindest nicht direkt. Es sei denn, es handelt sich um einen Doktoranden der Rechtsgeschichte, dem ein scheinbar bedeutungsloses und mit Sicherheit unliebsames Thema zugewiesen wurde, das mit Theologie zu tun hat.

Nun haben wir die Welt gerade durch ein Fernglas betrachtet, das verkehrt herum gehalten wird. Diese Umkehrung lässt die Thematik des Buches in der Tat winzig erscheinen. So wird es für uns immer schwieriger, die richtige Perspektive zu finden. Wittes Deutschland des 16. Jahrhunderts war klein und chaotisch. Der Schauplatz, auf den er die Aufmerksamkeit seiner Leserschaft richtet, war nicht der moderne deutsche Staat, wie er 1870 gegründet wurde. Es war auch nicht jener unheilvolle Gigant, der im vergangenen Jahrhundert das Seine dazu beigetragen hat, dass sich zwei entsetzliche Weltkriege entfesselt haben. Auch war sein Deutschland noch nicht das Land von Johann Wolfgang von Goethe und Ludwig van Beethoven, Werner Heisenberg und Karl Barth, wie wir es kennen.

Freilich hatte es auch im 15. Jahrhundert eine gewisse Grandeur, da seine Territorien einen beachtlichen Teil des Heiligen Römischen Reiches ausmachten. Jene Ansammlung winziger Hoheitsgebiete kann man allerdings genauso gut als ein Archipel von Lehen, Fürstentümern und Herzogtümern betrachten, regiert von Herzögen, Fürsten und Bischöfen, die das eine Mal Bündnisse miteinander schlossen und ein anderes Mal gegeneinander Krieg führten. Warum sollte man ihnen in unserem Jahrhundert Aufmerksamkeit schenken, wo doch Nationen wie China und Indien mittlerweile von »Milliarden« sprechen, wenn es um Bevölkerungszahlen geht, und nicht von ein paar »Tausenden«, wie man es im Deutschland des 16. Jahrhunderts tat? Und warum sollte man sich wieder Europa zuwenden, wenn doch die Politik der Giganten von heute die ganze Welt unmittelbar betrifft? Sollten wir nicht lieber chinesisches Recht und indische Re-

Vorwort

ligionen studieren, um in der westlichen Welt Orientierung und Wegweisung zu bekommen?

Auf die Gefahr hin, die Thematik erneut auf ein mikroskopisches Maß zu minimieren, sei berücksichtigt, dass Witte nicht einmal alles bespricht, was in jenen deutschen Territorien vor so langer Zeit geschehen ist. Recht und Theologie; Theologie und Recht; Rechtsreform und Kirchenreform; Kirchenedikt und Rechtsanpassung: Das sind die Themen. In dem Wissen, worüber Sozialhistoriker schreiben, sieht er sich weder verpflichtet, noch findet er Gefallen daran, die Details des Familienlebens, der Straßenbeleuchtung und der Müllabfuhr oder die Entwicklung der Waffentechnik zu erläutern. Auch ist er nicht der intellektuelle Historiker, der schlichtweg über den Katholizismus schreibt, welcher immerhin stärker und besser organisiert war, als es Wittes Lutheraner gewesen sind, heute in so vielen Teilen dieser Welt zu Hause ist und die Anhängerschaft einer Milliarde von Seelen genießt.

Der Katholizismus jener Tage sah sich zwei aufstrebenden Kräften gegenüber, die sich selbst »evangelisch« nannten oder wegen einer nebensächlichen Begebenheit im Jahre 1529 mehr oder weniger zufällig als »protestantisch« bzw. von ihren Gegnern als »lutherisch« bezeichnet wurden. Diese Bewegungen sind es, die Witte zum Gegenstand seiner binokularen Sichtweise macht. (Nicht einmal der Begriff »lutherisch« vermag die ganze evangelische Wirklichkeit der damaligen Zeit zu erfassen. In anderen seiner Veröffentlichungen widmet sich der Autor protestantischen Themen, die als typisch »reformiert« oder »calvinistisch« gelten, und wird es auch in Zukunft weiter tun.)

Während Lutheraner an vielen Orten der Welt zu Hause sind und schätzungsweise immer noch die größte evangelische bzw. protestantische Gemeinschaft darstellen, lassen die vielen anderen religiösen und säkularen Kräfte ihren politischen, sozialen und kulturellen Einfluss gering erscheinen. Nennen Sie einen lutherischen Präsidenten der Vereinigten Staaten. – Es hat keinen gegeben. Es mag einfach erscheinen, die Lutheraner damit beiseite zu lassen und Professor Witte irgendwo zwischen den Seiten dieses hervorragend recherchierten und stilsicher geschriebenen Buches auflaufen zu lassen.

Der Philosoph Alfred North Whitehead ist in Wittes Fall alles andere als eine Hilfe, der vor Jahrzehnten sagte, dass nicht nur die lutherischen, sondern die gesamten katholischen, anglikanischen, reformierten und täuferischen Reformbestrebungen nichts anderes gewesen seien als eine Art Ehestreit der nordwesteuropäischen Völker. Neue Formen wissenschaftlichen Denkens hätten sich zeitgleich herausgebildet und die Reformatoren hätten davon kaum Notiz genommen. Selbst die orthodoxen Christen des Ostens würden dazu neigen, die Reformation als eine einzige große Zankerei zu ignorieren. Doch ich glaube, dass Witte unter Beweis stellt, dass jene von epochaler Bedeutung gewesen sind.

Whitehead betonte auch, dass die einst dominierende Stimme des Protestantismus mittlerweile in vielerlei Hinsicht gedämpft sei. Ihre Lehren seien nicht mehr eindeutig definiert. Ihre Unterscheidungen seien heute nicht mehr trennend. »Muslimisch/ jüdisch«, »reich/ arm«, »farbig/ weiß«, »heterosexuell/ homosexuell«, »Frauen/ Männer« müsse heute definiert und voneinander abgegrenzt werden und nicht die »Rechtfertigung aus Gnade durch den Glauben«, Luthers Anliegen. Man werde es darum auf der heutigen Agenda auch nicht ganz oben finden.

Doch Schluss damit! John Witte ist kein Wissenschaftler, der unredliche Ansprüche erhebt, noch macht er um seine Themen zu viel Aufhebens, indem er ununterbrochen ihre Relevanz, ihren universellen Anspruch und ihre Dringlichkeit unterstreicht. Doch er *hat* in der Tat eine wichtige »Story« für uns, und wir tun gut daran, ihr von Anfang an zu folgen. Auch wenn er erst auf den letzten Seiten die weitreichenden und umfänglichen Konsequenzen seiner »Story« eindeutig benennt.

Es steht dem Verfasser eines Vorworts nicht an, dem Autor des Buches seine Arbeit abzunehmen, die er der Leserschaft schließlich anempfehlen soll. Darum will ich auch nicht die Schlussfolgerungen vorwegnehmen, die Witte ziehen wird. Menschen des 21. Jahrhunderts, mögen sie säkular, jüdisch, römisch-katholisch, anders religiös oder anders protestantisch sein, die sich die Mühe machen, an dieser Stelle in die Geschichte einzutauchen, werden feststellen, dass etliche Ideen von Freiheit und Individualität des lutherischen Deutschlands in den heutigen Kämpfen um Freiheit und Individuum als gesetzt gelten. Ihre Wurzeln verdienen es, verstanden zu werden. Mehr noch, sie verlangen sogar danach.

Was den universellen Charakter von Wittes Geschichte angeht, sei bedacht, dass Muslime, Hindus und Buddhisten in der Geschichte häufig zu Opfern gemacht wurden und erst viel später in einen echten Dialog mit den Europäern eintreten konnten, welche nach der Epoche, über die Witte schreibt, mit Waffen, Waren, Missionen und Ideen in die Welt ausgezogen sind. Wie verschieden wären diese Bestrebungen wohl verlaufen, hätten die Europäer ihre sämtlichen imperialen und ökonomischen Anstrengungen der vergangenen Jahrhunderte im Namen eines ungeteilten Katholizismus unternommen, reformiert oder nicht. Und wir fügen hinzu: Wie bedeutsam war das Auseinanderbrechen des Christentums, das zu Martin Luthers Lebzeiten so offenkundig geworden war, lange bevor die Aufklärung im

Vorwort

Westen oder moderne Revolutionen andernorts diese Aufgabe übernehmen sollten, nämlich jene Welt aufzubrechen, wie sie im Jahr 1500 ausgesehen hat.

Solche pauschalen Äußerungen tun wiederum der Sorgfalt Unrecht, mit der sich Witte den Sachverhalten und ihren Konsequenzen nähert. Besonders anschaulich werden die Konsequenzen bei der Reform des Eherechts durch Luther, die Theologen und Juristen an seiner Seite und deren direkte Nachfolger. Aus mittelalterlich-katholischer Sicht mussten die Auswirkungen auf die Ehe, die die Reformatoren bewirkten, wie die reinste Säkularisierung aussehen. In der Tat *nahmen* die Lutheraner der Ehe ihren sakramentalen Charakter und *machten* sie zu einem Gegenstand des weltlichen Rechts. In der Tat arbeiteten sie daran, den Einfluss des hierarchischen Katholizismus auf jenen intimen und wesentlichen Bereich des Lebens zu brechen. Wie und warum sie dies taten, sind die Grundmotive von Wittes »Story«; er ist ein Meister seines Fachs und die vorliegende Arbeit wahrhaft meisterlich.

Binokulares Sehen, das hier den Gebrauch zweier Linsen, des Rechts und der Theologie, meint, wie es Wittes Protagonisten zu tun pflegten, hat ihn nicht etwa dazu verleitet, die deutschen Reformatoren isoliert zu betrachten oder gesondert von den zeitgleichen Erneuerungsbewegungen anderer christlicher Zeitgenossen. Für ihn ist Luther ganz eindeutig nicht der einsame, heroische David, dem Lob oder Tadel dafür gebührt, dass er den Kampf gegen den Goliath des imperialen Katholizismus aufgenommen hat. Witte benutzt ein Weitwinkelobjektiv für Luther, den Professor für Altes Testament, Bürger von Wittenberg, Bibelübersetzer, Prediger, Familienvater, kernigen Tischredner usw. Um seinem Subjekt jedoch gerecht zu werden, muss Witte ein größeres Ensemble auf die Bühne stellen, nämlich Juristen, Moralisten, politische Akteure und andere, die heute häufig nur noch die Experten kennen, aber für die lutherische Reformation im 16. Jahrhundert von entscheidender Bedeutung gewesen sind.

Für Witte – und für eine realistische Sicht auf die Dinge – war die Reformation kein einzelnes, fokussiertes Ereignis. Aus einem bestimmten Blickwinkel wirkt sie wie der Aufstand von Juniorprofessoren an einer frisch gegründeten, kleinen Provinzuniversität in Wittenberg. Es war ein jämmerlich kleiner Schauplatz, verglichen mit Oxford, Genf, Paris und Bologna, wo Recht und Theologie für Reform und Resolution standen. Aus allen anderen Blickwinkeln ist sie dagegen von weltgeschichtlicher Bedeutung.

Es ist für mich höchste Zeit, den Platz vor dem Bühnenvorhang für das folgende Drama zu räumen. Doch ich komme nicht umhin, die Leserschaft auf jene Nuancen aufmerksam zu machen, die Witte mit seiner binokularen Sicht zu erkennen im Stande ist und uns daran teilhaben lässt. Ein Beispiel dafür, welches mich nachhaltig beeinflusst, ist seine Beobachtung, dass die lutherische »Ordnung«, wenn auch hierarchisch, so doch nicht auf einer vertikalen, sondern einer horizontalen Achse gedacht werden muss. Die Lutheraner schafften die Unterschiede zwischen ordiniertem Klerus und Laienstand nicht einfach ab. Beide gehörten sie zur »Priesterschaft aller Gläubigen«. Pfarrer wurden auch weiterhin für die Verwaltung der Sakramente und die Verkündigung des Evangeliums in einer Welt gebraucht, in der »jedermanns Sache« »niemandes Sache« gewesen wäre, wenn es nicht irgendeine Definition dessen gegeben hätte. Im Unterschied zur katholischen Welt standen Pfarrer und Bischöfe jedoch nicht »über« den Laien. Alle Ordnungen traten nebeneinander und ersetzten die hierarchische Rangfolge.

Auf brillante Weise erklärt Witte, was die konkrete Berufung jeder einzelnen Gruppe von Gläubigen zu bedeuten hatte bzw. hat. Dafür muss er die seit jeher komplizierte und schwer zu erläuternde »Zwei-Reiche-Lehre« Luthers erklären, was Witte hier so gut gelingt, wie ich es niemals zuvor gesehen habe. »*Luthers Zwei-Reiche-Lehre kehrte ... die traditionelle Ontologie vollständig um. ... Als Folge blieb eine Stufenleiter des Lebens, eine Schöpfungsordnung, die jedem Geschöpf, insbesondere jeder menschlichen Kreatur und jeder natürlichen Institution ihren je eigenen Platz und ihre Bestimmung in diesem Leben zuwies. Für Luther war diese Stufenleiter jedoch horizontal und nicht hierarchisch angeordnet ... Luthers weltliches Reich war eine ebene Ordnung, ein horizontales Reich ...*« Vorausgesetzt, dass Luther solches überhaupt beabsichtigt hat, und ungeachtet dessen, dass sie überhaupt nur teilweise ausgearbeitet ist und in späteren Jahren verworfen oder gänzlich in Vergessenheit geriet, muss diese Ontologie mit ihren Konsequenzen als revolutionäre Reform bezeichnet werden.

Man bedenke auch, was jene Evangelischen, die Lutheraner genannt wurden, *nicht* erreicht haben, auch nicht mit größtem theologischem oder kirchengeistlichem Geschick. So weigerten sich die katholischen Bischöfe, den neuen »lutherischen« Klerus zu weihen, solange Recht und Theologie auf dem Spiel standen. Eine solche Weihe hätte die lutherischen Bischöfe und andere Pfarrer zu »Fürsten« bzw. Kirchenbeamten des Heiligen Römischen Reichs gemacht. Stattdessen begannen die Lutheraner selbst damit, Geistliche zu ordinieren mit der Bitte um den Heiligen Geist und der Handauflegung durch andere Pfarrer. Theologisch wäre damit alles schön und gut. Aber erinnern Sie sich an unser Binokular und an die Linse des Rechts: Man musste jemanden berufen, der die Leitung übernahm und die Kirche in dieser spätfeudalen Welt verwaltete. So entschied man sich schicksalhaft für die weltlichen Fürsten, die so die »ersten Kirchenmitglieder« wurden. Stellen sie sich vor, in den heutigen Vereinigten Staaten würde der Gouverneur eines Bundesstaates oder der *County Commissioner* (vergleichbar mit dem deutschen Landrat) als Kirchenoberhaupt fungieren – je nachdem natürlich, wie man die administrative Übereinstimmung mit der deutschen Rechtsprechung jener Zeit beurteilt. Nicht nur die Erben jener Lutheraner haben die Erbschaften vermischt, von denen sie selbst zehrten.

Kurzum: Das Ganze ist ein großes Erbe und John Witte öffnet die Truhe, in der die Schätze aufbewahrt werden. Er bringt Licht in die verstaubten, dunklen Archive des Rechts und der Theologie und bleibt dabei immer in seiner Rolle als unparteiischer, unvoreingenommener, dabei stets interessierter Historiker. Er fesselt seine Leserinnen und Leser mit einer »Story«, deren Ergebnisse sich weiterhin entwickeln und deren »Plot« sich immer noch weiter entfaltet.

Martin E. Marty
Fairfax M. Cone Distinguished Service Professor Emeritus
University of Chicago

Danksagung

Was das vorliegende Buch angeht, bin ich vielen Menschen zu großem Dank verpflichtet. Ein Max Rheinstein-Forschungsstipendium der Alexander von Humboldt-Stiftung in Bonn, das ich 1995 und 1996 erhalten habe, hat es mir gestattet, als Gastdozent an der Forschungsstätte der Evangelischen Studiengemeinschaft e. V. (FEST) in Heidelberg tätig zu sein und dort sowie in verschiedenen Bibliotheken in Dresden, Frankfurt am Main, Freiburg im Breisgau und Hannover zu forschen. Dankbar bin ich außerdem dafür, Reisemittel von der Jonas Robitscher-Stiftung erhalten zu haben, welche von Jean Bergmark und ihrer Familie gegründet worden war. Dies ermöglichte mir mehrere Forschungsaufenthalte an der Library of Congress in Washington, der Harvard Law Library in Boston, der British Library in London und verschiedenen Universitätsbibliotheken in Oxford, Cambridge und Edinburgh.

Zahlreiche Kollegen und Freunde standen mir mit Rat und Kritik zur Seite. Besonders danken möchte ich Harold J. Berman, Don S. Browning, R. Bruce Douglass, R. H. Helmholz, Duncan B. Forrester, Erich W. Gritsch, Carter Lindberg, Martin E. Marty, Oliver O'Donovan und Steven Ozment, die jeder für sich lange Passagen des Manuskriptes gelesen und wertvolle Anmerkungen gemacht haben. Insbesondere Carter Lindberg war so freundlich, mich durch das schwer zu durchdringende Dickicht der Sekundärliteratur zum Thema Reformation zu lotsen. So hoffe ich, dass das vorliegende Buch in seiner Qualität der vorangegangenen Beratung annähernd entspricht. Viele weitere Kollegen und Freunde gaben wertvolle Hinweise und Hilfestellung zu konkreten Fragen, darunter Frank S. Alexander, Thomas C. Arthur, Wolfgang Bock, Rebecca S. Chopp, John E. Coons, Peter Hay, Scott Hendrix, Wolfgang Huber, Timothy P. Jackson, Charles J. Reid, Jr., Robert Schapiro, Max Stackhouse und Wolfgang Vögele.

Ich möchte meinem früheren Dekan und Freund Howard O. Hunter danken für seine unermüdliche und treue Unterstützung in meiner Zeit an der Emory Law School. Ich möchte Patrick Graham und Richard Wright von der Pitts Theological Library an der Emory University für ihre Hilfe bei der Auswahl der Abbildungen und Fotos danken, Will Haines und Rosalie Sanderson für ihre hervorragende bibliothekarische Unterstützung sowie Amy Wheeler und Louise Jackson für ihre treuen administrativen Dienste. Zahlreiche Studierende des *Law and Religion Program* an der

Danksagung

Emory University haben mir kompetente und umfangreiche Forschungsassistenz für verschiedene Abschnitte dieses Buches und damit verwandter Texte geleistet. Besonders zu nennen sind Julia Belian, Penelope Brady, Brian Cook, Christy Green, Heidi Hansan, Jeffrey Hammond, Annie Jacobs, Joel Nichols und Jimmy Rock.

Ich möchte Kevin Taylor vom Verlag Cambridge University Press und seinen Kolleginnen und Kollegen danken, dass sie sich meines Manuskriptes angenommen und sich so beflissen um dessen zeitnahes Erscheinen gekümmert haben.

Ein besonderes Wort des Dankes schulde ich Professor Martin E. Marty, der etliche meiner früheren Manuskripte seiner kritischen Durchsicht unterzogen hat und das vorliegende Buch durch sein wohlwollendes Vorwort bereichert hat. Niemals zuvor ist mir ein Wissenschaftler mit einer derart unermüdlichen und inspirierenden Energie begegnet, einem solch lebendigen und gelehrten Schreibstil und von so brillanter und umfassender Gelehrtheit. In all den Jahren hat er immer wieder Zeit gefunden, mich in großzügiger Weise zu unterstützen, meine Manuskripte kritisch durchzusehen, Beiträge zu meinen Veranstaltungen und Publikationen beizusteuern, und mir intellektuelle und berufliche Türen zu öffnen. Er ist für mich das beste lebende Beispiel für Martin Luthers Lehre vom Priestertum aller Gläubigen, dem ich im ganzen Hochschulbetrieb begegnet bin.

Das vorliegende Buch ist meinem Mentor, Freund und Kollegen Professor Harold J. Berman gewidmet. Als junger, »flügge werdender« Jurastudent nahm mich Hal Berman einst unter seine Fittiche und brachte mir geduldig das Fliegen bei. Viele Jahre haben wir als Kollegen an der Emory Law School und im *Law and Religion Program* der Emory University zusammengearbeitet. Uns verbindet ein gemeinsames tiefes Interesse an den Grundfragen des Rechts. Was ich als Wissenschaftler und Lehrer bin, verdanke ich zu einem großen Teil seiner Anleitung und seinem Vorbild. Darum sei ihm dieses Buch in grenzenloser Bewunderung, Wertschätzung und Zuneigung gewidmet.

John Witte, Jr.

Einleitung

Die Reformation, die Martin Luther im Jahr 1517 in Deutschland entfesselte, war zunächst einmal ein lauter Ruf nach Freiheit, Freiheit der Kirche von der Willkür des Papstes, Freiheit des Laienstandes von der Bevormundung des Klerus, Freiheit des Gewissens von den Begrenzungen durch das kanonische Recht. *Freiheit dem Christenmenschen!* war die Parole der frühen lutherischen Reformation. Sie brachte Theologen und Juristen, Klerus und Laienstand, Fürsten und Bauern gleichermaßen dazu, die kirchlichen Autoritäten und Rechtsstrukturen mit beispiellosem Eifer öffentlich anzuprangern. *»Eine nach der anderen wurden die kirchlichen Ordnungen in das unbestechliche Licht des Wortes Gottes gestoßen und gezwungen, ihr wahres Gesicht zu zeigen«*, schreibt Jaroslav Pelikan.[1] Nur wenige kirchliche Ordnungen hielten in den hitzigen 1520er Jahren jener Prüfung stand. Die kanonischen Rechtsbücher der Kirche wurden verbrannt, Kirchengerichte geschlossen, klösterlicher Besitz wurde konfisziert. Dotierte Pfründen wurden aufgelöst, kirchliche Güter beschlagnahmt. Die Privilegien des Klerus wurden abgeschafft. Das Betteln um Almosen wurde verboten, der Pflichtzölibat abgeschafft. Der Ablasshandel wurde verurteilt, die an Rom zu zahlenden Annaten für unrechtmäßig erklärt. Die enge Bindung an den Papst wurde gelockert. Das deutsche Volk sollte nunmehr im reinen Licht der Bibel und nach dem simplen Recht der örtlichen Gemeinde leben.

Obgleich derartige Attacken auf das Kirchenrecht und die kirchliche Autorität im Abendland auf zwei Jahrhunderten reformerischer Tätigkeit aufbauten, waren es vor allem Luthers radikale theologische Lehren, die die Reformation in Deutschland ins Rollen brachten. Das Heil komme durch den Glauben an das Evangelium, lehrte er, nicht durch die Werke des Gesetzes. Alle Menschen stünden unmittelbar vor Gott; sie bedürften nicht der Heilsvermittlung durch den Klerus. Alle Gläubigen seien ihren Nächsten Priester; sie seien nicht geschieden in höheren Klerus und niederen Laienstand. Alle Menschen seien von Gott zu unterschiedlichen Diensten berufen; Geistliche hätten keinen alleinigen Anspruch auf eine christliche Berufung. Die Kirche sei eine Gemeinschaft der Heiligen und keine Rechtsbehörde. Das Gewissen ihrer Mitglieder sei von der Heiligen Schrift geleitet

---

1. Jaroslav Pelikan: Spirit versus Structure: Luther and the Institutions of the Church, New York 1968, 5.

Einleitung

und nicht von menschlichen Traditionen regiert. Die Kirche sei dazu berufen, der Gesellschaft in Liebe zu dienen und nicht, die Gesellschaft mit dem Gesetz zu regieren. Das Gesetz gehöre in den Zuständigkeitsbereich der Obrigkeit, es sei kein Vorrecht des Klerus. Auf solch grobe und drastische Formeln gebracht, wurden die theologischen Lehren von der Rechtfertigung aus Glauben, dem Priestertum aller Gläubigen, der Unterscheidung von Gesetz und Evangelium zusammen mit weiteren Lehrsätzen zu einem hochexplosiven Gemisch. Angefacht durch Luthers kämpferische, wortgewaltige und unermüdliche Veröffentlichungen lösten sie in deutschen Städten und Territorien in den 1520er und 1530er Jahren eine ganze Reihe explosiver Reformen aus, an deren Spitze sich zahlreiche Kirchenleute und Staatsmänner setzten, die sich der reformatorischen Sache angeschlossen hatten.

In diesen frühen Jahren entwickelte sich Luthers Angriff auf das kanonische Recht der Kirche und die geistlichen Autoritäten in mancherlei Hinsicht zu einem allgemeinen Angriff auf das menschliche Gesetz und die weltliche Obrigkeit. *»Weder der Papst noch ein Bischof noch sonst irgendwer hat das Recht, über einen Christenmenschen auch nur eine einzige Silbe zu erlassen, außer mit dessen Zustimmung. Und was auch immer auf andere Weise geschieht, das geschieht im Geist der Tyrannei«*, lauten Luthers berühmte Worte aus dem Jahr 1520.[2] Die Bibel enthalte das ganze Gesetz, das für ein rechtes christliches Leben benötigt werde, für das einzelne wie auch für das gemeinschaftliche. Vom Gesetz der Bibel etwas wegzunehmen sei Blasphemie, dem Gesetz der Bibel etwas hinzuzufügen Willkür. *»Furwar, vornunfftige regenten neben der heyligen schrifft werenn ubrig recht gnug.«*[3] Wenn Juristen ihm entgegneten, dass solch ein radikaler Biblizismus selbst zum Freibrief für Blasphemie und Willkür werden könne, wandte sich Luther barsch gegen sie: *»Juristen sind böse Christen«*, erklärte er mehrfach.[4] Jeder Jurist sei ein Feind Christi.[5] Beharrten die Juristen auf ihrer Kritik, reagierte Luther mit vulgären Wutausbrüchen: *»Ich schis ins keysers und Bapsts recht und in der juristen recht dazu.«*[6]

2. Martin Luther: Lateinisch-deutsche Studienausgabe. Hrsg. v. Wilfried Härle, Johannes Schilling, Günther Wartenberg, Bd. 3: Die Kirche und ihre Ämter. Leipzig 2009, 277; D. Martin Luthers Werke: Kritische Gesamtausgabe [hierab: WA]. Weimar 1883 ff., Nachdruck 2000-2007, Bd. 6, 536: »Neque Papa neque Episcopus neque ullus hominum habet ius unius syllabae constituendae super Christianum hominem, nisi id fiat eiusdem consensu.«
3. WA 6, 459.
4. WA Tr 3, Nr. 2809b; vgl. auch WA Tr 6, Nr. 7029-7031.
5. Vgl. WA Tr 1, 605.
6. WA 49, 303a. Zu derartigen Gefühlsausbrüchen vgl. Kap. 4.

Einleitung

Der rasche Verfall des Rechts, der Politik und der Gesellschaft, den solch scharfe Rhetorik nach sich zog, stürzte Deutschland schon bald in eine heftige Krise, befördert und geschürt durch den Bauernkrieg, den Ritteraufstand und eine verhängnisvolle Serie von Dürreperioden und Seuchen in den 1520er und den frühen 1530er Jahren.

Auf der einen Seite hatten die lutherischen Reformatoren den Gegensatz zwischen geistlicher Freiheit und disziplinierter Orthodoxie innerhalb der Kirche verschärft. Junge lutherische Kirchen, Geistliche und Gemeindemitglieder nahmen ihre neu gewonnene Freiheit vom kanonischen Recht als Freibrief für allerhand Experimentieren in Glaubenslehre und Liturgie bis hin zu deren gänzlicher Vernachlässigung. Große Verwirrung herrschte bei der Verkündigung, den Gebeten, den Sakramenten, den Bestattungen, den Feiertagen und den pastoralen Pflichten. Kirchenbesuch, Zahlungen des Zehnten und Spenden für mildtätige Zwecke nahmen schlagartig ab in den Reihen derer, die Luthers neue Lehren von der freien Gnade wörtlich nahmen. Viele radikale egalitäre und antinomistische Theorien wurden aus Luthers Lehren vom Priestertum aller Gläubigen und der Rechtfertigung durch den Glauben abgeleitet, was letztlich zur Spaltung der deutschen Reformationsbewegung in rivalisierende evangelische, täuferische und freie Kirchensekten sowie zu mancherlei religiösem Schwärmertum führte.

Auf der anderen Seite trieben die lutherischen Reformatoren einen tiefen Keil zwischen das kanonische und das weltliche Recht. Viele Angelegenheiten, die traditionell vom kanonischen Recht der katholischen Kirche geregelt wurden, blieben in vielen Städten und Hoheitsgebieten, die neu zum Luthertum konvertiert waren, vorerst ohne wirksame zivilrechtliche Regelungen und Richtlinien. Die gewaltigen Kirchengüter, die von der örtlichen Obrigkeit konfisziert wurden, blieben sehr, sehr lange in privater Hand. Prostitution, Konkubinat, Glücksspiel, Trunksucht und Zinswucher erreichten ein bislang ungekanntes Ausmaß. Die Rate von Verbrechen, Kleinkriminalität, Bummelantentum, Landstreicherei und Bettelei stieg an. Schulen, Wohltätigkeitsvereine, Hospitäler und andere Wohlfahrtseinrichtungen wurden stark vernachlässigt. Die Bestimmungen für Ehe-, Annullierungs-, Scheidungs- und Erbschaftsangelegenheiten gerieten hoffnungslos durcheinander. Eine ganze Generation von Waisen, unehelichen Kindern, Studenten, unverheirateten Frauen und anderen blieben ohne Unterstützung und Zuflucht, die ihnen seit alters her die Klöster, Konvente und geistlichen Bruderschaften gewährt hatten. Alle diese Angelegenheiten und viele mehr waren in Deutschland jahrhundertelang genauestens durch das kanonische Recht der katholischen Kirche geregelt gewesen. Das neue protestan-

Einleitung

tische Zivilrecht, wo es überhaupt zur Geltung gelangte, war noch zu rudimentär, um allen Belangen in angemessener Weise gerecht zu werden.

Als baldige Reaktion darauf entwickelte sich die lutherische Reformation von Theologie und Kirche zugleich zu einer Reformation des Staates und des Rechts. Der Abbau des kanonischen Rechts um des Evangeliums willen gab den Weg frei für den Aufbau eines bürgerlichen Rechts kraft des Evangeliums. Die Geißelung katholischer Geistlicher als selbstsüchtige Oberherren machte die Einsetzung einer protestantischen Obrigkeit als »Väter des Gemeinwesens« möglich, die als berufen galten, im Auftrag Gottes zu regieren. Alte Rivalitäten zwischen Theologen und Rechtsgelehrten wurden von einer neuen Kooperation abgelöst, insbesondere an den neu gegründeten lutherischen Universitäten. Seit den 1530er Jahren hatten lutherische Theologen damit begonnen, ihre theologischen Lehren in verschiedenen Katechismen, Konfessionen und methodischen Schriften zu entwickeln und zu vertiefen, nunmehr mit größerer Aufmerksamkeit auf deren rechtliche, politische und soziale Konsequenzen. Lutherische Rechtsgelehrte schlossen sich lutherischen Theologen an und erarbeiteten weitreichende Rechtsreformen von Kirche, Staat und Gesellschaft auf der Grundlage der neuen Theologie. Diese Rechtsreformen wurden in Hunderten von Einzelschriften, Flugblättern und Sermonen erläutert, verteidigt und von lutherischen Verfassern zwischen 1530 und 1570 veröffentlicht. Sie wurden zu Hunderten von neuen reformatorischen Verordnungen weiterentwickelt, angepasst und von deutschen Städten, Herzogtümern und Territorien veröffentlicht, welche zur evangelischen Sache konvertiert waren. Zur Zeit des Augsburger Religionsfriedens (1555), jenem Reichsrecht, das vorübergehend die verfassungsmäßige Ordnung in Deutschland wiederherstellte, hatte die lutherische Reformation bereits einen tiefgreifenden Wandel in Theologie und Recht, im geistlichen und weltlichen Leben, in Kirche und Staat bewirkt.

Kritiker jener Tage und ein seit dieser Zeit anhaltender Strom von Theologen und Historikern beurteilen diese rechtliche Phase der Reformation als Verfälschung der ursprünglichen lutherischen Botschaft. Für die einen war es ein bitterer Verrat an der neuen Freiheit und Gleichheit, die Luther verheißen hatte. Für andere war es eine Verzerrung von Luthers grundlegenden Reformen der Theologie und des kirchlichen Lebens. Für wieder andere war es ein bloßer Rückfall in die traditionellen kanonischen Normen, die schlichtweg in neue theologische Formen gegossen worden waren. Für wieder andere war es eine unverhohlene Machtübernahme der Reformatoren, die darauf aus waren, ihre eigenen Formulierungen zu kanonisieren und die Kontrolle über die reformatorische Bewegung zu gewinnen.

Meine in dem vorliegenden Buch vertretene These lautet, dass es die Verbindung von theologischen und rechtlichen Reformen war, die die lutherische Reformation so entschieden und widerstandsfähig gemacht hat. In der Tat war es so, dass Luther und die anderen Theologen das Recht und die Juristen brauchten, sosehr sie diese auch verachteten. Schließlich war es das eine, das System des mittelalterlichen katholischen Rechts, der Politik und Gesellschaft mit dem scharfen theologischen Schwert zu zerschlagen. Etwas anderes war es freilich, nur mit diesem theologischen Schwert in der Hand ein neues lutherisches Gebäude von Recht, Politik und Gesellschaft zu errichten. Luther bekam dies in den Krisenjahren der 1520er Jahre schmerzlich zu spüren und beinahe wäre seine Unternehmung daran gescheitert. Schnell wurde ihm bewusst, dass das Recht nicht nur ein notwendiges Übel, sondern auch ein unentbehrlicher Segen in diesem irdischen Leben war. Ebenso unentbehrlich war ein Stab sachkundiger Juristen, um für die neuen theologischen Lehren die institutionelle Form und Reform zu schaffen. Somit war es nur natürlich und auch notwendig für die lutherische Reformation, von der Theologie zum Recht zu gelangen. Radikale theologische Reformen hatten grundlegende rechtliche Reformen möglich gemacht. Seit den 1530er Jahren entwickelte sich die lutherische Reformation im Ganzen zu einer theologischen und zugleich rechtlichen Reformbewegung. Man fand einen Ausgleich zwischen Gesetz und Evangelium, Recht und Billigkeit, Kirchenverfassung und Glauben, Struktur und Geist.

Entgegen der Behauptung von Luthers Kritikern war der Schritt von der Theologie hin zum Recht keine Verzerrung der ursprünglichen lutherischen Botschaft, sondern eine Untermauerung derselben. Es war kein Verrat an den Grundidealen von Freiheit und Gleichheit, sondern deren Ausgleich, der auf der Übernahme von Verantwortung und Autorität beruhte. Es war keine Verzerrung von Luthers Reformen der Theologie und des kirchlichen Lebens, sondern deren Verankerung in einer tiefer greifenden verfassungsmäßigen Ordnung. Es war kein An-sich-Reißen der Macht durch die Theologen, sondern ein Teilen der Macht mit den Rechtsgelehrten und Gesetzgebern. Es war kein Rückfall in die traditionellen kanonischen Rechtsnormen, sondern die Umwandlung und Annäherung von altem kanonischem Recht und neuen bürgerlichen Rechtsnormen im Dienste der reformatorischen Sache.

So lautet die wichtigste These des vorliegenden Buches. Was im nächsten Abschnitt folgt, ist eine Zusammenfassung der Kernpunkte dieser These mit einem Blick auf den mittelalterlichen Kontext, in den die lutherische Reformation einzuordnen ist. Der daran anschließende Abschnitt vergleicht die These in aller Kürze mit der modernen Geschichtsschreibung zur lutherischen Reformation.

Einleitung

Recht und Theologie in der lutherischen Reformation

Die Lehre von den zwei Reichen

Der Ausgangspunkt für die Neuausrichtung der lutherischen Reformation war Luthers komplexe Lehre von den zwei Reichen, wie sie in den 1520er und 1530er Jahren entstanden war. In der Zwei-Reiche-Lehre wiederholte Luther viele seiner ursprünglich theologischen Aussagen. Er verwob darin jedoch seine frühen radikaleren Lehren mit einer erheblich feiner nuancierten und ganzheitlichen Lehre vom Sein und von der Ordnung, vom Menschen und der Gesellschaft, von der Kirche und vom Priesterstand, von Vernunft und Wissen, von Gerechtigkeit und Recht.

Gott habe zwei Reiche geschaffen, in denen zu leben die Menschheit bestimmt sei, führte Luther aus: das irdische Reich und das himmlische Reich. Das irdische Reich sei das Reich der Schöpfung, des kreatürlichen und des bürgerlichen Lebens, in dem der Mensch vorrangig durch die Vernunft oder das Gesetz handele. Das himmlische Reich sei das Reich der Erlösung, des geistlichen und des ewigen Lebens, in dem der Mensch vorrangig durch den Glauben oder die Liebe handele. Diese beiden Reiche umfassten nebeneinander himmlische und weltliche wie geistliche und irdische Formen von Gerechtigkeit und Recht, Herrschaft und Ordnung, Wahrheit und Erkenntnis. Auf verschiedene Weise wirkten diese zwei Reiche aufeinander ein und hingen voneinander ab, nicht zuletzt durch die biblische Offenbarung und durch die gewissenhafte Erfüllung der christlichen Berufungen im weltlichen Reich. Zuletzt aber blieben beide Reiche voneinander verschieden. Das weltliche Reich sei von der Sünde verkrümmt und vom Gesetz regiert. Das himmlische Reich dagegen sei durch Gottes Gnade erneuert und vom Evangelium geleitet. Ein Christ sei Bürger beider Reiche und stehe vollkommen unter dem Regiment beider. Als Bürger des himmlischen Reiches bleibe der Christ frei in seinem Gewissen und sei dazu berufen, ganz und gar vom Wort Gottes zu leben. Als weltlicher Bürger jedoch sei der Christ an das Gesetz gebunden und dazu berufen, den natürlichen Ordnungen und Ämtern zu folgen, die Gott für das Regiment des irdischen Reiches geschaffen habe und erhalte.

Luthers Lehre von den zwei Reichen war eine Absage an traditionelle hierarchische Lehren vom Sein, von der Gesellschaft und von der Obrigkeit. Jahrhundertelang hatte das christliche Abendland gelehrt, dass Gottes Schöpfung wie eine gewaltige Stufenleiter des Lebens hierarchisch aufgebaut sei, die von Gott ausgehe und über verschiedene Ebenen und Schichten der Wirklichkeit nach unten reiche. Auf dieser großen Stufenleiter des

Lebens finde jedes Geschöpf seinen Ort und seine Bestimmung, und jede menschliche Gemeinschaft habe ihre natürliche Ordnung und Hierarchie. Demnach liege es schlichtweg in der Natur der Dinge, dass manche Menschen und Institutionen auf der Stufenleiter des Lebens höhergestellt seien als andere. Es entspreche dem Wesen der Dinge, dass die einen Gott näher seien und direkteren Zugang zu Gott hätten, andere ihm dagegen ferner seien und mehr Vermittlung in ihrer Beziehung zu Gott bedürften. Dies war eine der Grundlagen für das traditionelle katholische Argument für die Überlegenheit des Papstes gegenüber dem Kaiser, des Klerus gegenüber dem Laienstand, des geistlichen Schwertes gegenüber dem weltlichen Schwert, des kanonischen Rechts gegenüber dem weltlichen Recht, der Kirche gegenüber dem Staat.

Luthers Zwei-Reiche-Lehre kehrte diese traditionelle Ontologie vollständig um. Indem Luther zwei Reiche voneinander unterschied, machte er die radikale Trennung zwischen Schöpfer und Schöpfung, zwischen Gott und Mensch deutlich. Für Luther hatte der Sündenfall die ursprüngliche Kontinuität und Gemeinschaft zwischen dem Schöpfer und seiner Schöpfung genauso zerstört, wie das organische Band zwischen dem himmlischen und dem irdischen Reich durchtrennt. Gott sei im himmlischen Reich gegenwärtig und offenbare sich im irdischen Reich hauptsächlich durch »Masken« *(larvae)*. Menschen würden in das irdische Reich hineingeboren und hätten nur durch den Glauben Zugang zum himmlischen Reich. Luther hatte die traditionelle Anschauung nicht verworfen, nach der das weltliche Reich seine natürliche Ordnung trotz des Sündenfalls beibehalte. Als Folge daraus bleibe eine Stufenleiter des Lebens, eine Schöpfungsordnung, die jedem Menschen und jeder Institution ihren je eigenen Platz und ihre Bestimmung in diesem Leben zuwies. Für Luther war diese Stufenleiter des Lebens jedoch horizontal und nicht hierarchisch. Vor Gott seien im weltlichen Reich alle Menschen und alle Institutionen von Natur aus gleich. Luthers weltliches Reich war eine ebene Ordnung, ein Reich, in dem kein Mensch und keine Institution in der Beziehung zu Gott und der Rechenschaft vor Gott durch irgendwen gehindert wurden oder der Vermittlung bedurften.

Luthers Zwei-Reiche-Lehre kehrte außerdem die traditionelle Lehre von der Hierarchie der menschlichen Gesellschaft um. Jahrhundertelang hatte die Kirche des Mittelalters gelehrt, dass der Klerus zu einem höheren geistlichen Dienst im Reich der Gnade berufen sei, der Laienstand dagegen zu einem niederen weltlichen Dienst im Reich der Natur. Der Klerus war demgemäß von vielen irdischen Verpflichtungen befreit und von vielen natürlichen Lebensäußerungen wie etwa der Ehe ausgeschlossen gewesen. Für

Einleitung

Luther dagegen waren Klerus und Laienstand gleichermaßen Teil des weltlichen Reiches; beide waren vor Gott und den anderen Menschen gleich. Luthers Lehre vom Priestertum aller Gläubigen »laisierte« mit einen Mal den Klerus und »klerikalisierte« den Laienstand. Luther betrachtete den traditionell klerikalen Dienst der Verkündigung und der Lehre lediglich als eine Berufung von vielen, der ein guter Christ in diesem Leben nachkommen könne. Sämtliche traditionellen Laienämter betrachtete er dagegen als Formen göttlicher Berufung und priesterlicher Vokation, von denen eine jede singuläre Möglichkeiten für den Dienst an Gott, dem Nächsten und sich selbst böte. Prediger und Lehrer der Kirche hätten ebenfalls ihren Anteil an bürgerlichen Pflichten beizutragen, ihre Steuern zu zahlen und sich mit ihrem Beitrag am weltlichen Leben zu beteiligen wie jeder andere auch.

Luthers Zwei-Reiche-Lehre kehrte auch die traditionelle hierarchische Lehre von der Obrigkeit um. Luther lehnte die mittelalterliche Zwei-Schwerter-Lehre ab, die die geistliche Obrigkeit des Klerus und des kanonischen Rechts der weltlichen Autorität der bürgerlichen Obrigkeit und des bürgerlichen Rechts als von Natur aus überlegen ansah. Aus Luthers Sicht hatte Gott drei Grundformen und -foren der Obrigkeit für die Regierung des weltlichen Lebens geschaffen: die häusliche, die kirchliche und die politische Obrigkeit, oder in neuzeitlichen Termini ausgedrückt: die Familie, die Kirche und den Staat.[7] Hausvater, Gottesvater und Landesvater – *paterfamilias*, *patertheologicus* und *paterpoliticus* – seien die drei naturgegebenen Ämter und verkörperten die verschiedenen Dimensionen von Gottes Gegenwart und Obrigkeit im weltlichen Reich. Alle drei stünden gleichberechtigt vor Gott und voreinander im Erfüllen ihrer naturgemäßen Berufungen. Alle drei seien unerlässlich, um die Macht der Sünde und des Teufels im irdischen Reich zu bannen. Die Familie sei dazu berufen, Kinder großzuziehen und zu versorgen, sie zu unterrichten und zu erziehen, Liebe und Barmherzigkeit im häuslichen Bereich und im sozialen Umfeld zu üben und vorzuleben. Die Kirche sei dazu berufen, das Evangelium zu verkündigen, die Sakramente zu verwalten und Kirchenzucht zu üben. Der Staat sei dazu berufen, den Frieden zu bewahren, Verbrechen zu bestrafen, das Gemeinwohl zu fördern und die Kirche, die Familie und zahlreiche weitere Institutionen wie Schulen und Wohlfahrtseinrichtungen zu unterstützen.

---

7. Die Termini Familie, Kirche und Staat, die hier als Begriffe verwendet werden, waren äußerst beanspruchte und dehnbare Begriffe, die sich im 16. Jahrhundert teils unter dem Einfluss der Reformation erheblich gewandelt haben. Siehe unten, 101-108, 108-107, 124–129, 133-135, 144-152, 178-186, 198-203, 213-216, 280-283.

Nur seien die drei naturgegebenen Stände – Familie, Kirche und Staat – weder gleich geschaffen noch hierarchisch aufgebaut: Nur der Staat besaß nach Luthers Anschauung *legale* Autorität – die Gewalt des Schwertes, positives Recht zur Regierung des weltlichen Reichs in Kraft zu setzen und durchzusetzen. Entgegen der mittelalterlichen katholischen Auffassung betonte Luther, dass die Kirche keine gesetzgebende Autorität habe. Die Kirche habe kein Schwert, keine Rechtsgewalt. Zwar hatten die Kirchenleute und Theologen darauf zu achten, Gottes Gesetz der Obrigkeit und den Untertanen in gleicher Weise zu predigen und auszulegen und Ungerechtigkeit, Missbrauch und Willkür prophetisch anzuprangern. Die formale Rechtsautorität läge dagegen beim Staat, nicht bei der Kirche, bei der weltlichen Obrigkeit und nicht beim Klerus.

Luther betrachtete die weltliche Obrigkeit als Gottes Stellvertreter, der dazu berufen sei, das göttliche Gesetz auszulegen und der göttlichen Gerechtigkeit im weltlichen Reich Geltung zu verschaffen. Die beste Quelle und Summe des göttlichen Gesetzes waren seiner Meinung nach die Zehn Gebote und ihre Auslegung durch die Moralprinzipien der Bibel. Es sei die Verantwortung der christlichen Obrigkeit, jene allgemeinen Grundsätze des göttlichen Gesetzes in konkrete Gebote des menschlichen Rechts zu übertragen und damit den gegebenen Verhältnissen Rechnung zu tragen. Dies sei gleichermaßen eine Aufgabe von Glauben, Vernunft und Tradition. Die Obrigkeit habe Gott im Gebet aufrichtig um Weisheit und Unterweisung zu bitten und solle geneigt sein, die homiletischen und prophetischen Anleitungen der lutherischen Theologen und Geistlichen zu befolgen. Ungehindert habe sie die Vernunft bei der Beurteilung der Bedürfnisse ihres Volkes und den Empfehlungen ihrer Berater walten zu lassen. Sie habe die Weisheit der Rechtstradition zu berücksichtigen, insbesondere die des römischen Rechts, das Luther eine »*heidnische Weisheit*« nannte, ebenso die des frühchristlichen kanonischen Rechts, das noch frei von mittelalterlicher papalistischer Einmischung und Verfälschung gewesen sei.

Zugleich verstand Luther die weltliche Obrigkeit als »Vater der Gemeinschaft« (Landesvater, *paterpoliticus*). Als solcher habe er für seine Bürger zu sorgen, als seien diese seine eigenen Kinder; die Bürger dagegen hätten diesen wie einen leiblichen Vater zu ehren. Wie ein liebender Vater habe die Obrigkeit den Frieden zu wahren und die persönliche Unversehrtheit, das Eigentum und das Ansehen ihrer Bürger zu schützen. Sie habe ihre Bürger davon abzuhalten, der Trunksucht, Verschwendung, Prostitution, Spielsucht oder anderen Lastern zu verfallen. Sie habe ihre Bürger durch die Gemeindestiftung, das öffentliche Armenhaus und das staatliche Hospital zu unterstützen. Sie habe ihnen den Zugang zur Bildung zu ermöglichen

Einleitung

durch öffentliche Schulen, öffentliche Bibliotheken und öffentliche Bildungsangebote. Sie habe ihre geistlichen Bedürfnisse zu berücksichtigen, indem sie den Dienst der örtlichen Kirche unterstützen und ihre Bürger zur Teilnahme und Mitwirkung an kirchlichen Aktivitäten durch weltliche Gesetze der Sonntagsruhe, der Zehntenzahlung und der Feiertage ermutigen sollte. Sie habe sich um die materiellen Bedürfnisse ihrer Bürger zu kümmern und das Erb- und Eigentumsrecht zu reformieren, um eine gerechtere Verteilung des elterlichen Besitzes unter alle Kinder zu gewährleisten. Und sie habe mit ihrem eigenen Haushalt und Privatleben ein Beispiel der Tugend, Frömmigkeit, Liebe und Barmherzigkeit zu setzen, das ihre treuen Bürger achten und nachahmen sollten.

Diese doppelte Metapher von der christlichen Obrigkeit als erhabenem Stellvertreter Gottes und zugleich liebendem Vater der Gemeinschaft beschreibt die Grundzüge von Luthers politischer Lehre. Politische Autorität sei ihrem Ursprung nach göttlich, in ihrem Wirken allerdings irdisch. Sie bringe Gottes strenges Urteil über die Sünde, ebenso aber seine große Barmherzigkeit gegenüber den Sündern zum Ausdruck. Sie vermittle das Gesetz Gottes ebenso wie die Traditionen der Ortsgemeinde. Sie sei abhängig von der prophetischen Weisung der Kirche, übernehme aber zugleich von der Kirche die gesamte Rechtsprechung, die Regelung der Ehe, der Erziehung, der Armenfürsorge und andere weltliche Angelegenheiten, die traditionell vom kanonischen Recht der Kirche geregelt worden waren. Eine einzelne Metapher von der christlichen Obrigkeit hätte der Willkür und einer übersteigerten Bevormundung Tür und Tor geöffnet. Beide Metaphern zusammen hingegen lieferten Luther und seinen Anhängern die wichtigsten Zutaten für einen tragfähigen christlichen Republikanismus und den aufkeimenden christlichen Wohlfahrtsstaat.

Recht, Politik und Gesellschaft

Eine ganze Gefolgschaft von Juristen und Moralisten des 16. Jahrhunderts nahm Luthers Grundeinsichten auf und entwickelte daraus neue, differenzierte lutherische Lehren des Rechts, der Politik und der Gesellschaft. Führend in der Reihe all derer waren (1) Philipp Melanchthon, der große Sprachwissenschaftler, Moralphilosoph, systematische Theologe und Gelehrte des römischen Rechts an der Universität zu Wittenberg, zur damaligen Zeit bekannt als »Lehrer von Deutschland«; (2) Johannes Eisermann, ein Student Melanchthons, Gründungsrektor und Rechtsprofessor der neuen lutherischen Universität zu Marburg und Berater einer der mächtigsten lutherischen Landesfürsten der damaligen Zeit, Landgraf Philipp von Hessen; sowie (3) Johann Oldendorp, der mit Melanchthon in regem Briefkontakt stand und Eisermanns Kollege an der Marburger Universität war, dazu der originellste und produktivste Jurist der lutherischen Reformation. Diese drei Rechtsgelehrten sowie zahlreiche andere deutsche Juristen und Moralisten, die unter ihrem Einfluss standen, brachten Luthers theologische Hauptlehren zu unmittelbarer und umfassender rechtlicher Anwendung.

Die meisten lutherischen Rechtsgelehrten des 16. Jahrhunderts begannen ihre Überlegungen bei Luthers Zwei-Reiche-Lehre und deren rechtlichen, politischen und sozialen Konsequenzen, die Luther daraus gezogen hatte. Während Luther allerdings dazu neigte, die Unterschiede zwischen den beiden Reichen zu betonen, neigten die meisten lutherischen Juristen dazu, ihr Zusammenspiel zu betonen. Während Luther dazu neigte, die häuslichen, kirchlichen und politischen Ordnungen als natürlich und gleichrangig anzusehen, legten die meisten lutherischen Juristen die Betonung auf die politische Ordnung der Obrigkeit und deren Einfluss, setzten ihr aber paradoxerweise zugleich auch neue Grenzen.

Erstens betonten die lutherischen Juristen mehr noch als Luther, dass die Bibel eine wesentliche Quelle des weltlichen Rechts sei. Luther wollte das Leben im weltlichen Reich durch die Bibel geleitet wissen. Aber trotz seines frühen radikalen Biblizismus hatte er eine zwiespältige Meinung zur genauen rechtlichen Funktion der Bibel. Er neigte dazu, die Bibel als eine hilfreiche Verbildlichung und als eine Art »Trumpf« einzusetzen, um damit bestimmte Rechtsreformen zu begründen, ohne eine systematische theologische Rechtslehre darlegen zu müssen. Im Gegensatz dazu sahen lutherische Juristen jener Tage die Bibel sogar als vorrangige Rechtsquelle für das irdische Leben an. Für sie war die Heilige Schrift der vollkommene Ausdruck des göttlichen Rechts. Sie enthalte die beste Summe des natürlichen Rechts und böte die zuverlässige Richtschnur für das positive Recht.

Die Juristen legten besonderes Gewicht auf die Zehn Gebote. Sie glaubten, dass die erste Tafel der Zehn Gebote die Grundprinzipien des geistlichen Rechts und der Moral enthalte, die das Verhältnis von Gott und Mensch bestimmten. Die zweite Tafel enthalte die Grundprinzipien des bürgerlichen Rechts und der Moral, die das elementare Verhältnis zwischen den Menschen regle. Die Gebote gegen Bilderverehrung, Gotteslästerung und Sabbatschändung untermauerten die neu eingeführten religiösen Gesetze der lutherischen Gemeinden: Gesetze, die die Glaubenslehre und die Liturgie, die Kirchenverfassung und das kirchliche Eigentum, die Angelegenheiten des örtlichen Klerus und der Kirchenverwaltung regelten. Das Gebot *Du sollst nicht stehlen* war die Grundlage für das Eigentumsrecht und wurde neben dem Gebot *Du sollst nicht töten* auch zur Grundlage für das Strafrecht. Die Gebote, Vater und Mutter zu ehren, die Ehe nicht zu brechen und die Frau des Nächsten nicht zu begehren, waren die Grundlage für ein neues weltliches Recht, das Sexualstrafrecht, Ehe- und Familienrecht beinhaltete. Das Gebot *Du sollst nicht falsch Zeugnis reden* war das Ordnungsprinzip für das Zivilprozessrecht, das Beweisrecht und das Verleumdungsgesetz. Das Gebot *Du sollst nicht begehren …* unterstützte die Art und Weise des Umgangs mit einer ganzen Reihe von versuchten Verbrechen und strafbaren Handlungen. Natürlich ließ sich nicht das gesamte positive Recht aus den Zehn Geboten ableiten. Dennoch bot der Dekalog den lutherischen Juristen ein hilfreiches Grundgefüge, um mit Hilfe dessen eine gehörige Anzahl neuer Rechtsinstitutionen des lutherischen Staates zu organisieren.

Zweitens führten die lutherischen Juristen bereitwilliger als Luther das katholische kanonische Recht als eine zulässige Quelle für das protestantische bürgerliche Recht an. Luther hatte am Ende widerwillig mit Teilen des frühen kanonischen Rechts Frieden geschlossen im Wissen um deren Nutzen, damit disziplinarische Normen der Kirche und billige Normen für den Staat zu definieren. Indes blieb Luther aber vehement gegen den Gebrauch der spätmittelalterlichen päpstlichen Rechtsprechung, nicht nur bei der Gesetzgebung, sondern bereits im Curriculum des rechtswissenschaftlichen Studiums. Die lutherischen Juristen waren hier weniger zurückhaltend. Sie machten regen Gebrauch vom gesamten *Corpus Iuris Canonici* in ihren Texten, Lehrveranstaltungen, Consilia, Rechtskommentaren und Gesetzesentwürfen.

Die lutherischen Juristen gründeten ihren großzügigen Gebrauch des kanonischen Rechts auf neue Lehren von Kirche und Staat. Die unsichtbare Kirche des himmlischen Reichs könne gut mit der Bibel allein bestehen, befreit von den Zusätzen des kanonischen Rechts, erklärten sie. Die sichtbare Kirche des weltlichen Reichs mit Sündern und Heiligen dagegen brauche sowohl biblische als auch kanonische Regeln und Verfahren, um in rechter Weise verwaltet zu werden. Mittelalterliches kanonisches Recht, sofern es sich auf biblische Normen bezog, galt als bewährter Rechtskodex für die sichtbare Kirche und sollte verwendet werden. Die Obrigkeit als Gottes Stellvertreter und Vater der Gemeinschaft habe sowohl die weltlichen als auch die geistlichen Bedürfnisse der Bürger zu berücksichtigen, argumentierten sie. Sie habe auf der Grundlage christlicher und billiger Gesetze zu regieren. Das kanonische Recht wurde als gültige und wertvolle Quelle christlicher Billigkeit und Gerechtigkeit angesehen, das in der Bibel und in den frühen apostolischen Grundordnungen fest verankert sei. Kanonisches Recht galt demnach als ein nützlicher Vorläufer, auf den sich die christlich-protestantische Obrigkeit berufen konnte. Die neue Ekklesiologie und

Recht und Theologie in der lutherischen Reformation

Rechtslehre dienten gemeinsam als tragfähige Begründung für eine weitreichende Anlehnung und Annäherung des neuen lutherischen bürgerlichen Rechts an das mittelalterliche kanonische Recht der katholischen Kirche.

Drittens betonten die lutherischen Juristen mehr als Luther den dreifachen Gebrauch des Gesetzes im irdischen Reich. Luther hatte die Lehre vom *usus legis* als Teil seiner Heilslehre und als Teil seiner Antwort an die radikalen Antinomisten entwickelt. Er betonte immer wieder, dass Werke des Gesetzes im Heilsdrama keine Rolle spielten. Nichtsdestotrotz sei das Gesetz im irdischen Reich von Nutzen. Es habe den »bürgerlichen Gebrauch«, die Sünde einzudämmen, und den »theologischen Gebrauch«, Sünder zur Umkehr zu bewegen, die für den Glauben an Christus notwendig sei und damit für den Eintritt in das himmlische Reich. Lutherische Juristen übernahmen diesen doppelten Gebrauch des Gesetzes, betonten aber noch einen dritten, nämlich den »erzieherischen« Gebrauch des Gesetzes. Richtig verstanden und angewendet, halte das Gesetz die Sünder nicht nur im Zaum, sondern unterweise zugleich die Heiligen. Es liefere nicht nur eine grundlegende bürgerliche Moral, sondern auch eine höhere geistliche Moral. Dies war ein weiteres Argument der Juristen, um auf positivierten Gesetzen zu bestehen, die in jedem Gemeinwesen Glaubenslehre, Liturgie und Moral durchsetzen sollten. Das positive Recht sollte nicht nur die weltliche Moral der zweiten Tafel des Dekalogs lehren, sondern auch die geistliche Moral der ersten Tafel. Es sollte die Bürger nicht nur den Buchstaben des Moralgesetzes lehren, sondern auch dessen Geist. Das Gesetz war auf diese Weise hilfreich, um nicht nur eine »*Moral des Sollens*«, sondern auch eine »*Moral des Strebens*« zu definieren und durchzusetzen.[8]

Viertens betonten die lutherischen Juristen stärker als Luther die Notwendigkeit, eine offenkundig evangelische[9] Ordnung von Recht, Gesellschaft und Politik im irdischen Reich zu errichten. Luther hatte sicherlich denselben Anspruch gehabt. Allerdings waren die lutherischen Juristen unbekümmerter als Luther, Brücken zwischen den beiden Reichen zu schlagen und das irdische Reich sogar als Approximation des himmlischen Reichs darzustellen. Der Marburger Jurist Johannes Eisermann lieferte die um-

---

8. Die Ausdrücke stammen von Lon L. Fuller: The Morality of Law. Überarb. Auflage. New Haven, CT 1964, passim.
9. In diesem Werk werde ich durchgehend den Begriff »evangelisch« als Synonym für »lutherisch/Luthertum« verwenden. Der Begriff »lutherisch«, obwohl heute gebräuchlich, ist aus historischer Sicht ein abwertender Begriff, der von Katholiken zur Beschreibung derer verwendet wurde, die Luther scheinbar eher folgten als Christus. Luther zog es vor, sich und seine Anhänger »Evangelische« zu nennen als diejenigen, die dem Evangelium folgen. Vgl. WA 8, 685.

Einleitung

fangreichste Erörterung dazu. Eisermann räumte ein, dass die genaue Form und Funktion jedes christlichen Gemeinwesens verschieden sei, da jede Gemeinschaft einen Mittelweg zwischen den Normen der »*Natur, der Gewohnheit und der Vernunft*« finden müsse und ihre eigene Auslegung der Gebote der Heiligen Schrift und der Tradition habe. Bestimmte Merkmale eines christlichen Gemeinwesens seien jedoch unerlässlich. Eisermann schloss sich der Auffassung an, dass das positivierte Recht jedes einzelnen Gemeinwesens das Naturrecht widerspiegeln und vermitteln müsse, wie es im Dekalog und im Evangelium zusammengefasst sei. Er schloss sich ebenfalls der Auffassung an, dass das positivierte Recht eine höhere geistliche Moral zu fördern habe; Gesetze sollten die rechte Lehre, Liturgie, Bekenntnis, Kanon und kirchliche Strukturen regeln, die im Gemeinwesen Gültigkeit haben sollten. Ein wahrhaft christliches Gemeinwesen, erörterte er weiter, solle danach streben, Leib Christi auf Erden zu sein, ein *Corpus Christianum* en miniature. Es solle dem paulinischen Bild folgen, nach dem alle untereinander Glieder seien (Epheser 4,25). Das bedeute, dass es auf jeden Menschen und jede Berufung ankomme und diese in einem christlichen Gemeinwesen zu fördern seien. Jeder Mensch müsse die Würde, das Eigentum und die Privatsphäre der anderen respektieren und Nächstenliebe, Barmherzigkeit und priesterlichen Dienst üben, welches den christlichen Glauben ausmache. Außerdem solle ein wahrhaft christliches Gemeinwesen dem paulinischen Bild folgen, nach dem einige Glieder am Leib stärker seien und andere schwächer. Nach Eisermann befördere dies eine komplexe Hierarchie von Ständen, Ordnungen und Professionen im örtlichen Gemeinwesen, alle mit ihren je eigenen Berufungen, dem Gemeinwohl zu dienen und das Gemeinwesen zu reformieren. Eisermanns frühe Formulierung eines dezidiert protestantischen Republikanismus führte zu einer ganzen Reihe von späteren lutherischen Gemeinwesentheorien, insbesondere jenen des Straßburger Reformators Martin Bucer und des Württemberger Reformators Johannes Brenz.

Fünftens entwickelten lutherische Juristen eine komplexe Theorie von der politischen Macht und ihren Beschränkungen. Luther hatte eine tragfähige Lehre von der politischen Autorität vertreten, derzufolge die Obrigkeit der Stellvertreter Christi, Vater des Staates und die alleinige gesetzgebende Gewalt des irdischen Reichs sei. Allerdings hatte er der politischen Macht klare Grenzen gesteckt, indem er eine von Natur aus gegebene Beschränkung der obrigkeitlichen Rechtsprechung auf weltliche Dinge, eine interne Kontrolle durch die Rechtsinstitutionen und eine externe gegenseitige Kontrolle durch die daneben bestehenden Ordnungen der Familie und der Kirche betonte.

Recht und Theologie in der lutherischen Reformation

Die Juristen übernahmen Luthers Lehren häufig, höhlten sie bisweilen aber auch aus. Indem sie der Obrigkeit die Gewalt über Glaubenslehre und Liturgie zugestanden, dehnten sie faktisch deren Machtbefugnis zumindest teilweise bis in das himmlische Reich aus. Indem sie die Obrigkeit zur höchsten Rechtsautorität im irdischen Reich erhoben, gefährdeten sie ernstlich das System der gegenseitigen Kontrolle. Indem sie der politischen Obrigkeit die alleinige Macht gaben, die rechtliche Form und Funktion von Kirche und Familie zu bestimmen, brachten sie das institutionelle System der gegenseitigen Kontrolle in Gefahr, mit der die Ordnungen von Kirche und Familie auf eine politische Ordnung hätten einwirken können. Diese Theorie schien die politische Obrigkeit mit alledem auszustatten, was für die absolute Macht nötig war.

Allerdings sahen die lutherischen Juristen auch eine Reihe von Schutzmaßnahmen gegen Willkür vor: die Verpflichtung, Gesetze schriftlich zu fixieren und zu veröffentlichen, denen die Obrigkeit auch selbst unterlag; die Verantwortung des Klerus, Ungerechtigkeit öffentlich anzuprangern; und die Notwendigkeit bürgerlichen Ungehorsams gegen positivierte Gesetze, die die Bibel und das christliche Gewissen offenkundig verletzten. Paradoxerweise bewirkten die Argumente der lutherischen Juristen, die die Macht und das Ansehen des politischen Amtes stärken sollten, zugleich eine Beschränkung derselben. Eine Beschränkung lag in der Theorie von den Zehn Geboten als Quelle des positiven Rechts. Diese beförderte das Bestreben der Obrigkeit, auf bürgerliche wie auf geistliche Angelegenheiten Einfluss zu nehmen. Es schränkte die Obrigkeit in ihrem Machtgebrauch aber auch ein. Die Zehn Gebote wurden schließlich am besten von der Kirche und ihren Theologen ausgelegt, nicht vom Staat und der Obrigkeit. Die Obrigkeit war darum an die Theologen und den Klerus verwiesen, um die moralischen und religiösen Dimensionen des Rechts zu verstehen. Sie hatte jene bei der Gesetzgebung hinzuzuziehen. Sie hatte bei Einzelfragen deren Votum einzuholen. Sie hatte bei schwierigen Fällen sogar die gesamte theologische Fakultät zu konsultieren. Eine zweite Schutzmaßnahme lag in der schmeichelnden Beschreibung der Juristen, die Obrigkeit sei ein Vorbild christlicher Tugendhaftigkeit. Dies steigerte den Glanz und das Ansehen des politischen Amtes. Zugleich hielt es ihre Amtsinhaber zu einem hohen moralischen Anspruch an. Jene Amtspersonen, die diesem Anspruch nicht entsprachen, sollten und konnten ihre Funktion nicht weiter wahrnehmen und riskierten Widerstand oder Revolte, wenn sie es dennoch taten. Verband man diese Ansicht mit der Theorie von einer Wahl ins Amt, ergab sich eine deutliche Beschränkung von Willkür. Eine dritte Schutzmaßnahme lag in dem ausgeprägten deutschen Pluralismus mit seinen über 350

Einleitung

eigenständigen und oft sehr kleinen Gemeinwesen. Gerade die kleine Größe dieser Gemeinwesen erlaubte die schnelle Verwirklichung eines einheitlichen lutherischen Gemeinwesens unter der uneingeschränkten Rechtsautorität einer lutherischen Obrigkeit. Die geringe Größe dieser Gemeinwesen machte es den Menschen aber auch einfacher abzuwandern, wobei sie naturgemäß ihre Arbeit, Fachkenntnis, Steuern, Dienstleistungen und andere wesentliche Beiträge zum örtlichen Gemeinweisen mitnahmen. Je größer die örtliche Willkür, desto kleiner die örtliche Bevölkerungszahl, lautete die Theorie. Seit das Recht des Andersgläubigen auszuwandern durch den Augsburger Religionsfrieden (1555) verbürgt war, erwuchs der Willkür ein weiteres starkes Bollwerk.

Sechstens führte Johann Oldendorp die lutherischen Juristen zu der Formulierung einer neuen Lehre von der christlichen Billigkeit, die auf Luthers Verständnis vom christlichen Gewissen gründete. Jedes Gesetz sei von Natur aus ein striktes Gesetz, so Oldendorp, und jedes Gesetz erfordere darum *per definitionem* eine billige Anwendung. Billigkeit walten zu lassen fordere darum Verstand und Seele des Richters. Sie verlange dem Richter ab, die weltliche Vernunft zu gebrauchen, um die wichtigen Fakten von den unwichtigen zu trennen, um aus Präzedenzfällen und Analogien zu schlussfolgern. Sie verlange dem Richter außerdem ab, die natürliche Vernunft zu benutzen und das Naturrecht hinzuzuziehen, wie es in seinem Gewissen eingeschrieben sei, andächtig die Heilige Schrift zu meditieren und auf diese Weise über die richtige Anwendung oder Reform des Rechts zu entscheiden. Eine solche gewissenhafte Anwendung der Gesetze war nicht nur in Ausnahmefällen, sondern in sämtlichen Fällen gefordert. Billigkeit bemühe sich nicht nur darum, im einzelnen Fall jeder Partei gegenüber gerecht und gnädig zu sein, sondern auch darum, dem Buchstaben und dem Geist des Gesetzes gerecht zu werden. Oldendorps Theorie von der Billigkeit war eine einzigartige Form praktischer christlicher Argumentation auf der einen Seite und gottesfürchtigem richterlichen Handeln auf der anderen Seite.

Traditionell galt die Billigkeit als spezifische Eigenschaft des kanonischen Rechts und als singuläre Fähigkeit eines kirchlichen Richters. Darum wurden in Deutschland zur Zeit des Mittelalters die meisten Fälle, die Billigkeit erforderten, zur Verhandlung an katholische Kirchengerichte weitergereicht. Oldendorps Lehre verband Recht und Billigkeit auf wirkungsvolle Weise. Jedes Gesetz erfordere Billigkeit, um gerecht zu sein, und jede Billigkeit brauche ein Gesetz, um zur Anwendung zu kommen. Recht und Billigkeit gehörten zusammen und ergänzten einander. Der Gesetzgeber habe Billigkeit in jedes Gesetz, das verabschiedet werden soll, einzufügen. Und der Richter habe in jedem Einzelfall Billigkeit walten zu lassen. Oldendorps

Theorie hatte unmittelbaren Einfluss auf die Rechtsreform im evangelischen Deutschland. Sie trug ihren Teil zur Zusammenführung der kirchlichen und staatlichen Gerichte im lutherischen Deutschland bei; gesonderte kirchliche Billigkeitsgerichte wurden nicht länger gebraucht. Sie half bei der Zusammenlegung von kanonischem und bürgerlichem Recht im lutherischen Deutschland; das kanonische Recht war als eine Quelle der Billigkeit eine unschätzbare Ressource für das neue bürgerliche Recht. Und sie trug ihren Teil zur wachsenden Professionalisierung des deutschen Gerichtswesens im 16. Jahrhundert und zu der Forderung bei, derzufolge Richter sowohl im Recht als auch in der Theologie, im bürgerlichen wie im kanonischen Recht ausgebildet zu sein hatten.

Gesetze der lutherischen Reformation

Diese lutherischen Theorien des Rechts, der Politik und der Gesellschaft blieben nicht auf Katheder und Schreibtisch liegen. Sie beeinflussten das lutherische Deutschland des 16. Jahrhunderts und fanden unmittelbar Anwendung. Aufbauend auf einer jahrhundertelangen Tradition von regelmäßigen Rechtsreformen, oftmals gegen den Widerstand der örtlichen Kirchenführer, übersetzten die lutherischen Reformatoren diese neue theologische Rechtslehre unmittelbar in neue Rechtsbegriffe. Zahlreiche führende lutherische Juristen waren Richter oder Notare an örtlichen Gerichten oder arbeiteten als Schriftführer oder Rechtsberater bei der örtlichen Stadt- oder Territorialverwaltung und konnten so die Formulierung neuer Gesetze unmittelbar beeinflussen. Lutherische Juristen und Theologen verfassten auf Anfrage von Gerichten, Räten und einzelnen Prozessparteien formelle Stellungnahmen *(consilia)* zu Rechtsfragen. Zivilgerichte konsultierten regelmäßig die Rechtsfakultäten und gelegentlich auch die theologischen Fakultäten der örtlichen lutherischen Universitäten, um mit ihrer Hilfe Einzelfälle zu entscheiden, die besonders schwierige rechtliche und moralische Fragen aufwarfen. All dies waren wichtige Kanäle, das neue lutherische Evangelium in geltendes Recht zu übersetzen.

Von unmittelbarem Einfluss waren Hunderte neuer »Rechtsreformationen« von Städten und Territorien, die zur lutherischen Sache konvertiert waren. Anfangs waren diese Rechtsreformen schlichte Stellungnahmen der örtlichen Politik zum neuen lutherischen Glauben und schlichte Bekanntmachungen der Rechtsangelegenheiten, die die lutherische Obrigkeit neu von der Kirche übernommen hatte. Nach zwei oder drei Jahrzehnten der Nachbesserung und Neufassung waren aus vielen dieser regionalen lutheri-

Einleitung

schen Gesetze allerdings komplexe Rechtsdokumente geworden, die den neuen Glauben und die neue Rechtsordnung im Detail darlegten und exekutive und richterliche Instrumente für die Einführung und Inkraftsetzung dieser Gesetze etablierten.

Viele der führenden lutherischen Theologen und Juristen beteiligten sich daran, diese neuen reformatorischen Gesetze zu entwerfen und durchzusetzen. Die Reformatoren, denen wir bereits begegnet sind, gehörten zu den besonders Engagierten bei diesem Bestreben: Luther, Melanchthon, Oldendorp, Eisermann, Bucer und Brenz ebenso wie die Wittenberger Reformatoren Johannes Bugenhagen und Justus Jonas und viele andere mehr. Die Reformatoren machten bei der Gestaltung neuer reformatorischer Gesetze regen Gebrauch von Schere und Klebstoff. Sie kopierten bei dem Entwurf neuer Gesetze regelmäßig ihre eigenen Formulierungen und die ihrer engsten Glaubensgenossen. Sie tauschten sich gegenseitig über die Gesetze aus und brachten regelmäßig im engsten Kreis Gesetzesentwürfe für Kommentar und Kritik in Umlauf. Bei der Gestaltung rechtlicher Bestimmungen verwiesen sie auf die Veröffentlichungen der führenden Reformatoren und paraphrasierten diese in großzügiger Manier. Diese enge Zusammenarbeit führte zu einer großen Einheitlichkeit bei den neuen Reformationsgesetzen und einer großen Übereinstimmung bei den theologischen Grundideen der Reformatoren.

Während die lutherischen Reformationsgesetze in ihrer Thematik weit gefächert waren, enthielten sie in der Regel ausführliche Bestimmungen zu (1) Glaubenslehre, Liturgie und Gottesdienst; (2) öffentlicher religiöser Moral; (3) Sexual-, Ehe- und Familienleben; (4) Bildung und öffentlichen Schulen; (5) Armenfürsorge und anderen Formen der sozialen Wohlfahrtspflege.

Die ersten beiden Bereiche rechtlicher Bestimmungen zu Glaubenslehre und Moral waren in ihrer Form wenig innovativ. Manchmal wirkten sie wie eine Karikatur, bei der traditionelle kanonische Gesetze in ein neues lutherisches Gewand gekleidet worden waren und nun von lutherischen Zivilbehörden durchgesetzt wurden. Die tatsächlichen Veränderungen, insbesondere für die Theologie, waren beträchtlich, aber die rechtlichen Bahnen, um sie durchzusetzen, waren weitgehend vertraut. In Fragen der Theologie spiegelten die neuen bürgerlichen Gesetze Luthers Neuordnung der Glaubenslehre wider, die Reduzierung der Sakramente, die Reformen der Liturgie und des Festkalenders, die Übertragung der Bibel in die Volkssprache, die Erweiterung der Katechese und der religiösen Unterweisung, die Umgestaltung des öffentlichen Gottesdienstes und der Kirchenmusik, die Reformen der Kirchenzucht und der örtlichen Kirchenverwaltung und vieles mehr. In Fragen der Moral untersagten neue Feiertagsgesetze alle Formen von unnötiger Arbeit sowie unschickliche Vergnügungen an Sonn- und Feiertagen und verlangten den gewissenhaften Besuch der Gottesdienste. Weitere neue Gesetze stellten Gotteslästerung, Sakrileg, Hexerei, Zauberei, Magie, Alchemie, Meineid und ähnliche Vergehen unter Strafe. Neue Luxusgesetze verbaten aufwendige Kleidung, verschwenderischen Lebenswandel sowie kostspielige Festgelage und Begräbnisfeiern. Neue Vergnügungsgesetze setzten öffentlicher Trunkenheit, ausgelassenem Feiern, Glücksspiel und anderen Spielen, bei denen das Los, Glück oder Magie im Spiel waren, enge Grenzen. Weder die Bewertung dieser moralischen Vergehen durch die lutherische Obrigkeit noch ihre Definition wich dabei stark von den Formulierungen des mittelalterlichen kanonischen Rechts ab. Neu war allerdings, dass diese Angelegenheiten nunmehr hauptsächlich unter weltliches Recht und weniger unter kanonisches Recht fielen.

Die neuen lutherischen Gesetze zu Ehe, Erziehung, Bildung und sozialer Wohlfahrt brachten weitaus größere theologische und rechtswissenschaftliche Neuerungen mit sich. Alle diese Angelegenheiten hatten zum Herzstück der mittelalterlichen Theologie und des kanonischen Rechts gehört. Sie gehörten nun ebenso zum Kern der neuen lutherischen Theologie und Rechtslehre und zu den ersten drängenden Fragen, die die frühen Lutheraner zu reformieren suchten. Lutherische Theologen übernahmen hier die Federführung, indem sie die traditionellen Überlieferungen und Gesetze kritisierten und neue Theorien entwickelten, in denen Stränge der älteren katholischen Theologie und des kanonischen Rechts mit einem neuen lutherischen Geflecht von Theologie und Recht kunstvoll verwoben waren. Lutherische Juristen beteiligten sich ebenfalls maßgeblich, indem sie die rechtlichen Konsequenzen dieser theologischen Reformen herausarbeiteten, bisweilen mit umfangreichen Korrekturen und Einschränkungen. In diesen drei Bereichen erarbeiteten die Reformatoren bereits sehr früh vorläufige Rechtsvorschriften, die in einer neuen Welle von Rechtsreformen in den 1530er Jahren und später noch erheblich erweitert wurden. Die Institution der Ehe als eine der drei wichtigsten Stände des weltlichen Reichs fand sowohl theologisch als auch rechtlich große Aufmerksamkeit. Vor dem 16. Jahrhundert war die Ehe als Sakrament der Kirche angesehen worden. Sie wurde in beiderseitigem Einvernehmen eines gesunden Mannes und einer gesunden Frau geschlossen, die beide vollberechtigte Mitglieder der Gemeinde waren. War die Ehe ordnungsgemäß geschlossen, symbolisierte diese Verbindung von Ehemann und Ehefrau den bleibenden Bund zwischen Christus und Seiner Kirche und verlieh dem Paar und seinen Kindern heiligende Gnade. Die Parteien konnten diese Verbindung unter vier Augen schließen. War sie

Einleitung

dann aber einmal ordnungsgemäß geschlossen, war sie ein unlösbares Band, das nur durch den Tod einer der beiden Parteien gelöst werden konnte.

Als Sakrament war die Ehe Gegenstand der Gerichtsbarkeit der Kirche. Ein ganzes Geflecht von kanonischem Recht und konfessionellen Regularien hatte das Sexual-, Ehe- und Familienleben geregelt. Dennoch hatte die Kirche die Familie nicht als höchsten Stand erachtet. Obwohl Ehe und Familie als Sakrament und als solide christliche Lebensweise galten, gestand man ihnen keine geistlich erbauliche Wirkung zu. Die Ehe war ein Heilmittel gegen die Sünde, keine Rezeptur für Gerechtigkeit. Der Ehelosigkeit war sie untergeordnet. Von den Geistlichen und Ordensleuten wurde als Bedingung für den kirchengeistlichen Dienst verlangt, auf die Ehe zu verzichten. Wer dazu nicht in der Lage war, war den heiligen Ordnungen und Ämtern der Kirche nicht würdig.

Lutherische Theologen dagegen behandelten die Ehe nicht als sakramentale Institution des himmlischen Reichs, sondern als sozialen Stand des weltlichen Reichs. Sie lehrten, dass die Ehe eine von Gott geschaffene Institution sei, die dem Gut und dem Zweck der gegenseitigen Liebe und dem Beistand von Ehemann und Ehefrau dienten, der Zeugung und Erziehung von Kindern und dem gegenseitigen Schutz der beiden Ehepartner vor sexueller Sünde. Alle erwachsenen Menschen, die Priester genauso wie alle anderen auch, sollten dem Ruf der Ehe folgen, da jeder die Annehmlichkeiten der ehelichen Liebe und den Schutz vor geschlechtlicher Sünde nötig habe. Ferner diene die eheliche Hausgemeinschaft als Modell der Autorität, der Barmherzigkeit und Erziehung im weltlichen Reich und als wichtiges Instrument für die Reform der Kirche, des Staates und der bürgerlichen Gesellschaft. Die Eltern hätten ihren Kindern als »Bischöfe« zu dienen, Geschwister einander als Priester. Überhaupt sei die Hausgemeinschaft, insbesondere der christliche Haushalt des verheirateten Pfarrers, ein Urquell evangelischer Impulse für die Gesellschaft.

Obgleich von Gott geschaffen und geistlich erbaulich, würden Ehe und Familie doch immer ein sozialer Stand des weltlichen Reichs bleiben. Alle könnten an dieser Institution teilhaben, ungeachtet ihres Glaubens. Obgleich vom Gesetz Gottes und geistlicher Beratung abhängig, fielen Ehe und Familie unter die Rechtsprechung der weltlichen Obrigkeit und nicht der geistlichen. Die weltliche Obrigkeit hatte die Gesetze zur Schließung einer Ehe, ihrem Erhalt und ihrer Auflösung, zum Sorgerecht für Kinder, ihrer Fürsorge und Beaufsichtigung sowie zum familiären Besitz, Erbe und finanziellen Verpflichtungen zu erlassen.

Lutherische Obrigkeit übersetzte dieses neue protestantische Evangelium prompt in weltliches Recht, in einigen Gemeinwesen auf spätmittelalterlichen Zivilgesetzen aufbauend, die bereits verschiedene rechtliche Aspekte der Institution Ehe berücksichtigt hatten. Diese neuen weltlichen Ehegesetze verlagerten die vorrangige eheliche Rechtsprechung von der Kirche zum Staat. Sie ermutigten mit Nachdruck zur Ehe des Klerus, ächteten den Zölibat und unterbanden das Mönchtum. Die neuen weltlichen Gesetze lehnten nochmals den Sakramentscharakter der Ehe sowie religiöse Prüfungen und Hindernisse ab, die angehenden Eheleuten traditionellerweise auferlegt worden waren. Sie veränderten die Doktrin zur Einwilligung in Verlobung und Heirat und machten die Beteiligung der Eltern und die Anwesenheit von Zeugen, Geistlichen und Amtsträgern bei der Trauung und der Auflösung einer Ehe zur Pflicht. Sie verringerten die Anzahl der Hindernisse bei Verlobung und Putativehen in erheblichem Maße. Und sie führten die rechtskräftige Scheidung im modernen Sinne ein, wenn Ehebruch, Verlassen oder anderes Verschulden beweisbar waren, und gewährten zumindest der schuldlosen Partei ein nachträgliches Recht zur Wiederheirat.

Auch die Schule als Ort der Weitergabe der lutherischen Lehre und der Vorbereitung auf die christliche Berufung jedes Einzelnen war Gegenstand intensiver theologischer und rechtlicher Reformen. Vor dem 16. Jahrhundert hatte die Kirche ein differenziertes System von religiöser Erziehung und Bildung für Deutschland und über dessen Grenzen hinaus etabliert. Kirchen, Klöster, Kantoreien, geistliche Bruderschaften und große Kirchspiele hielten die wichtigsten Schulformen vor, die durch allgemeine und regional geltende Regeln des kanonischen Rechts der Kirche festgeschrieben waren. Die jüngeren Schüler wurden in den Fächern des Trivium und des Quadrivium unterrichtet und lernten die Glaubensbekenntnisse, Katechismen und Beichtbücher. Besonders begabte Schulabsolventen wurden zur weiterführenden Ausbildung in die rechtswissenschaftlichen, theologischen und medizinischen Fakultäten kirchlich konzessionierter Universitäten geschickt. Dieses kirchliche Bildungssystem berief sich auf den Missionsbefehl Christi an seine Jünger und deren Nachfolger, alle Völker den Inhalt und die Bedeutung des christlichen Glaubens zu lehren. Die überwiegende Mehrzahl der Schüler wurde für den geistlichen oder sonstigen Dienst in der Kirche ausgebildet.

Die lutherische Reformation verwandelte das gesamtabendländische System kirchlicher Bildung in allerlei regionale Systeme staatlicher Bildung in Deutschland. Luther, Melanchthon, Bugenhagen, Brenz und andere führende protestantische Reformatoren tadelten die Kirchenführung heftig für ihr institutionelles Bildungsmonopol als auch für deren Verfälschungen der

Einleitung

religiösen und humanistischen Lehren. Sie führten ein System öffentlicher Bildung und Erziehung ein, das die traditionellen sozialen Unterschiede zwischen Klerus und Laienstand beseitigte, indem Werte und Ziele der Bildung festgeschrieben wurden und zivile Amtsträger und bürgerschaftliche Anliegen bei der Organisation und dem Betrieb von Schulen ganz neu berücksichtigt wurden. Aus Sicht der Reformatoren war die Obrigkeit als »Vater des Gemeinwesens« vorrangig für die Bildung zuständig. Bildung sollte für Mädchen und Jungen gleichermaßen zur Pflicht und für alle zugänglich sein. Kennzeichen sollten neben verbindlichem Klassenunterricht bürgerschaftliche Bildungsangebote durch öffentliche Bibliotheken, Vorträge und andere Lehrmittel sein. Der Lehrplan sollte biblische und evangelische Werte mit humanistischer Bildung und Berufsausbildung verbinden. Die Schüler sollten in verschiedene Klassen aufgeteilt werden je nach Alter und Begabung und langsam für bestimmte Berufe ausgewählt werden.

Die theologischen Reformer des 16. Jahrhunderts konnten an die Arbeit der rechtlichen Reformer des 14. und des 15. Jahrhunderts anknüpfen. Das verstaatlichte öffentliche Bildungssystem, das sie errichteten, baute unmittelbar auf den Lateinschulen und den volkssprachlichen Schulen auf, die es im Mittelalter bereits in größeren deutschen Städten gegeben hatte. Das System der staatlichen Wohlfahrtseinrichtungen und Gilden, die bedürftige Schüler unterstützten, baute auf der früheren Praxis der Landesherren, Stifter und Klöster auf, Ausbildungshilfen zu gewähren. Die Curricula der Elementarschulen sahen weiterhin die Religionslehre als ihr wichtigstes Unterrichtsfach an. Und sie behielten die sieben freien Künste ebenso bei wie eine Reihe von Texten, die das katholische kanonische Recht vorgeschrieben hatte.

Die Reformatoren fügten diese traditionellen pädagogischen Grundlagen und Methoden jedoch in ihr eigenes Gesamtmodell ein, das auf der Zwei-Reiche-Lehre aufbaute. Mit der Zeit ersetzte die protestantische Obrigkeit den katholischen Klerus als oberste Schirmherren und Träger der öffentlichen Schulen und Universitäten. Das weltliche Recht des Staates ersetzte das kanonische Recht der Kirche als oberstes Recht zur Regelung von Bildung und Erziehung. Die Bibel ersetzte die scholastischen Lehrbücher als wichtigstes Handbuch für das Curriculum. Das Deutsche ersetzte das Lateinische als Universalsprache der gebildeten Stände in Deutschland. Die allgemeine Berufung aller Christen ersetzte die besondere Berufung des Klerus als *raison d'etre* der Bildung. Bildung und Erziehung blieben in ihrem Charakter grundsätzlich religiös geprägt. Sie waren nun aber einer breiteren politischen Kontrolle unterworfen und dienten verstärkt bürgerschaftlichen Zwecken.

Recht und Theologie in der lutherischen Reformation

Sozialdiakonische Einrichtungen, von denen viele in der radikalen Phase der Reformation beschlagnahmt oder zerstört worden waren, nahmen die Aufmerksamkeit der Reformatoren ebenfalls in Anspruch, insbesondere angesichts der explosionsartigen Zunahme von Armut und Landstreicherei im Deutschland der 1520er und 1530er Jahre. Vor dem 16. Jahrhundert hatte die Kirche gelehrt, dass Armut und Barmherzigkeit geistlich erbaulich seien. Freiwillige Armut hatte als eine Form christlicher Opferbereitschaft und Selbstverleugnung gegolten, mit der man geistlichen Verdienst erwarb und anderen Menschen geistliche Möglichkeiten eröffnete, indem sie Barmherzigkeit üben konnten. Wander- und Bettelmönche waren die angesehensten Vertreter dieses Ideals, es gab jedoch zugleich viele weitere Bedürftige, die als erbarmungswürdig galten. Die freiwillig geübte Nächstenliebe erbrachte im Gegenzug geistlichen Nutzen, insbesondere wenn sie als Werk der Buße oder Reinigung im Zusammenhang mit den Sakramenten der Buße oder der Krankensalbung gewährt wurde. Anderen gegenüber mildtätig zu sein bedeutete, Christus zu dienen, der gesagt hat: *Was ihr getan habt einem von diesen meinen geringsten Brüdern, das habt ihr mir getan* (Matthäus 25,40).

Diese Lehren hatten der mittelalterlichen Kirche dazu verholfen, ihre führende Rolle zu behaupten, wo es um Wohltätigkeit und soziale Fürsorge ging. Der Kirche als Leib Christi etwas zu geben war die beste Art und Weise, Christus zu geben. Die Kirche erhielt auf diese Weise Almosen durch die Sammlungen der Bettelmönche, mildtätige Opfergaben ihrer zahlreichen Pilger, finanzielle Bußopfer zur Tilgung von Sünden, letzte Vermächtnisse, die dafür bestimmt waren, die Läuterung für das Leben nach dem Tod zu befördern, und vieles mehr. Die Kirche verteilte Almosen vor allem durch die diakonische Arbeit ihrer Gemeinden, die Gastfreundlichkeit der Klöster und die Sozialleistungen ihrer zahlreichen kirchlichen Armenhäuser, Hospitäler, Kantoreien und geistlichen Bruderschaften. Ein umfangreiches Netz von kanonischen und konfessionellen Regeln kodifizierte die Verpflichtungen und Gelegenheiten individueller und kirchengebundener Wohltätigkeit und steuerte die vielen Verbände, Treuhänder und Stiftungen der Wohltätigkeit unter der allgemeinen Schutzherrschaft der Kirche.

Die lutherischen Reformatoren verwarfen dagegen die traditionellen Lehren der geistlichen Verklärung von Armut und die geistliche Wirkung von Barmherzigkeit. Alle Menschen seien dazu berufen, das Werk Gottes in der Welt zu tun; sie hätten dafür weder müßig noch arm zu sein. Freiwillige Armut galt ihnen als eine Form sozialen Schmarotzertums, das bestraft werden müsse, nicht als Sinnbild geistlicher Opferbereitschaft, die zu belohnen sei. Nur die für schuldlos arm erachteten Bedürftigen im unmittelbaren persönlichen Umfeld verdienten Barmherzigkeit und auch nur dann, wenn ihnen nicht von ihren näheren Angehörigen geholfen werden konnte; denn die Familie sei die »*erstrangige Schule der Barmherzigkeit*«. Barmherzigkeit sei keine Form der geistlichen Selbsterhöhung; sie sei eine Berufung, die an die Priesterschaft aller Gläubigen ergehe. Barmherzigkeit bringe dem, der sie übe, keinen unmittelbaren geistlichen Lohn ein; sie sei dazu da, dem Empfänger eine geistliche Gelegenheit zu bieten. Luthers Lehre von der Rechtfertigung allein durch den Glauben schwächte die geistliche Auswirkung von Barmherzigkeit für den, der sie übte. Luthers Lehre vom Priestertum aller Gläubigen dagegen steigerte den geistlichen Gewinn für den, der sie empfing. Sie veranlasste ihn, die guten Werke zu sehen, die aus dem Glauben heraus entstanden, und so selbst zum Glauben zu gelangen.

Die lutherischen Reformatoren verwarfen außerdem den traditionellen Glauben, wonach die Kirche die führende Rolle im Bereich der tätigen Nächstenliebe innehatte. Die Kirche sei dazu berufen, das Evangelium zu predigen, die Sakramente zu verwalten und die Heiligen zu unterweisen. Barmherzigkeit über die Grenzen der unmittelbaren Ortgemeinde hinaus zu empfangen und zu üben lenke eine Kirchengemeinde von ihrem vorrangigen geistlichen Dienst ab. Die Leitung von Klöstern, Armenhäusern, Wohlfahrtsorganisationen, Hospitälern, Waisenhäusern und anderem lenke die Kirche von ihrem eigentlichen Auftrag ab. Die Ortskirche sollte zwar weiterhin den Zehnten ihrer Mitglieder einnehmen, so wie es die biblischen Gesetze lehrten. Sie sollte sich weiterhin um die unmittelbaren Bedürfnisse ihrer ortsansässigen Mitglieder kümmern, so wie es die Kirche der Apostel getan hatte. Die meisten anderen Schenkungen an die Kirche und den Klerus waren dagegen aus Sicht der Reformatoren fehlgeleitet. Die meisten anderen Formen kirchlicher Barmherzigkeit, insbesondere bei denen es um Wallfahrt, Buße und Läuterung ging, waren für die Reformatoren Ausdruck »geistlicher Korruption«, die auf den fingierten Sakramenten der Buße und der Krankensalbung und auf den falschen Lehren des Fegefeuers und der Werkgerechtigkeit basierten.

An die Stelle der traditionellen kirchlichen Wohlfahrtsorganisationen setzten die Reformatoren eine Reihe von ortsgebundenen bürgerlichen Institutionen der Fürsorge, von denen die wichtigste die Gemeindestiftung war. Sie wurde von der örtlichen Obrigkeit geleitet und kümmerte sich um die Armen und Bedürftigen des Ortes. Die Gemeindestiftung bestand für gewöhnlich aus Kirchenschenkungen und Grundbesitz, der beschlagnahmt worden war. Diese Gemeindestiftungen wurden schließlich noch durch örtliche Gemeindesteuern und private Spenden ergänzt. In größeren Städten und Gebieten wurden mehrere solcher Gemeindestiftungen eingerichtet und die Armen bei deren Inanspruchnahme sorgfältig überwacht. Mindestens bot dieses System den Armen Essen, Kleidung und Unterkunft, außerdem Nothilfe in Zeiten von Krieg, Katastrophen und Seuchen. In größeren und wohlhabenderen Gemeinden unterstützte die Gemeindestiftung schließlich die Entwicklung eines umfassenderen örtlichen Wohlfahrtssystems, indem sie öffentliche Waisenhäuser, Arbeitshäuser, Internate, Berufsbildungszentren, Hospitäler und weitere Einrichtungen unterhielt, die von der örtlichen Obrigkeit verwaltet und beaufsichtigt wurden. Diese Formen sozialer Wohlfahrt hielten die lutherischen Reformatoren für einen wesentlichen Dienst der christlichen Obrigkeit, die sich als Vater des Gemeinwesens um ihre politischen Kinder zu kümmern hatte. So wie mit der Bildung war es auch mit der sozialen Wohlfahrt: Die lutherischen Reformatoren knüpften an eine etwa 200 Jahre alte, rudimentär vorhandene weltliche Armenfürsorge und private Einrichtungen der sozialen Wohlfahrt in einigen der größeren Städte und Gebiete des Heiligen Römischen Reiches an. Aber auch hier war es lutherische Theologie, die die rechtlichen Reformen im späteren 16. Jahrhundert in Deutschland in den allgemeinen Fokus rückte und zur allgemeinen Praxis verhalf.

Staat, Kirche, Familie, Schule und Wohlfahrt waren die fünf Bereiche, in denen die lutherische Reformation in der ersten Hälfte des 16. Jahrhunderts dramatische institutionelle Veränderungsprozesse in Gang setzte. Diese fünf Bereiche zogen die stärkste theologische Kritik auf sich; diese fünf Bereiche beförderten die nachhaltigsten rechtlichen Reformen. Auf diesen fünf Feldern schmiedeten lutherische Theologen und Juristen gemeinsam die originellste politische Theologie wie theologische Rechtslehre.

Es muss betont werden, dass dies nicht die einzigen rechtlichen Veränderungen waren, die der lutherischen Reformation entstammten. Es gab im 16. Jahrhundert zahlreiche weitere Änderungen im deutschen Privatrecht bei Fällen von Verleumdung und übler Nachrede, Erstgeburtsrecht und Erbschaft, Stiftungen usw. Es gab zahlreiche grundlegende Veränderungen innerhalb der deutschen Rechtswissenschaft – die Neuordnung des Privatrechts, neue Formen der Rechtspädagogik und Rechtsrhetorik, neue Theorien zu Präjudiz und richterlicher Beweisführung, neue hermeneutische Herangehensweisen an das alte Recht, neue Vergleichs- und Synthesemethoden zum römischen Recht, dem kanonischen Recht und dem Gewohnheitsrecht. Es gab auch größere Reformen beim öffentlichen Recht – in der Umstrukturierung und zunehmenden Differenzierung der Zivilgerichte und deren Richtlinien zu Verfahren, Beweisführung und Berufung; in den zahlreichen neuen Gesetzestexten zum Strafrecht, Territorialrecht und allgemeinen Ordnungsrecht. Diese und weitere rechtliche Veränderungen in Deutschland werden für gewöhnlich mit der »Rezeption des römischen Rechts« und

Einleitung

dem »Aufkommen des Rechtshumanismus« assoziiert – Bewegungen, die zweifellos einen bahnbrechenden Einfluss auf das deutsche Recht des 16. Jahrhunderts hatten. Einige dieser rechtlichen Veränderungen waren zudem mit Veränderungen verbunden, die der lutherischen Reformation und dem Werk lutherischer Juristen und Theologen entstammten.

Es muss allerdings ebenfalls betont werden, dass die lutherische Reformation im 16. Jahrhundert die mittelalterliche Tradition des kanonischen Rechts in Deutschland nicht vollständig verdrängt hat. Etliche deutsche Städte und Gebiete blieben katholisch, bewahrten den traditionellen römisch-katholischen Glauben und deren Liturgie und wandten in traditionellen Kirchengerichten weiterhin das kanonische Recht an. Diese katholischen deutschen Gemeinwesen wurden schließlich in ihrem Glauben und ihrem Recht durch den Augsburger Religionsfrieden (1555) geschützt, dessen Grundsatz von *cuius regio, eius religio* in jedem deutschen Fürstentum die bevorzugte Konfession des Landesherrn als die maßgebliche festlegte, entweder also die katholische oder die lutherische.

Sogar in vielen erklärtermaßen lutherischen Gemeinwesen in Deutschland gestaltete sich der Bruch mit der mittelalterlichen Rechtstradition nicht so radikal, wie es sich einige der Reformatoren vorgestellt hatten. Trotz der hitzigen antipäpstlichen und antikanonischen Rhetorik ihrer frühen Anführer – besonders eindringlich versinnbildlicht durch Martin Luthers Verbrennen der kanonischen Rechts- und Beichtbücher im Jahr 1520 – akzeptierten und übernahmen lutherische Theologen und Juristen schließlich einen Gutteil des traditionellen kanonischen Rechts. Was zu erwarten war. Schließlich hatte das kanonische Recht das deutsche geistliche und weltliche Leben vor der Reformation Jahrhunderte lang geregelt, und das spätmittelalterliche Deutschland war wesentlich loyaler gegenüber Rom als viele andere Nationen jener Zeit. Das kanonische Recht galt sogar zusammen mit dem römischen Recht und dem Gewohnheitsrecht als Teil eines integralen bürgerlichen Rechts *(ius commune)* für Deutschland. Die meisten Juristen und Theologen, die sich der Sache der Reformation angeschlossen hatten, waren im kanonischen Recht ausgebildet; etliche führten den Titel des *Doctor iuris canonici* oder des *Doctor iuris utriusque*. In den hitzigen Tagen der revolutionären Umbrüche der 1520er Jahre wurden die protestantischen Neophyten leicht in den radikalen Strudel hineingezogen, das kanonische Recht gänzlich zu tilgen und eine neue evangelische Ordnung zu errichten. Als sich dieser revolutionäre Plan jedoch als nicht ausführbar erwies, kehrten Theologen und Juristen unweigerlich zum kanonischen Recht zurück, das sie schließlich gut kannten. Theologisch bedenkliche kirchliche Strukturen und Rechtsvorschriften wie jene, die unmittelbar mit dem päpstlichen Primat oder den abgelehnten Sakramenten verbunden waren, wurden indes aber weiterhin kritisiert und gemieden. Ein Gutteil dessen, was übrig blieb, wurde umgehend der Theologie und dem Recht des neuen Protestantismus dienstbar gemacht.

Die lutherische Reformation wird daher am besten als Wasserscheide im Strom der westlichen Rechtstradition betrachtet – als Moment und Bewegung, die verschiedene Strömungen deutscher, römischer und römisch-katholischer Rechtsideen und -institutionen zusammenfasste, sie neu ordnete, den neuen lutherischen Normen und Formen jener Tage entsprechend überarbeitete und schließlich in das Regiment und den Dienst des deutschen Volkes überstellte. Der rechtliche Einfluss der lutherischen Theologie schwankte im Laufe der Zeit erheblich. Zahlreiche andere Faktoren neben der lutherischen Theologie – so vor allem Wirtschaft, Politik, Psychologie, Soziologie und Technologie – übten einen erheblichen Einfluss auf die Entwicklung des Rechts aus. Aber die lutherische theologische Reformation hatte einen bedeutenden rechtlichen Einfluss. Davon handelt das vorliegende Buch.

Ernst Troeltsch und die Geschichtsschreibung der lutherischen Reformation

Einige Leser werden bemerkt haben, dass der Untertitel dieses Buches – *Die Rechtslehren der lutherischen Reformation* – eine Anlehnung an den klassischen Titel von Ernst Troeltsch, *Die Soziallehren der christlichen Kirchen und Gruppen* (1911), ist. Troeltsch war einer der großen Universalgelehrten Deutschlands auf der Schwelle zum 20. Jahrhundert, studierter Theologe, aber mit Geschichte, Philosophie, Ethik, Recht und Kulturwissenschaft ebenfalls bestens vertraut.[10] Er schrieb im großen Panoramastil der Intellektuellen des 19. Jahrhunderts. Ein Stil, der mit G. W. F. Hegel nahezu ein Jahrhundert früher und mit Max Weber zur selben Zeit Bedeutung erlangt hatte.[11] Troeltschs Schriften sind ein geistiger Hochgenuss, angefüllt mit

---

10. Vgl. Diskussion und Quellenverweise bei SARAH COAKLEY: Christ without Absolutes: A Study of the Christology of Ernst Troeltsch. Oxford 1988; ROBERT MORGAN: Introduction. In: ROBERT MORGAN/MICHAEL PYE (Hrsg.): Ernst Troeltsch, Writings on Theology and Religion. Louisville, KY 1977, 1-53.
11. Vgl. u. a. GEORGE J. YAMIN, JR.: In the Absence of Fantasia: Troeltsch's Relation to Hegel. Gainesville, FL 1993.

Einleitung

vorzüglichen Interpretationen aller Art, die Theologen, Philosophen, Ethiker, Historiker und Juristen bis heute genährt haben. Troeltsch hatte eine besondere Gabe, das große Ganze zu sehen, eine raffinierte Dialektik zu entwerfen und einzelnen Ideen durch die Weiten kultureller Räume und Zeiten hindurch nachzuspüren. Diese Gaben treten in seinem umfangreichen Werk über *Die Soziallehren der christlichen Kirchen und Gruppen* und in zahlreichen anderen Werken zu Tage. Sogar derjenige, der sich nur flüchtig mit Troeltsch befasst hat, wird seine bemerkenswerte Reise durch fast 2000 Jahre christlicher Theologie und Sozialethik kennen, die sich in Teilen um die Dialektik von »*Kirchentypus*« versus »*Sektentypus*« und »weltzugewandte« versus »weltabgewandte« christliche Theologie hin aufbaut.[12]

Wo es an die Beschreibung der lutherischen Reformation des 16. Jahrhunderts geht, verschleiert Troeltsch allerdings mit seiner so charakteristischen Gabe der Verallgemeinerung die vorhandenen Quellen, insbesondere die rechtlichen Quellen, oder er ignoriert sie gänzlich. Troeltsch nimmt die Strahlkraft der protestantischen Kritik an der katholischen Tradition ganz genau wahr und zählt zahlreiche Veränderungen der katholischen Dogmen, der Liturgie und des sakramentalen Lebens auf, die Luther und seine Anhänger in Deutschland eingeführt hatten. Auch nimmt er zur Kenntnis, dass die lutherischen Reformatoren den Dekalog als Quelle und Summe des Naturrechts und der politischen Moral verstanden hatten. Und er räumt ein, dass im Blick auf solche »rechtlichen Beziehungen« wie Ehe, Erziehung und Bildung die lutherische Reformation »*nicht ohne Einwirkung*« war, wenn auch einen recht uneinheitlichen Einfluss, da die Reformen nach Troeltschs Urteil weitestgehend dazu dienten, die Macht des *Paterfamilias* über die Familie und die Dominanz der protestantischen Magister über die deutsche Bildung zu festigen.[13]

Das Herzstück von Troeltschs Argumentation war es jedoch, die lutherische Reformation würde in Rechtsdingen einfach die mittelalterlichen Zustände fortsetzen. Das Luthertum sei im Wesentlichen eine »*Kirchentypus*«-Bewegung mit wenig Interesse an Fragen des Rechts, der Politik und der Gesellschaft gewesen bzw. einer fehlenden theologischen Befähigung, sich damit zu befassen. Durch den grundlegenden Dualismus von

---

12. Ernst Troeltsch: Die Soziallehren der christlichen Kirchen und Gruppen. In: ders.: Gesammelte Schriften. Bd. 1. Anastatischer Neudruck der Ausgabe von 1912. Tübingen 1919.
13. Ernst Troeltsch: Die Bedeutung des Protestantismus für die Entstehung der modernen Welt (1906/1911). In: ders.: Kritische Gesamtausgabe hrsg. von Trutz Rendtorff. Bd. 8. Berlin/New York 2001, 201-316.

Ernst Troeltsch und die Geschichtsschreibung der lutherischen Reformation

Gesetz und Evangelium, so Troeltsch, neige das Luthertum dazu, Recht und Theologie füreinander bedeutungslos zu machen. Luther und seine Anhänger hätten eine »*überaus grobe, rohe und aphoristische Theorie*« des Rechts entwickelt, das nur wenig von den Allgemeinplätzen des scholastischen und patristischen Rechtsdenkens abweiche.[14] Im Strafrecht führe die lutherische Reformation »*die alte barbarische Justiz*« einfach fort und begründe »*sie auch seinerseits mit dem Gedanken der Erbsünde und der Stellvertretung der vergeltenden Gottheit durch die Obrigkeit*«.[15] »*Ebenso wenig kann man bei dem Zivilrecht von irgendwelchen prinzipiellen Neuerungen sprechen.*« Einzige Ausnahme sei unter Umständen das Eintreten der Reformatoren für eine »*Rezeption des römischen Rechtes*« gewesen, das auch ein Denker wie Philipp Melanchthon »*geradezu mit dem Dekalog identifiziert*« habe.[16] Anstatt das mittelalterliche Recht zu modifizieren, schloss Troeltsch, hätten es die lutherischen Reformatoren einfach unreflektiert übernommen und es dazu benutzt, ihre Macht in Deutschland zu konsolidieren. »*Trotz seiner anti-katholischen Heilslehre*« sei das Luthertum des 16. Jahrhunderts »*eine durch und durch kirchliche Kultur im mittelalterlichen Sinne des Wortes*« gewesen. »*Es strebte danach, Staat und Gesellschaft, Bildung und Wissenschaft, Wirtschaft und Recht den übernatürlichen Richtlinien der Offenbarung entsprechend zu ordnen.*« Genauso wie die Katholiken im Mittelalter »*integrierten*« die Lutheraner des 16. Jahrhunderts »*das Konzept des Naturrechts in ihre allgemeinen Auffassungen, indem sie es mit dem Gesetz Gottes gleichsetzten*«, dessen Auslegung sie sich selbst vorbehielten.[17]

Diese Geringschätzung der lutherischen Reformen des Rechts und der Theologie im 16. Jahrhundert waren Teil und Ergebnis von Troeltschs ehrgeizigem Bestreben zu zeigen, dass die lutherische Reformation keinen Wendepunkt in der abendländischen Tradition markierte und erst recht nicht der Ursprungsquell der Moderne war. Erst die Aufklärung im 18. Jahrhundert, schrieb Troeltsch mehrfach, sei »*Beginn und Grundlage*

---

14. ERNST TROELTSCH: Das christliche Naturrecht. Ueberblick (1913). In: ders.: Gesammelte Schriften. Bd. 4, 156-165, hier: 161-164; vgl. ders.: Das stoisch-christliche Naturrecht und das moderne profane Naturrecht (1911). In: ebd. 166-191, hier: 180-183. Vgl. außerdem ders.: Vernunft und Offenbarung bei Johann Gerhard und Philipp Melanchthon. Berlin 1891, TROELTSCHS erste Buchveröffentlichung.
15. TROELTSCH: Protestantismus, 252.
16. Ebd. 252-255.
17. Zitiert bei TOSHIMASA YASUKATA: Ernst Troeltsch: Systematic Theologian of Radical Historicality. Atlanta 1986, 50 f. Siehe die ausführliche Darstellung bei TROELTSCH: Die Soziallehren, 532-541.

Einleitung

der eigentlich modernen Periode der europäischen Kultur und Geschichte im Gegensatz zu der bis dahin herrschenden kirchlich und theologisch bestimmten Kultur« gewesen.[18] Die *»vorherrschenden Ideen«* der Reformation des 16. Jahrhunderts erwuchsen *»geradewegs aus der Weiterführung und der Kraft der mittelalterlichen Idee«* und waren lediglich *»neue Lösungsansätze für mittelalterliche Probleme«*.[19]

Auf der einen Seite waren Troeltschs Argumente ein stilles Plädoyer für eine christliche Ökumene, dem Bemühen, eine grundlegende Kontinuität zwischen dem katholischen und dem protestantischen Denken zu zeigen, selbst an den größten Brandherden konfessioneller Differenz im 16. Jahrhundert. Eine glückliche Folge solchen Denkens war die Entstehung einer beachtenswerten Schule der Geschichtsschreibung im vergangenen Jahrhundert, durch die eine Vielzahl mittelalterlich-katholischer Vorläufer der protestantischen Reformation zu Tage gefördert wurden, darunter Vertreter des Nominalismus, des Konziliarismus, des Humanismus, des monastischen Pietismus und anderer Bewegungen. Demzufolge wird ein Gutteil der protestantischen Reformation im 16. Jahrhundert nunmehr, mit Heiko Obermans berühmter Formulierung gesprochen, regelrecht als *»Ernte der mittelalterlichen Theologie«* begriffen.[20] Dieselben mittelalterlichen Bewegungen inspirierten gleichzeitig zu eigenen Reformen innerhalb der katholischen Welt des 16. Jahrhunderts, den großen Kanones und Katechismen des Trienter Konzils (1545-1563) und den Reformschriften von Luthers katholischen Zeitgenossen Thomas Morus, Erasmus von Rotterdam, Francisco de Vitoria und anderen.[21]

---

18. ERNST TROELTSCH: Die Aufklärung (1897). In: ders.: Gesammelte Schriften. Bd. 4, 338. Des Weiteren vgl. ders.: Luther, der Protestantismus und die moderne Welt (1907/1908). In: ebd. 202-254, insbesondere 207 ff.; ders.: *Religion in History.* Übers. u. hrsg. v. James Luther Adams/Walter F. Bense. Minneapolis 1991, 3 f., 216-218, 226 f.
19. Zitiert bei YASUKATA: Ernst Troeltsch, a. a. O., 54.
20. HEIKO OBERMAN: The Harvest of Medieval Theology: Gabriel Biel and Late Medieval Nominalism. Cambridge, MA 1963. Vgl. außerdem ders.: Forerunners of the Reformation: The Shape of Medieval Thought. New York 1966; ders.: The Dawn of the Reformation: Essays in Late Medieval and Early Reformation Thought. Edinburgh 1986; ALISTER MCGRATH: The Intellectual Origins of the European Reformation. Oxford 1987.
21. Vgl. Quellenangaben und Erörterung bei JOHN W. O'MALLEY: Trent and all That: Renaming Catholicism in the Early Modern Era. Cambridge, MA 2000; GUIDO KISCH: Erasmus und die Jurisprudenz seiner Zeit: Studien zum humanistischen Rechtsdenken. Basel 1960; FRANCISCO DI VITORIA: Political Writings. Hrsg. v. Anthony Pagden/Jeremy Lawrance. Cambridge/New York 1991; BRIAN TIERNEY: The

Ernst Troeltsch und die Geschichtsschreibung der lutherischen Reformation

Auf der anderen Seite waren Troeltschs Argumente eine unmittelbare Erwiderung auf den neuen lutherischen Triumphalismus seiner Tage, insbesondere den seines Lehrers Albrecht Ritschl und des deutschen Philosophen und Historikers Wilhelm Dilthey, deren Schriften Troeltsch während seines Studiums eingehend studiert hatte. Diese und verschiedene andere deutsche Intellektuelle waren ausgezogen, das pietistische, der Gesellschaft abgewandte Luthertum des späten 19. Jahrhunderts in Deutschland zu reformieren. Ausgestattet mit einer neuen kritischen Ausgabe von *Luthers Werken* und einer wachsenden Anzahl von historischen Belegen für die »kulturelle Bedeutung« der lutherischen Reformation, wirkten diese deutschen Intellektuellen auf ihre evangelischen Glaubensgenossen ein, Luther und seine Anhänger zu den größten Propheten und Gründern der Moderne zu zählen und deren Einfluss auf die moderne deutsche Kultur zu würdigen.[22] Zeitgleich waren in calvinistischen Gemeinden in Europa Bewegungen im Gange. Diese brachten etwa Abraham Kuypers anspruchsvolles Werk *Reformation wider Revolution: Sechs Vorlesungen über den Calvinismus* (1898) hervor, in dem sich Kuypers für einen calvinistischen Ursprung der modernen Politik, Wissenschaft und der Ästhetik aussprach. Noch bekannter ist Max Webers Arbeit *Die protestantische Ethik und der Geist des Kapitalismus* (1904-1905), eine Verteidigungsschrift für den calvinistischen Ursprung des modernen Kapitalismus und des demokratischen Wirtschaftssystems.

Troeltsch arbeitete gewissenhaft daran, die Schwächen jenes protestantischen Triumphalismus aufzuzeigen, insbesondere die des deutschen Luthertums.[23] Die soziale Blutleere, die politische Ergebenheit und der rechtliche

---

Idea of Natural Rights: Studies on Natural Rights, Natural Law, and Church Law, 1150-1625. Atlanta 1997, 207 ff.

22. KARL HOLL: Die Kulturbedeutung der Reformation (1911). In: ders.: Gesammelte Aufsätze zur Kirchengeschichte. Bd. 1. 7. Aufl. Tübingen 1948, 468; vgl. die Analyse bei HEINRICH BORNKAMM: Luther im Spiegel der deutschen Geistesgeschichte. Heidelberg 1955; STEVEN OZMENT: The Age of Reform, 1250-1550: An Intellectual and Social History of Late Medieval and Reformation Europe. New Haven, CT 1980, 260 ff.; ders.: Protestants: The Birth of Revolution. New York 1992, 1-7, 119 ff.; HELMUT WALSER SMITH: German Nationalism and Religious Conflict: Culture, Ideology, Politics, 1870-1914. Princeton 1995; JAMES STAYER: Martin Luther, German Saviour: German Evangelical Theological Factions and the Interpretation of Luther, 1917-1933. Montreal 2000.

23. Vgl. die detaillierten Quellenangaben und Diskussion bei BRENT W. SOCKNESS: Against False Apologetics: Wilhelm Herrmann and Ernst Troeltsch in Conflict. Tübingen 1998.

Einleitung

Quietismus des neuzeitlichen Luthertums seien kein Verrat an der lutherischen Reformation des 16. Jahrhunderts, sondern deren Konsequenz. Luther und seine Anhänger mögen Theologie und Kirche reformiert haben, aber in rechtlichen und politischen Dingen hätten sie kaum mehr getan, als den *status quo* anzuerkennen. Die spätere Tragödie des Zweiten Weltkriegs und die gleichzeitige Zurückhaltung der lutherischen Kirchen schienen eine düstere Rechtfertigung für Troeltschs These zu sein. Eine ganze Industrie von Schriften entstand daraufhin in der Mitte des 20. Jahrhunderts, die direkt und scheinbar mühelos Verbindungslinien von Luther zu Hitler und von den reformatorischen Predigten gegen die Juden zu den Gräueln der Shoah zogen.[24]

Troeltschs Interpretation von Recht und Theologie der lutherischen Reformation nahm einen Gutteil der neueren Geschichtsschreibung vorweg, wenn sie diese nicht sogar prägte. Kirchenhistoriker, Rechtshistoriker und Sozialhistoriker gleichermaßen haben verschiedene Aspekte seiner These wiederholt und verfeinert.

Wie Troeltsch neigten viele Kirchenhistoriker dazu, den rechtlichen Beitrag der lutherischen Reformation gering zu schätzen. Sie neigten dazu, ihre Analysen auf die Schriften von Luther, Melanchthon und anderer reformatorischer Lehrautoritäten zu konzentrieren, und glaubten, darin lediglich ein rudimentäres Rechtsverständnis vorzufinden, willkürlich angeordnet und zuweilen pathetisch proklamiert. Sie neigten dazu, die rechtliche Ausarbeitung und politische Vergegenständlichung der lutherischen Lehren außer Acht zu lassen, die im Laufe des 16. Jahrhunderts von einflussreichen deutschen Juristen erarbeitet worden waren. Außerdem neigten viele Kirchenhistoriker dazu, ihre Aufmerksamkeit auf die lutherischen Reformen von Glaubenslehre, Liturgie und Kirchenverfassung zu beschränken, und behandelten das Luthertum in erster Linie als geistliche, bisweilen sogar mystische Bewegung. »*Luthers Kirche*«, schrieb Hajo Holborn, »*war ausschließlich auf das Evangelium und den geistlichen Trost des Einzelnen begrenzt. (…) Luther hütete sich davor, den Einzelheiten einer weltlichen Ordnung irgendeine Bedeutung zuzuschreiben.*«[25] Ähnliches schrieb Reinhold

---

24. Vgl. u. a. WILLIAM M. MCGOVERN: From Luther to Hitler: The History of Fascist-Nazi Political Philosophy. Boston 1941; und eine Zusammenfassung und Auswertung neuerer Literatur bei JAMES D. TRACY (Hrsg.): Luther and the Modern State in Germany. Kirksville, MO 1986; HEIKO OBERMAN: Wurzeln des Antisemitismus. Christenangst und Judenplage im Zeitalter von Humanismus und Reformation. Berlin 1981.
25. HAJO HOLBORN: A History of Modern Germany. Bd. 1: The Reformation. New Haven, CT 1959, 188, 190.

Niebuhr und kritisierte Luther und seine Anhänger für ihre »*quietistischen Tendenzen*« und ihre »*Schwarzseherei*«. Für Luther »*obliege dem Christenmenschen keinerlei Pflicht, die gesellschaftlichen Strukturen zu verändern, damit sie den Ansprüchen einer Geschwisterschaft besser entsprechen.*«[26]

Wie Troeltsch neigten viele Rechtshistoriker dazu, das 16. Jahrhundert im Allgemeinen und lutherische Theologie im Besonderen gering zu schätzen. Die meisten heutigen Standardtexte der Rechtsgeschichte handeln die Reformationszeit des 16. Jahrhunderts als reine Übergangsphase in der abendländischen Rechtstradition ab, wenn sie ihr überhaupt Beachtung schenken.[27] »*Die Juristen des 16. Jahrhunderts*«, schreibt ein führender Jurist, »*waren lediglich die Türhüter des modernen Zeitalters*« des abendländischen Rechts und Rechtsdenkens. Die Gesetzgeber und Richter des 16. Jahrhunderts »*führten einige der Experimente durch, die notwendig waren, um die große Kodifizierungswelle des modernen Zeitalters vorzubereiten*«, aber sie »*waren selbst kaum in der Lage, neue Rechtsideen beizusteuern.*« Bestenfalls war das 16. Jahrhundert ein schiffbarer Kanal, durch den das Abendland vom mittelalterlichen kanonischen Recht hin zum modernen Zivilrecht der Neuzeit steuerte. Bestenfalls bot die Rechtstheorie des 16. Jahrhunderts einen Übergang vom rechtlichen Kommunitarismus eines Gratian, Thomas von Aquin und Ockham zum rechtlichen Individualismus eines Grotius, Hobbes und Locke. Wenn sich Rechtshistoriker mit dem 16. Jahrhundert befassen, neigen sie dazu, den Schwerpunkt auf andere Themen zu legen – etwa das Aufkeimen eines rechtlichen Humanismus, die Rezeption des römischen Rechts, das Aufkommen machiavellistischer Politik usw. Die theologischen Beiträge der Lutheraner blieben dabei weitgehend unberührt.[28]

---

26. REINHOLD NIEBUHR: The Nature and Destiny of Man. Bd. 2. New York 1964, 192 f.; für weitere Quellenverweise und Analyse vgl. CARTER LINDBERG: Beyond Charity: Reformation Initiatives for the Poor. Minneapolis 1993, 161 ff.
27. Vgl. zur Kritik der rechtshistorischen Literatur HAROLD J. BERMAN/JOHN WITTE, JR.: The Transformation of Western Legal Philosophy in Lutheran Germany. In: Southern California Law Review 62 (1989), 1573-1660, hier: 1575-1579, 1650-1660; HAROLD J. BERMAN: Faith and Order: The Reconciliation of Law and Religion. Atlanta 1993, 86-103.
28. HERMAN DOOYEWERD: Encyclopaedie der Rechtswetenschap. Bd. 1. Amsterdam 1946, 93; vgl. ähnlich FRANZ WIEACKER: Privatrechtsgeschichte der Neuzeit. 2. Aufl. Göttingen 1967, 189 ff.; ERNST CASSIRER: The Myth of the State. New Haven, CT 1946, 116 ff.; posthume Veröffentlichung in deutscher Sprache: Vom Mythus des Staates. Philosophische Grundlagen politischen Verhaltens. Zürich 1949, Nachdruck Hamburg 2002.

Einleitung

Bisweilen tun heutige Sozialhistoriker die »Reformation« mehr noch als Troeltsch als Fiktion der Geschichtswissenschaftler und als historischen Fehlschlag ab. Martin Luther und andere Persönlichkeiten des 16. Jahrhunderts hätten sicherlich Reformen aller Art gefordert, gestehen moderne Interpretationen zu. Aber sie hätten keine wirkliche Reformation angestoßen. Ihre Ideen hätten wenig Einfluss auf den Glauben und die Gewohnheiten des gemeinen Volkes gehabt. Ihre Grundsätze hätten eher elitäres Denken und Chauvinismus begünstigt, als dass sie Gleichheit und Freiheit gefördert hätten. Ihre Reformen hätten dazu geführt, dass aufkeimende Bewegungen für Demokratie und Marktwirtschaft behindert und neue Auswüchse bei den Patriarchien von Familie, Kirche und Staat begünstigt wurden. Nach Meinung der Herausgeber des *Handbook of European History 1400-1600* müsse »die Reformation« nunmehr als eine ideologische Kategorie des »protestantischen Geschichtsglaubens des 19. Jahrhunderts« angesehen werden, der mehr dazu diene, das Selbstverständnis der modernen gemäßigten Protestanten zu verteidigen, als einen entscheidenden Wendepunkt in der abendländischen Geschichte zu markieren. Heutige Geschichtsschreibung, so die Herausgeber weiter, habe einen »Bewusstseinswandel« mit sich gebracht, der dem Begriff »Reformation« nunmehr jeglichen Nutzen und jede Glaubwürdigkeit »geraubt« habe. Insbesondere *»mit dem Aufkommen der Wirtschafts- und Sozialgeschichtsschreibung wurde die Grenze zwischen dem neuzeitlichen und dem alten Europa immer mehr in die Epoche von 1750 bis 1815 verlagert.«* Darüber hinaus *»wurde durch das schwindende Ansehen des Individualismus und des Christentums in der europäischen Hochkultur die Überzeugungskraft des [reformatorischen] Konzepts geschwächt.«*[29]

Das vorliegende Buch lädt Historiker und alle Interessierten dazu ein, sich der lutherischen Reformation aufs Neue zuzuwenden, diesmal durch das »Binokular« des Rechts und der Theologie.[30] Es lädt Kirchenhistoriker dazu ein, genauer auf die rechtlichen Dimensionen der Reformationszeit zu schauen, als ein Gutteil der neuen Theologie in seine bleibenden Formen gegossen wurde. Es lädt Rechtshistoriker dazu ein, genauer auf die religiösen Dimensionen der Reformationszeit zu schauen, als ein Gutteil des neuen Rechts seine bleibenden Normen fand. Und es lädt Sozialhistoriker dazu

---

29. Thomas A. Brady u. a. (Hrsg.): Handbook of European History, 1400-1600. Leiden/New York 1994, XIII-XVII.
30. Der Ausdruck stammt von Jaroslav Pelikan: Vorwort zu John Witte, Jr./Frank S. Alexander (Hrsg.): The Weightier Matters of the Law: Essays on Law and Religion. Atlanta 1988, XII.

ein, sowohl die Theologie als auch das Recht der Reformation noch ernster zu nehmen als Quelle von Ideen und Institutionen, die weit mehr sind als nur die Totempfähle der Elite oder die Knute der Mächtigen. Das Binokular von Recht und Theologie, so gebe ich nochmals zu bedenken, erfasst ein erheblich breiteres und umfassenderes Panorama von der lutherischen Reformation, als es jedes Monokular des Rechts oder der Theologie für sich alleine oder geschweige denn das bloße moderne Auge könnte, das sich vor allem auf die sozialen Details des 16. Jahrhunderts konzentriert. Durch dieses Binokular betrachtet, erscheint die lutherische Reformation wohl kaum mehr als ein ideologisches Konzept oder als eine brachliegende Kategorie, wie es von einem Teil der neuesten Geschichtswissenschaft eingeschätzt wird.

Indem das vorliegende Buch den traditionellen Grundlinien der historischen Analyse zuwiderläuft, wird es unweigerlich die Kritik derer auf sich ziehen, die ihre Lieblingsargumente widerlegt oder vernachlässigt sehen. Indem es die Schreibtische zahlreicher Theologen und Juristen des 16. Jahrhunderts noch einmal durchstöbert, wird es unvermeidlich ins Kreuzfeuer jener Fachleute geraten, die ebenjene Schreibtische auf bestimmte Weise geordnet haben. Indem historische Argumente und Konzepte angeführt und miteinander verbunden werden und ihr dauerhafter Einfluss auf die abendländische Rechtstradition gezeigt wird, muss dieses Buch die Missbilligung des Historismus und des Ikonoklasmus auf sich ziehen. Das ist die Bürde jeder gewissenhaften Arbeit interdisziplinärer Forschung.

Für gewöhnlich ist solches methodologisches Murren freilich nur vorübergehend und unausweichlich. Nachdem sich das unvermeidlich missmutige Murren erhoben hat, wird die Frage bleiben, ob Fachleute von ihren Lieblingsformeln aufblicken und in dem vorliegenden Buch einen neuen Weg entdecken, Recht und Reformation, Recht und Theologie, Recht und Geschichte, Recht und Ideenlehre zu verstehen. Werden Studierende und eine interessierte Leserschaft aus diesem Buch frische Inspiration und Information gewinnen, die weder der traditionellen Regel folgen, dass zuerst das eine passieren muss, dann das andere, noch einer neuen Mode, die alle alten Schriftstücke und Traditionen zu kurzen, unverbundenen Geschichten degradiert? Werden Theologen und Kirchenvolk, Politiker und Analysten öffentlicher Grundsätze, Soziologen und Anthropologen in dieser Arbeit theologische wie rechtliche Methoden und Lektionen sehen, die für unsere Zeit von Bedeutung sind? Werden Protestanten und Katholiken in diesen einstigen Annäherungen und Zusammenflüssen des kanonischen und des bürgerlichen Rechts nützliche Quellen und Anregungen für eine weiterreichende christliche Ökumene und politischen Aktivismus finden?

Einleitung

Das ist die weiterreichende Herausforderung des vorliegenden Buches. Ich habe versucht, den Gegenstand so weit auszuschöpfen, wie es mir die Quellenlage gestattet hat. Ich habe versucht, meine These mit Hilfe zahlreicher theologischer und rechtlicher Quellen, die heute weniger bekannt sind oder Verwendung finden, ausreichend zu belegen. Schließlich habe ich versucht, ein paar moderne Schlussfolgerungen aus der Sache zu ziehen und mich bemüht, chronologischen Wissenschaftsdünkel dabei ebenso zu vermeiden wie das Schreiben einer »Siegergeschichte«.[31]

---

31. Dieser Ausdruck stammt von R. H. HELMHOLZ: Canon Law and English Common Law. London 1983, 15.

Erstes Kapitel

Das kanonische und das weltliche Recht am Vorabend der Reformation

In seiner programmatischen Schrift von 1520 »*An den christlichen Adel deutscher Nation von des christlichen Standes Besserung*« beklagt Martin Luther, »*das weltlich recht*« sei in Deutschland »*einn wildnisz wordenn*«. Er sah sich in der Tat unzähligen »*weytleufftigen und fern gesuchten*« Gesetzen gegenüber und schlug bei dem Versuch, dienliche Rechtsreformen zu entwerfen, verzweifelt die Hände über dem Kopf zusammen. Ein paar flüchtige Zeilen, die von der Überlegenheit des weltlichen Rechts über das kanonische Recht und des territorialen Rechts über das Reichsrecht handelten, strich er kurzerhand wieder durch. Gesetze müssten auf die »*eygen art und gaben*« eines lokalen Gemeinwesens maßgeschneidert sein, formulierte er noch. Danach bricht er seinen Gedankengang unvermittelt ab, was für ihn ausgesprochen ungewöhnlich war. Er rät schlichtweg, »*vornunfftige regenten neben der heyligen schrifft werenn ubrig recht gnug*«, und drückt seine Hoffnung aus, »*es sey dise sach schon von andern basz bedacht und angesehen, dan ichs mag anbringen*«.[1] Wenn er sich dieser Angelegenheit auch sehr bald wieder zuwenden sollte, widmete er sich zunächst denjenigen Fragen, die ihm zu diesem Zeitpunkt dringlicher erschienen, nicht zuletzt der päpstlichen Bulle, die seine Exkommunikation forderte und eine wachsende Gefahr darstellte, der er selbst unmittelbar ausgesetzt war.

Luther hatte Grund genug gehabt, an dem Versuch, das damalige deutsche Recht zu beurteilen, in Verzweiflung zu geraten. Im Jahr 1520 zählten zu den deutschsprachigen Ländern des Heiligen Römischen Reiches nicht weniger als 364 registrierte Gemeinwesen. Die meisten von ihnen hatten ihr eigenes lokales Rechtssystem. Etwa die Hälfte von ihnen waren geistliche Gemeinwesen, die von einflussreichen Fürstbischöfen und Prälaten regiert wurden, die innerhalb ihres jeweiligen Herrschaftsbereichs sowohl die geistliche als auch die weltliche Jurisdiktion ausübten. Die übrigen waren weltliche Gemeinwesen verschiedener Art und Größe, einige große und einflussreiche Fürstentümer, eine Reihe weniger bedeutender Fürstentümer,

---

1. WA 6, 459 f.

1 · Das kanonische und das weltliche Recht am Vorabend der Reformation

Herzogtümer, Grafschaften, Grundherrschaften und freie Städte, von denen die meisten ihre eigenen Formen lokalen weltlichen Rechts hatten.[2]

Deutschland war Teil der christlich-abendländischen Kirche und des Heiligen Römischen Reiches. Dementsprechend unterlag es der Rechtsprechung des Papstes und des kanonischen Rechts genauso wie dem Kaiser und dessen Reichsrecht. Auf der Schwelle zum 16. Jahrhundert war das kanonische Recht dabei erheblich wirkmächtiger und verbindlicher. Deutschland war zur damaligen Zeit ein recht konservatives katholisches Bollwerk, und die deutschen Bischöfe und Prälaten waren romtreuer als viele ihrer ausländischen Amtsbrüder. Insbesondere in geistlichen Fürstentümern bestimmten die allgemeinen kanonischen Rechtsnormen des Papstes und der Kirchenkonzile und die lokalen kanonischen Rechtsnormen der deutschen Bischöfe und Lokalsynoden das geistliche wie weltliche Leben gleichermaßen. Eine Hierarchie von Kirchengerichten und anderen administrativen Behörden sorgte mit ihrem differenzierten System aus Prozess, Urteil und Berufung für eine nachhaltige Implementierung des kanonischen Rechts.

Im Gegensatz dazu unterlag das Recht des römisch-deutschen Kaisers zunehmend der lokalen Kontrolle der deutschen Fürsten, Städte und Stände. Im späten 15. Jahrhundert hatte der Kaiser verschiedene Reichsreformen und Friedensstatute für Deutschland verabschiedet und im Jahr 1495 ein Oberstes Kaiserliches Gericht eingesetzt, um dem Reichsrecht in den verfehdeten deutschen Staaten Geltung zu verschaffen. Bis zur Mitte des

---

2. Die Zahlen stammen aus der Reichsmatrikel des Reichstags zu Worms, Nachdruck in: GERHARD BENECKE: Society and Politics in Germany, 1500-1700. London 1974, Anhang II, 382-393. Davon abweichende Zahlen, die auf anderen Reichs- und Gebietsregistern basieren, vgl. HAJO HOLBORN: A History of Modern Germany: The Reformation. New Haven, CT 1959, 39 (120 Kirchenfürsten und Prälaten, 30 weltliche Fürsten, mehr als 100 Grafen und Herzöge und 66 Städte); GEORGE R. POTTER/DENYS HAY (Hrsg.): New Cambridge Modern History. Bd. 1. Cambridge 1957, 194 (sechs Kurfürsten, 120 Prälaten, 30 Laienfürsten, 140 Grafen und Herzöge und 85 Städte); F. R. H. DUBOULAY: Germany in the Later Middle Ages. London 1983, 93 f. (sieben kurfürstliche und 25 weltliche Fürstentümer, 90 Erzbistümer, Bistümer und Klöster, mehr als 100 Grafschaften und weniger bedeutende Herrschaften); STEVEN OZMENT: The Age of Reform, 1250-1550: The Intellectual and Social History of Late Medieval and Reformation Europe. New Haven, CT 1980, 190 ff.: 75 freie Städte und rund 3000 Städte. Die deutschsprachigen Gebiete des Reichs schlossen nicht nur das heutige wiedervereinigte Deutschland ein, sondern auch Teile der heutigen Niederlande, der Schweiz, Österreichs, der Slowakischen Republik und der Tschechischen Republik. Entsprechendes Kartenmaterial findet sich in: POTTER/HAY (Hrsg): The New Cambridge Modern History; GEOFFREY BARRACLOUGH: The Origins of Modern Germany. New York 1957, 359 f.

16. Jahrhunderts hatte sich davon jedoch wenig durchsetzen können. Erheblich durchsetzungsfähiger waren dagegen einige der sogenannten *Rechtsreformationen* der deutschen Städte und Territorien im späten Mittelalter. Diese Rechtsreformationen stärkten sowohl die Rechtskompetenz als auch das Ansehen der örtlichen Fürsten und Stadträte und ermächtigten sogar einige von ihnen, Macht und Besitz der örtlichen Bischöfe und Prälaten zunehmend zu begrenzen. Mit der Macht und dem Einfluss der Kirche und des kanonischen Rechts konnte sich um das Jahr 1500 allerdings weder der Heilige Römische Kaiser noch irgendein anderer lokaler Fürst oder Stadtrat messen.

Die Aufgabe dieses kurzen Kapitels ist es, (1) das Wesen des kanonischen Rechts und die Quellen der kirchlichen Rechtsprechung, (2) die Formen des weltlichen Rechts und den Impetus für neue Rechtsreformationen sowie (3) die zunehmenden Konflikte zwischen weltlichem und kanonischem Recht zu beschreiben, die dazu beigetragen haben, der lutherischen Reformation den Weg zu bereiten.

Das kanonische Recht

Am Vorabend der lutherischen Reformation war die katholische Kirche eine gewaltige rechtliche und politische Instanz, die weite Teile Deutschlands beherrschte. Im Jahr 1517 waren die deutschsprachigen Gebiete des Heiligen Römischen Reichs in drei geistliche Kurfürstentümer, vier Erzbistümer, 46 Bistümer, 83 Klöster und andere Prälaturen geteilt. Die drei Kurfürstentümer Köln, Mainz und Trier und 30 der Bistümer waren kirchliche Fürstentümer, die zusammen ein Viertel der deutschen Gebiete ausmachten. Sie wurden von Fürstbischöfen regiert, die in ihrem Territorium keine starke weltliche Konkurrenz zu fürchten hatten. Die Grenzen der übrigen kirchlichen Gemeinwesen überlagerten sich mit den weltlichen, und Klerus und weltliche Obrigkeiten regierten parallel.[3] Die Kirche unterhielt die meisten Schulen, Hospitäler, Armenhäuser und Wohlfahrtseinrichtungen in Deutschland durch ihre Kathedralen, Klöster, Stifte und geistlichen Professionen. Unzählige Geistliche versahen in der Kirche ihren Dienst. Viele

---

3. GERHARD BENECKE: Society and Politics in Germany, 1500-1700. London 1974, 382-393; WILLY ANDREAS: Deutschland vor der Reformation. 5. bearb. Aufl. Berlin 1932, 61 ff.; LAWRENCE G. DUGGAN: Bishop and Chapter: The Governance of the Bishopric of Speyer to 1552. New Brunswick, NJ 1978, 3 ff.

1 · Das kanonische und das weltliche Recht am Vorabend der Reformation

von ihnen hatten sowohl Theologie als auch Kirchenrecht an einer der zwölf deutschen Universitäten studiert, die von der Kirche berechtigt worden waren, oder aber im Ausland in Italien, Frankreich, Spanien oder den Niederlanden.[4] Im Jahr 1500 dominierte das kanonische Recht die juristischen Fakultäten der deutschen Universitäten: Die Mehrzahl der Lehrstühle war von Kanonisten besetzt, und die Mehrzahl der Jurastudenten widmete sich dem kanonischen Recht.[5]

Auf der Grundlage dieses differenzierten Systems beanspruchte die Kirche in Deutschland eine weitreichende *geistliche* Rechtsprechung. Sie beanspruchte die exklusive Zuständigkeit *ratione personae* über geistliche Personen, d.h. die Welt- und Ordensgeistlichen sowie die weiblichen Ordensleute, über Juden und Muslime, Häretiker, Durchreisende wie Pilger, Studenten, Kreuzfahrer, Seeleute und ausländische Händler sowie über die sogenannten *personae miserabiles* (Witwen, Waisen, Arme). Sie beanspruchte zudem die Zuständigkeit *ratione materiae* für die religiöse Lehre und Liturgie, Streite über Kirchengut, Patronats-, Pfründ- und Zehntstreitigkeiten; Priesterweihe, Besetzung kirchlicher Ämter und Kirchenzucht; Sexual-, Ehe- und Familienleben; letztwillige Verfügungen, Testamente

4. Die dreizehnte deutsche Universität in Wittenberg wurde bei ihrer Gründung im Jahr 1502 nicht von der Kirche übernommen. Vgl. HEIKO A. OBERMAN: University and Society on the Threshold of Modern Times: The German Connection. In: JAMES M. KITTELSON/PAMELA J. TRANSUE (Hrsg.): Rebirth, Reform, and Resilience: Universities in Transition, 1300-1700. Columbus, OH 1984, 19, 28. Zur Ausbildung der kanonischen Rechtsgelehrten in Deutschland und im Ausland vgl. ADOLF STÖLZEL: Die Entwicklung des gelehrten Richtertums in den deutschen Territorien. Bd. 1. Berlin 1901, 45-111; RAINER C. SCHWINGES: Deutsche Universitätsbesucher im 14. bis 15. Jahrhundert. Studien zur Sozialgeschichte des alten Reiches, Stuttgart 1986; ERICH GENZMER: Kleriker als Berufsjuristen im späten Mittelalter. In: Etudes d'histoire du droit canonique dédiées à Gabriel le Bras. Bd. 2. Paris 1965, 1207-1236.
5. Vgl. im Allgemeinen RODERICH VON STINTZING: Geschichte der populären Literatur des römisch-kanonischen Rechts in Deutschland am Ende des fünfzehnten und im Anfang des sechzehnten Jahrhunderts, Leipzig 1867, 21 ff.; OTTO VON STOBBE: Geschichte der deutschen Rechtsquellen. Bd. 2. 16 ff.; HELMUT COING (Hrsg.): Handbuch der Quellen und Literatur der neueren europäischen Privatrechtsgeschichte. Bd. 1: Mittelalter (1100-1500). München 1973, 835-846; KARL H. BURMEISTER: Das Studium der Rechte im Zeitalter des Humanismus im deutschen Rechtsbereich, Wiesbaden 1974, 31-57, 73-77, 181-193, zeigt, dass im vorreformatorischen Deutschland durchschnittlich 60% der Lehrstühle an den juristischen Fakultäten dem Studium des kanonischen Rechts gewidmet waren. Die überwiegende Mehrheit der Studenten erwarb entweder den akademischen Grad des *Doctor Iuris Canonici* oder des *Doctor Iuris Utriusque*.

und gesetzliche Erbfolge; Gelöbnisse und Gelübde; eine Vielzahl moralischer Verfehlungen gegenüber Gott, den Nächsten und sich selbst. Vom ausgehenden 13. Jahrhundert an manifestierte die Kirche ihren Anspruch auf die geistliche Jurisdiktion in zahlreichen Konkordaten und Erklärungen.[6]

Darüber hinaus erhob die Kirche Anspruch auf die *weltliche* Rechtsprechung in Angelegenheiten und über Personen, bei denen eine oder mehrere weltliche Autoritäten um die Zuständigkeit konkurrierten. Durch Gerichtsstands- oder Rechtswahlklauseln in Verträgen oder Abkommen bzw. durch Gerichtstandsvereinbarungen unmittelbar vor einem Prozess konnten die Parteien in gegenseitigem Einvernehmen beschließen, ihre zivilrechtlichen Streitigkeiten nach kanonischem Recht zu verhandeln. Streitfälle konnten von einem Zivilgericht an ein Kirchengericht zurückverwiesen werden, wenn die zivilrechtlich verfügbaren Verfahren für ungerecht oder unangemessen erachtet wurden.[7]

Diese gerichtliche Inanspruchnahme machte Kirchenvertreter in Deutschland zu Gesetzgebern und Richtern gleichermaßen. Vom 12. Jahrhundert an erließen kirchliche Autoritäten stetig päpstliche Dekretalen und Bullen, konziliare Dekrete und Edikte, die für das gesamte christliche Abendland Bedeutung erlangen sollten. Diese allgemeinen Rechtsdokumente waren als Einzelschriften oder als umfänglich kommentierte deutschsprachige Sammlungen im Umlauf. Eine beachtliche Anzahl ergänzender Rechtsvorschriften, veröffentlicht von deutschen Bischöfen und Synoden, kursierte ebenfalls sowohl im Original als auch in kommentierten lokalen Rechtssammlungen und pastoralen Handbüchern.[8] Umfangreiche Beichtbücher von Johannes von Freiburg, Bruder Berthold, Angelus de Clavasio und anderen boten ausführliche Zusammenfassungen und Illustrationen der kanonischen Rechtsnormen.[9] Kunstvoll verzierte Handbücher wie *Margarita*

---

6. Vgl. UDO WOLTER: Amt und Officium in mittelalterlichen Quellen vom 13. bis 15. Jahrhundert: Eine begriffsgeschichtliche Untersuchung. In: ZSS KA 78 (1988), 246; HAROLD J. BERMAN: Law and Revolution. The Formation of the Western Legal Tradition. Cambridge, MA 1983, 260ff.; COING: Bd. 1, 467-504, 835-846.
7. WINFRIED TRUSEN: Anfänge des gelehrten Rechts in Deutschland. Ein Beitrag zur Geschichte der Frührezeption. Wiesbaden 1962, 63ff.
8. Zur Entstehung des Corpus Iuris Canonici (1671 erstmals als solcher bezeichnet) vgl. COING: Bd. 1, 835-846; Bd. 2,1: Neuere Zeit (1500-1800). München 1977, 615, 664-667; STINTZING: Geschichte der populären Literatur, 7-50, 151-196; STOBBE: Bd. 2, 17ff.
9. Vgl. die Aufzählungen in: LUDWIG HAIN: Repertorium bibliographicum in quo libri omnes ab arte typograhica inventa usque ad annum MD. 4 Bde. Mailand

1 · Das kanonische und das weltliche Recht am Vorabend der Reformation

Decreti, Repertorium Aureum und *Breviarium decretorum et decretalium* boten hilfreiche Einführungen in die kanonische Rechtsprechung.[10] Erfahrene Leser konnten sich den Fachkommentaren und Stellungnahmen eines Johannes Andreae, Sebastian Brant und unzähliger weiterer deutscher Kanonisten zuwenden, deren Schriften dank der Erfindung des Buchdrucks im frühen 16. Jahrhundert in Deutschland weite Verbreitung fanden.[11]

Kirchengerichte urteilten nach den materiellrechtlichen und verfahrensrechtlichen Regeln des kanonischen Rechts. Die meisten Fälle wurden zunächst im Konsistorialgericht angehört, dem der Erzdiakon oder ein Richter *ad litem* vorsaß. Für größere Streitsachen, bei denen es um Annullierung, Häresie oder Verbrechen von Klerikern ging, war üblicherweise das Konsistorialgericht des Bischofs zuständig, dem der Bischof selbst vorsaß oder sein Vertreter. Regelmäßig beauftragte der Papst oder ein einflussreicher Bischof fahrende kirchliche Richter, die sogenannten *Inquisitoren*, die dann für bestimmte Streitfragen zuständig waren, die normalerweise in der Kompetenz des Konsistorialgerichts lagen. Der Papst entsandte außerdem seine Legaten, denen er eine Vielzahl richterlicher und administrativer Befugnisse übertragen konnte. In Streitsachen konnten die richterlichen Instanzen der Kirchengerichte angerufen werden bis hin zur *Rota Romana*. Bei Fällen, die besonders schwierige oder neue Fragen aufwarfen, konnten ausgewiesene Kanonisten oder ganze juristische Fakultäten hinzugezogen werden, die dann Assessoren genannt wurden, deren Rechtsgutachten *(consilia)* häufig von den Kirchengerichten übernommen wurden. Sie waren zwar nicht bindend, aber in der Regel richtungsweisend.[12]

Der Rechtsanspruch der Kirche, kanonisches Recht zu erlassen und durchzusetzen, basierte auf drei wesentlichen Begründungen:

Erstens gründete die Kirche ihre Jurisdiktionsansprüche auf ihre Hoheit über die Sakramente. Seit dem 12. Jahrhundert hatten Theologen sieben liturgische Sakramente anerkannt: die Taufe, die Firmung, die Buße, die Eucharistie, die Ehe, die Priesterweihe und die letzte Ölung, eine Sakramententheologie, die formell und letztgültig durch das Konzil von Trient (1545-

---

1948, und die Diskussion bei: Trusen: Anfänge, 135 ff.; Thomas N. Tentler: Sin and Confession on the Eve of the Reformation. Princeton, NJ 1977, 28 ff.

10. Martinus Polonus: Margarita decreti seu tabula martiniana, Erlangen 1481; Repertorium aureum mirabili artificio contextum continens titulos quinque librorum decretalium. Köln 1495; Paulus Florentinus: Breviarium decretorum et decretalium. Leiden 1484.
11. Vgl. die Diskussion in: Stintzing: Geschichte der populären Literatur, 451-462.
12. Vgl. die Quellen und Diskussionen in: James R. Sweeney; Stanley A. Chodorow (Hrsg.): Popes, Teachers, and Canon Law in the Middle Ages. Ithaca, NY 1989.

1563) bestätigt worden war. Diese sieben Sakramente wurden anders als andere heilige Symbole und Rituale als – mit Peter Lombardus' Worten – »Zeichen« und »Ursache« der Gnade Gottes verstanden, die Christus für die Heiligung seiner Kirche eingesetzt habe.[13] Werden sie ordnungsgemäß verwaltet und empfangen, würden die Sakramente die Seelen ihrer Empfänger verwandeln und der christlichen Gemeinde heiligende Gnade verleihen. Die Verwaltung solcher heiligen Handlungen könne nicht einfach den Vorlieben des Gemeindepriesters oder den Präferenzen der einzelnen Gläubigen anheimgestellt bleiben. Christus habe Petrus die Autorität über die Sakramente übertragen und damit in apostolischer Sukzession dem Papst und den anderen Leitungsämtern der Kirche. Der Papst und sein Klerus hätten darum die Vollmacht, kanonische Rechtsregeln zu erlassen und durchzusetzen, die die Teilhabe und den Umgang mit den Sakramenten regelten (im wörtlichen Sinn »Recht zu sprechen« – *ius dicere*).

Diese Rechtsprechung über die Sakramente hatte die Kirche seit der Zeit der Apostel und in zunehmendem Maße seit dem 12. Jahrhundert geübt. Bis 1517 hatte die Kirche sogar an einzelne Sakramente ganze Systeme kanonischer Rechtsvorschriften und -verfahren geknüpft. Das Sakrament der Ehe stützte die kanonischen Vorschriften zu Sexual-, Ehe- und Familienleben. Das Sakrament der Buße untermauerte das kanonische Recht zu Verbrechen und unerlaubten Handlungen (Delikten) und indirekt das kanonische Recht zu Verträgen, Eideserklärungen, Stiftungen und Hinterlassenschaften. Das Sakrament der Priesterweihe wurde zur Grundlage für ein ausdifferenziertes kanonisches Recht von den Rechten und Pflichten des Klerus. Und die Sakramente der Taufe und der Firmung begründeten ein konstitutionelles Recht von den natürlichen Rechten und Pflichten der christlichen Gläubigen.[14]

Zweitens gründete die Kirche ihre Rechtsansprüche auf Jesu Beauftragung des Apostels Petrus: »*Ich will dir die Schlüssel des Himmelreichs geben: Alles, was du auf Erden binden wirst, soll auch im Himmel gebunden sein, und alles, was du auf Erden lösen wirst, soll auch im Himmel gelöst sein.*«[15] Der

---

13. PETRUS LOMBARDUS: Libri IV sententiarum, 2. rev. Aufl. Florenz 1916, Buch 4, Dist. 2.1. Vgl. darüber hinaus JOSEPH MARTOS: Doors to the Sacred: A Historical Introduction to Sacraments in the Catholic Church. Garden City, NY 1981, 65-96.
14. Vgl. im Allgemeinen PAUL WILPERT (Hrsg.): Lex et Sacramentum im Mittelalter. Berlin 1969; PETER LANDAU: Sakramentalität und Jurisdiktion. In: GERHARD RAU u. a. (Hrsg.): Das Recht der Kirche. Bd. 2. Gütersloh 1995, 58-95; BERMAN: Law and Revolution, 165-254; R. H. HELMHOLZ: The Spirit of the Classic Canon Law. Athens, GA/London 1996, 200-228.
15. Mt 16,19.

1 · Das kanonische und das weltliche Recht am Vorabend der Reformation

konventionellen kanonischen Lehre nach hatte Christus Petrus zwei Schlüssel anvertraut: den Schlüssel der Erkenntnis, Gottes Wort und Willen zu erkennen, und den Schlüssel der Vollmacht, Wort und Willen in der Kirche zu erfüllen und ihnen Geltung zu verschaffen. Petrus habe diese Schlüssel dazu benutzt, die Lehre und Ordnung der apostolischen Kirche zu definieren. In apostolischer Sukzession hätten der Papst und sein Klerus diese Schlüssel geerbt, um demgemäß Lehre und Ordnung der gegenwärtigen Kirche zu definieren. Dieses Erbe, so glaubten die Kanonisten, verleihe dem Papst und seinem Klerus die rechtliche Kompetenz, kanonische Gesetze zu erlassen und in Kraft zu setzen.[16] »*Bei der Entscheidung von Rechtssachen war die Autorität der römischen Pontifices entscheidend*«, schrieb ein Kanonist des 13. Jahrhunderts, »*wofür ... nicht nur Rechtskenntnisse vonnöten war, sondern auch Macht; denn Macht schafft Recht.*«[17]

Das Argument von der Schlüsselgewalt unterstützte geradewegs die Ansprüche der Kirche auf die sachliche Zuständigkeit für die zentralen geistlichen Belange der Lehre und der Liturgie, d. h. Anlass und Zeiten von Heiliger Messe, Taufe, Eucharistie, Beichte und dergleichen. Schließlich verschaffte der Schlüssel der Erkenntnis dem Papst und seinem Klerus Zugang zu den Mysterien der göttlichen Offenbarung, die sie wiederum durch den Gebrauch des Schlüssels der Vollmacht kraft des kanonischen Rechts allen Gläubigen mitteilten. Freilich konnte das Argument von den Schlüsseln mühelos ausgedehnt werden. Selbst die irdischste aller weltlichen Angelegenheiten hat letztlich geistliche und moralische Dimensionen. Die Lösung einer Grenzstreitigkeit zwischen Nachbarn impliziert das Gebot der Nächstenliebe. Die Unterlassung, Steuern oder Feudalabgaben zu zahlen, ist eine Verletzung der geistlichen Pflicht, der Obrigkeit Gehorsam zu leisten. Ein zensiertes Buch zu drucken oder zu lesen ist letztlich Sünde. Ein einflussstarker Klerus nutzte darum das Argument von der Schlüsselgewalt kurzerhand dazu, die sachliche Zuständigkeit der Kirche auf Angelegenheiten mit minder geistlicher oder moralischer Dimension auszudehnen, insbesondere in Hoheitsgebieten, in denen sie keine starke weltliche Konkurrenz hatten.[18] Eine Erklärung des Erzbischofs von Mainz aus dem Jahr 1435 beanspruchte zum Beispiel:

»*[o]mnes et singulas causas tam civiles quam criminales etiam civiliter intentatas, spirituales et temporales, beneficiales et prophanas ad forum eccle-*

---

16. BRIAN TIERNEY: The Origins of Papal Infallibility, 1150-1350. Leiden 1972, 39 ff.
17. Zitiert bei BRIAN TIERNEY: Religion, Law, and the Growth of Constitutional Thought, 1150-1650. Cambridge 1982, 32.
18. Vgl. die Beispiele in TRUSEN: Anfänge, 45 ff.

Das kanonische Recht

siasticum tam de iure quam consuetudine pertinentes, cuiuscunque etiam nature existant, inter quoscunque prelatos, capitula, conventus, collegia, universitates necnon singulares personas, clericos et laicos cuiuscunque etiam status, gradus, ordinis, condicionis, dignitatis sive preeminentie existant.«[19]

Drittens gründete die Kirche ihren Anspruch auf gerichtliche Zuständigkeit auf die Überzeugung, das kanonische Recht sei die wahre Quelle christlich begründeter Billigkeit. Das kanonische Recht war, um mit den Worten des Juristen Nikolaus Everardus im frühen 16. Jahrhundert zu sprechen, in den Lehren der Bibel, der Kirchenväter und der sieben ökumenischen Konzile verwurzelt und durch die Heilige Schrift inspiriert. Weltliches Recht habe dagegen heidnische Wurzeln und sei von der weltlichen Vernunft eingegeben. Für zahlreiche Kanonisten kam dem kanonischen Recht damit zwangsläufig eine größere Autorität und Heiligkeit zu. Das weltliche Recht dagegen galt somit wohl oder übel als *»zweitrangig, untergeordnet und nebensächlich«*.[20]

Das kanonische Recht wurde nicht nur als christliches Recht, sondern auch als billiges Recht verstanden. Spätmittelalterliche Kanonisten bezeichneten es verschiedentlich als »Inbegriff der Ausnahmeregelungen«, als »Versinnbildlichung des Liebesgebots« und als »Inbegriff der Gerechtigkeit«. Als »Inbegriff der Ausnahmeregelungen« galt das kanonische Recht als ein flexibles, vernünftiges und faires Recht. Es konnte die Strenge einer Vorschrift im Einzelfall durch Ausnahmegenehmigungen und gerichtliche Verfügungen beugen oder aber durch strikte Anordnung einer Vertragserfüllung oder die Neuauslegung von Dokumenten peinlich genau auf dem Wortlaut einer Vereinbarung beharren. Das kanonische Recht *»glättete die harten und derben Kanten des strengen römischen [d.h. des weltlichen] Rechts«* auf diese Weise, so Everardus.[21] Als »Inbegriff der Liebe« galt das besondere Augenmerk des kanonischen Rechts den Benachteiligten, den Witwen und Waisen, den Armen und Bedürftigen, Menschen mit Behinderung, misshandelten Ehefrauen, vernachlässigten Kindern, geschundenen Knechten usw. Es erlaubte ihnen, ihre Ansprüche in Kirchengerichten geltend zu machen, gegen ihre Vorgesetzten ohne deren Genehmigung als Zeugen auszusagen,

---

19. Zitiert bei Georg May: Die geistliche Gerichtsbarkeit des Erzbischofs von Mainz im Thüringen des späten Mittelalters. Tübingen 1950, 111.
20. Nicolaus Everardus: Loci argumentorum legales. Amsterdam 1603, locus 130. Vgl. auch L. J. van Apeldoorn: Nicolaas Everaerts (1462-1532) en het recht van zijn tijd. Amsterdam 1935, 9-14.
21. Ebd. 12. Vgl. weitere Quellen in Pier Giovanni Caron: Aequitas et interpretatio dans la doctrine canonique aus XIIIe et XIVe siècles. In: Proceedings of the Third International Congress of Medieval Canon Law (1971), 131.

1 · Das kanonische und das weltliche Recht am Vorabend der Reformation

Hilfe und Schutz vor Misshandlung und Entbehrung zu erhalten, oder sich für den gottergebenen und geschützten Weg ins Kloster zu entscheiden.[22] Als »*Inbegriff der Gerechtigkeit*« bot das kanonische Recht einen Weg an, wie der einzelne Gläubige sich mit Gott und seinem Nächsten versöhnen konnte. »*[H]ier liegt [...] das Wesen der kanonistischen Methode*«, konstatiert Eugen Wohlhaupter, und vielleicht der wichtigste Grund, warum Prozessparteien überhaupt dazu neigten, kirchliche Gerichte den weltlichen Gerichten vorzuziehen. So verhandelten die Kirchengerichte sowohl die Legalität als auch die Moralität ihrer Konflikte. Ihre Rechtsmittel ermöglichten es den Streitparteien, »gerecht« und zugleich »gerechtfertigt« zu werden, nicht nur vor der gegnerischen Partei und der übrigen Gemeinschaft, sondern auch vor Gott.[23]

Dieses System des kanonischen Rechts und der kirchlichen Gerichtsbarkeit hatte zahlreiche Kritiker innerhalb und außerhalb der Kirchenhierarchie. Schon im Jahr 1324 hatte etwa Marsilius von Pardua seinen vernichtenden Angriff auf den Anspruch der Kirche auf die weltliche Rechtsprechung und den Anspruch des Pontifikats auf die Überlegenheit in der klerikalen Hierarchie veröffentlicht. Seine Ansichten wurden von einigen späteren Kritikern im Alten Reich aufgegriffen, in besonderer Weise von Jan Hus in Prag und Nicholas von Kues, der sich während seines beruflichen Wirkens lange Zeit in Deutschland aufgehalten hat.[24] Nicholas von Kues legte zudem die Grundlage für Lorenzo Vallas berühmten Nachweis der gefälschten »Konstantinischen Schenkung« Kaiser Konstantins I. an Papst Silvester I. im 4. Jahrhundert. Diese *Donatio Constantini ad Silvestrem I papam* war ein früher kanonischer Schlüsseltext, der die Grundlage für eine ganze Flut von späteren mittelalterlichen Argumentationen für die Überlegenheit des Papstes über den Kaiser und der geistlichen Macht über die weltliche Macht bildete. Die philologische Dekonstruktion desselben ging

---

22. BERMAN: Faith and Order, 55-82.
23. EUGEN WOHLHAUPTER: Aequitas canonica. Eine Studie aus dem kanonischen Recht. Paderborn 1931, 16 f. Vgl. auch STOBBE: Bd. 2, 110 ff.; TRUSEN: Anfänge, 22 ff.
24. Vgl. MARSILIUS VON PADUA: Der Verteidiger des Friedens *(Defensor Pacis)*. Lat.-dt. Übers. von Walter Kunzmann, bearb. u. eingel. v. Horst Kusch. 2 Bde. Darmstadt 1958, Dict. II. Zu dessen Verbreitung in Deutschland im 15. Jahrhundert vgl. HERMANN HEIMPEL: Characteristics of the Late Middle Ages in Germany. In: GERALD STRAUSS (Hrsg.): Pre-Reformation Germany. New York 1972, 43-72, hier 59 ff.; vgl. DERS.: Deutschland im späteren Mittelalter. Konstanz 1957; PAUL E. SIGMUND: The Influence of Marsilius von Padua on XVth-Century Conciliarism. In: Journal of the History of Ideas 23 (1962), 392.

einher mit verschiedenen anderen humanistischen Angriffen auf die Echtheit wichtiger kanonischer Rechtstexte und mit Bestrebungen für die Veröffentlichung kritischer Ausgaben der originalen kanonischen Quellen, befreit von den (mitunter selbstdienlichen) mittelalterlichen Glossen und Kommentaren.[25]

Die humanistischen Attacken auf kanonische Rechtstexte stärkten darüber hinaus die aufkeimende Bewegung des Konziliarismus innerhalb der Kirche. Seit dem Jahr 1378 war das Pontifikat mit rivalisierenden Päpsten in Avignon und Rom und für kurze Zeit sogar noch einem dritten Papst in Pavia gänzlich gespalten. Angesichts einer ganz erheblichen Unordnung in der kirchlichen Hierarchie und der Anwendung des kanonischen Rechts berief Kaiser Sigismund im Jahr 1415 in Konstanz das erste einer ganzen Reihe großer kirchlicher Konzile ein, die ungeachtet der ablehnenden Haltung des Papstes das Kirchenkonzil zur höchsten Autorität über die Kirchenordnung und das kanonische Recht erklärten. Es handelte sich zum einen um eine neue kanonische und theologische Erfindung, die päpstliche Willkür zu begrenzen und die besondere Autorität des kanonischen Rechts im Christentum wiederherzustellen. Zugleich war es die Rückbesinnung auf lange verborgene kanonische Texte, denen die Humanisten zu neuem Licht und Leben verhalfen.[26]

Die Schwäche des Pontifikats um die Zeit des großen Schismas herum verhalf einflussreichen Königen in Europa, die Kontrolle über ein Gutteil des kirchlichen Rechts und Eigentums zu übernehmen. In England etwa schränkten die *Statutes of Provisors* (1351) und *Praemunire* (1353) die erst- und zweitinstanzliche Zuständigkeit der Kirchengerichte ein.[27] In der *Pragmatischen Sanktion von Bourges* (1438) und erneut im *Konkordat von Bologna* (1516) untersagten französische Könige verschiedene päpstliche Steuern,

---

25. Für eine moderne Ausgabe der Konstantinischen Schenkung vgl. WALTER SCHWAHN (Hrsg.): De falso credita et ementita Constantini Donatione declamatio. Stuttgart 1994; mit Erörterung in DONALD R. KELLEY: Foundations of Modern Historical Scholarship: Language, Law, and History in the French Renaissance. New York 1970, 19 ff.; MYRON P. GILMORE: Humanists and Jurists: Six Studies in the Renaissance. Cambridge, MA 1963, 3 ff.; ERNST CASSIRER: Individuum und Kosmos in der Philosophie der Renaissance. In: ders.: Gesammelte Werke. Hrsg. v. Birgit Recki. Bd. 14, 91 ff.
26. Vgl. BRIAN TIERNEY: Foundations of the Conciliar Theory: The Contribution of the Medieval Canonists from Gratian to the Great Schism. Neue erw. Aufl. Leiden/New York 1998.
27. Nachdruck in CARL STEPHENSON/FREDERICK G. MARCHAM (Hrsg.): Sources of English Constitutional History. Rev. Aufl. New York/San Francisco 1972, 226-228.

1 · Das kanonische und das weltliche Recht am Vorabend der Reformation

schränkten die Appellation nach Rom ein, verlangten von den französischen Bischöfen, dass sie von französischen Kirchenkonzilen gewählt wurden, die der König einberief, unterwarfen den Klerus in Frankreich der Aufsicht des Königs und erweiterten die königliche Kontrolle über den Kirchenbesitz.[28] Vergleichbare Bestrebungen, die Macht des Klerus und des kanonischen Rechts einzuschränken, gab es auch in Deutschland, hier allerdings ohne einen einflussreichen zentralen Monarchen. Es kam darum zu sporadischen lokalen Umsetzungen.

Das weltliche Recht

Die hierarchische Struktur des kanonischen Rechts, das im vorreformatorischen Deutschland in Geltung war, stand in scharfem Gegensatz zu der Wabenstruktur des weltlichen Rechts. Im Jahr 1500 war die weltliche Herrschaft in Deutschland geteilt in die vier Kurfürstentümer Böhmen, Brandenburg, Sachsen und Pfalz, 31 weitere weltliche Fürstentümer, etwa 138 kleinere Herzogtümer und Grundherrschaften, etwa 85 freie Reichs- und landesfürstliche Städte und nahezu 3.000 kleine Städte und Dörfer.[29] Viele von diesen lokalen weltlichen Gemeinwesen hatten ihre eigenen innerstaatlichen Gesetze und Gerichtshöfe. Einige von ihnen stützten sich auf jahrhundertealte Rechtssatzungen und -verfahren, die die lokalen Regenten vehement gegen weltliche und kirchliche Kritiker verteidigten.

In der Theorie waren alle diese weltlichen Autoritäten in Deutschland Verbündete innerhalb des Heiligen Römischen Reiches deutscher Nation. Das damalige formelle Staatsrecht hatte den Heiligen Römischen Kaiser zur führenden weltlichen Autorität in Deutschland erklärt. Der Kaiser entlastete die Exekutive durch seine Kanzlei und sein Schatzamt ebenso wie durch das Reichsregiment, das in seiner Abwesenheit zusammentrat. Er übte die Legislativgewalt in Form von Reichstagen aus, die im wörtlichen Sinne kaiserliche »Hoftage« (vom lateinischen *dies*) waren. Es waren temporäre parlamentarische Zusammenkünfte von Vertretern der Fürsten, der Adligen und der Städte, einberufen vom Kaiser und dazu bevollmächtigt, über allgemeine Ordnungen und kaiserliche Friedensabkommen abzustimmen, die von der Kanzlei oder dem Reichsregiment vorbereitet worden wa-

---

28. Nachgedruckt und analysiert in Sidney Z. Ehler/John B. Morrall: Church and State Through the Centuries. Westminster, MD 1954, 96-144.
29. Benecke: Society and Politics, 382-393.

Das weltliche Recht

ren. Der Kaiser entlastete die gerichtlichen Instanzen durch Oberste Reichsgerichte: das Reichshofgericht des 13. Jahrhunderts, das mit der Zeit außer Gebrauch geriet, und das Reichskammergericht, das in Deutschland im Jahr 1495 gegründet worden war.[30] Der Kaiser war im spätmittelalterlichen Deutschland der Inbegriff nationaler Identität, und mit seinem Gericht und seinem Amt verband sich der Großteil des öffentlichen politischen Lebens und der nationalen Liturgie. Einzelne Kaiser übten bisweilen einen ganz erheblichen Einfluss auf das Militär, Material und die Moralvorstellungen der deutschen Nation aus.[31]

In Wirklichkeit unterlagen der Heilige Römische Kaiser und sein Reich am Ende des 15. Jahrhunderts dennoch weitgehend der Kontrolle der deutschen Fürsten und Stände. Schon in der Goldenen Bulle des Kaisers von 1356 hatte der erheblich geschwächte und zugleich überforderte Kaiser Karl IV. das Recht, seinen Nachfolger zu wählen, den sieben Kurfürsten Deutschlands – den drei Fürstbischöfen von Mainz, Trier und Köln und den vier weltlichen Fürsten von Böhmen, Sachsen, Brandenburg und der Pfalz – übertragen, die einander die jeweiligen inländischen Interessen neideten. Jene Bulle erklärte die sieben Kurfürsten darüber hinaus zu den führenden weltlichen Autoritäten in Deutschland und löste damit Rivalitäten untereinander und mit den kleineren Fürstentümern, Herzogtümern, Städten, Adelsständen und kaiserlichen Rittern aus, die über ein Jahrhundert andauern sollten.

Im Jahr 1495 wollte der spätere Kaiser Maximilian I. jene anhaltenden deutschen Fehden beenden und regulierte das kaiserliche Steuerwesen und die Rekrutierung von Soldaten. Er rief den »*Ewigen Landfrieden*« im Reich aus und schuf das Reichskammergericht mit entsprechender Zuständigkeit für Streitigkeiten verschiedener Art zwischen und innerhalb der lokalen deutschen weltlichen Gemeinwesen. Was zu einer eindeutigen Stärkung der kaiserlichen Autorität in Deutschland hätte führen können, erwies sich dagegen als ein weiterer Verzicht darauf. Die Ordnung von 1495, die die Schaffung des Gerichts regelte, übertrug die Vollmacht, für das Gericht Richter und Notare zu ernennen, den deutschen Fürsten und Ständen. Ausnahmslos ernannten diese daraufhin Richter, die dazu neigten, den lokalen deutschen Interessen in stärkerem Maße Rechnung zu tragen als den Interessen des gesamten Reichs. Dieselbe Ordnung schrieb vor, dass mindestens

---

30. Denys Hay: Europe in the Fourteenth and Fifteenth Centuries. New York 1966, 193 ff.
31. Guy E. Swanson: Religion and Regime: A Sociological Account of the Reformation. New York 1967, 85 ff.

1 · Das kanonische und das weltliche Recht am Vorabend der Reformation

die Hälfte der Richter am Gericht im römischen Recht ausgebildet sein mussten, das Gericht verschriftlichten Verfahrensweisen zu folgen und förmliche schriftliche Urteile zu erlassen habe.[32] Im 16. Jahrhundert sollte das Beharren auf rechtlichen Formalitäten und fachlicher Qualifikation das Reichskammergericht zu einem einflussreichen und angesehenen Gerichtshof im deutschen Rechtsleben machen, insbesondere als der *Augsburger Religionsfrieden* (1555) ihm noch weiterreichende Macht und Autonomie verlieh. Im 15. Jahrhundert waren das Reichsgericht und der Kaiser dagegen erst einmal geschwächt gewesen und blieben es vorerst.

Während die deutschen Kaiser im Laufe des 15. Jahrhunderts an Macht verloren, wuchs der Einfluss vieler deutscher Fürstentümer und Städte. Zweifellos war das Jahrhundert vor der theologischen Reformation Martin Luthers die Ära einer tiefgreifenden »Rechtsreformation« in Deutschland. Im frühen 15. Jahrhundert begannen deutsche Rechtsgelehrte damit, eine grundlegende »Reformation« *(reformatio)* der Lehren, Strukturen und Methoden des Privat- und Strafrechts zu fordern. Nach der Stadt Köln im Jahr 1437 verabschiedeten zahlreiche deutsche Städte sogenannte »Rechtsreformationen«. Dabei handelte es sich um wichtige neue Rechtsvorschriften, die bisweilen einen Umfang von 100 eng beschriebenen Seiten im Folioformat hatten. Dazu zählten die Rechtsreformationen von Nürnberg (1479), Hamburg (1497), Tübingen (1497), Worms (1499), Frankfurt am Main (1509) und Freiburg im Breisgau (1520) sowie Reformmaßnahmen in zahlreichen kleineren Städten. Außerdem gehörten die neuen Reformationsgesetze der Fürstentümer und Herzogtümer von Baden (1511), Franken (1512), Bayern (1518), Erbach (1520) und verschiedenen anderen dazu.[33] Ebenso wichtig war eine ganze Reihe von Statuten, die das Strafrecht, die Strafprozessordnung und die Strafgerichtshöfe in Würzburg (1447), Nürnberg (1481), Tirol (1499), Bamberg (1507), Laibach (1514) und andere zu reformieren suchten.[34]

---

32. BARRACLOUGH: The Origins, 249 ff.; FRITZ HARTUNG: Die Reichsreform von 1485 bis 1495. Ihr Verlauf und ihr Wesen, in: Historische Vierteljahrschrift 16, 1913, 24-53; HANS GROSS: The Holy Roman Empire in Modern Times: Constitutional Reality and Legal Theory. In: James A. Vann/Steven W. Rowan (Hrsg.): The Old Reich: Essays on German Political Institutions, 1495-1806. Brüssel 1974, 1-30, siehe 5 ff.
33. Die wichtigsten sind gesammelt in FRANZ BEYERLE/WOLFGANG KUNKEL (Hrsg.): Quellen zur Neueren Privatrechtsgeschichte Deutschlands. Bd. 1,1: Ältere Stadtrechtsreformationen. Weimar 1936; Vgl. die Analyse in: STOBBE: Bd. 2, 279-480; FRANZ WIEACKER: Privatrechtsgeschichte der Neuzeit. 2. neubearb. Aufl. Göttingen 1967, 189 ff.
34. STOBBE: Bd. 2, 237 ff.

Zum Teil zielten diese lokalen Rechtsreformationen darauf, das Zivilrecht und die Zivilrechtsordnungen der lokalen Gemeinwesen zu vereinheitlichen und zu reformieren. Sie verschriftlichten einen Gutteil des lokalen Gewohnheitsrechts und ersetzten damit häufig die alten städtischen und territorialen Gesetze des 12. und 13. Jahrhunderts.[35] Weitreichender zielten diese rechtlichen Reformationen darauf, die lokalen Gesetze zu aktualisieren und zu integrieren, wobei man gelegentlich auf materiellrechtliche und verfahrenrechtliche Bestimmungen aus den zahlreich vorhandenen mittelalterlichen Texten und Kommentaren zum römischen und zum kanonischen Recht ebenso wie aus den neuen Reformationsgesetzen zurückgriff, die in den benachbarten deutschen Gemeinwesen bereits in Geltung waren.[36] Spätere differenziertere Rechtsreformationen wie die Reformation von Worms (1498) und das Statut von Freiburg im Breisgau (1520) wurden zu regelrechten Kodizes lokalen Privatrechts, wo es um Verträge, Eigentum, Erbschaft und anderes ging.[37] Dasselbe gilt für einige der territorialen Gesetze des Strafrechts und der Strafprozessordnung *(Halsgerichtsordnungen)* der 1500er und 1510er Jahre, die umfassende Neuregelungen von Beweismaterial, Beweiskraft und Strafmaß in Strafsachen einführten, indem sie eine ganze Reihe von Regeln integrierten, die aus dem mittelalterlichen kanonischen und römischen Recht stammten.[38]

Zahlreiche dieser lokalen Reformationen begannen auch damit, die lokalen Gerichte und die dort jeweils üblichen Wege der Rechtsfindung zu reformieren. Vor den Rechtsreformationen hatten die meisten spätmittelalterlichen deutschen Städte und Territorien Gerichte mit Laienrichtern, den sogenannten »Schöffen«, gehabt, die lokales Zivil- und Strafrecht anwendeten und durchsetzten. Die meisten dieser Schöffen stammten aus angesehenen Familien, Gilden oder Ständen und waren mehr für ihr Herr-

---

35. Zu diesen mittelalterlichen Stadtrechten vgl. BERMAN: Law and Revolution, 371 ff.
36. Für eine detaillierte Analyse jener Römischen und kanonischen Rechtstexte, sofern sie verfügbar sind, vgl. STINTZING: Geschichte der populären Literatur.
37. Nachdruck in KUNKEL: Bd. 1,1, 95-220; 241-323; mit detaillierter Analyse in CARL KOEHNE: Die Wormser Reformation vom Jahr 1499. Berlin 1897; ders.: Der Ursprung der Stadtverfassung in Worms, Speier und Mainz. Berlin 1890; HANSJÜRGEN KNOCHE: Ulrich Zasius und das Freiburger Stadtrecht von 1520. Karlsruhe 1957; HANS THIEME: Die »Nüwen Stattrechten und Statuten der löblichen Statt Fryburg« von 1520. In: WOLFGANG MÜLLER (Hrsg.): Freiburg im Mittelalter. Bühl 1970, 96-108.
38. Vgl. Quellen und Erörterung in JOHN H. LANGBEIN: Prosecuting Crime in the Renaissance: England, Germany, France. Cambridge, MA 1974; ders.: Torture and the Law of Proof: Europe and England in the Ancien Régime. Chicago 1977.

1 · Das kanonische und das weltliche Recht am Vorabend der Reformation

schaftswissen bekannt als für ihren professionellen juristischen Scharfsinn. Für gewöhnlich entschieden sie Rechtssachen, indem sie konkrete schriftliche Antworten auf spezifische schriftlich gestellte Fragen zum (oftmals nicht schriftlich verfassten) lokalen Recht gaben. Die Schöffen werden als sogenanntes *Schöffengericht* getagt haben, um das lokal geltende Recht im Licht der an sie gerichteten Fragen zu reflektieren und einen schriftlichen Beschluss vorzulegen. Formelle Eingaben, Schriftsätze oder kontradiktorische Verfahren kamen selten vor, ganz zu schweigen davon, dass Rechtsmittel bei einem höheren Gericht eingelegt wurden. Anhörungen in einer Rechtssache waren, wenn sie überhaupt gestattet waren, für gewöhnlich mündlich, formlos und ohne den Beistand eines Rechtsberaters. Der schriftliche Urteilsspruch der Schöffen war entsprechend oft eine stark verkürzte Darstellung von Tatsachen und Bewertungen, bei der selten Bezug auf Autoritäten, eine *ratio decidendi* bzw. Rücksicht auf Präjudiz genommen wurde.[39] Das bedeutete nicht, dass diese Urteile an sich ungerecht gewesen wären. Insbesondere die Urteilssprüche angesehener Schöffengerichte in den großen Städten (oftmals *Oberhöfe* genannt) wurden stark frequentiert und hoch geschätzt. Es handelte sich hier jedoch um eine stark lokal geprägte, formbare und damit unberechenbare Gestalt der Rechtsfindung, wenn man ein Gemeinwesen mit einem anderen verglich. Für Kaufleute, Bankiers, Spediteure und andere, die an mehr als einem Ort ihre Rechtsinteressen verfolgten, war dies ein beachtenswerter Faktor. Auch war dies ein weiterer Grund dafür, warum deutsche Prozessparteien oftmals Kirchengerichte für die dienlicheren Gerichte hielten; denn sie alle wandten, zumindest in der Theorie, dasselbe materielle Recht an und sahen eine Prozessführung und Rechtsfindung vor, die formellen schriftlichen Verfahrensregeln folgten.

Dem Beispiel der Kirchengerichte folgend, führten die Rechtsreformationen des 15. und frühen 16. Jahrhunderts formelle Verfahrensregeln in den lokalen Zivilgerichten ein. Dies beförderte im Gegenzug die Entwicklung neuer Regelungen von Plädoyer, Beweismittel, Beweisgrund, Berufung und vielem mehr. Und wichtiger noch: Es bestand in den lokalen Gerichten zunehmend auf der Berufung von Berufsrichtern, professionellen Anwälten und Notaren, von denen die meisten in den neuen juristischen Fakultäten der lokalen deutschen Universitäten ausgebildet worden waren. Um die Jahrhundertwende zum 16. Jahrhundert vertraten schließlich immer mehr Berufsanwälte ihre Klienten in kontradiktorischen Verfahren in den lokalen

---

39. Vgl. die detaillierte Erörterung in STÖLZEL: Entwicklung, passim; John P. Dawson: The Oracles of the Law. Ann Arbor, MI 1968, 158 ff.

Gerichten, so wie es die verschriftlichten Regeln und Verfahren vorsahen. In zunehmendem Maße verfassten Berufsrichter zumindest in großen Rechtssachen förmliche Stellungnahmen und achteten dabei auf die Auslegung lokaler Rechtsreformationsgesetze, die Nennung römischer und kanonischer Rechtsautoritäten zur Unterstützung der eigenen Position und auf die Entsprechung mit der Präjudiz der lokalen Gerichte. In wichtigen Streitfällen wurden immer häufiger Rechtsgutachten von Rechtsprofessoren und gelegentlich ganzer juristischer Fakultäten der deutschen Universitäten eingeholt, sowohl von den Prozessparteien als auch von den Gerichten selbst; und diese richterlichen Stellungnahmen sollten selbst zu wichtigen Rechtsquellen werden. Diese schrittweise Rationalisierung, Systematisierung, Professionalisierung und »*Verwissenschaftlichung*« des deutschen Rechts, hervorgegangen aus der rechtsreformatorischen Bewegung, werden heute als maßgebliche Charakteristika dafür angesehen, was traditionell als »*die Rezeption des römischen Rechts*« in Deutschland bezeichnet wurde.[40]

Kanonisches Recht und weltliches Recht

Die deutschen weltlichen Autoritäten respektierten und schützten die *geistliche* Gerichtsbarkeit der Kirche ebenso wie die geistlichen Privilegien und Vorrechte des Papstes und des Klerus. Dutzende spätmittelalterliche kaiserliche Statuten ebenso wie die Konkordate zwischen deutschen Fürsten und Bischöfen, Herzögen und Erzdiakonen bestätigten die Personen und Angelegenheiten, über die die Kirche die geistliche Gerichtsbarkeit beanspruchte. Zugleich garantierten sie dem Klerus ihre Immunität gegenüber weltlichen Steuerforderungen und Dienstleistungen sowie strafrechtlicher Verfolgung, obgleich sich starke weltliche Fürsten oder Herzoge ihre Einwilligung bisweilen einiges kosten ließen. Diese Instrumentarien verpflichteten kirchliche und weltliche Beamte zur gegenseitigen Unterstützung und Verständigung. Wenn Kirchengerichte oder Inquisitoren Häretiker verurteilten, hatten weltliche Autoritäten sie zu foltern und hinzurichten. Gab es Ange-

---

40. Die Ausdrücke stammen von WIEACKER: Privatrechtsgeschichte, 131 ff.; vgl. außerdem die vergleichbare Einschätzung von DAWSON: Oracles, 238 ff.; STOBBE: Bd. 2, 83 ff.; BERMAN: Faith and Order, 92 ff.; WOLFGANG KUNKEL: The Reception of Roman Law in Germany. In: STRAUSS: Pre-Reformation Germany, 263-280; GEORG DAHM: On the Reception of Roman and Italian Law in Germany. In: ebd. 281-315.

klagte oder Zeugen, die gegenüber einem Kirchengericht ungehorsam waren, hatten weltliche Autoritäten diese zu bestrafen. Wenn der Klerus oder kirchlicher Besitz eines besonderen Schutzes bedurfte, hatten weltliche Behörden Soldaten zu entsenden. Wenn Kirchengüter gestohlen oder verloren waren, hatten weltliche Behörden sie zurückzuholen. Die Kirche hatte im Gegenzug die weltlichen Autoritäten zu unterstützen und zu schützen. Wollte die weltliche Obrigkeit einen Verbrecher hinrichten, war ein geistlicher Amtsträger erforderlich, der dazu sein Einverständnis geben musste. Wenn ein Fürst einen einfachen Beamten maßregeln oder des Amtes entheben wollte, sollte der Bischof sein Einverständnis geben. Wurde eine Stadt oder ein Gebiet von einer Naturkatastrophe heimgesucht oder ein militärischer Notstand ausgerufen, hatten die örtlichen Kirchen ihre Kirchentüren und ihre Geldsäckel großzügig zu öffnen.[41]

Jene Statuten und Konkordate hielten die weltlichen Autoritäten jedoch nicht davon ab, an den äußeren Rändern der geistlichen Gerichtsbarkeit der Kirche nach Angelegenheiten zu suchen, die sie selbst regeln konnten – insbesondere dort, wo örtliche Geistliche straffällig geworden oder im Begriffe dazu waren. Die Reformation von Kaiser Sigismund im Jahr 1438 etwa ordnete, nachdem sie die aufgeblähten Hierarchien und Terminabläufe an den Kirchengerichten angeprangert hatte, auf einigermaßen kryptische Weise an, dass bei Angelegenheiten der Rechtsprechung und Bestrafung das alte kaiserliche Recht zu berücksichtigen sei.[42] Ein Gesetz der Stadt Ulm aus dem Jahr 1440 ermächtigte in dem Bestreben, ausbeuterische Verlobungen und heimliche Hochzeiten zu verhindern, das örtliche weltliche Gericht, von einem Mann, der eine Jungfrau verführt hatte, zu verlangen, sie zu heiraten oder ihre Mitgift zu bezahlen, ein heimlich verlobtes Paar mit einem Bußgeld zu belegen und ihm abzuverlangen, die elterliche und die kirchliche Genehmigung für ihre Heirat einzuholen, und so dem kanonischen Gesetz von den Ehehindernissen Geltung zu verschaffen.[43] Die territoriale Rechtsverordnung von Baden aus dem Jahr 1495 sorgte sich nicht nur um die schwindende Zahl von Priestern und Mönchen, sondern auch um die Manipulation von Kindern in Klöstern, und legte ausführliche Anweisun-

---

41. Vgl. z. B. MAY: Gerichtsbarkeit, 143 ff.; PAUL KIRN: Der mittelalterliche Staat und das geistliche Gericht. In: ZSS KA 46 (1926), 162, 185 ff.; LAWRENCE DUGGAN: The Church as an Institution of the Reich. In: VANN/ROWAN: The Old Reich, 149-164.
42. HEINRICH KOLLER (Hrsg.): Reformation Kaiser Siegmunds. Stuttgart 1964, 296 f.; vgl. außerdem HEINRICH WERNER (Hrsg.): Die Reformation des Kaisers Sigmund: Die erste deutsche Reformschrift eines Laien vor Luther. Berlin 1908.
43. Zitiert in WALTER KÖHLER: Die Anfänge des protestantischen Eherechts. In: ZSS KA 74 (1941), 277.

gen und Formeln für die Aufnahme in kirchliche Ämter vor.[44] Die Stadtreformation von Worms im Jahr 1498 beinhaltete unter Verweis auf die Korruptheit der Kirchengerichte und die Komplexität der kanonischen Rechtsverfahren eine Reihe einfacher Verfahren, wie man im Falle von Verleumdung Abhilfe bekommen, Testamente vorbereiten und bestätigen und über einen nicht testamentarisch geregelten Nachlass verfügen konnte.[45] Ein umfangreiches Statut der Stadt Freiburg aus dem Jahr 1520 verbot eine Reihe »unmoralischer Handlungen«, die die Kirche bislang nicht hinlänglich geahndet hatte – Sakrilegien, Verleumdung, das Brechen eines Eides oder Gelöbnisses, Gotteslästerung und sittenwidrige Verträge. Dasselbe Statut beschrieb, obschon es auf das kanonische Gesetz der Eheschließung und -auflösung verwies, gewissenhaft die weltlichen Belange des Ehe- und Familienlebens, die Gegenstand des weltlichen Rechts waren – Mitgift, voreheliche Verträge, Frauen- und Kindesmisshandlung, Kindesunterhalt nach einer Trennung und dergleichen. Das gleiche Gesetz ersetzte das traditionelle kanonische Gesetz der Vormundschaft, Adoption und Erbschaft insgesamt durch neue weltliche Gesetze.[46]

Wie wir in den folgenden Kapiteln sehen werden, gelangten im späteren 15. Jahrhundert einige Stadträte zu einer erheblichen Kontrolle über Schulen, Wohlfahrtseinrichtungen, Gilden, Armenfürsorge und über das Familienleben.

Während man im Großen und Ganzen die *geistliche* Gerichtsbarkeit der Kirche mit Ausnahme der äußeren Ränder respektierte, nahmen die deutschen Zivilbehörden die expansive *weltliche* Gerichtsbarkeit der Kirche selten ohne Weiteres hin. Bereits ein Jahrhundert vor der Reformation hatten der Kaiser und mehrere starke Fürsten und Stadträte Maßnahmen ergriffen, die weltliche Macht der Kirche, ihre Privilegien und Vermögen einzuschränken. Die Reformation von Kaiser Sigismund im Jahr 1438 forderte etwa,

---

44. *Badische Landesordnung* (1495), Art. 3. In: RUDOLF CARLEBACH (Hrsg.): Badische Rechtsgeschichte. Bd. 1: Das ausgehende Mittelalter und die Rezeption des römischen Rechts. Heidelberg 1906, 95 ff.

45. *Reformation der Statt Wormbs* (1498), Buch 3, Teil 1, und Buch 4, Teile 2-3. In: KUNKEL: Bd. 1,1, 109 ff., 143 ff., 150 ff. Vgl. darüber hinaus KOEHNE: Ursprung, 139 ff.

46. *Der Statt Fryburg im Prisgow Statuten vnd Stattrechten* (1520), Tract. 5 (»Von freveln, schmach und malefitz hendeln. In: KUNKEL: Bd. 1,1, 323; vgl. Tract. 2, Titel 9 (»In welchen fällen die contract nit kräftig sin sollen.«). Nachdruck in: KUNKEL: Bd. 1,1, 261 ff.; vgl. auch Tract. 3, Titel 2 (»Von eeberedungen und von eelüten«), Tract. 3, Titel 3-7 (»Von erbfällen und andrer fürsehung zwüschen eelüten und irn kinden«). Nachdruck in: KUNKEL: Bd. 1,1, 275-311.

1 · Das kanonische und das weltliche Recht am Vorabend der Reformation

dass *weltliche und geistliche Rechtsprechung eindeutig unterschieden werden müsse. Wenn ein Kleriker eine Klage gegen einen Laien hat, solle er den Fall vor einer (weltlichen) Obrigkeit verhandeln lassen. Ähnliches gelte, wenn ein Laie rechtliche Schritte gegen einen Kleriker unternimmt, sollten sie vor einen geistlichen Richter gehen.* Zugleich sollten Bischöfe die Anwendung des Banns und des Interdikts auf Fälle begrenzen, in denen es um Unrecht in geistlichen Angelegenheiten ging, und Zivilrichter sollten der Versuchung widerstehen, simple Zivilprozesse an die Kirchengerichte zu übergeben. Dieselbe Reformation von 1438 bemühte sich auch, Verstößen unter Klerikern und Mönchen Einhalt zu gebieten, die das kanonische Recht mithin tolerierte. Priestern, die auf der Sünde des Konkubinats und *dem »Ausbeuten von Frauen«* beharrten, wurde kurzerhand befohlen, ihre Konkubinen zu heiraten, am Sabbat und den kirchlichen Feiertagen von sexuellen Aktivitäten abzusehen und Schutz und Unterhalt für ihre unehelichen Kinder zu gewähren. Bettelmönchen wurde befohlen, in ihren Klöstern zu bleiben und mit dem Betteln aufzuhören; den Almosengebern wurde verboten, sie weiter zu unterstützen. Reichen Klöstern wurde befohlen, ihre Opulenz zu mäßigen, mit dem Handel aufzuhören, das Einkommen ihrer Äbte und die Größe ihrer Stiftungen zu beschränken und zu ihren eigentlichen Aufgaben des Gebets, der Kontemplation, der Bildung und Armenfürsorge zurückzukehren.[47]

Ähnliche Bestimmungen wurden im Zuge einiger Rechtsreformationen in deutschen Städten und Territorien eingeführt.[48] Die Stadtreformation von Nürnberg (1479) und Frankfurt am Main (1509) etwa schlossen beide nicht nur strenge Beschränkungen des Gebrauchs von Vertagungsklauseln in privaten Verträgen und Abkommen ein, sondern auch strenge Verbote gegen die gerichtliche Verlegung von Fällen aus weltlichen in kirchliche Gerichte. Zivilgerichte waren angehalten, *»rein geistliche Angelegenheiten«* an Kirchengerichte zu verweisen, allerdings nur so lange, wie Kirchengerichte im Gegenzug *»rein weltliche Angelegenheiten«* auch an weltliche Gerichte verweisen würden.[49] Dieselben Stadtreformationen, zusammen mit der Stadtreformation von Frankfurt am Main (1578), übernahmen außerdem zunehmend die Kontrolle über das traditionell kanonische Recht von Erb-

---

47. KOLLER (Hrsg.), Reformation Kaiser Siegmunds, 152-157, 187-211, 230-234, 298-303. Vgl. ERICH MOLITOR: Die Reichsreformbestrebungen des 15. Jahrhunderts bis zum Tode Kaiser Friedrichs III. Breslau 1921.
48. Zur weitergehenden Erörterung jener frühen Rechtsreformationen 231 ff.
49. Nachdruck in KUNKEL: Bd. 1,1, 1-94, 221-240.

schaft und ehelichem Vermögen und führten mehrere Änderungen ein, die aus verschiedenen mittelalterlichen Abhandlungen und Kommentaren des römischen Rechts stammten.[50] Mehrere Territorien und Städte verabschiedeten neue Gesetze, die Schenkungen und Vermächtnisse an die Kirche beschränkten, die Amortisation von Kircheneigentum regelten, die säkularen Besitztümer der Kirche der Besteuerung unterwarfen und die Verwendung der Einkünfte aus kirchlichen Stiftungen kontrollierten.[51] Die Präambeln zahlreicher solcher Statuten und die steigende Zahl von gedruckten Dokumenten und formellen Beschwerden *(Gravamina)* tadelten die Kirche für ihre Habgier und Opulenz – ihre exzessiven Gerichtskosten, die hohen Steuern, den Ablasshandel, selbstdienliche Regelungen von testamentarischer und gesetzlicher Erbfolge, den gewaltigen Umfang steuerfreier beweglicher und unbeweglicher Güter sowie das ausschweifende klerikale und klösterliche Leben.[52] In einigen Territorien wie Bayern, Württemberg und der Pfalz übernahmen Territorialherren kurzerhand große Teile der traditionell kirchlichen Zuständigkeit für Zehntzahlungen, Pfründen und kirchlichen Besitz.[53]

50. Vgl. HELMUT COING: Die Frankfurter Reformation von 1578 und das Gemeine Recht ihrer Zeit. Weimar 1935, 63 ff.; ders.: Die Rezeption des römischen Rechts in Frankfurt am Main. Frankfurt a. M. 1962, 75 ff., 134 ff.; ders.: Zur romanistischen Auslegung von Rezeptionsgesetzen. In: ZSS KA 69 (1936), 264; EDUARD ZIEHEN: Frankfurt, Reichsreform und Reichsgedanke 1486-1504. Berlin 1940, Nachdruck Vaduz 1965; ANDREAS GEDEON: Zur Rezeption des römischen Privatrechts in Nürnberg. Nürnberg 1957, 44 ff.
51. Vgl. EUGEN MACK: Die kirchliche Steuerfreiheit in Deutschland seit der Dekretalengesetzgebung. Stuttgart 1961, Nachdruck Amsterdam 1965, 211 ff.; JOHN A. F. THOMSON: Popes and Princes, 1417-1517. London 1980, 145 ff.; ALBERT WERMINGHOFF: Die deutschen Reichskriegssteuergesetze von 1422 bis 1427 und die deutsche Kirche. In: ZSS KA (1915), 1-111.
52. Beispiele finden sich in ULRICH VON HUTTENS umfangreicher Schmähschrift *Vadiscus* (1520), in: EDUARD BOECKING (Hrsg.): Ulrich von Huttens Schriften. Neudr. der Ausg. Teubner 1859-1861 Aalen 1963, Bd. 4: Gespräche. 145-268; GERALD STRAUSS (Hrsg.): Manifestations of Discontent in Germany on the Eve of the Reformation. Bloomington, IN 1971, 52-62; ANTON STÖRMANN: Die städtischen Gravamina gegen den Klerus am Ausgange des Mittelalters und in der Reformationszeit. Münster 1916; DETLEF PLOESE/GÜNTER VOGLER (Hrsg.): Buch der Reformation. Eine Auswahl zeitgenössischer Zeugnisse (1476-1555). Berlin 1989. Vgl. die Zusammenfassung in STEVEN E. OZMENT: Protestants: The Birth of a Revolution. New York 1992, 11-18.
53. Vgl. Quellen und Erörterung in HENRY J. COHN: Church Property in the German Protestant Principalities. In: ERKKI I. KOURI/TOM SCOTT (Hrsg.): Politics and Society in Reformation Europe: Essays in Honor of Sir Geoffrey Elton on his Sixty-

Schlussfolgerungen

Diese immer häufigeren Beispiele des öffentlichen Protests und der weltlichen Kontrolle über den kirchlichen Besitz und die weltliche Rechtsprechung am Ende des 16. Jahrhunderts waren wichtige Sturmwarnsignale für die bevorstehende lutherische Reformation. Sie gingen einher mit anderen zeitgleichen Reformbewegungen, der konziliaren Restriktion der Auswüchse päpstlicher Alleinherrschaft, den humanistischen Angriffen auf die Echtheit verschiedener kirchlicher Kanones, der nationalistischen Bewegung gegen die universalistischen Ambitionen Roms, den pietistischen Enthüllungen moralischer und materieller Ausschweifungen des Klerus und dergleichen mehr. In ihrer Gesamtheit machten diese Attacken die Deutschen des späten Mittelalters in hohem Maße misstrauisch gegenüber jeglicher Form des Missbrauchs von Macht und Privilegien durch den Papst und andere hohe Geistliche und gegenüber den immensen Kosten und der hochgradigen Kasuistik einiger Kirchengerichte und deren kanonischem Recht. Als Luther später die »*babylonischen*« Züge des römischen Papsttums und den »*tyrannischen Missbrauch*« des kanonischen Rechts anprangert, spricht er von altvertrauten Dingen.

Nichtsdestotrotz war es ein langer Weg von jenen Gravamina des Missfallens bis hin zur völligen Verwerfung des kanonischen Rechts und der kirchlichen Jurisdiktion. Kein Kritiker des 15. Jahrhunderts und keine Obrigkeit in Deutschland hatten ernstlich den einen christlichen Glauben und die eine katholische Kirche in Frage gestellt. Niemand hatte ernstlich in Zweifel gezogen, dass die Kirche eine von Gott berufene rechtliche und politische Körperschaft war, ausgestattet mit der Autorität, geistliche Angelegenheiten durch innere Normen und äußere Gesetze zu regeln. Niemand hatte ernstlich die naturgegebene Überlegenheit des Klerus über den Laienstand und des geistlichen Schwertes über das weltliche Schwert, auch nicht des kanonischen Rechts über das weltliche Recht infrage gestellt. Als Luther seine theologische Reformation im Jahr 1517 begann, hatte er in vielerlei Hinsicht dieselben Ansichten. Auch er wollte die Kirche zunächst von innen reformieren, um sie zu den biblischen und kanonischen Quellen zurück-

---

Fifth Birthday. New York 1987, 158-187, hier: 161; ders.: The Government of the Rhine Palatinate in the Fifteenth Century. Oxford 1965, 140 ff.; Paul Mikat: Bemerkungen zum Verhältnis von Kirchengut und Staatsgewalt am Vorabend der Reformation. In: ZSS KA 93 (1981), 300.

Schlussfolgerungen

zuführen, die im Laufe der Jahrhunderte päpstlicher Machtpolitik und nackter klerikaler Gier verdunkelt und verfinstert worden waren. Er sollte allerdings schon bald sehr viel weitergehen.

Zweites Kapitel

Liebet eurer Feinde Gesetz: Die evangelische Konversion des katholischen Kirchenrechts

Der Kampf um das kanonische Recht

Am 10. Dezember 1520 verbrannte Martin Luther in Anwesenheit vieler seiner Studenten und Kollegen an der Universität von Wittenberg die kanonischen Rechtsbücher und die der Sakramententheologie, welche jenem Recht zugrunde lag. Den Flammen übergeben wurden das *Decretum Gratiani* (um 1140) sowie vier Bücher mit jüngeren päpstlichen Gesetzen, die den *Corpus Iuris Canonici* bildeten. Dazu kamen das populäre Beichtbuch *Summa angelica* (1486) und die päpstliche Bulle, die Luther den Kirchenbann angedroht hatte. Luthers Kollegen Johannes Agricola und Philipp Melanchthon, die das Ereignis vorbereitet hatten, hofften, auch die Werke zweier der bedeutendsten Theologen der mittelalterlichen Kirche verbrennen zu können, nämlich die des Thomas von Aquin und des Johannes Duns Scotus. Doch sie fanden in Wittenberg niemanden, der seine Exemplare dem Feuer übergeben wollte. Stattdessen entschieden sie sich für einige Werke von Luthers Widersachern, Johann Eck und Hieronymus Emser. Später schrieb Luther über seinen kanonischen Scheiterhaufen, sich *»darüber mehr gefreut [zu haben] als über irgendeine andere Tat meines Lebens, denn sie [die päpstlichen Bücher] sind noch giftiger als ich glaubte.«*[1]

Wenn es ein Ereignis gab, das Luthers endgültigen Bruch mit Rom anzeigte, dann war es jene Bücherverbrennung.[2] Drei Jahre zuvor, am 31. Oktober 1517, hatte Luther seine 95 Thesen veröffentlicht und drucken lassen. Mit ihnen griff er die unverhohlene Vermarktung des Seelenheils durch den Ablasshandel an. Mit zunehmender Schärfe hinterfragte Luther während

---

1. WA Br 2, 245: »Exussi libros papae et bullam, primum trepidus et orans, sed nunc laetior, quam ullo alio totius vitae meae facto; pestilentiores enim sunt, quam credebam«; siehe auch WA Br 2, 234; Brecht, Bd. 2, 424-427; Heinrich Böhmer: Luther und der 10. Dezember 1520. In: Luther-Jahrbuch 2/3 (1920/1), 7-53.
2. Siehe allgemein Scott H. Hendrix: Luther and the Papacy: Stages in a Reformation Conflict. Philadelphia 1981.

2 · Die evangelische Konversion des katholischen Kirchenrechts

der darauffolgenden Monate in mehreren Schriften die Berechtigung der Kirche, ihre Heilslehre und Sakramentenlehre aus der Bibel abzuleiten.[3] Vom 8. bis 9. Oktober 1518 kam Luther einer Vorladung nach, vor dem Stellvertreter des Papstes, Kardinal Cajetan, in Augsburg zu erscheinen, weigerte sich dort aber, seine Ansichten zu widerrufen. Am 28. November 1518 appellierte Luther direkt an den Papst und berief sich dabei auf sein Recht als Professor der Theologie, seine Ansichten in einer öffentlichen Anhörung vor einem allgemeinen Konzil vortragen zu können.[4] Nachdem kein solches Konzil einberufen worden war, beteiligte sich Luther vom 4. bis 14. Juli 1519 an einer aufsehenerregenden öffentlichen Disputation an der Universität zu Leipzig. Sein Gegenüber war Johannes Eck; es ging um grundlegende Fragen der kirchlichen Autorität – und die Disputation offenbarte die zunehmende Radikalität der theologischen Lehren Luthers: die Rechtfertigung durch den Glauben, die Vorrangstellung der Bibel, das Wesen der Kirche und die Priesterschaft aller Gläubigen.[5] Am 15. Juni 1520 erließ Papst Leo X. schließlich *Exsurge Domine*, die Bannandrohungsbulle, die die Lehren eines »*Wildschwein[s]*« (»*aper de silva*«) namens Martin Luther als »*häretisch oder skandalös oder falsch oder beleidigend für fromme Ohren oder die einfachen Gemüter verführend und der katholischen Wahrheit entgegenstehend*« verurteilte.[6]

Die Bulle gewährte Luther nach Erhalt derselben 60 Tage, um seine Ansichten zu widerrufen und in den Schoß der Kirche zurückzukehren. Der 10. Dezember 1520 wäre der 60. Tag gewesen. An diesem Tag errichtete Luther seinen Scheiterhaufen und brach damit alle Brücken nach Rom hinter sich ab.

Luther hatte sich diesen Schritt zuvor genau überlegt. In den vorausgehenden sechs Monaten hatte er bedeutsame Schriften veröffentlicht: *An den christlichen Adel deutscher Nation*, *Von der Babylonischen Gefangenschaft der Kirche* und *Von der Freiheit eines Christenmenschen*.[7] Diese Schriften und mehrere damit in Zusammenhang stehende Briefe waren voller erbitterter Anklagen gegen die Unzulänglichkeiten des kanonischen Rechts

---

3. WA 1, 353-374; 529-628; WA 2, 714-723; 727-737; 742-758; WA 6, 353-378; WA 6, 63-75; WA 2, 685-697; WA 2, 166-171; WA 6, 202-276.
4. WA 2, 6-26.
5. WA 2, 158-161; WA Br 1, 420-424.
6. Carl Mirbt (Hrsg.): Quellen zur Geschichte des Papsttums und des römischen Katholizismus. 2. Aufl. Tübingen/Leipzig 1901, 183-185.
7. WA 6, 404-469; 6, 497-573; WA 7, 1-73. Vgl. auch WA 7, 161-182; WA 10/2, 105-158.

und des Sakramentalwesens.[8] Mehrfach empfahl Luther in seinen Schriften, das kanonische Recht völlig abzuschaffen und wieder zur Bibel zurückzukehren: »*Was sol ich viel sagenn? sein doch in dem gantzen geystlichen*

8. Die meisten dieser und zeitgenössischer Schriften enthielten Angriffe gegen das kanonische Recht. Darüber hinaus führte Luther für mehr als drei Dutzend kanonische Gesetze den Nachweis, dass sie besonders ungerecht und unbiblisch seien. Johannes Heckel: Das Decretum Gratiani und das deutsche evangelische Kirchenrecht. In: Studia Gratiana 3 (1955), 483, 512-514; Wilhelm Maurer: Reste des kanonischen Rechtes im Frühprotestantismus. In: ZSS KA 9, (1965), 190, 192-195. Eine günstigere Beurteilung des kanonischen Asylrechts findet sich in einer kurzen Schrift, die 1517 anonym erschien und 1520 unter der Verfasserschaft Luthers aufgelegt wurde: De his qui ad Ecclesias confugiunt tam iudicibus secularibus quam Ecclesie Rectoribus et Monasteriorum Prelatis perutilis (1517), in WA 1, 3-7, Nachdruck der Version von 1520 in einer modernisierten deutschen Fassung bei BARBARA EMME; DIETRICH EMME (Hrsg.): Martin Luther: Traktat über das kirchliche Asylrecht. Regensburg 1985. Das Traktat ist eine irenische Darstellung der Gemeinsamkeiten des mosaischen, römischen und kanonischen Asylrechts. Siehe R. H. HELMHOLZ: The Ius Commune in England: Four Studies. Oxford 2001, Kap. 1. Das Asylrecht war in Wittenberg bereits am Vorabend der Reformation umstritten: Am 21. November 1512 beschuldigte der Bischof von Brandenburg den Stadtrat von Wittenberg, einen Geistlichen unberechtigterweise inhaftiert zu haben, der dem zivilen Gewahrsam entkommen war und um Asyl in einem Kloster gebeten hatte. Der Bischof drohte, das Interdikt über Wittenberg zu verhängen, sollte der Geistliche nicht freigelassen werden. Der Fall wurde direkt nach Rom gemeldet, noch bevor die Stadtoberen im April 1515 einlenkten und sich entschuldigten. Derjenige, der das Rechtsgutachten *(consilium)* zum Einspruch verfasste, war ein Augustinermönch aus Luthers Kloster. Siehe BRECHT, Bd. 1, 155; vgl. WA Br 1, Nr. 97 f. Darüber, ob Luther das Gutachten geschrieben hat, ist man sich nicht einig. Die irenische Darstellung des kanonischen Rechts entspricht nicht der Art Luthers. Der Verdacht liegt nahe, dass der Herausgeber die Fassung von 1520 Luther zuschrieb, um mehr Exemplare zu verkaufen. Siehe Anmerkungen in WA 60, 311-318. Dazu muss gesagt werden, dass Luther mit den umfangreichen Bestimmungen des mosaischen Rechts gut vertraut war und die kritische Beurteilung der dort genannten Bestimmungen als typisch für Luthers frühe Bibelkommentare betrachtet werden kann. Luther kannte auch die Texte des kanonischen Rechts, die im *consilium* angeführt und beurteilt worden waren – die des Panormitanus, des Hostiensis und weitere Titel und Fälle des *Corpus Iuris Canonici;* er bezieht sich in seinen Schriften aus den Jahren 1510 bis 1530 auf eben diese grundlegenden kanonischen Gesetzestexte. Während der Inhalt und die Genauigkeit der Zitate aus dem römischen Recht für Luthers Schriften untypisch waren, sind die angeführten Texte des römischen Rechts naheliegende Quellen, die von jedermann benutzt werden konnten, der mit dem Asylrecht vertraut war. Luther könnte sie selbst herausgesucht oder einen Juristen um Rat ersucht haben, so den Wittenberger Rechtsgelehrten Hieronymus Schurff (Schürpf), mit dem

2 · Die evangelische Konversion des katholischen Kirchenrechts

Bapsts gesetz nit zwo zeyllen, die einen frummen Christen mochten unterweyszen«, schrieb er, »*und leyder szoviel yrriger und ferlicher gesetz, das nit besser weere, man mecht ein Rotten hauffen drausz.*« Und weiter: »*das es gut were, das geistlich recht von dem ersten buchstaben bisz an den letzten wurd zugrund auszgetilget, sonderlich die Decretalen: es ist uns ubrig gnug in der Biblien geschrieben, wie wir uns in allen dingen halten sollen*«. »*Quod nisi sua iura et traditiones sustulerint, et ecclesiis Christi libertatem suam restituerint eamque doceri fecerint, reos esse eos omnium animarum, quae hac misera captivitate pereunt, esseque papatum aliud revera nihil quam regnum Babylonis et veri Antichristi.*«[9] Nach diesen Äußerungen dürfte Luthers kanonischer Scheiterhaufen keine Überraschung mehr gewesen sein.

Luthers Angriff

Luther verteidigte seinen Ikonoklasmus in den frühen 1520er Jahren mit einer ganzen Flutwelle von Argumenten. Er behauptete erstens, dass das kanonische Recht die päpstliche Willkürherrschaft begünstige. Die Kanoniker würden den Papst nicht nur als »*herr[n] der welt*«, sondern auch als »*Christi Vicarium*« und als regelrechten »*mixtu[s] deu[s]*« betrachten.[10] Der Papst habe somit die uneingeschränkte Vollmacht der Gesetzgebung, der Urteilsfindung und der Kirchenleitung inne, die von niemandem in der ganzen Christenheit – auch nicht von einem ökumenischen Konzil – geprüft, genehmigt oder abgelehnt werden konnten. Weder der Papst noch seine Bevollmächtigten waren verpflichtet, sich nach der Heiligen Schrift, nach der Tradition oder nach Konzilsbeschlüssen zu richten. Vielmehr hatten sie die Macht, rechtliche Bestimmungen nach Gutdünken zu übergehen, abzuändern oder gar abzuschaffen. Für die gesamte Christenheit erließen sie Gesetze und fällten Urteile. Sie selbst ordneten sich aber weder dem Recht unter, noch ließen sie sich von der Meinung anderer beeinflussen.[11]

---

sich Luther 1517 angefreundet und der auch über das Asylrecht geschrieben hatte. Siehe unten S. 97 f. zu Luther und Schürpf. Ich bin R. H. Helmholz dankbar, dass er mich auf diesen Text aufmerksam gemacht hat, ebenso Scott H. Hendrix für seinen Hinweis auf den augenblicklichen Forschungsstand hinsichtlich dessen Authentizität.
9. WA 6, 443, 459; WA 6, 537.
10. WA 7, 47 f.; WA 6, 415 f.
11. WA 7, 161-182; WA 19, 482-523; WA 6, 202-276, WA 6, 404-469.

Luthers Angriff

Für besonders unerträglich hielt Luther die Zuständigkeit des Papstes und seiner Bevollmächtigten, billigen Dispens von Gelübden, Eiden, vertraglichen Verpflichtungen und weiteren kanonischen Auflagen zu gewähren, was in vielen Fällen zwangsläufig zu Ungerechtigkeiten führen musste. »*Heut*«, schimpfte Luther, »*ist geystlich recht nit das in denn buchern, szondern was in des bapsts und seiner schmeychler mutwil stet. Hastu eine sach, ym geistlichen recht grundet auffs aller best, szo hat der Bapst druber Scrinium pectoris, darnach musz sich lencken alles recht unnd die gantze welt.*« Luther klagte an, dass eben diese Vollmacht des Dispenses, die das mittelalterliche Kirchenrecht zum »Inbegriff von Gerechtigkeit« gemacht habe, den Papst zum Vater der Willkürherrschaft mache.[12]

Zweitens klagte Luther an, dass das kanonische Recht missbraucht würde und nur noch eigennützigen Zwecken diene. Im Laufe der Jahrhunderte hätten die Kanoniker ein dichtes Netz von Vergünstigungen, Privilegien, Exemtionen und Immunitätsrechten gesponnen, das den Klerus gegenüber dem Laienstand bevorzuge und ihn der rechtlichen Haftung gegenüber der örtlichen Obrigkeit enthebe. Der Ortsklerus nutze diese Bevorzugung dazu, steuerbefreiten Grundbesitz anzuhäufen, der dann noch durch gut dotierte Stiftungen und Schenkungen ergänzt würde. Die Aufsicht darüber fiel den Gemeinden, den Kathedralen und Domen, den Klöstern, Bruderschaften, Stiftungen und anderen kirchlichen Einrichtungen zu. Diese kirchlichen Institutionen würden ihrerseits eigenen Besitz dazu nutzen, dem Klerus einen üppigen Lebensstil zu ermöglichen und rentable Pachtverträge auszuhandeln. Luthers Auffassung nach war das eine offenkundige Verletzung kanonischer Gesetze zu Armut und Wucher, die dazu beigetragen habe, Deutschland »auszusaugen«: »*Nu welsch landt auszgesogen ist, kommen sie ynsz deutsch landt*«.[13] Wenn eine Partei gerichtlich gegen diese Praktiken vorging, machte der Ortsklerus von seinen gesetzlichen Privilegien Gebrauch, den Fall an das örtliche Kirchengericht weiterzuleiten. Die örtlichen Kirchengerichte wiederum würden die Fallstricke des Interdikts und des Kirchenbanns nutzen, um sich der Rechtsprechung der weltlichen Gerichte zu bemächtigen und das kanonische Recht auf Sachverhalte und Personen anzuwenden, die fern jeder geistlichen Zuständigkeit lagen.[14]

Drittens prangerte Luther an, dass das kanonische Recht der Kirche zu

---

12. WA 6, 459. Vgl. auch WA 6, 404-469; 497-573.
13. WA 6, 416. Vgl. auch WA 6, 202-276; 404-469; 7, 795-802; und Luthers spätere, detailreiche Ausführungen zu diesem Gegenstand in WA 15, 293-313; 17, 321 f.; bes. 6, 36-60.
14. WA 6, 404-469; 8, 676-687.

einem Instrument der Gier und der Ausbeutung geworden sei. Zur Finanzierung ihres Prunks und Verwaltungsapparats zwinge die Kirche dem deutschen Volk Annaten, Zehntabgaben und weitere religiöse Steuern in beträchtlicher Höhe auf. Die Kirche schaffe alle Arten von Reliquien, Totengedenktagen, Feierlichkeiten, Altären und Wallfahrten, um die Spendenbereitschaft der Menschen auszunutzen. Sie beanspruche deutsche Pfründen und andere lukrative Kirchenämter und verkaufe sie an den Meistbietenden – wobei es sich häufig um Ausländer handele, die genug Geld für die Entrichtung der Gebühren besaßen und auf diese Weise Ämter erhielten, dabei aber nicht über die seelsorgerlichen und administrativen Kenntnisse zu deren erfolgreicher Ausführung verfügen mussten. Die Kirche verkaufe sogar das Seelenheil und die Sündenreinigung gegen ihre Bußauflagen und ihren Ablasshandel.[15] »*Unnd das wir hoher faren, die weil ausz Rom zu unsern zeiten nichts anders kompt*«, schrieb Luther, »*dan ein Jarmarckt geistlicher gutter, die man offentlich und unvorschampt kaufft unnd vorkaufft, ablas, pfarren, kloster, bistum, probstey, pfrund und alles was nur yhe gestifft ist zu gottis dienst weit und breit, dadurch nit allein alles gelt und gut der welt gen Rom zogen und trieben wirt, welchs der geringst schaden were, sondern die pfarren, bistum, prelaturn zurissen, vorlassen, vorwust, und also das volck vorseumet wirt, gottis wort, gottis namen und ehre untergaht*«.[16] Das sei »*ein offentlich rauberey, triegerey und tyranney der hellischen pfortten*« gewesen.[17]

Viertens stellte Luther fest, und das war sein wichtigster Punkt, dass dem kanonischen Recht die Autorität fehle. Luthers Ansicht nach übertrage Gott Seine Rechtsautorität dem Landesherrn und nicht dem Papst. Den Landesherrn und die bürgerliche Obrigkeit sah Luther als Gottes Vizeregenten an, die dazu berufen waren, sich das Gesetz Gottes bei der Regierung der menschlichen Gesellschaft anzueignen und es anzuwenden. Demgegenüber waren der Papst und alle Geistlichen dazu berufen, das Wort zu verkünden, die Sakramente zu verwalten, die Sünder zu mahnen und das menschliche Gewissen zu leiten. Das sei die wahre Bedeutung der Schlüsselgewalt, wie sie in Matthäus 16,18-19 umschrieben sei.[18] Durch die Schaffung und Anwendung des kanonischen Rechts hätten der Papst und seine Bischöfe die Autorität des Landesherrn usurpiert und das Evangelium, den Glauben, die

---

15. WA 6, 404-469; 1, 529-628; 11, 245-280.
16. WA 6, 257.
17. WA 6, 427.
18. WA 6, 202-276; 404-469; 11, 245-280. Siehe auch seine frühere Darlegung, Luthers Römerbriefvorlesung (1516), WA 56, 1-528, und seine spätere Darlegung »*Von den Schlüsseln*« (1530), WA 30/II, 465-507; 30/III, 584-588.

Luthers Angriff

Gnade und den wahren Gottesdienst verdunkelt. »*Dico itaque: neque Papa neque Episcopus neque ullus hominum habet ius unius syllabae constituendae super Christianum hominem, nisi id fiat eiusdem consensu.*«[19]

Luthers Ansicht nach stand das kanonische Recht auch den Lehren und der Autorität der Bibel entgegen. Die Bibel, wie Luther sie verstand, lehrte, dass jeder Mensch (1) in unmittelbarer Beziehung zu Gott stand, wenn er seine Sünden bekannte und Gottes Gnade empfing; (2) nicht durch Werke gerechtfertigt wurde, sondern allein durch den Glauben an Gottes Gnade; und (3) aufgefordert war, sein Leben in jeder Hinsicht nach der Bibel auszurichten. Indem das kanonische Recht den Klerikern die Vollmacht verlieh, Gottes Gnade zu spenden und Fürsprache für die Seelen der Laien einzulegen, beeinträchtige es die persönliche Beziehung eines Christen zu Gott. Es machte die Kleriker zu unverzichtbaren Vermittlern zwischen Gott und den Menschen, womit ihnen unberechtigterweise größere Heiligkeit und eine größere Nähe zu Gott zugestanden wurden. Indem das kanonische Recht eine Rangfolge verdienstvoller Werke festlege, fördere es eine Erlösung, die durch Werke und nicht durch den Glauben erlangt würde, überhöhe geistliche Handlungen und Berufungen, schätze die weltlichen Lebensäußerungen dagegen gering. Indem das kanonische Recht jeden Schritt und Tritt eines christlichen Lebenswegs durch menschliche Regeln und Verordnungen lenken wolle, bewirke es lediglich eines: Es tyrannisiere das christliche Gewissen, judaisiere das Christentum und zerstöre die geistliche Liebe und Freiheit des Evangeliums.[20]

Luthers Ansicht nach war eine besonders bedenkliche Verfälschung des Evangeliums das komplizierte Sakramentenwesen, das dem kanonischen Recht als starke Stütze diente. Luthers Ansicht nach hatte die Kirche die Sakramente der Priesterweihe, der Firmung, der Krankensalbung und der Ehe nur dazu geschaffen, die eigene Macht zu stärken.[21] Die drei verbliebenen Sakramente von der Taufe, vom Abendmahl und von der Buße habe sie falsch ausgelegt.[22] »*Non enim habet universa scriptura sancta hoc nomen*

---

19. WA 6, 497-573, hier: 536.
20. WA 7, 1-73.
21. WA 6, 497-573.
22. In seiner frühen Phase ließ Luther eine erhebliche Ambivalenz gegenüber dem sakramentalen Nutzen der Buße erkennen. Diese Ambivalenz lässt sich aus seiner ausführlichen Abhandlung *Von der Babylonischen Gefangenschaft der Kirche* (1520) herauslesen. Am Anfang der Schrift setzte er »zur Zeit« (»*pro tempora*«) drei Sakramente voraus: »*die Taufe, die Buße, das Brot*« (»*Baptismus, Poenitentia, Panis*«). Am Ende der Schrift äußerte er Zweifel daran, dass die Buße als Sakrament anerkannt werden konnte: »Denn das Sakrament der Buße, welches ich zu

2 · Die evangelische Konversion des katholischen Kirchenrechts

›*sacramentum*‹ *in ea significatione, qua noster usus, sed in contraria. Ubique enim significant non signum rei sacrae, sed rem sacram, secretam et absconditam.*«[23] Nach Luthers Überzeugung war das Evangelium, das Wort Christi, »*ein einziges Sakrament*« (»*unum sacramentum*«). Die Verheißungen des Evangeliums würden durch die »*drei sakramentalen Zeichen*« (»*tria signa sacramentalia*«) der Taufe, des Abendmahls und der Buße offenbart.[24] Überdies verkompliziere die Kirche mit ihren dicken Schichten gesetzlicher und liturgischer Ausführungen die Sakramente unnötig. Luthers Auffassung nach waren die von der Heiligen Schrift geforderten einfachen sakramentalen Handlungen alles, was der Christenmensch brauche.[25] Das dichte Geflecht kanonischer Rechtsbestimmungen, das die sakramentalen Handlungen und Partizipation festlegte, bestand in seinen Augen aus »*Erfindungen*« (»*commenta*«).[26]

Kraft dieser Kritik forderte Luther in den frühen 1520er Jahren, dass die Rechtsautorität vom Klerus auf die Obrigkeit übertragen werden solle. Die Kirche sei eine Gemeinschaft des Glaubens und der Liebe, keine Körperschaft des Rechts und der Politik. Das Gewissen ihrer Mitglieder solle durch die Bibel und den Heiligen Geist geleitet werden, nicht durch menschliche Traditionen und priesterliche Anordnungen. Alle Mitglieder der Kirche seien Priester und galten gleich viel vor Gott; sie konnten nicht in eine höhere Geistlichkeit und einen niederen Laienstand geteilt werden. Die Kirche sei dazu berufen, der Gesellschaft zu dienen, nicht sie zu beherrschen. Alle Rechtsautorität und Regierung komme der christlichen Obrigkeit zu. Sie sei dazu berufen, die weltlichen Angelegenheiten aller Menschen zu regeln, die öffentliche Ordnung, Frieden und Gerechtigkeit zu wahren, und das Wachsen der Kirche sowie die moralische Vervollkommnung der bürgerlichen Gesellschaft zu befördern.

---

diesen beiden zugerechnet habe, ermangelt eines sichtbaren und von Gott gestifteten Zeichens; es ist, wie gesagt, nichts anderes als ein Weg und eine Rückkehr zur Taufe.« (»*Nam poenitentiae sacramentum, quod ego his duobus accensui, signo visibili et divinitus instituto caret et aliud non esse dixi quam viam ac reditum ad baptismum*«). WA 6, 572.

23. WA 6, 551.
24. WA 6, 501.
25. WA 6, 497-573; vgl. auch WA 8, 482-563.
26. WA 6, 497-573.

Luthers Verbündete

Luthers radikale Äußerungen waren das Signal zum Beginn »*der Schlacht um das kanonische Recht*«, wie Roderich von Stintzing treffend formulierte.[27] Einschränkend muss hinzugefügt werden, dass viele von Luthers Äußerungen lediglich einen mehr als ein Jahrhundert lang anhaltenden Dissens in Deutschland wiederspiegelten.[28] Auch sie wären wieder einmal überhört worden, hätte nicht die päpstliche Bulle *Exsurge Domine* ihr Ziel einer dauerhaften Ruhigstellung Luthers verfehlt.[29] Luthers Kritik am kanonischen Recht sollte sich schließlich als tragfähiger erweisen, teils aufgrund ihrer tieferen theologischen Verankerung, teils aufgrund ihrer weitreichenden Verbreitung und Wirkung auf Theologen und Rechtsgelehrte in den frühen Jahren der lutherischen Reformation.[30]

Viele der evangelischen Konvertiten griffen Luthers Kritik am kanonischen Recht auf und führten sie weiter. »*Wir moechten alle gottes wort wol leyden*«, beklagte die bayerische Adelige Argula von Grumbach in einer Schrift von 1523, »*allein ... advocaten juristen moegen es nit gedullden dan der herr sagt: Was du wild dß dir geschehe thue auch ainem anndern*«[31] Der Papst und seine Rechtsgelehrten hätten eigene Gesetze erfunden, die nicht aus Gottes Wort abgeleitet seien. Sie hätten sich raffgierig dem Wohlstand ergeben und uns Laien bitterliche Armut aufgezwungen. »*Deine genannte geistliche Fürsten und Prälaten haben das Geld, die weltlichen den Seckel.*« »*[S]o würden E.F.G. verordnen bey allen Stifften, Clöstern, auch Pfarren und Messen, die Register aufzuheben, ihre Leute, die ihnen Zins und Gült geben, in die Gericht zu komen, darinnen sie liegen, und eigentlich ihr Vermögen erfahren hätten sie zu viel, daß man es zum gemeinen Nutzen brauchet, auf daß der arme Mann nicht also beschwehret würde.*« So würde »*der Schweiß der Armen ... in aller Dienstbarkeit des Teuffels verzehret.*« Und so »*wollte Gott, es liessen sich die Fürsten und Herren, die Geistlichen genannt, nicht länger am Affenseil*

---

27. STINTZING, 273.
28. Siehe oben S. 71-78.
29. Näheres dazu bei JAMES ATKINSON: The Trial of Luther. New York 1971.
30. Siehe Quellenangaben und Erörterung bei MARK U. EDWARDS, JR.: The Reception of Luther's Understanding of Freedom in the Early Modern Period. In: Luther-Jahrbuch 62 (1995), 104-120; DERS.: Printing, Propaganda, and Martin Luther. Berkeley/Los Angeles 1994.
31. ARGULA VON GRUMBACH: Ein Christennliche schrifft einer erbarn frawē vom Adel. Bamberg 1523.

*führen.«*³² »*Mich erbarmen unsere Fürsten, daß ihr sie so jämmerlich verführet, und betrieget.*«³³

In gleicher Weise beklagte Melanchthon 1521, dass der Klerus »*für sich gottlose und überaus tyrannische Rechte geschaffen [habe] über die kirchlichen Abgabenfreiheiten, über ihre Einkünfte usw. – weil die Fürsten ein Auge zudrückten.*« Sie würden so weitermachen, als würden sie die Welt beherrschen und niemandem Rechenschaft schulden. »*[S]ie tun jeden in Acht und Bann, der von dem Priester Steuer, Zoll oder derartiges anderes [mehr] fordert, was zum gemeinschaftlichen Gebrauch für die öffentliche Not beigesteuert wird.*« Das alles stehe dem »*göttliche[n] Recht [, welches] auch die Priester selbst den weltlichen Obrigkeiten, Königen und Fürsten unterworfen*« habe, eklatant entgegen.³⁴

Eine ähnliche Meinung vertrat Melanchthons Kollege, der Jurist und Theologe Justus Jonas, in seinen Schriften. Er war 1521 an die Universität von Wittenberg berufen worden und hatte einen Lehrauftrag für kanonisches Recht übernommen. Kurz nach seiner Berufung kam Jonas zu der Überzeugung, dass das Kirchenrecht nach Eigennutz stinken und die biblische Wahrheit verraten würde. Infolgedessen gab er seinen Lehrstuhl für kanonisches Recht auf. Durch Vermittlung Luthers und Melanchthons erhielt Jonas daraufhin einen Lehrstuhl für Theologie an der Wittenberger Universität, von wo er eine nicht enden wollende Flut von Vorlesungen und Predigten gegen das kanonische Recht veröffentlichte.³⁵

Mehrere evangelische Autoren forderten die Streichung einzelner kanonischer Rechtsbestimmungen, die ihrer Ansicht nach für die größten Ungerechtigkeiten in deutschen Landen verantwortlich waren. Der Nürnberger

---

32. »Schreiben der Argula von Grumbach an Herzog Wilhelm IV. von Baiern«.
33. Ebd., Bii-iv; ARGULA VON GRUMBACH: Wye ein Christliche fraw des adels … in Gotlicher schrifft wolgegrundtenn Sendbrieffe die hohenschul zu Ingolstadt vmd das sie eynen Euangelischen Jungling, zu widersprechung des wort Gottes betrang haben straffet. Erfurt 1523, Aiii-Aiiib. Siehe PETER MATHESON (Hrsg.): Argula von Grumbach: A Woman's Voice in the Reformation. Edinburgh 1995, 77-81, 106-108; SILKE HALBACH: Argula von Grumbach als Verfasserin reformatorischer Flugschriften. Frankfurt a. M. 1992.
34. LC (1521), 137. MAURER: Reste des kanonischen Rechtes, 214-222.
35. Vgl. dazu GUSTAV KAWERAU (Hrsg.): Der Briefwechsel des Justus Jonas. Hildesheim 1964. Bd. 1, Nr. 54, 65. Siehe HANS LIERMANN: Das kanonische Recht als Gegenstand des gelehrten Unterrichts an den protestantischen Universitäten Deutschlands in den ersten Jahrhunderten nach der Reformation. In: Studia Gratiana 3 (1955), 539, 543-554; KÖHLER, 33 f. Siehe auch WA Br 2, 368 f.

Luthers Verbündete

Reformator Wenzeslaus Linck und der Straßburger Reformator Wolfgang Capito plädierten beide nachdrücklich für die Aufhebung der Immunität des Klerus bei der zivilrechtlichen Verfolgung und für das Ende der Befreiung des Klerus von Steuern, Dienstleistungen sowie anderen bürgerlichen Pflichten.[36] Sie fanden, dass solche Privilegien »*wider gott, wider die lieb des nechsten wider alle Billicheit ist und aller natur und aller vernunfft entgegen ja auch zu beschwerd der gemein die niemant er sey wer er woll zu beschweren hatt*«. Ihrer Meinung nach sollte der Klerus seinen bürgerlichen Pflichten ebenso nachkommen wie jeder andere in der Gemeinschaft auch.

Der ehemalige Franziskanermönch Johann Eberlin von Günzburg beklagte, dass Deutschland heimgesucht würde von einem »*groß[en] falch und mißgloub under unß, dem mögen wir nit entgon. Dan er ist bestätigt durch römische gsatz un gaistlich recht, das niemandt sein sach gnüg versicheren kann. Man findt all wegen schlupfflöchlein arme leut zu tribe*«. Günzburg führte diesen Missbrauch auf mehrere kanonische Rechtsbestimmungen und Richtlinien zurück. Für diese forderte er eine Aufhebung durch den Kaiser. Aufzuheben seien die grundsätzliche Anrufung Roms bei lokalen Fällen, der einfache Dispens von kanonischen Rechtsbestimmungen, der übergebührliche Gebrauch des Interdikts und des Banns sowie die unverhältnismäßige Aufstockung der personellen Ausstattung und der Geldmittel von Kirchenämtern und Kirchengerichten. Zusätzlich forderte er den Kaiser auf, weiteren durch das kanonische Recht verursachten Missbrauch abzustellen, indem die Zahlung der päpstlichen Annaten, Steuern und Pfründen abgeschafft würden, die Priesterehe zugelassen würde, die meisten kanonischen Ehehindernisse bei Laienhochzeiten beseitigt würden, die Häufung von Grundbesitz durch Klöster und Wohlfahrtseinrichtungen begrenzt, das Wander- und Bettelmönchtum verboten und die Möglichkeit eingeführt würde, monastische und priesterliche Gelübde nach dem Grundsatz von Treu und Glauben aufzulösen.[37]

---

36. WOLFGANG CAPITO: Das die Pfaffhait schuldig sey Burgerlichen Ayd zu thun. On verletzung jrer Eeren (1525), A7; WENZESLAUS LINCK: Ob die Geystlichen auch schuldig sein Zinße, geschoß etc. zugeben und andere gemeyne bürde mit zutragen. Eyn Sermon auffs Evangelion Mat. 22. Ob sich getzym[m]e dem Keyser Zinß geben. Altenburg 1524.
37. JOHANN EBERLIN VON GÜNZBURG: EJn klägliche klag an den christlichen Römischen kayser Carolum, von wegen Doktor Luthers und Ulrich von Hutten (1521). In: LUDWIG ENDERS (Hrsg.): Johann Eberlin von Günzburg. Ausgewählte Schriften. Halle 1896, Bd. 1, 107-131. Siehe BERNHARD RIGGENBACH: Johann Eberlin von Günzburg und sein Reformprogramm. Tübingen 1874; SUSAN G. BELL: Jo-

2 · Die evangelische Konversion des katholischen Kirchenrechts

Johann Freiherr von Schwarzenberg, ein angesehener Rechtsgelehrter, der zwei wichtige Strafgesetzbücher für Deutschland verfasst hat – die *Bambergensis* von 1507 und die *Carolina* von 1532 –, veröffentlichte mehrere Auflagen einer Schrift, die den »*gottlosen Skandal*« verurteilte, der durch Trunkenheit, Maßlosigkeit, Verschwendung, Lasterhaftigkeit und Ausschweifung entstanden war, wodurch Deutschland zu »*einem Reich des Teufels*« verkommen sei. Schwarzenberg gab den lokalen geistlichen Autoritäten die unmittelbare Schuld daran. Sie hätten bei der Durchsetzung ihrer Moralgesetze versagt und würden sich nicht einmal selbst daran halten. Er forderte die Einführung eines neuen und umfassenden bürgerlichen Rechts der sittlichen Ordnung, das durch die kaiserlichen und die lokalen weltlichen Autoritäten gleichermaßen durchgesetzt werden könne.[38]

1524 gab Schwarzenberg eine weitere Schrift heraus, in der er ein Bamberger Kloster anprangerte, seine Tochter wie in einem »*tirannischen teuflischen Müchischen gefencknis*« gehalten und sich seine Schenkungsgelder widerrechtlich angeeignet zu haben, aber wohl eher, um ihre Entlassung zu bewirken.[39] Durch Luther und andere Protestanten ermutigt, ergriff Schwarzenberg die Gelegenheit, etwas aufzudecken, dass er »*die teuflischen Lehren der mönchischen Schlangen*« und »*das verkehrte und liederliche Leben*« gewisser Mönche und Nonnen nannte.[40] Schwarzenbergs Sohn, ein in Bayern lebender katholisch-gläubiger Adliger, stellte sich gegen diese lautstarke Verdammung des Mönchtums durch seinen Vater. Er forderte seinen Vater auf, an der päpstlichen Autorität und dem kanonischen Recht festzuhalten, und bat zu diesem Zweck seinen Freund Kaspar Schatzgeyer, dem Vater einen Text zur wahren Bedeutung der christlichen Freiheit und der kanonischen Rechtsvollmacht zu übersenden. Dies veranlasste den älteren Schwarzenberg, eine 383-seitige Apologie der Reformation zu verfassen – mit gehaltvollen Kapiteln, die reichlich mit biblischen Zitaten durchsetzt waren. Sie behandelten das Wesen der Kirche und des Klerus, Zölibat und Eid, die Schlüsselgewalt, das Verhältnis zwischen Glaube und Werken, die sieben christlichen Sakramente, das Wesen der christlichen Freiheit und weitere Themen. Schwarzenberg hob besonders die evangelischen Lehren

---

han Eberlin von Günzburg's Wolfaria: The First Protestant Utopia. In: *Church History* 36 (1967), 122.

38. Johann Freiherr von Schwarzenberg: *Der Zudrincker vnd Prasser Gesatze, Ordnu[n]g vnd Instruction.* Oppenheim 1512. Nachdr. 1513, 1523, 1524.
39. Ders.: *Eynn Schoner Sendtbrieff des wolgepornen vnd Edlen herrn Johannsen/ Herrn zu Schwarzenberg/An Bischoff zu Bamberg außgangen.* Nürnberg 1524.
40. Ders.: *Diss buechlyn Kuttenschlang genant Die teueffels lerer macht bekant.* Nürnberg 1526.

von der Rechtfertigung allein durch den Glauben und der Priesterschaft aller Gläubigen hervor, die doch schließlich Grund genug seien, den größten Teil des kanonischen Rechts und der kirchlichen Ordnung als »*Verabscheuung von Gottes Wort*« abzulehnen.[41] Die Schrift folgte inhaltlich weitgehend den Schriften Luthers und Melanchthons und erntete von Luther hohes Lob, der jene als eine getreue Wiedergabe der evangelischen Lehre würdigte. Allerdings entfremdete sie Schwarzenberg zugleich endgültig von seinem Sohn.

Die kanonischen Gesetze zum monastischen und priesterlichen Zölibat waren eine sensible Angelegenheit, die in den 1520er Jahren zahlreiche weitere Autoren beschäftigte, und zu einem der wichtigsten Reformgegenstände werden sollte.[42] Argula von Grumbach etwa hielt die Zölibatsvorschriften für einen Quell der Sünde: »*Der Babst hat dem rat des teuffels gevolgt, Eeweyber verpotten und umb gellt büebin erlaubt.*«[43] Der Straßburger Reformator und ehemalige Mönch Martin Bucer erklärte, dass das kanonische Verbot der Priesterehe gegen das geistliche und das kaiserliche Recht gleichermaßen verstoße und beseitigt werden sollte.[44] Der ehemalige Kanoniker Johann Apel erläuterte dem Bischof anlässlich seines Eintretens für die Priesterehe: »*Wer sieht nicht die Unzucht und das Konkubinat? Wer sieht nicht die Schändung und den Ehebruch?*« Das durch einen Kleriker erfolgte

---

41. Ders.: Beschwerung der alten Teufelischen Schlangen mit dem göttlichen Wort. Zwickau 1527; vgl. Kaspar Schatzgeyer: De vera libertate evangelica. Tübingen 1525. Siehe Luthers Kommentare zu Schwarzenberg in: WA Br 2, 600-603, und des Weiteren WILLY SCHEEL: Johann Freiherr zu Schwarzenberg. Berlin 1905, 328-346; WOLF, 128-130. Als Luther 1539 notierte, wer zu einem ökumenischen Kirchenrat geladen werden sollte, vermerkte er: »*Man müsste aus allen Landen fordern die recht gründlich gelehrten Leute in der heiligen Schrift ... Darunter etliche von weltlichem Stande ... ; als wenn Herr Hans von Schwarzenberg noch lebete, dem wüßte man zu vertraun*« WA 50, 622.
42. Siehe unten S. 82 ff., 287 ff.
43. GRUMBACH: Ein Christenliche Schrift, Biii. Siehe auch die ihr zugeschriebene ausführliche Schrift gegen das Mönchtum: Grund und Ursach auss gotlichen Rechten, warumb Prior und Convent in Sant Annen Closter zu Augspurg jren standt verendert haben. Augsburg 1526. Ein gemäßigtes und schrittweises Vorgehen zur Auflösung der Klöster wird empfohlen in WA 12, 11-15; 15, 27-53.
44. BUCER, DS, 2, 154. Zu ähnlichen Einwänden siehe Melanchthon, der in seinen frühen Jahren starken Einfluss auf Bucer ausübte, und weitere Zitate bei MAURER: Reste des kanonischen Rechtes im Frühprotestantismus, 199-214. Siehe auch MARTIN LUTHER: De votis monasticis (1521), WA 8, 577-669; Von Priester Ehe des wirdigen herrn Licentiaten Steffan Klingebeyl, mit einer Vorrede Mart. Luther, Wittenberg 1528, WA 26, 530, 7-9, sowie unten S. 287 ff.

2 · Die evangelische Konversion des katholischen Kirchenrechts

Übertreten, »*gegen diese kleine, von Menschen erdachte Zölibatsverordnung*« verstoßen zu haben, sei »*im Vergleich zu diesen Unzuchtssünden und dem Verstoß gegen das Gesetz des Herrn nur sehr gering ist*«.[45] Hans Schwalb, ein evangelischer Verfasser von Druckschriften, führte diesen Gedanken noch weiter: »*Ligt aine bey ainem Eemann, so muß das weyb oder man auß der stat zyhen. Aber unser Junckherren die wirdigen herren priester nehmen den frummen Burgern oder bauren ire Eeliche weyber, töchter mit gewalt und hallten inen die vor wider got Eer und recht (…) Warumb bant man nicht sollihe pfaffen, der doch nicht ainer allain ist?*«[46] Niemand ging in seiner Ablehnung des priesterlichen Zölibats jedoch so weit wie Erasmus von Rotterdam, denn er war selbst der außereheliche Sohn eines Priesters. Dem Zölibat verpflichtete Priester, die ihre Ehelosigkeit kasuistisch verteidigen, während sie in Wahrheit sexuell aktiv waren, waren für Erasmus nichts weniger als »Barbaren, Affen, Esel, Heuchler, Philister, Pharisäer, Schriftgelehrte, Zöllner, Essener, Schmeichler, Pseudo-Apostel, Propheten und Dämonen«.[47]

Eine solche Antipathie gegen das kanonische Recht und die kirchliche Ordnung konnte nicht auf Kanzel und Flugschrift beschränkt bleiben. In den frühen Jahren der lutherischen Reformation übersetzten bürgerliche Obrigkeiten jene antikanonischen Ressentiments kurzerhand in neue Zivilgesetze und zivile Ordnungsstrukturen. Bis 1530 hatten sechs Territorien, 16 größere Städte und zahlreiche kleinere Städte in Deutschland neue lutherische Reformationsordnungen erlassen.[48] Bis 1540 hatten sich diese Zahlen noch mehr als verdoppelt. Jedes dieser Gemeinwesen schlug seinen eigenen Reformweg ein und brachte dabei auch die Neigungen und Interessen seiner regionalen Machthaber zum Vorschein. Einige Gemeinwesen bekundeten einen leidenschaftlichen Protestantismus und machten sich sofort

---

45. Ein Fall aus dem Jahr 1523 ist beschrieben in Politische Reichshandel: Das ist, allerhand gemeine Acten, Regimentssachen, vnd Weltliche Discursen. Frankfurt a. M. 1614, 785-795; weiterhin beschrieben in seiner Defensio Iohannis Apelli ad Episcopvm Herbipolensem pro svo conivgio. Wittenberg 1523.
46. HANS SCHWALB: Beclagung eines Leyens, genant Hanns schwalb, uber vil mißbrauchs christenlichs lebens, Im Jar 1521.
47. Siehe ebd., 36 f., 61-63, und eingehende Erörterung bei ÉMILE VILLEMEUR TELLE: Érasme de Rotterdam et le septième sacrement. Genf 1954, 81 ff., 233 ff.
48. Die Territorien Preußen, Halle, Brandenburg-Ansbach, Hessen, Lüneburg und Sachsen und die Städte Leisnig, Elbogen (tschechisch: *Loket*), Magdeburg, Nördlingen, Stralsund, Wittenberg, Halle, Bern, Basel, Hamburg, Zürich, Meißen, Braunschweig, Frankfurt am Main, Göttingen und Rostock, dazu jeweils mehrere Ortschaften und Landbezirke. Diese Ordnungen sind beschrieben bei RICHTER und SEHLING. Siehe weiter unten S. 237 ff.

daran, ein ambitioniertes Reformprogramm zu verwirklichen. Manche zeigten sich deutlich zurückhaltender, oberflächlicher oder selektiver bei ihren evangelischen Sympathien. Wieder andere erprobten zunächst reformatorische Grundsätze, verwarfen sie dann aber gänzlich oder legten sich darauf fest, katholische und protestantische Formen gleichermaßen zu tolerieren. Worin die regionalen Unterschiede auch immer bestanden, begannen nahezu alle der religiös neu orientierten Gemeinwesen ihre Reformen damit, Macht und Besitz der Kirche und des Klerus zu konfiszieren sowie die Autorität des Papstes und des kanonischen Rechts in Frage zu stellen.

Nahezu sämtliche neuen Reformationsordnungen, die in den späten 1520er Jahren und den frühen 1530er Jahren erlassen wurden, gestanden den bürgerlichen Obrigkeiten einen neuen Einfluss auf die religiöse Lehre und Liturgie zu, ebenso wie auf die Ernennung und Beaufsichtigung des lokalen Gemeindeklerus und auf die Aufgaben und den Erhalt von Gotteshäusern, Klöstern, Wohlfahrtseinrichtungen und Kirchenschulen. Ein großer Teil des kirchlichen Grundbesitzes unterlag nun der zivilen Besteuerung oder wurde ganz einfach durch die örtliche Obrigkeit konfisziert, damit dort öffentliche Schulen oder Wohlfahrtseinrichtungen gegründet werden konnten. Annaten, Pfründen und verschiedene kirchliche Steuern und Abgaben wurden eingeschränkt und in manchen Gemeinwesen gänzlich verboten.[49] Die Praxis der Anrufung Roms wurde beschränkt. Die Weitergabe eines Rechtsfalls vom örtlichen Kirchengericht an das örtliche Zivilgericht wurde bald zum Regelfall. Gerichtsstandsvereinbarungen, die die Anwendung des kanonischen Rechts und die Zuständigkeit der Kirchengerichte im Streitfall spezifizierten, wurden freiwillig aus Verträgen und Abkommen gestrichen und in einigen Gemeinwesen sogar gänzlich durch das bürgerliche Recht verboten. Die Kleriker verloren allmählich ihre Exemtionen und Immunitätsrechte gegenüber dem bürgerlichen Recht und unterlagen nun der persönlichen Gerichtsbarkeit der weltlichen Gerichte, sowohl in Straf- als auch in Zivilsachen. Stadt- und Territorialräte sowie Stadt- und Territo-

---

49. Siehe Quellenangaben und Erörterungen bei HENRY J. COHN: Church Property in the German Protestant principalities, in: E. I. KOURI/TOM SCOTT (Hrsg.): Politics and Society in Reformation Europe: Essays in Honor of Sir Geoffrey Elton on his Sixty-Fifth Birthday. New York 1987, 158-187, hier: 162 ff.; WALTER ZIMMERMANN: Die Reformation als rechtlich-politisches Problem in den Jahren 1524-1530/31. Göttingen 1978; DIETRICH KRATSCH: Justiz – Religion – Politik: Das Reichskammergericht und die Klosterprozesse im ausgehenden sechzehnten Jahrhundert. Tübingen 1990, 19 ff. Für eine gute regionale Fallstudie zur späteren Verwendung von Kirchenbesitz siehe HELGA-MARIA KÜHN: Die Einziehung des geistlichen Gutes im Albertinischen Sachsen, 1539-1553. Köln/Graz 1966.

2 · Die evangelische Konversion des katholischen Kirchenrechts

rialgerichte beanspruchten allmählich die alleinige sachliche Zuständigkeit für die Ehe, Erziehung und Bildung, den Erbanfall, das Wohltätigkeitswesen und andere Angelegenheiten, die zuvor unter die kirchliche Rechtsprechung gefallen waren. Die Rechtsfakultäten ersetzten allmählich die kirchenrechtlichen Lehrstühle und Seminare durch solche des bürgerlichen Rechts.

In einigen Fällen hatten die neuen Reformationsordnungen ausdrücklich die Anwendung des kanonischen Rechts verboten. Beispielsweise verfügte die Reformationsordnung für Hessen aus dem Jahr 1526 unumwunden: »*Porro Ius contra fas vocatum Canonicum, omnino legi prohibemus.*«[50] Die Kirchenordnung für Pommern aus dem Jahr 1535 gebot den Bürgern, eheliche und häusliche Angelegenheiten nicht nach »*dem unbilligen und unrechten päpstlichen Recht*« zu regeln.[51] Die Kirchenordnung für Hannover aus dem Jahr 1536 war im gleichen Ton gehalten: »*Deß Bapsts recht ist allzu hart mit verbieten, und zu gelind zu dispensieren umb Gelt, dazu ist er unser Obrigkeit nicht*«.[52] Die meisten jener frühen Reformationsordnungen umgingen und ersetzten das kanonische Recht.

Krise und Kritik

Bereits in den späten 1520er und frühen 1530er Jahren erwies sich Luthers radikales Ziel einer restlosen Tilgung des kanonischen Rechts für die evangelischen Kirchen wie für die deutschen Staaten als undurchführbar.

Auf der einen Seite hatten die lutherischen Reformatoren den Gegensatz zwischen geistlicher Freiheit und strenger Orthodoxie innerhalb der Kirche zu sehr betont. Die jungen evangelischen Kirchen, Kleriker und Kirchenmitglieder sahen ihre neue Freiheit vom kanonischen Recht zum Teil als Freibrief für dogmatische und liturgische Nachlässigkeit an. Luther und Melanchthon beklagten in einem Handbuch von 1528, dass es »*ungeschickte wahne des poefels*« von der Freiheit des Christenmenschen gäbe. »*Etliche reden auch unbescheiden von Christlicher freyheit, dadurch die leute zum teil vermeinen, sie sind also frey, das sie keine oebrickeit sollen haben, das sie fuerder nicht geben sollen, was sie schueldig sind. Die andern meynen, Christliche freyheit sey nichts anders, denn fleisch essen, nicht beichten, nicht fasten und*

---

50. RICHTER, Bd. 1, 68.
51. SEHLING, Bd. 4, 328, 331.
52. RICHTER, Bd. 1, 276f.

*der gleichen.«*⁵³ Luther und Melanchthon waren davon überzeugt, dass eine solche Auslegung absolut verfehlt war, und reagierten darauf, indem sie eine knackige Einführung in das rechte Verständnis der christlichen Freiheit offerierten.

Jene neue Instruktion hatte jedoch offenkundig nicht den gewünschten Effekt. Denn ein Jahr später klagte Luther erneut über die schlimme Situation der neuen evangelischen Kirchen, »*das die pfarren allenthalben so elend liegen (...) vnd also gotts wort vnd dienst zu boden gehen*«⁵⁴ und »*der gemeine man doch so gar nichts weis von der Christlichen lere, sonderlich auff den doerffern, und leider viel Pfarherr fast ungeschickt unnd untuechtig sind zu leren, Und sollen doch alle Christen heissen, getaufft sein und der heiligen Sacrament geniessen, koennen wider Vater unser noch den Glauben odder Zehen gepot, leben dahin wie das liebe vihe und unvernuenfftige sewe, Und nu das Euangelion komen ist, dennoch fein gelernt haben aller freyheit meisterlich zu missebrauchen.*«⁵⁵ Andere Reformatoren prangerten die allgemeine Verwirrung in Bezug auf Gebete, Sakramente, Begräbniszeremonien, Feiertage, den Festkalender sowie die Aufgabenverteilung zwischen den Pfarrern und den übrigen Kirchenbediensteten an. Wieder andere beklagten den Rückgang von Almosen und kirchlichen Opfergaben bei denjenigen Kirchenmitgliedern, die die evangelische Lehre von der freien Gnade zu wörtlich nahmen. Und wieder andere zeigten sich empört darüber, wie bald schon Pfarrer und Theologen die protestantischen Schriften missdeuteten, evangelische Grundlehren verdrehten oder zu einem verkürzten römisch-katholischen Glauben zurückgefunden hätten.⁵⁶ Traditionell hatte ein Regelwerk aus kanonischen Bestimmungen und Bußvorschriften diese dogmatischen und liturgischen Angelegenheiten auf das Genaueste festgelegt. Die neu geschaffenen bürgerlichen Gesetze zur Religion erwiesen sich als ungeeignet, die evangelische Ordnung und Rechtgläubigkeit auf Dauer festzuschreiben und zu wahren.

Auf der anderen Seite hatten die Reformatoren einen zu starken Keil zwischen das bürgerliche Recht und das kanonische Recht und ebenso zwischen die Obrigkeit und den Klerus getrieben. Sie hatten die bürgerliche Obrigkeit mit der uneingeschränkten Rechtsautorität ausgestattet. Aber sie hatten das kanonische Recht als eine wichtige Quelle für das bürgerliche

---

53. WA 26, 195-240, hier: 226.
54. WA Br 3, 595.
55. WA 30/I, 265 f.; vgl. auch WA Br 3, 594-596.
56. Siehe Erörterung und Quellenangaben bei STEVEN OZMENT: Protestants: The Birth of a Revolution. New York 1992, 89-117; BRECHT, Bd. 2, 439-451.

2 · Die evangelische Konversion des katholischen Kirchenrechts

Recht und den Klerus als wichtige Ressource für die Gestaltung und Anwendung dieses Rechts ausgeschaltet. Mitte der 1530er Jahre konnten viele Angelegenheiten und Menschen nur unzulänglich durch die bürgerliche Rechtsordnung betreut werden, denn die evangelischen und bürgerlichen Obrigkeiten, die anstelle der katholischen Kirche als Rechtsinstitutionen dafür die Zuständigkeit erhielten, waren zunächst überfordert. Es litten darunter vor allem die Armenpflege, die allgemeine Wohlfahrt, die Ehe, Erziehung und Unterricht, die öffentliche Moral und der Erbanfall. Zahlreiche evangelische Obrigkeiten waren nicht willens oder in der Lage, zu diesen Rechtsangelegenheiten wirksame Reformen der bürgerlichen Gesetze durchzuführen. Zahlreiche evangelische Pfarrer waren nicht befugt oder imstande, sich mit diesen rechtlichen Problemen zu beschäftigen. In den frühen 1530er Jahren klagten Chronisten und Autoren, dass sich die durch die Obrigkeit konfiszierten kirchlichen Besitzungen und Stiftungen noch immer in privater Hand befanden, während die Bedürftigkeit von Witwen, Waisen, armen, kranken und jungen Menschen ohne Aussicht auf Besserung zunahm. Viele klagten über ein Nachlassen der öffentlichen Moral in Deutschland – die rapide Zunahme der Prostitution, der wilden Ehe, der Spielsucht, des Alkoholkonsums und des Zinswuchers. Wiederum andere wiesen auf die allgemeine Verunsicherung hinsichtlich der Ehe-, Scheidungs- und Erbschaftsregelungen sowie auf eine Abnahme der schulischen und kirchlichen Präsenz hin.

Auch Luther verwies auf die »*uneinigkeit der Fuersten und Stende*«, wobei er besonders die eigenständigen Zünfte meinte, die in mehreren Gemeinwesen die Zivilverwaltung nahezu lahm gelegt hätten. »*Wucher und Geitz sind wie eine Sintflut eingerissen und eitel Recht worden*«, schrieb er weiter. Deutschland sei befallen von »*Mutwil, unzucht, ubermut mit kleiden, fressen, spielen, prangen, mit allerley untugent und Bosheit, Ungehorsam der unterthanen, gesinde und erbeiter, Aller handwerck auch der Baurn*«.[57] Melanchthon schrieb ähnlich beunruhigt über die »*malum dementia*« und den »*furor*« jener unberechenbaren Obrigkeiten, »*falso Christiani nominis praetextu, civilium rerum statum labefacere et convellere*«, ohne neue Gesetze und Ordnungsstrukturen zu schaffen. Er sorgte sich insbesondere um das Zögern der Obrigkeit, die neuen Reformationsordnungen zur Anwendung zu bringen. »*Nam si Magistratui potestatem feceris quidquid libet statuendi, vide in quam nos servitutem coniicias?*« Die Obrigkeiten hätten die Menschen aus reinem Übermut um Besitztum und Einfluss gebracht. »*Non domus, non liberi, non coniunx, quibus ne nostra quidem vita nobis carior est, in tuto*

---

57. WA 50, 195b f.; siehe weitere Zitate bei Köhler, 46 f.

erunt.« Melanchthon hatte sich so ausgedrückt: Wenn diese neue »Plage des Antinomismus« nicht bald bekämpft würde, »*Res bonae omnes, pietas, humanitas, doctrina, artesque universae, quae ocium pacemque amant, exulabunt*«.[58] Die radikale Wunschvorstellung der Reformatoren von einer reinen Kirche, die nur durch das Evangelium geleitet wurde, und von einem reinen Staat, der nur durch das bürgerliche Recht der christlichen Obrigkeit geleitet wurde, hatte Deutschland rasch in eine rechtliche und gesellschaftliche Krise größten Ausmaßes hineinmanövriert.

Die führenden Rechtsgelehrten jener Zeit machten trotz aller Sympathie für die evangelische Sache vor allem Luther und andere Theologen für diese Krise verantwortlich, die doch schließlich das kanonische Recht angegriffen hätten.[59] Die Reaktion von Luthers Wittenberger Kollegen und Freund Hieronymus Schürpf war dafür ganz bezeichnend. Schürpf hatte in der Anfangsphase der Reformation zu Luthers engsten Freunden und Anhängern gezählt. Als neue Kollegen an der Universität von Wittenberg hatten sich Schürpf und Luther regelmäßig über Belange theologischer, rechtlicher und kirchlicher Art ausgetauscht. Schürpf hatte Luther geraten, wie er die ersten Angriffe auf dessen 95 Thesen seitens Johann Eck und Hieronymus Emser erwidern, wie er 1518 auf die Vorladung Kardinal Cajetans reagieren sollte und was 1520 im Zusammenhang mit der Bannandrohungsbulle zu geschehen hatte. Schürpf war dabei, als Luther 1520 die Bücher des kanonischen Rechts verbrannte. Er begleitete Luther 1521 zum Reichstag zu Worms und diente ihm als Rechtsberater während der ersten Anhörung. Er hielt die Verbindung zwischen Kurfürst Friedrich III. von Sachsen und Luther während und nach dessen Aufenthalt auf der Wartburg (1521-1523) aufrecht. Er war 1525 bei der Eheschließung des ehemaligen Mönchs Martin Luther mit der ehemaligen Nonne Katharina von Bora zugegen. Er war unter den ersten »Superintendenten«, die Luther in den späten 1520er Jahren ernannte, damit sie Bericht über die Situation der neuen evangelischen Kirchen erstatteten.[60]

---

58. CR 11, 68, 74-75, 79.
59. Zu katholischen Reaktionen auf Luther vgl. EDWARDS: *Printing*, 57 ff., 149 ff.
60. Zu der wohlwollenden Bezugnahme auf Schürpf in Luther Briefen siehe WA Br 2, 334 f.; 337; 598; Br 3, 75-77; Br 4, 222; 294 f. Vgl. auch Melanchthons Kommentare in CR 11, 215, 357, 917; CR 12, 86. Siehe Auswertung bei THEODOR MUTHER: Aus dem Universitäts- und Gelehrtenleben im Zeitalter der Reformation. Erlangen 1866, 190-202; BRECHT, Bd. 2, 43-45; WIEBKE SCHAICH-KLOSE: D. Hieronymous Schürpf: Leben und Werk des Wittenberger Reformationsjuristen, 1481-1554. Tübingen 1967. In: HAROLD J. BERMAN/JOHN WITTE, JR.: The Transformation of Western Legal Philosophy in Lutheran Germany. In: Southern California Law Re-

2 · Die evangelische Konversion des katholischen Kirchenrechts

Dennoch lehnte Schürpf Luthers Forderung nach einer Abschaffung des kanonischen Rechts und nach einer Konfiszierung kirchlichen Besitzes ab.[61] Schürpf betrachtete die Übernahme der geistlichen Rechtsprechung der Kirche in Fragen der Lehre, Liturgie und moralischen Vergehen durch den Staat als »*gotteslästerlich und skandalös*«. Die Abschaffung des kanonischen Rechts durch den Staat empfand er als »*unchristlich*« und »*frevelhaft*«. Er bezeichnete die staatliche Konfiszierung und Besteuerung des kirchlichen Besitzes als unverhohlene Maßnahmen des »*Diebstahls, Raubs und des Ikonoklasmus*« und den neuen Einfluss des Landesherrn auf die Berufung von Geistlichen und auf die Pfründenverteilung als »*barbarisch*«.[62] Kleriker müssten befreit sein von jeglichen rechtlichen Ansprüchen der Laien, von allen weltlichen Steuern, als Angelegenheit göttlichen Rechts, schrieb Schürpf zu einem späteren Zeitpunkt in einem Rechtsgutachten. In geistlichen Angelegenheiten seien örtliche religiöse Leitungspersonen Bischöfe ihrer Pfründe. Das kanonische Recht untersage es jedem Laien, Pfründe zu besitzen und zu kontrollieren. Das weltliche Recht müsse sich diesem kanonischen Recht beugen.[63]

Der angesehene Freiburger Jurist Ulrich Zasius, der die Reformation anfangs befürwortete, kam ebenfalls zu der Auffassung, dass Luthers rigorose Ablehnung des kanonischen Rechts ungerechtfertigt war und dazu jeder Grundlage entbehrte.[64] »*Luther nennt die päpstlichen Decrete abgeschmackt,*

---

view 62 (1989), 1573-1660, hier: 1603 Anm. 64, habe ich jene irreführende Aussage eingefügt: Es sei vor allem Schürpfs Beispiel gewesen, schrieb Luther in fortgeschrittenem Alter, das ihn 1517 dazu bewogen habe, über den großen Irrtum der katholischen Kirche zu schreiben. Obwohl Schürpf im Allgemeinen unterstützend wirkte, berichtet Luther in seinen Tischreden von 1538 doch, dass Dr. Hieronymus Schürpf ihm vom Verfassen der 95 Thesen abgeraten habe: »›*Was wollet Ihr machen? Man wird es nicht leiden.*‹ *Da sprach ich:* ›*Wie, wenn mans müßte leiden?*‹« (WA Tr 3 Nr. 3722).

61. Siehe Zusammenfassung ihrer Meinungsverschiedenheiten zum kanonischen Recht bei MUTHER: Aus dem Universitäts- und Gelehrtenleben, 203-213.
62. HIERONYMUS SCHÜRPF: Consilia seu responsa iuris. Basel 1559, Bd. 1, 87, 176. Luther lehnte diesen Standpunkt ab. Siehe z. B. WA Tr 5, Nr. 5663.
63. SCHÜRPF, Consilia, Bd. 1, 79, 86, 108, 150, 151.
64. Zwischen 1517 und 1522 unterstützte Zasius die evangelische Sache, schaffte sich bis 1530 die Werke von Luther, Melanchthon und anderen Reformatoren an und weigerte sich, der Aufforderung der Freiburger Fakultät, Luthers Schriften zu verbrennen, als symbolischer Vergeltung von Luthers Verbrennung der Bücher des kanonischen Rechts zu folgen. Vgl. allgemein STEVEN W. ROWAN: Ulrich Zasius: A Jurist in the German Renaissance, 1461-1535. Frankfurt a. M. 1987, 144-149. Bereits in den frühen 1520er Jahren brach Zasius mit Luther, teils wegen unter-

ungereimt (frigidissima)«, schrieb Zasius. »*[I]st das richtig, so stützt sich das ganze kanonische Recht auf Ungereimtheiten, denn es ist kein Grund einen Unterschied zu machen, da alle päpstlichen Decrete auf der gleichen Autorität beruhen.*« Luther habe denken müssen, dem gesamten kanonischen Recht komme dieselbe Autorität zu, doch waren einige Vorschriften ganz offensichtlich maßgeblicher als andere. Luther habe denken müssen, die Bestimmungen des kanonischen Rechts stünden unwillkürlich im Gegensatz zu denen des bürgerlichen Rechts, doch »*ging man in der Praxis ohne Unterscheidung auf beide zurück*«. »*Wer aber kann es geduldig geschehen lassen, dass das ganze kanonische Recht umgestürzt werde?*«[65] »*[D]enn wir halten es für Unrecht, einen Zustand, der seit unvordenklichen Zeiten für recht gegolten hat, umstürzen zu wollen.*« »*Die Autorität so vieler Menschenalter ... zu erschüttern, ist unvorsichtig und gefährlich, wenn es nicht mit den allerstärksten Gründen geschieht.*« Es ließ die Gesetzgeber ohne eine alte, billige und bewährte Rechtsquelle zurück. Und es ließ die Bürger ohne einen gerechten und verlässlichen Maßstab zurück, nach dem sie ihr Handeln ausrichten konnten. So blieb den Zivilrichtern ein zu großer Ermessensspielraum, der Ungerechtigkeit und Missbrauch provozierte, seit sie nun kurzerhand einen Teil des Rechts ignorierten.[66] So blieben die Kirche und der Glaube ohne eine zentrale Autorität, von Luther und seinen Anhängern in Wittenberg einmal abgesehen. »*Evangelii libertatem adseritis*«, so Zasius an Luthers Anhänger Thomas Blaurer, »*sed quomodo in eam veniatur libertatem, non docetis. ... Unusne omnibus doctis a mille annis preferetur Lutherus? Dic, qua ratione?*«[67]

In der Tat wurde Luthers Meinung zu allen erdenklichen geistlichen und

schiedlicher Ansichten zum kanonischen Recht und zum Ehesakrament, besonders aber wegen Luthers Missachtung der päpstlichen Autorität. »*E regione ego Lutherum*«, schrieb Zasius Ende 1522 nieder, »*si cum veteribus ecclesie doctoribus Grecis et Latinis consonat*«. Ulrich Zasius an Thomas Blaurer, Briefwechsel, 56. Zasius blieb seinem Freiburger Kollegen Erasmus Desiderius von Rotterdam treu ergeben. Erasmus' anfängliche Skepsis gegenüber Luther schlug Mitte der 1520er Jahre in offene Ablehnung um. Ebd., 135-144, 149-162; WOLF, 79-82, 93; GUIDO KISCH: Erasmus und die Jurisprudenz seiner Zeit. Basel 1960.

65. ULRICH ZASIUS: Brief von 1520, zit. in RODERICH VON STINTZING: Ulrich Zasius: Ein Beitrag zur Geschichte der Rechtswissenschaft im Zeitalter der Reformation. Basel 1857, 223 f. Siehe des Weiteren ULRICH ZASIUS: Von wahrer und falscher Jurisprudenz. Hrsg. v. Erik Wolf. Frankfurt a. M. 1948, 20; KÖHLER, 35.
66. Ulrich Zasius an Martin Luther (1. September 1520), in: WA Br 2, Nr. 336; und weitere Zitate von Zasius bei STINTZING: Ulrich Zasius, 234; KÖHLER, 35.
67. Ulrich Zasius, Brief an Thomas Blaurer (21. Dezember 1521), in: Briefwechsel der Brüder Ambrosius und Thomas Blaurer. Freiburg i. Br. 1908-1912, Bd. 1, Nr. 38.

weltlichen Angelegenheiten in den evangelischen Regionen Deutschlands angesichts der Krise der 1520er und frühen 1530er Jahre immer gefragter. 1529 beklagte er sich: »*obruor quotidie literis, ut mensa, scamna, scabella, pulpita, fenestrae, arcae, asseres et omnia plena iaceant literis, quaestionibus, causis, querelis, petitionibus etc.*«[68] Luther fühlte sich in seiner Rolle als De-facto-Papst der Protestanten keinesfalls wohl und fand auch keinen Gefallen an Wittenbergs Rolle als De-facto-Rom der Protestanten. Seine Vorrede zum *Unterricht der Visitatoren an die Pfarrherrn* von 1528 enthielt die Mahnung, dass dies »*nicht newe Bepstliche Decretales*« sein sollten.[69] Seine Vorrede zur Messordnung *Deudsche Messe und ordnung Gottis dienst* von 1526 enthielt die Mahnung: »*Denn es nicht meyne meynunge ist, das gantze deutsche land so eben mueste unser Wittembergische ordnung an nemen.*«[70] Und seine Vorrede zur Schrift *Von Ehesachen* von 1530 enthielt die folgende eindringliche Mahnung: »*Doch mit der bedingung (welchs ich hiemit euch und iederman gar deudlich wil zuvor gesagt haben), das ich solchs wil thun nicht als ein rechtsprecher, official odder regent, sondern rats weise, wie ichs ym gewissen wolt guten freunden ynn sonderheit zu dienst thun.*«[71] Er verbat es sich ausdrücklich, als ein Kollege ihn und seinen pommerschen Gefolgsmann Johannes Bugenhagen mit »*der deutsche Papst und Cardinal Pomeranus, Gottes Werkzeug*« titulierte.[72] Doch mit der Absage an das kanonische Recht und den Papst standen die evangelische Kirche und der Staat nunmal ohne eine andere übergeordnete Autorität da.

Der Kompromiss: Die evangelische Konversion des kanonischen Rechts

Seit den 1530er Jahren arbeiteten evangelische Theologen und Juristen an einem wirkungsvollen Kompromiss zwischen kanonischem und bürgerlichem Recht, zwischen kirchlicher und politischer Zuständigkeit. Evangeli-

---

68. WA Br 5, Nr. 1437. Vgl. WA Br 12, Nr. 4225a: »*Ich kann kaum alle Briefe bestreiten: so viel Sachen und Fälle liegen mir auf dem Halse, sonderlich der Ehe und des Priesterthums.*«
69. WA 26, 73.
70. Sehling, Bd. 1/1, 10 f.
71. WA 30/III, 206.
72. Diese Bemerkung machte Pietro Paolo Vergerio 1535 im Zusammenhang mit seinem Besuch in Wittenberg, zit. in Hans Liermann: Der Jurist und die Kirche: Ausgewählte kirchenrechtliche Aufsätze und Rechtsgutachten. München 1973, 183 f.

sche Theologen entwickelten eine Kirchenlehre, die ein bisher nicht gekanntes Gleichgewicht zwischen Ordnung und Freiheit sowie Orthodoxie und Erneuerung suchte, und welche dem bürgerlichen und dem kanonischen Recht einen gleichberechtigten Platz innerhalb der Kirchenpolitik und der religiösen Freiheit zuweisen sollte. Evangelische Rechtsgelehrte arbeiteten daneben an einer Staatslehre, die ein bisher nicht gekanntes Gleichgewicht zwischen dem göttlichen, dem kanonischen und dem bürgerlichen Recht suchte, und welche sowohl der Obrigkeit als auch dem Klerus neue Verantwortlichkeiten für Recht und Ordnung zuweisen sollte. Beide Lehren unterstützten die allmähliche evangelische Konversion und Konvergenz des kanonischen und des bürgerlichen Rechts.

Der theologische Kompromiss

Die neu entstandene Kirchenlehre erwuchs aus der reformatorischen Zwei-Reiche-Lehre.[73] Die lutherischen Reformatoren unterschieden zwischen der reinen, unsichtbaren Kirche des himmlischen Reichs und der sündhaften, sichtbaren Kirche des irdischen Reichs.[74] Die unsichtbare Kirche war eine vollkommene Gemeinschaft von Heiligen, in der alle in ihrer Erhabenheit und Heiligkeit vor Gott gleich waren, alle eine vollkommene christliche Freiheit genossen und alle ihre Belange im Einklang mit den Geboten der Liebe und des Evangeliums regelten. Die unsichtbare Kirche blieb für die gefallene Welt des Augenblicks eine Wunschvorstellung, die dem Blick entzogen und dem Verstand unzugänglich blieb, bis Christus zurückkehren würde.[75] Die unsichtbare Kirche hatte Luther wie folgt definiert: »*Es ist ein*

---

73. Ausführliche Erörterungen dieser Lehre siehe unten S. 121-143.
74. WA 31/II, 586-769; LC (1555), Kap. 27, 28 und 34. Innerhalb der enormen Literatur über das lutherische Kirchenverständnis siehe insbesondere MAURER: Reste des kanonischen Rechtes, 223 ff.; GERTRUD SCHWANHÄUSSER: Das Gesetzgebungsrecht der evangelischen Kirche unter dem Einfluss des landesherrlichen Kirchenregiments im 16. Jahrhundert. München 1967, 15-31; JOHANNES HECKEL: Das blinde, undeutliche Wort »Kirche«. Böhlau u. a. 1964, 132-242; HANS LIERMANN: Deutsches evangelisches Kirchenrecht. Stuttgart 1933; ders.: Grundlagen des kirchlichen Verfassungsrechts nach lutherischer Auffassung. Berlin 1954; WILHELM MAURER: Vom Ursprung und Wesen kirchlichen Rechtes, in: Zeitschrift für evangelisches Kirchenrecht 5 (1956), 1 ff.
75. WA 1, 639; WA 9, 196. Siehe Erörterung bei MARTIN HECKEL: Gesammelte Schriften: Staat, Kirche, Recht, Geschichte. Tübingen 1989, Bd. 1, 327 ff.

2 · Die evangelische Konversion des katholischen Kirchenrechts

hoch, tieff, verborgen ding die Kirche, das sie niemand kennen so sehen mag, Sondern allein an der Tauffe, Sacrament und Wort fassen und gleuben mus.«[76]

Die sichtbare Kirche sei dagegen die tatsächliche Kirche dieser sündigen Welt. Sie schließe Heilige und Sünder gleichermaßen ein – wahre Gläubige und geistliche Frömmler; Christen, deren Frömmigkeit es ihnen das eine Mal erlaube, allein nach dem Evangelium zu leben, deren Sündhaftigkeit ihnen das andere Mal abfordere, die Grundsätze des Zusammenlebens und die Bestimmungen des Gesetzes auf sich anzuwenden.[77] Wie in der unsichtbaren Kirche, so stünden auch in der sichtbaren Kirche die Mitglieder unmittelbar vor Gott und müssten einzeln Rechenschaft für ihren Lebenswandel ablegen. Doch seien sie allein durch den Glauben gerechtfertigt, nicht durch Werke. Doch würden sie die Freiheit des Gewissens erleben, die es ihnen gestattete, selbst die sichtbare Kirche zu verlassen – so etwa beim Recht auf Auswanderung, das für die vertragliche Garantie der religiösen Freiheit in Deutschland nach der Verkündung des Augsburger Reichs- und Religionsfriedens von 1555 so bedeutsam wurde.[78] Anders als die unsichtbare Kirche nutze die sichtbare Kirche das Gesetz und das Evangelium gleichermaßen, um die Beziehung ihrer Mitglieder zu Gott und ihren Glaubensgeschwistern zu leiten. Dabei wirke die Befolgung des Gesetzes kein Heil für die kirchlichen Mitglieder. Es schütze lediglich das einzelne Gemeindemitglied und die Kirche als Ganze gegen die Verfälschung des Glaubens durch die Sünde. Und sie bewahre ein Mindestmaß an Ordnung, Festigkeit und Rechtgläubigkeit innerhalb der sichtbaren Kirche.[79] Der Württemberger Reformator Johannes Brenz stellte es so dar: »*Darumb ist hie ein Kirchen ordnung zusammen getragen und begriffen, nicht der mahnung, das sie dafür geacht werd, als solt man mit dem werck solcher ordenlichen handlungen, die sünd büssen, und Gottes gnad verdienen, Dann Christus ist allein der für der menschen sünd gnug gethan, und uns Gottes gnad erlangt und verdient hat, Sunder das die erbar ordenlich zucht gemainer Kirchen ver-*

---

76. Siehe WA 51, 507.
77. Augsburger Apologie, Art. 7 und 8. Die Apologie schöpft zur Bekräftigung dieser Aussage aus dem kanonischen Recht: »*Denn auch im Dekret Gratiani sagt klar die Glosse, daß dies Wort: ›Kirche‹, groß zu nehmen, begreift Böse und Gute; item, daß die Bösen allein mit dem Namen in der Kirche seien, nicht mit dem Werke; Die Guten aber sind beide mit Namen und Werken darin.*«
78. Vgl. insb. Augsburger Apologie, Art. 7 und 8, 18; LC (1555), Kap. 5, 29.
79. Augsburger Apologie, Art. 18. Siehe auch LC (1555), 306. Melanchthon zählte des Weiteren die Fehler auf, die die Papisten in ihren Gesetzen gemacht hätten, und befasste sich besonders mit ihrer Ansicht, dass mit der Einhaltung jener Traditionen die Vergebung der Sünden erlangt werde. Ebd., 258, 308 f.

Der theologische Kompromiss

samlung, anraitzung unnd ursach gebe, die predig Götlichs worts bester fleyssiger zu besuchen, und die Sacrament mit grösserm ernst zu empfahen«.[80]

Die sichtbare Kirche des irdischen Reichs habe daher von ihren apostolischen Anfängen an sich selbst und ihre Mitglieder durch kanonische Gesetze regiert. Beides werde durch den biblischen Kanon und auch durch den vom Menschen geschaffenen Kanon vorgegeben. Der biblische Kanon lehrte grundlegende Normen und Formen des christlichen Lebens. Er gebiete unter anderem die Beachtung der Bibel, die Befolgung des Sonntags und der Feiertage, die gewissenhafte Entrichtung des Zehnten und den Gehorsam gegenüber der Obrigkeit. Er untersage Blasphemie, Meineid, Götzendienst und andere sündhafte Handlungen, die Gott erzürnen und die allgemeine Zucht und Ordnung untergraben würden. Diese grundsätzlichen biblischen Normen müssten befolgt werden, welche Gestalt die sichtbare Kirche auch immer annahm. Die Bibel könne dagegen jedoch kein vollständiges Lehrbuch für ein christliches Leben sein.[81] Von Beginn an habe die Kirche daher *Canones* formuliert, mit denen die allgemeinen biblischen Grundsätze in konkrete menschliche Vorschriften übersetzt würden, um die Gläubigen anzuleiten. *»Denn wir wissen, dass die Kirchenordnung von den Vätern mit guter und nutzbringender Absicht in dieser Form eingeführt worden ist, wie die alten Kirchenrechtsgesetze sie beschreiben«*, heißt es in der Augsburger Apologie von 1531. Die *Canones* konnten und sollten auch in der evangelischen Kirche Gültigkeit bekommen.[82] *»[D]ie ältesten Satzungen aber in der Kirche ..., welche um guter Ordnung, Einigkeit und Friedens willen erfunden usw., die halten wir gerne. ... Darum reden die Widersacher ihre Gewalt und tun uns ganz vor Gott unrecht, wenn sie uns schuld geben, daß wir alle guten Zeremonien, alle Ordnungen in der Kirche abbringen und niederlegen. Denn wir mögen es mit der Wahrheit sagen, daß es christlicher, ehrlicher in unsern Kirchen mit rechten Gottesdiensten gehalten wird denn bei den Widersachern. Und wo gottesfürchtige, ehrbare, verständige, unparteiische Leute sind, die diese Sache recht genau wollen bedenken und ansehen, so halten wir die alten Canones und mentem legis mehr, reiner und fleißiger denn die Widersacher.«*[83]

80. RICHTER, Bd. 1, 176f. Siehe auch SCHWANHÄUSSER: Das Gesetzgebungsrecht, 61 ff.
81. Siehe z. B. LC (1555), 257, 307 f.; PAUL ALTHAUS: The Theology of Martin Luther. Übers. Robert C. Schultz. Philadelphia 1966, 335 ff.
82. Augsburger Apologie, Art. 14; siehe auch ebd., Art. 15: »Keine Tradition (Satzung) ist von den hl. Vätern mit der Absicht eingeführt worden, dass sie die Sündenvergebung oder die Gerechtigkeit verdiene, sondern sie sind um der guten Ordnung in der Kirche und um des Friedens willen eingeführt worden.«
83. Ebd., Art. 15. Getreu der Lehre führte die Apologie zur Unterstützung ihrer Argu-

2 · Die evangelische Konversion des katholischen Kirchenrechts

Das war keine bloße theologische Rhetorik. In den 1530er Jahren und danach kamen die evangelischen Theologen und Kirchen in Deutschland zu der Einsicht, dass das frühe kanonische Recht eine wertvolle Quelle für das Kirchenrecht und die Kirchenordnung sein könnte. Besonders gewogen waren sie dem *Decretum Gratiani* von 1140, dem ersten Buch des *Corpus Iuris Canonici*, das zahlreiche Abschnitte der apostolischen *Canones* beinhaltete, die Werke der Kirchenväter und die Dekrete der ökumenischen Konzilien. Dementsprechend sammelte und veröffentlichte Melanchthon 1530 »das Flickwerk Gratians«, vornehmlich die »Gesetze und Dekrete der Alten Kirche, (…) damit die Kirche eine verbindliche Auskunft zu Dogma und kirchengeistlicher Ordnung haben sollte«.[84] Das Büchlein fand bei evangelischen Gemeinden und Schulen in ganz Deutschland und Skandinavien weite Verbreitung. Luther gefiel dieser Ansatz: Vieles von dem im *Decretum Gratiani*, was die Kirchenväter gesammelt hätten, sei von unschätzbarem Wert, so sein Kommentar. Denn mit Hilfe dessen könne der Zustand der alten und ursprünglichen Kirche erschlossen werden.[85]

Im gleichen Jahr 1530 gab Lazarus Spengler aus Nürnberg seine eigene Zusammenstellung kanonischer Rechtstexte zur Verwendung in den evangelischen Ortskirchen heraus. Enthalten waren sowohl Auszüge aus dem *Decretum* als auch aus den *Decretales Gregorii IX.* von 1234. Acht Jahre zuvor hatte Spengler einen knappen, nur 14-seitigen Leitfaden zu den Grundlagen der evangelischen Theologie mit dem Titel *Ain kurtzer begriff vnd vnterrichtung aines gantzen warhafften Christlichen wesens* verfasst.[86] Ob-

---

mente das kanonische Recht 13-mal an. Vgl. bes. Art. 7 und 8, 12, 23, mit Erörterung bei Jaroslav Pelikan: Verius servamus canones: Church Law and Divine Law in the Apology of the Augsburg Confession. In: Studia Gratiana 11 (1967), 367-388. Zu ähnlichen Auffassungen anderer Reformatoren siehe Rudolf Schäfer: Die Versetzbarkeit der Geistlichen im Urteil der evangelisch-theologischen Autoritäten des 16. Jahrhunderts. In: ZSS (KA) 9, (1919), 99-176.

84. CR 23, 733-752.
85. Vgl. WA 30/II, 219. Siehe auch WA Tr 5, Nr. 6483: »Gratianus, der Jurist, so das Decret zusammen bracht, hat sich deß am höchsten beflissen, und die endliche Ursach, warum ers gemacht, ist gewest, daß er die Canones möchte concordiren und zusammenstimmen und vereinigen, und ein Mittel finden zwischen den Guten und Bösen. Er hats wol sehr gut gemeint, der gute Mann, aber es ist ubel gerathen; denn es ist ihm also gangen, daß er verworfen hat, was gut ist, und was böse ist, gebilliget. Denn da er sich understanden hat, das unmüglich ist, ist er durch die Glossa abgeschreckt, die da sagt: ›Das soll man nicht halten, denn es ist wider den Papst.‹«
86. Lazarus Spengler: Ain kurtzer Begriff vnd Underrichtung aines gantzen warhaften Christlichen wesens. Wittenberg 1522.

wohl der theologische Text weite Verbreitung erfuhr, erzielte er nicht die erhoffte Wirkung. Im Bemühen darum, der weitverbreiteten Verunsicherung hinsichtlich Lehre und Liturgie entgegenzutreten, die er in Nürnberg miterleben musste, veröffentlichte Spengler in ähnlicher Form eine 69-seitige rechtliche Abhandlung mit dem Titel *Ein kurczer auszuge, aus den Bebstlichen rechten der Decret vnd Decretalen.*[87] »Menigklich ist unverborgen, *das unsere geistlichen ettliche jar her mer dann eynen Christlichen artickel für ketzerisch falsch un irrig verdapt haben, die doch in Heyliger götlicher schrifft dermassen gegründet seind, das dem mit warheyt und gutem gwissen keyn christen mensch immer widersprechen mag*«, schrieb Spengler in seiner Vorrede. Es erschien angebracht, diesen Irrtum folgendermaßen aufzuzeigen: »*Un wirt alda nit alleyn gottes außdrucklicher beuelh sond auch die ordnung der anfänglichen Kirchen der Heyligen vätter leer und exempel die alten christlichen gepreuch und ordnungen auch der alten Cocilien statut und satzungen überschritten.*« Spengler fuhr daher fort, die kanonischen Rechtstexte auf alte gesetzliche Bestimmungen, aber auch auf neuere Gesetzesfassungen hin zu untersuchen, »*sovil sich dero mit dem wort Gottes und heyliger Biblischer geschrifft auch menschlicher erberkeyt und billicheyt vergleycht*«.[88]

Spengler war bei der Auswahl einigermaßen wählerisch. Insgesamt kam er auf 49 Folioseiten. Dem *Decretum Gratiani* entnahm er 39 von 101 Abschnitten in Teil I, 21 von 36 Fällen in Teil II und die fünf Abschnitte zur Weihe in Teil III.[89] In den meisten Fällen fasste Spengler in etwas unverständlicher Weise nur die Textabschnitte Gratians zusammen, die sich auf apostolische, patristische oder frühkonziliare Autoritäten beriefen oder diese zitierten, wobei er die Originalstellen am Seitenrand wiedergab. Viele Nuancen der frühen Texte und deren ausgesprochen gelungene Einflechtung durch Gratian gingen bei dieser etwas unklaren Auswahl verloren. Zum Beispiel widmete Gratian in Teil II seines *Decretum* neun lange Fälle (die immerhin 154 große Foliospalten füllten) schwierigen Fragen, unter

---

87. Lazarus Spengler, *Ein kurczer auszuge, auss dem bebstlichen Rechten der Decret vnd Decretalen: Ynn den artickeln, die vngeferlich Gottes wort vnd Euangelio gemes sind, oder zum wenigsten nicht widerstreben. Mit einer schönen Vorrhede.* Nürnberg 1530.
88. Ebd., *Aiii-Aiv*.
89. Aus dem Decretum, Teil I, Abschn. VIII-XIII, XVIII, XX, XXI, XXIII, XXIIII, XXVI, XXVIII, XXXI, XXXII, XXXV-XXXVIII, XL, XLI, XLIII-XLVII, XLIX, LXIII, LXXIX, LXXXI-LXXXV, LXXXVII, LXXXVIII, LXXXX, LXXXXV, LXXXXVI. Aus dem Decretum, Teil II, Causae I-III, V, VII, VIII, X-XIII, XVI, XXI-XXVII, XXX, XXXII, XXXIIIl, Abschn. I-III *(Tractatus de Poenitentia)*, Causa XXXV. Aus dem Decretum, Teil III, Abschn. I-V.

2 · Die evangelische Konversion des katholischen Kirchenrechts

anderem der Ehe, der Scheidung, nach Zölibat, Eheannullierung, Ehehindernissen, Vergewaltigung u. a., indem er eine Reihe verschiedenster christlicher Quellen des ersten Jahrtausends zusammenstellte.[90] Spengler destillierte all dies zu einer anderthalbseitigen Paraphrase von den patristischen und frühkonziliaren Autoritäten, welche die beliebten evangelischen Lehren zum gleichen geistlichen Stand von Ehe und Zölibat sowie zum Verbot von Scheidung und grundlosem Verlassen hochhielt.[91] Aus 21 Titeln der *Dekretalen Gregors IX.* entnahm Spengler einzelne Sätze, die sich hauptsächlich mit dem angemessenen Lebenswandel von Klerikern und der Kirchenleitung befassten. Auf Grundlage dieser Titel führte er einen heftigen Angriff gegen klerikale Bestechlichkeit, die Vorrangstellung des Papstes und den Pflichtzölibat innerhalb der katholischen Kirche und erließ eine dringliche Mahnung gegen das Eindringen solcher »Missbräuche« in die aufkeimenden evangelischen Kirchen.[92]

Luther war so angetan von Spenglers Abhandlung, dass er sie in Wittenberg erneut verlegen ließ und ihren Gebrauch an der Wittenberger Universität empfahl.[93] Er versah sie mit einer eigenen Vorrede, die er wie folgt begann: »*Ein solch buch hab ich mir selbs offt und lange furgenomen zu stellen, wie das ist, aus dem Decret und geistlichen rechten.*«[94] In einer ausführlichen, im gleichen Jahr 1530 herausgegebenen Schrift zur Theologie und zum Eherecht sprach sich Luther erneut für das »*Goettlich recht*«, »*das weltlich keiserlich recht*« »*und auch die alten Canones und die besten stuck des geistlichen rechts*« aus.[95] Luther ließ sich sogar zu einer einigermaßen wohlwollenden Auslegung des päpstlichen Amtes hinreißen, dessen Rolle in der Christenheit er so lange verurteilt hatte: »*Wir bekennen aber, das unter dem Bapstum viel Christliches gutes, ia alles Christlich gut sey, Und auch daselbs herkomen sey an uns, Nemlich wir bekennen, das ym Bapstum die rechte heilige schrifft sey, rechte tauffe, recht Sacrament des altars, rechte schlussel zur vergebung der sunde, recht predig ampt, rechter Cathechismus, als das Vater unser, Zehen gebot, die artickel des glawbens. (...) Jch sage, das unter dem*

---

90. C.XXVII-C.XXXVI; siehe Friedberg: »*Corpus Iuris Canonici*«, Bd. 1, 1050-1158, 1246-1292.
91. C. 27, q. 1; C. 30, q. 5; C. 32, q. 4; C. 33, q. 2.
92. Ebd., Jiiii-Kiiii.
93. Lazarus Spengler: Ein kurczer auszug auss den Bebstlichen rechten der Decret und Decretalen ... mit einer schönen Vorrhede Mart. Luth. Wittenberg 1530. Siehe Harold J. Grimm: Lazarus Spengler: A Lay Leader of the Reformation. Columbus/OH 1978, 143.
94. WA 30/2, 219.
95. WA 30/III, 207 f.

Der theologische Kompromiss

Bapst die rechte Christenheit ist, ia der rechte ausbund der Christenheit und viel frumer groesser heiligen.«[96]

Es waren theologische Auffassungen wie diese, die den Boden dafür bereiteten, dass die kanonischen Gesetze vergangener Zeiten wieder in den dogmatischen, liturgischen und administrativen Alltag der evangelischen Kirchen in Deutschland Einzug halten konnten. Zeitweilig zeigten sich die Kirchen für diesen Einfluss einigermaßen offen. Zum Beispiel gebot die *Kurbrandenburgische Konsistorialordnung von 1543*, dass die Mitglieder des Konsistoriums im Einklang mit dem kanonischen und dem weltlichen Recht gleichermaßen zu handeln und zu entscheiden hätten.[97] Die *Wolfenbütteler Kirchenordnung von 1543* verlangte, dass »*Twe Canonici in Consistorio Principales, scholen Juristen syn*«, damit die Übereinstimmung mit dem »alten Kirchenrecht« gewährleistet sei.[98] Joachim von Beusts mehrfach aufgelegte Abhandlung zu ehelichen Angelegenheiten, die für den Gebrauch in den evangelischen Kirchen Sachsens in Auftrag gegeben worden war, machte kurzerhand aus ca. 140 lutherischen, katholischen, zivilrechtlichen und kirchenrechtlichen Quellen eine neue. Wo es Unstimmigkeiten gab, stellte von Beust die Textstellen der einzelnen Autoritäten nebeneinander, wobei er im Allgemeinen die protestantischen Stellungnahmen den katholischen vorzog und die theologischen höher bewertete als die juristischen.[99]

In der Regel folgten die evangelischen Kirchen des späten 16. Jahrhunderts allerdings den Regeln, Strukturen und Verfahren des kanonischen Rechts, ohne weiteres Aufheben davon zu machen oder dies besonders herauszustellen. Ein Großteil der nachfolgenden Kapitel dieses Buches wird sich noch damit beschäftigen, wie die evangelische Konversion und Konvergenz des kanonischen Rechts und des bürgerlichen Rechts auf die Gestaltung von Eheangelegenheiten, Bildung und Erziehung und die Wohlfahrtspflege Einfluss nahmen. Zahlreiche Kolleginnen und Kollegen haben bereits eben jene Konversion und Konvergenz in den neuen Regularien zu Fragen der Lehre, der Liturgie, Ritus und Festtagen, der Organisation der evangelischen Kirchenordnungen, der Division und Distribution der Bistümer, Ge-

---

96. WA 26, 147.
97. Zit. nach RUDOLF SCHÄFER: Die Geltung des kanonischen Rechts in der evangelischen Kirche Deutschlands von Luther bis zur Gegenwart. In: ZSS (KA) 5, 165, 187.
98. RICHTER, Bd. 2, 58.
99. JOACHIM BEUST: *Tractatus de iure connubiorum*. Frankfurt am Main 1591. Aus der Reihe der Kirchenrechtler zitierte Beust häufig Gratian, Hostiensis, Johannes Andreae, Paulus de Castro, Angelus Aretinus, Antonius Rosellus, Innozenz III., Innozenz IV., Johannes de Imola und Lucas de Penna.

2 · Die evangelische Konversion des katholischen Kirchenrechts

meinden und Pfründen, ihrer Selektion und Supervision durch die Bischöfe, Pfarrer und andere Geistliche, der Organisation der Gerichte und Verwaltungen, der Erhebung des Zehnten und kirchlicher Abgaben, der Erhaltung und Förderung von Kirchen, Friedhöfen und Pfarrhäusern u. a. dargestellt.[100] Bei all diesen Angelegenheiten des kirchlichen Lebens zehrten die neuen evangelischen Kirchen und Obrigkeiten bereitwillig von den Vorläufern und Analogien des kanonischen Rechts.

Der juristische Kompromiss

Die neue theologische Lehre von der Kirche und den Quellen des Kirchenrechts ging Hand in Hand mit der juristischen Lehre vom Staat und den Quellen des bürgerlichen Rechts. Dabei schuf auch die neue Rechtslehre reichlich Möglichkeit, das kanonische Recht zu übertragen und zu gebrauchen.

Zahlreiche deutsche Juristen des 16. Jahrhunderts setzten bei Luthers und Melanchthons Grundlehre von der christlichen Obrigkeit ein, der wir uns noch ausführlicher in den nächsten Kapiteln widmen werden.[101] Als Gottes Vizeregent im irdischen Reich herrsche die Obrigkeit mit göttlicher Vollmacht und im Einklang mit dem Naturrecht, welches in der Bibel, der Vernunft und dem Gewissen eines jeden Menschen offenbart würde. Als *Landesvater* habe die Obrigkeit den Frieden zu wahren, Straftaten zu ahnden und die vielfältigen Beziehungen zwischen den Menschen untereinander sowie zwischen ihnen als Gesamtheit und Gott durch zivile Gesetze und eine Zivilprozessordnung zu regeln. Ohne ihren traditionellen rechtlichen »Nebenbuhler«, den Klerus, besaß die Obrigkeit die uneingeschränkte Rechtshoheit – sprich gesetzgebende Gewalt – über geistliche und weltliche Angelegenheiten innerhalb des irdischen Reichs.[102]

---

100. Siehe Quellenangaben oben unter Anm. 74, 82, 97. Siehe auch ANNELIESE SPRENGLER-RUPPENTHAL: Das kanonische Recht in Kirchenordnungen des 16. Jahrhunderts. In: R. H. HELMHOLZ (Hrsg.): Canon Law in Protestant Lands. Berlin 1992, 49-122; KARLA SICHELSCHMIDT: Recht aus christlicher Liebe oder obrigkeitlicher Gesetzesbefehl? Juristische Untersuchungen zu den evangelischen Kirchenordnungen des 16. Jahrhunderts. Tübingen 1995, insb. 83-182; HANS GRÜNBERGER: Institutionalisierung des protestantischen Sittendiskurses. In: Zeitschrift für historische Forschung 24 (1997), 215-256.
101. Siehe unten S. 159 ff.
102. Siehe oben S. 147 ff.

Der juristische Kompromiss

Philipp Melanchthons Ausführung der politischen Grundlehre Luthers war damals besonders einflußreich bei den deutschen Juristen und Obrigkeiten. Wie Luther glaubte auch Melanchthon, dass politische Machthaber dazu berufen seien, Gottes Mittler und Minister im irdischen Reich zu sein. Menschen, die der Rechtshoheit eben solcher Obrigkeiten unterstanden, seien dazu berufen, jenen zu gehorchen.[103] Melanchthon ging in diesem Punkt jedoch weiter als Luther und gab an, dass die von Gott an die politischen Machthaber gestellte Aufgabe in der Verkündung »*iuris positivi rationes*« für die Leitung der Kirche als auch des Staates im irdischen Reich bestehe.[104] Melanchthon argumentierte, dass positivierte Gesetze, die vernünftig sein sollten, in den allgemeinen Grundregeln des Naturrechts und praktischen Erwägungen des gesellschaftlichen Nutzens und Allgemeinwohls gleichermaßen zu gründen hätten.

Die christlichen Obrigkeiten hätten bei ihrer neuen Amtsführung zum geistlichen und gesellschaftlichen Wohl ihrer Bürger die römische und die kanonische Präjudiz gleichermaßen als nützliche Prototypen für ihre eigenen staatlichen Gesetze zu betrachten. Melanchthon betonte insbesondere das römische Recht und pries den *Corpus Iuris Civilis* (565) des christlichen Kaisers Justinian für seine Differenziertheit, seine Genauigkeit und den gelungenen Ausdruck. Obgleich einige Bestimmungen in Justinians umfangreicher Sammlung »heidnischen Ursprungs« gewesen sein mögen, schrieb Melanchthon, seien viele seiner Vorschriften die ureigene Stimme Gottes, die der Menschheit durch weise Herrscher offenbart würde, deren Gedanken von Gott inspiriert seien, sodass sie die Quellen der Gerechtigkeit erkennen würden und sie anderen zeigen könnten. Römische Gesetze seien nicht bloß von menschlicher Genialität, argumentierte Melanchthon gegenüber den Kritikern des römischen Rechts. Sie seien, entweder durch starke Demonstrationen oder handfeste Argumente von den soliden Grundsätzen des Naturrechts abgeleitet, Strahlen der göttlichen Weisheit in uns. Ein Teil des christianisierten römischen Rechts könne sogar als »sichtbarer Ausdruck des Heiligen Geistes« in der Welt angesehen werden.[105]

Auch wenn Melanchthon das römische Recht mehr schätzte, so sah er das kanonische Recht doch als gültige Quelle für das neue bürgerliche Recht

---

103. CR 11, 69-70; 21, 1011.
104. Ebd.; CR 16, 230; 22, 611 f.
105. CR 11, 921 f.; vgl. auch CR 11, 352-356, 361 f., und Erörterung bei GUIDO KISCH: Melanchthons Rechts- und Soziallehre. Berlin 1967, 116-156; WILHELM MAURER: Die Kirche und ihr Recht. Tübingen 1976, 254-259; STRAUSS: Law, Resistance, and the State, 224-230.

an. Das mittelalterliche Kirchenrecht enthalte nicht nur viele Beispiele für eine einsichtige Auslegung von Bestimmungen des klassischen römischen Rechts.[106] Es sei zugleich das beste Beispiel für eine christliche und billigkeitsrechtliche Auslegung des Naturrechts. Die verborgene Weisheit, die Gott in seiner Kirche durch das Wort offenbart habe, sei gänzlich verschieden von der Weisheit, die aus der Vernunft komme, so Melanchthon.[107] Die Kirche habe über die Jahrhunderte einen Teil dieser Weisheit in ihr kanonisches Recht einfließen lassen. So repetierte Melanchthon mehrfach die mittelalterlichen Allgemeinplätze, dass das kanonische Recht »ein christliches Recht«, »ein Recht der Billigkeit«, »der Inbegriff der Gerechtigkeit«, und das »Gebot der christlichen Liebe« sei.[108] Obwohl er während seines Wirkens auf die zahlreichen Fehler hinwies, die die Papisten in ihren Gesetzen gemacht hätten, bezeichnete er diese Quelle doch auch als eine bedeutende Wissensquelle für die christliche Obrigkeit.[109]

Melanchthons Lehre von der christlichen Obrigkeit und den Quellen des bürgerlichen Rechts hatte großen Einfluss auf Deutschlands führende evangelische Rechtsgelehrte.[110] Melanchthon folgend betrachteten viele Juristen das kanonische und das römische Recht gleichermaßen als eine gültige und wertvolle Quelle für das neue bürgerliche Recht. Ihre Grundannahme war, dass das kanonische Recht gute und schlechte Vorschriften gleichermaßen enthalte, im Großen und Ganzen aber von Nutzen sei.[111] Man müsse »*wie die spinnen*« sein, so Lazarus Spenglers Ermahnung an seine Kollegen, und aus den Büchern des kanonischen Rechts das »*saugen, ziehen und gebrauchen (…), das Götlicher und menschlicher warheit der schrifft auch aller erberkeit und billickeit widerwertig und bey Got und den Menschen ein greul ist*«. Theologisch fragwürdige Bestimmungen des kanonischen Rechts, beispielsweise vom päpstlichen Supremat oder den Sakramenten, sollten verworfen werden. Politisch fragwürdige Bestimmungen, beispielsweise von der Erhaltung der Privilegien des Klerus oder des bischöflichen Dispenses und Appellationsrechts, sollten weitgehend gestrichen werden. Eine ganze Reihe der übrigen Bestimmungen des kanonischen Rechts galten dagegen als »*Götlich Christenlich und in der Schrift gegründet auch zu einem redlichen*

---

106. Vgl. allgemein Kisch: Melanchthons Rechts- und Sozaillehre, 127, Anm. 150f.
107. LC (1555), 306.
108. Schäfer: Die Geltung des kanonischen Rechts, 215ff.
109. LC (1555), 309.
110. Kisch: Melanchthons Rechts- und Sozaillehre, 51-76.
111. Udo Wolter: Ius canonicum in iure civile. Köln/Wien 1975, 62.

Der juristische Kompromiss

eerlichen Leben und gotseligen leben fürderlich« und sollten zur Anwendung kommen.[112]

Zahlreiche Juristen übernahmen Spenglers Auffassung und unterstrichen den großen Nutzen des kanonischen Rechts für die bürgerliche Rechtsprechung und die Zivilgerichte.[113] Einige hätten das kanonische Recht zu einer Sentenz aus Ungerechtigkeit und Gottlosigkeit erklärt, schrieb Johann Oldendorp. Doch sie führten solche Eigenschaften auf jene Passagen zurück, die gar nicht in Gebrauch seien.[114] Vieles am kanonischen Recht sollte richtig und gesetzmäßig sein, um in Geltung zu sein und gelehrt und befolgt zu werden.[115] Jakob Omphal äußerte sich ähnlich zu den Dekretalen: »*plena sunt & doctrinae bonae, & utilitatis magnae in constituenda ac retinenda cum ecclesiastica, tum etiam civili Politia.*«[116] Hieronymus Schürpf betonte die traditionsreiche Wechselwirkung zwischen dem kanonischen und dem bürgerlichen Recht und erwartete von den evangelischen Obrigkeiten, dass sie diese Verbindung aufrechterhielten: »*Quod quando aliqui reperitur determinatum ab Ecclesia, quod tunc illud sit servandum in foro seculari, quia unum ius supplet aliud, sicut una potestas iuvat aliam. (...) quia si stante dubio in aliquo casum recurritur ad consuetudinem, quae est optima legum interpres in c. cum dilectus, de consuetu. et ff. de legibus. Si de interpretatio, multo fortius debet recurri, ad ius Canoni, quod est maioris autoritatis.*« Und weiter: »*ubi sunt opiniones inter Legistas, nec reperitur decilio de iure Civili, sed de iure Canonico, quod illisit standum, etiam in foro seculari, etiam in terris Imperii.*«[117] Der badische Kanzler Dr. Hieronymus Vehus verkündete beim Reichstag zu Worms in ganz ähnlicher Weise: »*In menschlichen Sachen ist nichts besseres, denn daß Gesetz und Recht in Ehren gehalten werde, und wie der gemein Nutz nicht ohne Gesetze bestehen kann, also auch, wo wir nicht der Alten heilsame Gesetze mit allem Eifer erhalten, wird nichts unruhigers sein denn der Kirchenstand, welcher doch am allerruhigsten und beständigsten sein sollte.*«[118]

Der Ehetraktat *Matrimonialium causarum tractatus* aus dem Jahr 1543 von Melchor Kling, Luthers und Melanchthons Kollege an der Universität

---

112. SPENGLER: Ein kurczer auszug, Aiii.
113. Siehe Quellenangaben bei SCHÄFER: Die Geltung des kanonischen Rechts, 203-208; WOLTER: Ius canonicum, 59-64.
114. Zit. nach WOLTER: Ius canonicum, 62.
115. EBERHARD VON DER WEIHE, zit. bei SCHÄFER: Die Geltung des kanonischen Rechts, 208.
116. JACOB OMPHALIUS: De civilia politica libri tres. Köln 1563, Kap. 17, Abs. 39.
117. SCHÜRPF: Consilia, 71.
118. Zit. nach KÖHLER, Luther und die Juristen, 36 f.

zu Wittenberg, illustriert und erläutert sehr schön den Hunger nach traditionellen kanonischen Rechtsformen.

Kling begann seine Schrift, indem er die verfügbaren Quellen für ein neues deutsches Ehezivilrecht sichtete, darunter das mosaische Gesetz, das Neue Testament, das römische Recht, das Gewohnheitsrecht und das kanonische Recht. Mehrmals bekundete er, dass er die neue Ehetheologie anerkenne. Doch schränkt er ein: »*Sum etiam in hoc scripto Ius Canonicum secutus, quod hoc tempore Imperii Romani concipiendis sententiis causarum matrimonialium usitatum ius est. Quanquam enim alia Iura quoq. extent, quae digniora et praestantio. ra videantur, qualia sunt consuetudines et exempla ante et post Mosen, Item ipsa lex Mosi, Novum testamentum, et quoq. Ius civile: Tamen quaedam nostris temporibus omnino non conveniunt, quaedam vero non sunt sufficienta, et paucos tantum casus comprehendunt.*«[119] Das kanonische Recht habe sich die wertvollsten Passagen des Alten und des Neuen Testaments, des römischen Rechts und des Gewohnheitsrechts zu eigen gemacht und seine Lehre über die Jahrhunderte differenziert. Natürlich könnten wir einfach zu den einfachen mosaischen Gesetzen von den Ehehindernissen zurückkehren oder zu den vormosaischen Gepflogenheiten von Konkubinat und Polygamie, so seine Schlussfolgerung. Wir könnten jedoch weder einfach den mosaischen noch den neutestamentlichen Gesetzen von der Scheidung folgen, geschweige denn den Versuch unternehmen, die zahlreichen Fälle von Scheidung im kaiserlichen Recht zu befolgen. Die Kanoniker hätten sich mit diesen widersprüchlichen Autoritäten auseinandergesetzt und systematisch zu einer christlichen und billigen Rechtsquelle gefunden. Die modernen evangelischen Christen sollten und könnten diese nicht einfach außer Acht lassen. Kling war zu der Überzeugung gekommen, dass es unklug sei, mit einer biblischen *tabula rasa* zu beginnen. Wir sollten bei der Tradition beginnen und ergänzen und verbessern, wie es die Bibel und die theologischen Lehren verlangen würden.[120]

Kling tat, was er predigte. Auch wenn er am häufigsten die Bibel, die Digesten, die »*Doctores*« und »*Theologi*« (vermutlich sind hier lutherische Theologen gemeint) zitiert hat, bezieht er sich in seiner Schrift immer wieder auf das *Decretum*, die *Dekretalen* und die Schriften des Panormitanus,

---

119. MELCHIOR KLING: Matrimonialium causarum tractatus, methodico ordine scriptus. Frankfurt a. M. 1553.
120. Ebd., Proömium, A2-A3. Siehe auch MELCHIOR KLING: Das Gantze Sechsich Landrecht mit Text und Gloß in eine richtige Ordnung gebracht. Leipzig 1572, 1, I, Tit. X, Folio 14b; hier wird für die Wichtigkeit von Brauch und Tradition argumentiert.

Hostiensis, Johannes Andreae und weiterer Kanonisten.[121] Zehn Jahre später hat Kling einen ausführlichen Kommentar zu einzelnen Abschnitten des kanonischen Rechts, so auch zu den Ehevorschriften verfasst. Jener Kommentar wurde später für gewöhnlich mit seinem *Tractatus matrimonialium causarum* zusammen verlegt, und beide wurden als Quellen in den protestantischen Rechtsfakultäten verwendet.[122]

Der gläubige lutherische Rechtsgelehrte Johann Oldendorp machte vom kanonischen Recht ähnlich Gebrauch. In seinen häufig nachgedruckten Werken *Lexicon Iuris*[123], *Collatio Iuris Civilis et Canonici*[124] und *Topicorum legalium*[125] erläuterte Oldendorp detailliert die wichtigsten kanonischen und bürgerlichen Rechtsbestimmungen und Grundsätze, alphabetisch nach Themenbereichen geordnet, von »*absens*« und »*accusationes*« bis »*usucapio*« und »*usurae*«. Alle drei Werke vermischten klassische mit zeitgenössischen, kanonische mit bürgerlichen und katholische mit protestantischen Lehrautoritäten, und machten regen Gebrauch von Gratian, Hostiensis, Panormitanus, Johannes Andreae und anderen Kanonisten.[126]

Insbesondere in seinen Werken *Collatio Iuris Civilis et Canonici* und *Topicorum legalium* versuchte Oldendorp, die grundsätzliche Vereinbarkeit von kanonischen und bürgerlichen Rechtsquellen für viele Rechtsangelegenheiten nachzuweisen. In einer Reihe von Einträgen, beispielsweise zu *matrimonium*, *divortio* und *Pater & filius*, trug er ganz verschiedene Autoritäten des bürgerlichen und des kanonischen Rechts zusammen und war darum bemüht, die Ehe als die natürliche Verbindung von Mann und Frau darzustellen, die durch gegenseitiges Einvernehmen und zum Zweck der Liebe, der Fortpflanzung und der Abwehr alles Bösen geschlossen würde. Alle anderen sexuellen Verbindungen müssten per se als ungültig und damit als unrechtmäßig betrachtet werden. Sexuelle Aktivität innerhalb dieser In-

---

121. In dieser aus 44 Folioseiten bestehenden Abhandlung zitiert Kling Panormitanus 31-mal, Hostiensis 14-mal und Johannes Andreae 6-mal.
122. MELCHIOR KLING: In praecipuos, & eos qui ad usum forensem prae caeteris faciunt, secundi libri, antiquarum Decretalium titulos, commentaria. Frankfurt a. M. 1550. Siehe STINTZING, 305-309.
123. JOHANN OLDENDORP: Lexicon iuris. Frankfurt a. M. 1553.
124. Ders.: Collatio Iuris Civilis et Canonici, maximam adferens boni et aequi cognitionem. Köln 1541.
125. Ders.: Topicorum Legalium. Marburg 1545, in: ders., Opera Omnia. Basel 1559, Bd. 1, 83-256.
126. In seinem *Lexicon iuris*, das durchweg wenig Gebrauch von Zitaten macht, erwähnt Oldendorp allerdings das *Decretum* (58b, 248b), Hostiensis (203a), Gratian (194), Johannes Andreae (194) und Panormitanus (203b, 245).

2 · Die evangelische Konversion des katholischen Kirchenrechts

stitution war erlaubt, außerhalb dagegen unzulässig. Der ehelichen Verbindung entstammende Kinder waren legitim, außerhalb dieser Verbindung geborene Kinder illegitim. Der *paterfamilias* war das Oberhaupt der häuslichen Gemeinschaft, Ehefrau und Kinder seiner Autorität untergeordnet. Ungebührliches Verhalten eines Partners konnte zur Auflösung der Verbindung führen, wobei dem Schuldigen schwere Verpflichtungen auferlegt wurden. In all diesen Auffassungen stimmten die Kirchen- und die Zivilrechtler weitgehend überein. Oldendorp nahm zugleich auch die Konflikte zwischen jenen Quellen wahr; in solchen Fällen zog er das moderne bürgerliche Recht dem mittelalterlichen kanonischen Recht vor; das biblische Recht aber stellte er über beide. Das kanonische Recht erlaubte die heimliche Eheschließung; das römische Recht und die protestantische Theologie verlangten die elterliche Zustimmung und die Anwesenheit von Trauzeugen. Das kanonische Recht verbot die Scheidung und die Wiederheirat und ließ nur die Trennung von Tisch und Bett zu; das moderne bürgerliche Recht ermöglichte die beiden ersteren Fälle bei dem Nachweis von Ehebruch, böswilligem Verlassen oder Quasi-Verlassen durch einen der Partner.[127] Auch hier zog Oldendorp die zivile Rechtsordnung vor, obgleich jene den Bestimmungen des Evangeliums weiterhin untergeordnet bleiben sollte: Was Gott zusammengebracht hat, das soll der Mensch nicht scheiden. Wir müssten beständig darauf achten, dass die Kanones, von denen wir Gebrauch machen, nicht dem göttlichen und dem Naturrecht entgegenstehen, schrieb er später.[128]

Juristen der Universität zu Wittenberg übersetzten diese positiven Eindrücke vom kanonischen Recht in die pädagogische Praxis.[129] Johann Apel hielt nach 1528 gemeinsam mit dem befreundeten lutherischen Juristen Kaspar von Teutleben Vorlesungen über die *Dekretalen*. Trotz seiner früheren Verurteilung nach kanonischem Recht und seiner endgültigen Exkommunikation aus der katholischen Kirche, weil er die Gelübde des Zölibats und der Priesterweihe gebrochen hatte[130] Lazarus Spenglers Zusammenstellung kanonischer Rechtstexte, der wir uns weiter oben gewidmet haben, kam an den

---

127. Siehe Oldendorp: Collatio, 38-40, 46-48, 77-79; ders.: Lexicon iuris, 138 f. Siehe auch Friedrich Merzbacher: Johann Oldendorp und das kanonische Recht, bei: Siegfried Grundmann (Hrsg.): Für Kirche und Recht. Festschrift für Johannes Heckel. Köln 1959, 235-240.
128. Johann Oldendorp: Consiliorum sive responsorum doctorum et professorum facultatis juridicae in academia Marpurgensi. Marburg 1606, Bd. 1, 11, Consilium 5, Punkt 23.
129. Siehe Liermann: Das kanonische Recht.
130. Udo Wolter: Die Fortgeltung des kanonischen Rechts und die Haltung der pro-

juristischen und theologischen Fakultäten gleichermaßen als Lehrtext in Gebrauch. Melchior Kling begann 1532 mit Vorlesungen über die *Dekretalen*, später noch über den *Liber sextus*, eine spätere Zusammenfassung päpstlichen Rechts.[131] Konrad Lagus, der die zeitgemäße Methode der systematischen Theologie nachahmte, wie sie sein Lehrer Philipp Melanchthon entwickelt hatte, arbeitete einen neuartigen rechtswissenschaftlichen Denkansatz aus, indem er das kanonische, das römische und das Gewohnheitsrecht nach verschiedenen Sachthemen ordnete und neue Kollisionsnormen für Konflikte zwischen jenen Rechtsquellen definierte.[132] Eine Revision der Wittenberger Hochschulcharta aus dem Jahr 1536 veranlasste die Einrichtung von drei Lehrstühlen für bürgerliches Recht, aber auch einem für kanonisches Recht, dessen Inhaber regelmäßige Kurse in kanonischem Recht abhalten und gleichzeitig beim Hofgericht als Berater und Beisitzer tätig zu sein hatte. Kling hatte diesen Lehrstuhl als Erster inne. Ihm folgten Johannes Schneidewin, ein Freund Luthers und Melanchthons (und häufiger Gast in Luthers Haus), und Matthias Wesenbeck, der Zeit seines Lebens Unterstützer der Reformation blieb.[133] Die Unterweisung in bürgerlichem Recht dominierte nach der Reformation eindeutig an der Wittenberger Universität, doch das kanonische Recht behielt außerordentlichen Einfluss.

Andere evangelische Universitäten fanden nach und nach zu einem ähnlichen Umgang mit dem kanonischen Recht. Die Gründungsurkunden der evangelischen Universitäten von Marburg (1527), Königsberg (1544) und Jena (1548) sahen zunächst keinen Lehrstuhl für kanonisches Recht und auch keinen entsprechenden Unterricht vor. Doch bereits innerhalb der ersten Generation nach ihrer Gründung fanden kanonische Gesetzestexte und Vorlesungen Eingang in die Rechtsfakultäten aller drei Hochschulen; bereits in der zweiten Hälfte des 16. Jahrhunderts besaßen Königsberg und Jena wieder einen Lehrstuhl für kanonisches Recht.[134] Andere evangelische Uni-

---

testantischen Juristen zum kanonischen Recht in Deutschland bis in die Mitte des 18. Jahrhunderts, in: HELMHOLZ (Hrsg.): *Canon Law*, 13-48, Anm. 19.

131. STINTZING, 281.
132. Siehe THEODOR MUTHER: Doctor Conrad Lagus: Ein Beitrag zur Geschichte der Systematik des Civilrechts und der Lehre vom Autorrecht. In: ders.: Zur Geschichte der Rechtswissenschaft und der Universitäten in Deutschland. Jena 1876 (Nachdr. Amsterdam 1976), 299-359; Übersicht zur aktuellen Literatur bei HANS ERICH TROJE: Konrad Lagus (ca. 1500-1546): Zur Rezeption der Loci-Methode in der Jurisprudenz. In: HEINZ SCHEIBLE (Hrsg.): Melanchthon in seinen Schülern. Wiesbaden 1997, 255-284.
133. LIERMANN: Das kanonische Recht, 548.
134. LIERMANN: Der Jurist und die Kirche, 116; KARL H. BURMEISTER: Das Studium

2 · Die evangelische Konversion des katholischen Kirchenrechts

versitäten gingen ähnlich vor: Einer der drei bis fünf juristischen Lehrstühle blieb für einen Kanonisten reserviert und Vorlesungen, Seminare und Studiengänge auf Grundlage des *Decretum* von 1140, der *Dekretalen* von 1234 und einer Auswahl späterer päpstlicher und konziliarer Rechtsprechung vorgehalten.[135]

Luther befürwortete diese neue Rechtslehre und Rechtspädagogik im Großen und Ganzen, mit Ausnahme der spätmittelalterlichen päpstlichen Rechtsprechung: »*O ihr Canonisten*«, schrieb er in erbittertem Ton, »*ich könnte euch wol leiden, wenn ihr nur mit den kaiserlichen, und nicht mit den päpstlichen Rechten umginget und zu thun hättet; aber ihr beider Rechten Doctores vertheidiget den Papst und seine Canönichen. Und ich wollt meine Hand drüm geben, daß alle Papisten und Canonisten müßten des Papsts Recht und Decret halten, wollt ihnen keinen ärgern Teufel wünschen.*«[136] Luther ärgerte sich insbesondere darüber, dass seine Kollegen an der Universität von Wittenberg darauf bestanden, die späteren päpstlichen *Dekretalen* zu unterrichten. »*Es unterstehn sich unsre junckern, die juristen, das ius canonicum, den pebstlichen dreck, öffentlich der jugent zu lesen, das wir mit muh und arbeit aus unsern kirchen gestossen, verworffen und vordambt haben*«, klagte er gegen Ende seines Lebens. »*[S]ie aber mit stoltz und uns zu widerdrus solchen stinckenden dreck wider in unser kirchen bringen.*«[137] »*Da hastu des geistlichen rechts und aller Decretalen Summarien (...) als dem Teufel aus dem hindern geborn*«.[138]

Drei Jahrzehnte zuvor hatte Luthers Kritik am kanonischen Recht Deutschland revolutioniert. Nun war sie erlahmt. Die evangelischen Juristen Deutschlands hatten ein neues Ensemble aus Rechtsideen und -institutionen errichtet, das die alte kanonische Ordnung und Luthers neue und revolutionäre Wertvorstellungen gleichermaßen in sich vereinte. Nicht nur die alten *Canones*, sondern auch die jüngere päpstliche Gesetzgebung konnte im neuen Zivilrecht des lutherischen Deutschlands ihren Platz finden. Ihr

---

der Rechte im Zeitalter des Humanismus im deutschen Rechtsbereich. Wiesbaden 1974, 56.

135. Siehe z. B. das Verhältnis zwischen den Lehrstühlen für kanonisches Recht und den Lehrstühlen für bürgerliches Recht an ausgewählten deutschen Universitäten (so wie es die Rechtsordnung vorschrieb): Frankfurt an der Oder (1541): 1/3; Heidelberg (1558): 1/3; Jena (1558): 1/2; Leipzig (1555): 1/2; Rostock (1549): 1/3; Tübingen (1535): 1/5. BURMEISTER: Das Studium der Rechte, 116 ff.; STINTZING, 280 ff.
136. WA Tr 2 Nr. 2496b.
137. WA Tr 4 Nr. 4382b. Siehe auch ebd., WA Tr 5, Nr. 5663.
138. WA 54, 260.

Platz im neuen Zivilrecht beruhte nicht auf ihrem historischen Stammbaum oder ihrer Autorenschaft, sondern auf ihrem zeitgemäßen Nutzen und ihrer Konformität mit der Heiligen Schrift und dem Naturrecht. Das war keine einfache Bewährungsprobe für das kanonische Recht. Denn die Reformation fand für die Heilige Schrift und das Naturrecht ihre eigene charakteristische Auslegung. So lehnten die evangelischen Juristen letztlich mehr vom kanonischen Recht ab, als sie akzeptierten. Doch ein Gutteil des kanonischen Rechts überlebte und gedieh nunmehr durch evangelische Inspiration.

Zusammenfassung und Fazit

Im Jahr 1520 war Luther ausgezogen, Deutschland von der Tyrannei des Papsttums und der Hegemonie des kanonischen Rechts zu befreien. Er hatte die kanonischen Rechtsbücher verbrannt. Er hatte den katholischen Klerus verurteilt. Er hatte das römische Papsttum verspottet. Er hatte zur Vernichtung der jahrhundertealten Systeme von Kirchenleitung und Kirchenrecht aufgerufen und zur Rückkehr zu den biblischen Geboten.

Diese spärliche rechtliche Kost hatte sich bald als unzureichend erwiesen, um der Reformation Kraft zu geben. Dogmatische und liturgische Konfusion machte sich in den evangelischen Kirchen breit. Gesetze, die das Ehe- und Familienleben, Verträge und Eide, letzte Willensbekundungen und Testamente, Wohltätigkeit und Fürsorge, Straftat und Strafahndung und viele andere Angelegenheiten geregelt hatten und zuvor vom kanonischen Recht beherrscht worden waren, gerieten massiv durcheinander. Deutschland verfiel in den 1520er und 1530er Jahren zunehmend in eine gesellschaftliche, politische und kirchliche Krise, betont und verschärft durch den Deutschen Bauernkrieg, den Pfälzischen Ritteraufstand (Ritterkrieg) und eine unheilvolle Aufeinanderfolge von Dürrezeiten, Pestwellen und anderen Formen von höherer Gewalt.

In Reaktion darauf machten sich Luther, Melanchthon und weitere führende Reformatoren ein breiteres Spektrum an Rechtsquellen zu eigen, als sie ursprünglich vorgehabt hatten. Insbesondere das ältere kanonische Recht wurde nun als gültige und nützliche Quelle christlicher Billigkeit und Gerechtigkeit angesehen, welches in der Bibel, den apostolischen *Canones*, den patristischen Lehren und mehreren Dekreten der ersten ökumenischen Konzile gründete. Lutherische Theologen erarbeiteten eine Ekklesiologie, die das Einbeziehen kanonischer Rechtsstrukturen in das dogmatische,

2 · Die evangelische Konversion des katholischen Kirchenrechts

liturgische und administrative Leben der evangelischen Kirchen erleichterte. Lutherische Juristen erarbeiteten eine politische Theorie, die das Einbeziehen kanonischer Rechtsstrukturen in das öffentliche, das Privat- und Strafrecht sowie in die Strafprozessordnung des deutschen Staates erleichterte. Mitte der 1550er Jahre war auch das mittelalterliche Kirchenrecht in die evangelische deutsche Gesellschaft zurückgekehrt, fiel nun aber größtenteils in die Zuständigkeit der Zivilbehörden und erschien nunmehr als bürgerliches Recht.

Sie hätten das kanonische Recht für ihre Sache umgekehrt (»ummkert«), erklärte Johannes Bugenhagen, Luthers Beichtvater und Mitarbeiter, triumphierend im Jahr 1545.[139] Vielleicht war das tatsächlich so, vielleicht steckte darin aber ein doppelter Sinn, an den Bugenhagen nicht dachte. Heute hat der Begriff »Konversion« eine doppelte Bedeutung. Die Mehrzahl der Theologen versteht unter »Konversion« eine Wandlung in den Grundüberzeugungen, den fundamentalen Glaubensinhalte. Für Bugenhagen, Luther und andere lutherische Theologen des 16. Jahrhunderts war zweifellos diese Bedeutung von Konversion des kanonischen Rechts gemeint. Sie hatten das überlieferte kanonische Recht zu den biblischen Grundlehren zurückgeführt, ähnlich wie Christus 1500 Jahre zuvor das überlieferte jüdische Gesetz zu den Grundlehren seines Vaters zurückgeführt hatte. Sie befreiten das kanonische Recht von seiner Kasuistik und seinen selbstdienlichen papalistischen Zusätzen und kehrten zur ursprünglichen Auslegung und Anwendung der biblischen und naturrechtlichen Normen zurück.

Für die Mehrzahl der Juristen bedeutet »Konversion«, sich das Gut eines anderen unerlaubt und unerwünscht anzueignen, und damit einen Rechtsverstoß, der eine Privatklage wegen unerlaubter Handlung nach sich ziehen kann, bisweilen sogar auch eine strafrechtliche Verfolgung. Für die katholischen Kirchenrechtler und Kirchenführer des 16. Jahrhunderts war zweifellos diese Bedeutung von Konversion des kanonischen Rechts gemeint. Die lutherischen Reformatoren hatten schlichtweg die Ideen und Institutionen des kanonischen Rechts übernommen und sie für ihren eigenen Gebrauch in Theologie und Recht »konvertiert«, meist ohne dies weiter kenntlich zu machen. Sie hatten einfach Hunderte von Kircheneigentümern, Schenkungen, Stiftungen, Wohlfahrtseinrichtungen, Armenhäusern, Schulen, Kirchen, Friedhöfen, Kirchengerichten und andere Besitztümer und Institutionen, die Teil der kirchenrechtlichen Verwaltung gewesen waren,

---

139. Johannes Bugenhagen: Was man vom Closter Leben halten sol. Wittenberg 1529, Civ (Unterstreichungen J. W.).

Zusammenfassung und Fazit

übernommen, häufig indem ihre früheren Besitzer oder Verwalter verbannt und mitunter dabei auch getötet wurden.[140]

»Darumb ist auch aus dem Bapstum nichts gutes komen, sondern verstoerung des Glaubens, Luegenden, lesterliche Abgoetterey unser eigen werck, auch zuruettung weltliches Stands, Mord und aller jamer, dazu unzucht so schendlich, wie jtzt zu Rom oeffentlich fuer augen, Dafuer geraubt Bistum und alle gueter der Christenheit, schier auch der Koenige dazu. Was hette nu der Bapst wol verdienet, der aus diesem seligen und troestlichem Spruch vom Glauben Christi ein solchen grewel und wust aller luegen und abgoetterey gemacht hat?«[141] So liest sich eine verbitterte Schrift von 1545. Sie hätte durchaus vom Papst gegen Luther gerichtet gewesen sein können. In Wirklichkeit aber hatte sie Luther gegen den Papst gerichtet. Das Ganze liest sich wie ein ironischer Selbstvorwurf. Er warnt Luthers Protagonisten vor einem unangemessenen Triumphalismus über die Geburt der Reformation. Indes warnte er Luthers Antagonisten vor einer ungebührlichen Denunziation von Luthers Reformbemühungen. Luther mag durchaus Recht gehabt haben, auf die materielle Verschwendung, den Rechtsmissbrauch und die theologischen Irrtümer hinzuweisen, die in einem System aus kanonischem Recht und päpstlicher Autorität schieflagen. Und Luther hätte zweifellos einige der radikalen kanonischen Rechtsreformen gutgeheißen, die die katholische Kirche beim Konzil von Trient (1545-1563), kurz nach seinem Tod, einführen sollte. Zahlreiche dieser Reformen waren dergestalt, wie er sie bereits im Jahr 1517 gefordert hatte. Doch es ist genauso wichtig, sich daran zu erinnern, dass ein großer Teil der lutherischen Kirchen und Institutionen aus dem hervorgegangen sind, was Luthers Wittenberger Kollege Hieronymus Schürpf als barbarische Handlungen von Diebstahl, Raub und Bildersturm gegen die katholische Kirche bezeichnet hat. Dazu ist es wichtig, sich daran zu erinnern, dass nicht wenige lutherische Rechtslehren schlichtweg so den Büchern des kanonischen Rechts entnommen worden waren, bevor sie ihre evangelische Form erhielten. Knapp 500 Jahre später gewährt diese intensive Vermischung von lutherischer und katholischer Theologie und Rechtslehre außerordentliche Möglichkeiten für eine öku-

---

140. Es muss hier noch angefügt werden, dass sich Luther wiederholt gegen die Verfemung des Mönchs- und Nonnenstands wandte. Stattdessen sollte man bestehende Klöster unangetastet lassen, aber die Aufnahme neuer Ordensmitglieder verbieten. Vgl. z. B. WA 6, 404-469; 8, 676-687; 12, 11-15.
141. WA 54, 260.

menische Verständigung. Zu jener Zeit aber war sie die Rezeptur für religiöse Rivalitäten und Kriege, die Deutschland einige Jahrzehnte heimgesucht haben, bevor der Augsburger Reichs- und Religionsfrieden von 1555 einen vorübergehenden Waffenstillstand ausrief.

Drittes Kapitel

Ein' feste Burg: Luther und die Zwei-Reiche-Lehre

Es gehört zu den großen Widersprüchen der lutherischen Reformation, dass sie schließlich kanonische Rechtsnormen übernahm, die sie anfangs beseitigen wollte: Im Jahr 1520 hatte Luther die kanonischen Rechtsbücher verbrannt. Im Jahr 1530 empfahl er dagegen ihren Gebrauch an seiner Universität zu Wittenberg. In den 1520er Jahren hatten die ersten Reformationsordnungen die kanonischen Rechtsnormen verboten. In den 1530er Jahren ordneten dagegen wieder neue Reformationsordnungen ihren Gebrauch bei der Leitung von Kirche und Staat an. Diese Wiedereinführung des kanonischen Rechts beruhte zu einem Teil auf einer gewissen Trägheit. Als der biblische Radikalismus der frühen Reformationszeit Deutschland in eine schwere Krise gestürzt hatte, kehrten die Reformatoren schlicht und einfach zu den kanonischen Rechtsnormen zurück, die sie einst gelernt hatten. Dass sie das kanonische Recht übernahmen, war aber zugleich auch eine Folge des Erneuerungsgeistes. Als Luthers theologische Unterscheidung von Gesetz und Evangelium allmählich ihre institutionellen Grenzen offenbarte, entwickelten die Reformatoren neue Theorien zum Verhältnis von Kirche und Staat, von kirchlicher und politischer Obrigkeit, von kanonischem und weltlichem Recht.

Diese neuen Theorien waren nur ein Bruchteil der umfangreichen Neuauslegung von Luthers ursprünglich theologischer Botschaft. Seine radikalen theologischen Glaubenslehren von Gesetz und Evangelium, von der Rechtfertigung aus Glauben, vom Priestertum aller Gläubigen und von der sola scriptura hatten sich als kämpferisch und kraftvoll genug erwiesen, überkommene Normen und Formen aufzulösen. Ihre radikalen Begriffe warfen allerdings mehr Fragen auf, als sie beantworteten: Wenn das Evangelium wirklich alles ist, was zählt, wozu ist das Gesetz dann noch gut? Geschieht die Rechtfertigung nur aus Glauben, wozu mühen wir uns dann mit den Werken? Sind alle Menschen Priester, was kann uns ein Doktor Martinus Luther dann überhaupt vorschreiben? Ist die Bibel unsere alleinige Richtschnur, welche Funktion haben dann Vernunft und Gewissen in diesem irdischen Leben? Diese und viele weitere ernüchternde Fragen führten

3 · Ein' feste Burg: Luther und die Zwei-Reiche-Lehre

Luther und seine Anhänger relativ schnell weg von ihren radikalen Attacken auf die alte Ordnung, hin zu dem geduldigen Aufbau einer neuen Ordnung.

Luthers komplexe Rekonstruktion wurde als »Zwei-Reiche-Lehre« bekannt, die eine Reihe lutherischer Theologen und Rechtsgelehrter mindestens in ihren Grundzügen übernehmen sollten. Seine Zwei-Reiche-Lehre gab nicht nur Antwort auf viele der heiklen institutionellen und intellektuellen Fragen, die während der radikalen Phase der Reformation aufgekommen waren. Sie wurde zugleich zur Grundlage einer Reform des deutschen Rechts, der Politik und der Gesellschaft unter evangelischem Vorzeichen.

Dieses Kapitel beschäftigt sich zunächst mit verschiedenen Aspekten von Luthers Zwei-Reiche-Lehre, um daraus im Anschluss die Konsequenzen für seine Theologie des Rechts, der Politik und der Gesellschaft zu ziehen.[1] Das darauffolgende Kapitel wird die neuen Rechtslehren untersuchen, die lutherische Rechtsgelehrte und Moralisten des 16. Jahrhunderts auf der Grundlage von Luthers Zwei-Reiche-Lehre entwickelt haben.

Eine Wüstenei der Kasuistik

Im Jahr 1957 bezeichnete der große Reformationshistoriker Johannes Heckel Luthers Zwei-Reiche-Lehre als einen regelrechten »*Irrgarten*«, in dem Unkraut und Weizen der Interpretation querbeet miteinander verwachsen seien.[2] Ein halbes Forschungsjahrhundert später ist aus Heckels kleinem Irrgarten ein regelrechter Urwald geworden, in dem das dornige Dickicht der Kasuistik dem arglosen Besucher den Weg versperrt.[3] Es ist

---

1. Einige Passagen des dritten und vierten Kapitels wurden dem Aufsatz von Harold J. Berman/John Witte, Jr.: The Transformation of Western Legal Philosophy in Lutheran Germany. In: Southern California Law Review 62 (1989), 1573-1660, entnommen.
2. Johannes Heckel: Im Irrgarten der Zwei-Reiche-Lehre. München 1957.
3. Eine umfangreiche Bibliographie ist zu finden in Berman/Witte: Transformation, Anm. 21-23. Weitere Quellenverweise und Diskussion in Ulrich Duchrow: Christenheit und Weltverantwortung. Traditionsgeschichte und systematische Struktur der Zweireichelehre. Stuttgart 1983; Helmar Junghans (Hrsg.): Leben und Werk Martin Luthers. Berlin 1983; Per Frostin: Luther's Two Kingdoms Doctrine: A Critical Study. Lund 1994; Bernhard Lohse: Luthers Theologie in ihrer historischen Entwicklung und in ihrem systematischen Zusammenhang. Göttingen 1995; Andreas Pawlas: Die lutherische Berufs- und Wirtschaftsethik. Eine Einführung. Neukirchen-Vluyn 2000; vgl. außerdem den Klassiker von

daher nur allzu verlockend, sich einen anderen Weg zum lutherischen Beitrag zur Rechtslehre zu bahnen. Freilich bleibt Luthers Zwei-Reiche-Lehre der Rahmen, innerhalb dessen er und viele seiner Anhänger ihre Ansichten zu Gesetz und Obrigkeit, Gerechtigkeit und Billigkeit, Gesellschaft und Politik entwickelten. Wir müssen nur lange genug diese Wüstenei durchschreiten, um hinter die rechtliche Tragweite des Ganzen zu kommen.

Luther war ein Meister der Dialektik, der zwei gegensätzliche Lehrmeinungen in Spannung zueinander hielt und dann die intellektuelle Stärke dieser Spannung auf geniale Weise auslotete. Viele seiner gängigen Gegensatzpaare finden sich in der Bibel und sind innerhalb der christlichen Tradition wohl vertraut – Geist und Fleisch, Seele und Leib, Glaube und Werke, Himmel und Hölle, Natur und Gnade, Reich Gottes und Reich des Teufels; was Gottes ist und was des Kaisers, und so weiter.[4] Einige Gegensatzpaare waren eindeutig lutherisch akzentuiert, so etwa Gesetz und Evangelium, Sünder und Heiliger, Knecht und Herr, innerer Mensch und äußerlicher Mensch, *iustitia passiva* und *iustitia activa*, *iustitia aliena et externa* und *iustitia propria*, *usus civilis* und *usus theologicus* des Gesetzes, und so weiter.

Luther entwickelte in seinen Schriften von 1515 bis 1545 eine ganze Reihe solcher dialektischer Lehrsätze. Sie waren dabei unterschiedlich in ihrer Gangart, mehr oder weniger detailliert in ihrer Ausführung, und Luther nahm einigermaßen uneinheitlich Rücksicht darauf, ob der eine Lehrsatz zum anderen passte. Schließlich vermengten er und seine Anhänger verschiedene Gegensatzpaare zur Zwei-Reiche-Lehre. Diese Lehre beschrieb (1) die Unterscheidung zwischen dem gefallenen Reich und dem erlösten Reich, der *civitas Dei* und der *civitas terrena*, der Herrschaft des Teufels und der Herrschaft Christi; (2) die Unterscheidung zwischen dem Sünder und dem Heiligen, dem Fleisch und dem Geist, dem inneren Menschen und dem äußerlichen Menschen; (3) die Unterscheidung zwischen der sichtbaren und der unsichtbaren Kirche, der einen Kirche, die mit dem weltlichen Recht regiert wird, und der anderen Kirche, die durch den Heiligen Geist regiert wird; (4) die Unterscheidung zwischen Glaube und Vernunft, natürlicher und geistlicher Erkenntnis; und (5) die Unterscheidung von zwei Formen der Gerechtigkeit, des Rechts und des zweifachen Gebrauchs des Gesetzes.

Wenn Luther und insbesondere seine Anhänger die Terminologie der

---

Franz Lau: »Äußerliche Ordnung« und »Weltlich Ding« in Luthers Theologie. Göttingen 1933.

4. Vgl. Oliver O'Donovan: The Desire of the Nations: Rediscovering the Roots of Political Theology. Cambridge 1996, 82 ff., 193 ff.

3 · Ein' feste Burg: Luther und die Zwei-Reiche-Lehre

Zwei-Reiche-Lehre verwendeten, eigneten sie sich oftmals einzelne dieser Differenzierungen an, bisweilen ohne sie dabei eindeutig zu benennen. Nur selten wurden tatsächlich alle Differenzierungen zusammen sorgfältig systematisch erörtert und angewendet, insbesondere als sich die Juristen später bei ihren rechtswissenschaftlichen Überlegungen auf die Zwei-Reiche-Lehre berufen sollten. Noch schwieriger wurde es, als sich die Wiedertäufer und die Calvinisten gleichermaßen die Rede von den zwei Reichen aneigneten und jede der Glaubensgemeinschaften diese mit ihrer eigenen konfessionellen Prägung und rechtlichen Anwendung versahen, häufig in scharfem Widerspruch zu lutherischen oder anderen evangelischen Auffassungen.[5] Darum lohnt es sich, Luthers Verständnis von den zwei Reichen eingehender zu betrachten und daran anschließend die Konsequenzen für das Recht, die Gesellschaft und die Politik zu ziehen.

Die Lehre vom Sein

In erster Linie war die Zwei-Reiche-Lehre für Luther eine Ontologie, eine Lehre von der zweifachen Natur des Seins bzw. der Wirklichkeit. In seinen frühen Schriften wählte er dafür häufig die geläufigen Begriffe Augustins, wie er sie selbst im Kloster gelernt hatte.[6] Augustins Gottesstaat war das vollkommene himmlische Reich *(civitas Dei)* im zukünftigen Leben. Es ist von den Christen, die nur vorübergehend Bürger des irdischen Reichs *(civitas terrena)* sind, bereits erfahrbar, erschöpft sich aber nicht im weltlichen Reich von Raum und Zeit.[7] Zuweilen beschreibt Luther diese Unterscheidung mit biblischen Begriffen als »*Reich Gottes*« *(regnum Dei)* und als »*Teufels Reich*« *(regnum diaboli)*, die bis zur Wiederkunft Christi und der endgültigen Überwindung des Teufels in einem immerwährenden Kampf um die Seelen der Menschen ringen.[8] Bisweilen betont Luther auch den

---

5. Vgl. Robert Friedmann: The Theology of Anabaptism. Scottdale, PA 1973, 38 ff. und John Witte, Jr.: Moderate Religious Liberty in the Theology of John Calvin. In: Calvin Theological Journal 31 (1996), 359-403.
6. Vgl. Hans-Ulrich Delius: Augustin als Quelle Luthers. Eine Materialsammlung. Berlin 1984.
7. WA 11, 249-260, 262-266; WA 30/2, 526 ff.; WA 36, 385; WA 45, 252 ff.; WA Tr 6, Nr. 7026.
8. Ebd. Luther schreibt: »*Sic humana voluntas in medio posita est, ceu iumentum, si insederit Deus, vult et vadit, quo vult Deus […]. Si insederit Satan, vult et vadit, quo vult Satan.*« WA 18, 635. Vgl. Luthers autobiographische Gedanken zu dieser Dia-

Die Lehre vom Sein

Gegensatz der zwei Klassen von Bürgern in dieser Welt – Christen, die die Herrschaft Christi im himmlischen Reich angenommen haben, und Nichtchristen, die sich nur den Obrigkeiten des weltlichen Reichs unterordnen.[9] Es waren recht unterschiedliche Auffassungen von einem elementaren ontologischen Dualismus, die jedoch in Luthers stürmischer Gedankenführung bisweilen erheblich durcheinandergerieten. In einer berühmten Passage aus dem Jahr 1523 schreibt Luther etwa:

»Hie muessen wyr Adams kinder und alle menschen teylen ynn zwey teyll: die ersten zum reych Gottis, die andern zum reych der welt. Die zum reych Gottis gehoeren, das sind alle recht glewbigen ynn Christo unnd unter Christo. (...) Nu sihe, diße leutt duerffen keyns welltlichen schwerdts noch rechts. Und wenn alle welt rechte Christen, das ist, recht glewbigen weren, so were keyn furst, koenig, herr, schwerd noch recht nott odder nuetze. Denn wo zů sollts yhn? die weyl sie den heyligen geyst ym hertzen haben, der sie leret unnd macht, das sie niemant unrecht thun, yderman lieben, von yderman gerne und froelich unrecht leyden, auch den todt. (...)

Zum reych der wellt oder unter das gesetz gehören alle, die nicht Christen sind. Denn syntemal wenig glewben und das weniger teyl sich hellt nach Christlicher art, das es nicht widderstrebe dem ubel, Ya das es nicht selb ubel thue, hat Gott den selben ausser dem Christlichen stand unnd Gottis reych eyn ander regiment verschafft unnd sie unter das schwerd geworffen, das, ob sie gleych gerne wollten, doch nicht thun kunden yhr boßheyt, und ob sie es thun, das sie es doch nit on furcht noch mit fride unnd glueck thun muegen (...).

Darumb hatt Gott die zwey regiment verordnet, das geystliche, wilchs Christen unnd frum leutt macht durch den heyligen geyst unter Christo, unnd das welltliche, wilchs den unchristen und boeßen weret, daß sie eußerlich muessen frid hallten und still seyn on yhren danck.«[10]

Wie das Zitat zeigt, nahm Luther an, dass die zwei Reiche von zwei Obrigkeiten oder Regimentern regiert würden. In seinen frühen Jahren betrachtet Luther diese zwei Obrigkeiten vornehmlich durch sein Binokular von Gesetz und Evangelium[11]: Das irdische Reich wird vom Gesetz regiert,

---

lektik in HEIKO OBERMAN: Luther. Mensch zwischen Gott und Teufel. Berlin 1982.
9. Vgl. WA 32, 389f.; WA 33, 318f.; WA 36, 385. In dieser frühen Periode glaubte Luther, dass Gott in beiden Reichen wirke, Christus dagegen nur im himmlischen Reich. Vgl. WA 31/1, 233-242; WA 11, 258.
10. WA 11, 249-251.
11. Siehe WA 40/1, 486: »De hoc Legis et Evangelii discrimine nihil invenis in libris Monachorum, Canonistarum, Theologorum, Recentium et Veterum. Augustinus aliqua ex parte illud tenuit ac ostendit. Hieronymus et similes prorsus ignorarunt.«

3 · Ein' feste Burg: Luther und die Zwei-Reiche-Lehre

das himmlische Reich vom Evangelium. Sowohl Gesetz als auch Evangelium sind letztlich Ausdruck von Gottes Obrigkeit und Offenbarung. Dennoch müsse sorgfältig zwischen ihnen unterschieden werden.[12] Das Gesetz sei die Obrigkeit des Schwertes; es bringe Zwang, Unfreiheit und Verbot. Das Evangelium dagegen sei die Obrigkeit des Wortes; es verheiße Liebe, Freiheit und Barmherzigkeit. In dieser Welt von Raum und Zeit würden beide Obrigkeiten nebeneinander herrschen; und ein gläubiger Christ müsse sich jeder von ihnen unterordnen, dabei aber ihre Vermengung vermeiden.

»*Paulus sagt 1. Timo: . 1. ›Dem gerechten ist keyn gesetz geben, sondern den ungerechten‹. Warumb das? Darumb, das der gerechte von yhm selbs alles unnd mehr thutt denn alle recht foddern. Aber die ungerechten thun nichts rechts, darumb duerffen sie des rechts, das sie lere, zwinge unnd dringe, wol zu thun. (…) gleych wie man eyn wild boeße thier mit keten und banden fasset, das es nit beyssen noch reyssen kan nach seyner artt, wie wol es gerne wollt, des doch eyn zam korre thier nicht bedarff, ßondern on keten und band dennocht unschedlich ist. (…)*

Wenn nu yemand wollt die wellt nach dem Euangelio regirn und alle welltliche recht und schwerd auffheben und fur geben, sie weren alle getaufft und Christen, unter wilchen das Euangelion will keyn recht noch schwerd haben, auch nicht nott ist – (…) Er wuerde den wilden boeßen thieren die band und keten aufflößen, das sie yderman zu ryssen und zu byssen (…).

Darumb muß man dise beyde regiment mit vleyß scheyden und beydes bleyben lassen: Eyns das frum macht, Das ander das eusserlich frid schaffe und boesen wercken weret. Keyns ist on das ander gnüg ynn der welt. Denn on Christus geystlich regiment kan niemant frum werden fur got durchs welltlich regiment. So gehet Christus regiment nicht uber alle menschen sondern allezeyt ist der Christen am wenigsten und sind mitten unter den unchristen. Wo nu welltlich regiment oder gesetz alleyn regirt, da muß eytel heuchley seyn, wens auch gleych Gottis gepott selber weren. Denn on den heyligen geyst ym hertzen wirtt niemant recht frum, er thue wie feyne werck er mag. Wo aber das geystlich regiment alleyn regirt uber land und leutt, da wirtt der boßheyt der zaum loß unnd raum geben aller bueberey. Denn die gemeyne welt kans nicht an nehmen noch verstehen.«[13]

Wie diese Passage zeigt, neigte Luther in seiner frühen Periode dazu, den (1) theologischen Aspekt des Rechts – die alttestamentliche Dispensation Gottes, die dem Evangelium vorausgeht – mit (2) dem politischen Aspekt des Rechts – den positiven Gesetzen, wie sie durch die Obrigkeit bekannt

---

12. Vgl. z. B. WA Tr 1, Nr. 590; WA 11, 250–252.
13. WA 11, 249–252. Vgl. auch WA 14, 561 f.

gemacht werden, zu vermengen. Das Gesetz Gottes und das Gesetz der weltlichen Obrigkeit waren beide Teil der Regierung des irdischen Reichs, und Luther unternahm erst einmal wenig, sie auseinanderzuhalten. Die Gefahren, die diese frühe Haltung mit sich brachte, wurden bald offenkundig. So neigte Luther in seiner frühen Periode außerdem dazu, die Vorstellung vom irdischen Reich als dem bösen Reich des Teufels mit der des irdischen Reichs als dem politischen Reich der Obrigkeit zu vermengen. Mit dieser zweifachen Vermischung rückte der frühe Luther bedenklich nahe an die Auffassung heran, nicht nur das Gesetz der Obrigkeit, sondern auch das Gesetz Gottes sei als Teil des irdischen Reichs des Teufels. Nimmt man noch Luthers wiederholt erbitterte Attacken auf das mosaische Gesetz, das kanonische Recht und das römische Recht hinzu, wird deutlich, wie leicht Luthers frühe Lehre einen gewissenhaften Anhänger der evangelischen Sache geradewegs in einen Antinomismus führen konnte, d. h. zur kategorischen Ablehnung jeglichen Gesetzes zugunsten der Freiheit des christlichen Evangeliums.

In den späten 1520er Jahre gelangt Luther schließlich zu einer stärker differenzierten Sicht auf das weltliche Regiment, das das irdische Reich regiert. Luthers frühes augustinisches Bild vom weltlichen Reich als der gefallenen *civitas terrena* unter der Herrschaft des Teufels tritt in den Hintergrund. In den Vordergrund schiebt sich dagegen Luthers neues Bild vom weltlichen Reich als dem natürlichen Reich, einst wunderbare und vollkommene Schöpfung Gottes, nun aber durch den Sündenfall verdüstert und verzerrt. Trotz des Sündenfalls lasse Gott es in seiner Gnade zu, dass das weltliche Reich weiterexistiere. Gott gestehe es auch den Naturgesetzen und den natürlichen Ordnungen zu weiterzubestehen. Oft bezieht sich Luther auf die Naturgesetze von Ehe und Familie, Eigentum und Beruf, die dem Urgebot Gottes an Adam und Eva im Paradies entspringen: »*Seid fruchtbar und mehret euch und füllet die Erde und machet sie euch untertan.*« (Genesis 1,28).[14] Er verweist auch auf die Naturgesetze von der rechten Anbetung und Verehrung Gottes, von unrechtmäßigem Begehren und Mord, von Beweisführung und Rechtsverfahren, die in Gottes Urkonflikt mit Kain unmittelbar nach der Vertreibung aus dem Paradies (Genesis 4,1-17) bereits angelegt seien.[15] Jedes dieser von Gott geschaffenen Naturgesetze regiert für Luther das weltliche Reich auch nach dem Sündenfall weiter.

Nicht nur die Naturgesetze, sondern auch die natürlichen Schöpfungsordnungen behielten auch nach dem Sündenfall ihre Gültigkeit. »*Tres enim*

---

14. WA 42, 53 ff.
15. WA 42, 187 ff.

3 · Ein' feste Burg: Luther und die Zwei-Reiche-Lehre

hierarchias ordinavit Deus«, um den Naturgesetzen im irdischen Reich eine konkrete Form zu geben, sie zu präzisieren und durchzusetzen, schreibt Luther im Jahre 1539. Diese Ordnungen seien »*oeconomiam, politiam et Ecclesiam*«[16] bzw. »*ordo oeconomicus, ordo politicus* und *ordo ecclesiasticus*«, wie er an anderer Stelle schreibt.[17]

»*Das erst [Regiment] ist Haushalten, daraus komen Leute. Das ander ist Stad regirn, das ist Land, leute, Fuersten und Herrn (das wir die weltliche Oberkeit heissen), Das ist alles geben, kind, gut, geld, thier &c.. Das Haus mus bauen, Die Stad mus solchs hueten, schuetzen und verteidigen. Darnach koempt das dritte, Gottes eigen Haus und Stad, das ist die Kirche, die mus aus dem Hause Personen, aus der Stad schutz und schirm haben. Das sind drey Jerarchien, von Gott geordent (…) [die] drey hohen Goettlichen Regiment, (…) drey Goettliche, natuerliche, weltliche rechte.*«[18]

Diese drei Ordnungen, Regimenter bzw. Stände repräsentieren verschiedene Dimensionen von Gottes Obrigkeit und Gesetz im weltlichen Reich, betont Luther mehrfach: Alle drei sind gleich vor Gott und voreinander bei der Erfüllung ihrer wesensgemäßen und natürlichen Aufgaben. Alle drei sind notwendig, um der Macht der Sünde und des Teufels im weltlichen Reich zu widerstehen. Alle drei verdienen in gleicher Weise den Gehorsam derjenigen, die unter ihrer Obrigkeit stehen. Alle drei sind unverzichtbar zum Schutz des Lebens und des Gesetzes, der Ordnung und der Pflichterfüllung im weltlichen Reich. Alle drei setzen nicht nur die Gerechtigkeit und den Zorn Gottes gegen die Sünde durch, sondern sie sind zugleich die Vorwegnahme des vollkommenen Lebens und Gesetzes im himmlischen Reich.[19] Luther drückte es so aus: »*Denn Gott wil der welt Regiment lassen*

---

16. WA 39/2, 42.
17. WA 43, 74; vgl. auch WA 26, 504; WA 50, 652. Zur Vorwegnahme dieser Lehre in Luthers früheren Schriften vgl. F. EDWARD CRANZ: An Essay on the Development of Luther's Thought on Justice, Law, and Society. Cambridge, MA/ London, 1959, 153-178.
18. WA 50, 652.
19. Siehe WA 30/1, 409 f.: »*Diese goettliche stende und ordnung sind dazu von Gott geordent, das jnn der welt ein bestendig, ordenlich, fridlich wesen sey und das recht erhalten werde, darumb nennet ers hie Gottes gerechtigkeit, die bestendig ist und bleibt (…) Denn wo Gott diese stende nicht selbs hette gestifftet und teglich, als sein werck, erhielte, da kuendte kein funcke rechts bleiben ein augenblick (…) [D]iese stende Gottes gehen und bleiben durch alle Koenigreich, so weit die welt ist, und bis an der welt ende.*«

seine in furbild der rechten seligkeit und seines himelreichs gleich wie ein gauckel spiel oder larven.«[20]

Diese »Drei-Stände-Lehre« wurde zu einem Charakteristikum der lutherischen Rechtslehre, die von späteren Theologen und Rechtsgelehrten ausführlich entfaltet wurde, wie wir noch sehen werden.[21] Luther bot sie eine sehr viel stärker differenzierte und positive Lehre vom weltlichen Recht und vom weltlichen Regiment, als dies bei seinen früheren Theorien der Fall gewesen war. Sein ontologisches Weltbild behielt zwar einen elementaren Dualismus von einem niederen weltlichen Reich und einem höheren himmlischen Reich bei. Das weltliche Reich war nun jedoch sehr viel deutlicher ein Reich mit von Gott eingesetzter Obrigkeit und Gesetz, wenn auch dauerhaft von der Sünde verkehrt. Das weltliche Reich war von Natur aus in die drei Ordnungen der häuslichen, politischen und kirchlichen Obrigkeit unterteilt, die dazu berufen waren, sich das Gesetz Gottes zu eigen zu machen und durchzusetzen, und dazu ermächtigt, der menschlichen Sündhaftigkeit Einhalt zu gebieten und sie zu bestrafen.

Die Lehre vom Menschen

Die Zwei-Reiche-Lehre war nicht nur eine Ontologie, eine »Zwei-Naturen-Lehre« der Wirklichkeit. Sie war außerdem eine Anthropologie, eine »Zwei-Naturen-Lehre« des Christenmenschen. Alle Menschen hätten ein doppelt widersprüchliches Wesen, so Luther. Jeder Christ sei Heiliger und Sünder zugleich, Gerechter und Verdammter, Geretteter und Verlorener – *simul iustus et peccator*.[22] Dabei sei jeder Christ gleichzeitig »*eyn freyer herr ueber alle ding und niemandt unterthan*« und »*eyn dienstpar knecht aller ding und yderman unterthan*«.[23]

Jeder Christ sei »*zweyerley natur*«, führt Luther bei der Erläuterung seiner berühmten Lehre des *simul iustus et peccator* aus. Er sei zugleich Körper und Seele, Fleisch und Geist, Sünder und Heiliger, »*eußerlich mensch*« und

---

20. WA 51, 241.
21. WILHELM MAURER: Luthers Lehre von den drei Hierarchien und ihr mittelalterlicher Hintergrund. München 1970.
22. WA 7, 21 ff., 49 ff.; vgl. auch WA 2, 489–497; WA 39/1, 492, 552; WA 40/1, 368; WA 56, 343.
23. WA 7, 21.

3 · Ein' feste Burg: Luther und die Zwei-Reiche-Lehre

»*ynnerlich mensch*«, »*die do stracks widdernander seyn*«.[24] Auf der einen Seite sei der Mensch als körperliches Geschöpf in die Sünde geboren und darin gefangen. Durch sein fleischliches Wesen neige er in unbeschreiblichem Maße zu ungebührlicher Begierde, zum Bösen und zur Selbstsucht, zur Verderbtheit und zur Vermessenheit.[25] Auch die besten Menschen, selbst die biblischen Titanen der Tugendhaftigkeit – Abraham, David, Petrus und Paulus – hätten fortwährend gesündigt.[26] In und an sich selbst sei der Mensch völlig verdorben und verdiene den ewigen Tod. Auf der anderen Seite seien wir als geistliche Geschöpfe wiedergeboren im Glauben und von der Sünde befreit. Unsere geistliche Natur neige zu Liebe und Barmherzigkeit, Güte und Opferbereitschaft, Rechtschaffenheit und Friedfertigkeit. Selbst der schlechteste Mensch, sogar der Schächer am Kreuz neben Christus, könne schließlich von der Sünde erlöst werden. Ungeachtet unserer Natur seien wir vollkommen erlöst und des ewigen Lebens gewiss.[27]

Durch den Glauben an Gottes Wort, so Luther, wird aus dem Sünder ein Heiliger, aus dem Knecht ein freier Herr. Das ist die Essenz aus Luthers Lehre von der alleinigen Rechtfertigung durch den Glauben. Kein menschliches Werk – was auch immer es sei, ob Gottesdienst, Kontemplation, Meditation, Barmherzigkeit und jede andere erdenkliche verdienstvolle Lebensführung – könne einen Menschen vor Gott gerecht machen. Denn die Sünde halte den Menschen fest und verderbe jedes seiner Werke. »*Hatt die seele keyn ander dinck, widder yn hymel noch auff erden, darynnen sie lebe, frum, frey und Christen sey, den das heylig Evangely, das wort gottis von Christo gepredigett*«, erklärte Luther.[28] Seinen Glauben auf dieses Wort zu setzen, dessen gnadenreiche Verheißung des ewigen Heils anzunehmen, bedeute, Freiheit von der Sünde und der steten Gefahr der ewigen Verdammnis zu erlangen. Es bedeute, in die Gemeinschaft der Heiligen aufgenommen zu sein, die in diesem Leben noch unvollkommen sei und im zukünftigen Leben vollendet würde. Dabei gab Luther jedoch zu bedenken, dass ein Heiliger durch den Glauben ein Sünder durch die Natur bleibe, und der Kampf von Gut und Böse im Menschen bis zum Tod fortdauere.[29]

Dies führt Luther hin zu seinem Paradoxon von der menschlichen Natur

---

24. Ebd.
25. WA 7, 21, 49 ff.; vgl. auch WA 56, 256-259, 331 ff.
26. Vgl. z. B. WA 19, 185-251; WA 33, 302 ff.
27. WA 7, 21 ff., 49 ff.
28. WA 7, 22.
29. WA 56, 343, 268-272; vgl. auch WA 33, 302 f.; WA 40/2, 533 f.

Die Lehre vom Menschen

– jeder Christ sei zugleich ein freier Herr, der niemandem untertan sei, und ein Priester, der jedermanns Knecht sei. Auf der einen Seite gehe es so zu, schreibt Luther, »*das ein Christen mensch durch den glauben ßo hoch erhaben wirt ubir alle ding, das er aller eyn herr wirt geystlich*«.[30] Als ein erlöster Heiliger, ein »*ynnerlich mensch*«, sei ein Christ vollkommen frei in seinem Gewissen, vollkommen frei in seinem Innersten. Er sei wie der mächtigste König auf Erden, der sich über und jenseits aller Macht befände. Keine weltliche Obrigkeit – weder Papst, Landesherr noch Eltern – könne ihm »*auch nur eine einzige Silbe*« des Gesetzes auferlegen.[31] Keine weltliche Obrigkeit könne in das Allerheiligste seines Gewissens eindringen oder die Zusage und den Trost des ewigen Lebens gefährden. Es sei »*eyn recht almechtige hirschafft*« und »*ein koestlich freyheyt und gewalt*«, die jeder Christ genieße.[32]

Auf der anderen Seite, so Luther, sei jeder Christ ein Priester, der aus freiem Willen gute Werke zum Wohl seines Nächsten und zur Ehre Gottes tue.[33] Luther schreibt: »*Ubir das seyn wir priester, das ist noch vil mehr, denn kuenig sein, darumb, das das priesterthum uns wirdig macht fur gott zu tretten und fur andere zu bitten, Denn fur gottis augen zu stehn und bitten, gepuert niemant denn den priestern. Alßo hatt uns Christus erworben, das wir muegen geystlich fur ein ander tretten und bitten, wie ein priester fur das volck leyplich tritt und bittet.*« Folglich dienen wir in der Nachfolge Christi aus freiem Willen unserem Nächsten, indem wir ihm Unterweisung, Barmherzigkeit, Gebet, Mahnung und Opfer angedeihen lassen.[34] Wir befolgen das Gesetz Gottes, soweit wir nur können, damit andere unsere guten Werke sehen und dadurch ermutigt werden, selbst Gottes Gnade zu suchen. Aus freiem Willen mühen wir uns und streben danach, soviel Gutes wie möglich zu tun, nicht damit wir selbst erlöst würden, sondern um anderen zu dienen. Wir leben, soweit wir dies vermögen, ein Leben gemäß der Seligpreisungen, der Tugenden der Armut, der Sanftmut, Demut, Barmherzigkeit und Friedfertigkeit. »*Denn der mensch lebt nit allein ynn seynem leybe,*«, schreibt Luther, »*sondern auch unter andernn menschen auff erdenn.*«[35] Die genaue Gestalt unseres priesterlichen Dienstes am Nächsten hänge von den Gaben jedes Einzelnen ab und von seiner Berufung, wie Gott sie eingesetzt

---

30. WA 7, 27.
31. WA 6, 536; vgl. auch WA 7, 21 ff.
32. WA 7, 28.
33. Ebd.; vgl. auch WA 6, 516; WA 51, 210; WA 7, 621-688.
34. WA 7, 28; vgl. auch WA 10/2, 16.
35. WA 7, 34.

3 · Ein' feste Burg: Luther und die Zwei-Reiche-Lehre

haben will.[36] Wir alle sollen als Priesterschaft Gottes unseren Nächsten aus freien Stücken und mit aller unserer Kraft dienen.

Nicht jeder, der wohltätig sei, sei auch gläubig, betonte Luther, aber jeder, der Glauben habe, sei auch mildtätig. Barmherzigkeit sei eine Form des »*gottis dienst[es]*«, des priesterlichen Dienstes, der Gott und dem Nächsten zugleich diene. »*Nu ist keyn grosser gottis dienst denn Christlich liebe, die den dürfftigen hilfft und dienet*«, schreibt Luther.[37] »*Sih also fleusset auß dem glauben die lieb und lust zu gott, und auß der lieb ein frey, willig, frolich lebenn dem nehsten zu dienen umbsonst.*«[38]

Luther nahm an, dass es sich mit dem Paradoxon der menschlichen Natur so verhalte: Wir sind Sünder und Heilige zugleich; wir sind Herren und Knechte zugleich. Wir können nichts Gutes tun; wir können nichts als Gutes tun. Wir sind gänzlich frei; wir sind vollständig gebunden. Je mehr sich ein Mensch für einen Heiligen hält, desto mehr versündigt er sich. Je mehr sich ein Mensch für einen Sünder hält, desto geheiligter ist er. Je mehr sich ein Mensch wie ein Herr verhält, desto eher ist er berufen, ein Knecht zu sein. Je mehr sich ein Mensch wie ein Knecht verhält, desto eher ist er ein Herr geworden. Das sei die paradoxe Natur des menschlichen Lebens.

Luthers erste Unterscheidung zwischen dem Heiligen und dem Sünder folgte streng seiner ontologischen Unterscheidung zwischen der *civitas Dei* und der *civitas terrena*, zwischen dem Regiment und dem Reich Christi und dem des Teufels.[39] Sünder sind weltliche Bürger; Heilige sind himmlische Bürger. Jeder Christ ist ein Sünder und ein Heiliger zugleich. Jeder Christ ist ein Bürger des weltlichen und des himmlischen Reiches zugleich. Die weltliche Bürgerschaft erlangt man mit der Geburt. Die himmlische Bürgerschaft gewinnt man durch den Glauben.

Luthers zweite Unterscheidung zwischen dem freien Herren und priesterlichen Knecht folgte seinen ontologischen Unterscheidungen dagegen weniger deutlich. In gewisser Weise war diese Unterscheidung zwischen Herr und Knecht nur die Beschreibung des christlichen Heiligen, eines Bürgers des himmlischen Reichs. Herrschaft und Priesterschaft waren letztlich nur Eigenschaften des christlichen Gläubigen, der durch den Glauben ge-

---

36. WA 38, 195-256; WA 36, 481-696.
37. WA 12, 13.
38. WA 7, 36.
39. In der Tat entwickelte Luther seinen anthropologischen Dualismus bereits im Jahr 1520 in seiner Schrift *Von der Freiheit eines Christenmenschen*, den ontologischen Dualismus dagegen erst in seiner Schrift *Von weltlicher Obrigkeit* (1523).

rechtfertigt ist und so ein Bürger des himmlischen Reichs geworden ist. Als Herr war ein solcher himmlischer Bürger vollkommen frei von den Bindungen und Vorgaben des irdischen Reiches. Als Priester war er oder sie vollkommen frei, gute Werke am Nächsten zu üben, selbst wenn diese Werke das Gesetz Gottes niemals vollständig erfüllen konnten.

In anderer Weise jedoch entsprach die Unterscheidung zwischen Herr und Knecht auch der Unterscheidung zwischen den beiden Reichen. Herr zu sein bedeutete, über jedermann im irdischen Reich zu stehen, ein »*ynnerlich mensch*«, »*allein ynn seynem leybe*« zu sein, die Gewissheit und den Vorzug zu haben, »*mit gott eyniß, froelich und lustig*« zu sein, über das sündige Lärmen dieser Welt hinweg. Priester zu sein bedeutete wiederum, jedermanns Knecht zu sein – im himmlischen wie im weltlichen Reich. Es bedeutete, ein »*eußerlich mensch*«, »*unter andernn menschen auff erdenn*« zu sein, – nicht zuletzt den sündigen Ungläubigen des weltlichen Reichs, die in seinem Dienst den Widerschein des heiligen christlichen Lebens im himmlischen Reich und eine Einladung zur Nachahmung sehen sollten. Luthers Lehre vom Priestertum aller Gläubigen bedeutete nicht ein Priestertum *für* Gläubige allein. Sie meinte den priesterlichen Dienst *der* Gläubigen an den Glaubensgenossen im himmlischen Reich genauso wie den Ungläubigen im weltlichen Reich – in der Nachfolge des priesterlichen Dienstes Christi auf Erden. Luther schreibt: »*Das ist das, das wir alle priester unnd künig seind, das wir Christen selbst ainer für den andern für got treten mag und ainen aignen glauben erbitten.*«[40] Auf diese Weise bewegte sich ein Christ, der seinen Dienst des Priestertums aller Gläubigen versah, unweigerlich zwischen dem himmlischen und dem weltlichen Reich.

Die Lehre von der Kirche

Luthers Zwei-Reiche-Lehre schloss zudem eine neue Ekklesiologie ein, eine »Zwei-Naturen-Lehre« der Kirche. Einzelne Aspekte dieser Ekklesiologie hatten sich bereits in Luthers Ausführungen über den Christen als Heiligen des himmlischen Reichs und als Priester des irdischen Reichs angekündigt. Weitere Aspekte dieser Lehre sahen wir bereits aufscheinen in Luthers Beschreibung der Kirche als einer der drei natürlichen Ordnungen des weltlichen Reichs und in seiner sukzessiven Anerkennung des frühen kano-

---

40. WA 10/3, 308.

nischen Rechts der katholischen Kirche als einer Rechtsnorm zur Ordnung der sichtbaren Kirche.[41]

Luther unterscheidet die unsichtbare Kirche des himmlischen Reichs von der gegenwärtigen Kirche des weltlichen Reichs. Die »unsichtbare Kirche« ist für Luther die Gemeinschaft der Heiligen *(communio sanctorum)*. Mit »*communio*« meint Luther eine Gemeinde oder Versammlung von Menschen, die sich dem gegenseitigen Teilen *(communicare)* aller Dinge und Erfahrungen in diesem Leben und nicht zuletzt Christus selbst verpflichtet hatten.[42] Mit »*sanctorum*« bezeichnet er zunächst einmal diejenigen Sünder, die Christus im Glauben angenommen haben und so zu Heiligen geworden sind. Ein Heiliger zu sein bedeutet, Gemeinschaft mit anderen Menschen zu haben, die Christus ebenfalls im Glauben angenommen haben. Es bedeutet außerdem, Gemeinschaft mit Christus und jenen Christen zu haben, die bereits gestorben sind und so vollkommenere Gemeinschaft mit Christus haben – jene »*Heiligen im Himmel*«, die im letzten Buch der Bibel, der Offenbarung des Johannes, so anschaulich beschrieben sind.[43] Die Gemeinschaft der Heiligen beginnt demnach unvollkommen in diesem Leben und besteht vollendet im zukünftigen Leben. Die wahre Kirche des himmlischen Reichs beginnt endlich in dieser Welt von Zeit und Raum und besteht ewiglich in der neuen Welt jenseits von Zeit und Raum.

Die unsichtbare Kirche sei eine Gemeinschaft von Glaube, Hoffnung und Liebe, schreibt Luther.[44] Sie bezeugt eine rein geistliche Gemeinschaft, eine Ethik des gegenseitigen Teilens und Anteilnehmens, bei der jeder Einzelne dem Nächsten mit seinen je besonderen Gaben diene.[45] Es sei »*die gotliche, die hymlische, die aller edliste (…) gemeynschafft aller heyligen, davon droben gesagt ist, yn wilcher wir alle sampte brueder und schwester seyn, ßo nah, das nymmer mehr keyn neher mag erdacht werden, dan da ist eyn tauff, eyn Christus, eyn sacrament, eyn speyß, eyn Evangelium, eyn glaub, eyn geyst, eyn geystlicher corper, und eyn yglich des andern glidmaß.*«[46]

Während diese geistliche Kirche das erstrebenswerte Ideal für die Welt bleibt, kann sie jedoch nur »*durch einen Spiegel als dunkles Bild*« wahrgenommen werden und auch dann nur mit dem geschärften Auge des Glau-

---

41. Siehe oben, S. 104 ff.
42. WA 7, 219; WA 10/2, 89; WA 28, 149. Vgl. auch Paul Althaus: Die Theologie Martin Luthers. Gütersloh 1973, 254 ff.
43. Vgl. insbesondere WA DB 7, 406-421.
44. WA 6, 131.
45. WA 10/3, 407 ff.; WA 17/2, 255.
46. WA 2, 756.

bens. Im weltlichen Reich, schreibt Luther, »*abscondita est Ecclesia, latent sancti.*«[47] »*Igitur sicut Petra ista sine peccato, invisibilis et spiritualis est sola fide perceptibilis, ita necesse est et Ecclesiam sine peccato, invisibilem et spiritualem sola fide perceptibilem esse.*«[48]

Die gegenwärtige Kirche des irdischen Reichs sei nur ein Schatten jenes strahlenden Ideals, so Luther, zugleich aber abhängig von dieser idealen Kirche, ganz wie ein Schatten eben in seinem Existieren und seiner Form vom Licht abhängig ist. Die irdische Kirche umfasse Heilige und Sünder. Einige seien wahre Gläubige, andere dagegen nur »*gleyßner und heuchler*«. Bisweilen würden die wahren Gläubigen wie Heilige, dann jedoch wieder wie Sünder handeln. Darum habe Gott die sichtbare Kirche als eine der Ordnungen des irdischen Reichs geschaffen. Er habe diese Kirche dazu berufen, seine einzigartigen »Gaben« an das irdische Reich auszuteilen, nämlich die Verkündigung des Evangeliums, die Verwaltung der Sakramente, die Gewalt der Schlüssel. Alle Christen als Mitglieder der Priesterschaft aller Gläubigen hätten die Verantwortung, beim Austeilen dieser Gaben mitzuhelfen. Aus der Priesterschaft aller Gläubigen heraus berufe Gott allerdings einige, »*Priester*« der Kirche zu sein – »*ministros, servos, oeconomos, das ist, diener, knecht, schaffner*«. Diese »*Priester*« der irdischen Kirche würden keinen besonderen Status im weltlichen Reich genießen: Wie Eltern oder Landesherren hätten sie lediglich nur ein bestimmtes Amt inne, das für Gott nicht wichtiger oder unwichtiger sei als andere Ämter im weltlichen Reich. Es sei die Verantwortung dieser Priester, gemeinsam mit allen anderen weltlichen Dienern und Ordnungsmächten darauf zu achten, dass die irdische Kirche ihrem Amt und ihrer Berufung treu bleibe.[49] Wie wir im vorherigen Kapitel gesehen haben, gehörte auch die Anerkennung und Aneignung früher kanonischer Rechtsnormen dazu, um die sichtbare Kirche zu ordnen und zu gestalten.[50] Die Annahme und Durchsetzung von moralischen Kodizes für die Diener wie auch die Mitglieder der Kirche gehörte ebenfalls dazu.

---

47. WA 18, 652.
48. WA 7, 710.
49. Vgl. bes. WA 30/2, 470 ff.; WA 50, 509-653; WA 38, 247 ff. Vgl. die ausführliche Darstellung bei Rudolf Schäfer: Die Versetzbarkeit der Geistlichen im Urteil der evangelisch-theologischen Autoritäten des 16. Jahrhunderts. In: ZSS KA 9 (1919), 99-176; Hans Liermann: Laizismus und Klerikalismus in der Geschichte des evangelischen Kirchenrechts. In: ZSS KA 39 (1952), 1.
50. Siehe oben S. 101-108.

3 · Ein' feste Burg: Luther und die Zwei-Reiche-Lehre

Die Lehre von der Erkenntnis

Luthers Zwei-Reiche-Lehre schloss auch eine Epistemologie ein, eine Lehre von den zwei Quellen und Formen der menschlichen Erkenntnis. In seinen frühen Jahren beschreibt Luther sie oftmals mit seiner Lieblingsformel von Gesetz und Evangelium: Die Kenntnis des Gesetzes bringe den Tod, das Wissen um das Evangelium dagegen das Leben. Das Gesetz offenbare die Wahrheit, dass wir alle Sünder sind. Das Evangelium dagegen offenbare die Wahrheit, dass wir alle Heilige sein können. Vom Sünder zum Heiligen, vom Tod zum Leben, vom weltlichen Reich zum himmlischen Reich zu gelangen erfordere ein gewissenhaftes Kultivieren und Applizieren der Erkenntnis Christi, die das Evangelium lehrt.[51] – Die Bedeutung dieser Epistemologie für Luthers Lehre von Bildung und Erziehung wird uns in einem späteren Kapitel noch ausführlicher beschäftigen.[52]

In späteren Jahren beschreibt Luther diese epistemologische Unterscheidung auch mit den Begriffspaaren Glaube versus Vernunft, offenbarte Erkenntnis versus verborgene Erkenntnis: Im himmlischen Reich, so LUTHER, offenbare sich Gott unmittelbar durch die Bibel und durch das christliche Gewissen. Sein Wort und Wille seien damit allen, die wahren Glauben haben, absolut klar. Im weltlichen Reich bleibe Gott dagegen verborgen, verhüllt von der Sünde, die über dieses Reich gekommen ist. Er sei der »*verborgene Gott*« *(deus absconditus),* dessen Wahrheit und Erkenntnis nur durch »*Masken*« *(larvae)* offenbart und erfahren wird.

Eine dieser »*Masken*«, so Luther, sei die natürliche Vernunft des Menschen, welche Gott mit einer angeborenen Neigung versehen habe, Gutes zu tun und Gott zu suchen.[53] Das »Kultivieren« der natürlichen Vernunft des Menschen sei wesentlich für das Überleben im weltlichen Reich und für die Vorbereitung auf das himmlische Reich. »*Ich (…) weyß fast wol, das aller vornunfft liecht antzundet wirt von dem gottlichen liecht*«, erklärt Luther. »*[D]er vornunfft liecht ist auch eyn stuck des waren liechts und anfang, wo es erkennet unnd ehret den, von dem es antzundet ist.*«[54] »*Denn wo die vornunfft hyngeht, da folget der wille hynnach; wo der wille hyngehet, da folget die lieb, lust hynnach.*«[55] Der Teufel aber sei auch in der menschlichen Vernunft und

---

51. Das ist Luthers Kernthese in seiner Auslegung des Galaterbriefs (1535). Die Zusammenfassung seiner Argumentation in WA 40/1, 33 ff.
52. Siehe Kap. 7.
53. WA 42,107.
54. WA 10/1, 203.
55. WA 10/1, 233.

Die Lehre von der Erkenntnis

im menschlichen Willen verborgen und verkehre die natürliche Erkenntnis und Wahrheit, die Gott dem Menschen eingegeben habe. Der Mensch solle daher nicht meinen, er gelange durch den Willen, Gutes zu tun, oder durch die Absicht, Gott zu finden, vom irdischen Reich in das himmlische Reich, um dort Erlösung zu erlangen.[56] Allein der Glaube *(sola fides)* bringe Erlösung. Menschliche Vernunft und menschlicher Wille seien stets der Sünde unterworfen – ein Aspekt, den Luther in seiner Auseinandersetzung mit Erasmus über »den unfreien Willen« mit großem Eifer betonte.[57] »*Sic etiam ratio dienet dem glauben, das sie eim ding nach denkt, quando est illustrata; sed sine fide nihil prodest nec potest ratio.*«[58]

Eine zweite dieser »*Masken*«, durch die der verborgene Gott zumindest eingeschränkt im weltlichen Reich erfahren werden könne, seien die verschiedenen Ämter der Obrigkeit in den weltlichen Ordnungen von Hausgemeinschaft, Kirche und Staat. Wie wir gesehen haben, regieren diese Ämter nicht nur das weltliche Reich im Auftrag Gottes. Sie würden auch Gottes Wahrheit und Erkenntnis, Gottes Wort und Willen vermitteln, soweit sie es vermögen.[59] »*Magistratus, Imperator, Rex, Princeps, Consul, Doctor, Praedicator, Praeceptor, Discipulus, Pater, Mater, Liberi, Herus, Servus etc. sunt personae vel larvae quas religiose deus vult coli et agnosci pro sua creatura*«, so Luther. Gott erwarte von uns, dass wir diese Obrigkeiten als seine Geschöpfe und seine Lehrer ehren und anerkennen. Sie seien dazu befähigt, vieles zu lehren, was für das Leben im weltlichen Reich notwendig ist, und ein vernünftiger Mensch tue gut daran, ihrer Unterweisung zu folgen. »*Sed quando venitur ad religionem, conscientiam, timorem, fiduciam, cultum, nemo metuat ullam personam, nemo confidat in ea, nemo consolationem expectet ab ea, nemo speret se corporaliter aut spiritualiter per eam liberari posse.*« Dies würde bedeuten: »*Deum offendam mentiendo, falsum testimonium dicendo, veritatem abnegando.*«[60]

Eine dritte dieser »*Masken*«, durch die der verborgene Gott zumindest eingeschränkt offenbar werde, sei das rechtschaffene Werk der Christenmenschen im weltlichen Reich. Es sei die Pflicht aller Christen, in der Welt Gottes Werke zu wirken, so Luther.[61] Als Bürger des weltlichen Reichs dürften Christen nicht asketisch »*die weltliche stende und Empter meiden und*

---

56. WA 7, 73; vgl. auch WA 39/1, 374; WA 40/1, 42, 66.
57. WA 18, 600 ff.
58. WA Tr 1, Nr. 439
59. WA 40/1, 40-688; WA 31/1,436; WA 45, 465-733.
60. WA 40/1, 175-177.
61. Vgl. WA 31/1, 437; WA 40/3, 271 ff.

fliehen und aus der Welt lauffen wollen«, wie es manche Wiedertäufer dieser Zeit gelehrt hatten.⁶² Vielmehr müssten Christen aktiv an diesen weltlichen Ständen und Ämtern teilhaben, um deren natürlichen Ursprung und ihre natürliche Funktion zu bestätigen und um den menschlichen Willen und die menschliche Vernunft dazu zu gebrauchen, so viel Gutes wie möglich zu tun und so viel Erkenntnis wie möglich zu erlangen. *»Gott hat solch weltlich regiment und unterscheid selbs geordnet und eingesetzt«*, schreibt Luther, *»drumb mussen wir auch darin bleiben, so lang wir auff erden gehen.«*⁶³

Die Lehre von der Gerechtigkeit

Schließlich schloss die Zwei-Reiche-Lehre eine Soteriologie ein, eine Lehre von der doppelten Gerechtigkeit *(iustitia)* und von dem zweifachen Gebrauch des Gesetzes *(duplex usus legis)*. Wir haben bereits das Herzstück von Luthers Rechtfertigungslehre betrachtet: Nur durch den Glauben an Jesus Christus werden aus Sündern Heilige, aus weltlichen Bürgern himmlische Bürger. Keine menschlichen Werke, wie verdienstvoll sie auch scheinen mögen, bringen dem Menschen Erlösung. Luthers Erörterung der doppelten Gerechtigkeit und des zweifachen Gebrauchs des Gesetzes zeigt einen weiteren Aspekt dieser zentralen Lehre auf. Das Augenmerk ist hier jedoch darauf gerichtet, wie und warum gute Werke trotz alledem nützlich sein können.

Weltliche Gerechtigkeit, lehrte Luther, *»die Gerechtigkeit des Gesetzes oder der Werke«*, sei eine natürliche Gerechtigkeit, deren Normen, obwohl sie von Gott bei der Schöpfung geschaffen worden seien, von der Vernunft und dem Willen von Sündern erkannt und umgesetzt werden können. Luther nannte jene Gerechtigkeit mal *»activa«* oder *»propria«*, mal *»politica«* oder *»civilis«*. Während diese Form der Gerechtigkeit keinen Einfluss auf die Bürgerschaft im himmlischen Reich habe, helfe sie stattdessen, die Bürgerschaft im weltlichen Reich zu vervollkommnen. Das irdische Leben werde für sich und andere dadurch lebenswerter und erträglicher, wenn man Gutes tue anstelle von Bösem. Himmlische Gerechtigkeit dagegen, *»die*

---

62. WA 21, 342 ff. Vgl. WALTER KLAASEN: Anabaptism in Outline: Selected Primary Sources. Scottsdale, PA 1981.
63. WA 32, 390; vgl. WA 31/1, 436 f.; LINDBERG: Beyond Charity. Reformation Initiatives for the Poor. Minneapolis 1993, 108 ff.

Die Lehre von der Gerechtigkeit

Gerechtigkeit des Evangeliums oder des Glaubens«, sei eine geistliche Gerechtigkeit, bei der Gott allein handele. Aus Gnaden wecke Gott den Glauben im Herzen eines Menschen und beantworte dann ebenfalls aus Gnaden jenen Glauben, indem er die Menschen von der Sünde erlöse und ihnen Vergebung schenke. Diese Form der Gerechtigkeit nannte Luther mal *»passiva«* oder *»aliena«*, mal *»extranea«*.[64] Luther resümiert:

»*Nos vero quasi duos mundo constituimus, unum coelestem, alterum terrenum. In illos collocamus has duas iustitias disiunctas et inter se maxime distantes. Iustitia legis est terrena, de terrenis agit, per hanc facimus bona opera. Sed sicut terra non profert fructus, nisi prius irrigata et foecundata e coelo (...) ita per iustitiam legis multa faciendo nihil facimus et implendo legem non implemus, nisi prius sine nostro opere et merito iustificati simus per iustitiam christianam nihil pertinentem ad iustitiam legis seu ad iustitiam terrenam et activam. Ista autem est iustitia coelestis et passiva quam non habemus, sed e coelo accipimus, non facimus, sed fide apprehendimus, per quam ascendimus supra omnes leges et opera.*«[65]

Die logische Folge dieser Lehre von der doppelten Gerechtigkeit war die Lehre des zweifachen Gebrauchs des Gesetzes.[66] Gilt erst einmal als gesichert, dass die Erlösung nicht von den Werken des Gesetzes abhängt, stellt sich die Frage: Warum hält Gott das Gesetz Gottes und das Gesetz der Obrigkeit aufrecht? Was ist aus Gottes Sicht ihr »Gebrauch« im Leben des weltlichen Reichs? Luther legt hier einen zweifachen Gebrauch des Gesetzes vor und berührt noch ein dritten.

Der eine Gebrauch des Gesetzes sei es, so Luther, Menschen durch die Androhung von Strafe von sündigem Verhalten abzuhalten.[67] Diesen Gebrauch des Gesetzes nannte Luther den *»usus civilis legis«* oder *»usus politicus legis«*. Gott wolle, dass sich auch die schlimmsten Sünder an das Gesetz halten, so Luther – Vater und Mutter ehren, nicht töten und stehlen, nicht die Ehe brechen, nicht falsch Zeugnis reden, und vieles mehr, damit ein

---

64. WA 1, 293 ff.; WA 43, 537 ff.; 12, 328 ff.; WA 2, 145-152. Siehe auch Heinrich Bornkamm: Iustitia Dei in der Scholastik und bei Luther. In: AFR 4 (1942), 1; Althaus: Theologie, 224-250; Cranz: *Development*, 73-112.
65. WA 40/1, 47.
66. Siehe John Witte, Jr.; Thomas C. Arthur: *Three Uses of the Law. A Protestant Source of Criminal Punishment?* In: Journal of Law and Religion 10 (1994), 433.
67. Luther sprach im Allgemeinen vom »bürgerlichen Gebrauch« als dem »ersten Gebrauch des Gesetzes« und vom »theologischen Gebrauch« als dem »zweiten Gebrauch des Gesetzes«; letzterer war ihm allerdings wichtiger. Vgl. WA 10/1, 454 ff.; WA 40/1, 486 ff.; Frank S. Alexander: *Validity and Function of Law. The Reformation Doctrine of usus legis.* In: Mercer Law Review 31 (1980), 509.

3 · Ein' feste Burg: Luther und die Zwei-Reiche-Lehre

gewisses Maß von weltlicher Ordnung, Gerechtigkeit und Eintracht aufrechterhalten werde.[68] Sünder, die nicht von Natur aus dazu neigten, das Gesetz zu befolgen, könnten aus Angst vor Strafe aber dazu gebracht werden – durch göttliche Strafe wie auch durch menschliche Strafe. »*Darumb ist ynn der wellt nott eyn strenge hart weltlich regiment*«, schreibt Luther, »*[a]uff das die wellt nicht wueste werde, fride untergehe, und der leute handel und gemeynschafft gar zu nicht werde*«.[69] Um die Ordnung aufrechtzuerhalten, sei es wichtig, über genaue Rechtsvorschriften zu verfügen, betonte er, nicht nur, um Gesetzesbrecher abzuschrecken, sondern auch um die Obrigkeit in ihrem natürlichen Bestreben zu beschränken, ihre Macht mit Willkür auszuüben.[70] Dieser erste Gebrauch des Gesetzes betreffe sowohl das Gesetz Gottes als auch das Gesetz der Obrigkeit. Er wecke in weltlichen Bürgern eine »*iustitia civilis*« oder »*iustitia politica*«, eine Gerechtigkeit des Gesetzes.

Der zweite Gebrauch des Gesetzes bestehe darin, Menschen ihre Pflicht, sich Gott ganz und gar hinzugeben, bewusst zu machen, und sie zugleich auf ihr Unvermögen hinzuweisen, diese Pflicht ohne göttliche Hilfe erfüllen zu können. Luther nannte diesen Gebrauch des Gesetzes den »*usus theologicus*«. Das Gesetz diene in diesem Sinn als ein Spiegel, mit Hilfe dessen ein Sünder seine Verderbtheit reflektieren könne, und dabei die ausgestreckte Hand eines gnädigen Gottes hinter sich sehe, der bereit sei, ihm zu vergeben und ihn im himmlischen Reich zu empfangen. Durch das Gesetz werde der sündige Mensch dazu gebracht, seine Sünde einzusehen und Gott um seine gnadenreiche Vergebung zu ersuchen.[71] Hier stützt sich Luther auf die Ausführungen des Apostels Paulus zur Bedeutung des Gesetzes, Menschen ihre Sündhaftigkeit bewusst zu machen und sie zur Umkehr zu bewegen.[72] Luther schreibt bisweilen in harschem Ton: »*Itaque verum officium et principalis ac proprius usus legis est, quod revelat homini suum peccatum, caecitatem, miseriam, impietatem, ignorantiam, odium, contemptum Dei, mortem, infernum, iudicium et commeritam iram apud Deum. (…) Sic lex, quando in suo vero usu est, nihil aliud facit, quam quod revelat peccatum, efficit iram, accusat, perterrefacit et fere ad desperationem mentes adigit.*«[73] Aus der Tiefe dieser Not heraus werde der Sünder Gott um Vergebung und Erlösung an-

---

68. WA 10/1, 454; vgl. auch WA 11, 251.
69. WA 15, 302.
70. WA Tr 4, Nr. 3911.
71. Siehe u. a. WA, 40/1, 481-86.
72. Vgl. insbesondere Röm 7,7-25; Gal 3,19-22 und deren Erörterung in WA 16, 363-393.
73. WA 40/1, 481, 486.

flehen. Dieser zweite Gebrauch des Gesetzes gelte vor allem für das Gesetz Gottes, obwohl die Gesetze einer wahrhaft christlichen Obrigkeit die gleiche Wirkkraft haben könnten. Er wecke im Menschen eine »*iustitia passiva*«, eine Gerechtigkeit des Glaubens, die Einsicht, dass der Mensch in seinem Streben nach dem Himmelreich vollkommen hilflos sei, sondern lediglich den Glauben an Gottes Gnade brauche, um gerettet zu werden.

Luther deutet auch einen dritten Gebrauch des Gesetzes an. Dieser Gebrauch stützt sich auf die paulinische Deutung des Gesetzes als »*unser Zuchtmeister (...) auf Christus hin*« (Galater 3,24) und wurde in der protestantischen Welt als »*usus elenchticus*« oder *usus pedagogicus* bekannt.[74] Das Gesetz dient in diesem Sinn dazu, die Gläubigen, die bereits durch den Glauben gerechtfertigt sind, die guten Werke zu lehren, die Gott wohlgefällig sind. Luther macht sich diese Vorstellung zu eigen, ohne explizit eine Lehre vom dreifachen Gebrauch des Gesetzes vorzulegen. Er geht davon aus, dass diejenigen, die im Glauben gerechtfertigt sind, gleichwohl sündig bleiben und Gottes steter Unterweisung durch das Gesetz bedürfen. Er ist der Überzeugung, dass die Predigten, Kommentare und Artikel der Katechismen zu den zahlreichen alttestamentlichen Passagen zum Gesetz nicht zuletzt darauf ausgerichtet sind, die Gläubigen die Bedeutung des Gesetzes Gottes zu lehren.[75] Im Jahr 1522 schreibt er noch kryptisch von der »*drey weyße am brauch des gesetzs*«.[76] In seinen Tischreden unterscheidet er

---

74. PHILIPP MELANCHTHON: Loci communes rerum theologicarum (1535); er war der Erste, der den dreifachen Gebrauch des Gesetzes systematisch darstellte. Siehe: Philipp Melanchthonis opera quae supersunt omnia. Hrsg. v. KARL GOTTLIEB BRETSCHNEIDER. Braunschweig 1850, Corpus Reformatorum [hierab CR] 21, 405 f., und GERHARD EBELING, Wort und Glaube. Siehe unten die Erörterung seiner späteren Auslegungen, S. 170-172.
75. In seinem *Großen Katechismus* (*Deudsch Catechismus*, 1529) widmete LUTHER der Exegese des Dekalogs mehr als 50 Seiten und resümierte, dass »*ausser den zehen gepoten kein werck noch wesen gut und Gott gefellig kan sein, es sey so gros und koestlich fur der welt wie es wolle*.« (WA 30/1, 176). Er fügte eine ähnliche Exegese seinem *Sermon von den guten Werken* (1520), WA 6, 202 ff., und seiner Schrift *Wider die Antinomer* (1539), WA 50, 468 ff., bei.
76. In seiner Auslegung der *Epistell am newen Jar tag* (Gal 3, 23-29) von 1522 sprach Luther vom dreifachen Gebrauch des Gesetzes, obwohl er sich in seinem Traktat genauso wie in seiner Auslegung der Epistel von 1531 nur auf den bürgerlichen und theologischen Gebrauch des Gesetzes konzentrierte, WA 10/1, 456 f. Martin Bucer gab in seiner 1525 angefertigten lateinischen Übersetzung des Textes Luthers deutschen Ausdruck als »*triplex usus legis*« wieder, eine lateinische Wendung, die von anderen Reformatoren übernommen wurde. WA 10/1, 457, Anm. 2; vgl. WA 39/1, 485.

3 · Ein' feste Burg: Luther und die Zwei-Reiche-Lehre

später zwischen der »*lex scripta*«, der »*lex vocale*« und »der »*lex spirituale*« und schreibt: »*Lex vero spiritualis (…) movet enim corda non tantum, ut non contemnant aut post contemptum persequantur, sed magis ad conterendum peccatum et resipiscendum.*«[77] Für Luther dient das Gesetz eindeutig nicht nur als Harnisch gegen die Sünde und als Anreiz zum Glauben, sondern auch als Lehrer christlicher Tugend.

Allerdings hat Luther niemals systematisch einen dreifachen Gebrauch des Gesetzes erklärt, wie es Melanchthon und viele andere protestantische Theologen und Rechtsgelehrte nach 1535 getan haben. Seine Zurückhaltung war zum Teil exegetisch begründet: Schließlich definiert die Passage aus dem Brief des Paulus an die Galater das Gesetz als »unseren Zuchtmeister (…) *auf* Christus *hin*«. Diejenigen, die bereits gerechtfertigt sind, haben Christus *per definitionem* bereits, womit die Funktion des Zuchtmeisters erfüllt sei. Luther behandelt darum die lehrende Funktion des Gesetzes als Teil des *usus civilis legis*. Das Gesetz sei ein strenger Zuchtmeister, der widerspenstige Schüler im Zaum halte, bis sie die Selbstbeherrschung erlernt hätten.[78]

Zu einem anderen Teil war seine Zurückhaltung auch eine Frage der rechtlichen Zuständigkeiten: Das Gesetz war die Domäne des weltlichen Reichs, das Evangelium die des himmlischen Reichs. Anzuerkennen, dass Christen als Bürger des himmlischen Reichs weiterhin der Unterweisung durch das Gesetz bedurften, hätte bedeutet, stillschweigend anzuerkennen, dass das Gesetz möglicherweise auch im Himmel eine Funktion habe und das Evangelium womöglich nicht ausreichend unterweise. Das konnte Luther unter keinen Umständen zulassen. Das Evangelium auf das weltliche Reich zu senken war eine Sache, die Luther so frohen Mutes dulden konnte. Eine völlig andere Sache war es, das Gesetz in das himmlische Reich zu heben. Das durfte nicht sein!

Und schließlich hatte Luthers Zurückhaltung auch eine einfache Erklärung: Anders als viele spätere protestantische Theologen entwickelte Luther keine ausführliche Lehre von der Heiligung, der Vorstellung, dass ein Gläubiger durch die Rechtfertigung aus Glauben heiliger und geweihter werde, indem er folglich unablässig gute Werke tue, die das Gesetz vorsehe.[79] Eine

---

77. WA Tr 2, Nr. 2013; vgl. The Table Talk or Familiar Discourses of Martin Luther. Übers. v. William Hazlitt. New York, 1848, 135 f.
78. WA 40/1, 529 ff.; WA 2, 528 f.
79. Vgl. insbesondere Röm 8,28-30 und Gal 3,21-29 sowie Luthers Auslegungen in WA 56, 381-384; WA 40/1, 506-547. Siehe weiterhin Carter Lindberg: Do Lutherans Shout Justification But Whisper Sanctification? In: Lutheran Quarterly 13

überzeugende theologische Lehre vom »dritten Gebrauch des Gesetzes« war unweigerlich mit einer stringenten Heiligungslehre verbunden. Ohne Heiligungslehre sah Luther freilich auch keine Notwendigkeit, eine Lehre vom »dritten Gebrauch des Gesetzes« zu entwickeln, obgleich er den entsprechenden evangelischen Glaubenstexten und Traktaten zu beiden Lehren ohne Einschränkung beipflichten konnte.[80]

Konsequenzen für die Lehren von Recht, Politik und Gesellschaft

Die Essenz von Luthers Zwei-Reiche-Lehre lautete: Gott hat zwei Reiche geschaffen, in denen die Menschheit zu leben hat, das weltliche Reich und das himmlische Reich. Das weltliche Reich ist das Reich der Schöpfung, des kreatürlichen und bürgerlichen Lebens, in dem der Mensch hauptsächlich durch Vernunft und Recht agiere. Das himmlische Reich ist das Reich der Erlösung, des geistlichen und ewigen Lebens, in dem der Mensch hauptsächlich durch Glauben und Liebe agiere. In beiden Reichen gibt es vergleichbare Formen von Gerechtigkeit und Recht, Herrschaft und Ordnung, Wahrheit und Erkenntnis. Auf unterschiedliche Weisen wirken diese beiden Reiche aufeinander ein und hängen voneinander ab. Letztlich bleiben sie jedoch voneinander geschieden. Das weltliche Reich wird durch die Sünde verkehrt und vom Gesetz regiert; das himmlische Reich wird von Gottes Gnade erneuert und vom Evangelium gelenkt. Ein Christ ist zugleich Bürger beider Reiche und steht ganz unter dem Regiment beider Reiche. Als Bürger des Himmels bleibt der Christenmensch frei in seinem Gewissen und ist dazu berufen, gänzlich im Licht von Gottes Wort zu leben. Als Bürger der Welt jedoch ist der Christ durch das Gesetz gebunden und dazu berufen, den natürlichen Ordnungen und Ämtern von Hausgemeinschaft, Staat und Kirche zu gehorchen, die Gott zur Regierung seines weltlichen Reichs geschaffen hat und erhält.

(1999), 1; ELMER L. TOWNS: Martin Luther on Sanctification. In: Bibliotheca Sacra 125 (1969), 114.

80. Siehe WILFRIED JOEST: Gesetz und Freiheit. Das Problem des tertius usus legis bei Luther und die neutestamentliche Paränese. Göttingen, 1968; WERNER ELERT: Das christliche Ethos. Grundlinien der lutherischen Ethik. 2. Aufl. Hamburg 1961, 17; 34-40; 74ff.; 91ff.; 235f.; 239; 241f.; 370; 386-388; 391-393.

3 · Ein' feste Burg: Luther und die Zwei-Reiche-Lehre

Diese wohlgeformte Dialektik bildete den Rahmen für zahlreiche grundlegende Reformen der traditionellen Lehren von Gesellschaft, Politik und Recht. Luther skizzierte sie und Nachfolger arbeiteten sie weiter aus.

Gesellschaftliche Konsequenzen

Zunächst einmal war Luthers Zwei-Reiche-Lehre eine Absage an die traditionellen hierarchischen Lehren vom Sein, von der Obrigkeit und der Gesellschaft. Jahrhundertelang hatte das christliche Abendland gelehrt, dass Gottes Schöpfung hierarchisch aufgebaut sei als eine gewaltige Stufenleiter, die von Gott ausgehe und über die verschiedenen Reiche der Menschen, der Tiere, der Pflanzen und der materiellen Dinge nach unten reiche. Auf dieser großen Stufenleiter des Lebens finde jedes Geschöpf seinen Platz und seine Bestimmung; die Schöpfung als ganze finde ihre natürliche Ordnung.[81] Auch die menschliche Gesellschaft finde auf dieser Stufenleiter ihre natürliche Ordnung und Hierarchie. Demnach liege es schlicht im Wesen der Dinge, dass manche Menschen und Institutionen auf dieser Stufenleiter höhergestellt seien als andere. Es entspreche dem Wesen der Dinge, dass die einen Gott näher seien und einen direkteren Zugang zu ihm hätten, andere ihm dagegen ferner seien und in ihrer Beziehung zu Gott der Vermittlung bedürften. Dies war eine der Grundlagen für die traditionelle Argumentation für die Überlegenheit des Papstes gegenüber dem Kaiser, des Klerus gegenüber dem Laienstand, des kanonischen Rechts gegenüber dem weltlichen Recht, der Kirche gegenüber dem Staat. Es war zudem eine der Grundlagen für die hierarchische Lehre vom Fegefeuer und vom Paradies, wie sie in Dantes *Göttlicher Komödie* so anschaulich dargestellt ist – jene unermessliche Stufenfolge aus Läuterung und Heiligung, die ein reuiger Sünder im zukünftigen Leben langsam hinaufsteigen müsse, um die Gemeinschaft mit Gott wiederzuerlangen.

---

81. Siehe ARTHUR LOVEJOY: The Chain of Being: A Study of the History of an Idea. Cambridge, MA 1933; PAUL G. KUNTZ/MARION L. KUNTZ (Hrsg.): Jacob's Ladder and the Tree of Life. Concepts of Hierarchy and the Great Chain of Being. New York 1987. Zur rechtlichen und ekklesiologischen Bedeutung dieser Ontologie siehe BRIAN TIERNEY: Religion, Law, and the Growth of Constitutional Thought. 1150-1650. Cambridge 1982, 8 ff.; ders.: Foundations of Conciliar Theory. The Contributions of the Medieval Canonists from Gratian to the Great Schism. Leiden/ New York 1998, 98 ff.

Gesellschaftliche Konsequenzen

Luthers Zwei-Reiche-Lehre kehrte diese traditionelle Ontologie vollständig um. Indem Luther zwei Reiche voneinander unterschied, machte er die radikale Trennung zwischen Schöpfer und Schöpfung, zwischen Gott und Mensch deutlich. Für Luther hatte der Sündenfall die ursprüngliche Kontinuität und Gemeinschaft zwischen dem Schöpfer und seiner Schöpfung ebenso zerstört, wie das organische Band zwischen dem himmlischen und dem weltlichen Reich durchtrennt. Es gebe keine Emanation von Gott bis hin zur Menschheit. Es gebe keine Leiter der besonderen Verdienste von der Menschheit bis hin zu Gott. Es gebe kein Fegefeuer. Es gebe keine himmlische Rangfolge. Gott sei im himmlischen Reich gegenwärtig und offenbare sich im weltlichen Reich hauptsächlich durch »Masken« *(larvae)*. Menschen würden in das irdische Reich hineingeboren und hätten nur durch den Glauben Zugang zum himmlischen Reich.

Dagegen hatte Luther die traditionelle Anschauung, nach der das weltliche Reich seine natürliche Ordnung trotz des Sündenfalls beibehalte, nicht verworfen. Als Folge blieb eine Stufenleiter des Lebens, eine Schöpfungsordnung, die jedem Geschöpf, insbesondere jeder menschlichen Kreatur und jeder natürlichen Institution ihren je eigenen Platz und ihre Bestimmung in diesem Leben zuwies. Für Luther war diese Stufenleiter jedoch horizontal und nicht hierarchisch angeordnet: Vor Gott sind im weltlichen Reich alle Menschen und Institutionen von Natur aus gleich. Luthers weltliches Reich war eine ebene Ordnung, ein horizontales Reich, in dem kein Mensch und keine Institution in der Beziehung zu Gott und seiner Rechenschaft vor Gott gehindert wurden oder der Vermittlung bedurften.

Des Weiteren kehrte Luthers Zwei-Reiche-Lehre die traditionelle Lehre von der Hierarchie der menschlichen Gesellschaft um. Jahrhundertelang hatte die Kirche gelehrt, dass der Klerus dem Laienstand überlegen sei: Der Klerus sei zu einem höheren Dienst im himmlischen Reich der Gnade berufen, während der Laienstand bloß dem niederen weltlichen Reich der Natur angehöre. Als Angehörige des höheren himmlischen Reichs habe der Klerus einen direkteren Zugang zu Gott und seinen Mysterien. Sie vermittelten demgemäß zwischen dem Laienstand und Gott und teilten Gottes Gnade in den Sakramenten und der Verkündigung des Evangeliums aus, hielten Fürbitte für andere bei Gott, indem sie die Beichte abnahmen, nahmen mildtätige Gaben entgegen und verrichteten ihre Gebete für die Laien. In diesem Sinn war der niederste Geistliche dem größten Herrscher übergeordnet. Der gesamte Klerus vom einfachen Pastor bis zum mächtigen Papst war von den weltlichen Gesetzen freigestellt, von Steuern und anderen Verpflichtungen befreit und war von vielen weltlichen Lebensäußerungen wie der Ehe und dem Familienleben ausgeschlossen.

3 · Ein' feste Burg: Luther und die Zwei-Reiche-Lehre

Luther lehnte diese traditionelle Gesellschaftslehre ab. Klerus und Laienstand seien vor Gott und den anderen Menschen gleich. Seine Lehre vom Priestertum aller Gläubigen »laisierte« den Klerus und »klerikalisierte« zugleich den Laienstand. Sie betrachtete den traditionell klerikalen Dienst der Verkündigung und der Lehre als eine Berufung von vielen, der ein guter Christ in diesem Leben nachkommen könne. Sämtliche traditionelle Laienämter betrachtete Luther dagegen als Formen göttlicher Berufung und priesterlicher Vokation, von denen eine jede singuläre Möglichkeiten für den Dienst an Gott, dem Nächsten und sich selbst böte. Prediger und Lehrer der sichtbaren Kirche hätten ihren Anteil an bürgerlichen Pflichten beizutragen und ihre Steuern zu zahlen wie jeder andere auch. Und sie könnten und sollten sogar an den weltlichen Lebensäußerungen wie der Ehe und dem Familienleben teilhaben, wie jeder andere auch.[82]

Luther erweiterte dieses natürliche »Gleichheitsprinzip« um sein Verständnis von der christlichen Berufung *(»Beruf«)* bzw. Vokation *(»vocatio«)*. Jede *»gute, vernünftige und nützliche«* Beschäftigung, die ein Christ gewissenhaft ausführe, sollte als eine christliche Berufung gelten. Jede Vokation war eine gleichermaßen tugendhafte und wahrhafte Berufung Gottes, wenngleich keine von ihnen der Weg zur Erlösung war. Zimmermann oder Landesherr, Bergarbeiter oder Richter, Hausfrau oder Bankier sollten gleichermaßen ihre christliche Verantwortung wahrnehmen und ihre Aufgabe gewissenhaft und, so weit wie möglich, im Dienste Gottes und ihrer Mitmenschen erfüllen.[83] Öffentliche Amtsträger, so Luther, hätten dagegen eine besondere Berufung, der Gemeinschaft zu dienen. Diese Berufung könne von ihnen verlangen, eine christliche Gemeinschaftsethik anzunehmen, die sich von der christlichen Individualethik unterscheide. Pflicht eines Christenmenschen in der unmittelbaren Beziehung zu Gott, *»als einzele (sic!) leute ausser dem ampt und regiment, wie sie fur ire person leben sollen«*, sei es, seine Feinde zu lieben und Ungerechtigkeit und Beleidigung durch seinen Nächsten ohne Widerstand oder Vergeltung zu erdulden. Als öffentliche Person im Dienste des Militärs oder des Rechtswesens könne ein Christ allerdings gezwungen sein, seinem Nächsten zu widerstehen und Un-

---

82. Siehe bes. STEVEN OZMENT: The Reformation in the Cities. The Appeal of Protestantism to Sixteenth-Century Germany and Switzerland. New Haven, CT 1975, 84 ff.
83. Vgl. GUSTAF WINGREN: Luthers Lehre vom Beruf. München 1952; PAWLAS: Die lutherische Berufs- und Wirtschaftsethik.

recht und Übergriffe zu ahnden bis hin zur Anwendung von Gewalt und Blutvergießen.[84]

Luther dehnte sein natürliches Gleichheitsprinzip nicht zu einem extremen Kommunitarismus aus. Er sah es keineswegs als unvereinbar an, auf der Gleichstellung aller Menschen und Vokationen vor Gott zu bestehen und zugleich die ungleiche Verteilung von Reichtum, Macht, Privilegien und Ehrbarkeit der Menschen und der Ämter des alltäglichen Lebens hinzunehmen. Manche seien nun mal reichlicher gesegnet, andere weniger. Die einen würden schwer arbeiten, andere dagegen lieber spielen. Einige würden weltliche Güter genießen, von anderen würden sie dagegen verachtet. Manche würden schon bei der Geburt auf ein stattliches Erbe blicken können, andere dagegen hätten nichts. Manche Vokationen würden schlichtweg mehr Prunk und Besitztümer erfordern als andere. Keine dieser erfahrungsgemäßen Ungleichheiten ändere jedoch etwas an der normativen Wirklichkeit der menschlichen Gleichheit vor Gott.

Politische Konsequenzen

Luthers Zwei-Reiche-Lehre kehrte auch die traditionelle hierarchische Lehre von der geistlichen und weltlichen Obrigkeit um. Jahrhundertelang hatte die Kirche gelehrt, dass der Papst der Stellvertreter Gottes sei, dem Christus die Fülle seiner Macht *(plenitudo potestatis)* verliehen habe. Diese Macht wurde durch die »zwei Schwerter« versinnbildlicht, wie sie in der Bibel erwähnt sind (Lukas 22,38): das geistliche und das weltliche Schwert. Christus habe diese beiden Schwerter dem höchsten menschlichen Geschöpf ausgehändigt, dem Papst als Stellvertreter Christi. Der Papst und seine kirchlichen Bevollmächtigten würden das geistliche Schwert führen, indem sie zum Beispiel die Bestimmungen des kanonischen Rechts durchsetzen. Der Papst war jedoch zu heilig, um das weltliche Schwert zu führen. Daher habe er dieses Schwert den Obrigkeiten unterhalb des geistlichen Reichs übergeben, den Kaisern, Königen, Herzögen und ihrem weltlichen Gefolge. Diese weltlichen Obrigkeiten hätten weltliche Gesetze gemäß den Regeln des kanonischen Rechts und anderer kirchlichen Lehren zu verabschieden und durchzusetzen. Nach dieser Zwei-Schwerter-Lehre war das weltliche Recht von Natur aus dem kanonischen Recht unterlegen. Die weltliche Rechtspre-

---

84. WA 32, 387; WA 19, 624 ff.

chung war der kirchlichen Jurisdiktion untergeordnet. Die politische Obrigkeit war der geistlichen Obrigkeit untergeordnet.[85]

Die Päpste des Mittelalters konnten aus diesem Anspruch auf die allumfassende und uneingeschränkte Rechtsautorität über die Christenheit nur selten den vollen Nutzen ziehen. Besonderen Ausdruck fand die Zwei-Schwerter-Lehre mit der Bulle »*Unam Sanctam*« (1302) unter Papst Bonifatius VIII., als das Papsttum allmählich an Macht verlor und man sich immer stärker an ein schwindendes Ideal klammerte. Die Zwei-Schwerter-Lehre aber blieb ein Fundament traditioneller politischer Theorie in Deutschland. Eine beträchtliche Anzahl mächtiger deutscher Bischöfe und Fürstbischöfe berief sich noch zu Luthers Zeiten auf diesen Anspruch.

Luther lehnte dieses hierarchische Verständnis von Obrigkeit ab. Für Luther wies das weltliche Reich drei natürliche Formen und Foren der Obrigkeit auf: die häusliche, die geistliche und die politische, oder in neuzeitlichen Termini ausgedrückt: die Familie, die Kirche und den Staat. Diese drei Institutionen seien vor Gott gleich und würden von Gott berufen, komplementäre Aufgaben im weltlichen Reich zu erfüllen. Die Familie, wie wir in einem späteren Kapitel sehen werden, sei dazu berufen, Kinder großzuziehen und zu versorgen, sie zu unterrichten und zu unterweisen, Liebe und Barmherzigkeit zu üben und vorzuleben.[86] Die Kirche sei dazu berufen, das Evangelium zu verkünden, die Sakramente zu verwalten und Kirchenzucht zu üben. Der Staat sei dazu berufen, den Frieden zu bewahren, Verbrechen zu bestrafen, das Gemeinwohl zu fördern und die Kirche, die Familie und weitere Institutionen zu unterstützen, die daraus hervorgingen.

Diese drei Stände seien gleich in ihrer Autorität, ihrem Status und ihrer Verantwortlichkeit und eben nicht hierarchisch aufgebaut, so Luther. Allerdings besitze nur der Staat *legale* Autorität – die Autorität des Schwertes, positives Recht zur Regierung des weltlichen Reichs in Kraft zu setzen und durchzusetzen. Im Gegensatz zur Zwei-Schwerter-Lehre betonte

---

85. Zu mittelalterlichen Formulierungen vgl. Otto von Gierke: Die publicistischen Lehren des Mittelalters. In: ders.: Das deutsche Genossenschaftsrecht. Bd. 3: Die Staats- und Korporationslehre des Altertums und des Mittelalters und ihre Aufnahme in Deutschland, Graz 1954 (= 1881), 501 ff.; Ewart Lewis: Medieval Political Ideas. New York 1954, Bd. 2, 506-538, und die wichtigsten Primärtexte in Brian Tierney: The Crisis of Church and State, 1050-1300, Englewood Cliffs, NJ 1964. Zur Geschichte der Kirchenväter und ihre Bedeutung vgl. z. B. Gerard E. Caspary: Politics and Exegesis: Origen and the Two Swords. Berkeley, CA 1979; Lester L. Field: Liberty, Dominion, and the Two Swords. On the Origins of Western Political Theology. Notre Dame, IN 1998.
86. Siehe unten S. 257 ff.

Politische Konsequenzen

Luther, dass die Kirche keine gesetzgebende Autorität sei. Die Kirche habe kein Schwert, keine Rechtsgewalt. Sie habe sich nicht in die laufende Rechtsprechung oder die Amtsführung der Obrigkeiten einzumischen. Amt und Auftrag der Kirche lägen auf anderem Gebiet. Freilich benötige jede Kirchengemeinde interne Regeln der Ordnung und Disziplin, um ihre Mitglieder und Mitarbeitenden zu leiten, außerdem externe Rechtsformen, um ihre Verfassung und ihr Eigentum zu schützen. Dagegen sei es aber die Angelegenheit der örtlichen Obrigkeit, diese Kirchengesetze zu verabschieden und durchzusetzen, wenn auch unter Anhörung und in Zusammenarbeit mit den örtlichen Geistlichen und Theologen. Und freilich hätten Kirchenleute und Theologen darauf zu achten, Gottes Gesetz der Obrigkeit und dem Volk in gleicher Weise zu predigen und auszulegen, und Ungerechtigkeit, Missbrauch und Willkür prophetisch anzuprangern. Die formale Rechtsautorität liege allerdings beim Staat, nicht bei der Kirche.[87]

Was den Staat anging, galt Luthers Interesse mehr seiner Funktion als seiner Form. Zunächst hatte Luther gehofft, der Kaiser würde die Reformation unterstützen und fügte seinen frühen Schriften einige pathetische Lobreden auf die kaiserlichen Autoritäten des Heiligen Römischen Reichs seiner Zeit und des christlichen Römischen Reichs ein Jahrtausend zuvor bei. Als der Kaiser seine Erwartungen allerdings nicht erfüllte, wandte sich Luther mehrmals an den Adel, den Bauernstand, die Stadträte und die Landesherren und bedachte jeden Einzelnen von ihnen wohlwollend in seinen Schriften. War er dann von ihnen ebenfalls enttäuscht, erwähnte er sie dagegen abfällig.[88] Beim Lesen solcher Passagen muss freilich der unmittelbare politische Kontext berücksichtigt werden. Sie dürfen weder dazu die-

---

87. Siehe unten S. 133-135; gute Zusammenfassungen finden sich in WA 11, 250 ff.; WA 6, 560 ff.
88. Vgl. dazu unterschiedlich Karl Trüdinger: Luthers Briefe und Gutachten an weltliche Obrigkeiten zur Durchführung der Reformation. Münster 1975; Bernd Moeller: Reichsstadt und Reformation, 1. Aufl. d. bearb. Neuausg. Berlin 1987; Ozment, Reformation of the Cities; Hans Baron: Religion and Politics in the German Imperial Cities during the Reformation. In: English Historical Review 52 (1937), 405, 614; Martin Brecht: Die gemeinsame Politik der Reichsstädte und die Reformation. In: ZSS KA 63 (1977), 180; Harold J. Grimm: The Reformation and the Urban Social Classes in Germany. In: John C. Olin et al. (Hrsg.): Luther, Erasmus, and the Reformation. New York 1969, 75; Hajo Holborn: Luther and the Princes. In: ebd. 67; Gerhard Müller: Martin Luther and the Political World of his Time. In: E. I. Kouri/Tom Scott (Hrsg.): Politics and Society in Reformation Europe. Essays in Honor of Sir Geoffrey Elton on his Sixty-Fifth Birthday. New York 1987, 35-50.

3 · Ein' feste Burg: Luther und die Zwei-Reiche-Lehre

nen, Luther als Verfechter eines politischen Absolutismus noch einer elitären Oligarchie oder konstitutionellen Demokratie hinzustellen. Luther hat keine eindeutige Lehre von der Gestalt des politischen Amtes entwickelt. Er hat sich nicht systematisch mit den Tugenden und Lastern der Monarchie, der Aristokratie oder der Demokratie beschäftigt. Wenig Zeit hat er auf heikle konstitutionelle Fragen zu Wesen und Funktion der Exekutive, Legislative und Judikative verwendet, abgesehen von einigen konkreten Fragen nach der Gewaltenteilung, der richterlichen Kontrolle und anderen Themen, die protestantische und humanistische Autoren des 16. Jahrhunderts beschäftigten.[89] Sie zählten jedoch nicht zu Luthers vordringlichen Anliegen.

Luther ging es vielmehr um den generellen Status und die Funktion des politischen Amtes vor Gott und den Menschen. Einerseits ging Luther davon aus, dass die Obrigkeit Gottes Stellvertreter im weltlichen Reich war: Sie war dazu berufen, Gottes Wort und Willen auszulegen und Geltung zu verschaffen und damit Gottes Gerechtigkeit und Richterspruch über die weltlichen Bürger widerzuspiegeln. Jenes »richterampt« sei in diesem Sinne ein »goettlich ampt«, eine »Gottliche nuetzliche ordnunge«, eine »göttliche Berufung« innerhalb des weltlichen Reichs.[90] So gesehen, sei es »von Gott zu Goettern gesetzt« auf Erden, wie es in Psalm 82,6 heißt, der wie Gott selbst zu gehorchen sei. »[D]ennoch ists eine herrlich Gottliche ordnüng vnd eine treffliche gabe Gottes«, schreibt Luther in reichlich blumigen Worten. »[W]elltliche herrschafft ist ein bilde, schatten vnd figur der herrschafft Christi.« »Also mocht man einen frummen Juristen (…) ym welltlichen reich«, der treu im Gefolge der christlichen Obrigkeit diene, »wol des keisers prophet, priester, Engel vnd heiland heissen.«[91]

Die Obrigkeit repräsentiere allerdings nicht allein Gottes Autorität und Majestät. Sie vollstrecke auch Gottes Richterspruch und Zorn gegen die menschliche Sünde. »Principes et magistratus sunt arcus et sagittae dei«, schreibt Luther, gewappnet, damit Gottes Feinde im weltlichen Reich zu jagen.[92] Die Hand der christlichen Obrigkeit, des Richters oder des Sol-

---

89. Vgl. Quentin Skinner: The Foundation of Modern Political Thought. 2 Bde. Cambridge 1978; A. London Fell: Origins of Legislative Sovereignty and the Legislative State. Bd. 1-8. Königstein/ Cambridge, MA 1983-2010.
90. WA 19, 624, 629; WA 42, 264-549; WA 31/1, 215-217; WA 6, 258-263; WA 11, 254 ff.; WA 30/2, 520 ff. und ausführliche Quellenverweise zur Sekundärliteratur in Berman/Witte: Transformation, Anm. 39 ff.
91. WA 30/2, 554-559.
92. WA 31/2, 395.

daten, »*die solch schwerd fueret und wuerget, ist auch als denn nicht mehr menschen hand sondern Gottes hand, und nicht der mensch sondern Got henget, redert, entheubt, wuerget und krieget.*«[93]

Andererseits verstand Luther die Obrigkeit als »*Vater der Gemeinschaft*« (Landesvater, *paterpoliticus*). Sie habe sich um ihre politischen Untertanen zu kümmern, als seien sie die eigenen Kinder; die Bürger wiederum sollten sie »*ynn ehren halten als yhr eigene veter und muetter*«.[94] Das war die Quintessenz des *ordo politicus*, der politischen Obrigkeiten und ihrer Untertanen, die gemeinsam »den Staat« bildeten. Wie ein liebender Vater solle die Obrigkeit den Frieden bewahren und die persönliche Unversehrtheit, das Eigentum und das Ansehen ihrer Bürger schützen.[95] Die Obrigkeit dagegen habe ihre Bürger davon abzuhalten, der Trunksucht, Verschwendung, Prostitution, Spielsucht oder anderen Lastern zu verfallen.[96] Sie habe ihre Bürger durch die Gemeindestiftung, das öffentliche Armenhaus und das staatliche Hospital zu unterstützen.[97] Sie habe ihnen den Zugang zur Bildung zu ermöglichen durch öffentliche Schulen, öffentliche Bibliotheken und öffentliche Bildungsangebote.[98] Sie habe ihre geistlichen Bedürfnisse zu berücksichtigen, indem sie den Dienst der örtlichen Kirche unterstützen und ihre Bürger zur Teilnahme und Mitwirkung an kirchlichen Aktivitäten durch weltliche Gesetze der Sonntagsruhe, der Zehntenzahlung und der Feiertage ermutigen solle. Sie habe sich um die materiellen Bedürfnisse ihrer Bürger zu kümmern und das Erb- und Eigentumsrecht zu reformieren, um eine gerechtere Verteilung des elterlichen Besitzes unter alle Kinder zu gewährleisten.[99] Und sie habe in ihrem eigenen Haushalt und Privatleben ein Beispiel an Tugend, Frömmigkeit, Liebe und Barmherzigkeit zu sein, welches ihre frommen Bürger achten und nachahmen sollten. Die christliche Obrigkeit solle die gottgegebene Verantwortung der Eltern und Familienangehörigen für ihre Kinder und Schutzbefohlenen ergänzen und unterstützen, ohne sich dabei jedoch in das väterliche Amt einzumischen. Und sie solle Predigt und Sakrament der örtlichen Gemeinde unterstützen, ohne

---

93. WA 19, 626. Vgl. auch WA 6, 267; WA 11, 257 f.; WA 19, 361 ff.
94. WA 30/1, 152 ff.; WA 31/1, 205 ff.; Vgl. auch WA 30/1, 193 f.; WA 6, 250-265.
95. WA 31/1, 192 ff.; WA 11, 257 ff., 272 ff.; WA 30/2, 554 ff.
96. WA 6, 258 ff.; WA 6, 467 ff.; WA 19, 623-662.
97. Siehe unten Kapitel 5.
98. Siehe unten Kapitel 7.
99. Vgl. zu Deutschland STEVEN OZMENT: Protestants: The Birth of a Revolution. New York 1992, 71 ff., und allgemeiner PAULA SUTTER FICHTNER: Protestantism and Primogeniture in Early Modern Europe. New Haven CT, 1989.

dabei in das kirchengeistliche Amt, geschweige denn in das Amt der unsichtbaren Kirche des himmlischen Reichs einzudringen.[100]

Diese doppelte Metapher von der christlichen Obrigkeit als erhabenem Stellvertreter Gottes und zugleich liebendem Vater der Gemeinschaft beschreibt die Grundzüge der politischen Lehre Luthers. Für Luther war die politische Obrigkeit göttlich in ihrem Ursprung, aber weltlich in ihrem Wirken. Sie bringt Gottes strenges Urteil über die Sünde ebenso zum Ausdruck wie seine große Barmherzigkeit gegenüber den Sündern. Sie vermittelt das Gesetz Gottes ebenso wie die Traditionen der Ortsgemeinde. Sie ist abhängig von der prophetischen Weisung der Kirche, übernimmt dagegen aber von der Kirche die gesamte Rechtsprechung: die Regelung der Ehe, der Erziehung, der Armenfürsorge und andere weltliche Angelegenheiten, die traditionell vom kanonischen Recht der Kirche geregelt worden waren. Eine einzelne Metapher von der christlichen Obrigkeit hätte einer missbräuchlichen Willkür und einer übersteigerten Bevormundung Tür und Tor geöffnet. Beide Metaphern zusammen hingegen lieferten Luther und seinen Anhängern die wichtigsten Zutaten für einen tragfähigen christlichen Republikanismus und den aufkeimenden christlichen Wohlfahrtsstaat.[101]

Rechtliche Konsequenzen

Luthers Zwei-Reiche-Lehre »ebnete« die traditionellen hierarchischen Lehren vom Sein und von der Ordnung, von Klerus und Laienstand, von kirchlicher und politischer Obrigkeit erfolgreich ein. Sein weltliches Reich war ein horizontales Reich, in dem alle Menschen, alle Ordnungen und alle Amtsträger unmittelbar von Gott berufen waren, einzelne Ämter und Aufgaben wahrzunehmen. Was dieses weltliche Reich und seine Abläufe funktionieren ließ, so Luther, war das Gesetz Gottes und dessen Auslegung durch die weltlichen Autoritäten und ihre Ergebenen.

Luther definierte das Gesetz Gottes als einen Katalog von Normen, die Gott bei der Schöpfung eingesetzt, allen Menschen ins Herz geschrieben und auf den Seiten der Bibel neuerlich aufgeschrieben habe. Luther nannte es mal »*Gesetz der Natur*« oder »*Naturgesetz*«, dann wieder »*göttliches Ge-*

---

100. WA 11, 261 f., 271 ff.; vgl. WA 6, 497-573.
101. Zu JOHANNES EISERMANN und NICOLAUS HEMMING siehe unten S. 186 ff. sowie zu MARTIN BUCER, *De Regno Christi* (1550), JAMES D. TRACY (Hrsg.): *Luther and the Modern State in Germany*. Kirksville, MO 1986.

setz« oder *»Gottesgesetz«*, *»das Gesetz des Herzens«*, *»die Lehre vom Gewissen«*, dann wieder *»das innere Gesetz«* usw. – Begriffe und Ideen, die er weder klar voneinander noch von den traditionellen Formeln abgrenzte.[102] Wichtig war ihm vor allem, dass Gottes Naturgesetz, wie er es bei der Schöpfung eingesetzt hatte, auch nach dem Sündenfall weiterhin in Geltung blieb und die Grundlage für das gesamte positive Recht und die öffentliche Moral im weltlichen Reich bot.

Das Naturgesetz lege die elementaren Pflichten des Menschen gegenüber Gott, seinem Nächsten und sich selbst fest. Der deutlichste Ausdruck dieser Pflichten, so LUTHER, seien die Zehn Gebote, die Gott auf zwei Tafeln geschrieben und Mose auf dem Berge Sinai übergeben habe. Die erste Tafel des Dekalogs enthalte die elementaren Pflichten, Gott, den Schöpfer, zu ehren, seinen Namen zu fürchten, den Sabbattag zu heiligen sowie Götzendienst und Gotteslästerung zu unterlassen. Die zweite Tafel dagegen enthalte die elementaren Pflichten, seinen Nächsten zu achten, die Autoritäten zu ehren und weder zu töten, die Ehe zu brechen, zu stehlen, falsch Zeugnis zu reden noch etwas unrechtmäßig zu begehren.[103] LUTHER hielt dies für eine allgemeine Erklärung des Naturgesetzes, die nicht nur für die Juden des Alten Testaments, sondern für jedermann verbindlich sei. *»Sciendum est autem, legem decalogi non solum Mosaicam esse, sed etiam totius mundi et omnium gentium, quia omnes homines docentur natura.«*[104] *»Denn das mus ia sein: Wer die zehen gebot wol und gar kan, das der mus die gantze schrifft koennen, das er koenne ynn allen sachen und fellen raten, helffen, troesten, urteilen, richten beide geistlich und weltlich wesen Und muege sein ein Richter uber alle lere, stende, geister, recht und was ynn der welt sein mag.«*[105] Und:

---

102. Vgl. die Zitatensammlung in HERMANN W. BEYER: Luther und das Recht. Gottes Gebot, Naturrecht, Volksgesetz in Luthers Deutung. München 1935. Unter den zahlreichen Studien vgl. bes. JOHANNES HECKEL: Lex charitatis. Eine juristische Untersuchung über das Recht in der Theologie Martin Luthers. München 1953; W. D. J. CARGILL THOMPSON: The Political Thought of Martin Luther. Brighton, SXE 1984; JOHN TONKIN: The Church and the Secular Order in Reformation Thought. New York 1971, 37-72; PAUL ALTHAUS: Die Ethik Martin Luthers. Gütersloh 1965, 32-48; CRANZ: Development, 73-112; JOSEPH BINDER: Zur Hermeneutik der Rechtslehre Martin Luthers. In: Archiv für Rechts- und Sozialphilosophie 51 (1965), 337-399; JOHN T. MCNEILL: Natural Law in the Thought of Luther. In: Church History 10 (1941), 211.
103. Vgl. bes. WA 6, 202-276; WA 30/1, 132-182. Vgl. außerdem HEINRICH BORNKAMM: Luther und das Alte Testament. Tübingen 1948.
104. WA 39/1, 478.
105. WA 30/1, 128.

3 · Ein' feste Burg: Luther und die Zwei-Reiche-Lehre

»[E]tsi decalogus singulari modo et loco et pompa datus sit, tamen impietatem, inobedientam, contemtum Dei, furta, adulteria, pollutiones omnes [Röm. 2, 15] gentes fatentur peccata esse et iniquitates.«[106]

Zur Erkenntnis dieses Naturgesetzes gelange man nicht nur durch die offenbarte Schrift, so LUTHER, sondern genauso durch die natürliche Vernunft – eine jener *»Masken«* (larvae, *»Larven«*), hinter denen sich der verborgene Gott dem irdischen Reich teilweise offenbare. LUTHER baute auf dem paulinischen Gedanken auf, nach dem selbst den Heiden zur natürlichen Erkenntnis von Gut und Böse *»in ihr Herz geschrieben ist, was das Gesetz fordert, zumal ihr Gewissen es ihnen bezeugt«* (Römer 2,15). Jeder vernunftbegabte Mensch *»fulet und bekenn[t]«* demnach das Gesetz Gottes, wenn auch nur mittelbar. Diese Grundlage des Naturgesetzes *»lebet und leucht ynn aller menschen vernunfft, und wenn sie es wollten ansehen, was durfften sie der bucher, lerer odder yrgent eyns gesetzs? Da tragen sie eyn lebendig buch bey sich ym grund des hertzen, das wurde yhn alles reichlich gnug sagen, was sie thuen, lassen, urteylen, annehmen und verwerffen sollten.«*[107]

Sündige Menschen würden dem Naturgesetz nicht von alleine folgen, das in ihre Herzen eingeschrieben und erneut in der Bibel aufgeschrieben worden sei. Darum habe Gott andere Menschen und Autoritäten des weltlichen Reichs berufen, seine Ansprüche geltend zu machen. Alle Christen sollten Gottes Naturgesetz als Priesterschaft durch Wort und Tat bezeugen. Die Eltern sollten es ihre Kinder und Schutzbefohlenen lehren. Die Prediger sollten es die Gottesdienstgemeinde und Katechumenen lehren. Und die politischen Obrigkeiten sollten es durch ihre positivierten Gesetze und öffentliche Ordnungen auslegen und durchsetzen.

LUTHER war der Überzeugung, dass die Auslegung und Durchsetzung des Naturgesetzes durch die Obrigkeit von besonderer Wichtigkeit sei, da nur die Obrigkeit über die formale Rechtsautorität im weltlichen Reich verfüge. *»Ius naturale est principium practicum versans iuxta mores«*, schreibt LUTHER, *»prohibens mala et praecipiens bona.«. »Ius positivum est sententia habens circumstantias, probabilibus rationibus consentiens iuri naturali. (…) Das Recht ist fürnehmlich zweyerley: Eins, natürlich; (…) deß Stifter ist Gott, der solch Licht geschaffen (…) hat. (…) Beschriebene und gesatzte Rechte aber (…); derselben Stifter ist die Oberkeit«*, die Gott in diesem weltlichen Reich vertrete.[108] Die Obrigkeit solle jene positiven Gesetze in der Verbindung von Glauben, Vernunft und Tradition öffentlich machen und durch-

---

106. WA 39/1, 540; vgl. auch WA 18, 72; WA 30/1, 192.
107. WA 17/2, 102.
108. WA Tr 4, Nr. 3911; vgl. auch WA 51, 211.

setzen. Sie habe Gott aufrichtig um Weisheit und Unterweisung zu bitten. Sie habe die Bedürfnisse ihrer Untertanen und die Empfehlungen ihrer Berater »*mit freyer vernunfft und ungefangenem verstandt*« zu beurteilen.[109] Sie habe die Weisheit der Rechtstradition zu bedenken, insbesondere das römische Recht, das Luther eine »*Heidnische weisheit*« nannte.[110] »*[N]on politico aut oeconomico*« des irdischen Reichs, schreibt Luther, »*hoc est, non agit de iustitia civili quam Deus approbat et requirit praestari huicque proponit sua praemia, quam et ratio aliquo modo praestare potest.*«[111]

Zusammenfassung und Fazit

Ein feste burg ist unser Gott,
Ein gute wehr und waffen.
Er hilfft unns frey aus aller not,
die uns ytzt hat betroffen.
Der altböse feind,
mit ernst ers ytzt meint,
gros macht und viel list
sein grausam rüstung ist;
auf erd ist nicht seins gleichen.

Mit unser macht ist nichts gethan,
wir sind gar bald verloren.
Es streit fur uns der rechte man,
den Gott hat selbs erkoren.
Fragstu wer das ist?
Er heist Jhesu Christ,
der Herr Zebaoth,
Und ist kein ander Gott;
das felt mus er behalten.

Und wenn die welt vol Teuffel wehr
unnd wolt uns gar verschlingen,

---

109. WA 11, 278. Vgl. unten S. 216 ff.
110. WA 51, 242; Vgl auch WA 12, 243; WA 14, 591, 714; WA 16, 537; WA 30/2, 557; WA 51, 241 und die Erörterung in HECKEL, Lex charitatis, 82 ff.
111. WA 40/1, 305.

3 · Ein' feste Burg: Luther und die Zwei-Reiche-Lehre

So fürchten wir uns nicht zu sehr.
Es sol uns doch gelingen.
Der Fürst dieser welt,
wie saur er sich stellt,
thut er unns doch nicht,
das macht: er ist gericht.
Ein wörtlin kann yhn fellen.

Das wort sie sollen lassen stahn
unnd kein danck dazu haben.
Er ist bey unns wol auff dem plan
mit seinem geistund gaben.
Nehmen sie den leib,
gut, ehre, kindt unnd weib,
las fahren dahin;
sie habens kein gewin;
das reich mus uns doch bleiben.[112]

Das sind jene kraftvollen Worte von Luthers berühmtem Kirchenlied *Ein' feste Burg ist unser Gott*, das erstmals im Jahr 1529 veröffentlicht wurde. Es enthält viele der Grundüberzeugungen aus Luthers Zwei-Reiche-Lehre: den Gegensatz zwischen Teufel und Christus, Leib und Seele, Werk und Glaube, Torheit und Wahrheit, Verzweiflung und Hoffnung, Tod und Leben, Vergänglichkeit des irdischen Reichs und Ewigkeit des himmlischen Reichs. Es atmet außerdem Luthers festen Glauben, dass Gott und sein Wort letztlich für beide Reiche gelten, auch wenn der Teufel und seine Untergebenen zeitweilig um die Macht im weltlichen Reich buhlten.

Geprägt von einer schlichten Bibelfrömmigkeit, die in diesem Kirchenlied zum Ausdruck kommt, bot die Zwei-Reiche-Lehre für Luther und die lutherische Reformation den Ausgangspunkt für ein komplexes, neues Gedankenkonstrukt: Die Zwei-Reiche-Lehre vereinte Luthers neu entwickelte Lehren vom Sein, vom Menschen, von der Kirche, von der Erkenntnis und von der Gerechtigkeit miteinander. Oder akademischer ausgedrückt: Die Zwei-Reiche-Lehre gestattete es Luther, zu einer umfassenden Ontologie, Anthropologie, Ekklesiologie, Epistemologie und Soteriologie zu gelangen.

---

112. Zitiert nach MARKUS JENNY: Luthers geistliche Lieder und Kirchengesänge. Vollständige Neuedition in Ergänzung zu Band 35 der Weimarer Ausgabe. Köln 1985, 247 f.

Zusammenfassung und Fazit

Evangelische Rechtsgelehrte und Moralisten des 16. Jahrhunderts sollten ihre Lehren von Recht, Politik und Gesellschaft dort beginnen, wo Luther aufgehört hatte. Die meisten lutherischen Rechtsgelehrten und Moralisten eigneten sich eine gewisse Variante von Luthers Zwei-Reiche-Lehre an und arbeiteten deren verworrenes Knäuel von Lehrsätzen weitgehend über Quellenverweise und Rückbezüge in ihre Ausführungen ein. Leser, die sich ausführlicher mit dem Thema beschäftigen wollten, wurden auf Luthers Schriften verwiesen. Die meisten lutherischen Rechtsgelehrten und Moralisten repetierten auch die radikalen gesellschaftlichen, politischen und rechtlichen Konsequenzen, die Luther aus seiner Lehre gezogen hatte. Es blieb die Herausforderung, jene Konsequenzen aus Luthers Ansichten in neue evangelische Lehren vom Ursprung, von der Natur und von der Aufgabe des Rechts, der Gesellschaft, der Politik, der Obrigkeit, der Macht, der Billigkeit usw. zu übersetzen. Im Laufe des 16. Jahrhunderts hat eine große Schar evangelischer Rechtsgelehrter und Moralisten diese Herausforderung angenommen und aus Luthers theologischen Einsichten bisweilen überraschende Schlussfolgerungen gezogen, die Luther selbst wohl nur zögerlich akzeptiert hätte.

Viertes Kapitel

Womöglich sind Juristen doch gute Christen: Lutherische Lehren zu Recht, Politik und Gesellschaft

Luther und die Juristen

»*Juristen böse Christen*«[1] lautet einer der berühmtesten Aphorismen Luthers zum Recht, den jeder deutsche Schuljunge bis heute auswendig lernt und der jedem frommen Protestanten in den Sinn kommt, wenn er über den Berufsstand der Juristen nachsinnt. Die Formulierung passt zu einigen anderen abschätzigen Bemerkungen, die Luther über Juristen gemacht hat: »*Davon wissen, noch verstehen weder die Philosophi noch die Juristen nichts, darum werden sie aus dem theologischen Kreis und Gerichtszwang, uber die Lehre zu erkennen und urtheiln außer Gottes Wort, billig geschlossen.*«[2] »*Omnis jurista est inimicus Christi.*«[3] »*Wir haben kein ergere feinde denn die juristen, wir theologi.*«[4] »*Es ist ein ewiger Hader und Kampf zwischen den Juristen und Theologen.*«[5] »*Omnis Iurista est aut nequista, aut ignorista; ein jglicher Jurist ist entweder ein Schalk, oder ein Esel, der nichts kann (...).*«[6] »*[E]in Jurist soll hie nicht ehe reden, es farze denn ein Sau.*«[7] Und noch skatologischer: »*Ich schis ins keysers und Bapsts recht und in der juristen recht dazu.*«[8]

Luthers Schärfe war zum Teil der Niederschlag seiner bitteren Auseinandersetzung mit der juristischen Fakultät der Universität zu Wittenberg darüber, was evangelische Studenten über die päpstlichen Gesetze lernen soll-

---

1. WA Tr 3, Nr. 2809b; siehe auch WA Tr 6, Nr. 7029-7030.
2. WA Tr 4, Nr. 4409.
3. WA Tr 1, 1217; vgl. WA Tr 1, 349: »*Juristen sind oft Feinde Christi.*«
4. WA Tr 5, Nr. 5663.
5. WA Tr 6, Nr. 7029.
6. WA Tr 5, Nr. 5663.
7. ebd.
8. WA 49, 303a. Vgl. auch Hans LIERMANN: Der unjuristische Luther. In: Luther-Jahrbuch 24 (1957), 69; RODERICH VON STINTZING: Das Sprichwort »Juristen böse Christen« in seinen geschichtlichen Bedeutungen. Bonn 1875.

4 · Lutherische Lehren zu Recht, Politik und Gesellschaft

ten.⁹ Zum Teil war sie der allgemeine Nachklang jahrhundertealter Ressentiments zwischen den juristischen und den theologischen Fakultäten an deutschen und anderen abendländischen Universitäten. Zu einem anderen Teil war sie dagegen das ganz unmittelbare Echo der innerdeutschen Kämpfe im 16. Jahrhundert darum, ob das deutsche Gewohnheitsrecht durch das römische Recht und die katholische und zivile Gerichtsbarkeit ersetzt werden konnte.¹⁰ Sie war zum einen Ausdruck von Luthers theologischer Geringschätzung gegenüber jenen Juristen, die so taten, als würden ihre Fachkenntnis und ihre Jurisdiktion bis ins himmlische Reich hineinreichen. Zum anderen entsprachen sie schlichtweg jenen Pech- und Schwefelkübeln, mit denen jede Generation ihre Rechtswissenschaftler und Juristen übergießt und damit deren spitzfindige Kasuistik, prätentiöse Selbstgefälligkeit und das geschickt verschleierte Ausnehmen von Klienten beantwortet.¹¹

Am Ende sollte sich Luther widerwillig mit einigen Juristen seiner Zeit versöhnen, so wie er ähnlich widerwillig seinen Frieden mit einem Teil des frühen kanonischen Rechts machen sollte. Die Wahrheit ist wohl, dass Luther die Juristen zur Unterstützung seiner Reformation brauchte, ebenso wie er das kanonische Recht zur Konsolidierung seiner evangelischen Kirche brauchte. Es war das eine, die Institutionen des mittelalterlichen Rechts, der Politik und der Gesellschaft mit einem scharfen und geschickt geführten theologischen Schwert zu zerschlagen. Etwas ganz anderes war freilich der Versuch, nur mit diesem theologischen Schwert in der Hand, neue Institutionen des evangelischen Rechts, der Politik und der Gesellschaft zu errichten. Luther zahlte Lehrgeld, als er den blutigen Deutschen Bauernkrieg im Jahre 1525 und eine ganze Reihe radikaler egalitärer und antinomistischer Experimente mitansehen musste, die sich allesamt auf seine Lehren vom Priestertum aller Gläubigen und von der Rechtfertigung allein aus Glauben beriefen. Er kam zu der Einsicht, dass das Recht nicht nur ein notwendiges Übel war, sondern ein unentbehrlicher Segen für das Leben im weltlichen Reich. Ebenso unentbehrlich war ein Stab gut ausgebildeter Juristen, fähig und willens, den theologischen Lehren der Reformation eine institutionelle Form zu geben.¹²

9. Siehe oben S. 116 f.
10. Siehe GERALD STRAUSS: Law, Resistance and the State: The Opposition to Roman Law in Reformation Germany. Princeton, NJ 1986.
11. Vgl. u. a. Luthers Kommentare zu den Methoden der Juristen, weiterhin bei STINTZING: Juristen böse Christen, und bei WILFRIED PREST (Hrsg.): Lawyers in Early Modern Europe and America. London 1981.
12. WA 30/2, 522: »*Wir Theologen vnd Juristen, mussen bleiben, odder sollen allesampt mit vns vntergehen, das wird mir nicht feylen, Wo die Theologen wenden, da wendet*

Luther und die Juristen

Jaroslav Pelikan schrieb, dass eine Facette der lutherischen Reformation das Schwingen des Pendels von der »Struktur« zum »Geist« und zurück vom »Geist« zur »Struktur« gewesen sei.[13] Das Bild, das Professor Pelikan hier wählt, um die doppelte Reformation der deutschen Kirche zu beschreiben, veranschaulicht damit zugleich die doppelte Reformation des deutschen Rechts. Luther und die Theologen hätten jenem Pendel den ersten Schwung versetzt und Deutschland so von der kanonischen Rechtsstruktur zum biblischen Geist gebracht. Die Juristen hätten es den Theologen gleichgetan, indem sie dem Pendel den zweiten Schwung gaben und Deutschland von einer geistlichen Freiheit, die aus dem Ruder zu laufen drohte, zu einer neu strukturierten evangelischen Ordnung gebracht hätten.

Das vorliegende Kapitel untersucht die theoretischen Schritte, die Juristen und Moralisten unternommen haben, um jene zweite Reformationsbewegung an ihr Ziel zu bringen. Es konzentriert sich auf die neuen Rechtslehren des lutherischen Deutschlands zur Mitte des 16. Jahrhunderts und zieht Einzelstudien zu Philipp Melanchthon, Johannes Eisermann und Johann Oldendorp heran, um die ganze Bandbreite der lutherischen Lehren des Rechts, der Politik und der Gesellschaft aufzuzeigen. Die nachfolgenden Kapitel werden anschließend die institutionellen Schritte nachzeichnen, die Theologen und Juristen gemeinsam unternommen haben, um die neue lutherische Lehre in neue Rechtsformen und Rechtsnormen zu übersetzen.

Gottes wort, vnd bleiben eitel heiden, ia eitel teuffel, Wo die Juristen wenden, da wendet das Recht sampt dem friede vnd bleibt eitel raub, mord, freuel vnd gewallt ia eitel wilde thiere ...« WA 30/2, 578: »Jch wil hie schweigen, wie eine feine lust es ist, das ein man gelert ist, ob er gleich kein ampt nimer mehr hette, das er daheimen bey sich selbs allerley lesen, mit gelerten leuten reden vnd vmbgehen, ynn frembden landen reisen vnd handeln kan, Denn was solcher lüst ist, bewegt villeicht wenig leute, Aber weil du denn ia den mamon vnd narung so fast süchest. So sihe, doch hie, wie viel vnd grosse güter Gott auff die schulen vnd gelerten gestifft hat, das du die lare vnd künst, nicht von des armuts wegen darffst verachten, Da sihe, keiser und konige mussen Cantzeler, vnd schreiber, Rethe Juristen vnd gelerten haben, Kein furst ist er mus Cantzeler, Juristen, Rethe gelerte vnd schreiber haben, Also auch alle grauen, herr̄n̄, Stedte, schlosser mussen Sindicos stat schreiber vnd sonst gelerte haben Jst doch kein eddel man, er mus einen schreiber haben, Vnd das ich von gemeinen gelerten auch sage, Wo sind noch die bergwerck, kauffleute, hantierer, zele doch, wie viele sind, konige, fursten grauen herrn Stedte, vnd flecken &c̄. Wo wil man vber drey iar doch gelerte, leute nemen so alle bereit, hin vnd widder der mangel an fehet? Jch halt warlich, konige mussen Juristen, fursten mussen Cantzler grauen vnd herrn mussen schreiber, Burgermeister mussen kuster werden ...«

13. JAROSLAV PELIKAN: Spirit versus Structure: Luther and the Institutions of the Church. New York 1968.

4 · Lutherische Lehren zu Recht, Politik und Gesellschaft

Die Rechtsphilosophie Philipp Melanchthons

Während Martin Luther »*die Gerechtigkeit Gottes*« gelehrt hat, hat Philipp Melanchthon »*die Gerechtigkeit der Gesellschaft*« unterrichtet und seine Rechtslehren verdienen es, neben die von Aristoteles, Thomas von Aquin, Gottfried Wilhelm Leibniz und die deutsche Rechtsschule des 19. Jahrhunderts gestellt zu werden.[14] Wilhelm Dilthey nannte Melanchthon den »*Ethiker der Reformation*«: »*[D]ieses größte didaktische Genie des Jahrhunderts befreite die philosophischen Wissenschaften von der Kasuistik des scholastischen Denkens ... Nur ein neuer Lebensatem ging nicht von ihm aus.*«[15] In der Tat wurde Melanchthon zu Lebzeiten »*Lehrer Deutschlands*« (*Praeceptor Germaniae*) genannt.[16]

Geboren 1497 war Melanchthon ein regelrechtes Wunderkind. Im Jahr 1511 schließt er sein Studium an der Universität zu Heidelberg mit dem akademischen Grad eines *Baccalaureus* ab und bekommt im Jahr 1514 von der Universität Tübingen den Magistertitel verliehen. Im Jahr 1518 wird er zum ersten Griechischprofessor der Universität zu Wittenberg berufen. In seiner Antrittsvorlesung »*Über die Umgestaltung des Jugendunterrichts*« forderte er seine Kollegen auf, den spätmittelalterlichen scholastischen Formalismus aufzugeben und zum Studium der reinen klassischen und christlichen Quellen zurückzukehren.[17]

Nicht zuletzt durch Luthers persönlichen Einfluss schloss sich Melanchthon der evangelischen Sache an. In seinem ersten Jahr an der Universität zu Wittenberg studierte er neben seiner Lehrtätigkeit in den Fächern Griechisch und Rhetorik Theologie und erlangte im Jahr 1519 den Grad des *Baccalaureus biblicus*. Schon bald wurde er zu einem begnadeten Professor der Theologie, dessen Vorlesungen bis zu 600 Studenten besuchten. Außerdem wurde er ein sprachgewandter Vertreter der lutherischen Theologie. In

---

14. HORST ALFRED FILD: Justitia bei Melanchthon. Theol. Diss. Erlangen 1953, 150.
15. WILHELM DILTHEY: Gesammelte Schriften, Bd. 2: Weltanschauung und Analyse des Menschen seit Renaissance und Reformation, 6., unveränd. Aufl. Göttingen 1960, 193, 186 f.
16. KARL HARTFELDER: Philipp Melanchthon als Praeceptor Germaniae. Berlin 1899. Zu seinen Bildungsreformen siehe unten S. 341-355. Zur Biografie Melanchthons vgl. HEINZ SCHEIBLE: Melanchthon: Eine Biographie. München 1997; ROBERT STUPPERICH: Philipp Melanchthon: Gelehrter und Politiker. Zürich 1996; WILHELM MAURER: Der Junge Melanchthon zwischen Humanismus und Reformation. 2 Bde. München 1969.
17. Melanchthons Werke in Auswahl. Hrsg. v. Robert Stupperich [hierab: MW]. Bd. III: Humanistische Schriften. 2. Aufl. Gütersloh 1969, 29-42; vgl. CR 11, 15-25.

den Jahren 1519 und 1520 verfasste er für Luther mehrere akademische Verteidigungsschriften und eine ganze Reihe kurzer theologischer Flugschriften. Im Jahr 1521 veröffentlichte er mit seinen berühmten *Allgemeinen Grundbegriffen der Theologie (Loci communes rerum theologicarum)* die erste systematische Abhandlung über die protestantische Theologie und damit ein klassisches evangelisches Lehrwerk für die nachfolgenden Jahrhunderte.[18] In den 1520er und 1530er Jahre spielte Melanchthon eine führende Rolle bei den Auseinandersetzungen zwischen den lutherischen Reformatoren und deren zahlreichen katholischen und protestantischen Gegnern. Er entwarf die wichtigste Bekenntnisschrift der lutherischen Theologie, die *Confessio Augustana* (1530), und deren *Apologie* (1531). Er erstellte eine ganze Reihe lutherischer Katechismen und Lehrbücher und veröffentlichte mehr als ein Dutzend Kommentare zu biblischen Büchern und frühchristlichen Glaubensbekenntnissen, dazu mehrere Überarbeitungen und Erweiterungen seiner *Loci communes*.[19]

Daneben verfasste Melanchthon die ein oder andere Schrift zum Recht, größtenteils in theologischer, naturphilosophischer und moralphilosophischer Perspektive.[20] Seine Vorlesungen und Lehrtätigkeit behandelten weitgehend das römische Recht sowie die theologischen und philosophischen Grundlagen der rechtlichen und politischen Institutionen. Außerdem war er an den Entwürfen mehrerer Reformationsordnungen beteiligt und wurde häufig konsultiert, wenn Streitsachen komplexe rechtliche, politische und moralische Fragen aufwarfen. Durch seine Schriften und Aktivitäten nahm Melanchthon erheblichen Einfluss auf die rechtliche und theologische Reform der Ehe, der Bildung und der sozialen Wohlfahrtspflege, wie wir in den nachfolgenden Kapiteln sehen werden. Außerdem beeinflusste er die lutherische Rechtslehre, indem er zahlreiche wichtige, neue Argumentationslinien entwickelte und Einfluss auf Hunderte von evangelischen Juristen nahm, die seine Vorlesungen besucht oder seine Schriften gelesen hatten.[21]

---

18. Siehe CR 22, 82 ff.; vgl. PAUL JOACHIMSEN: Loci communes: Eine Untersuchung zur Geistesgeschichte des Humanismus und der Reformation. In: Luther-Jahrbuch 8 (1926), 27; QUIRINUS BREEN: The terms ›Loci communes‹ and ›Loci‹ in Melanchthon. In: Church History 16 (1947), 197.
19. Die Ausgaben seiner *Loci communes* von 1535, 1543, 1555 und 1558 finden sich in CR 21, 81, 229, 561; CR 22, 47.
20. Vgl. die Erörterung bei SACHIKO KUSUKAWA: The Transformation of Natural Philosophy: The Case of Philip Melanchthon. Cambridge 1995, und Leseproben bei GUIDO KISCH: Melanchthons Rechts- und Soziallehre. Berlin 1967, 189-287.
21. Zu MELANCHTHONS Rechtsphilosophie vgl. neben vielen anderen, ebd.; CLEMENS BAUER: Melanchthons Rechtslehre. In: AFR 42 (1951), 64; ders.: Die Naturrechts-

4 · Lutherische Lehren zu Recht, Politik und Gesellschaft

Naturrecht und biblisches Recht

Melanchthon setzte bei Luthers Zwei-Reiche-Lehre[22] und den ihr zugrundeliegenden theologischen Lehren von Gesetz und Evangelium, der totalen Verderbtheit des Menschen und der Rechtfertigung allein aus Glauben an.[23] Er übernahm Luthers Auffassung von dem natürlichen Primat und der Gleichstellung der drei Institutionen Familie, Kirche und Staat bei der Regierungsführung des weltlichen Reichs.[24] Und er akzeptierte Luthers Überzeugung, dernach ein gottgegebenes Naturgesetz in das Herz eines jeden Menschen eingeschrieben sei, welches auf den Seiten der Bibel erneut aufgeschrieben und der menschlichen Vernunft zugänglich gemacht sei, um das Leben im weltlichen Reich zu ordnen und zu leiten.[25]

Bereits in seinen frühen Schriften beschreibt Melanchthon die Inhalte des Naturrechts eingehender als Luther. Während der Dekalog, die Seligpreisungen und die Goldene Regel allesamt nützliche biblische Summarien des Naturrechts seien, würden doch klassische und nachbiblische Quellen zusätzlich Einblick in dessen Inhalte geben. Schließlich nannte Melanchthon zehn Prinzipien des Naturrechts, die sich seines Erachtens in allen klassischen und christlichen Quellen wiederfänden: (1) Gott dienen und das Gesetz Gottes achten; (2) das Leben schützen; (3) wahrhaftig sein; (4) heiraten und Kinder großziehen; (5) für die Angehörigen sorgen;

    vorstellungen des jüngeren Melanchthon. In: Festschrift für Gerhard Ritter zu seinem 60. Geburtstag. Tübingen 1950, 244; ALBERT HÄNEL: Melanchthon, der Jurist. In: Zeitschrift für Rechtsgeschichte 8 (1869), 249; WALTER SOHM: Die Soziallehren Melanchthons. In: Historische Zeitschrift 115 (1916), 68; RODERICH VON STINTZING: Geschichte der deutschen Rechtswissenschaft. München, Leipzig 1880, unveränd. Nachdr. Aalen 1957, 283-287; ALFRED VOIGT: Die juristische Hermeneutik und ihr Abbild in Melanchthons Universitätsreden. In: Festgabe für Ernst von Hippel zu seinem 70. Geburtstag. München 1965, 265. Zu Melanchthons Einfluss auf die Juristen des 16. Jahrhunderts vgl. STINTZING: Rechtswissenschaft, 241-338, hier: 283-287; KISCH: Melanchthons Rechtslehre, 51-73.

22. Vgl. bes. LC (1555), 39-44, 274-279, 323-344; CR 11, 66 ff., 357 ff., 916 ff. und die eingehende Erörterung bei ADOLF SPERL: Melanchthon zwischen Humanismus und Reformation. München 1959.
23. Siehe LC (1521), 49-111; LC (1555), 83-174, weitere Quellenangaben und Erörterungen bei KUSUKAWA: *Natural Philosophy*, 27-74; TIMOTHY J. WENGERT: *Philip Melanchthon's Exegetical Dispute with Erasmus of Rotterdam*. New York/ Oxford 1998.
24. Siehe LC (1555), 323; S. 178-186, 280-283, 297-299; ROLF B. HUSCHKE: Melanchthons Lehre vom ordo politicus. Gütersloh 1968.
25. Melanchthons Werke 4, 164; CR 21, 116-117; CR 16, 167 ff.

(6) niemandem an Leib und Leben, Eigentum und gutem Ruf Schaden zufügen; (7) aller Obrigkeit gehorsam sein; (8) Güter gerecht verteilen und austauschen; (9) Verträge und Versprechen achten; und (10) Ungerechtigkeit widerstehen.[26]

Auch ging Melanchthon über Luther hinaus, indem er das Naturrecht philosophisch begründete. Ausgehend von der Zwei-Reiche-Lehre, lehrte Melanchthon, dass Gott jeden Menschen mit bestimmten »angeborenen Ideen der Erkenntnis« (»notitiae nobiscum nascentes«) ausgestattet habe. Diese bezeichnete er verschiedentlich als »Licht von oben«, als »natürliches Licht« (»naturalis lux in intellectu«), als »Strahlen göttlicher Weisheit« (»radii suae sapientiae«), als »Licht der menschlichen Veranlagung« (»lux humani ingenii«), ohne das wir uns im weltlichen Reich nicht zurechtfinden könnten.[27] Zu diesen notitia gehörten verschiedene »theoretische Prinzipien« (»principia theoretica«) der Logik, Dialektik, Geometrie, Arithmetik, Physik und anderer Wissenschaften wie diese: 2 + 2 = 4; ein in die Luft geworfener Gegenstand fällt wieder auf die Erde; das Ganze ist größer als jedes seiner Teile, usw. Zu den notitia gehörten aber auch bestimmte »principia practica« der Ethik, der Politik und des Rechts wie etwa die folgenden: Menschen sind zur Gesellschaft geboren (»notitiae de societate humani generis«); Vergehen, die der Gesellschaft schaden, sollen bestraft werden (»delicta turbantia societatem ... sunt prohibenda«)[28]; Versprechen sind zu halten, usw.[29] »Leges naturae sunt notitiae principiorum practicorum, et conclusionum ex his extructarum, de regendis moribus«, davon war Melanchthon überzeugt. »[C]ongruentes cum aeterna et immota norma mentis divinae, insitae nobis divinitus, ut sint testimonia, quod sit Deus, et qualis sit, et regant nos, ut congruat obedientia nostra cum voluntate Dei.« Von ihnen würden Leben und Lernen im weltlichen Reich ausgehen.[30]

Melanchthon setzte das Naturrecht vielfach mit den »principia practica« gleich, den »naturales notitias de moribus«, die Leben und Recht im welt-

---

26. Siehe Anmerkungen unter CR 21, 25-28. Vgl. eine weitere frühe Übersicht bei CR 21, 116-120; und bei MAURER: Der junge Melanchthon, Bd. 2, 288 ff.
27. CR 13, 150, CR 11, 952; CR 13, 647; CR 21, 712, vgl. auch CR 13, 641 ff.; CR 20, 695 ff., 748 ff.; PHILIPP MELANCHTHON: Dialectices Philippi Melanchthonis, Louvain 1534, bes. Bücher II-III; DILTHEY: Gesammelte Schriften, Bd. 2, 162 ff.; HEINRICH BORNKAMM: Das Jahrhundert der Reformation: Gestalten und Kräfte, Göttingen 1966, 69 ff.
28. MW 3, 208.
29. CR 21, 117, 398-400, 711-713; CR 11, 918 f.
30. CR 16, 227 f.

lichen Reich stützten.³¹ Es blieb bei den zehn Prinzipien des Naturrechts, die er gleich zu Beginn seines Wirkens benannt hatte. Er neigte nun jedoch dazu, sie zugleich in allgemeinere Tugenden zu fassen:

»*Summae et optimae res in mente divina conditrice humani sunt, sapientia, discernes honesta et turpia, et iustitia, veritas, beneficentia, clementia, castitas. Harum optimarum rerum Deus semina in mentes humanas transfudit, cum nos ad imaginem suam conderet. Et ad normam suae mentis congruere vult hominum vitam et mores. Voce etiam sua hanc ipsam sapientiam et virtutum doctrinam patefecit.*

Hae notitiae divinitus traditae cum luce quae nobiscum nascitur, tum vero etiam voce divina, sunt initia legum et ordinis politici, cui vult nos Deus, non solum necessitatis nostrae causa obedire, sed multo magis, ut agnoscamus conditorem, et in hoc ipso ordine discamus, non casu extitisse hanc naturam rerum, sed opificem esse sapientem, iustum, beneficum, veracem, castum, et similes virtutes in nobis flagitantem, et vindicem punientem huius ordinis violationem.«³²

Die menschliche Vernunft könne die Existenz dieser Prinzipien des Naturrechts nicht beweisen.³³ Sie seien Fakten und Facetten der menschlichen Natur, Formen einer angeborenen Erkenntnis, die Gott bei der Schöpfung in unser Herz gelegt habe (»*lex naturae … quam deus insculpsit cuiusque animo*«).³⁴ Sie befänden sich jenseits dessen, was selbst kraft der reinsten Vernunft bewiesen oder widerlegt werden könne. Dies war eine bewusste Abkehr von den konventionellen Lehren des Mittelalters, nach denen die menschliche Vernunft Moralansprüche beweisen könne, die der göttlichen Offenbarung entsprächen. Wie Luther zweifelte auch Melanchthon an der Fähigkeit der menschlichen Vernunft, die Pläne Gottes verstehen oder gar beweisen zu können.³⁵

Genauso wenig könne die menschliche Vernunft die Prinzipien des Naturrechts unmittelbar begreifen oder umsetzen. Unsere Natur sei von der Erbsünde »*grewlich zerrüt und verderbt*«, schrieb Melanchthon und wiederholte damit Luthers Lehre von der völligen Verderbtheit des Menschen. Sol-

---

31. CR 16, 70; MW 3, 208.
32. CR 11, 918 f.
33. CR 21, 399 f.; siehe auch CR 13, 547-555; 21, 116 f.
34. CR 21, 116 f.
35. Vgl. Dilthey: Gesammelte Schriften, Bd. 2, 175 f.; Sachiko Kusukawa (Hrsg.): Philip Melanchthon: Orations on Philosophy and Education. Cambridge 1999, xvii-xviii.

chermaßen werde das Gesetz der Natur beträchtlich verdunkelt: »*Hic sciendum est, in hac natura corrupta vitio originis legem naturae valde obscuratam esse.*«[36] Auch dies war eine entschiedene Abkehr von der konventionellen Lehre. Mittelalterliche Autoren hatten behauptet, alle Menschen besäßen eine angeborene bzw. natürliche Erkenntnis von Gut und Böse und hatten sie bisweilen als »*synderesis*« bezeichnet. Durch die rechte Disziplin könne der Mensch diese Erkenntnis gewinnen und anwenden und so das Gute tun und das Böse meiden. Der Mensch müsse die Vernunft gebrauchen, um das Naturgesetz zu erfassen. Und er müsse das Gewissen gebrauchen, um das Naturgesetz in konkreten Situationen zur Anwendung bringen zu können. Durch den Gebrauch der Vernunft erfasse und verstehe der Mensch etwa das Gesetz der Nächstenliebe; durch den Gebrauch des Gewissens verknüpfe er dieses Gesetz mit der Praxis, armen und bedürftigen Menschen zu helfen oder Versprechen einzuhalten. Für viele mittelalterliche Autoren war die Vernunft eine kognitive oder intellektuelle Fähigkeit, das Gewissen dagegen eine praktische Fertigkeit.[37] Ebenso wie Luther wollte auch Melanchthon von einer solchen Kasuistik nichts wissen.[38] Gott habe eine vollkommene natürliche Erkenntnis von Gut und Böse in uns eingepflanzt. Unsere Sündhaftigkeit aber halte uns davon ab, diese unverzerrt zu begreifen oder zur Anwendung zu bringen.

Dass Melanchthon ausdrücklich auf die Grenzen der menschlichen Vernunft verweist, lässt seine Lehre vom Naturrecht freilich paradox erscheinen. Auf der einen Seite argumentierte er, »*lex divina hominum mentibus impressa est, sed in hac imbecillitate naturae obscurata est, ut non satis perspici possint illa praecepta, quae iubent statuere de voluntate Dei, et de perfecta obedientia cordis praecipiunt.*«[39] Auf der anderen Seite erklärte er, die menschliche Vernunft werde »*in hac natura corrupta vitio originis legem naturae valde obscuratam esse*« und so dauerhaft missverstanden.[40]

Melanchthon löst dieses Paradoxon jedoch auf, indem er das Naturrecht, das durch die Vernunft zwar erkannt, aber zugleich verzerrt werde, dem biblischen Gesetz unterordnet, das durch den Glauben offenbart und ver-

---

36. MW 4, 146 ff.; CR 21, 399-402.
37. Eric D'Arcy: Conscience and its Right to Freedom. New York 1961; Johannes Stelzenberger: Syneidesis. Conscientia. Gewissen. Paderborn 1963.
38. Zu Luthers Ablehnung dieser Lehrmeinung vgl. Michael G. Baylor: Action and Person: Conscience in Late Scholasticism and the Young Luther. Leiden 1977, 157 ff. Zu Melanchthons Ablehnung vgl. Kusukawa: Natural Philosophy, 94 ff.
39. CR 16, 23.
40. CR 16, 24; 21, 400 f.

4 · Lutherische Lehren zu Recht, Politik und Gesellschaft

standen werde.[41] Er hatte dabei die Vorstellung von einem biblischen Gesetz, das aus einer Vielzahl moralischer Lehren bestehe, die in der Thora, den Seligpreisungen, verschiedenen Gleichnissen und Sentenzen Christi und in paulinischen Briefen schriftlich fixiert seien. Diese biblischen Morallehren nannte er »*lex divina*«, »*Lex Dei*«, »*Lex Moralis, das ist, Gesetze von tugenden*«, »*das Gesetz vom urteil Gottes*« oder »*sapientia aeterna et immota in Deo, et norma iustitiae in voluntate Dei*«.[42] Die beste Zusammenfassung des biblischen Moralgesetzes waren seiner Ansicht nach die Zehn Gebote, wie sie in Exodus 20 und Deuteronomium 5 aufgeschrieben sind. Demzufolge blieb die beste Quelle für die Erkenntnis des Naturrechts der Dekalog.[43] »*Warumb hat denn Gott die zehen gebot [...] verkündiget?*«, fragt Melanchthon und gibt zur Antwort:

»*Nach der Sünde ist das liecht in menschlicher vernunfft, nicht so klar und helle, wie es zuuor gewesen ist, ... Wider solche blindheit hat Gott sein Gesetz nicht allein am berge Sinai verkündiget, sondern hat es auch für und für von Adams zeiten an in seiner Kirchen gehalten und erholet, ... Die ander ursache ist, Es ist nicht genug, das der Mensch wisse, das er nicht sol andere unschüldige menschen tödten, und nicht andern ire Weiber oder Güter rauben, sondern man mus dieses zu förderst wissen, wie Gott ist, und das Gottes ernstlicher wille ist, das wir Im gleichförmig sind, und das Er gewisslich wider alle sünde zürnet, Darumb verkündiget Er seine Gebot selbs, Das wir wissen, das es nicht allein unsere gedancken sind, sondern das es Gottes Gesetz sey, und das Gott der Richter und straffer ist, wider die sünde, und das unsere herzen Gottes zorn erkennen ... Dieses ist auch eine ursache, darumb Gott sein Gesetz verkündiget, Die menschliche vernunfft one Gottes wort wird halb irre, und fellet in zweifel, Wenn nu Gott nicht gnedigclich diese seine Weissheit selbs verkündiget hette, so fielen die menschen noch mehr in zweiffel, Was Gott sey, wie Er sey, was recht oder unrecht sey, was ordnung oder unordnung sey.*«[44]

Für Melanchthon entsprachen die Zehn Gebote mit einer etwas anderen Wiederholung den Grundsätzen des Naturrechts als den zehn Prinzipien, die er in seiner frühen Phase unter dem Eindruck der klassischen Quellen

---

41. CR 21, 392.
42. CR 21, 1077; 22, 201 f. Alter Tradition gemäß unterschied Melanchthon zwischen dem zeremoniellen, dem richterlichen und dem moralischen Gesetz der Bibel. Nur das moralische Gesetz behielt nach Christi Wiederkunft seine Gültigkeit. CR 21, 294-296, 388-392; LC (1521), 53-57. Johann Oldendorp gewichtete das zeremonielle und das richterliche Gesetz bei seiner Auslegung des Naturrechts stärker als Luther und Melanchthon. Siehe S. 208-213.
43. CR 21, 392; siehe auch CR 12, 23.
44. CR 22, 257 f.; vgl. auch CR 16, 70.

zusammengestellt hatte. Er betonte, dass die Zehn Gebote nicht die einzig gültige Wiederholung des Naturrechts seien. Klassische Formulierungen, insbesondere die der griechischen Philosophie und des römischen Rechts, würden ihre Gültigkeit behalten. Die Überschneidungen zwischen den klassischen und biblischen Lehren würden die Universalität der naturrechtlichen Normen nur bestätigen.[45] Weil Gott aber die Zehn Gebote auf dem Berg Sinai selbst verfasst habe, würden die Zehn Gebote die Bedeutung des Naturrechts mit der größten Autorität wiedergeben. Eine gottesfürchtige christliche Obrigkeit und ein ebensolcher Bürger täten deshalb gut daran, sich an diese zu halten.

Luther und der mittelalterlichen Tradition folgend teilte auch Melanchthon die Zehn Gebote in zwei Tafeln. Die erste Tafel enthielt die ersten drei Gebote: den einen Gott anzuerkennen und sich kein Bildnis zu machen, den Namen des Herrn nicht zu missbrauchen und den Sabbattag zu heiligen. Das seien die Grundsätze des Naturrechts, die das Verhältnis des Menschen zu Gott bestimmten. Die zweite Tafel enthielt die übrigen sieben Gebote: Vater und Mutter und die Obrigkeiten zu ehren, das Leben zu schützen, Ehe und Familie zu achten, Eigentum zu respektieren, sich an die Wahrheit zu halten und vor Neid und Habgier zu hüten. Das seien die Grundsätze des Naturrechts, die dem Bedürfnis des Menschen nach Gemeinschaft entsprächen.[46] Melanchthon betonte, dass die Einhaltung der ersten Tafel des Dekalogs, insbesondere des ersten Gebots, das die Verehrung falscher Götter und Götzenbilder untersagt, die Voraussetzung für das Verständnis und die Einhaltung aller anderen Gebote sei und freilich zu allen nachfolgenden Geboten dazugehöre.[47] Denn ohne den Glauben und die Liebe zu Gott, die das erste Gebot fordere, sei es unmöglich, Glaube und Liebe für sich und seinen Nächsten zu haben.

Auf Luthers Lehre aufbauend wandelte Melanchthon die traditionelle Rechtslehre ab, indem er nicht die Vernunft, sondern die Bibel und insbesondere die Zehn Gebote zur Quelle und Summe des Naturrechts im weltlichen Reich erklärte. Freilich hatten auch die mittelalterlichen Autoren die Zehn Gebote ausführlich diskutiert und interpretiert. Auch sie hatten

---

45. Ebd.; siehe auch CR 11, 66-86, 916-924.
46. Siehe Bo REICKE: Die Zehn Worte in Geschichte und Gegenwart. Tübingen 1973; hier werden die drei verschiedenartigen jüdischen und christlichen Traditionen zur Zählung und Einteilung der Zehn Gebote beschrieben. Die Wiedergabe durch die lutherischen Reformatoren folgte Augustinus und den mittelalterlichen Scholastikern. In der kanonischen Bibel sind die Gebote nicht nummeriert oder in Tafeln aufgeteilt. Siehe Ex 20,1-17, Dtn 5, 6-21.
47. CR 22, 220.

argumentiert, dass die Zehn Gebote eindeutig die Vorschriften des Naturrechts wiedergeben würden – mit Thomas von Aquins Worten: »*lex vetus manifestabat praecepta legis naturae*«.[48] Die meisten mittelalterlichen Autoren hatten sich jedoch auf die Zehn Gebote berufen, um so ein Sittengesetz für das innere Seelenleben und nicht ein Naturgesetz für das äußerliche weltliche Leben zu entwickeln. Demgemäß kommen die meisten Erörterungen der Zehn Gebote nach mittelalterlicher Tradition in den Beichtbüchern vor und nicht in den Rechtsbüchern.[49] Für Melanchthon dagegen waren die Zehn Gebote die höchste Quelle und Summe des Naturrechts und somit Modell für das positivierte Recht, wie es weltliche Regenten erlassen.

Der Gebrauch des Naturrechts

Melanchthon betonte wie Luther die Rechtfertigung allein durch den Glauben und nicht durch die Werke des Gesetzes.[50] Und ebenso wie Luther war er davon überzeugt, dass das Naturrecht für das Leben im weltlichen Reich doch von Nutzen bleibe. Wird es richtig verstanden und vermittelt, so Melanchthon, habe das Naturrecht einen bürgerlichen, theologischen und erzieherischen Gebrauch.[51]

Der erste Gebrauch des Gesetzes ist der *bürgerliche* bzw. *politische*. Diesen beschrieb Melanchthon ganz ähnlich wie Luther. Das Gesetz zwinge den Menschen, das Böse zu meiden und das Gute zu tun: »*Der erste Brauch ist bürgerlich, das es lere, und mit forcht und straffen zwinge, das man die eusserlichen Gliedmas in zucht halte, nach allen Geboten von eusserlichen wercken … Dieser bürgerliche brauch bindet alle menschen durch aus, Ob sie gleich nicht heilig sind, und ist dieser eusserlich gehorsam allen menschen etlicher massen möglich … Und ist Gottes ernstlicher wille, das alle menschen in eusserlicher zucht leben, und straffet eusserliche untugend in diesem Leben mit vielen offentlichen Plagen, mit dem Schwerdt durch die Oberkeit, und sonst mit Kranckheit, Armut, Krieg, Verlagung, Elend an Kindern, und mit mancherley verderbung, Und wer nicht zu Gott bekeret wird, fellet hernach in ewige*

---

48. Thomas von Aquin: Summa Theologiae, I-II, q. 98, Art. 5.
49. Siehe STEVEN OZMENT: The Reformation in the Cities: The Appeal of Protestantism to Sixteenth-Century Germany and Switzerland. New Haven, CT 1975, 17 ff.; REICKE: Zehn Worte, 9 ff.
50. LC (1521), 88-107; LC (1555), 150-186.
51. CR 1, 706-709; CR 11, 66; CR 21, 405 f., 716-719; LC (1555), 54-57, 122-128.

*straffe«.*⁵² Dadurch schaffe das Gesetz etwas, das Melanchthon »*bürgerliche«*, »*eusserliche«*, »*öffentliche«* oder »*politische«* Zucht nennt.⁵³ »*[G]leichwol diese Zucht nicht vergebunge der sünden verdienet«*, so Melanchthon, »*das ist, Gott gefellig.«*⁵⁴ Denn sie erlaube es allen Menschen im irdischen Reich, das von Gott geschaffen sei, friedlich zusammenzuleben.⁵⁵ Den Christen erlaube es zudem, die Berufung zu erfüllen, welche Gott ihnen aufgetragen habe. Und Gott ermögliche es schließlich, »*für und für eine Kirchen im menschlichen Geschlecht [zu] samlen, bis zur ufferweckung der Todten.«*⁵⁶

Der zweite Gebrauch des Gesetzes ist der *theologische*. Er mache den Menschen ihr Unvermögen bewusst, durch eigenen Willen und eigene Vernunft das Böse zu meiden und das Gute zu tun, und solle sie dazu bringen, Gnade zu suchen.⁵⁷ Melanchthon hielt sich nahezu wörtlich an Luthers Erläuterung dieses *usus legis*.⁵⁸

Der dritte Gebrauch des Gesetzes ist der *erzieherische*: Er vermittle den Gläubigen und damit denen, die bereits gerechtfertigt seien, die höhere geistliche Moral.⁵⁹ Melanchthons Darstellung dieses dritten Gebrauchs des Gesetzes gründete auf Luthers Lehre, derzufolge der gläubige Christ ein Heiliger und ein Sünder, ein Bürger des himmlischen und des irdischen Reichs zugleich sei.⁶⁰ Melanchthon ging allerdings über Luther hinaus, indem er betonte, dass alle gläubigen Christen weiterhin der Anleitung durch das Gesetz bedürften, »*dieweil alle menschen in diesem sterblichen leben viel schwacheit und sünde noch an sich tragen«*⁶¹ und sie den Willen und die Absicht Gottes für ihr Leben noch immer nicht richtig erkannt hätten.⁶² Das Gesetz lehre sie nicht nur die »*öffentliche«* Moral für alle Menschen, sondern auch die »*private«* Moral, die nur von den Christen gefordert sei. Als Lehrmeister zwinge sie das Gesetz nicht nur zum Verzicht auf die Androhung und Anwendung von Gewalt, sondern auch dazu, untereinander Barmherzigkeit und Liebe zu befördern. Es bestrafe nicht nur Vergehen wie

---

52. CR 22, 250.
53. Ebd.; CR 11, 70 ff., 219 ff., 920 ff.
54. CR 22, 250.
55. CR 22, 151, 249.
56. CR 22, 249.
57. CR 11, 69 f.; CR 22, 250 f.
58. Ebd., 152.
59. CR 22, 255.
60. LC (1521), 138-140.
61. CR 22, 255.
62. LC (1521), 127, 132.

4 · Lutherische Lehren zu Recht, Politik und Gesellschaft

Mord, Diebstahl und Ehebruch, sondern verbiete bereits bösartige Gedanken wie Hass, Habsucht und Begierde. Durch die Anwendung dieser privaten Moral würden die Heiligen Gott preisen, Gottes Gesetz offenkundig machen und andere Sünder im weltlichen Reich dazu bewegen, Gottes Gnade zu suchen. Melanchthon glaubte wohl, je mehr sich ein gläubiger Mensch den Lehren des Gesetzes öffne, desto eher könne er selbst zum Lehrer des Gesetzes für andere werden. Dies war eine neue Variante von Luthers Lehre von der Priesterschaft aller Gläubigen.[63]

Für Luther, der stets die Gerechtigkeit Gottes betonte, war der theologische Gebrauch des Gesetzes der wichtigste gewesen: Sünder dazu zu bringen, ihre Sündhaftigkeit zu erkennen, damit sie Vergebung erbitten. Für Melanchthon, der dagegen die Gerechtigkeit der Gesellschaft betonte, war der erzieherische Gebrauch des Gesetzes der wichtigste: die Bedeutung der öffentlichen und der privaten Moral, der äußeren und der inneren Moral, der äußeren und der inneren Gerechtigkeit im irdischen Reich zu vermitteln. In einigen seiner Schriften hatte Melanchthon den bürgerlichen Gebrauch des Gesetzes in den pädagogischen eingearbeitet:

»*Hanc ego iustitiam soleo paedagogiam vocare, secutus Paulum, qui ad Galatas III. ait, legem paedagogum esse in Christum, et puerum tantisper sub lege debere tanquam sub tutoribus esse, dum grandescat in Christo. Haec paedagogia politica quaedam iustitia est, quae mores format, et ritus et humana ac civilia officia continet, pueros assuefacit ad cultum Dei, docendo, exercendo, stolidum vulgus a vitiis cohibet. ... Negligitur et puerorum institutio, et hoc genus alia, cum tamen subiecerit Deus huic paedagogiae omnes, qui vel non sunt in Christo, vel imbecilles sunt ... Ad hunc modum etiamnum erudienda, regenda et cohercenda erat multitudo legibus et certis officiis.*«[64]

Vernunftgeleitetes positiviertes Recht

Melanchthons Betonung der Rolle der Bibel bei der Vermittlung der Inhalte des Naturrechts und der Rolle des Naturrechts bei der Vermittlung der Elemente einer christlichen Moral führte das himmlische und das irdische Reich verhältnismäßig eng zusammen. Melanchthon sorgte für ein noch engeres Zusammenspiel, indem er es zu einer Aufgabe des positivierten

---

63. Ebd., 175-186.
64. CR 1, 706-708; siehe weiterhin KÖHLER 104 f.; STRAUSS: Law, Resistance, and the State, 228 ff.

Rechts des Staates erklärte, die christliche Moral zu stärken, wie sie das Naturrecht und insbesondere die Zehn Gebote lehrten.

Wie Luther betrachtete auch Melanchthon politische Regenten als Gottes Stellvertreter und Diener im weltlichen Reich (*»vicarii et ministri Dei«*), denen derselbe Gehorsam geschuldet sei wie Gott selbst.[65] Wie Luther wusste aber auch er, dass viele politisch Verantwortliche ihr politisches Amt missbrauchten. Ein solcher Missbrauch spiegele jedoch nur die Verderbtheit eines Einzelnen wider, nicht die des politischen Amtes, das selbst eine gute Schöpfung Segnung und Ordnung Gottes sei.[66]

Dennoch ging Melanchthon über Luther hinaus, indem er es für die gottgegebene Aufgabe der christlichen Obrigkeit hielt, »*gegenwertige vernünfftige Gesetze*« (»*iuris positivi rationes*«) zur Regierung des weltlichen Reichs zu erlassen.[67] Um »*vernünfftig*« zu sein, so Melanchthon, müssten positivierte Gesetze gleichermaßen (1) auf dem Grundprinzip des Naturrechts und (2) auf dem praktischen Abwägen des gesellschaftlichen Nutzens und des Gemeinwohls gründen. Wo nicht beide Kriterien erfüllt würden, sei ein positiviertes Gesetz für die Bürger weder rechtmäßig noch verbindlich.

Übereinstimmung mit dem Naturrecht

Bei seinem ersten Kriterium ging Melanchthon davon aus, dass die christliche Obrigkeit die »*Hüterin*« beider Tafeln des Dekalogs war: »*Magistratus est custos Legis*«, »*die hand und erhalterin des Gesetzes*« im weltlichen Reich.[68] »*So offt du an Oberkeit, Fürsten oder Herrn gedenckest*« so Melanchthon, »*So male dir in deinen gedancken ein Man, der die Tafeln der zehen Gebot in der einen hand helt, und in der andern ein Schwerd füret, Denn die selbigen Gebot sind fürnemlich die werck, die er in eusserlicher zucht schützen und erhalten sol*«, wo es sein muss mit dem Schwert. Die Zehn Gebote seien »*auch die quelle, daraus alle Lere und wolgeschriebene Recht fliessen, und dadurch alle Gesetze Reguliert werden.*«[69]

---

65. CR 11, 69 f.; 21, 1011.
66. CR 22, 602-606; siehe auch WA 32, 529 ff.; WA 11, 245 ff.
67. CR 16, 230; CR 22, 611 f.
68. CR 22, 615.
69. CR 22, 615. LUTHER verwendete ein ähnliches Bild, wenngleich ein weniger allgemeines: »*Darumb muß eyn furst das recht ja so fast ynn seyner hand haben als das schwerd ...*«, WA 11, 272.

Melanchthon verknüpfte dieses Bild unmittelbar mit seinem Verständnis von der Natur und der Aufgabe des positivierten Rechts. Die christliche Obrigkeit habe den Prinzipien des Naturrechts, wie sie im Dekalog enthalten seien, Geltung zu verschaffen. Ihre positivierten Gesetze hätten sich an den zwei Tafeln des Dekalogs zu orientieren. Dabei solle die erste Tafel die positiven Gesetze unterstützen, die die geistliche Moral betreffen und damit die Beziehung zwischen Gott und den Menschen. Die zweite Tafel solle dagegen jene positiven Gesetze unterstützen, die die bürgerliche Moral betreffen und damit die Beziehung zwischen den Menschen.[70]

Als Hüterin der ersten Tafel des Dekalogs, so Melanchthon, habe die Obrigkeit Gesetze gegen Götzendienst, Gotteslästerung und Verstöße gegen das Sabbatgebot zu erlassen – Vergehen, die die erste Tafel verbietet.[71] Zugleich hätten die Obrigkeiten mit ihren Gesetzen »*die reine lere des Euangelii und rechte Gottesdienst*« aufzurichten, »*alle unrechte lere ... zu verbieten*«, »*die halsstarrigen zu straffen*« und Heiden und Andersgläubige zu bekämpfen.[72] »*[D]ie weltlichen Fürsten und Herrschaften, so in iren Gebieten, Abgötterey und falsche lere abgethan, und die reine lere des Euangelii und rechte Gottesdienst uffgericht haben, [tun] daran recht.*«, so Melanchthon. »*Und sind alle Regenten diss zu tun schuldig*«[73].

Melanchthons Bemühen um eine Etablierung der Religion durch das positivierte Recht war eine deutliche Abkehr von Luthers ursprünglicher Lehre. Im Jahr 1523 etwa hatte Luther geschrieben: »*Das welltlich regiment hatt gesetz, die sich nicht weytter strecken denn uber leyb und gutt und was*

---

70. Dieses Verständnis der bürgerlichen und geistlichen Moral unterschied sich von dem, das Melanchthon der Anwendung der Rechtslehre unterwarf. Innerhalb der Anwendungslehre unterschied Melanchthon zwischen äußerer und innerer Moral – zwischen dem Leben nach dem Buchstaben und dem Leben im Geist aller zehn Gebote. In seiner Exegese des Dekalogs verknüpfte Melanchthon jedoch die »bürgerliche Moral« mit dem Inhalt der Zweiten Tafel, die »geistliche Moral« mit dem Inhalt der Ersten Tafel. Beide Dialektiken, so glaubte er, seien im irdischen Reich präsent und beide müssten vom positiven Recht der christlichen Obrigkeit unterstützt werden.
71. CR 16, 87 f.; 22, 615-617.
72. CR 22, 617 f.
73. CR 22, 617. Melanchthon spielte auf diese Lehre von der Regelung religiöser Belange durch das bürgerliche Recht in seinen früheren Schriften an, siehe z.B. CR 2, 710. Seine erste systematische Ausarbeitung der Lehre erschien in seinem Grundriss der Moralphilosophie, *Philosophiae moralis epitome*, Buch II wurde getrennt davon 1539 veröffentlicht und als Teil des gesamten Werkes 1540, CR 16, 85-105.

Übereinstimmung mit dem Naturrecht

eußerlich ist auff erden. Denn uber die seele kan und will Gott niemant lassen regirn denn sich selbs alleyne. Darumb wo welltlich gewallt sich vermisset, der seelen gesetz zu geben, do greyfft sie Gott ynn seyn regiment und verfuret und verderbet nur die seelen.«[74] Später wurde er in seiner Haltung gemäßigter, insbesondere in seinen späten Jahren, was seine Kritik an den Juden, Antinomisten und Wiedertäufern anging.[75] Er blieb jedoch bei seiner strikten Ablehnung, dass die Obrigkeit mit Hilfe von positivierten Rechtsvorschriften bestimmen könne, welche Lehren und Liturgien orthodox und welche heterodox sind.

In den 1520er und 1530er Jahren war Melanchthon ähnlicher Auffassung gewesen. Schließlich gab er seine Position allerdings trotz Luthers Einwänden auf, dass er damit den Kern der Zwei-Reiche-Lehre verrate.[76] Mehr noch als Luther in seinen späteren Jahren war Melanchthon zwei Jahrzehnte lang an heftigen religiösen Streitigkeiten zwischen Katholiken und Protestanten sowie innerkonfessionellen Rivalitäten in Deutschland beteiligt. Er zeigte sich zunehmend bestürzt über das Auseinanderbrechen der deutschen Gesellschaft und die ständigen Ausbrüche eines aggressiven Antinomismus und spirituellen Radikalismus. Besonders erbost hatten ihn die »allzu vielen rasenden und irregeführten Seelen«, die Gott und sein Gesetz mit ihren »*portentosa deliramenta*« und ihrer »diabolischen Raserei« (»*diabolicae furiae*«) lästerten.[77] Solche Gotteslästerung und chaotischen Zustände widerspruchslos zu dulden, setzte Melanchthon damit gleich, Gott selbst zu verraten und über das eigentliche Wesen des politischen Amtes hinwegzutäuschen. Daraus zog er den Schluss, dass die weltliche Obrigkeit dafür zu sorgen hatte, die allgemeine Einhaltung aller Gebote zu gewährleisten. Öffentlicher Götzendienst, Gotteslästerung, Meineide, falsche Lehre und Häresie würden gegen die erste Tafel des Dekalogs verstoßen. Darum sei die weltliche Obrigkeit verpflichtet, solche Sittenlosigkeiten zu verbieten, abzuschaffen und zu bestrafen und das Evangelium anzunehmen, darauf zu vertrauen, es zu bekennen und andere zum wahren Gottesdienst anzuleiten. Das politische Amt solle vor allem anderen Gott dienen und alles zur Ehre Gottes hin ordnen und leiten.[78]

---

74. WA 11, 262.
75. Vgl. bes. WA 50, 468-477; 53, 417-552 und weiterhin Mark U. Edwards, Jr.: *Luther's Last Battles: Politics and Polemics, 1531-1546*. Ithaca/ London 1983.
76. Vgl. z. B. WA Br 5, 492-495; und Anmerkungen zu nachfolgenden Briefen in WA Br 7, 244 f.
77. LC (1555), 324; CR 11, 918.
78. LC (1555), 335 f.

4 · Lutherische Lehren zu Recht, Politik und Gesellschaft

Mit dieser Lehre verhalf Melanchthon unzähligen neuen Religionsgesetzen, die in den lutherischen Städten und Territorien erlassen wurden, zu einer theoretischen Grundlage. Viele von ihnen enthielten umfangreiche Sammlungen orthodoxer lutherischer Bekenntnisse und Lehren, Lieder und Gebete, Liturgien und Riten.[79] Das Prinzip *Cuius regio eius religio* fand seinen Ausdruck im Augsburger Religionsfrieden von 1555 und ausgeweitet im Westfälischen Frieden von 1648. Es beruhte im Wesentlichen auf Melanchthons Lehre, derzufolge das positivierte Recht der Obrigkeit die erste Tafel des Dekalogs zu gebrauchen habe, um die rechte christliche Lehre, Liturgie und geistliche Moral für sein Volk zu begründen.[80]

Als Hüterin der zweiten Tafel des Dekalogs, so Melanchthon, sei die Obrigkeit dazu berufen, »*das menschliche Geschlecht*« zu leiten, »*das Gott … mit mancherley banden zusamen gefasset hat*«.[81] Melanchthon nannte eine ganze Reihe von positivierten Gesetzen, die sich auf eines der Gebote der zweiten Tafel bezogen. Gemäß etwa dem vierten Gebot (»*Du sollst deinen Vater und deine Mutter ehren*«) sei die Obrigkeit verpflichtet, Ungehorsam, Respektlosigkeit oder Missachtung von Autoritäten, Eltern, politischen Amtsträgern, Lehrern, Dienstherren, Vorgesetzten und anderen zu verbieten und zu bestrafen. Gemäß dem fünften Gebot (»*Du sollst nicht töten*«) sollte sie unrechtmäßiges Töten, Körperverletzung und brutale Misshandlungen, Wut, Hass, Unbarmherzigkeit und andere Vergehen gegen den Nächsten bestrafen. Gemäß dem sechsten Gebot (»*Du sollst nicht ehebrechen*«) sollte sie Ehebruch, Unzucht, Unkeuschheit, Zügellosigkeit, Prostitution, Pornographie, Unzüchtigkeit und andere sexuelle Vergehen verbieten. Gemäß dem siebten Gebot (»*Du sollst nicht stehlen*«) sollte sie Diebstahl, Einbruch, Veruntreuung und ähnliche Vergehen gegen das Eigentum des Nächsten ächten ebenso wie die Misswirtschaft, den verderblichen oder verschwenderischen Gebrauch des eigenen Besitzes. Gemäß dem achten Gebot (»*Du sollst nicht falsch Zeugnis reden …*«) sollte sie alle Formen von Eidbruch, Unredlichkeit, Betrug, Verleumdung und andere Vergehen gegen den guten Ruf oder den Status eines Menschen in der Gemeinschaft bestrafen. Schließlich sollte sie gemäß dem neunten und zehnten Gebot (»*Du sollst nicht begehren …*«) alle Versuche bestrafen, diese und andere tätliche

---

79. Gesammelt bei Sehling, Richter und Kunkel, zusammengefasst siehe unten S. 237-255.
80. Sidney Z. Ehler/John B. Morall: Church and State through the Centuries. Westminster, MD 1954, 164-173, 189-193.
81. CR 22, 611.

Übereinstimmung mit dem Naturrecht

Angriffe gegen Leib und Leben, Eigentum, den guten Ruf oder die Beziehungen eines anderen Menschen zu richten.[82]

Viele dieser Aspekte des gesellschaftlichen Zusammenlebens waren traditionell vom kanonischen Recht der Kirche geregelt und größtenteils von den sieben Sakramenten bestimmt worden. Das Sakrament der Ehe etwa untermauerte das kanonische Ehe- und Familienrecht. Das Sakrament der Buße untermauerte das kanonische Recht zu Vergehen gegen Personen, Besitztum und den guten Ruf anderer Menschen. Die Sakramente der Taufe und der Firmung untermauerten ein Grundgesetz der natürlichen Rechte und Pflichten gläubiger Christen.[83]

Melanchthon nahm dagegen die Zehn Gebote anstelle der sieben Sakramente, um das positivierte Recht zu strukturieren. Und er richtete seinen Blick auf den Staat anstatt auf die Kirche, um die positivierten Gesetze auf der Grundlage der Zehn Gebote zu erlassen und durchzusetzen. Melanchthon lieferte dabei gegenüber Luthers Argument eine weitere Begründung für die Übertragung der Rechtsgewalt von der Kirche auf den Staat, die über die Verbrennung von Büchern des kanonischen Rechts hinausging.[84] Die Obrigkeit sei als Gottes Vizeregent dazu berufen, das Gesetz Gottes im irdischen Reich durch positivierte Gesetze durchzusetzen. Dabei sei Gottes Gesetz in den Zehn Geboten eindeutig zusammengefasst. Demzufolge habe die Obrigkeit positive Gesetze zu jedem dieser Gebote zu erlassen, die alle übrigen existierenden Gesetze aufheben würden.

Melanchthons Argumentation lieferte den Reformatoren zudem wirksame Mittel, mit denen die Obrigkeit bei der Ausübung der neugewonnenen Macht kontrolliert werden konnte. Kein positiviertes Gesetz, das das Naturrecht verletze, sei rechtmäßig und bindend. Das Naturrecht selbst sei in den Zehn Geboten am besten formuliert. Und diese wiederum würden am besten von der Kirche und ihren Theologen ausgelegt. Beide traditionellen theologischen Auslegungen, die sich zum Teil in den alten kanonischen Rechtstexten und in den neuen, von evangelischen Theologen entwickelten Auslegungen widerspiegelten, sollten somit erhebliche Rechtskraft bekommen. Hierin lag die Begründung für die Übertragung alter kanonischer Rechtsvorschriften in das neue weltliche Recht, wie wir bereits sehen konnten.[85] Und hiermit nahm zugleich ein System der theologischen Kontrolle

---

82. Siehe LC (1521), 53 ff.; LC (1555), 97 ff.; CR 21, 294 ff., 388 ff.; CR 22, 256 ff.; CR 16, 70 ff.
83. Siehe oben S. 57 ff.
84. Siehe oben S. 79 ff., 121 ff.
85. Siehe oben S. 108-117.

über die politische Herrschaftsgewalt seinen Anfang. Dieses wurde im Deutschland des 16. Jahrhunderts auf vielerlei Weise eingeführt, für die Melanchthon und andere einstanden. Evangelische Kirchenleute und Theologieprofessoren wurden sowohl inoffiziell von den Behörden um Stellungnahme gebeten als auch offiziell von der örtlichen Obrigkeit bestellt, um sich an der legislativen und exekutiven Entscheidungsfindung zu beteiligen. Gerichtsverhandlungen, in denen sich besonders komplizierte moralische und theologische Probleme auftaten, wurden den juristischen wie auch den theologischen Fakultäten zur Lösungsfindung zugesandt. Diese sog. *Aktenversendung*, die es in Deutschland bis in das Jahr 1878 gab, machte es möglich, die besten juristischen und theologischen Lehrmeinungen der damaligen Zeit zu bündeln, um die schwierigen moralischen und theologischen Probleme zu behandeln, die der Staat mit Hilfe des positivierten Rechts zu lösen hatte.[86]

Vereinbarkeit mit dem Gemeinwohl

Melanchthons erstes Kriterium für ein vernunftgeleitetes positives Recht war, dass es mit dem Naturrecht übereinstimmen sollte, insbesondere wie es in den Zehn Geboten zusammengefasst sei. Sein zweites Kriterium war, dass jedes positivierte Gesetz den praktischen Erwägungen des gesellschaftlichen Nutzens und des Gemeinwohls zu entsprechen hatte. Im Zuge dieses Kriteriums leitete Melanchthon aus den Zehn Geboten die generelle Pflicht des Staates ab, »*nemlich, eusserliche zucht, Gericht, und frieden nach göttlichen Geboten, und vernünfftigen Landrechten, mit leiblicher straffe, [zu] erhalten*«.[87] Doch weder die göttlichen Gebote noch die darauf basierenden vernunftgeleiteten Landrechte würden das Wesen der Rechtsordnung systematisch darstellen, die für die Aufrechterhaltung von »*eusserliche[r] zucht, Gericht, und frieden*« notwendig sei. Um die Grundlage für eine solche Systematik zu schaffen, entwickelte Melanchthon eine allgemeine Theorie des Strafrechts- sowie des Zivilrechts.

Bezüglich eines Strafrechts forderte Melanchthon die Obrigkeit auf, umfassende Gesetzessammlungen zu erarbeiten, die sämtliche Arten von Straf-

---

86. Siehe ausführliche Quellenangaben bei HAROLD J. BERMAN/JOHN WITTE, JR.: *The Transformation of Western Legal Philosophy in Lutheran Germany*. In: Southern California Law Review 62 (1989), 1573, 1599-1602.
87. CR 22, 615.

taten gegenüber Personen, Besitz, Reputation oder Beziehungen anderer definieren und verbieten, und diese Gesetze unverzüglich und mit aller Härte durchzusetzen. Er beschrieb drei Aufgaben des Strafrechts und der strafrechtlichen Verfolgung: Erstens würden das Strafrecht und die strafrechtliche Verfolgung dem Ziel der Vergeltung dienen: »*Gott ist ein weiss und gerechtes Wesen, und hat die vernüncftige Creatur also geschaffen aus grosser und ordenlicher gütigkeit, das sie im gleichförmig sein solte*«, schrieb Melanchthon, »*darumb so sie im widerstrebet, ist ordnung der gerechtigkeit, das er sie widerumb vertilget*«. Als Gottes Vizeregent sei die Obrigkeit dazu berufen, dieses göttliche Ziel umzusetzen, indem sie die Bedeutung von Gottes Gesetz durch Strafgesetze definieren und diejenigen bestrafen sollte, die jene Gesetze verletzten. Zweitens dienten das Strafrecht und die strafrechtliche Verfolgung dem Ziel der Abschreckung, sowohl der Spezialabschreckung eines einzelnen Beschuldigten als auch der Generalabschreckung der Gemeinschaft, die dessen Bestrafung miterlebte: »*Denn so etliche gestrafft werden, werden die andern erinnert, das sie Gottes zorn betrachten un ddie straffe fürchten, und also die ursachen der straffen meiden.*« Drittens diene die strafrechtliche Verfolgung dem Ziel der Resozialisierung, d.h. jemandem die Möglichkeit zu geben, wieder zu erlernen, »*dass er unterschied halte zwischen Tugend und untugend*«, um auf diese Weise zu einem besseren und tieferen Verständnis von Gottes Gesetz, Gottes Ordnung und Gerechtigkeit zu gelangen.[88]

Melanchthons Lehre von den drei Aufgaben des Strafrechts war ein wesentlicher Bestandteil und das Ergebnis seiner Theologie vom dreifachen Gebrauch des Naturgesetzes. Die Vergeltungsfunktion des Strafrechts lief unmittelbar parallel zum theologischen Gebrauch des Naturgesetzes, wobei lediglich die Gewichtung unterschiedlich war. Melanchthon, der Theologe, betonte die Notwendigkeit, Verletzungen des Naturgesetzes zu ahnden und den Sünder dazu zu bringen, Gnade zu ersuchen. Melanchthon, der Jurist, betonte die Notwendigkeit für die Gemeinschaft, mit Hilfe der eigenen Rechtsprechung an der Vergeltung Anteil zu haben, und betonte die Verantwortung der Obrigkeit, den Sünder dazu zu bringen, Gott, den Staat und den Geschädigten um Vergebung zu bitten. Die Abschreckungsfunktion des Strafrechts lief unmittelbar parallel mit dem bürgerlichen Gebrauch des Naturgesetzes. Melanchthon, der Theologe, betonte hier den Zorn Gottes gegen jede Ungerechtigkeit, die Menschen davon abhalte, ihrer natürlichen Neigung zur Sünde zu folgen. Er führte zahlreiche biblische Beispiele für die missliche Lage des Sünders an, um seinen Standpunkt zu unterstrei-

---

88. CR 22, 224.

chen. Melanchthon, der Rechtsgelehrte, betonte die Strenge der Obrigkeit bei jedem gesetzeswidrigen Verhalten. Er verwies auf viele Beispiele strenger öffentlicher Sanktionen gegen Straftäter, um Menschen auf diese Weise von allen gesetzeswidrigen Handlungen abzuhalten. Die Resozialisierungsfunktion des Strafrechts lief unmittelbar parallel zum erzieherischen Gebrauch des Naturgesetzes, mit einer auch hier unterschiedlichen Gewichtung. Melanchthon, der Theologe, betonte die Notwendigkeit einer moralischen Umerziehung allein der gerechtfertigten Gläubigen. Melanchthon, der Rechtsgelehrte, dagegen betonte die Notwendigkeit einer moralischen Umerziehung aller Menschen, insbesondere der verurteilten Straftäter, die noch nicht gerechtfertigt seien. Diese Vermischung vom Gebrauch des Naturgesetzes mit den Aufgaben des Strafrechts bildete eine wichtige Brücke zwischen Theologie und Recht.[89]

Anders als beim Strafrecht forderte Melanchthon im Rahmen des Zivilrechts, den Herrscher zu verpflichten, das Gründen und Führen verschiedener Arten freiwilliger gesellschaftlicher Beziehungen oder Vereinigungen zu erleichtern und zu ordnen. Er konzentrierte sich dabei auf drei dieser Beziehungen: (1) den privaten Vertrag, (2) Ehe und Familie und (3) die sichtbare Kirche.

»Gott [hat] selbs die Contractus geordnet, in Kauffen und verkauffen etc.«, schrieb Melanchthon.[90] Zu diesen zählten Kaufverträge, Pachtverträge, Verträge zum Tausch von Eigentum, zur Vermittlung von Arbeit und Beschäftigung, zum Geldverleih, zur Kreditvergabe und so weiter.[91] Alle diese Verträge dienten nicht nur dem utilitaristischen Zweck, Güter und Dienstleistungen auszutauschen, sondern auch dem gesellschaftlichen Zweck, Gleichheit zu fördern und Habgier zu begrenzen.[92] Darum habe Gott die Obrigkeit dazu berufen, ein allgemeines Vertragsrecht zu erlassen, das »gerechte, gleiche und billige« Vereinbarungen vorschreibe, die solche Verträge für nichtig erkläre, die auf Betrug, Nötigung, Irrtum oder Zwang basierten, und solche Verträge verbieten solle, die gegen die guten Sitten verstießen, unmoralisch seien oder das Allgemeinwohl verletzten.

Melanchthon begnügte sich damit, solche Grundprinzipien des Vertragsrechts kategorisch zu fordern, gelegentlich wandte er sie auch auf kon-

---

89. Siehe Quellenangaben und Erörterungen bei JOHN WITTE, JR./THOMAS C. ARTHUR: *Three Uses of the Law: A Protestant Source of Criminal Punishment?* In: Journal of Law and Religion 10 (1994), 433.
90. CR 22, 241.
91. CR 22, 241 f.
92. CR 16, 128-152, 251-269, 495-508; 22, 240; MW 2/2, 802 f.

krete Fälle an. Besonders vehement verurteilte er zum Beispiel Darlehensverträge, die die Schuldner dazu verpflichteten, Wucherzinsen zu zahlen – ein Thema, zu dem sich Luther ebenfalls ausführlich geäußert hatte und das später regelmäßig zum Gegenstand evangelischer Ethik und Rechtslehre werden sollte.[93] Er verurteilte auch Verträge und Hypotheken, die die Gläubiger dazu berechtigten, ein Darlehen durch Eigentum abzusichern, dessen Wert den Darlehensbetrag bei Weitem überschritt. Er verurteilte einseitige Arbeits- und Beschäftigungsverträge, die vorsahen, dass der Dienstherr nur bei voller Leistungserbringung des Bediensteten zahlte, sowie Kauf- und Verkaufsverträge, die auf Ungleichheit des Gegenwertes basierten.[94] Solche Morallehren zum Vertragswesen entsprachen in etwa den zeitgenössischen Lehren der mittelalterlichen Kirchenrechtler und Theologen.[95] Dennoch war Melanchthons Formulierung ein wichtiger Anstoß für deren Übertragung und Implementierung in das neue protestantische zivile Schuldrecht.

Die christliche Obrigkeit sollte auch zur Regelung ehelicher und familiärer Beziehungen positive Gesetze erlassen. Diese Gesetze sollten die monogame, heterosexuelle Ehe zwischen zwei gesunden Partnern vorschreiben und gleichgeschlechtliche, polygame, bigame und andere »widernatürliche« Beziehungen verbieten. Sie sollten sicherstellen, dass jede Ehe in freiwilligem Einverständnis beider Partner geschlossen werde und Beziehungen, die durch Betrug, Irrtum, Zwang oder Nötigung entstanden waren, aufgelöst werden. Sie sollten die ehelichen Pflichten der Fortpflanzung und Kindererziehung fördern und alle Arten von Empfängnisverhütung, Schwangerschaftsabbruch und Kindstötung verbieten. Sie sollten die Autorität des *Paterfamilias* gegenüber seiner Ehefrau und seinen Kindern schützen, aber alle Arten von Ehebruch, boshaftem Verlassen, Inzest und Misshandlungen von Frau oder Kind durch den *Paterfamilias* streng bestrafen. Diese Lehren, zusammen mit denen Luthers und anderer Reformatoren,

---

93. CR 16, 128-152. Vgl. LUTHERS Ansichten in WA 15, 293-313; 6, 36-60. Zu traditionellen Ansichten vgl. JOHN T. NOONAN, JR.: *The Scholastic Analysis of Usury*. Cambridge, MA 1957.
94. CR 16, 251-269, 495-508.
95. Vgl. HAROLD J. BERMAN: *Faith and Order: The Reconciliation of Law and Religion*. Atlanta 1993, 197 ff.; R. H. HELMHOLZ: *The Spirit of the Classical Canon Law*. Athens, GA 1996, 229 ff.; STEPHAN KUTTNER: Kanonistische Schuldlehre von Gratian bis auf die Dekretalen Gregors IX.: systematisch auf Grund der handschriftlichen Quellen dargestellt. Vatikanstadt 1935; ALFRED SÖLLNER: Die causa im Konditionen- und Vertragsrecht des Mittelalters bei den Glossatoren, Kommentaren und Kanonisten. In: ZSS (Romanische Abteilung) 77 (1960), 182.

4 · Lutherische Lehren zu Recht, Politik und Gesellschaft

sollten erheblichen Einfluss auf die Reform des Eherechts haben, wie wir in einem späteren Kapitel sehen werden.[96]

Und schließlich hatte die christliche Obrigkeit die sichtbare Kirche durch positivierte Gesetze zu lenken. Diese »*Kirchenordnungen*« hatten nicht nur die Lehre, die Liturgie und die Feiertagsruhe gemäß der ersten Tafel des Dekalogs zu regeln, sondern auch die Kirchenpolitik und den Kirchenbesitz gemäß den Grundregeln der zweiten Tafel des Dekalogs. Der Landesherr sei Gottes *summus episcopus* in der Kirche, schrieb Melanchthon.[97] Er habe die hierarchische Ordnung der Kirche festzulegen – von der Ortsgemeinde über den städtischen Kirchenkreis bis hin zum Kirchenrat oder zur Synode. Er habe über die Verantwortlichkeiten und Verfahrensweisen der Gemeindekirchenräte, der Kreisräte und der Territorialsynoden zu befinden. Er habe Kirchenbeamte zu ernennen, sie zu bezahlen, sie zu beaufsichtigen und sie, falls nötig, zu ermahnen und zu maßregeln. Er habe zu gewährleisten, dass die örtlichen Universitäten und Schulen die Pfarrer, Lehrer und Verwaltungsbeamte hervorbrächten, die für die Kirche gebraucht würden. Er habe den Grund und Boden, die Versorgung und Dienstleistungen zur Verfügung zu stellen, um jedes einzelne Kirchengebäude zu errichten und unterhalten zu können. Er habe den Erwerb, die Nutzung, die Instandhaltung und die Veräußerung von Kircheneigentum zu beaufsichtigen.[98] Er habe seine Inspektoren zu entsenden, die sicherstellen sollten, ob das Evangelium und das Gesetz der Obrigkeit auch gewissenhaft befolgt würden. Melanchthon stellte die sichtbare Ortskirche damit sowohl unter die Herrschaft als auch unter den Schutz der Obrigkeit.

Melanchthon beschrieb nicht nur die Pflichten der politischen Amtsinhaber, sondern auch die der politischen Untertanen, das heißt derer, die der Autorität und dem Gesetz der Obrigkeit unterstellt waren. Anfangs hatte Melanchthon gelehrt, dass alle Untertanen die Pflicht hätten, der politischen Autorität und den positivierten Gesetzen zu gehorchen, nicht aber

---

96. Zu Melanchthons Ansichten zur Ehe und Familie vgl. CR 16, 509 ff.; CR 21, 1051 ff.; CR 22, 600 ff.; CR 23, 667 ff.; MW 2/2, 801 f. und weiterhin S. 280-283, 287-292, 297-299.

97. Zitiert aus Emil Sehling: Kirchenrecht. Leipzig 1908, 36 f.; siehe ähnliche Ansichten Melanchthons bei ders.: Die evangelischen Kirchenordnungen des 16. Jahrhunderts, Leipzig 1902-1913, Bd. 1/1, 149-152, 163-165.

98. CR 16, 241 ff., 469 ff., 570 ff.; CR 22, 227 ff., 617 ff. und weitere Erörterungen bei Peter Meinhold: Philipp Melanchthon: Der Lehrer der Kirche. Berlin 1960, 40 ff.; Hans Liermann: Deutsches evangelisches Kirchenrecht. München 1933, 150 ff.; Wilhelm Maurer: Die Kirche und ihr Recht. Gesammelte Aufsätze zum evangelischen Kirchenrecht. Tübingen 1976, 254 ff.

Vereinbarkeit mit dem Gemeinwohl

das Recht, sich diesen zu widersetzen, selbst wenn die Autorität und die Gesetze willkürlich seien oder missbraucht würden. Selbst wenn die Obrigkeit mit tyrannischer Willkür regiere (»*si quid imperent tyrannice*«), schrieb er 1521, sei die Obrigkeit genauso zu erdulden: »*Schließlich, wenn sie etwas mit tyrannischer Gewalt aufzwingen, ist die Obrigkeit auch hierin um der Liebe willen zu ertragen, wenn ohne öffentlichen Aufruhr und ohne Aufstand nichts verändert werden kann gemäß jenem [Wort]:* »*Wer dich auf rechte [Backe] geschlagen hat, dem biete auch die linke dar.*«[99] Melanchthon gründete diese Lehre vom bedingungslosen zivilen Gehorsam auf biblische Texte, insbesondere auf Römer 13: »*wo aber Obrigkeit ist, die ist von Gott angeordnet*«; der unerschütterliche Gehorsam geschehe »*um des Gewissens willen*«, und sich ihr zu widersetzen, bedeute, sich Gott zu widersetzen und Gottes Zorn auf sich zu ziehen.[100]

Als die Macht der deutschen Landesfürsten stetig zunahm, wuchs jedoch Melanchthons Besorgnis darüber, wie man die Untertanen vor Missbrauch schützen und Fürsten von Willkür abhalten könne. Spätestens im Jahr 1555 gehörte er zu denjenigen, die den Untertanen auf der Grundlage des Naturrechts ein Widerstandsrecht gegenüber Tyrannen zubilligten.[101] »*Wissentlicher Ungehorsam gegen der weltlichen Oberkeit, und wider rechte oder zimlich Gesetze*«, dabei blieb er, »*ist Todsünde, Das ist, solche sünde, die Gott mit*

---

99. CR 21, 223 f.: »*Postremo, si quid imperent tyrannice, hic quoque ferendus est magistratus propter caritatem, ubi sine publico motu, sine seditione nihil mutari potest, iuxta illud:* »*Qui percusserit te in dextram, obverte ei et sinistram.*« Melanchthon empfahl allerdings denen, die unter willkürlichen Machthabern und Gesetzen zu leiden haben, ihren Wohnsitz unter Vermeidung von Unruhen und Aufständen zu verlassen (ebd.). Diese Aussage war eine wichtige Grundlage für die Garantie des Augsburger Reichs- und Religionsfriedens, dass jemandem, der seiner örtlichen Herrschaftsordnung aus religiösen Gründen ablehnend gegenüberstand, das Recht zu friedlichem Verlassen des Machtbereiches gewährt wurde.
100. Ebd.; zu vergleichbaren Ansichten Luthers vgl. BRECHT, Bd. 3, 199-228.
101. Zur eingehenden Erörterung der Entwicklung von Luthers Widerstandslehre ab den 1530er Jahren vgl. HEINZ SCHEIBLE: Das Widerstandsrecht als Problem der deutsche Protestanten 1523-1546. Gütersloh 1969; EIKE WOLGAST: Die Religionsfrage als Problem des Widerstandsrechts im 16. Jahrhundert. Heidelberg 1980; DAVID WHITFORD: The Right of Resistance in the Theology of Martin Luther, with specific Reference to the Magdeburg Confession of 1550. Ph.D. Diss. Boston University 1999; RICHARD ROY BENERT: Inferior Magistrates in Sixteenth-Century Political and Legal Thought. Ph.D. Diss., University of Minnesota 1967; PAUL ALTHAUS: Die Ethik Martin Luthers. Gütersloh 1965, 124 ff. Vgl. Texte bei JAMES L. ESTES (Hrsg.): Whether Secular Government Has the Right to Wield the Sword in Matters of Faith. Toronto 1994.

4 · Lutherische Lehren zu Recht, Politik und Gesellschaft

ewiger verdammnis straffet, so man im selbigen wissentlichen trotz entlich verharret.«[102] Sollte aber das positivierte Gesetz, das der politische Amtsträger erlassen hat, dem Naturrecht und insbesondere den Zehn Geboten widersprechen, so binde es das Gewissen nicht und dürfe ignoriert werden. Das entsprach der traditionellen mittelalterlichen Lehre. Allerdings hatte sie im protestantischen Einheitsstaat völlig andere Auswirkungen; denn nun gab es keine konkurrierenden kirchlichen und zivilen Rechtsprechungen mehr, die die gegenseitigen Rechtsvorschriften auf der Grundlage des Naturrechts kritisch hinterfragten. Jetzt war es dem Einzelnen oder den Land- und Reichstagen überlassen, sich Amtsinhabern zu widersetzen, die ihre amtlichen Befugnisse überschritten hatten, und Gesetze zu ignorieren, die gegen die Grundsätze des Naturgesetzes verstießen.

Philipp Melanchthon bestimmte den Inhalt und Charakter der lutherischen Lehren zu Recht, Politik und Gesellschaft maßgeblich mit. Eine ganze Generation von führenden deutschen Rechtsgelehrten des 16. Jahrhunderts standen als Studenten, Kollegen und Briefpartner unter seinem unmittelbaren Einfluss.[103] Ganze Generationen von Studenten lasen später seine rechtlichen, politischen und moralischen Schriften, von denen viele noch zwei Jahrhunderte später gedruckt und als Lehrbücher an Universitäten in ganz Deutschland und darüber hinaus verwendet wurden.[104]

Zwei der wichtigsten späteren Studenten Melanchthons, die seine Rechtslehren systematisierten, waren Martin Chemnitz und Nicolaus Hemming. Martin Chemnitz (1522-1586) ist bis heute für seine detaillierte und maßgebende evangelische Antwort auf die neuen katholischen Lehren des Tridentinum (1545-1563) bekannt.[105] Seiner Zeit war er für seinen brillanten Kommentar zu Melanchthons *Loci communes* berühmt, der eine ausführliche Exegese des Dekalogs enthielt. Noch scharfsinniger als sein Lehrer entnahm Chemnitz dem Dekalog ein ganzes Buch wertvoller »*Gebote und Ratschläge*«, »*Richtlinien und Verhaltensmaßregeln*«, die das irdische Leben

---

102. CR 22, 613.
103. Vgl. Köhler 125-132; Guido Kisch: Melanchthon und die Juristen seiner Zeit. In: Mélanges Philippe Meylan. Lausanne 1963, Bd. 2, 135, und ausführliches Verzeichnis bei Heinz Scheible (Hrsg.): Melanchthons Briefwechsel, 10 Bde., Stuttgart 1977-1987.
104. Zu Melanchthons Schriften vgl. Anmerkungen des Herausgebers am Anfang jedes seiner Werke in CR. Zu Einzelheiten zu einigen Schriften bedeutender Rechtswissenschaftler vgl. Gisela Becker: Deutsche Juristen und ihre Schriften auf den römischen Indices des 16. Jahrhunderts. Berlin 1970.
105. Vgl. Jaroslav Pelikan: *Obedient Rebels: Catholic Substance and Protestant Principle in Luther's Reformation*. New York 1964, 49 ff.

regeln. Er begründete seine Lesarten und Argumente mit großer philologischer und philosophischer Kunstfertigkeit. Während Melanchthon den Dekalog meist mit einem Seitenblick auf parallele klassische Morallehren ausgelegt hatte, tat Chemnitz dies mit einem Seitenblick auf die jüdischen Rechtsgelehrten, was seiner Exegese einen stärkeren rechtlichen Charakter und mehr Gegenständlichkeit verlieh. Die Arbeiten von Chemnitz beeinflussten nicht nur die lutherische Rechtslehre auf entscheidende Weise, sondern auch die lutherische Ethik, Homiletik, Katechese und systematische Theologie.[106]

Ähnliches kann über Melanchthons Studenten Nicolaus Hemming (1513-1600) gesagt werden, einen Rechtsgelehrten, Ethiker und Theologen, der Melanchthons Lehren in seine Heimat Dänemark übertragen hat. Seiner Zeit war Hemming als »Lehrer Dänemarks« (Praeceptor Daniae) bekannt, eine ehrenhafte Anspielung auf Melanchthons Titel »Lehrer Deutschlands« (Praeceptor Germaniae).[107] Hemming war mit einem langen Leben und einer flinken Feder gesegnet. Er verfasste mindestens zwei Dutzend umfangreiche Werke – darunter eine umfangreiche Arbeit zu Melanchthons Erkenntnislehre[108], eine Arbeit über die Reform des kanonischen Ehe-, Annulierungs- und Scheidungsrechts[109] und eine wichtige Abhandlung über das Naturrecht[110]. Vieles von dem, was er schrieb, war eine sinngetreue Wiedergabe und Neuordnung der wichtigsten Themen und Schriften Luthers und Melanchthons. In seinem späteren Leben näherte sich Hemming auch einigen theologischen Ansichten von Johannes Calvin an. Melanchthons Formulierungen zum Recht änderte Hemming leicht ab. Zum Beispiel systematisierte er die Kategorien des göttlichen Rechts, des Naturrechts und des Sittengesetzes sehr viel klarer, als Melanchthon dies getan hatte. Allen drei Formen des Rechts entspräche ein dreifacher Gebrauch im weltlichen Reich, den er als äußerlichen, innerlichen und geistlichen Ge-

---

106. MARTIN CHEMNITZ: Loci Theologici (1581); vgl. darüber hinaus THOMAS KAUFMANN: Martin Chemnitz (1522-1586): Zur Wirkungsgeschichte der theologischen Loci. In: HEINZ SCHEIBLE (Hrsg.): Melanchthon in seinen Schülern. Wiesbaden 1997, 183-255.
107. Art. Hemming, Nicolaus, in: ADB 11 (1880), 724.
108. NICOLAUS HEMMING: De methodis libri duo. Wittenberg 1559.
109. DERS.: Libellvs De Coniugio, Repudio, & Diuortio: In Gratiam Fratrvm, Qvi Ivdices Cavsarvm Matrimonialium in Regnis Dania & Noruegia constituti sunt. Leipzig 1572.
110. DERS.: De lege naturae apodictica methodus. Wittenberg 1562. Fünfzehn seiner Traktate sind zu finden in: D. NICOLAI HEMMING: Opuscula theologica, in unum volumen collecta. Geneva 1586.

brauch bezeichnete.[111] Entscheidend dabei war, dass Hemming eine sogenannte »*de lege naturae apodictica methodus*« entwickelte. Mithilfe von Melanchthons Begriff der *notitiae* (jenen angeborenen Naturprinzipien der praktischen Vernunft) bemühte sich Hemming, die naturgemäße Universalität und Überlegenheit des Dekalogs als Quelle und Summe des Naturrechts zu beweisen. Er zog dazu Hunderte von klassischen griechischen und römischen Textpassagen heran, die seiner Ansicht nach mit den gängigen evangelischen Interpretationen jedes einzelnen Gebotes übereinstimmten. Besonders eindrucksvoll waren Hemmings ausführliche Argumente, die die natürlichen Qualitäten der drei häuslichen, kirchlichen und politischen Ordnungen rechtfertigten, die zuvor sowohl Luther als auch Melanchthon für das irdische Reich beschrieben hatten.[112]

Johannes Eisermann über das Recht und das Gemeinwohl

Melanchthon und viele seiner Studenten hatten etwas geprägt, was man die Wittenberger Schule der lutherischen Rechtslehre nennen könnte. Diese Schule zeichnete sich durch eine starke Abhängigkeit von Luthers Zwei-Reiche-Lehre und Drei-Stände-Lehre aus. Sie betonte nachdrücklich den Dekalog als Quelle und Summe des Naturrechts und des positivierten Rechts. Und sie bot eine einzigartige Mischung aus Teleologie und Utilitarismus im Blick auf die von Gott gebilligten *usus legis*.

Eine zweite Schule der lutherischen Rechtslehre entstand im zweiten Drittel des 16. Jahrhunderts an der neuen evangelischen Universität zu Marburg. Zwei der neuen Rechtsprofessoren, Johannes Eisermann und Johann Oldendorp, prägten dabei Inhalt und Akzent jener Marburger Schule. So wie ihre Wittenberger Kollegen bauten auch die Marburger Rechts-

---

111. Ders.: *Opuscula*, 521-534, 850-912; ders.: Enchiridion Theologicum. Leipzig 1581, 132-172, 399-407.
112. Das ist die zentrale These in: ders.: De Lege Naturae apodictica methodus; Auszüge daraus in: Karl von Kaltenborn: Die Vorläufer des Hugo Grotius auf dem Gebiete des *ius naturae et gentium* sowie der Politik im Reformationszeitalter. Leipzig 1848, Anhang, 27-44. Vgl. Auswertung, 237 ff.; Otto W. Krause: Naturrechtler des sechzehnten Jahrhunderts. Ihre Bedeutung für die Entwicklung eines natürlichen Privatrechts. Frankfurt am Main 1982, 125 ff. Der lutherisch gesinnte Benedikt Winkler entwickelte Hemmings Grundsatzmethode des Naturrechts nochmals weiter; vgl. dazu sein umfangreiches Werk: Principiorum juris libri quinque. Leipzig 1615.

gelehrten auf Luthers Theologie auf, insbesondere auf der Zwei-Reiche-Lehre. Luthers Lehren von der Priesterschaft aller Gläubigen, der christlichen Berufung und der Bedeutung des christlichen Gewissens bei der Entscheidungsfindung bekamen eine neue rechtliche Komponente. Während die Wittenberger Schule aber dazu neigte, Rechtsfragen mit Theologie und Moralphilosophie zu begegnen, neigte die Marburger Schule dazu, sich diesen über Rechtsgeschichte und politische Theorie zu nähern. Das führte zu unterschiedlichen rechtlichen und politischen Akzenten und Anwendungen.

Der Begründer der Marburger Schule war Johannes Eisermann (ca. 1485-1558).[113] Geboren und aufgewachsen nahe der Stadt Marburg in Hessen, studierte Eisermann Theologie und Medizin an der Universität zu Wittenberg und schloß beide Fächer im Jahr 1514 ab. Im Jahr 1518 begann er unter der Anleitung von Philipp Melanchthon, klassische Autoren wie Platon, Aristoteles, Cicero zu lesen. Er hielt auch selbst Vorlesungen an der Universität zu Wittenberg über Plinius und Quintilian, in Biologie und Naturphilosophie. Zeitgleich begann Eisermann im Selbstunterricht ein Rechtsstudium, welches er zeitweilig unterbrach, aber schließlich mit der Ernennung zum doctor iuris im Jahr 1532 abschloss. In den Jahren 1521 und 1522 amtierte er kurz als Rektor der Universität zu Wittenberg, kehrte dann aber in seine Heimat Hessen zurück, um sich in Marburg niederzulassen, wo die Reformation ebenfalls an Boden gewann.

Im Jahr 1523 wurde Eisermann in den Marburger Stadtrat berufen. Im darauffolgenden Jahr wurde er zum Schöffen am Marburger Hofgericht ernannt.[114] Diese gerichtlichen Bestellungen wurden genau zu dem Zeitpunkt ausgesprochen, als sich Landgraf Philipp von Hessen der offiziellen Einführung der Reformation annäherte. Zusammen mit Melanchthon und anderen arbeitete Eisermann daran, Philipps sehr ausführliche Reformationsordnung von 1526 zu entwerfen, die zu einem Musterrecht für andere Territorien und Städte wurde, die sich der Reformation angeschlossen

---

113. Auch bekannt als Johann(es) Ferrarius, Ferrarius Montanus, Johannes Hessus Montanus oder Ioannes Ferreus Hessus. Eisermann sollte nicht mit Johannes Heß von Breslau verwechselt werden, einem unbeugsamen Reformator, der mit Luther korrespondierte; vgl. WA Br 2, 86; 118f.; 154f.; 482; Br 3, 143; 240; 253; 257; 544; Br 4, 61; 372; 480; 582; Br 5, 14; 695f.; Br 6, 496; Br 10, 347; 463-465. Näheres siehe in: Art. Ferrarius, Johannes, in: ADB 6 (1877), 719f.

114. WALTER SOHM u.a. (Hrsg.): Urkundliche Quellen zur hessischen Reformationsgeschichte. Marburg 1957, Bd. 3, 416. Zu Schöffen siehe STÖLZEL, passim und S. 66-71.

4 · Lutherische Lehren zu Recht, Politik und Gesellschaft

hatten.[115] Eisermann beteiligte sich auch daran, neue kommunale und regionale Gesetze für die kirchliche Verwaltung und Visitation, Armenfürsorge und Bildung zu entwerfen und einzuführen. Auch an der Einführung zunehmend strengerer Gesetze gegen die Wiedertäufer war er beteiligt.[116] Er half Philipp, sein Testament zu machen, eine Staatsangelegenheit, die sich durch Philipps berüchtigte Doppelehe in zweifacher Weise als delikat erwies.[117] Eisermann trug auch dazu bei, einige der Rechtsfragen zu lösen, die sich um die Auflösung von Klöstern in Marburg und die Umwidmung ihrer Gebäude in neue evangelische Schulen rankten, nicht zuletzt um die Gründung der Universität zu Marburg, die Philipp im Jahr 1527 voller Stolz gegründet hatte.[118]

Noch im selben Jahr 1527 ernannte Philipp Eisermann zum ersten Professor für Zivilrecht an der Universität zu Marburg, eine Position, die er bis kurz vor seinem Tod im Jahr 1558 behalten sollte. Zeitweilig war er Dekan und später Rektor der Universität, außerdem Rechtsberater von Philipp und Richter am Marburger Hofgericht.[119] Den größten Meilenstein legte Eisermann jedoch als herausragender Lehrer und Wissenschaftler. Er verfasste mehrere maßgebliche Traktate und Kommentare zum klassischen römischen Recht und Feudalrecht, ein seitenstarkes Handbuch zum inländischen Recht, Erbrecht, Eigentumsrecht, Zivilverfahren, und zwei spätere Abhandlungen über Charakter und Verfahren der gerichtlichen Urteilsfindung.[120]

---

115. RICHTER, Bd. 1, 56-69.
116. Vgl. SOHM: Urkundliche Quellen, Bd. 1, 95, 109, 144-149; Bd. 2, 25f., 78f., 197-201, 413; Bd. 3, 10f., 136-139, 143-146; Bd. 4, 98, 130-136, 211-214.
117. Ebd., Bd. 2, 242-244, Bd. 3, 14f. Zu Philipps Doppelehe vgl. HASTINGS EELLS: The Attitude of Martin Bucer Toward the Bigamy of Philip of Hesse. New Haven, CT 1924; und allgemeiner HANS J. HILLERBRAND: Landgrave Philip of Hesse. New York 1967. Ich habe keinen Beleg gefunden, dass Eisermann Philipp in Fragen zu seiner Doppelehe beriet. Zu Luthers Ratschlag siehe unten S. 290-292.
118. Vgl. z.B. JOHANNES EISERMANN: Was der Durchleuchtige Hochgeborne Furst und Herr: Herr Philips Landtgrave zu Hesen ... als ein christlicher Furst mit den Closter personen, Pfarhern, und abgöttischen bildnussen, yyn seyner gnaden Furstenthumbe auß götlicher geschrifft, vorgenommen hat. Erfurt 1528. Vgl. auch RICHTER, Bd. 1, 68 (Kap. XXIX: De universali studio Marpurgensi).
119. SOHM: Urkundlichen Quellen, Bd. 2, 32, 68.
120. Vgl. z.B. JOANNIS FERRARII MONTANI: Adnotationes in IIII Institutionum Iustiniani libros. Marburg 1532; ders.: Commentarius omnibus qui in iure, foroque iudiciario versantur, omnibus de appellationibus supplicandi usu, restitutum adv. rem. judic., exceptionibus quae sent. objie., impedimentis executionum, recusationibus judicum. Marburg 1542; Frankfurt a.M. 1600; ders.: Ad titulum

Vereinbarkeit mit dem Gemeinwohl

Eisermanns originellster und nachhaltigster Beitrag zur lutherischen Rechtslehre war seine Schrift »*Von dem gemeinen Nutze*«, die später erweitert und in »*Von der guten Ordnung des Gemeinwesens*« umbenannt wurde.[121] Dieses Buch wurde zunächst im Jahr 1533 auf Deutsch veröffentlicht und erlebte zahlreiche Neuauflagen und Übersetzungen. In evangelischen Kreisen war es für das gesamte 16. Jahrhundert ein populäres Werk. Eisermann gab in dieser Schrift vieles der neuen evangelischen Theologie seiner Tage wieder. Er lehrte die völlige Verderbtheit des Menschen und die Rechtfertigung durch den Glauben allein. Er machte die gewohnten Unterscheidungen zwischen zwei Reichen und zwei Arten von Regimentern, zwei Formen der Gerechtigkeit und der Tugend. Er setzte sich nachdrücklich für die wichtigsten Lehren der Reformatoren von der Priesterschaft aller Gläubigen und dem Ruf aller Christen zu einer göttlichen Berufung ein. Er schloss an die naturgemäße Vorrangstellung des häuslichen, des kirchlichen und des politischen Standes an sowie deren komplementären Aufgaben, die naturrechtlichen Normen, insbesondere die Zehn Gebote und die Goldene Regel zu lehren und ihnen Geltung zu verschaffen.[122] Alle diese Lehren waren immer noch im Wandel, als Eisermann seine Schrift in den späten 1520er Jahren begann. Seine Zusammenfassung nahm ihrerseits Einfluss, die evangelische Theologie in Marburg und darüber hinaus zu systematisieren.

Eisermanns Hauptanliegen dieser Schrift war es jedoch, wie eine Lehre vom Gemeinwohl aus der Theologie von der völligen Verderbtheit des Menschen entwickelt werden konnte. Wenn Menschen im irdischen Reich von Natur aus ganz und gar sündig und selbstsüchtig waren, wie konnte man sie

---

Pandectarum de regulis iuris commentarius. Leiden 1537, 1546; ders.: Progymnasmata forensia sive processus iudiciarii recepti libri V. Marburg um 1542, 1556, überarb. als Processus iudiciarii, ad mores nostros accommodati. Hamburg 1608; ders.: In usus feudorum collectanea quodammodo methodica. Frankfurt a. M. 1554, Bd. 10/2; ders.: De Ivdiciorum præexercitamentis, & ijs, quæ ad ius dicentis officium, atq[ue] etiam causas disceptantium modestius studium pertinent, Enchiridion, Vtilibus multarum rerum Locis illustratum. Frankfurt a. M. 1554, 1600.

121. Ders.: Von dem gemeinen Nutze. Marburg 1533, nachgedruckt und überarbeitet als Tractatus de republica bene instituenda paraenesis: Das ist: Ein sehr nützlicher Tractat vom gemeinen Nutzen: Darinnen angezeigt wirdt, wie sich so wol die Regenten, als Unterthanen verhalten sollen. Basel 1556. Die folgenden Zitate stammen zum Teil aus der frühen englischen Ausgabe: A Woorke of J. Ferrarius Monatus touchynge a Good Orderynge of a Common Weale. London 1559. Da die Seitenzählung der Ausgaben von 1533 und 1556, die ich verwendet habe, äußerst fehlerhaft sind, bezeichnen meine Zitate lediglich das Buch und das Kapitel.

122. I.1-4, II.1-2, III.2, IV.1, 4, VI.7, VIII.1, IX.2, 5.

4 · Lutherische Lehren zu Recht, Politik und Gesellschaft

dann dazu bewegen, etwas Gutes für andere oder für die ganze Gemeinschaft zu tun? Wenn das irdische Reich wirklich das gefallene Reich des Teufels war, wie kam es dann, dass man jetzt in einer verhältnismäßig geordneten deutschen Nation lebte? Zum Teil entsprach Eisermanns Antwort auf diese Fragen der Luthers und Melanchthons: Gott habe es dem Naturrecht ermöglicht, auch weiterhin sündige Menschen im irdischen Reich leiten zu können. Durch seinen bürgerlichen und theologischen Gebrauch zwinge das Gesetz alle Menschen in eine niedere weltliche Gerechtigkeit, bringe aber einige Menschen zu einer höheren geistlichen Gerechtigkeit. Zum Teil war seine Antwort dagegen seine eigene, neuartige Lehre vom Ursprung, Wesen und Zweck des christlichen Gemeinwesens.

Eisermann entwickelte eine Art lutherische Lehre vom Gesellschaftsvertrag. In einigen Teilen übernahm er diese Lehre von klassischen griechischen und römischen Autoren. Zum Teil übernahm er auch das paulinische Bild vom Leib Christi und seinen Gliedern, »*so sind wir viele ein Leib in Christus*«. Hierbei handelte es sich um eine ergiebige biologische Metapher, die Eisermann (ein früherer Medizinstudent) auf seine Lehre vom christlichen Staatswesen übertrug.[123]

Von der Natur zur Gesellschaft

Eisermanns Ansicht nach war der Naturzustand anfangs das vollkommene Reich des Paradieses. Adam und Eva wurden nach dem Ebenbild Gottes geschaffen. Sie waren die Krone der Schöpfung, Gottes letzter und höchster Schöpfungsakt. Ihnen allein war die Kraft der Vernunft und der Sprache gegeben. Ihnen allein war die Herrschaft »*über alles Leben*« (»*to bee governour of all livyng things*«) verliehen. Und sie waren dazu berufen, den Garten zu bebauen und zu bewahren. Ihrer Natur nach waren sie »*civill, and commonable*«. Sie lebten in vollkommener Gemeinschaft mit Gott und miteinander. Sie waren erschaffen, die Gesetze zu achten, einander zu helfen, die Güter zu gebrauchen, ohne anderen zu schaden, nach dem Gerechten

---

123. Siehe z. B. Röm 12,4; 1 Kor 12,12. Zu klassischen und mittelalterlichen Quellenangaben zur Vertragstheorie vgl. Otto von Gierke: The Development of Political Theory. Übers. v. Bernard Freyd. New York 1939 (posthum), Neudruck 1966, 91-142; J. W. Gough: The Social Contract. Oxford 1963; Art. »Social Contract«, in: New Dictionary of the History of Ideas, hrsg. v. Maryanne Cline Horowitz, Bd. 5. Detroit, New York u. a. 2005, 2220 f.

Von der Natur zur Gesellschaft

und Guten zu streben, redlich zu sein usw. (»*to obeie lawes, to ioyne in the societie of life to helpe other, to desire that is upright and good, to favour honestie*«).[124]

Durch Satans üble List jedoch erlagen Adam und Eva der Sünde, und alle Menschlichkeit ging stellvertretend mit ihnen verloren. Nach dem Fall verloren alle Menschen ihre vollkommene Gemeinschaft mit Gott. Sie verloren ihre Herrschaft über die Schöpfung. Sie verloren ihre natürliche Gemeinschaft miteinander. In diesem gefallenen Naturzustand waren die Menschen »gierig«, »verdorben« und »so verloren und verworfen«, dass sie »sich dem zuwandten, was verboten und teuflisch ist«. Fragen nach der Zugehörigkeit und dem Eigentumsrecht der Dinge drängten sich auf. »*Zu dem sein zwey wortlin MEIN und DEIN inn der welt auffgestanden unnd solchen span umb das weltlich gutt eingefuert*«, Gewalt und Blutvergießen. Vagabunden und Räuber verwüsteten Besitz und griffen Menschen an und lösten damit bei den nachfolgenden Generationen einen Teufelskreis von Rache und Vergeltung aus. Im vollkommen Naturzustand des Paradieses war das menschliche Leben ein schönes und langes gewesen. Im sündigen Naturzustand nach dem Fall wurde das menschliche Leben »wild« und »kurz« (»*ferus et brevis*«).[125]

Trotz des Sündenfalls hatte Gott allen Menschen einen Schimmer der »*eingeborenen Funken*« der Redlichkeit, Tugend und des Gemeinsinns bewahrt: ein eingeborenes Wissen von einem Naturgesetz der Liebe zu Gott, seinem Nächsten und sich selbst sowie einem natürlichen Gerechtigkeitssinn, der dieses Gesetz anwenden müsse. Diese natürlichen Normen seien durch die Sünde »*nicht gänzlich erstickt*«, so Eisermann. Sie würden »*in der menschlichen Vernunft bewahrt*«. Sie könnten durch ein verwahrlostes und lasterhaftes Leben leicht ausgelöscht und vergessen werden. Genauso gut könnten sie aber entzündet werden, um ein helleres Licht zu geben, wenn man sie »*sorgfältig prüfte*«.[126]

Im Laufe der Geschichte, so Eisermann, habe Gott immer wieder weise Männer erhoben, die die »*angeborenen Funken*« des Naturgesetzes einer solchen »*sorgfältigen Prüfung*« unterzogen hätten. Von solchen weisen Männern geleitet hätten die Ägypter, Griechen, Römer und andere antike Völker des Westens sämtlich erkannt, dass der Mensch von Natur aus sozial sei und Gesellschaft und Lebensgemeinschaft anstrebe, um dem Laster Einhalt zu gebieten und die Tugend zu ergreifen, andere zu unterstützen und einen

---

124. I.1, 2.
125. I.2-3; III.7.
126. II.1; III.7; IV.2.

Weg zu finden, sich selbst und der Gemeinschaft zu helfen. Demnach habe jedes dieser antiken Völker »einen Vertrag der menschlichen Gesellschaft« *(foedus humanae societatis)* geschlossen, in dem Menschen durch den Gebrauch von Gesetzen und Sitten eingeübt würden, etwas für andere zu tun und ein gutes Leben zu führen.[127]

Die Verpflichtung zur Rechtsstaatlichkeit war die wesentliche Bestimmung dieser frühen Gesellschaftsverträge. Ohne Gesetz, so Eisermann, könne es kein Gemeinwesen geben.[128] Das Gesetz sei unerlässlich, um den lasterhaften Trieben der Menschen Einhalt zu gebieten und sie zu mehr Ordnung, Tugend und sogar Glück zu bewegen. Eisermann zitiert verschiedene antike griechische und römische Schriftsteller, wenn er schreibt, dass das Gut der Bürger, die Sicherheit der Städte und die Ruhe und das Glück eines Menschenlebens mit der Einführung von Gesetzen begünstigt würden. Ihre Tugend sei es, zu gebieten, zu kontrollieren, zu bieten und zu verbieten. Denn es sei allein das Gesetz, das gebiete, Dinge zu tun oder nicht zu tun. Darum beherrsche und leite das Gesetz das weltliche Leben. Um diese Ziele zu erreichen, müsse das Gesetz schriftlich, verständlich, zugänglich und verbindlich für Herrscher und Beherrschte sein und zügig, verlässlich und fair angewendet werden, wo es übertreten werde.[129]

Bestimmte Gesetze hätten sich als unentbehrlich erwiesen, die Verpflichtung zur Rechtsstaatlichkeit zu verwirklichen, so Eisermann. Jede antike Kultur habe Gesetze erlassen, um den Frieden und die Ordnung des Gemeinwesens zu schützen und das Amt und die Tätigkeiten des Herrschers festzulegen. Überhaupt schützten ihre Gesetze Leben und Eigentum. Sie förderten die Nächstenliebe und sorgten für andere. Sie missbilligten Wucherhandel, Preistreiberei und Betrug. Sie versorgten Gäste, Bedürftige und Einwanderer. Sie verlangten, dass Worte aufrichtig zu sein hatten, Versprechen zu halten und Verträge einzuhalten waren. Sie forderten, dass Unrecht wiedergutgemacht wird, entweder mit Hilfe strafrechtlicher Verfolgung oder durch eine Form zivilrechtlicher Wiedergutmachung. Sie ordneten eine Form der gemeinschaftlichen Religionsausübung an. Und schließlich verlangten alle antiken Kulturen ein »*Studium des Rechts*«, nicht nur für angehende Juristen, sondern für alle Bürger, sodass sich jede Generation aufs Neue auf die Rechtsstaatlichkeit und das Fortbestehen des Gesellschaftsvertrages verpflichten könne. Es handele sich hier um allgemeine gesetzliche Bestimmungen aller Völker *(ius gentium)*, argumentierte Eiser-

---

127. I.3-5.
128. I.3.
129. III.7, 8; IX.2.

Von der Natur zur Gesellschaft

mann mit zahlreichen Zitaten und Illustrationen. Zum Teil würden sie die wichtigsten Gebote des Naturrechts *(ius naturale)* widerspiegeln, in denen die »*eingeborenen Funken*« der menschlichen Vernunft bewahrt worden seien.[130]

Obwohl die Verpflichtung zur Rechtsstaatlichkeit die ersten Gemeinwesen miteinander verband, waren sie in ihrer Struktur und Herrschaftsform verschieden. Sie reichten von erweiterten Haus- über Dorfgemeinschaften, von Städten bis hin zu Nationen und ganzen Weltreichen. Einige von ihnen waren Monarchien, andere Oligarchien, wieder andere Demokratien; die meisten aber waren eine Mischung aus diesen drei. Regelmäßig zerbrach eine Gesellschaft durch Zerfall von innen oder Eroberung von außen, durch Willkürherrschaft oder Aufstand, durch Seuchen oder Verwüstung, und die Menschen kehrten zu einem ursprünglicheren Naturzustand zurück. Die Abneigung gegen die Verderbtheit des Naturzustandes und das Verlangen nach Recht und Ordnung in einer Gesellschaft habe die Völker allerdings zu allen Zeiten veranlasst, neue Gesellschaftsverträge zu schließen und in jedem Fall etwas aus dem Scheitern der vorherigen Gemeinwesen zu lernen.[131]

Es gäbe viel aus der Geschichte vom Entstehen und Wachsen des Gemeinwesens zu lernen, so Eisermann. Eine Lektion daraus sei, dass die Christen aus den Erfahrungen früherer Kulturen lernen könnten und müssten. Ein christlicher Theoretiker täte besonders gut daran, die gesellschaftlichen, rechtlichen und politischen Lehren der Hochkulturen Griechenlands und Roms zu studieren, vor und nach dem Kommen Christi. Gemäß den humanistischen Gepflogenheiten seiner Zeit beherzigte Eisermann diesen Grundsatz und würzte seine Abhandlung mit allen möglichen Verweisen auf Platon, Aristoteles, Cicero, Seneca und verschiedene frühe römische Rechtsgelehrte. Er vermischte die klassischen Quellen großzügig mit Zitaten aus der Bibel, der Kirchenväter und Passagen verschiedener christlicher Juristen und Theologen des Mittelalters. Christen hätten kein Monopol auf das Verständnis des Naturrechts und der natürlichen Vernunft, betonte Eisermann, und ein moderner evangelischer Jurist wäre töricht, die Weisheit dieser langen, klassischen Traditionen zu übergehen.

Eine zweite Lektion dieser Geschichte sei es, dass es kein alleiniges vorherbestimmtes oder naturgegebenes System der Gesellschaft, der Politik und des Rechts gebe. Jedes Volk wähle seine eigene Gesellschaftsform, seine eigene politische Struktur und sein eigenes Rechtssystem auf der Grundlage

---

130. I.4; siehe auch VI.1-7; VII.1-8; IX.1, 3.
131. I.3; III.3, 7.

4 · Lutherische Lehren zu Recht, Politik und Gesellschaft

einer »*Verbindung aus Natur, Gewohnheit und Vernunft*«. Die Natur lehre die Grundnormen der Liebe zu Gott, dem Nächsten und sich selbst. Die Gewohnheit lehre die örtlichen Gegebenheiten, in denen diese Normen ihre Anwendung fänden. Die Vernunft übersetze die Grundprinzipien des Naturrechts in konkrete Vorschriften, die für die jeweilige Situation gelten. »*Es passt nicht jeder Schuh an jeden Fuß.*« Es gehörten hinreichend »*politische Weisheit, Erfahrung und Weitblick*« dazu, um die richtige Balance zwischen den Lehren der Natur, der Gewohnheit und der Vernunft zu finden.[132]

Eine dritte Lektion dieser Geschichte sei es, dass es keine alleinige Person und erst recht keine alleinige Dynastie gebe, die in einem Gemeinwesen naturgegeben herrschen solle. »*Ein Fürst ist ein jeder, und ein jeder ist ein Fürst*«, schrieb Eisermann und zitiert damit aus klassischen Quellen. Die Entscheidung darüber, wer ein Gemeinwesen führen soll, sei von der Tugend und Weisheit des Menschen abhängig zu machen, nicht von seinen guten Beziehungen oder seiner Abstammung.[133] Eisermann hat diesen Gesichtspunkt zu keiner allgemeinen Lehre von der Souveränität des Volkes weiterentwickelt, wie es spätere protestantische Theoretiker tun sollten.[134] Er wies allerdings mehrfach auf die Wichtigkeit regelmäßiger Wahlen von Amtsträgern hin, um auf diese Weise eine Herrschaft des Besten und nicht desjenigen mit den besten Beziehungen zu gewährleisten.[135]

Das christliche Gemeinwesen

Trotzdem beschrieb Eisermann in aller Ausführlichkeit, was er für die beste Form und Aufgabe eines christlich geprägten Gemeinwesens für das damalige Marburg und Hessen hielt und gegebenenfalls für andere deutsche Gemeinwesen, die das Luthertum angenommen hatten. Jedes christliche Gemeinwesen sollte auf den Aufgaben der klassischen Gemeinwesen aufbauen. Diese letztgenannten Gemeinwesen seien allerdings *per definitionem* unvollkommen. Sie könnten sich nur an eine »bürgerliche Tugend«, nicht aber an eine »*geistliche Tugend*«, an eine »*äußerliche Anpassung*«, nicht aber an eine innerliche Erneuerung ihrer Bürger richten. Sie könnten nur für das Wohl-

---

132. III.3, 7; VIII.1; IX.2.
133. II.2.
134. Zu diesen späteren Lehren siehe GIERKE: Development of Political Theory, 143-240.
135. III.8; VIII.1.

ergehen von Geist und Körper stehen, nicht aber für das Wohlergehen von Seele und Innerstem. Denn keine dieser klassischen Kulturen kenne die ganze biblische Offenbarung des himmlischen Reichs, welchem das irdische Reich zum Teil nachempfunden sei. Keine von ihnen kenne »*Christus, Ursprung und Quelle aller Gerechtigkeit, Gründer und Herrscher*« jedes christlichen Gemeinwesens. Somit müssten die Baumeister eines christlichen Gemeinwesens die Grundregeln erst erlernen, nicht »*von den Schriften der Philosophen, sondern vom Wort der Wahrheit*«, nämlich den Lehren der Bibel zu leben.[136]

Jedes christliche Gemeinwesen, schrieb Eisermann, müsse ein Abbild vom Leib Christi auf Erden sein.[137] Das beste Gleichnis dazu stamme von Paulus: »*Denn wie wir an einem Leib viele Glieder haben, aber nicht alle Glieder dieselbe Aufgabe haben, so sind wir viele ein Leib in Christus, aber untereinander ist einer des andern Glied, und haben verschiedene Gaben nach der Gnade, die uns gegeben ist. Ist jemand prophetische Rede gegeben, so übe er sie dem Glauben gemäß. Ist jemand ein Amt gegeben, so diene er. Ist jemand Lehre gegeben, so lehre er. Ist jemand Ermahnung gegeben, so ermahne er. Gibt jemand, so gebe er mit lauterem Sinn. Steht jemand der Gemeinde vor, so sei er sorgfältig. Übt jemand Barmherzigkeit, so tue er's gern.*«[138] In der Vergangenheit war das Gleichnis des Paulus für die Beschreibung sämtlicher Verhältnisse bemüht worden, von der Ortsgemeinde bis hin zur ganzen abendländischen Christenheit.[139] Eisermann nahm das Gleichnis vom Leib Christi, um Form und Aufgabe, Anatomie und Physiologie des christlichen Staatswesens zu beschreiben.

Der Mensch

Das Herzstück des christlichen Gemeinwesens sei der Mensch, so Eisermann, und unterstrich dabei den paulinischen Gedanken: »*untereinander ist einer des andern Glied*«. Jeder Mensch sei nach dem Bilde Gottes geschaffen. Jeder habe seinem Nächsten Priester zu sein. Jeder habe eine christliche

---

136. I.1, 4, 5; VI.7; IX.4.
137. IV.1.
138. Röm 12,4-8; vgl. auch 1. Kor 12,12. Vgl. Eisermann in I.4; IV.1.
139. Vgl. Ernst H. Kantorowicz: The King's Two Bodies: A Study in Medieval Political Theology. Princeton 1957, 194 ff.; O'Donovan: The Desire of the Nations: Rediscovering the Roots of Political Theology. Cambridge 1996, 158 ff.

4 · Lutherische Lehren zu Recht, Politik und Gesellschaft

Berufung. »*Ein jeder zählt mit seinem Amt.*« »*Ein jeder verrichtet Werke, die Gott, den Schöpfer und Erlöser, preisen*«, und »*dem Gemeinwesen einen besonderen Dienst*« erweisen. Jeder Mensch, der »*all sein Tun auf seine Berufung*« konzentriere, »*und dessen Geist innerlich erleuchtet ist, ist ein tauglicher Bürger*«.[140]

Es handelte sich hier um eine besonders tragfähige Anwendung von Luthers Lehre von der Priesterschaft aller Gläubigen und der Gleichheit aller christlichen Berufungen. Eisermann hielt dies für ein wesentliches Merkmal des christlichen Gemeinwesens. Nahezu ein Viertel seiner Abhandlung widmete er der Erläuterung der christlichen Kernaufgaben von Lehrern, Predigern, Almosenempfängern, Seeleuten, Jägern, Kunsthandwerkern, Bauern, Kaufleuten, Handwerkern, Schmieden, Arbeitern, Soldaten, Ehemännern, Ehefrauen, Kindern, Herren, Dienern und vielen mehr. Des Weiteren führte er an, dass jedem Mensch der gleiche Zugang zu Bildung und Beruf gewährt werden müsse, außerdem ein gerechter Lohn für seine Arbeit, faire Handelsmärkte und ein Mindestmaß an Existenzsicherung und Lebensunterhalt auch in schwierigen wirtschaftlichen Zeiten. Würden all diese Berufungen richtig »*ausgeformt und reformiert*«, schrieb er, »*wird die Gesellschaft zusammengeführt und die Würde des Gemeinwesens geachtet*«.[141]

Aus seinen Grundlehren von der christlichen Berufung und der Priesterschaft aller Gläubigen entwickelte Eisermann die Lehren vom Fleiß, der Privatsphäre und der Wohlfahrt. Erstens müssten in einem christlichen Gemeinwesen Fleiß belohnt und Müßiggang geächtet werden. Alle Menschen müssten in den Berufen tätig sein, die Gott ihnen zugedacht habe. Die Müßiggänger »*schaden dem Gemeinwohl und der Diszipliniertheit des Gemeinwesens*«.[142] Die meisten Müßiggänger seien schlichtweg faul und müssten daher zu mehr Eifer in ihrem Beruf gezwungen oder, wenn dieser ausbleibe, zu körperlicher Arbeit herangezogen werden. Diejenigen, die mit freier Zeit gesegnet seien, müssten zu weiterem Streben und guten Werken gezwungen werden. Für diejenigen, die wegen Krankheit, Alter oder chronischen Gebrechen untätig seien, müsse dagegen gesorgt werden.[143]

Zweitens müsse in einem christlichen Gemeinwesen die Privatsphäre geachtet und Indiskretion unterbunden werden. Die Menschen sollten in den Berufen tätig sein, die Gott ihnen zugedacht habe. Aber sie sollten ihre Berufung nicht überschreiten und sich in die Privatangelegenheiten ihres

---

140. I.4.
141. III.5-6; V.1-8.
142. I.5.
143. I.5; IV.1; VI.4.

Der Mensch

Nächsten einmischen. »*Lass sich der Schuster nicht über sein Schuhwerk hinaus einmischen oder es wagen, in Frage zu stellen, was ihn nichts angeht*«, schrieb Eisermann. Jedermann sollte seinen oder ihren Platz im Gemeinwesen kennen. Es sei gut, bestrebt zu sein, sich zu rüsten und zu verbessern, wo es nur ginge, nicht aber auf Kosten des Nächsten. »*Ein jeder sollte im friedlichen Einvernehmen beständig seine Pflicht tun, sich nicht bei anderen einmischen, sondern mit seiner eigenen Berufung zufrieden sein.*«[144] Dies war ein pflichtenbezogenes Argument für eine Privatsphäre. Es sei die Pflicht eines jeden Bürgers, sich seine bzw. ihre Berufung zu vergegenwärtigen und dabei für die Privatsphäre des Nächsten zu sorgen.

Eisermann drängte zugleich auf eine rechtebezogene Lehre von der Privatsphäre und schrieb, dass jeder Mensch sein privates Eigentum haben dürfe. Eisermann wies wohl darauf hin, dass Christus und seine Jünger Eigentum gemeinschaftlich besessen hätten und dieser Umgang von einigen Klöstern und Gemeinschaften über die Jahrhunderte weitergeführt worden sei. Solche Beispiele von Gemeinschaftseigentum über diese engen Gemeinschaften hinaus auszuweiten, wäre dagegen »*absurd*«, so Eisermann. Ein privates Eigentumsrecht sei unerlässlich für das Überleben und Gedeihen eines Gemeinwesens, ob es nun christlich sei oder nicht. Ohne eine klare Vorstellung von privatem Eigentum würden die Menschen in die sündigen Gewohnheiten des Naturzustandes und den immerwährenden Kampf um materielle Güter zurückverfallen. »*Ohne eine Sicherheit würde niemand einen Finger rühren*«, aus Angst, die Früchte seiner Arbeit zu verlieren. Ohne eine Schutzgewähr würde es niemand wagen, eine Familie oder ein Gewerbe zu gründen. Privateigentum sei somit ein wesentlicher Bestandteil jedes Gesellschaftsvertrages. »*Es empfiehlt sich, dass jeder Mensch das Seine kenne, dass Ansprüche und Eigentumsverhältnisse von Dingen erkennbar sind und kein Besitzverhältnis ungeklärt ist.*« Eine Schutzgewähr und eine klare Verständigung über privaten Besitz würden einen sorgsameren Umgang des Menschen mit seinem Eigentum befördern. Es würde sie auch vor Versuchung schützen. »*Die Natur des Menschen ist leicht zu verderben und wird nicht in einem einzigen Zustand bleiben. Jeder Mensch wird von seiner Fantasie geleitet*«, immer zu nehmen und zu wollen. Der Schutz des Privateigentums setze solchen verdorbenen Trieben eine Grenze, so wie es die Gebote des Dekalogs »*Du sollst nicht stehlen*« und »*Du sollst nicht begehren*« unterstreichen würden.[145]

Drittens müsse in einem christlichen Gemeinwesen Wohltätigkeit ge-

---

144. I.5.
145. VI.6, 7.

würdigt und Derbheit verachtet werden. »*Auch wenn Menschen einen privaten Stand haben, so sind sie doch nicht davon befreit, anderen zu helfen*«, so Eisermann. Das sei nicht nur die klare Weisung der Natur, sondern auch der Heiligen Schrift. Wir müssten »*von Herzen Gastfreundschaft üben, niemandem das Böse mit Bösem vergelten; denn es ist uns geboten, (sogar) unsere Feinde zu speisen, wenn sie hungrig sind, sie zu tränken, wenn sie durstig sind, und damit glühende Kohlen auf ihrem Kopf zu häufen und sie so herauszufordern, dasselbe zu tun.*«[146] Wo er Nächstenliebe übe, »*ist der Mensch seinem Nächsten ein wahrer Gott*«.[147]

Auch wenn Heilige und Sünder gleichermaßen Almosen verdienten, müsse ein Mensch mit geringen Mitteln beim Austeilen Unterschiede machen. Die eigene Familie und die Angehörigen verdienten die größte Fürsorge. Darüber hinaus sollten nur die unverschuldet Armen, die Waisen, Witwen, Alten und Kranken, versorgt werden. Der selbstverschuldet Arme, also der untätige Bettler, der Wander- und Bettelmönch, der herumlungernde Landstreicher, sollte für seine Almosen arbeiten oder aber verbannt werden, wenn er sich weigerte.[148] Eisermanns Erkenntnisse waren Teil einer ganzen Flut von neuen evangelischen Gedanken zu Armut und Almosen.[149]

Der Berufsstand der Juristen

So sehr jeder Mensch und jede Berufung in einem christlichen Gemeinwesen »zählten«, so gebe es doch naturgegebene Unterschiede und Hierarchien, die einige Personen und Berufe vorrangig behandelten. Jeder menschliche Körper habe wichtige und weniger wichtige Teile, führte Eisermann aus, und so verhalte es sich auch beim christlichen Staatswesen. Eisermann beschrieb verschiedene gesellschaftliche und politische Hierarchien des christlichen Gemeinwesens, ohne diese allzu genau zu systematisieren. Er wiederholte die konventionelle lutherische Lehre von den drei natürlichen Ordnungen des Staates, der Kirche und der Familie, die vom Landesfürsten, dem Prediger und dem *paterfamilias* und ihren jeweiligen Helfern und Schützlingen geleitet würden. Er beschrieb drei Stände von Bürgern: den hohen Stand der Fürsten und Prediger, den mittleren

---

146. IV.1; siehe auch II.1.
147. I.1.
148. VII.5-7.
149. Siehe unten S. 245-255.

Der Berufsstand der Juristen

Stand der Räte und Adligen und den niederen Stand der Bürger. Die drei klassischen Professionen der Theologie, des Rechts und der Medizin, die er selbst allesamt studiert hatte, hob er enthusiastisch mit ihren jeweiligen Aufgaben hervor, die sie bei der Fürsorge für den Geist, den Verstand und den Leib des Einzelnen und des Gemeinwesens als Ganzem hätten.[150] Gerade diese Ansichten Eisermanns boten allerdings nichts Neues und waren mehr oder weniger weit verbreitet.

Weitaus eindringlicher als andere frühe evangelische Autoren betonte Eisermann dagegen, dass der gelehrte Berufsstand der Juristen für das christliche Gemeinwesen unerlässlich sei. Unter dem Juristenstand verstand er insgesamt den Fürsten und andere Magistraten, die Richter und Räte der Obrigkeit sowie die Rechtsprofessoren und praktizierenden Juristen. Die allgemeine christliche Berufung des gesamten Juristenstandes sei eine zweifache: (1) das Gemeinwesen mit Hilfe des Rechts zu reformieren, damit es sich mehr und mehr an das himmlische Reich annähere; und (2) jeden Einzelnen in Vorbereitung auf die himmlische Bürgerschaft zu erneuern. In einem christlichen Gemeinwesen, schrieb Eisermann, »*müssen sich Gottes Gesetze mit den Gesetzen der Menschen verbinden. Die Zehn Gebote müssen gehalten werden. Götzendienst und falsche Gottesverehrung müssen ausgerottet werden. Gottes Wort muss überall gepredigt werden, in Kirchen, die für göttliche Angelegenheiten gebaut wurden. Die moralische Disziplin muss geachtet werden. Schulen müssen gewissenhaft besucht werden, damit die Jugend eine gute Ausbildung genießt, Sprachen lernt, damit sie Gottes Wort versteht, damit sie das Gemeinwesen regiert und verwaltet, und in besonderer Weise Gottes Herrlichkeit bezeugt.*« Den Menschen müsse zugeredet werden, sie müssten beraten und notfalls dazu gezwungen werden, »*in dieser Welt gerecht zu leben und die Gemeinschaft zwischen den Menschen zu erhalten, die sowohl vom Gesetz Gottes als auch vom Menschengesetz geformt wird*«. So würden alle Bürger »*auf ein besseres Leben im Himmel vorbereitet*« und »*von diesen sichtbaren Dingen zu den unsichtbaren geführt*«.[151]

Die Rolle des Fürsten und anderer hoher Magistraten war bei alledem von wesentlicher Bedeutung und Eisermann beschrieb sie in aller Ausführlichkeit. Ganz ähnlich wie Luther und Melanchthon nannte er den Fürsten »*den Stellvertreter Christi*«, »*den Vater der Gemeinschaft*«, »*den Pastor des Volkes*«, »*einen wahren Gott auf Erden*« – Bezeichnungen, die Eisermanns Gönner, Landgraf Philipp von Hessen, nur begrüßte, wenn nicht gar erwartet haben muss. Der Fürst sollte in seinem Leben ein Muster christlicher

---

150. II.1-6; III.8; IV.1-6.
151. I.4; IX.2, 5.

4 · Lutherische Lehren zu Recht, Politik und Gesellschaft

Tugend sein und in seinem politischen Amt ein Lehrer christlicher Tugend. Er sollte die »*Funken der Gerechtigkeit*« in sich entfachen und die Gebote der Bibel zur Frömmigkeit befolgen. Der Fürst sollte frei sein von List und Bestechlichkeit, standfest gegenüber Schmeicheleien, Korruption und Anbiederung. Er sollte all die großen Tugenden der Milde, der Weisheit, der Nüchternheit, der Genügsamkeit und andere mehr verkörpern. Auf mehreren Dutzend Seiten fügte Eisermann Biographien verschiedener christlicher Kaiser, Könige und Fürsten an, um zu beschreiben und zu illustrieren, welche Eigenschaften und Tätigkeiten einem christlichen Fürsten oder einer christlichen Obrigkeit anstünden.[152]

Die wichtigste Tätigkeit eines christlichen Fürsten sei es, christliche Gesetze zu erlassen und nach diesen zu leben. Diese Gesetze sollten mindestens jenen Bestimmungen des Naturrechts und des Völkerrechts entsprechen, die wir bereits kennengelernt haben.[153] Allgemeiner gesprochen sollten diese Gesetze Buchstaben und Geist der Zehn Gebote und anderer biblischer Ausdrucksformen des Gesetzes Gottes entsprechen. Für Eisermann sollte das Gesetz des Fürsten die Bürger zu einer »*bürgerlichen Tugend*« zwingen und zugleich eine »*geistliche Tugend*« pflegen. Der Fürst sollte nicht nur die Bürger voreinander schützen, sondern auch für sie sorgen, als wären es die eigenen Kinder. Hier war Eisermann noch überschwänglicher, als Luther und Melanchthon es gewesen waren, und dachte dabei an eine ausgesprochen engagierte christliche Obrigkeit als Mittelpunkt eines ausgesprochen aktiven christlichen Wohlfahrtsstaates: »*Es ist die Pflicht der Obrigkeit, die Trümmer wiederaufzubauen, die Zerstreuten zu sammeln, die Verlorenen wiederzufinden, das Zerrüttete zu ordnen, das Böse zu bekämpfen, das Gemeinwohl zu fördern, die Armen zu unterstützen, die Witwen und Waisen zu verteidigen, die Tugend zu befördern, Gerechtigkeit walten zu lassen, das Gesetz zu halten, zu demonstrieren, dass er der Landesvater ist, der Bindung des Volkes an ihn zu entsprechen, als wären sie seine eigenen Kinder, aufrichtig und von ganzem Herzen gottesfürchtig zu sein, alles zu tun, was zwischen Menschen lohnend oder notwendig ist, gemäß seiner Pflicht, ebenso als wäre Gott selbst gegenwärtig.*«[154]

Während der Fürst dem Recht Gültigkeit zu verleihen habe, habe sein Gefolge bzw. seine Obrigkeit es als Gesetz umzusetzen. Eisermann nannte die Obrigkeit des Fürsten »*das lebendige Gesetz*« des christlichen Gemeinwesens. »*Das Gesetz ist tot, wenn es nicht ausgeführt wird*«, schrieb er, und es

---

152. II.1-3; III.1, 4, 7.
153. Siehe unten S. 190-194.
154. II.3; III.1, 4, 7; VII.6; VIII.1.

Der Berufsstand der Juristen

könne tödlich enden, wenn es nicht im Einklang mit christlicher Gerechtigkeit und Billigkeit ausgeführt würde. Eisermann betonte besonders die Pflicht der ausgebildeten Richter, das Gesetz anzuwenden. *»Allgemeine Gesetze sind die Voraussetzung für eine verantwortungsvolle Staatsführung«*, schrieb er. Diese Gesetze aber würden wenig bedeuten, wenn sie im Einzelfall nicht gerecht angewandt würden. Es sei die große Berufung des Richters, *»Billigkeit und Gerechtigkeit aus dem Innersten des Gesetzes zu schöpfen«*. Als solcher liege *»die ganze Verantwortung Gottes auf seinen Schultern, der er nicht entgehen kann, über die er aber am großen Tag des Herrn Rechenschaft ablegen muss«*, nämlich am Tag des Jüngsten Gerichts.[155]

Ebenso unerlässlich für die Umsetzung des Rechts waren ein Stab ausgebildeter Juristen und Rechtsberater. Entgegen Luthers Auffassung hielt Eisermann das Recht für eine *»heilige Berufung«* und die Juristen für wahre *»Orakel für die Stadt«*. Wenn sie gut ausgebildet waren und besonnen agierten, könnten die Juristen alle Bürger die wahre Bedeutung des Rechts, der Billigkeit und der Gerechtigkeit lehren. Sie hätten Verträge, Urkunden, Testamente und andere wichtige Rechtsdokumente zu entwerfen, die die ordnungsgemäße Übertragung von Besitz, die friedliche Abwicklung von Geschäften, den gesetzmäßigen Zusammenschluss von Gruppen und die ordnungsgemäße Pflichterfüllung gegenüber dem Nächsten erst erlauben würden. Sie brächten Klagen vor, um möglichen Schadensersatz und ausgleichende Gerechtigkeit zu gewährleisten ohne die Gewalt und den Tumult von Fehden. Sie gäben Stellungnahmen und Empfehlungen ab, um schwierige Fragen zu lösen. Sie verträten Bedürftige, Einwanderer, Witwen und Waisen. *»Gott hat nicht umsonst seine Gnade so reich über sie ausgegossen«*, schrieb Eisermann über die Juristen, *»sondern tat es, damit jene der Menschheit gewissenhaft und ehrfürchtig … dienen, ihr … nutzen und die Gabe und das Amt des Rechts und die Verantwortung dafür so … lenken, dass sie dem Nächsten und der Ehre des allmächtigen Gottes dienen. Wer solches tut, mag zu Recht ein Ausleger des Rechts und der Gesetze genannt werden und zum Regenten über das Gemeinwesen gemacht werden.«*

Eisermann wusste genau, dass der Berufsstand der Juristen selbst in den besten Zeiten selten an jene christlichen Ideale heranreichte. So manche Fürsten seien Tyrannen, Diebe und Verbrecher. So mancher Richter neige zu Bestechlichkeit, Befangenheit und Verfahrensmissbrauch. Juristen und Rechtsgelehrte *»scheren sich nicht darum, wahre Scharfrichter der Billigkeit und Gerechtigkeit zu sein, sondern wollten sich nur zu ihrem eigenen Vorteil hervortun … um die eigenen Taschen zu füllen und haben ihre eigene List, mit*

---

155. II.4; III.2; IV.5; IX.2.

unnützem Geschwätz.« »Es ist ein Leichtes, diese heilige Disziplin [des Rechts] zu beschmutzen«, schloss Eisermann. Und gerade darum dächten viele: »*Das beste Gemeinwesen ist das mit den wenigsten Juristen.*« Tatsächlich aber brauche das Gemeinwesen den Berufsstand der Juristen, den Fürsten, den Richter und den Rechtsgelehrten gleichermaßen. Die Lösung zur Beseitigung der Verderbtheit innerhalb dieses Berufsstandes liege nicht in seiner schrittweisen Entmachtung, sondern seiner beständigen Reform.[156] Was dies zur Folge hätte, das erläuterte Eisermann jedoch, abgesehen von einigen Allgemeinplätzen, kaum.

Eisermanns Abhandlung »*Von dem gemeinen Nutze*« aus dem Jahr 1533 war die erste ausführliche Gesellschaftsvertragslehre vom christlichen Gemeinwesen, die im evangelischen Deutschland veröffentlicht worden war. Sie blieb dagegen keinesfalls die Letzte. Bis zur Mitte des 16. Jahrhunderts war eine solche Lehre vom christlichen Gemeinwesen im evangelischen Deutschland und vielen anderen protestantischen Gemeinwesen zunehmend verbreitet und etabliert. Martin Bucer etwa, der namhafte Straßburger Reformator, wandte sich diesem Thema in seiner berühmten Abhandlung *De regno Christi* aus dem Jahr 1550 zu. Bevor er diese Schrift verfasste, die er König Eduard VI. von England widmete, hatte Bucer dem Landgrafen Philipp von Hessen, Eisermanns Förderer, als weiterer Berater gedient. Ob Bucer in dieser Zeit Eisermanns Traktat kennengelernt hat, ist unklar. Ohne Zweifel aber folgte Bucer in nicht geringem Maße Eisermanns Argumentation. Wie Eisermann sah auch Bucer Analogien zwischen dem himmlischen Reich und dem irdischen Reich. Christus herrsche in beiden: unmittelbar im himmlischen Reich und mittelbar durch die Obrigkeiten im irdischen Reich. Als Vertreter Christi habe die Obrigkeit die rechte christliche Lehre und Gottesverehrung zu etablieren, Kirchen, Familien und Schulen zu unterstützen, jeden und jede Einzelne in seiner bzw. ihrer Berufung zu fördern und diejenigen zu bestrafen, die dem Gemeinwohl schaden oder gegen das Gesetz Gottes verstießen. Bucer legte eine ganze Reihe von Reformgesetzen vor, die die christliche Obrigkeit darin bestärken sollten: Die Kinder müssten im evangelischen Christsein erzogen und unterwiesen werden. Der Feiertag müsse geheiligt bleiben. Die Kirche müsse heiliger werden. Ihre geistlichen Ämter müssten reformiert werden. Ihr Eigentum müsse geregelt und begrenzt werden. Die Ehe- und Scheidungsgesetze müssten reformiert werden. Die Armenfürsorge müsse erweitert werden. Die Müßigen und Arbeitsfähigen müssten in Arbeit gebracht werden. Ehrbare Ämter müssten unterstützt werden. Redliche Obrigkeiten müssten berufen werden. Faire Gerichtsver-

---

156. IV.4-5.

fahren müssten garantiert werden. Angemessene Strafen müssten festgelegt werden. Öffentliche Verschwendung, Glücksspiel, Trunkenheit und Prostitution müssten bestraft werden. Durch all diese Maßnahmen, schloss Bucer, werde Gottes Wort erhöht, würden Gottes Auserwählte geschützt und Gottes Kinder würden »*gut und glücklich leben hier und im zukünftigen Leben*«.[157] Bucers Ausführungen zählen zu einer ganzen Reihe von Arbeiten aus der Mitte des 16. Jahrhunderts zur Lehre vom christlichen Gemeinwesen, von denen man im nachfolgenden Jahrhundert auf dem europäischen Festland und in England wirkungsvollen Gebrauch machen sollte.[158]

Johann Oldendorp zu Recht und Billigkeit

Johannes Eisermanns Lehre vom christlichen Gemeinwesen und vom Gemeinwohl war ein charakteristisches Merkmal dafür, was wir heute vage als Marburger Schule der lutherischen Rechtslehre bezeichnen. Eisermanns Kollege, Johann Oldendorp, fügte dieser Schule ein zweites Merkmal hinzu: ein durch und durch evangelisches Verständnis von den Quellen des Rechts und vom Wesen der Billigkeit und des rechtlichen Urteils.

Johann Oldendorp wurde seiner Zeit als jemand beschrieben, »*auf den als Einziger das Sprichwort ›Ein Jurist ist ein böser Christ‹ nicht zutrifft*«.[159] Er war ein außergewöhnlich frommer und gelehrter Mann, der in ganz Deutschland und darüber hinaus für seine christliche Humanität und seine juristische Bildung bekannt war. Von Ernst Troeltsch und Roderich von

---

157. BUCER, De Regno Christi, 225. Vgl. z. B. AMY BURNETT: The Yoke of Christ: Martin Bucer and Christian Discipline. Kirksville, MO 1994; MARTIN GRESCHAT: Martin Bucer: Ein Reformator und seine Zeit. München 1990; KARL KOCH: Studium Pietatis: Martin Bucer als Ethiker. Neukirchen-Vluyn 1962; MARIJN DE KROON: Studien zu Martin Bucers Obrigkeitsverständnis. Evangelisches Ethos und politisches Engagement. Gütersloh 1984; D. F. WRIGHT (Hrsg.): Martin Bucer: Reforming Church and Community. Cambridge 1994.
158. Zu Entwicklungen auf dem europäischen Festland vgl. GIERKE: Political Theory, passim; zu den Entwicklungen in Großbritannien vgl. JOHN WITTE, JR.: Vom Sakrament zum Vertrag. Ehe, Religion und Recht in der abendländischen Tradition. Gütersloh 2008, 153 ff.
159. JAKOB SPIEGEL: Lexicon iuris civilis. Basel 1554, Sp. 210, zitiert in: FRIEDRICH MERZBACHER: Johann Oldendorp und das kanonische Recht. In: SIEGFRIED GRUNDMANN (Hrsg.): Für Kirche und Recht. FS für Johannes Heckel zum 70. Geburtstag. Köln/ Graz 1959, Anm. 223.

Stintzing wurde er als »*maßgebendster Jurist des Reformationszeitalters*« und »*bedeutendste Erscheinung unter den deutschen Juristen um die Mitte des 16. Jahrhunderts*« bezeichnet.[160] Als Verfasser von mindestens 56 Einzelschriften zum Recht war er zugleich einer der produktivsten. Acht dieser Schriften waren dezidiert rechtswissenschaftliche Abhandlungen, in denen es um Recht und Billigkeit, Autorität und Freiheit, Gerechtigkeit und Recht ging. Die Mehrzahl seiner anderen Werke behandelte Rechtsfragen zu Eigentum, Erbschaft, Zivilverfahren, Familienangelegenheiten, gesetzmäßiger Auslegung und Normenkollision. Zudem veröffentlichte er Kommentare zu mehreren römischen Rechtstexten, ein enzyklopädisches Rechtswörterbuch und mehrere berühmt gewordene Hand- und Lehrbücher.[161]

Oldendorp wurde um 1486 in Hamburg geboren.[162] Er studierte bürgerliches und kanonisches Recht an den Universitäten von Rostock, Köln und Bologna. 1516 wurde er Professor für römisches Recht und Zivilprozessrecht an der Universität Greifswald. In seinen frühen Jahren hatte er sich intensiv mit der humanistischen Jurisprudenz befasst und interessierte sich besonders für die Formen der Rechtsvertretung und Rechtsfindung und für den Umgang mit Normenkollision zwischen kanonischen und bürgerlichen Gesetzen.[163]

In den frühen 1520er Jahren schloss sich Oldendorp allmählich der evangelischen Sache an. Im Jahr 1526 entschloss er sich, die Reformation zu unterstützen. Er verließ Greifswald, wurde zum Syndikus der Stadt Rostock berufen und übernahm schon bald eine führende Rolle im reformatorischen Lager der Stadt. Er wirkte beim Verfassen der neuen Reformations-

---

160. Ernst Troeltsch: Die Sozialllehren der christlichen Kirchen und Gruppen. Berlin 1912, Bd. 1, 545, Anm. 253; Stintzing, Rechtswissenschaft, 321.
161. Vgl. bibliografische Anmerkungen bei Hans-Helmut Dietze: Oldendorp als Rechtsphilosoph und Protestant. Königsberg 1933, 18-21; Peter Macke: Das Rechts- und Staatsdenken des Johannes Oldendorp. Rechtswiss. Diss. Köln 1966, VIII-XI. Eine Auswahl ist zu finden bei Johann Oldendorp: Opera Omnia. Basel 1559 (Faksimile Nachdr. Graz 1968).
162. Franz Wieacker: Privatrechtsgeschichte der Neuzeit, 2., neubearb. Aufl. Göttingen 1967, 283 f.; Stintzing, Rechtsgeschichte, 311, gibt das Jahr 1480 an, wiederholt bei Dietze: Oldendorp, 44; Erik Wolf: Quellenbuch zur Geschichte der deutschen Rechtswissenschaft. Frankfurt a. M. 1949, 98. Vgl. dagegen Wolf 141, hier: das Jahr 1488, 144, Abbildung, hier: das Jahr 1480. Siehe biografische Einzelheiten bei Dietze: Oldendorp, 44-63; Wolf 138-176.
163. Vgl. Johann Oldendorp: Rationes sive argumenta, quibus in iure utimur. Rostock 1516, und seine spätere Veröffentlichung, die er bereits in seiner frühen Phase begonnen hatte: Collatio juris civilis et canonici, maxime afferens boni et aequi cognitionem. Leiden 1541.

Johann Oldendorp zu Recht und Billigkeit

ordnung der Stadt von 1530 mit.[164] Außerdem war er Superintendent für die neuen evangelischen Kirchen und beteiligte sich an den Reformen der Verkündigung, Liturgie und Kirchenordnung, an der Neuordnung des Kircheneigentums und der Einrichtung einer neuen evangelischen öffentlichen Schule und eines Armenhauses. Während seiner Zeit in Rostock veröffentlichte Oldendorp zwei Texte, die seine Rechtslehre skizzierten: *Was billig und recht ist* (1529) und *Ratsmannenspiegel* (1530).[165]

Als sich der Rostocker Stadtrat im Jahr 1534 von der Reformation zurückzog, musste Oldendorp die Stadt verlassen. Er ging nach Lübeck, einem wichtigen Handelszentrum, das gerade zwei umfangreiche Reformationsordnungen für die Stadt und die umliegenden ländlichen Gebiete erlassen hatte.[166] Auch dort wirkte Oldendorp als Stadtsyndikus und Superintendent für die neuen evangelischen Kirchen. Und auch dort zwang ihn letztlich die katholische Opposition, die Stadt wieder zu verlassen. Von 1536 bis 1543 wechselte Oldendorp zwischen den Universitäten zu Frankfurt an der Oder, Köln und Marburg, abhängig davon, wie die kommunalen Regenten von Frankfurt an der Oder und Köln gerade zum Protestantismus standen. Trotz seines Wanderlebens veröffentlichte er in dieser Zeit ein Dutzend Werke, darunter *Iuris naturalis, Gentium Et Civilis eisagoge* (1539), *Divinae tabulae X praeceptorum* (1539) und *De Iure et Aequitate Forensis disputatio, secundum quam civilis disciplina, cum in scholis tum in iudiciis recte tractari potest* (1541).[167]

Im Jahr 1539 trat Oldendorp in persönlichen Kontakt mit Melanchthon, dem christlichen Theologen und Philosophen »von höchster Gelehrsamkeit«, wie er ihn später nannte.[168] Oldendorp war insbesondere von Melan-

---

164. RICHTER, Bd. 1, 144 f.: Rostocker Rathsverordnung; siehe autobiographische Betrachtungen bei Johann Oldendorp: Warhafftige entschuldinge Doct. Johann Oldendorp, Syndici tho Rostock: wedder de mortgirigen vprorschen schandtdichter und falschen klegere. Rostock 1533; zudem SABINE PETTKE: Zur Rolle Johann Oldendorps bei der offiziellen Durchführung der Reformation in Rostock. In: ZSS KA 101 (1984), 339.
165. JOHANN OLDENDORP: Was billig und recht ist. Rostock 1529, Nachdr. hrsg. v. Erik Wolf. Frankfurt a.M. 1948, 5-23; ders.: Ratsmannenspiegel, in: ebd., 24-52.
166. RICHTER: Bd. 1, 145-154.
167. JOHANN OLDENDORP: Iuris naturalis civilis et gentium isagoge. Antwerpen 1539 [hierab: Isagoge]; ders.: Divinae tabulae X. praeceptorum, in: ders.: Isagoge, Ciii-Div, späterer Nachdruck in: KALTENBORN: Die Vorläufer des Hugo Grotius, Anhang, 1-25; JOHANN OLDENDORP: De iure et aequitate forensis disputatio. Köln 1541 [hierab: Disputatio].
168. Oldendorp: Isagoge, 6.

chthons systematisch-theologischer Methode angetan, wie jener sie in seinen *Loci communes rerum theologicarum* (1521) darlegt. Eines seiner folgenden Werke sollte er Melanchthon widmen[169] und wenig später seine eigene neue Rechtssynthese veröffentlichen, die er in Analogie *Loci communes iuris civilis* nannte.[170]

Im Jahr 1543 kehrte Oldendorp endgültig an die Universität Marburg zurück, wo die Reformation unter dem Rektorat Johannes Eisermanns mittlerweile fest etabliert war. Oldendorp blieb bis zu seinem Tode im Jahre 1567 an der Juristischen Fakultät. Dem Ruf nach Marburg war er unter der Bedingung gefolgt, dass er von der üblichen Pflicht befreit würde, Vorlesungen über römische Rechtstexte und ihre mittelalterlichen Glossen zu halten.[171] Er würde nur kommen, darauf hatte er bestanden, wenn er die Gesetze mit besonderem Augenmerk auf ihre Auswirkungen und ihr Verhältnis zu Gottes Wort lehren könne. Das Studium des Rechts sei nach Gottes Wort das wichtigste Streben, schrieb Oldendorp. Darum sei »ein studium juris (neben Gots Wort, das vor allen muß getrieben und *gelert sein*) *dermaaßen auszurichten, daß Ew. fürstl. Gnaden, desselbigen Lande und ganze teutsche Nation ob, Ehre und Besserung nicht allein im Schein der Wort,*

---

169. Ders.: Disputatio, Widmungsbrief, in dem Oldendorp Melanchthon als jemanden lobt, der durch die Methode der Vernunft das Wesen der Moralphilosophie in einer Epitome zusammengefasst habe (»Quis ignorat, Philippum Melanchthonem totam de moribus philosophiam methodica ratione in epitomen contraxisse, quo magis & captui studiosorum, & foro deferuiret.«). Vgl. auch ders.: Responsio ad impiam delationem parochorum coloniensium, de communicatione sacramenti, corporis et sanguinis Christi sub utraque specie, ad senatum coloniensem, per D. Joannem Oldendorpium. Cum litteris quas Philippus Melanchton Joanni Oldendorpio misit. Marburg 1543.

170. Ders.: Loci communes iuris civilis ex mendis tandem et barbarie in gratiam studiosorum utiliter restituti. Leiden 1545; überarb. Ausg. Leiden 1551. Vgl. auch ders.: Topicorum legalium. Marburg 1545; Leiden 1555; ders.: Loci iuris communes. Frankfurt a. M. 1546. In allen diesen Traktaten stützte sich Oldendorp stark auf die Methoden des Aristoteles, des Cicero und zeitgemäße mittelalterliche Methoden. Zu diesen vgl. im Allgemeinen THEODOR VIEHWEG: Topik und Jurisprudenz, 2. Ausg. München 1963; HANS ERICH TROJE: Graeca Leguntur: Die Aneignung des byzantinischen Rechts und die Entstehung eines humanistischen *Corpus iuris civilis* in der Jurisprudenz des 16. Jahrhunderts. Köln/ Weimar/ Wien 1971 (= Forschungen zur Neueren Privatrechtsgeschichte, Bd. 18).

171. Zu dieser traditionellen Lehrmethode, dem *mos italicus*, vgl. allgemein DONALD R. KELLEY: Foundations of Modern Historical Scholarship. Language, Law, and History in the French Renaissance. New York 1970.

dann auch mit der That folgen mußte und solichs im Truck offenbar ausgehen zu lassen und zu halten.«[172]

Oldendorp selbst beherzigte diesen Grundsatz sowohl beim Abhalten seiner Seminare als auch bei der Ausarbeitung seiner Lehre von Recht und Billigkeit. Seine Lehrbücher und Schriften zur Rechtsphilosophie waren eine Mischung aus den Einsichten klassischer griechischer und römischer Rechtsgelehrter und Philosophen, mittelalterlicher Zivilrechtler und Kanonisten sowie der neuen evangelischen Theologen und Rechtsgelehrten seiner Tage. Und dennoch blieb die Bibel und deren gewissenhafte Meditation bei allem der Dreh- und Angelpunkt für seine Lehre der Rechtsquellen und der Beziehung von Recht und Billigkeit.

Die Quellen des Rechts

Oldendorps Darstellung der Quellen des Rechts führte die Stufenordnungen, die Zivil- und Kirchenrechtler sorgfältig ausgearbeitet hatten und teilweise miteinander identisch waren, wirkungsvoll zusammen. Die Zivilrechtler beriefen sich auf verschiedene Texte des *Corpus Iuris Civilis* und unterschieden grundsätzlich zwischen (1) dem Naturrecht *(ius naturale)*, einer Reihe unveränderlicher Grundsätze der Vernunft und des Gewissens, die von höchster Autorität und Divinität waren, und (2) dem Völkerrecht *(ius gentium)*, einer recht beständigen Anzahl von Grundsätzen und Gewohnheitsrechten, die viele Gemeinwesen teilten und häufig Grundlage von Staatsverträgen und anderen diplomatischen Übereinkünften waren, sowie (3) dem bürgerlichen Recht *(ius civile)*, den Gesetzen und Gewohnheitsrechten einer politischen Gemeinschaft, ob sie nun kaiserlich, königlich, territorial, städtisch, grundherrlich, feudal oder kommunal geprägt war. Die Kirchenrechtler übernahmen bisweilen die Klassifizierung des römischen Rechts. Unter besonderer Berufung auf das *Decretum Gratiani* (um 1140) entwickelten sie allerdings ihre eigene Hierarchie (1) des göttlichen Rechts *(ius divinum)*, d. h. im Wesentlichen den Normen der Bibel, wie sie von der Kirche und der christlichen Tradition verstanden wurden, (2) des Naturrechts, einer Anzahl von Normen, die von der Vernunft oder Intuition erfasst wurden und im Großen und Ganzen allen Völkern gemein waren, sowie (3) des bürgerlichen Rechts, den Gewohnheitsrechten und Gesetzen

---

172. Zitiert aus STINTZING, Rechtsgeschichte, 323. Vgl. darüber hinaus DIETZE: Oldendorp, 59; KÖHLER 127.

der lokalen politischen Gemeinschaften.¹⁷³ Einige Kanonisten und Philosophen fügten dieser Trilogie eine Kategorie des ewigen Rechts *(lex aeterna)* hinzu, eine Schöpfungsordnung und Weisheit Gottes, die noch über der biblischen Offenbarung des göttlichen Rechts standen. Wieder andere Kanonisten fügten eine Kategorie des kanonischen Rechts *(ius canonicum)* ein als eine eigenständige Quelle des positivierten Rechts, das die Normen des göttlichen Rechts und des Naturrechts näher ausführte und illustrierte und die Bestimmungen des bürgerlichen Rechts korrigierte und leitete.¹⁷⁴ Die spätmittelalterlichen Kanonisten unterschieden zwischen (1) dem ewigen Recht, (2) dem göttlichen Recht, (3) dem Naturrecht, (4) dem kanonischen Recht und (5) dem bürgerlichen Recht.

Oldendorp war in diesen traditionellen Kategorien der Quellen des Rechts erfahren und behandelte sie wohlwollend und verschiedentlich in seinen studentischen Lehrwerken und Handbüchern. Bei der Formulierung seiner eigenen Hierarchie konzentrierte sich Oldendorp dagegen auf drei Quellen bzw. Formen des Rechts: das göttliche Recht, das Naturrecht und das bürgerliche Recht, die er je auf seine Art definierte.

Das göttliche Recht

Die höchste Quelle und Form des Rechts sei das göttliche Recht *(ius divina)*, das sich nach Oldendorps Ansicht ausschließlich aus den Gesetzen der Bibel *(leges Bibliae)* zusammensetzt. Es gebe drei Arten von biblischen Gesetzen, so Oldendorp, und folge damit der konventionellen theologischen Lehre. Die *moralischen* Gesetze der Bibel, insbesondere die Zehn Gebote, seien universelle Normen, die für alle Herrscher und Beherrschten zu jeder Zeit bindend seien. Die *rechtsförmigen* Gesetze der Bibel, die Gesetze des Alten Testaments zur Zehntenzahlung und zum Heiligtum oder die neutestamentlichen Aussagen zur Lebensordnung in der apostolischen Kirche, dienten als Beweis für die Bedeutung des Sittengesetzes und waren für die Lei-

---

173. Vgl. z. B. Decretum Gratiani, Dist. I mit Glossen, in: Corpus Iuris Canonici, Bd. 1: Decretum Magistri Gratiani. Union, NJ 2000 = 1879, 1 f.
174. Das kanonische Recht und das bürgerliche Recht zusammen wurden meist *ius commune* genannt, im Falle der Gesetzeskollision hielt man das kanonische Recht im Allgemeinen dem bürgerlichen Recht für übergeordnet. Siehe S. 55-77 oben und R. H. Helmholz: The Spirit of the Classical Canon Law. Athen, GA 1996, 1-20.

tung der Kirche und des Staates hilfreich, nicht aber *per se* bindend. Die *kultischen* Gesetze des Pentateuch, Gesetze, die das Opfern, die Speisegebote, den Kultus, das Tempelleben und mehr regelten, würden durch die neuen Lehren von Christus und den Aposteln abgelöst und seien damit für niemanden länger bindend.[175]

Entgegen einigen traditionellen Lehren ließ Oldendorp in seinem System einem ewigen Recht der Schöpfungsordnung, dem das biblisch offenbarte, göttliche Recht nach- und untergeordnet sei, wenig Raum. Selbstverständlich, so Oldendorp, sei die Schöpfungsordnung vor der Bibel gewesen und sei ein vollkommener Ausdruck von Gottes Wesen, Willen und Gesetz im Paradies.[176] Aber auch wenn das ewige Recht zuerst da war und in der Schöpfung vollkommen gewesen sei, so habe es als Rechtsquelle für das Leben im irdischen Reich doch nicht länger die höchste Autorität. Durch den Sündenfall könnten die Normen der Schöpfungsordnung nur mehr »*durch einen dunklen Spiegel*« gesehen werden, was unweigerlich zu einer verzerrten und irreführenden Lesart führen müsse. Somit sei aus dem ewigen Naturrecht als Rechtsquelle für das irdische Leben ein Naturrecht des Menschen geworden. Dieses sei eine nützliche, letztlich aber fehlbare Richtschnur für das menschliche Leben.[177] In Aufnahme der reformatorischen Lehre der *sola scriptura* schrieb Oldendorp: »*Was wir von Gott wissen, Seinem Willen, Seinem Gesetz, Seiner Weisheit, Seinen Absichten, Seinem Wesen, ist am umfassendsten in der Bibel offenbart.*«[178] Die Gesetze der Bibel, insbesondere ihre moralischen Gebote und Ratschläge, seien die deutlichste und maßgebliche Rechtsquelle in dieser Welt.

Ebenfalls im Gegensatz zu anderen traditionellen Lehren räumte Oldendorp der Kirche und ihrem kanonischen Recht keine Vollmacht zur Auslegung des biblischen Rechts ein. Einigen Lesarten der mittelalterlichen Zwei-Schwerter-Lehre zufolge führe der Papst das geistliche Schwert, um die Bibel auszulegen und ihre rechtliche Bedeutung durch das kanonische Recht festzuschreiben. Diese biblischen Auslegungen waren für die ganze Christenheit verbindlich; die mittelalterliche Auslegung nannte sie gelegentlich sogar »*unfehlbar*«.[179] Der Papst übertrage den Kaisern, Königen und den bürgerlichen Obrigkeiten das weltliche Schwert. Die bürgerlichen

---

175. OLDENDORP: Divinae Tabulae, 17 f.
176. Vgl. ders.: Isagoge, 6, und Zitate aus anderen Quellen in: MACKE: Oldendorp, 30 f.
177. OLDENDORP: Isagoge, 9 f.
178. DERS.: De copia verborum et rerum in iure civili. Köln 1542, 233.
179. Vgl. BRIAN TIERNEY: The Origins of Papal Infallibility, 1150-1350. Leiden 1972.

Autoritäten hätten bürgerliche Gesetze auf eine Weise zu erlassen und durchzusetzen, dass sie mit den kanonischen Gesetzen und der darin enthaltenen biblischen Auslegung in Einklang stünden.[180]

Oldendorp lehnte die Zwei-Schwerter-Lehre kurzerhand ab.[181] Stattdessen machte er sich die protestantische Lehre zu eigen, dernach die Obrigkeit als »*Stellvertreter Gottes*« (»*vicarii Dei*«) unmittelbar dazu berufen sei, das biblische Recht auszulegen, anzuwenden und durchzusetzen.[182] Die moralischen Gesetze der Bibel betrachtete Oldendorp als göttliche Rechtsgrundsätze, die für die verschiedenen Arten positivierter Rechtsordnungen notwendig seien. Er übernahm Melanchthons Formulierungen und modifizierte sie zugleich, indem er das öffentliche Recht und das Verfassungsrecht, mit denen das irdische Reich zu regieren sei, auf die Grundsätze des vierten Gebots zurückführte (»*Du sollst deinen Vater und deine Mutter ehren*«, in dem die Obrigkeit als »*Vater der Gemeinschaft*« zu gelten habe). Er führte das Kirchenrecht der sichtbaren Kirche auf die ersten drei Gebote zur Götzenverehrung, zum falschen Zeugnis und zur Einhaltung des Sabbattages zurück. Das Strafrecht führte er auf die Grundsätze des fünften, sechsten und siebenten Gebots zurück (»*Du sollst nicht töten, stehlen oder ehebrechen*«), das Privatrecht zu Eigentum und Vertragswesen auf die Grundsätze des siebenten Gebots (»*Du sollst nicht stehlen*«), das Verfahrens- und Beweisrecht auf die Grundsätze des achten Gebots (»*Du sollst nicht falsch Zeugnis reden*«), und das Familienrecht auf die Grundsätze des vierten, sechsten und zehnten Gebot (»*Du sollst nicht begehren ... deines Nächsten Frau*«). Das Steuerrecht und das Sozialrecht leitete er aus der Summe des Gesetzes ab (»*Du sollst deinen Nächsten lieben wie dich selbst*«) und nahm damit die Lehre vom Gemeinwohl auf, wie sie sein Kollege Johannes Eisermann dargelegt hatte.[183]

---

180. Vgl. Quellenangaben und Erläuterungen S. 147-152.
181. Eine eingehende kritische Untersuchung der Zwei-Schwerter-Lehre, aus der Oldendorp zitiert, war die von Johann von Schwarzenberg: Beschwerung der alten Teüfelischen Schlangen mit dem Götlichen wort. Zwickau 1527, xiv-lv.
182. Vgl. z. B. Oldendorp, Collatio, 46; Art. »magistratus«, in: ders.: Lexicon Iuris. Frankfurt a. M. 1549, 223 f.; ders.: Isagoge, 19; ders.: De copia verborum, 260.
183. Vgl. insbes. Oldendorp: Divinae Tabulae, 15-25; ders.: Was billig und recht ist, 15-17; ders.: De copia verborum, 170 ff., 253 ff., mit Auswertung in: Dietze: Oldendorp, 114-121; Krause: Naturrechtler, 118-122; Macke: Oldendorp, 39-46. Oldendorp forderte von den Bürgern, das Gemeinwohl zum höchsten Ideal zu erklären: »So gilt nun als der allervornehmste Grad die Gemeinnützigkeit (gemeyne nütticheyt). Denn wenn du diese förderst, so wird nicht allein einem,

Das Naturrecht

Obwohl das göttliche Recht die reinere und zuverlässigere Quelle sei, stelle es das Naturrecht *(ius naturale)* nicht in den Schatten, so Oldendorp. Das Naturrecht war für Oldendorp das Recht des menschlichen Herzens oder Gewissens. Oldendorp bezeichnete es unterschiedlich als *»Gesetz in den Menschen«* (lex in hominibus), als in das Herz *»eingeschriebene Recht«* (ius insculptum) und *»Unterweisung des Gewissens«* (»instructio conscientiae«).[184] Melanchthon folgend glaubte Oldendorp, dass Gott uns natürliche Kenntnisse (*»notitiae«*) eingegeben habe, das Gleiche (Angemessene) vom Ungleichen (Unpassenden) zu unterscheiden (*»Et sic Lex est notitia naturalis à Deo nobis insita, ad discernendum aequum ab iniquo«*).[185] Die Quelle dieser natürlichen Normen seien das Herz und das Gewissen des Menschen, in die es Gott selbst eingeschrieben habe.[186] Unabhängig von der Kenntnis des göttlichen Rechts der Bibel seien alle Menschen von Natur aus auf die allgemeinen moralischen Prinzipien der Bibel verwiesen: die Liebe zu Gott, dem Nächsten und sich selbst; die Liebe zum Ehepartner, den Kindern und Angehörigen; die Liebe zum Frieden, der Ordnung und Stabilität, die Neigung zur Goldenen Regel; das Verlangen nach Wahrheit, dem Einhalten von Versprechen, dem Respekt gegenüber anderen Menschen, ihrem Eigentum und ihrem Ansehen.[187] Viele dieser natürlichen Normen hätten alle Völker der Welt gemeinsam, ungeachtet ihres unmittelbaren Zugangs zum biblischen Recht. Sie bildeten ein gemeinsames Recht oder Völkerrecht *(ius gentium)*.

Die Lehren vom Naturrecht und vom biblischen Recht seien letztlich identisch, glaubte Oldendorp. Die natürlichen Kenntnisse im Menschen seien jedoch durch die Erbsünde verdunkelt worden. Daher habe ein gnädiger Gott sie wiederhergestellt und sie auf steinerne Tafeln geschrieben, damit sie ein sicheres Zeugnis dessen seien, dass Gottes Wort diese Naturgesetze bestätigt, welches er genauso in die Herzen der Menschen einge-

---

sondern vielen geholfen.«, OLDENDORP: Was billig und recht ist, 15. Zu Eisermann siehe oben S. 190-203.
184. OLDENDORP: Isagoge, 15; ders.: Actionum iuris civilis loci communes, ad usum forensem secundum aequissimas legislatorum sententias bona fide accommodati. Köln 1539, 11; ders.: De copia verborum, 259.
185. Ders.: Isagoge, 6.
186. Ebd. 15.
187. Ebd. 15, 17; OLDENDORP: Was billig und recht ist, 58-65; ders.: Actionum iuris civilis. Köln 1539, 9f.

schrieben habe.[188] Weder das biblische Recht noch das Naturrecht böten allerdings ein umfassendes Regelwerk zum menschlichen Verhalten, das jede Möglichkeit menschlicher Aktion und Interaktion berücksichtige. Folglich würden die Moralgesetze der Bibel verschiedene Arten juridischer und zeremonieller Gesetze entstehen lassen, die ihrem Sitz im Leben des Volkes Israel entsprächen. Ebenso hätten die moralischen Grundsätze des Naturrechts zu zahlreichen Formen des Gesetzes- und Gewohnheitsrechts führen müssen, die dem Sitz im Leben des deutschen Volkes entsprächen. In biblischen Zeiten habe Gott oftmals selbst für die Ausarbeitung und Anwendung des Sittengesetzes gesorgt: durch sein persönliches Eingreifen im Paradies, auf dem Berg Sinai und durch die späteren Lehren des Mose und der Propheten, Jesu Christi und der Apostel. In unseren Zeiten geschähe Gottes Führung bei der Anwendung und Ausarbeitung der moralischen Grundsätze weniger persönlich als vielmehr pervasiv, durch die beständige Unterweisung jedes menschlichen Gewissens, in das Gott sein Naturrecht eingeschrieben habe.[189]

Das Gewissen war für Oldendorp eine Form der Vernunft. Diese sei keine reine menschliche oder weltliche Vernunft *(ratio civilis)*. Sie sei vielmehr eine gottgegebene oder natürliche Vernunft *(ratio naturalis)*. Darum hänge das Naturgesetz, das Gott in das menschliche Gewissen gelegt habe, nicht von der Leistung der Person ab, sondern sei frei und unveränderlich. Gott habe es der Vernunft eingegeben. Daher müsse man seinen unbefangenen Geist gebrauchen und jene Lehren gewissenhaft studieren.[190] Wenn man es in seiner reinen Form befrage und ihm folge, sei das Gewissen eine unfehlbare Richtschnur.[191] Freilich wusste Oldendorp, dass kein sündiger Mensch sein Gewissen gänzlich unbefangen befragen könne. Gerade darum seien die Bibel, das Gebet und das Wirken des Heiligen Geistes unvermindert vonnöten, um das Gesetz Gottes besser verstehen zu können. Doch unabhängig von der Inspruchnahme dieser geistlichen Hilfen gebe das gottgegebene Gewissen eine umfassende Unterweisung darin, welche Bedeutung und Tragweite das Naturrecht habe.[192] Letzten Endes war das Gewissen für Oldendorp eine Form der praktischen Vernunft.

---

188. OLDENDORP: Disputatio, 15. Vgl. auch OLDENDORP: Isagoge, 9 f.: »Caeterum natura hominis ex Adae lapsu adeo corrupta fuit, ut uix igniculi remanerent, ex quibus tam magnifica Divini & naturalis Iuris bonitas agnosci posset.«
189. Ebd. 3, 11.
190. Ders.: Was billig und recht ist, 57.
191. Zitiert aus DIETZE: Oldendorp, 81.
192. OLDENDORP: Art. »conscientia« in: ders.: Lexicon Iuris, 83.

Das bürgerliche Recht

Das bürgerliche Recht *(ius civile)* sei schlichtweg die Gesamtheit aller Gesetze eines Gemeinwesens oder einer Republik *(leges rei publicae)*. Letzten Endes bestehe diese Kategorie des Rechts aus allen Rechtsnormen, die menschliches Verhalten befehlen, verbieten, erlauben oder bestrafen, so Oldendorp.[193] Solche Rechtsnormen könnten schriftliche Form haben oder auch nicht, allgemein oder besonders, universal oder lokal sein, positiviert oder gewohnheitsmäßig, öffentlich oder privat, straf- oder zivilrechtlich, legislativ oder judikativ seien.[194] Auf ihre Art seien sie allesamt gesetzmäßige Formen und Normen des bürgerlichen Rechts, glaubte Oldendorp. Eine dialektische Darstellung dieser Gesetze, eine Klassifizierung, die zu differenzierten Gegensatzpaaren zwang, sei der beste Weg für Studenten und Fachleute, mit dieser Kategorie des Rechts zurechtzukommen. In seinen juristischen Lehrwerken und Handbüchern und in seinem juristischen Wörterbuch legte er diese Gegensätze in aller Ausführlichkeit dar, gründete sie auf die Schriften mittelalterlicher Kirchen- und Privatrechtler und bewies ihren Nutzen für die Rechtsvertretung und Rechtsprechung.[195] Diese dialektischen Rechtsschriften waren aus einem Guß mit den Schriften anderer protestantischer Rechtsgelehrter des 16. Jahrhunderts: Konrad Lagus und Christoph Hegendorf in Wittenberg, Francis Duaren und Francis Hotman in Frankreich, Nicolaus Everardus und Johannes Althusius in den Niederlanden und vielen anderen, die unmittelbar von der protestantischen Theologie und ihren Vertretern inspiriert waren.[196]

Alle weltlichen Gesetze, betonte Oldendorp, hätten nur dann Autorität und Legitimität, wenn sie dem Naturrecht und nicht zuletzt dem göttlichen Recht entsprächen. Ein weltliches Gesetz, das von jenen höheren Gesetzen

---

193. Ders.: Disputatio, 72 ff.
194. Vgl. insbes. die Quellenangaben in den Anmerkungen 164, 169, 186 oben. Vgl. auch OLDENDORP: Was billig und recht ist, 57 f.; DERS.: Art. »ius«, in: ders.: Lexicon Iuris, 187-198.
195. Vgl. Quellenangaben in den Anmerkungen 162, 166, 169, 177, 186.
196. STINTZING, Rechtsgeschichte, 114-153, 251-265, 282-310; HELMUT COING: Handbuch der Quellen und Literatur der neueren europäischen Privatrechtsgeschichte. Bd. 2/1. München 1977, 615-795; GUIDO KISCH: Erasmus und die Jurisprudenz seiner Zeit. Studien zum humanistischen Rechtsdenken. Basel 1960; HAROLD J. BERMAN/CHARLES J. REID, JR.: Roman Law in Europe and the Jus Commune: A Historical Overview with Emphasis on the New Legal Science of the Sixteenth Century. In: Syracuse Journal of International Law and Commerce 20 (1994) 1, 12 ff.

in toto abweiche, sei nicht bindend.[197] Er führte eine ganz Reihe von bürgerlichen Gesetzen seiner Zeit an, von denen er glaubte, dass sie *per se* unzulässig seien. Er verurteilte etwa jene menschlichen Gesetze, die dem göttlichen Recht unmittelbar zuwiderliefen, weil sie den Verkauf von kirchlichen Pfründen genehmigten, Scheidung und Wiederheirat erlaubten und Wucherzinsen bei der Vergabe von Krediten zuließen. Er verurteilte jene menschlichen Gesetze, die dem Naturrecht zuwiderliefen, weil sie den unredlichen Erwerb von Eigentum gestatteten, die Enterbung von Familienangehörigen erlaubten, ungerechtfertigte Verzögerung bei der Rechtsprechung verursachten, einseitige Interessen bei der Urteilsfindung duldeten und Sklaverei und andere rigorose Formen der Leibeigenschaft begünstigten.[198] Er wies darauf hin, dass das Naturrecht verlange, dass jemand seinen privaten Besitz für soziale Zwecke verwenden und andere nicht von dessen Nutzung ausschließen solle, wenn ihm dadurch kein Schaden entstehe.[199]

Die Obrigkeit habe die Pflicht, »*gute Policey*« zu erhalten, indem positivierte weltliche Gesetze erlassen und durchgesetzt würden.[200] Vieles von dem, was Oldendorp in einem christlichen Gemeinwesen für »*gute Policey*« hielt, war dabei durchaus gängig. Er beschrieb sie jedoch in den evangelischen Begriffen des »*bürgerlichen, theologischen und erzieherischen Gebrauchs*« des Gesetzes, die es den Menschen ermögliche, friedlich durch dieses schattenhafte Leben hindurchzugelangen und zu Christus und dem ewigen Leben geleitet zu werden (*»Iuris finis est, ut pacifice tranfigamus hac vitam umbratilem, & perducamus ad Christum, & aeternam vitam«*).[201] Wie Melanchthon betonte er den »*erzieherischen Gebrauch*« des Gesetzes als »*paedagogus noster ad Christum*« und die demgemäße väterliche und erzieherische Funktion der Obrigkeit als »*Vater der Gemeinschaft*«.[202] Entsprechend seiner evangelischen Gesinnung forderte Oldendorp darüber hinaus, dass die Obrigkeit den rechten Glauben zu unterstützen habe, indem sie auch für genügend gut ausgebildete und gut bezahlte Prediger sorgen solle,

---

197. OLDENDORP: Isagoge, 13.
198. Ebd. 12 f. Vgl. weitere Zitate in MACKE: Oldendorp, 49 f.
199. OLDENDORP: Was billig und recht ist, 60-62.
200. Die umfassendste Formulierung der Natur und Funktion des Staates und der Politik findet sich in ders.: Ratsmannspiegel. Vgl. Auswertung dieser und weiterer Schriften in DIETZE: Oldendorp, 90-111; MACKE: Oldendorp, 73-105. OLDENDORP verwendete mehrere Begriffe, um den Staat zu beschreiben: *weltliches Regiment, res publica, ordo civilis, Oberkeit, universitas civium*. Vgl. ausführliche Quellenangaben in DIETZE: Oldendorp, 94 ff.
201. OLDENDORP: Lexicon Iuris, 194.
202. Ebd.; ders.: De Copia verborum et rerum in iure civili, 257.

Das bürgerliche Recht

die den Unglauben unter den Leuten bekämpfen sollten.[203] Die Obrigkeit sollte außerdem Habgier, Müßiggang, verschwenderische Kleidung und anderes unsittliche Verhalten verbieten und bestrafen, das traditionell in die Zuständigkeit der Kirche fiel.[204] Und sie sollte gute öffentliche Schulen und gemeinnützige Einrichtungen gründen und unterhalten, so wie Oldendorp dies in Rostock und Lübeck selbst getan hatte und gemeinsam mit anderen Reformatoren unermüdlich vorantrieb, wie wir in den nachfolgenden Kapiteln noch sehen werden.[205]

Die Obrigkeit sollte außerdem bemüht sein, den Frieden mit anderen bürgerlichen Gemeinwesen zu wahren. Trotz aller Spaltungen durch die Reformation würden die Menschen aller Republiken, so Oldendorp, den Leib Christi auf Erden *(corpus Christianum)* bilden und »*nebeneinander, nicht gegeneinander*« leben.[206] Krieg sei nur zur Verteidigung gegen einen unverschuldeten Angriff gerechtfertigt. Oldendorp schrieb, selbst bei einem Angriff sollte ein bürgerliches Gemeinwesen versuchen, den Konflikt friedlich zu lösen. Wenn sich dies als unmöglich erwies, habe das Gemeinwesen drei Tage lang zu warten, bevor es sich verteidige, um den Angreifern die Möglichkeit zu geben, es sich anders zu überlegen. Dies war wohl eine einigermaßen erschreckende, wenn nicht sogar selbstmörderische Anwendung des biblischen Grundsatzes, auch die andere Wange darzubieten. Die Verteidigung sollte auf das Nötige begrenzt sein, da es ihr einziger Zweck sei, Frieden wiederherzustellen.[207]

Es sei zudem auch die Pflicht der Obrigkeit, sich selbst an das Gesetz zu halten – nicht nur an das göttliche Gesetz und das Naturgesetz, die sie zu ihrem Amt befähigten, sondern auch an die bürgerlichen Gesetze, die sie und ihre Vorgänger selbst erließen. Es sei die alte Frage, schrieb Oldendorp, ob die Obrigkeit über dem Gesetz stehe oder das Gesetz die Obrigkeiten binde. Seine Antwort war, dass die Obrigkeiten Minister seien, das heißt Diener des Gesetzes.[208] Es sei falsch und simplistisch, schrieb er, anzunehmen, der Fürst habe die Macht, gegen das Gesetz anzugehen. »*Es steht solchen Majestäten nämlich an, ... den Gesetzen zu dienen*« (»*Falsum igitur est simpliciter asserere, principem habere potestatem contra ius. Decet enim tan-*

---

203. Ders.: Ratsmannenspiegel, 45-47.
204. Ebd. 47-49.
205. Ebd. 49-52. Siehe unten Kapitel 5 und 7.
206. Ders.: Lexicon Iuris, 407.
207. Ders.: Ratsmannenspiegel, 45-47. (steht nichts davon)
208. Ders.: Lexicon Iuris, 272; vgl. auch ders.: Divinae Tabulae, 19; ders.: Ratsmannenspiegel, 73-77.

4 · Lutherische Lehren zu Recht, Politik und Gesellschaft

tae maiestati, ... servare leges ...«), seien sie nun göttlich, natürlich oder bürgerlich.[209]

Oldendorps Lehre von der Billigkeit

Eine entscheidende Frage war für Oldendorp geblieben, der sich weder Luther noch Melanchthon hinreichend gewidmet hatte. Diese lautete, nach welchen Kriterien Rechtsnormen, ob biblisch, natürlich oder bürgerlich, im Einzelfall anzuwenden waren. Die allgemeine Gültigkeit einer Rechtsnorm, schrieb Oldendorp und zitierte dabei Eisermann, setze voraus, dass sie in den zahlreichen unterschiedlichen Situationen anwendbar sei. Doch die Norm selbst verweise nicht darauf, wie die Vielfalt berücksichtigt werden könne. Zwei Jahrhunderte nach Oldendorp sollte Immanuel Kant gänzlich darauf verzichten, die Anwendung von Regeln selbst unter Regeln zu stellen.[210]

Luther hatte sich dazu hintergründig und provozierend geäußert. Das strikteste Recht *könne* das höchste Unrecht sein. »*Summum ius summa iniuria«*, zitiert er Cicero. Darum »*soll man mehr sehen auf die Billigkeit*« bei der Anwendung von Regeln aller Art, ob in der Kirche oder im Staat, in der Hausgemeinschaft oder im Schulhaus.[211] Jeder Herrscher, ganz gleich welches Amt er bekleidet, »*[q]ui nescit dissimulare, nescit imperare«*, sagte Luther markant, »*[h]aec est epieikeia. Man mus vertragen und dennoch nit all ding lassen hingehn.«*[212] Eine Regel recht und billig anzuwenden bedeute nicht, so Luther, die Gesetze und die Disziplin unbesonnen zu lockern (»*quae non est temeraria legum et disciplinae laxatio«*). Es gehe eher darum, einen Ausgleich zwischen Fairness und Strenge zu finden und die Umstände zu berücksichtigen, die gegen eine wörtliche Anwendung der Regel sprechen oder Fragen aufwerfen, die die Regel nicht berücksichtigt oder nicht berücksichtigen soll. In diesen Fällen wiege die Billigkeit das Für und Wider einer strikten Anwendung der Regel ab: »*Derhalben die richter und herrn muessen hie klug und frum sein und die Billicheit aus der vernunfft messen*

---

209. Zitiert aus MACKE: Oldendorp, 79 f.
210. IMMANUEL KANT: Kritik der reinen Vernunft, A32/B71–A34/B74.
211. WA Tr 3, Nr. 4178, WA Tr 2 Nr. 2629b; WA Br 6 Nr. 1933, zitiert aus CICERO: De officiis, I.10.
212. WA Tr 1, Nr. 315. Siehe weiterhin WA 14, 667 ff. zum Richteramt.

und also denn das recht lassen gehen odder anstehen.«[213] Und ein weiser Herrscher wisse, welcher Kurs der gerechtere ist. »*Sed talis debet esse dispensatio, ut non sit dissipatio, nam contra ius naturae et ius divinum non sunt concedendae dissipationes ... Denn was wider natürliche und göttliche Recht ist, darinnen soll kein Dispensiren zugelassen werden.*«[214]

Melanchthon hatte das Problem ausführlicher diskutiert, war dabei aber weitgehend den Lehren des Aristoteles[215] und des römischen Rechts gefolgt und deren umfangreichen mittelalterlichen Glossen und Erläuterungen.[216] Herrscher seien gehalten, schrieb er, die Grundprinzipien des Naturrechts auf die jeweiligen Gegebenheiten »maßzuschneidern«: »*Est igitur ius positivum proprie determinatio quaedam iuris naturalis, ad certum modum, propter aliquas circumstantias.*«[217] Wenn ein grundsätzlich gerechtes Gesetz im Einzelfall Ungerechtigkeit bewirke, dann sei es die Verantwortung des Richters, das Gesetz so »*recht und billig und milde*« wie möglich anzuwenden, um die Ungerechtigkeit zu mildern oder zu beheben.[218] Aber ein grundsätzlich gerechtes Gesetz müsse gewahrt werden, auch wenn es in einem einzelnen Fall Ungerechtigkeit erzeuge, »*[d]amit nu Gottfürchtige Leute gewissen*

---

213. WA 19, 632.
214. WA Tr 3, Nr. 4178. Vgl. auch Luthers Erörterungen der billigkeitsrechtlichen Anwendung der Kriegs- und Soldatenregeln in WA 19, 630: »*Und hie hebt sichs auch, das wenn man gewisse regel und recht stellen wil, so viel felle und auszuege sich begeben, das gar schwerlich ist odder auch unmueglich, alles so genaw und eben zu fassen; wie es denn gehet auch ynn allen rechten, das man sie so gewis und eben nymer mehr kan stellen, es komen felle, die einen auszug gewinnen. Und wo man nicht den auszug liesse gehen, sondern folgete stracks dem rechten nach, so were es das aller grossest unrecht.*«
215. Vgl. insbes. CR 11, 218-223, 550-555, 669-675; CR 16, 66-72. Siehe oben S. 108 ff. und WILLIAM W. BUCKLAND: Equity in Roman Law. London 1911; NORBERT HORN: Aequitas in den Lehren des Baldus. Köln/Graz 1968; PIER GIOVANNI CARON: Aequitas et interpretatio« dans la doctrine canonique aux XIIIe et XIVe siécles. In: Proceedings of the Third International Congress of Medieval Canon Law (1971), 131-141; HERMANN LANGE: Ius aequum und ius strictum bei den Glossatoren. In: E. J. H. SCHRAGE (Hrsg.): Das römischen Recht im Mittelalter. Darmstadt 1987, 89-115. Zu neuerer Literatur vgl. CHRISTOPH STROHM: Die Voraussetzungen reformatorischer Naturrechtslehre in der humanistischen Jurisprudenz. In: ZSS KA 86 (2000), 398-413.
216. Vgl. ARISTOTELES: Nikomachische Ethik, Buch 5, Kap. 1-10, übers. u. komment. v. Franz Dirlmeier, Berlin 1979, 95-115; ders.: Rhetorik, Buch 1, Kap. 12, übers. u. erl. v. Christof Rapp, 2. Halbbd., Berlin 2002, 475-485.
217. CR 16, 72-81; CR 21, 1090.
218. CR 16, 66-72, 245-247. Vgl. auch MW 2/1, 158-161; LC (1555), 332-333; CR 11, 218-223, 262 ff.

und bestendigen unterricht haben« in den Forderungen des Rechts.[219] Auch die höchsten Richter, betonte Melanchthon, hätten sich an das geschriebene Gesetz zu halten: »*[N]ecesse est iudices ex scripto iure pronunciare, alioqui quorsum attineret ferri leges, si iudicibus tantum liceret ex sese fingere aequitates, ut araneae ex sese telas texunt?*«[220]

Oldendorp näherte sich dem gänzlich anders, indem er forderte, dass jede Anwendung einer Rechtsnorm einen Richter dazu zwinge, Billigkeit (*aequitas, epieikeia*) walten zu lassen. Luther und Melanchthon hatten dagegen der Tradition entsprechend die Billigkeit dem strikten Gesetz gegenübergestellt. Billigkeit, so dachten sie, gleiche die Mängel einer strikten Regel oder ihrer Anwendung aus. Billigkeit sei für den Ausnahmefall vorbehalten. Sie unterschiedslos anzuwenden, würde die Rechtsnorm untergraben, sowohl die des Naturgesetzes als auch des bürgerlichen Gesetzes. Oldendorp stellte die Billigkeit dem gesamten Gesetz gegenüber, nicht nur dem strikten Gesetz. Jedes Gesetz, glaubte er, sei ein striktes Gesetz, weil jedes Gesetz von Natur aus allgemein und abstrakt sei.[221] Kein Gesetzgeber könne die genauen Umstände voraussehen, unter denen die Regel schließlich Anwendung fände. Darum müsse jede Anwendung einer Regel von Billigkeit geleitet sein. Billigkeit sollte nach Oldendorp in jedem Rechtsfall angewandt werden. Ein Verzicht darauf würde die Rechtsnorm untergraben. Recht und Billigkeit, so Oldendorp, *ius et aequitas*, stünden einander gegenüber, ergänzten sich gegenseitig und würden so miteinander verschmelzen.[222]

Billigkeit war für Oldendorp die Fähigkeit oder Begabung eines Richters, in jedem einzelnen Fall ein vernünftiges und gewissenhaftes Urteil zu fällen. Billigkeit sei Ausdruck der weltlichen und der natürlichen Vernunft des Richters, sowohl des Herzens als auch des Verstandes. Einerseits verlange Billigkeit eine sorgfältige Prüfung der genauen Umstände des einzelnen Falls, was es dem Richter ermögliche, die allgemeine Regel auf die jeweiligen Umstände anzuwenden. Das beinhalte eine gewissenhafte Untersuchung, Analyse und den Vergleich mit ähnlichen Rechtsfällen und verbindlichen Rechtsquellen, wie es jeder gute Jurist und Richter gelernt habe. Es sei Aus-

---

219. CR 22, 612.
220. CR 11, 671.
221. Vgl. Oldendorp: Disputatio, 72: »*[S]ummum ius … alias Ius simpliciter, alias apex iuris, Ius inflexibile, generalis definitio, subtilitas verborum, praedurum Ius, strictum Ius.*«
222. Oldendorp: Was billig und recht ist, 59: »*Dann natürlike recht, unde byllicheyt, ys eyn dinck.*« Vgl. Erörterung in: Wolf 161; Kisch: Erasmus und die Jurisprudenz, 228 ff.; Dietze: Oldendorp, 88 f.

druck der weltlichen Vernunft, die für jedes Rechtsurteil wesentlich sei. Andererseits erfordere Billigkeit ein »*iudicium animi*«, so Oldendorp.[223] Sie brauche die Befragung und Anwendung des Naturrechts des Gewissens, dem gottgegebenen Gesetz im Menschen.[224] Es sei letztlich der Vollzug der natürlichen Vernunft, die wesentlich sei, um jede Rechtsentscheidung zugleich zu einer Gewissensentscheidung werden zu lassen.

Um Billigkeit aus dem eigenen Gewissen zu gewinnen und sicherzugehen, dass das eigene Urteil der Vollzug von Vernunft und Gewissen ist, so Oldendorp, sei die Verbindung von höchster berufsständischer Handwerkskunst und schlichter christlicher Frömmigkeit notwendig.[225] »*Ein Urteil kann nicht im Gewissen gefällt werden*«, schrieb Oldendorp, »*ohne eine Formel des Gesetzes, die im Herzen eines Menschen anzeige, ob etwas gerecht oder ungerecht ist. Darum ist das Gesetz im Menschen.*«[226] Damit der einzelne Jurist, der seine weltliche Vernunft in höchstem Maße juristisch geschult habe, erkenne, was recht und billig ist, müsse er die Bibel studieren, zu Gott beten und sein Gewissen erforschen. Diese gottesfürchtige Haltung sollte nicht nur bei schweren Fällen eingenommen werden. Ganz gleich, ob ein Straftäter bei schwacher Beweislage für ein schweres Verbrechen hingerichtet werden soll oder ein Kleinkind in Sorgerechtsstreitigkeiten von seiner Mutter getrennt werden soll. Diese Haltung sollte in jeder Rechtsangelegenheit eingenommen werden, weil jeder einzelne Fall die billigkeitsrechtliche Anwendung einer Regel erfordere. In manchen Fällen würde diese billigkeitsrechtliche Methode eine strikte Anwendung der Regel ergeben. In anderen Fällen würde es den Richter zwingen, eine Rechtsvorschrift aufzuheben, sie zugunsten einer Partei auszulegen, besondere Fürsorge für eine Zivilpartei oder einen strafrechtlich Angeklagten walten zu lassen, wenn diese arm, verwaist, verwitwet oder misshandelt worden waren, oder gar die Regel zu überarbeiten und zu verbessern, um so die Grundlage für eine zukünftige billigkeitsrechtliche Anwendung in einem vergleichbaren Fall zu

---

223. OLDENDORP: Art. »aequitas« in: ders.: Lexicon Iuris, 25-27; Art. »iudicium«, ebd., 176-180; ders.: Topicorum Legalium, 194-196. Vgl. auch OLDENDORP: Disputatio, 13: »*Aequitas est iudicium animi, ex uera ratione petitum: de circumstantiis rerum, ad honestatem uitae pertinentium, cum incidunt, recte discernens, quid fieri aut non fieri oporteat.*«
224. Vgl. insbes. MACKE: Oldendorp, 151 ff.
225. Vgl. OLDENDORP: Disputatio, 14; ders.: Was billig und recht ist, 66-68.
226. OLDENDORP, Isagoge, 8: »*Sed tale iudicium non potest fieri in conscientia sine aliqua formula legis, quae indicat in corde hominis esse iustum aut iniquum id, quod fecit. Ergo est in homine lex.*«; ders.: Disputatio, 145 f. Vgl. Erörterung in DIETZE: Oldendorp, 78-89, 126-131; MACKE: Oldendorp, 67-72.

4 · Lutherische Lehren zu Recht, Politik und Gesellschaft

schaffen. Würde Oldendorps Lehre von der Billigkeit im Gerichtssaal angewendet, wäre sie die einmalige Form einer christlich-praktischen Vernunft einerseits und einem gottesfürchtigen richterlichen Aktivismus andererseits.

Oldendorps Billigkeitslehre gründete unmittelbar auf Luthers Glauben an das christliche Gewissen als höchste Quelle moralischer Entscheidungen. Luther hatte seine widerständige Haltung gegenüber Kaiser Karl V. beim Reichstag zu Worms im Jahr 1521 damit gerechtfertigt, dass er »*überwunden in meinem Gewissen und gefangen in dem Worte Gottes*« handele. Der Überlieferung nach waren seine Worte: »*[V]ictus sum scripturis a me adductis et capta conscientia in verbis dei, revocare neque possum nec volo quicquam, cum contra conscientiam agere neque tutum neque integrum sit. Ich kan nicht anderst, hie stehe ich, Got helff mir, Amen.*«[227] In seinen späteren Schriften hatte Luther die Obrigkeit als solche gemahnt, nicht nur, »*das recht ja so fast inn seiner Hand [zu] haben als das schwerd*«, sondern auch wie Salomo, »*sich bloß an Gott [zu] hallten, ihm inn den oren [zu] liegen unnd [zu] bitten umb rechten verstandt uber alle buecher und meister, sein unterthan weyßlich zu regirn.*« Mit einer solchen Haltung »*wirtt ihm Gott gewißlich geben, das er alle recht, rethe und hendel wol und gottlich außrichten kan.*«[228]

Oldendorp machte das Gewissen, das, wie Luther es betont hatte, durch die Bibel und das Gebet zugerüstet würde, zu einem festen Bestandteil seiner Lehre von Recht und Billigkeit. Jede rechtliche Entscheidung war für Oldendorp letztlich eine moralische Entscheidung. Und jede Entscheidung dieser Art erforderte daher die Prüfung durch das Gewissen und eine gewissenhafte Anrufung der Heiligen Schrift, das Gebet und die Besinnung. Während eine solche Prüfung durch das Gewissen allgemeine Pflicht eines jeden gesetzestreuen Bürgers sei, so werde es für den Richter bei der Auslegung und Anwendung der Rechtsvorschriften zur besonderen Pflicht. Wie Luther als gelehrter Theologe der Kirche letztendlich gegen ein positiviertes Gesetz, das das Gewissen verletzte, verstoßen konnte, konnte auch der Richter als gelehrter Berater des Staates ein positiviertes Gesetz aufheben, das jene grundlegenden Normen übertrat.

Oldendorp stützte sich dabei auch auf die traditionelle Lehre, nach der das traditionelle kanonische Recht der katholischen Kirche der Inbegriff der Exemptionen, des Liebesgebotes sowie des Guten und des Gerechten sei. Diese billigkeitsrechtlichen Eigenschaften hatten die kanonischen Gesetze in den Kirchengerichten traditionell zu einer attraktiven Alternative zu

---

227. WA 7, 838.
228. WA 11, 272 f.

den bürgerlichen Gesetzen werden lassen, wie sie in den weltlichen Gerichten angewendet wurden.[229] Oldendorps Lehre zielte darauf ab, diese billigkeitsrechtlichen Eigenschaften in allen Gesetzen und allen Gerichten eines christlichen Gemeinwesens zu verankern. Recht und Billigkeit sind seiner Meinung nach grundlegend miteinander verbunden, unabhängig von der jeweiligen Quelle des Rechts und dem jeweiligen Gericht, in dem sie Anwendung fänden. Es sei die Pflicht eines christlichen Gesetzgebers, weltliche Gesetze zu erlassen, die mit den Morallehren des göttlichen Rechts und des Naturrechts vereinbar seien. Die Pflicht eines christlichen Richters sei es dagegen, diese Gesetze mit den billigkeitsrechtlichen Methoden der weltlichen und der natürlichen Vernunft auszulegen.

Zusammenfassung und Fazit

Auf den vorangehenden Seiten sollte die Bedeutung jener Lehren des Rechts, der Gesellschaft und der Politik ausgelotet werden, die im 16. Jahrhundert unter den evangelischen Rechtsgelehrten aufgekommen waren. Um das Spektrum dieser neuen Theorien zu verdeutlichen, wurden (1) Philipp Melanchthon, der große Moralist der Universität zu Wittenberg, (2) Johannes Eisermann, ein Student Melanchthons und erster Rechtsprofessor der neuen evangelischen Universität Marburg, und (3) Johann Oldendorp, ein ausgezeichneter und vielschreibender Rechtsgelehrter, der einige Jahre nach Eisermann an die Marburger Rechtsfakultät berufen wurde, detailliert dargestellt. Es bleibt zu betonen, dass es in der ersten Hälfte des 16. Jahrhunderts Dutzende von evangelischen Moralisten und Juristen gab, die sich in ihren Schriften zu Recht, Politik und Gesellschaft geäußert haben. Manchmal gaben sie Ansichten Melanchthons, Eisermanns oder Oldendorps wieder. Manchmal hielten sie sich dagegen strenger an die traditionellen Lehren der mittelalterlichen Kirchen- und Zivilrechtler. Die lutherische Reformation brachte nicht eine alleinige oder einheitliche Rechtslehre hervor, sondern eine ganze Reihe von unmittelbaren und bemerkenswerten Rechtsanwendungen der Hauptlehren der lutherischen Theologie.

Melanchthon, Eisermann und Oldendorp legten ihren Lehren jeweils in Grundzügen Luthers Zwei-Reiche-Lehre zugrunde. Während Luther allerdings dazu neigte, die Unterschiede zwischen den beiden Reichen zu beto-

---

229. Vgl. Kap. 1, S. 57 ff. Vgl. auch OLDENDORP: Collatio, 32 f.

nen, tendierten lutherische Rechtsgelehrte dazu, ihr Zusammenspiel zu betonen. Während Luther dazu neigte, die häusliche, die kirchliche und die politische Ordnung als naturgegeben und gleichberechtigt bei der Regierungsführung des irdischen Reichs anzusehen, betonten die Juristen die politische Ordnung der Obrigkeit und den Berufsstand der Juristen und verliehen diesen neue Vollmachten.

Erstens betonten die evangelischen Rechtsgelehrten stärker als Luther, dass die Bibel eine wesentliche Quelle des weltlichen Rechts sei. Luther war gänzlich dafür eingetreten, die Bibel zur Lebensführung im irdischen Reich zu benutzen. Eine genaue rechtliche Funktion des Evangeliums erwähnte er dagegen nur unregelmäßig und uneindeutig. Er neigte dazu, die Bibel als hilfreichen Tropus und »Trumpf« bei der Erörterung bestimmter Rechtsreformen zu nutzen, ohne sich dabei auf eine systematische theologische Rechtslehre festzulegen. Im Gegensatz dazu betrachteten Melanchthon, Eisermann und Oldendorp die Bibel als die höchste Rechtsquelle für das Leben im weltlichen Reich. Für sie war die Bibel der vollkommene Ausdruck des göttlichen Rechts. Sie enthielt die beste Summe des Naturrechts. Sie war die sichere Richtschnur zum positivierten Recht. Da die menschliche Vernunft durch die Sünde verdorben sei, argumentierten die Juristen, sei der Glaube an das Evangelium so bedeutsam für die vernunftgemäße Wahrnehmung und Anwendung des Gesetzes im weltlichen Reich. Das Evangelium könne am besten ans Licht bringen und zum Leben erwecken, was die Juristen die »*angeborenen Funken*« der natürlichen Erkenntnis von Gut und Böse nannten. Gott habe uns trotz des Sündenfalls erlaubt, diese Funken in unserer Vernunft und unserem Gewissen zu bewahren.

Die Juristen legten besonderes Gewicht auf die Zehn Gebote und die Zusammenfassung des Evangeliums in dem Hauptgebot der Liebe, Gott, seinen Nächsten und sich selbst zu lieben. Die erste Tafel der Zehn Gebote enthielt ihrer Meinung nach die Grundprinzipien des geistlichen Rechts und der Moral, die die Beziehung zwischen Gott und den Menschen bestimme. Die zweite Tafel enthielt die Grundprinzipien des weltlichen Rechts und der Moral, die die Beziehung zwischen den Menschen bestimme. Diese Einteilung der Gebote sei nicht nur für die Verkündigung, die Unterweisung und für die theologische Ethik hilfreich, argumentierten Luther und die Theologen. Für die Juristen erwiesen sich die Zehn Gebote darüber hinaus als hilfreich, das positivierte Recht für das irdische Reich zu systematisieren. Die erste Tafel untermauere die positiven Gesetze der Religionsgemeinschaft und der Kirchenordnung. Die zweite Tafel untermauere die positiven Gesetze zu Straftaten, Eigentum, Familie, Zivilverfahren, Beweismitteln und anderem.

Zusammenfassung und Fazit

Die Zehn Gebote erlangten in der lutherischen Rechtslehre eine ähnliche Funktion wie die sieben Sakramente in der katholischen Rechtslehre. Katholische Kirchenrechtler und Moralisten des Mittelalters hatten um jedes dieser Sakramente herum ganze Rechtssysteme entworfen. So stützte das Sakrament der Weihe ein ausführliches Gesetz zum klerikalen und kirchlichen Leben. Die Sakramente der Taufe und der Eucharistie stützten ein ausführliches Gesetz zur Liturgie, religiösen Lehre, Katechese und Zucht. Das Sakrament der Ehe stützte das Gesetz zu Partnerschaft, Ehe und Familie. Das Sakrament der Buße stützte ein ausführliches Gesetz zu Verbrechen, Delikten und moralischer Verpflichtung. Das Sakrament der Krankensalbung stützte das Gesetz zu Testamenten, Erbsachen und Treuhandverhältnissen. Freilich ließ sich nicht das gesamte positivierte Recht den Sakramenten zuordnen. Aber die Sakramente lieferten den Kirchenrechtlern ein hilfreiches Gerüst, um einige Rechtsinstitutionen der Kirche zu gestalten.

In der lutherischen Rechtslehre spielten die Zehn Gebote eine vergleichbare Rolle. Die Gebote gegen Götzenverehrung, Gotteslästerung und Sabbatbruch stützten die neuen Religionsgesetze der lutherischen Gemeinschaften: Gesetze, die die rechte Lehre und Liturgie, Kirchenverfassung und Kirchenbesitz und die Angelegenheiten des Gemeindeklerus und der Kirchenpfleger regelten. Das Gebot »*Du sollst nicht stehlen*« war die Quelle für das Sachenrecht und neben dem Gebot »*Du sollst nicht töten*« zugleich Quelle für das Strafrecht. Die Gebote, die forderten, Vater und Mutter zu ehren, die Ehe nicht zu brechen und nicht eines anderen Frau zu begehren, waren die Quelle für ein neues bürgerliches Recht, das Partnerschaft, Ehe und Familie ordnete. Das Gebot »*Du sollst nicht falsch Zeugnis reden*« war das Ordnungsprinzip für ein Zivilprozessrecht, Beweisrecht und Verleumdungsrecht. Das Gebot »*Du sollst nicht begehren...*« untermauerte eine ganze Reihe strafbarer Vorbereitungshandlungen und zivilrechtliche Straftaten. Das gesamte positivierte Recht ließ sich nicht aus den Zehn Geboten ableiten. Und jene positiven Gesetze, die als evangelisch erlassen und einem Gebot oder einer Tafel zugeordnet worden waren, hätten ebenso gut biblischen, römischen oder kanonischen Ursprungs sein können. Nichtsdestotrotz lieferten die Zehn Gebote den evangelischen Rechtsgelehrten ein brauchbares Gerüst, um einige der Rechtsinstitutionen des Staates zu organisieren.

Zweitens betonten die evangelischen Rechtsgelehrten stärker als Luther den dreifachen Gebrauch des Gesetzes bei der Regierungsführung des weltlichen Reichs. Luther hatte die *usus-legis*-Lehre als Teil seiner Heilslehre und als Teil seiner Antwort »*wider die Antinomier*« entwickelt. Werke des Gesetzes sollten im Heilsdrama keine Rolle spielen. Dennoch war das Gesetz an sich im weltlichen Reich nützlich, indem es die Sünde zurückdrängte und Sünder zur Umkehr bewegte, die notwendig war für den Glauben an Christus und schließlich für den Eintritt in das himmlische Reich. Melanchthon, Eisermann und Oldendorp stimmten in ihrem Verständnis vom bürgerlichen und theologischen Gebrauch des Gesetzes überein. Doch anders als Luther betonten sie auch den erzieherischen Gebrauch des Gesetzes im weltlichen Reich. Richtig verstanden und angewendet, zwinge das Gesetz nicht nur die Sünder, sondern erziehe auch die Heiligen. Es liefere nicht nur eine elementare weltliche Moral, sondern auch eine höhere geistliche Moral. Dies war ein weiteres Argument, das die Juristen anführten, um positivierte Gesetze zu rechtfertigen, die Glaubenslehre, Liturgie und Moral in jedem Gemeinwesen begründeten. Das positive Recht sollte nicht nur die weltliche Moral der zweiten Tafel des Dekalogs lehren, sondern auch die geistliche Moral der ersten Tafel. Es sollte die Bürger nicht nur den Buchstaben des Sittengesetzes lehren, sondern auch seinen Geist. Das Recht war somit in der Lage, nicht nur eine »*Pflichtenethik*«, sondern auch eine »*Strebensethik*« zu definieren und durchzusetzen.[230]

Alle drei Autoren konnten aus der *usus-legis*-Lehre weitere spezifische Anwendungen ableiten. Melanchthon nahm den dreifachen Gebrauch des Gesetzes, um die drei Aufgaben des Strafrechts und der Strafverfolgung zu unterscheiden und zu definieren. Seiner Ansicht nach entsprach der bürgerliche Gebrauch des Gesetzes der Abschreckung. Der theologische Gebrauch des Gesetzes entsprach der Vergeltung. Der erzieherische Gebrauch des Gesetzes entsprach der Wiedereingliederung. Diese Argumentation hatte offenkundige Auswirkungen auf die kirchliche und elterliche Zucht. Freilich musste die politische, die kirchliche und die elterliche Autorität zugleich auch einen Ausgleich zwischen dem bürgerlichen, theologischen und erzieherischen Gebrauch des Gesetzes schaffen. Genauer gesagt, sollten der Fürst, der Prediger und der *paterfamilias* stets danach streben, das richtige Verhältnis von Abschreckung, Vergeltung und Läuterung zu finden.

Johann Oldendorp benutzte die *usus-legis*-Lehre teils dazu, seine Lehre von der christlichen Billigkeit zu entwickeln. Aufgabe des christlichen Richters sei es nicht nur, den Buchstaben des Gesetzes anzuwenden, indem er die Hilfsmittel einer bürgerlichen Rechtslogik nutzte. Es gelte außerdem, den Geist des Gesetzes anzuwenden, indem er die Hilfsmittel des Gebets, der gewissenhaften Betrachtung und des Studiums der Heiligen Schrift nutze. Die bürgerliche Rechtslogik würde nur die bürgerlich-rechtliche Auffassung

---

230. Diese Begriffe stammen von Lon L. Fuller: The Morality of Law. Überarb. Ausg. New Haven, CT 1964.

Zusammenfassung und Fazit

und Anwendung des positivierten Rechts bewirken. Die geistliche Rechtslogik dagegen würde seine höhere geistliche Auffassung und Anwendung bewirken. Oldendorp fasste seine Lehre von der christlichen Billigkeit zwar nicht in solche Termini. Dennoch ruhte seine Lehre auf einer Differenzierung, die für die *usus-legis*-Lehre zentral war, nämlich die eines niederen bürgerlichen Gebrauchs und eines höheren geistlichen Gebrauchs des Rechts.

Johannes Eisermann benutzte die *usus-legis*-Lehre dazu, den Unterschied zwischen der bürgerlichen Tugend und Gerechtigkeit eines jeden Gemeinwesens und der geistlichen Tugend und Gerechtigkeit des christlichen Gemeinwesens zu akzentuieren. Jedes Gemeinwesen, das seinen Namen verdiene, befolge den bürgerlichen Gebrauch des Gesetzes, indem es seine Bürger und Untertanen zu den Grundpflichten der bürgerlichen Ethik anhalte und diejenigen bestrafe, die jene missachteten. Ein wahres christliches Gemeinwesen pflege dagegen auch den erzieherischen Gebrauch des Gesetzes, indem es seine Bürger zur geistlichen Ethik des Evangeliums anhalte und so auf ein besseres Leben im himmlischen Reich vorbereite.

Drittens betonten die Rechtsgelehrten dementsprechend die Notwendigkeit, eine offenkundig evangelische Ordnung des Rechts, der Gesellschaft und der Politik im weltlichen Reich zu errichten. Luther hatte sicherlich ähnliche Bestrebungen. Melanchthon, Eisermann und Oldendorp waren dagegen weniger zurückhaltend als Luther, Brücken zwischen den beiden Reichen zu schlagen. Es sei durchaus möglich, räumten die Juristen ein, dass nicht die gesamte westliche Christenheit die göttliche Ordnung und Offenbarung annehmen würde. Dennoch konnte ein einzelnes lutherisches Gemeinwesen als offenkundig christliches Gemeinwesen organisiert werden.

Eisermann nannte das wichtigste Argument für die Schaffung eines evangelischen und christlichen Gemeinwesens. Er betonte, dass die genaue Form und Funktion eines christlichen Gemeinwesens unterschiedlich sein, jede Gemeinschaft die Normen der »*Natur, Gewohnheit und Vernunft*« austarieren und ihre eigene Auslegung der Gebote der Bibel und der Tradition finden müsse. Gewisse Eigenschaften eines christlichen Gemeinwesens seien dagegen obligatorisch. Hier schloss sich Eisermann der Auffassung an, dass das positivierte Recht eines solchen Gemeinwesens das Naturrecht widerspiegeln und abbilden müsse, insbesondere wie es im Dekalog und dem Evangelium zusammengefasst sei. Er wiederholte außerdem die Ansicht, das positive Recht habe eine höhere geistliche Ethik zu begünstigen, indem die rechte Lehre, der Gottesdienst, das Bekenntnis, der Kanon und die kirchlichen Strukturen per Gesetz geregelt würden, die in einem Gemeinwesen maßgebend sein sollten. Und Eisermann ging noch einen Schritt weiter: Ein wahres christliches Gemeinwesen sollte danach streben, Leib Christi auf Erden zu sein – ein *corpus Christianum en miniature*. Es sollte danach trachten, dem paulinischen Bild zu folgen, »*ein Leib in Christus, aber untereinander ... einer des andern Glied*« zu sein.

Dies bedeutete, dass jeder Mensch und jede Berufung wichtig seien und in einem christlichen Gemeinwesen Förderung verdienten. Jeder Mensch müsse die Würde, das Eigentum und die Privatsphäre des anderen respektieren und Nächstenliebe, Fürsorge und priesterlichen Dienst üben, die den christlichen Glauben ausmachten. Ein wahres christliches Gemeinwesen sollte dem paulinischen Bild folgen, nach dem einige Glieder des Körpers bedeutender sind und andere weniger bedeutend. Eisermann folgerte daraus eine komplexe Hierarchie von Ständen, Ordnungen und Professionen im lokalen Gemeinwesen, von denen jede einzelne ihre eigenen Berufungen habe, dem Gemeinwohl zu dienen und das Gemeinwesen besser zu machen.

Viertens entwickelten die Juristen eine komplexe Lehre von der politischen Macht und ihren Grenzen. Luther hatte eine kraftvolle Lehre von der politischen Autorität vertreten, die die Obrigkeit als Stellvertreter Christi verstand, als Vater der Gemeinschaft und einzige gesetzgebende Autorität des weltlichen Reichs. Zugleich hatte er die politische Macht aber auch begrenzt, indem er die naturgemäße Beschränkung ihrer Jurisdiktion auf weltliche Angelegenheiten betonte, eine interne Kontrolle der Obrigkeit und eine externe Kontrolle der parallelen Ordnungen der Familie und der Kirche, die Gott für das weltliche Reich berufen habe.

Häufig übernahmen die Juristen Luthers Lehren, veränderten sie aber auch. Indem sie der Obrigkeit Vollmacht über Glaubenslehre und Liturgie zubilligten, erweiterten sie deren Vollmacht zumindest teilweise bis in das himmlische Reich. Indem sie den Fürsten zur höchsten Rechtsautorität im weltlichen Reich stilisierten, brachten sie das System der gegenseitigen Kontrolle durch die niedere Obrigkeit erheblich in Gefahr. Indem sie der Obrigkeit die alleinige Macht übertrugen, die Rechtsform und -funktion von Kirche und Familie festzulegen, setzten sie die gegenseitige institutionelle Kontrolle aufs Spiel, mit der die kirchliche und die häusliche Ordnung auf eine politische Ordnung hätten einwirken können. Und da war sie also, die christliche Obrigkeit, unmittelbar von Gott berufen, die die volle Rechtsautorität in ihrem Gemeinwesen innehatte und ohne ernstzunehmende institutionelle Konkurrenz war. Luthers Lehre war ein starker Impuls gewesen, die gesetzgebende Autorität von der Kirche auf den Staat zu übertragen. Die Lehre der Juristen schien die Obrigkeiten dagegen mit alledem auszustatten, was für eine absolute Machtübernahme und Willkürherrschaft nötig war.

Zusammenfassung und Fazit

Aber dies war nur ein Aspekt der Lehre der lutherischen Juristen von der christlichen Obrigkeit. Lutherische Rechtsgelehrte bauten auch eine Reihe von Sicherungen gegen Willkürherrschaft ein. Einige davon kannten bereits das römische und das kanonische Recht. Melanchthon, Eisermann und Oldendorp betonten, dass die Obrigkeit selbst ebenfalls verpflichtet sei, die eigenen Gesetze zu achten, die sich aus dem Naturgesetz ableiten, das für sie und ihre Untertanen gleichermaßen verbindlich sei. Sie betonten die Bedeutung geschriebener und veröffentlichter Gesetze, die auch dazu dienten, frevelhafte und willkürliche Herrscher zu kontrollieren. Sie erklärten das römische Recht zur verschriftlichten Form einer juristischen Denkweise, die als Vorlage für neue positivierte Gesetze und als Kontrollinstanz gegen eine widrige Anwendung neuer Gesetze fungierte. Sie betonten die Verantwortung des Klerus, gegen Ungerechtigkeit und Willkür zu predigen und prophetisch zu reden, und die Pflicht der Eltern, ihre Kinder und Angehörige den Vorrang des göttlichen Rechts vor dem menschlichen Recht und des eigenen Gewissens vor der Anweisung von außen zu lehren. Sie betonten das Recht eines Christen, Gesetze zu missachten, die der Bibel und dem christlichen Gewissen offenkundig zuwiderliefen. Es handelte sich dabei größtenteils um traditionelle Lehren, die die lutherischen Juristen übernommen und großzügig bearbeitet hatten.

Die Argumente der lutherischen Rechtsgelehrten, die Vollmacht und das Ansehen des politischen Amtes zu erweitern, schränkten diese paradoxerweise zugleich ein. Die eine Schutzfunktion war ihre Lehre von den Zehn Geboten als Quelle des positivierten Rechts. Sie erweiterte die Macht der Obrigkeit über weltliche wie geistliche Dinge. Zugleich setzte es der Obrigkeit bei dem Gebrauch ihrer Macht aber auch Grenzen. Denn die Zehn Gebote, die erste und die zweite Tafel, wurden am besten von der Kirche und ihren Theologen ausgelegt, nicht vom Staat und der Obrigkeit. Die Obrigkeit war darum verpflichtet, sich mit Theologen und Geistlichen zu beraten, um die moralische und die religiöse Dimension des Rechts zu erfassen. Sie sollte jene bei der Gesetzgebung hinzuziehen. Bei Einzelfragen sollte sie jene um Stellungnahmen ersuchen. In schwierigen Fällen sollte sie die theologische Fakultäten konsultieren. Der örtliche Klerus und die theologischen Fakultäten vor Ort hatten somit eine wichtige Schutzfunktion gegen politischen Missbrauch inne, auch wenn sie selbst keine formelle Rechtsgewalt hatten.

Eine zweite Schutzfunktion waren die schmeichelhaften Beschreibungen der Obrigkeit als Vorbild christlicher Tugend, Stellvertreter Christi und Vater der Gemeinschaft, die die Juristen gewählt hatten. Diese steigerten den Glanz und den Ruhm des politischen Amtes. Gleichzeitig verlangten sie von

4 · Lutherische Lehren zu Recht, Politik und Gesellschaft

den Amtsinhabern einen sehr hohen moralischen und christlichen Anspruch. Diejenigen Amtsträger, die dieser Bezeichnung nicht entsprachen, sollten und konnten ihr Amt nicht weiter ausführen oder sie riskierten Widerstand und Revolte. Wo dieses Verständnis eines hohen moralischen Anspruchs an das politische Amt mit der Lehre vom gewählten Amt zusammenkam, wie es in einigen Städten und Herzogtümern des späten 16. Jahrhunderts zunehmend üblich wurde, diente dies einer entscheidenden Beschränkung der Willkürherrschaft.

Eine dritte Schutzfunktion war der starke Pluralismus Deutschlands mit seinen mehr als 300 Einzelstaaten und häufig sehr kleinen Gemeinwesen. Gerade die geringe Größe dieser Gemeinwesen ermöglichte eine verhältnismäßig leichte, lokale Umsetzung eines einheitlichen lutherischen Gemeinwesens unter der vollen Rechtsautorität der lutherischen Obrigkeit. Die geringe Größe dieser Gemeinwesen führte jedoch auch zu einer stärkeren Abwanderung der Menschen, die dabei naturgemäß auch ihre Arbeitskraft, ihre Fachkenntnisse, ihre Steuern, ihre Dienstpflichten und weitere wesentliche Beiträge zum lokalen Gemeinwesen mitnahmen. Je größer die Willkürherrschaft, desto kleiner die örtliche Bevölkerung, lautete die Theorie. Das Recht eines Menschen, ein Gemeinwesen oder politisches System zu verlassen, das ihm verhasst oder lästig war, wurde schließlich durch den Augsburger Reichs- und Religionsfrieden von 1555 verbürgt und konnte vom Kaiser gegen ein örtliches Gemeinwesen eingeklagt werden. Dies schränkte mögliche Willkürherrschaft ebenfalls weitreichend ein, zumindest in der Theorie.

Schließlich entwickelten die Rechtsgelehrten die wichtige neue Lehre, die besagte, dass christliche Billigkeit in jedes Gesetz und Urteil einfließen solle. Luther hatte dies bereits mit seiner Maxime angedeutet, dass ein Richter lernen müsse, bei der Anwendung einer Regel zu »heucheln«. Eisermann hatte dies mit der Aufforderung beantwortet, dass ein Richter unaufhörlich Billigkeit aus dem Innersten des Gesetzes zu schöpfen habe. Es war schließlich Oldendorp, der diesen Gedanken zu einer umfassenden Lehre von der richterlichen Billigkeit entwickelte. Jedes Gesetz sei von Natur aus ein striktes Gesetz und jedes Gesetz erfordere per definitionem eine billigkeitsrechtliche Anwendung. Billigkeit anzuwenden sei für den Richter eine Aufgabe zugleich des Geistes und der Seele. Der Richter müsse die weltliche Vernunft gebrauchen, um hervorstechende von oberflächlichen Sachverhalten zu trennen, um nach Präjudiz und Analogie zu urteilen. Der Richter müsse aber zugleich auch die natürliche Vernunft gebrauchen, um das Naturgesetz zu befragen, wie es seinem Gewissen eingeprägt sei, sich andächtig in die heilige Schrift zu versenken und über die richtige Anwendung oder Reformierung der Regel zu entscheiden. Eine solche gewissenhafte Anwendung der Regeln sei nicht nur in Ausnahmefällen, sondern in allen Rechtsfällen gefordert. Sie bemühe sich nicht nur darum, der Streitpartei gegenüber im Einzelfall gerecht und gnädig zu sein, sondern auch darum, dem Buchstaben und dem Geist des Gesetzes zu dienen.

Traditionell wurde die Billigkeit als spezifische Eigenschaft des kanonischen Rechts und spezifische Fähigkeit des kirchlichen Richters angesehen. Folglich wurden im mittelalterlichen Deutschland jene Fälle, die unter das Billigkeitrecht fielen, zur Entscheidung an die Kirchengerichte übergeben. Ähnlich wie im mittelalterlichen England wurde Billigkeit im Kanzleigericht angewendet, welches mit einem hohen Geistlichen besetzt war, der das kanonische Recht beherrschte.[231] Oldendorps Lehre verband Recht und Billigkeit auf wirkungsvolle Weise. Jedes Gesetz bedürfe der Billigkeit, um gerecht zu sein, und jede Billigkeit bedürfe des Rechts, um gerecht angewandt zu werden. Recht und Billigkeit würden zusammengehören und einander ergänzen. Es sei die allgemeine Verantwortung des Gesetzgebers, bei der Verabschiedung neuer Gesetze Billigkeit in das Gesetz einzuflechten. Die besondere Berufung eines jeden Richters bliebe es jedoch, in jedem Rechtsfall Billigkeit anzuwenden. Oldendorps Lehre hatte unmittelbaren Einfluss auf die Rechtsreform im evangelischen Deutschland. Sie unterstützte die Zusammenlegung kirchlicher und staatlicher Gerichte im evangelischen Deutschland; gesonderte Billigkeitsgerichte waren nicht länger notwendig. Sie unterstützte die Annäherung von kanonischem und bürgerlichem Recht im evangelischen Deutschland. Und sie unterstützte die zunehmende Professionalisierung des deutschen Gerichtswesens im 16. Jahrhundert ebenso wie die Forderung, dass Richter sowohl auf dem Gebiet des Rechts als auch der Theologie, im bürgerlichen und auch im kanonischen Recht ausgebildet zu sein hätten.[232]

In einer 1531 gehaltenen Rede an der Universität von Wittenberg konstatierte Philipp Melanchthon: »*Nec vero civilis disciplina sine religione retineri potest; et iuris scientia plurimum a doctrina religionis mutuatur.*« Denn nur, wenn sich die Religion zu der Stimme der bürgerlichen Einrichtungen geselle (»*religio civilibus institutis vocem addit*«), verfüge das Gesetz auch über die Autorität zu herrschen und über die Vollmacht, etwas zu verbes-

---

231. Zu Deutschland siehe oben S. 57 ff. Zu England vgl. BERMAN: Faith and Order. The Reconciliation of Law and Religion. Atlanta 1993, 55-82.
232. Vgl. allgemein KARL H. BURMEISTER: Das Studium der Rechte im Zeitalter des Humanismus im deutschen Rechtsbereich. Wiesbaden 1974.

sern.[233] Diese frühen Gedanken wurden zu Parolen des lutherischen Rechtsdenkens im 16. Jahrhundert. Für die frühen evangelischen Rechtsgelehrten gehörten Gesetz und Evangelium, Gerechtigkeit und Gnade, Recht und Billigkeit, Zucht und Liebe, Weisung und Glaube, Struktur und Geist unaufgebbar zur Regierungsführung des weltlichen Reichs. Würde man eine dieser Dimensionen von der anderen trennen, hieße das, dem Teufel zu dienen und einen Vorgeschmack auf die Hölle zu bekommen. Sie dagegen in Spannung zueinander zu halten, bedeute, Gott zu dienen und einen Hauch des Himmels zu erfahren.

233. CR 11, 210f.

Fünftes Kapitel

Vom Evangelium zum Gesetz: Die lutherischen Reformationsgesetze

Die lutherische Reformation schuf keine Reformationsordnung. Die Reformationsordnung trug vielmehr dazu dabei, die lutherische Reformation zu verwirklichen. Die lutherische Reformation reformierte die Reformationsordnung allerdings und machte sie schließlich zu einem ausgezeichneten Instrument für die Implementierung und Institutionalisierung der evangelischen Grundgedanken zu Theologie und Recht. – Die Aufgabe dieses kurzen Kapitels ist es zu zeigen, wie (1) die Bewegung einer »Rechtsreformation« im 15. Jahrhundert in die lutherische Reformation mündete, und (2) die lutherische Reformation ihrerseits eine neue rechtliche Reformationsbewegung hervorbrachte.

Die frühen Rechtsreformen

Die abendländische Tradition hatte den Wert regelmäßiger Reform, Erneuerung und Regeneration schon lange erkannt, ob es sich um den Einzelnen oder um die Gemeinschaft handelte. Der in diesem Sinn verwendete Begriff *reformatio* findet sich bereits in verschiedenen klassischen griechischen und römischen Texten und diese wurden wiederum von den Kirchenvätern und mittelalterlichen Autoren unzählige Male glossiert und kommentiert. Zudem hatte die abendländisch-christliche Tradition lange erkannt, dass regelmäßige Reformen der kirchlichen Lehre, der Liturgie, der klerikalen und politischen Ordnung und des Rechts für das Fortbestehen und Gedeihen des Glaubens wesentlich waren. Der in diesem Sinn gebrauchte Begriff *reformatio* war während der Christianisierung des Römischen Reichs im 4. und 5. Jahrhundert wiederholt in christlichen Texten aufgetaucht, ebenso wie während der »Renaissance« Kaiser Karls des Großen um die Jahrhundertwende zum 9. Jahrhundert. Er erschien wieder während der mittelalterlichen Erneuerung der Kirche unter der Leitung von Papst Gregor VII., die verschiedentlich als »*Gregorianische Reform*«,

5. · Vom Evangelium zum Gesetz: Die lutherischen Reformationsgesetze

»Renaissance des 12. Jahrhunderts« und *»päpstliche Revolution«* bezeichnet wird.¹ Von »Reformation« war noch einmal im Zuge der konziliaren Bewegung der Kirche im frühen 15. Jahrhundert die Rede, die – mit den Worten des Konzils von Konstanz (1414-1418) – eine Reform der Kirche Gottes *»an Haupt und Gliedern«* anstrebte.² Zu Recht wird die gesamte Periode ab dem 12. Jahrhundert als *»Zeitalter der Reform«* bezeichnet.³

Ein konkreter Ruf nach einer *rechtlichen* Reformation der politischen Ordnung wurde erst in späterer Zeit laut. Im frühen 15. Jahrhundert begannen, wie wir im ersten Kapitel gesehen haben, Rechtsgelehrte in Deutschland und darüber hinaus, eine Reformation derjenigen Lehren, Strukturen und Methoden des Privat- und Strafrechts innerhalb der verschiedenen kaiserlichen, territorialen, städtischen und sonstigen Ordnungen zu fordern, die den deutschen Staat als solchen gefährdeten. Seinen frühen und zugleich prominentesten Ausdruck fand dies in der berühmten *Reformatio Sigismundi* von Kaiser Sigismund aus dem Jahr 1439, die eine ganze Reihe von Reformen des geistlichen und weltlichen Lebens, der Lehre und des Rechts in Deutschland und anderen Teilen des Heiligen Römischen Reiches auslöste. Diese kaiserlichen Reformmaßnahmen fanden noch lange Widerhall und Anwendung im Umgang mit Beschwerden, die bei späteren Reichstagen eingereicht wurden, und in einigen der Friedensabkommen *(Landfriede)*, die daraus hervorgegangen waren. Bis zum 16. Jahrhundert bewirkten diese kaiserlichen Rechtsreformen nur wenig. Erst mit der Einrichtung

---

1. Siehe GERHARD LADNER: The Idea of Reform: Its Impact on Christian Thought and Action in the Age of the Fathers. Cambridge, MA 1959; LEWIS W. SPITZ: Reformation. In: Philip P. Wiener (Hrsg.): Dictionary of the History of Ideas. Bd. 4. New York 1973, 60-69; ders. (Hrsg.): The Reformation – Material or Spiritual? Boston 1962; HAROLD J. BERMAN: Law and Revolution: The Formation of the Western Legal Tradition. Cambridge, MA 1983, 85 ff., 574 ff.; KARL FREDERICK MORRISON: The Mimetic Tradition of Reform in the West. Princeton 1982; ders.: The Two Kingdoms: Ecclesiology in Carolingian Political Thought. Princeton 1964; ROBERT L. BENSON/GILES CONSTABLE (Hrsg.): Renaissance and Renewal in the Twelfth Century. Cambridge, MA 1982.
2. HENRY BETTENSON/CHRIS MAUNDER (Hrsg.): Documents of the Christian Church. 3. Aufl. Oxford 1999, 149; siehe BRIAN TIERNEY: Foundations of the Conciliar Theory: The Contribution of the Medieval Canonists from Gratian to the Great Schism. Erw. Neuausg. Leiden/New York 1998.
3. STEVEN OZMENT: The Age of Reform 1250-1550: An Intellectual and Religious History of Late Medieval and Reformation Europe. New Haven, CT 1980; EIKE WOLGAST: Reform, Reformation. In: OTTO BRUNNER/WERNER CONZE/REINHART KOSELLECK (Hrsg.): Geschichtliche Grundbegriffe. Historisches Lexikon zur politisch-sozialen Sprache in Deutschland. Bd. 5. Stuttgart 1984, 313-360.

Die frühen Rechtsreformen

eines kaiserlichen Gerichtshofs in Deutschland im Jahre 1495, dem *Reichskammergericht*, und der stufenweisen Einführung eines Systems von Bezirksgerichten sollte sich dies ändern.[4]

Unmittelbaren Einfluss nahmen die Rechtsreformationen in einzelnen deutschen Städten und Gebieten des Reichs im 15. und frühen 16. Jahrhundert. Jene lokalen Rechtsreformationen waren unter anderem darauf aus, die Missstände von kirchlichem Recht, kirchlicher Ordnung und kirchlichem Eigentum zu beseitigen, insbesondere die abenteuerliche Ausweitung der kirchlichen Rechtsprechung und des kirchlichen Grundbesitzes in einigen deutschen Gemeinwesen.[5] Ebenso wichtig aber war es, dass die Rechtsreformationen darauf zielten, die bürgerlichen Gesetze und Zivilverfahren dieser lokalen Gemeinwesen zur selbstverständlichen Routine zu machen und zu reformieren. Schließlich brachte jene rechtliche Reformationsbewegung beachtenswerte neue Gesetzbücher zum Privat- und Strafrecht hervor. Sie modifizierten außerdem die Straf- und Zivilverfahren, indem sie die Schöffengerichte aus Laien, die das örtliche Zivilrecht anwandten, durch neue Berufsgerichte ersetzten, die förmliche schriftliche Verfahren und neue Regeln für Plädoyer, Beweismittel, kontradiktorische Argumente, Berufung und mehr anwandten. Mit der Wende zum 16. Jahrhundert verstärkte sich die Tendenz, dass Berufsjuristen ihre Klienten in kontradiktorischen Verfahren an Amtsgerichten nach schriftlichen Regeln und Verfahrensabläufen vertraten. Zunehmend gaben – zumindest in größeren Fällen – Berufsjuristen förmliche Stellungnahmen ab und legten die lokalen Reformationsgesetze aus, zogen zur Unterstützung ihrer eigenen Positionen römische und kanonische Rechtsautoritäten heran und waren vereinbar mit der Präjudiz der lokalen Gerichte. Zunehmend wurde in wichtigen Fällen die Gelehrtenmeinung von Rechtsprofessoren und gelegentlich ganzer Rechtsfakultäten deutscher Universitäten eingeholt, und dies sowohl von den Streitparteien als auch von den Gerichten. Jene juristischen Stellungnahmen wurden auf diese Weise selbst zu wichtigen Quellen des Rechts.

In einer Hinsicht hatte die rechtliche Reformationsbewegung des 15. Jahrhunderts nur wenig mit der theologischen Reformationsbewegung zu tun, die Luther und andere im nachfolgenden Jahrhundert anstoßen sollten. Schließlich scheinen zwischen den Reformen des Gerichtswesens, den Verfahrensrichtlinien oder den Einzelvorschriften des Privat- und Strafrechts auf der einen Seite und den theologischen Auseinandersetzungen über die Feinheiten der Rechtfertigung allein aus Glauben, der Priesterschaft

4. Siehe unten S. 66 f.
5. Siehe unten S. 68-75.

5. · Vom Evangelium zum Gesetz: Die lutherischen Reformationsgesetze

aller Gläubigen und den Unterscheidungen zwischen den beiden Reichen auf der anderen Seite Welten zu liegen. Noch dazu setzte sich jene traditionelle rechtliche Reformationsbewegung nahezu ohne Unterbrechung durch das 16. und 17. Jahrhundert hin fort. Deutsche Städte, Fürstentümer und Territorien, katholische wie protestantische, erließen weiterhin alle Arten von »Rechtsreformationen« und bezeichneten diese gelegentlich auch weiter so, obwohl es sich oftmals nur um geringe Änderungen in der Theologie und dem kirchlichen Leben des örtlichen Gemeinwesens handelte.

In anderer Hinsicht war die rechtliche Reformationsbewegung des 15. Jahrhunderts dagegen ein entscheidender Wegbereiter für die theologische Reformationsbewegung Luthers und seiner Anhänger im 16. Jahrhundert. Erstens legten die Rechtsreformen des 15. Jahrhunderts ein wichtiges Fundament für die starke Verlagerung der Rechtsprechung von der Kirche zum Staat im 16. Jahrhundert. Eine der Hauptlehren der frühen lutherischen Reformation besagte, dass das Recht Sache des Staates und nicht der Kirche sei. Diese evangelische Lehre baute unmittelbar auf den Rechtsreformen des 15. Jahrhunderts auf, die die weltliche Rechtsprechung der Kirche bereits eingeschränkt und die geistliche Rechtsprechung der Kirche streng kontrolliert hatten. Die lutherische Reformation nahm diese Tendenz auf und verstärkte sie, indem oftmals die volle Rechtsautorität über Klerus, Ordnung und Besitz der örtlichen Kirche an die örtliche Obrigkeit überging, ebenso wie über die Ehe, Bildung und Armenfürsorge sowie andere Angelegenheiten, die traditionell von der Kirche und ihrem kanonischen Recht geregelt worden waren.

Zweitens baute die lutherische Reformation unmittelbar auf der stärkeren Betonung und den neuen Methoden eines gelehrten Rechts auf, welches die rechtliche Reformationsbewegung in Deutschland eingeführt hatte. Die lutherische Reformation war zu keinem geringen Teil in den deutschen Universitäten geboren, mit Luthers frühen Vorlesungen über die Psalmen und die Paulusbriefe, mit seiner Position als Hochschullehrer, die es ihm erlaubte, die Kirche zur Selbstreform herauszufordern; und mit seinen Aktionen, vor Mitgliedern seiner Fakultät die kanonischen Rechtsbücher zu verbrennen.[6] Später sollte die lutherische Reformation in den Reihen der studierten Theologen und Rechtsgelehrten der deutschen evangelischen Universitäten einige ihrer stärksten führenden Köpfe finden. Lutherische Theologen, von

---

6. Siehe Heiko A. Oberman: University and Society on the Threshold of Modern Times: The German Connection. In: James M. Kittelson/Pamela J. Transue (Hrsg.): Rebirth, Reform, and Resilience: Universities in Transition, 1300-1700. Columbus, OH 1984, 19.

denen viele gleichzeitig eine juristische Ausbildung absolviert hatten, taten sich mit lutherischen Juristen zusammen, um die rechtlichen Dimensionen und Konsequenzen ihrer theologischen Reformen herauszuarbeiten. An der Universität zu Wittenberg etwa arbeiteten Luther, Melanchthon, Johannes Bugenhagen, Justus Jonas und weitere Theologen Hand in Hand (gelegentlich von Hand zu Hand) mit Rechtsgelehrten wie Melchior Kling, Konrad Lagus, Johann Apel, Nicolaus Hemming, Hieronymus Schürpf, Johannes Schneidewin und vielen anderen. Im Jahr 1555 hatten die Wittenberger Theologie- und Rechtsprofessoren zusammen bereits weit über 100 umfangreiche juristische Traktate veröffentlicht und ihre Ideen auf diese Weise über ganz Deutschland und darüber hinaus verbreitet. Rechtsprofessoren und Theologieprofessoren an anderen evangelischen Universitäten in Marburg, Tübingen, Leipzig, Greifswald, Frankfurt an der Oder und Königsberg arbeiteten ebenfalls an einem neuen gelehrten Recht, das auf der evangelischen Theologie aufbaute.

Jenes gelehrte Recht verblieb nicht in den Schreibtischen und Büchern. Die Methoden, die mit der rechtlichen Reformationsbewegung aufkamen, erlaubten eine rasche Verbreitung und Implementierung im evangelischen Deutschland.[7] Zahlreiche fachlich ausgebildete Juristen, die sich der evangelischen Bewegung angeschlossen hatten, arbeiteten als Richter und Notare an den lokalen Gerichten oder als Schriftführer und Rechtsberater bei den Gemeinderäten und nahmen auf diese Weise unmittelbar Einfluss auf die neue Gesetzgebung.[8] Außerdem erstellten viele evangelische Juristen und Theologen auf Anfrage von Gerichten, Räten oder einzelnen Prozessparteien Rechtsgutachten *(consilia)*. Die bedeutendsten *consilia* waren diejenigen von Luther, Melanchthon, Bugenhagen, Brenz und Bucer als Theologen und diejenigen von Oldendorp, Eisermann, Apel, Kling, Schneidewin und Schürpf als Juristen. Viele dieser *consilia* hat man später gesammelt und veröffentlicht; sie wurden so zu wichtigen Rechtstexten. Über 40 solcher Sammlungen waren Ende des 16. Jahrhunderts in Deutschland in Umlauf; die von Schürpf und Oldendorp wurden noch mehr als zwei Jahrhunderte lang nachgedruckt.[9] Auch ließen sich die Zivilgerichte regelmäßig von den

---

7. Siehe STEVEN ROWAN: Jurists and the Printing Press in Germany: The First Century. In: GERALD P. TYSON/SYLVIA S. WAGONHEIM (Hrsg.): Print and Culture in the Renaissance: Essays on the Advent of Printing in Germany. Newark, NJ 1986, 74-89.
8. Siehe S. 104f., 111, 187f., 203-207 zur Bedeutung von Lazarus Spengler, Johannes Eisermann und Johann Oldendorp. Siehe zahlreiche weitere Beispiele für regional einflussreiche Rechtsgelehrte bei KÖHLER, 25 ff.
9. Siehe GUIDO KISCH: Consilia. Eine Bibliographie der juristischen Konsiliensamm-

5. · Vom Evangelium zum Gesetz: Die lutherischen Reformationsgesetze

Rechtsfakultäten (und gelegentlich auch von den theologischen Fakultäten) der örtlichen evangelischen Universitäten beraten und wandten dabei ein Verfahren an, das sie *Aktenversendung* nannten. Die Gerichte sandten die Prozessakten derjenigen Fälle, die schwierige juristische und ethische Fragen aufwarfen, an die Fakultäten, die dann ihrerseits den Fall besprachen und Beurteilungen und Meinungen dazu abgaben, die von den Gerichten häufig als bindend übernommen wurden. Studien zu verschiedenen deutschen Städten, die sich der Reformation angeschlossen hatten, zeigen den bedeutenden Einfluss jener *Aktenversendung* auf die Gestaltung des materiellen Rechts der örtlichen Gemeinwesen nach evangelischen Normen und Formen.[10]

Die direkte und wirksamste juristische Methode, um die neue evangelische Lehre zu vermitteln, war freilich die Verkündigung neuer »Rechtsreformationen« oder »Reformationsgesetze«. Wie die Rechtsreformatoren des 15. Jahrhunderts nahmen die theologischen Reformatoren des 16. Jahrhunderts das lokale Recht zum Instrument und Indikator für ihre Reform. Die lutherische Reformation war anfangs eine weitgehend pluralistische Bewegung, die von Hunderten von Theologen und Juristen getragen wurde, die über ganz Deutschland verstreut waren. Ihre rasche Festschreibung und Geschlossenheit verdankte diese theologische Bewegung zum Teil der Fähigkeit ihrer weit verstreuten evangelischen Vordenker, insbesondere denen, die als Theologen und Juristen an den Universitäten wirkten, denen es gelang, ihre neuen theologischen Ideen in neue Gesetze für die örtlichen Städte, Herzogtümer und Territorien zu übersetzen. Damit knüpften sie unmittelbar an die Praxis der örtlichen Gemeinwesen und Kommunen des 15. Jahrhunderts an, nämlich mit Hilfe der örtlich geltenden Gesetze jene traditionellen Normen zu reformieren und neue Maßstäbe zu definieren, insbesondere in Zeiten politischer Unruhe oder Instabilität.[11] Schließlich festigten und systematisierten die lutherischen Reformatoren ihre theologi-

---

lungen. Basel 1970; HEINRICH GEHRKE: Die Rechtsprechungs- und Konsilienliteratur Deutschlands bis zum Ende des Alten Reichs. Frankfurt am Main 1972.

10. Siehe weitere Beispiele bei KARL KOCK: Studium Pietatis: Martin Bucer als Ethiker. Neukirchen-Vluyn 1962, 139 ff.; JÖRGEN HAALCK: Die Rostocker Juristenfakultät als Spruchkollegium. Wissenschaftliche Zeitschrift der Universität Rostock 3 (1958), 401, 414 ff.; WILHELM EBEL: Studie über ein Goslarer Ratsurteilsbuch des 16. Jahrhunderts. Nebst einem Urkundenanhang. Göttingen 1961; STÖLZEL, Bd. 1, 388 ff.; JOHN P. DAWSON: The Oracles of the Law. Ann Arbor, MI 1968, 198 ff.

11. Siehe BOB SCRIBNER: Germany. In: ders. u. a. (Hrsg.): The Reformation in National Context. Cambridge 1994, 4-29, hier: 18 ff.

sche Reform und überarbeiteten die lokale Gesetzgebung entsprechend, so wie die Rechtsreformer schließlich zu den allgemeinen Kodizes der Rechtslehre und Rechtsverfahren kamen, die wiederum zu einer ganzen Reihe neuer, differenzierter Rechtsreformen führte. In den frühen Jahren der lutherischen Reformation hatte die Durchführung örtlicher Rechtsreformen tatsächlich Signalwirkung für die Festschreibung und Durchsetzung der neuen theologischen Bewegung.

Es waren damit zwei Arten von Rechtsreformen, die im frühen 16. Jahrhundert in Deutschland in Erscheinung traten. Zum ersten *traditionellen* Typus gehörten die jahrhundertealten Reformen des Privat- und Strafrechts wie der Methoden, Verfahren und Foren der Gesetzgebung und Urteilsfindung. Zum zweiten *lutherischen* Typus gehörten die brandneuen Rechtsreformen, die immer dann folgten, wenn sich ein lokales deutsches Gemeinwesen der lutherischen Reformation angeschlossen hatte. Im späten 16. und im 17. Jahrhundert näherten sich der traditionelle und der lutherische Typus der Rechtsreform zunehmend an, insbesondere in den neuen Gesetzbüchern und öffentlichen Ordnungen der wichtigsten Territorien und Städten des frühneuzeitlichen Deutschland. In der ersten Hälfte des 16. Jahrhunderts blieben jene zwei Typen von Rechtsreformen allerdings noch deutlich voneinander unterscheidbar. Die lutherischen Rechtsreformen bauten somit auf Methoden und Ideen der traditionellen rechtlichen Reformbewegung auf. In den ersten Jahrzehnten des 16. Jahrhunderts gingen sie allerdings eigene Wege, um die lutherische Reformation zu festigen und zur selbstverständlichen Routine werden zu lassen.

Die lutherischen Reformationsgesetze

Der Ausdruck »lutherische Reformationsgesetze« umfasst ein weites Spektrum von kodifizierten Gesetzen, die das religiöse und kirchliche Leben im evangelischen Deutschland regelten. Diese Gesetze wurden für gewöhnlich von der Obrigkeit in den Städten, Herzogtümern oder Territorien angenommen und in Kraft gesetzt. Gelegentlich entstanden sie auch auf den Synoden oder bei besonderen Treffen evangelischer Kirchenführer. Nicht selten handelte es sich dabei um förmliche *consilia* oder aber informelle Briefe, die von führenden Reformatoren und Fakultäten verfasst worden waren, die durch ihre Verfasserschaft Autorität erlangten und Einfluss auf nachfolgende Gesetze und gerichtliche Stellungnahmen nahmen.

Diese schriftlichen Aussagen über das religiöse und kirchliche Leben des

5. · Vom Evangelium zum Gesetz: Die lutherischen Reformationsgesetze

16. Jahrhunderts nahmen ganz unterschiedliche Rechtsformen an. Sie wurden verschiedentlich als »Reformationen«, Ordnungen, Gesetze, Satzungen, Verfügungen, Artikel, Edikte, Dekrete, Vorschriften und gelegentlich sogar als Dekretalen bezeichnet.[12] Die Unterschiede in Form und Autorität dieser Rechtsdokumente waren immer dann von Bedeutung, wenn kollisionsrechtliche Regeln berührt wurden sowie bei späteren Bemühungen, die Religionsgesetze Deutschlands zu systematisieren und zu kodifizieren.[13] In der ersten Hälfte des 16. Jahrhunderts dagegen wurden die unterschiedlichen Formen von Rechtsverlautbarungen oftmals wahllos durcheinandergebracht. Sie waren sehr unterschiedlich in Umfang, äußerer Form und juristischer Differenziertheit – von ein paar juristischen Sätzen, die ein ortsansässiger Notar notiert hat, bis hin zu detaillierten Rechtssammlungen mit über 100 dicht beschriebenen Folioseiten. In der großen 16-bändigen Sammlung von Emil Sehling u. a. sind mehr als 1000 dieser lutherischen Reformationsgesetze enthalten.[14] Hunderte weitere liegen in den deutschen Archiven.

Die lutherischen Reformationsgesetze wurden gelegentlich einfach *Reformationen*, *Rechtsreformationen* oder *Reformationsordnungen* genannt. Genauso häufig wurden sie schlicht *Kirchenordnungen* oder *Kirchenrechte* genannt, auch wenn sie sich neben dem offiziellen Kirchenleben mit vielen anderen Rechtsthemen befassten. Viele dieser allgemeinen Reformationsgesetze besaßen einzelne Paragraphen zu Gottesdienst, Taufe, Liturgie, Verkündigung, Ehe, Armenfürsorge, Bildung und anderen Themen. Nicht selten führten Einzelparagraphen größerer Rechtsordnungen ein juristisches Eigenleben. Gelegentlich wurden Paragraphen einzeln veröffentlicht, entweder vor oder nach dem Erscheinen der größeren Rechtsordnung, und wurden dann als solche gekennzeichnet. Auf diese Weise hatte ein örtliches Gemeinwesen nicht nur ein umfangreiches Reformationsgesetz mit zahlreichen Paragraphen in Umlauf, sondern zugleich allerlei einzelne Gottes-

---

12. Zu den vielgestaltigen Formen der Reformationsordnung siehe WILHELM EBEL: Geschichte der Gesetzgebung in Deutschland. Göttingen 1958, 58 ff.; MARC RAEFF: The Well-Ordered Police State: Social and Institutional Change through Law in the Germanies and Russia, 1600-1800. New Haven, CT 1983, 46 ff.; BURKHARD VON BONIN: Die praktische Bedeutung des *ius reformandi*: Eine rechtsgeschichtliche Studie. Stuttgart 1902.
13. Siehe z. B. die Quellenangaben und Erörterungen in STEPHEN BUCHHOLZ: Justus Henning Böhmer (1674-1749) und das Kirchenrecht, in: Ius Commune 18 (1991), 37.
14. Richter erfasst allein 172 bedeutende Reformationsordnungen des 16. Jahrhunderts, mehr als 100 davon wurden vor 1555 veröffentlicht.

dienstordnungen, Taufordnungen, Eheordnungen, Schulordnungen, Armenordnungen und andere mehr.

Im jungen evangelischen Deutschland war es durchaus üblich, dass einflussreiche Städte oder Territorien (oft »Mutterstadt« oder »Mutterland« genannt) ihre neue Reformationsordnung als Musterordnungen an die umliegenden Städte und Dörfer weitergaben, die dann ihre eigenen Varianten der großen Ordnung und einzelner Paragraphen entwickelten. Unvermeidlich erlebten diese regional adaptierten Ordnungen und Einzelparagraphen wiederum ihre Bearbeitung, Wiederaufnahme und erneute Adaption.[15]

Um die Sache noch komplizierter zu machen, wurden diese Reformations- oder Kirchenordnungen – und auszugsweise einzelne Paragraphen daraus – vielfach in die Religionsklauseln der neuen Landes- oder Polizeiordnungen eingefügt oder von diesen wiederholt.[16] Im Allgemeinen handelte es sich hier um größere Teile verbindlicher Rechtsprechung, die sowohl von Fürsten und Herzögen als auch vom Kaiser erlassen worden war. Neben der Religion ging es um eine ganze Reihe weiterer Themen, in der Regel enthielten sie aber detaillierte Vorschriften zu Religion und öffentlicher Moral. Diese Ordnungen wurden insbesondere dann großzügig erweitert und erneuert, wenn ein neuer Herzog, Fürst oder Kaiser sein Amt antrat. Die sich daraus ergebenden kollisionsrechtlichen Schwierigkeiten müssen für Juristen des 16. Jahrhunderts ein Traum gewesen sein, wenn es darum ging, für ihre Klienten Gesetzeslücken zu finden oder aber ihre Studenten zu triezen. Für Historiker dagegen, die versuchen, die neuen Reformationsgesetze zu bündeln, sind sie ein Albtraum, wenn man bedenkt, dass Deutschland im 16. Jahrhundert aus mehr als 300 Einzelstaa-

---

15. Siehe WIEACKER, 183 ff.; HAROLD J. BERMAN, Law and Revolution: The Formation of the Western Legal Tradition. Cambridge, MA 1983, 482 ff.
16. Zur Bedeutung des Begriffs »*Polizeiordnung*« siehe R. W. SCRIBNER: Police and the Territorial State in Sixteenth Century Württemberg. In: E. I. Kouri/Tom Scott (Hrsg.): Politics and Society in Reformation Europe. New York 1987, 103 ff.; KARL HÄRTER: Entwicklung und Funktion der Policeygesetzgebung des Heiligen Römischen Reiches Deutscher Nation im 16. Jahrhundert. In: Ius Commune 20 (1993), 61; FRANZ LUDWIG KNEMEYER: Art. »Polizei«. In: Geschichtliche Grundbegriffe. Historisches Lexikon zur politisch-sozialen Sprache in Deutschland. Bd. 4 (1978), 875-894. Der Begriff »Polizei« hatte im 18. Jahrhundert eine andere Bedeutung. Die Bedeutung von »Polizei« im 16. Jahrhundert entsprach eher unserem Begriff »Politik«, mehr dazu bei JOHANN OLDENDORP: Van radtslagende, wo men gude Politie und ordenunge ynn Steden vnd landen erholden möghe. Rostock 1530, Erörterung unten S. 213-216.

5. · Vom Evangelium zum Gesetz: Die lutherischen Reformationsgesetze

ten bestand, von denen viele einen beachtlichen gesetzgeberischen Ehrgeiz entwickelt.

Eine ganze Bibliothek wichtiger Veröffentlichungen zu jenen lutherischen Reformationsgesetzen steht heute dem unerschrockenen Leser offen.[17] Ein Gutteil dieser Literatur ist immer noch geprägt von den klassischen Auseinandersetzungen zwischen deutschen Historikern und Kirchenvertretern um die Jahrhundertwende zum 20. Jahrhundert: Sind diese »Reformationsgesetze« das Ergebnis oder Verrat an der ursprünglichen lutherischen Botschaft? Handelt es sich dabei um Rechtsformen oder lediglich um Verhaltensregeln? Waren sie Reversion oder aber Revision des geltenden kanonischen Rechts? Meine These in diesem Kapitel und den darauffolgenden lautet, dass jene »Reformationsgesetze« mit der lutherischen Botschaft in Einklang stehen, sie ein integraler Bestandteil des deutschen Rechts des 16. Jahrhunderts sind und weder eine bloße Revision noch eine Reversion des kanonischen Rechts darstellen, sondern vielmehr die geschickte Zusammenführung von katholischer und evangelischer Theologie sowie kanonischen und bürgerlichen Rechtslehren sind.

Das Beispiel Wittenberg

Ein Blick auf die neuen Reformationsgesetze der Kleinstadt Wittenberg veranschaulicht sehr gut das komplexe Geflecht von Gesetzen, die das religiöse und kirchliche Leben im jungen evangelischen Deutschland regeln sollten. Wittenberg mit seinen etwa 2.500 Einwohnern erließ in der ersten Phase der lutherischen Reformation mehr als ein Dutzend eigener Reformationsgesetze. Seine erste »Kirchenordnung« stammt bereits aus dem Jahr 1522,

---

17. Unter den Standardwerken siehe EMIL SEHLING: Kirchenrecht. Leipzig 1908; JOHANNES FRIEDRICH VON SCHULTE: Lehrbuch des katholischen und evangelischen Kirchenrechts. Gießen 1886; EMIL FRIEDBERG: Lehrbuch des katholischen und evangelischen Kirchenrechts. Leipzig 1909; RUDOLPH SOHM: Kirchenrecht. Leipzig 1892. Zu neuerer Literatur siehe Quellenangaben und Erörterungen bei GERTRUD SCHWANHÄUSSER: Das Gesetzgebungsrecht der evangelischen Kirche unter dem Einfluß des landesherrlichen Kirchenregiments im 16. Jahrhundert. München 1967; KARLA SICHELSCHMIDT: Recht aus christlicher Liebe oder obrigkeitlicher Gesetzesbefehl? Juristische Untersuchungen zu den evangelischen Kirchenordnungen des 16. Jahrhunderts. Tübingen 1995; GERHARD RAU u. a. (Hrsg.): Das Recht der Kirche. 3 Bde. Gütersloh 1994-1997; und einschlägige Artikel in: Zeitschrift für evangelisches Kirchenrecht.

Das Beispiel Wittenberg

die aber in Wirklichkeit eine Reihe von Vorschriften zur Armenfürsorge und zur Gemeindestiftung war.[18] Im Jahr 1523 fassten drei neue Gesetze in Wittenberg Liturgie und Gottesdienstordnung, Eucharistie und Taufe neu. Eine Ordnung aus dem Jahre 1525 brachte minimale Veränderungen für religiöse Zeremonien und für den Festkalender mit sich. Im Jahr 1526 gab Luther eine umfangreiche neue Messordnung (»*Deutsche Messe und Ordnung Gottesdiensts*«) heraus sowie ein liturgisches Buch zur Taufe (»*Taufbüchlein*«); diese waren für den Gebrauch in den Wittenberger Kirchen gedacht und wurden in verschiedene spätere lokale Gesetze aufgenommen. Mit dem Jahr 1530 bzw. 1531 waren die *Confessio Augustana* und ihre *Apologie* als bevorzugter Ausdruck der evangelischen Lehre in Umlauf. 1533 erließ die Stadt Wittenberg eine detailliertere »Kirchenordnung« als im Jahr 1522, welche einige der geltenden Gesetze und Bekenntnisdokumente zu Gottesdienst, Gesang, Sakramenten und kirchlichen Ämtern zusammenfasste und novellierte, und zudem präzisere Bestimmungen für Schulen, Hospitäler, Armenhäuser und die diakonische Arbeit der Kirche enthielt. Im selben Jahr erließ die Stadt Wittenberg außerdem eine kurze Verordnung zu Trauzeremonien. In den Jahren 1535 und 1539 folgten noch Verordnungen zur Ordination von Geistlichen und anderen kirchlichen Mitarbeitern.[19]

Viele dieser frühen partiellen Gesetze wurden im Jahr 1542 in revidierter und erweiterter Form zu der umfangreichen *Wittenberger Konsistorialordnung* und der *Wittenberger Reformation* von 1545 zusammengefasst. Durch die Konsistorialordnung von 1542 wurden in Wittenberg und in mehreren umliegenden Städten *Konsistorialgerichte* eingerichtet. Das Konsistorialgericht der Stadt Wittenberg wurde mit zwei Theologen und zwei Juristen der dortigen Universität und einem professionell ausgebildeten Notar und Kämmerer besetzt. Das Konsistorialgericht war zur Anhörung und Entscheidung von Rechtssachen befugt, die unter die geltenden Religionsgesetze fielen. Es setzte jene Gesetze um, indem es Sanktionen, Geldstrafen, den Kirchenbann und in Extremfällen die Exkommunikation verhängte, und verwies Fälle, bei denen es um strafrechtliche Verfolgung oder zivilrechtliche Schritte ging, an die Zivilbehörden. Die *Wittenberger Reformation* von 1545 – ein maßgebliches und einflussreiches Gesetz, das Luther, Melanchthon, Bugenhagen und andere entworfen hatten – stellte die gängige Lehre, Liturgie und die Sakramente für die örtlichen Kirchen dar und enthielt

---

18. SEHLING, Bd. 1/1, 696-700.
19. SEHLING, Bd. 1/1, 1-28, 697-710.

5. · Vom Evangelium zum Gesetz: Die lutherischen Reformationsgesetze

weitere wichtige Passagen zu Verkündigung und kirchlicher Autorität, zu Ehe und zur Bildung an den örtlichen Schulen.[20]

Jenen lokalen Wittenberger Religionsgesetzen übergeordnet waren nur in gewisser Weise verschiedene Territorialgesetze, die die Fürsten und Gerichtshöfe im albertinischen und ernestinischen Sachsen erlassen hatten. Ironischerweise war das wichtigste frühe Territorialgesetz in Wirklichkeit eine von Melanchthon verfasste theologische Schrift, nämlich der *Unterricht der Visitatoren an die Pfarrherren im Kurfürstentum Sachsen*, erstmals 1527 erschienen, nochmals erweitert im Jahr 1528 und schließlich in zahlreichen revidierten Fassungen. Der *Unterricht der Visitatoren* war eine kurze und knappe Einführung auf 25 Folioseiten, mit einem soliden Vorwort von Luther versehen. Luther hatte auf die frühe Fertigstellung dieser Schrift gedrängt, um den Pfarrern, Lehrern und Gläubigen in Wittenberg und anderen sächsischen Städten die Grundlagen der evangelischen Lehre, Liturgie und Moral klar vermitteln zu können. Die Ausgabe des *Unterrichts der Visitatoren* aus dem Jahre 1528 enthielt gehaltvolle Passagen zu den Zehn Geboten, dem Gebet, der großen endzeitlichen Trübsal, zu Taufe, Eucharistie, Buße, Sünde und Bekenntnis, zu Kirchenordnungen, Ehe, freiem Willen, christlicher Freiheit, dem Türkenkrieg, der Ordnung des Gottesdienstes, dem Kirchenbann, zum Amt des Superintendenten und zu den Schulen.[21] Nach 1530 war der *Unterricht der Visitatoren* häufig zusammen mit Luthers neuem *Kleinen Katechismus* und *Großen Katechismus* (beide 1529) in Umlauf, und auch zusammen mit der *Confessio Augustana* von 1530.

Der *Unterricht der Visitatoren* war als eine Art Checkliste für die Visitatoren und Superintendenten des Landes gedacht, damit jene die Kohärenz und Konformität der örtlichen Kirchen und Gemeinwesen, die zur Reformation konvertiert waren, mit der evangelischen Lehre beurteilen konnten. Der *Unterricht der Visitatoren* wurde schon bald zum Herzstück eines musterhaften Religionsgesetzes für Wittenberg und viele andere Gemeinwesen in Sachsen. Im Jahr 1538, ein ganzes Jahrzehnt, nachdem der *Unterricht der Visitatoren* das erste Mal erschienen war, hatten schließlich rund vier Dutzend Dörfer und Städte rund um Wittenberg sowie die einflussreichen Städte Leipzig und Dresden eine Fassung des *Unterrichts* zur Grundlage ihrer eigenen Reformationsordnungen genommen. Jede dieser regionalen Ordnungen sollte wiederum in den nächsten Jahrzehnten einige Änderungen und Revisionen erleben und nahmen dabei nicht selten Einfluss auf die

---

20. SEHLING, Bd. 1/1, 200-222.
21. SEHLING, Bd. 1/1, 142-175, mit Aktualisierungen ebd., 183-186, 222-228, 305-316. Die Instruktion von 1528 in WA 26, 195-240; WA 26, 195-240.

lokalen Gesetze der benachbarten Städte und Gemeinden, so auch Wittenberg.[22] Im Jahr 1539 erließ der Landesfürst im albertinischen Sachsen eine allgemeine *Kirchenordnung für Sachsen*, die mehrere Vorschriften aus dem *Unterricht* (1528) übernahm und anpasste. In den darauffolgenden fünf Jahrzehnten erlebte jene große territoriale Kirchenordnung zahlreiche Neuauflagen und Ergänzungen.[23] Im Jahr 1580 sollte der sächsische Landesfürst die gewaltige neue territoriale »*Kirchenordnung für Sachsen*« erlassen, die alle uneinheitlichen lokalen Rechtsbestimmungen zum religiösen und kirchlichen Leben vereinheitlichen sollten.[24]

Der *Unterricht* war nicht das einzige Territorialrecht, um das örtliche religiöse und kirchliche Leben in Wittenberg und anderen sächsischen Städten zu regeln. Eine ganze Reihe von zunehmend detaillierteren Landesordnungen und Polizeiordnungen spielen ebenfalls eine Rolle. Das sächsische Landesrecht enthielt Bestimmungen zur religiösen Erziehung und Unterweisung von Kindern, zur Entrichtung des Zehnten, zur Kirchensteuer, zu religiösen Abgaben, zu Erwerb, Nutzung und Instandhaltung kirchlichen Eigentums, zu Kirchengestühl, Friedhöfen, Pfarrhäusern, und so weiter. Jene Territorialgesetze gingen auch immer ausführlicher auf die Ausbildung, Ordination, Aufsicht und Dienstvorschrift von Predigern und Lehrern in Dörfern und Städten im ganzen Hoheitsgebiet ein. Sie bestanden auf der gewissenhaften Einhaltung *(»ohne Papalismus«)* der kirchlichen Feiertage, öffentlichen Liturgien und Zeremonien – alles sollte weder alkoholisiert noch ausschweifend noch von anderen Unmäßigkeiten begleitet begangen werden. Sie sahen schwere Strafen vor bei »*Missbrauch von Gottes Wort*« durch Gotteslästerung, Sakrileg, Meineid, Aberglaube, Alchemie, Hexerei, Irrlehre und andere religiöse Verbrechen. Sie beinhalteten ausführliche Vorschriften für Schulen, Ehe und Armenfürsorge. Im Konfliktfall war diesem Territorialrecht das kommunale Recht von Wittenberg und anderer Städte und Gemeinden vermutlich unterzuordnen. Solche Fälle wurden üblicherweise von Hofgerichten angehört, nur selten dagegen von örtlichen Gerichten oder Konsistorien.[25]

22. Siehe SICHELSCHMIDT: Recht aus christlicher Liebe, 1-10; SEHLING, Bd. 1/1, 33-142, mit Beispielen ebd., Bd. 1/1, 183-199, 524-724.
23. Ebd., Bd. 1/1, 264-281.
24. Ebd., Bd. 1/1, 359-457.
25. Ebd., Bd. 1/1, 178-183, 229-230, 336-342; ARTHUR KERN: Deutsche Hofordnungen des 16. und 17. Jahrhunderts. Berlin 1905, Bd. 2, 44 ff. Siehe des Weiteren HEINER LÜCK: Wittenberg als Zentrum kursächsischer Rechtspflege: Hofgericht – Juristenfakultät – Schöffenstuhl – Konsistorium. In: STEFAN OEHMIG (Hrsg.): 700 Jahre Wittenberg. Weimar 1995, 213-248; CARL WOLFGANG HUISMANN

5. · Vom Evangelium zum Gesetz: Die lutherischen Reformationsgesetze

Einige dieser sächsischen Religionsgesetze hatten Parallelen und standen (bis 1555) in Konkurrenz zu den kaiserlichen Gesetzen des Heiligen Römischen Reichs. Die Kaiser hatten, wie bereits erwähnt, bereits im 15. Jahrhundert damit begonnen, »Reformationsordnungen« zu verabschieden und durchzusetzen. Die kaiserliche Religionsgesetzgebung wurde auch im 16. und frühen 17. Jahrhundert in protestantischen und katholischen Gemeinwesen gleichermaßen fortgeführt.[26] Besondere Bedeutung gewannen die neuen *Reichspolizeiordnungen* von 1530, 1548 und 1577 ebenso wie das neue, umfassende Strafgesetzbuch für das Kaiserreich, die sogenannte *Carolina* von 1532, die nach Kaiser Karl V. benannt wurde und im Wesentlichen von dem lutherischen Juristen Johann Schwarzenberg verfasst wurde.[27] Die kaiserlichen Religionsgesetze enthielten strenge Verbote von Gotteslästerung, Meineid, Aberglaube, Hexerei, Alchemie und anderem »Irrglauben« – Bestimmungen, die in einigen kaiserlichen Reichsstädten offensiv durchgesetzt wurden, dabei sowohl in protestantischen als auch in katholischen.[28] Die kaiserlichen Gesetze enthielten außerdem allgemeine Bestimmungen zur Einhaltung des Sabbat und der Feiertage, zum gewissenhaften Besuch des Gottesdienstes, zur gewissenhaften Entrichtung des Zehnten an den Ortsklerus und die Ortskirche und so weiter. Die *Reichspolizeiordnungen* von 1530 und 1548 und andere kaiserliche Religionsgesetze der 1530er und 1540er Jahre verfuhren streng mit aufkeimenden evangelischen Gemeinden in Deutschland, in der Absicht, sie zu beseitigen. Zur Zeit des Augsburger Religionsfriedens (1555) verlangten kaiserliche Gesetze

Schoss: Die rechtliche Stellung, Struktur und Funktion der frühen evangelischen Konsistorien nach den evangelischen Kirchenordnungen des 16 Jahrhunderts. Inaug. Diss. Heidelberg 1980.

26. Siehe Wilfred Enderle: Die katholischen Reichstädte im Zeitalter der Reformation und die Konfessionsbildung. In: ZSS KA 106 (1989), 228-269; Heinrich Richard Schmidt: Reichsstädte, Reich und Reformation: Korporative Religionspolitik 1521-1529/30. Stuttgart 1986.
27. Die Reichspolizeiordnungen von 1530 und 1548 finden sich bei Cornelis Cau u. a. (Hrsg.): Groot Placaetboeck. Bd. 1. Louvain 1658-1797; die Version von 1577 findet sich bei Kunkel, Bd. 2/1, 57. Die *Constitutio Criminalis Carolina* (1532) findet sich bei Josef Kohler/Willy Scheel (Hrsg.): Die peinliche Gerichtsordnung Kaiser Karls V. Nachdr. Aalen 1968. Für eine tabellarische Übersicht zum Thema frühere Reichspolizeiordnungen siehe Kunkel, Bd. 1, 21. Für eine Auswertung von deren Religionsgesetzen siehe Härter: Entwicklung und Funktion der Policeygesetzgebung, 93 ff.; Raeff: The Well-Ordered Police State, 56 ff.
28. Carolina, Art. 106; 1530, 1548, 1577 RPO, Titel 1-4. Siehe Gerd Schwerhoff: Blasphemie vor den Schranken der städtischen Justiz. Basel, Köln, und Nürnberg im Vergleich (14.-17. Jahrhundert), in: Ius Commune 25 (1998), 39-120.

noch immer die gewissenhafte religiöse Beachtung und Befolgung der öffentlichen christlichen Moral, überließen es aber den örtlichen Amtsträgern, die genaue konfessionelle Identität des Gemeinwesens festzulegen und durchzusetzen.[29]

Reformmodelle

Das Modell sich überschneidender und wechselnder städtischer und territorialer Reformationsgesetze wie in Wittenberg und Sachsen war im Deutschland des 16. Jahrhunderts durchaus gängig. Der jeweilige Entschluss, sich der lutherischen Reformation anzuschließen, wurde fast immer von einem vorläufigen lokalen Reformationsgesetz begleitet. Und dieses frühe Gesetz wurde dann für gewöhnlich in den darauffolgenden Jahrzehnten mehrfach erweitert und neu gefasst.

Von den etwa 85 »freien« Städten, die es 1521 in den deutschsprachigen Reichsgebieten gab, entschieden sich etwa 50 für die protestantische Reformation. 20 weitere Städte experimentierten mit der Reformation und tolerierten schließlich die Koexistenz von evangelischen und katholischen Glaubensgemeinschaften. Die meisten dieser Städte, die sich der Reformation angeschlossen hatten – bis 1535 waren es etwa 30 –, erließen neue Reformationsgesetze und beförderten damit häufig entsprechende Reformationsgesetze für die umliegenden Dörfer und ländlichen Gebiete.[30] Während sich einige städtische und territoriale Ratsversammlungen noch auf Vorformen dieser Gesetzgebung berufen konnten, die mehr als ein Jahrhundert zurückreichten, standen eine ganze Reihe von Territorien und Herzogtümern nun vor einer *tabula rasa*. Dennoch tauchten im Zuge der lutherischen Reformation schon sehr bald territoriale Reformationsgesetze auf, die häufig von den benachbarten Gemeinwesen übernommen und adaptiert wurden und schließlich den örtlichen Gegebenheiten entsprechend großzügig abge-

---

29. Siehe Quellen und Erörterungen bei PETER MORAW u.a.: Art. »Reich«, in: Geschichtliche Grundbegriffe, Bd. 5, 423-508, hier: 446 ff.
30. BERND MOELLER: Reichsstadt und Reformation. Berlin 1987. Zitate aus den kaiserlichen Beschlüssen des Reichstags zu Worms 1521 aus ADOLF WREDE: Deutsche Reichsakten unter Kaiser Karl V. Gotha 1896, Bd. 2, 440 ff. Siehe des Weiteren MARTIN BRECHT: Die gemeinsame Politik der Reichsstädte und die Reformation. In: ZSS KA 63 (1977), 180-263; ERNST-WILHELM KOHLS: Evangelische Bewegung und Kirchenordnungen in oberdeutschen Reichsstädten. In: ZSS KA 53 (1967), 110-134.

5. · Vom Evangelium zum Gesetz: Die lutherischen Reformationsgesetze

ändert wurden. Im Jahr 1525 hatte Preußen ein erstes Reformationsgesetz eingeführt, das 1540 und nochmals 1544 erheblich erweitert wurde. Hessen besaß im Jahr 1526 seine Reformationsordnung, die 1533, 1537 und 1566 überarbeitet und erweitert werden sollte. Im Jahr 1526 führte außerdem Brandenburg-Ansbach seine erste Reformationsordnung ein, die in der Ordnung von Brandenburg-Nürnberg von 1533 und der Brandenburger Ordnung von 1540 nochmals stark überarbeitet wurde. Lüneburg bekam im Jahr 1527 sein erstes Reformationsgesetz; dieses wurde in der Braunschweig-Lüneburger Ordnung von 1542/43 überarbeitet. Nach einem solchen Modell verfuhr man zwischen 1530 und 1560 in einer ganzen Reihe von Hoheitsgebieten, Fürsten- und Herzogtümern.[31]

Die Reformatoren überließen die Ausfertigung der neuen Reformationsgesetze nicht den Launen der politischen Umstände. Viele der führenden evangelischen Theologen und Juristen verhandelten und verfassten jene neuen Gesetze und halfen außerdem häufig dabei, sie in den örtlichen Konsistorien und Gerichten zu implementieren. Luther beteiligte sich selbst daran, die neuen Gesetze von Leisnig (1523) und Wittenberg (1533 und 1545) zu verfassen, und beeinflusste außerdem die Reformationsordnungen von Göttingen (1530) und Herzberg (1538). Melanchthons Ideen beherrschten die neuen Reformationsgesetze von Nürnberg (1526), Wittenberg (1533), Herzberg (1538), Köln (1543) und Mecklenburg (1552). Sie lagen auch den Territorialgesetzen von Hessen (1526) und Sachsen (1533) zugrunde.[32] Melanchthon nahm außerdem maßgeblichen Einfluss auf die Rechtsreformen in Tübingen, Frankfurt an der Oder, Leipzig, Rostock, Heidelberg, Marburg und Jena.[33] Johannes Brenz hatte Anteil an den frühen Reformationsgesetzen von Schwäbisch-Hall (1526 und 1543) und Brandenburg-Nürnberg (1533), und er war der Hauptverfasser der großen Reformationsordnungen von Württemberg (1536, 1537, 1553, 1556, 1559).[34] Justus Jonas hatte starken Einfluss auf die Reformationsordnungen von Wittenberg (1533, 1545), Sachsen (1538) und Halle (1541). Andreas Osiander spielte eine wichtige Rolle, als die Reformationsgesetze von Brandenburg (1533) und Pfalzneuburg (1543) verhandelt und erlassen wurden. Johann Olden-

---

31. Siehe FRANZ LAU/ERNST BIZER: A History of the Reformation in Germany to 1555. Übers. v. Brian A. Hardy. London 1969, 55 ff.
32. Siehe BRECHT, Bd. 3, 287-332.
33. KARL HARTFELDER: Philipp Melanchthon als *Praeceptor Germaniae*. Berlin 1889, bes. 498 ff.
34. Siehe JAMES M. ESTES: Christian Magistrate and State Church: The Reforming Career of Johannes Brenz. Toronto 1982, 16 ff.

dorp nahm Einfluss auf die Reformationsgesetze von Rostock (1530) und mehrere Revisionen der Gesetze von Lübeck, Marburg und Hessen. Martin Bucer war maßgeblich am Entwurf der neuen Gesetze von Straßburg (1524) und Ulm (1531) beteiligt und beeinflusste zudem die neuen Reformationsgesetze von Augsburg (1537), Kassel (1539) und Köln (1543).

Doch das bei weitem fruchtbarste gesetzgeberische Schaffen ist dem Wittenberger Theologen, Pfarrer und Lehrer Johannes Bugenhagen zuzuschreiben. Bugenhagen verfasste die Stadtreformationsgesetze von Braunschweig (1528 und 1543), Hamburg (1529), Lübeck (1531), Bremen (1534) und Hildesheim (1544). Er war auch maßgeblich am Entwurf der Gesetze für Pommern (1535), Schleswig-Holstein (1542), Braunschweig-Wolfenbüttel (1543) und die Königreiche Dänemark und Norwegen (1537) beteiligt, dessen Gesetze später von Melanchthons bekanntem dänischen Schüler Nicolaus Hemming überarbeitet wurden. Durch Briefwechsel und Konsultationen arbeitete Bugenhagen seine Ideen auch in die Reformationsgesetze zahlreicher anderer Städte und Territorien im In- und Ausland mit ein, so in Ostfriesland (1529), Minden (1530), Göttingen (1530), Herford (1532 und 1534), Soest (1533), Brandenburg-Nürnberg (1540) und Osnabrück (1543).[35]

Die Reformatoren machten bei der Gestaltung der Reformationsgesetze reichlich Gebrauch von Schere und Klebstoff. Regelmäßig duplizierten sie bei der Erarbeitung von Gesetzesvorschlägen ihre eigenen Formulierungen und die ihrer engsten Glaubensgenossen. Sie korrespondierten miteinander und tauschten im engeren Kreis Gesetzesentwürfe aus, um gegenseitig Kommentare und Kritik einzuholen.[36] Beim Regelwerk für die religiöse Lehre, den Gottesdienst und die Sakramente griffen sie auf die Schriften der führenden Reformatoren zurück, insbesondere die von Luther und Melanchthon, und paraphrasierten sie einigermaßen freizügig. Diese enge Zusammenarbeit führte zu einer großen Einheitlichkeit bei den neuen Ordnungen und einer intensiven rechtlichen Aneignung der theologischen Grundideen der Reformatoren.

---

35. Siehe KURD SCHULZ: Bugenhagen als Schöpfer der Kirchenordnung. In: WERNER RAUTENBERG (Hrsg.): Johann Bugenhagen. Beiträge zu seinem 400. Todestag. Berlin 1958, 51; ANNELIESE SPRENGLER-RUPPENTHAL: Bugenhagen und das kanonische Recht. In: ZSS KA 75 (1989), 375. Siehe auch Melanchthons Trauerrede für Bugenhagen in CR 12, 295.
36. Siehe z. B. die ausführlichen Stellungnahmen von Luther, Jonas, Bugenhagen und Melanchthon zum Entwurf einer Kirchenordnung für Brandenburg-Ansbach und die Stadt Nürnberg in WA Br 6, 338-342.

5. · Vom Evangelium zum Gesetz: Die lutherischen Reformationsgesetze

Während die lutherischen Reformationsgesetze in ihrer Themenwahl, Differenziertheit und Detailliertheit ausgesprochen unterschiedlich ausfielen, enthielten sie doch üblicherweise lange Ausführungen zu: (1) Glaubenslehre, Liturgie und Gottesdienst sowie den lokalen Ausprägungen der kirchlichen Verwaltung und Aufsicht, (2) der öffentlichen religiösen Moral – Gesetze zu Blasphemie, Sabbatheiligung, Meineid, Schwelgerei, öffentlicher Trunkenheit und dergleichen, (3) Armenfürsorge und besondere Formen der sozialen Fürsorge, (4) Sexual-, Ehe- und Familienleben und (5) Bildung und öffentliche Schulen.

Die erste Reihe von Rechtsvorschriften stellte einen einfachen Kompromiss zwischen den neuen protestantischen theologischen Lehren und den traditionellen Rechtsformen dar, den kanonischen wie den römischen.[37] Für das geistliche Leben in den neuen evangelischen Gemeinwesen in Deutschland brachte die Reformation viele wichtige Veränderungen mit sich, welche sich deutlich in den Reformationsgesetzen niederschlugen: die Neuordnung der Glaubenslehre, die Reduzierung der Sakramente, die Reform der Liturgie, Andacht und des religiösen Festkalenders; die Übertragung der Bibel in die Volkssprache und die Verbreitung der Predigt; die Ausweitung der Katechese und der religiösen Erziehung; die Umgestaltung der gemeinschaftlichen Gottesdienstes, der Kirchenmusik, des religiösen Symbolismus, der Sakralkunst und Sakralarchitektur; die radikalen Reformen bei der Kirchenzucht und der Gemeindeverwaltung und vieles mehr. Schließlich ähnelten die zivilrechtlichen Texte, die die neuen theologischen und kirchlichen Lehren definierten und durchsetzten, erheblich den traditionellen kanonischen Rechtstexten, die sie ja eigentlich ersetzen sollten. Mehr noch, einige Reformationsordnungen übernahmen ein Gutteil des traditionellen kanonischen Rechts, etwa bei der Einteilung in Gemeinden und Bistümer, der Einberufung von Synoden und Kirchenräten, den regionalen Gesetzen zur Entrichtung des Zehnten, zu Bestattungen, Patronat, Pfründen und vielem mehr.

Eine ähnliche Konversion und Konvergenz des kanonischen Rechts in weltliches Recht wird auch bei den neuen lutherischen zivilen Sittengeset-

---

37. Siehe z. B. SICHELSCHMIDT: Recht aus christlicher Liebe; ANNELIESE SPRENGLER-RUPPENTHAL: Das kanonische Recht in Kirchenordnungen des 16. Jahrhunderts; UDO WOLTER: Ius Canonicum in Iure Civili. Köln/Wien 1975; RAU u. a. (Hrsg.): Das Recht der Kirche; HAROLD J. BERMAN: The Interaction of Spiritual Law and Secular Law: An Historical Overview with Special Reference to Sixteenth-Century Lutheran Germany. In: MICHAEL H. HOEFLICH (Hrsg.): Lex et Romanitas: Essays for Alan Watson. Berkeley, CA 2000, 149-180.

zen offenkundig. Die von evangelischen Fürsten und Stadträten erlassenen neuen Gesetze zur Feiertagsruhe verbaten alle Arten von unnötiger Arbeit und unkultivierten Vergnügungen an Sonn- und Feiertagen; stattdessen verlangten sie die gewissenhafte Teilnahme an Gottesdiensten, ganz im Stil des kanonischen Rechts, nur dass diesmal die weltlichen Gerichte grundsätzlich zuständig waren. Andere neue bürgerliche Gesetze stellten Gotteslästerung, Sakrileg, Hexerei, Zauberei, Magie, Alchemie, Meineid und ähnliche Vergehen unter Strafe. Luxusgesetze verbaten aufwendige Kleidung, verschwenderischen Lebensstil sowie kostspielige Feiern und Begräbnisse. Lustbarkeitsgesetze setzten Trunkenheit in der Öffentlichkeit, ausgelassenem Feiern, Spielsucht und anderem Glückspiel strenge Grenzen. Dabei wichen die lutherischen Magistrate weder in ihrer Gewichtung solcher moralischen Vergehen in ihrer Definition stark von den Formulierungen des mittelalterlichen kanonischen Rechts ab. Was dagegen neu war, war die Tatsache, dass jene Rechtsangelegenheiten nun vorwiegend unter das weltliche Recht fielen statt unter das kanonische Recht. Dementsprechend waren sie vorrangig von den Landesgerichten statt von den Kirchengerichten zu verhandeln.[38]

Die dritte Reihe der Rechtsvorschriften, die die Ordnungen und Gesetze zur sozialen Wohlfahrtspflege reformierten, war eine eher eklektische Zusammenstellung von kanonischen und bürgerlichen Rechtsnormen auf der einen Seite und humanistischer und evangelischer Lehre auf der anderen Seite. Vor dem 16. Jahrhundert hatte die katholische Kirche gelehrt, dass Armut und Nächstenliebe beide geistlich erbauend seien. Selbstgewählte Armut war eine Form christlicher Opferbereitschaft und Selbstverleugnung, durch die man sich geistlichen Verdienst erwarb und die anderen geistliche Gelegenheiten bot, ihnen Nächstenliebe zu erweisen. Wander- und Bettelmönche waren mit ihrem Almosensammeln die angesehensten Vertreter jenes Ideals; zugleich gab es viele andere sogenannte Hausarme. Freiwillig geübte Nächstenliebe verlieh dem Einzelnen im Gegenzug geistlichen Verdienst, insbesondere dann, wenn sie als Werk der Buße und Reinigung im Zusammenhang mit den Sakramenten der Buße und der Letzten Ölung geübt wurde. Anderen gegenüber mildtätig zu sein bedeutete, Christus zu die-

---

38. Siehe Quellen und Erörterungen bei HANS GRÜNBERGER: Institutionalisierung des protestantischen Sittendiskurses. In: Zeitschrift für historische Forschung 24 (1997), 215-252; DERS.: Die Institutionalisierung des Sittendiskurses durch Humanismus und Reformation im 15. und 16. Jahrhundert (unveröffentlichtes Manuskript).

5. · Vom Evangelium zum Gesetz: Die lutherischen Reformationsgesetze

nen, der gesagt hat: »*Was ihr getan habt einem von diesen meinen geringsten Brüdern, das habt ihr mir getan*« (Matthäus 25,40).

Jene Lehren hatten der mittelalterlichen Kirche dazu verholfen – zumindest in der Theorie –, zugleich primäres Objekt und Subjekt von Nächstenliebe und sozialer Wohlfahrt zu sein. Der Kirche zu geben war der beste Weg, Christus selbst zu geben, war die Kirche doch der Leib Christi auf Erden. Die Kirche empfing auf diese Weise wohltätige Gaben, und zwar durch die Sammlungen ihrer Bettelmönche, die mildtätige Gaben ihrer zahlreichen Pilger, die Bußabgaben, um Sünden zu tilgen, letzte Vermächtnisse, um damit die Läuterung nach dem Tod zu beschleunigen, und durch vieles mehr. Die Kirche verteilte ihrerseits Almosen durch die diakonische Arbeit ihrer Gemeinden, die Gastfreundschaft der Klöster und die sozialen Dienste der vielen kirchlichen Armenhäuser, Hospitäler, Schulen, Stiftungen und kirchlichen Bruderschaften. Ein engmaschiges Netz von kanonischen und konfessionellen Regeln definierte diese Verpflichtungen wie Gelegenheiten zu individueller und kirchlicher Nächstenliebe und regelte die vielen gemeinnützigen Einrichtungen, Treuhandgesellschaften und Stiftungen unter der generellen Schutzherrschaft der Kirche.[39]

Tatsächlich begannen bereits im 14. und 15. Jahrhundert einige deutsche Städte und Territorien damit, in der Verwaltung der sozialen Wohlfahrtspflege tätig zu werden, insbesondere dort, wo der örtliche Klerus seine karitativen Dienste nicht wahrnahm oder nicht wahrnehmen konnte. An verschiedenen Orten schränkten die Zivilbehörden das Wirken der Bettelmönche und den klösterlichen Grundbesitz stark ein. An anderen Or-

---

39. Für Übersichten aus verschiedenen Blickwinkeln siehe BRIAN TIERNEY: Medieval Poor Law: A Sketch of Canonical Theory and its Application in England. Berkeley/Los Angeles 1959; GILLES COUVREUR: Les pauvres ont-ils des droits? Rom 1961; CARTER LINDBERG: Beyond Charity: Reformation Initiatives for the Poor. Minneapolis 1993; MICHEL MOLLAT (Hrsg.): Études sur l'histoire de la pauvreté. Paris 1974; FRANZ EHRLE: Beiträge zur Geschichte und Reform der Armenpflege. Freiburg i. Br. 1881; WILHELM LIESE: Geschichte der Caritas. Freiburg i. Br. 1922; HANS LIERMANN: Handbuch des Stiftungsrechts. Tübingen 1963; GEORG RATZINGER: Geschichte der kirchlichen Armenpflege. 2. Aufl. Freiburg i. Br. 1884; CARL R. STEINBECKER: Poor Relief in the Sixteenth Century. Washington, D.C. 1937, 1-17, 44-56; GERHARD UHLHORN: Die christliche Liebestätigkeit in der alten Kirche. Stuttgart 1882-1890. Für eine Auswahl von Primärquellen siehe COUVREUR: Les pauvres, Anhang, 285-320; LINDBERG: Beyond Charity, 173 ff.; RUDOLF WEIGAND: Die Naturrechtslehre der Legisten und Dekretisten von Irnerius bis Accursius und von Gratian bis Johannes Teutonicus. München 1967, 85 ff., 307 ff.; JEAN-CLAUDE SCHMITT: Les citations bibliques et canoniques dans les traités médiévaux sur la pauvreté (XIVe-XVe siècles). In: MOLLAT: Études, Bd. 2, 547 ff.

ten überwachten und übernahmen sie gelegentlich sogar die bisher vom Klerus durchgeführte Sammlung und Verteilung des Zehnten und anderer Zuwendungen an die Armen. Wohlhabende deutsche Städte und Territorien gründeten und leiteten eigene Armenhäuser, Hospitäler, Waisenhäuser und karitative Bruderschaften, mitunter in unmittelbarer Konkurrenz zu den kirchlichen Institutionen am Ort.[40]

Darüber hinaus wurde ein zunehmende Anzahl von lokalen Kircheneigentümern in Deutschland als sogenannte *Frankelmoigne* (»freie Almosen«) verpachtet. Zum Laienstand gehörende Stifter übertrugen ihren Grundbesitz der heimischen Diözese, der Gemeinde, einem Kloster, einer Bruderschaft oder einer anderen Einrichtung als Schenkung oder Testament. Manchmal konnte der Stifter die karitative und zweckgebundene Verwendung des Grundbesitzes festlegen – oftmals vorbehaltlich der Einziehung zu Gunsten des Spenders im Falle eines Missbrauchs, und oftmals unter der Bedingung, dass die Verwaltung solchen Grundbesitzes durch zivile Gerichte und Behörden, nicht durch kirchliche erfolgte.[41] Diese Beispiele der Laisierung und örtlichen Regelung der Wohlfahrtspflege waren wichtige Anregungen und Grundlagen für die lutherische Reformierung der Wohlfahrt.

Die lutherischen Reformatoren verwarfen die traditionelle Lehrmeinung von der spirituellen Verklärung der Armut ebenso wie von der geistlichen Wirkung der Nächstenliebe. Alle Menschen seien dagegen dazu berufen, Gottes Werk in der Welt zu erfüllen, lehrten sie. Man habe weder faul zu sein noch sich freiwillig arm zu machen. Freiwillige Armut war eine Form von »sozialem Parasitentum«, das bestraft werden müsse, kein Sinnbild einer geistlichen Opferbereitschaft, die es zu belohnen gelte. Nur die als hilfebedürftig erachteten Armen des Ortes verdienten Barmherzigkeit, und das nur, wenn ihnen ihre näheren Angehörigen nicht helfen könnten; denn die Familie sei die »erste Schule der Nächstenliebe«. Nächstenliebe sei dabei keine Form der spirituellen Selbsterhöhung. Sie sei eine Berufung des Priestertums aller Gläubigen. Nächstenliebe bringe dem, der sie übt, keinen un-

---

40. Siehe Quellen und Erörterungen bei ROBERT JÜTTE: Obrigkeitliche Armenfürsorge in deutschen Reichsstädten der frühen Neuzeit. Köln/Wien 1984; THOMAS FISCHER: Städtische Armut und Armenfürsorge im 15. und 16. Jahrhundert. Göttingen 1979; ABBY PHYLLIS KNOBLER: Luther and the Legal Concept of the Poor in the Sixteenth Century German Church Ordinances. Ph.D. Diss. Los Angeles 1991, 77 ff.
41. HAROLD J. BERMAN: Law and Revolution: The Formation of the Western Legal Tradition. Cambridge, MA 1983, 237 ff.; LIERMANN: Handbuch des Stiftungsrechts. Bd. 1, 126 ff.

mittelbaren geistlichen Lohn ein. Dem, der sie empfängt, biete es dagegen eine geistliche Gelegenheit. Die evangelische Lehre von der Rechtfertigung allein durch den Glauben schwächte die geistliche Wirkung der Nächstenliebe für den, der sie übt, ab. Das Heil komme durch den Glauben an Christus, nicht durch den Dienst am Nächsten. Die evangelische Lehre vom Priestertum aller Gläubigen steigerte dagegen die geistliche Wirkung der Nächstenliebe für den, der sie empfängt. Jene, die bereits durch den Glauben errettet seien, würden zu Mitgliedern der Priesterschaft aller Gläubigen. Sie seien dazu berufen, in der Nachfolge Christi ihre Nächsten zu lieben und jenen zu dienen. Diejenigen, die Wohltätigkeit ihrer Nächsten empfingen, würden in diesem persönlichen Opfer die guten Werke sehen, die der Glaube bewirke, und würden somit selbst zum Glauben geführt.[42]

Diese evangelischen Lehren entsprachen der damaligen Stimmung und den zeitgenössischen Gesetzen gegen das Betteln in den spätmittelalterlichen deutschen Städten und Territorien. In den frühen 1520er Jahren und später nahmen die lutherischen Reformatoren jene Gesetze, die sich gegen das Betteln richteten, bereitwillig auf, erweiterten sie und schmückten sie mit ausführlichen Erläuterungen ihres Glaubens aus, nach dem es die Pflicht eines jeden Christenmenschen sei, einen Beruf zu haben und jedes faule Parasitentum zu vermeiden.[43] Solche evangelische Lehren entsprachen einigermaßen der traditionellen Auffassung dessen, was Brian Pullan treffend »erlösende Nächstenliebe« genannt hat, nämlich die Nächstenliebe, die dem, der sie empfängt, zum Heil verhilft.[44]

---

42. Siehe bes. BUCER: DS, 7, 261 ff.; WA 1, 233-238; WA 2, 742-748; WA 6, 404-469; WA Br 3, 13 f.; und des Weiteren zu diesen und weiteren Reformatoren bei CARTER: Beyond Charity; FRANK PETER LANE: Poverty and Poor Relief in the German Church Orders of Johann Bugenhagen, 1485-1558. Ph.D. Diss. Ohio 1973; EDWARD LLOYD RICE: The Influence of the Reformation on Nuremberg's Provisions for Social Welfare, 1521-1528. Ph.D. Diss. Ohio 1974; ROBERT JÜTTE: Andreas Hyperius (1511-1564) und die Reform des frühneuzeitlichen Armenwesens. In: AFR 75 (1984), 113.

43. Der jeweilige Einfluss der evangelischen, der katholischen und der humanistischen Lehre auf diese Reformen ist Gegenstand umfangreicher Forschung. Für eine Übersicht siehe LINDBERG: Beyond Charity, 9 ff. Für ergiebige Fallstudien zum frühen evangelischen Einfluss siehe ebd., 128 ff.; OTTO WINCKELMANN: Das Fürsorgewesen der Stadt Straßburg vor und nach der Reformation bis zum Ausgang des sechzehnten Jahrhunderts. Nachdr. New York 1971; ders: Die Armenordnungen von Nürnberg (1522), Kitzingen (1523), Regensburg (1523) und Ypern (1525). In: AFR 11 (1914), 1.

44. BRIAN PULLAN: Support and Redeem: Charity and Poor Relief in Italian Cities from the Fourteenth to the Seventeenth Centuries. In: Continuity and Change 3

Reformmodelle

Doch die Reformatoren gingen noch über diese spätmittelalterlichen Lehren hinaus. Sie weiteten ihre Kritik an den umherziehenden Bettelmönchen in einem solchen Maß aus, dass sie das Mönchtum als Ganzes ächteten und den klösterlichen Grundbesitz beschlagnahmen wollten. Sie übersetzten ihren Glauben an die geistliche Wirkung einer unmittelbaren, persönlichen Beziehung zwischen Spender und Empfänger in eine neue Betonung der lokalen Wohlfahrt zugunsten der Armen vor Ort, ganz ohne dichte Verwaltungsbürokratien. Insbesondere das komplexe Gewirr von geistlichen Berufsgruppen, Stiftungen und anderen wohltätigen Einrichtungen der Kirche war nach Auffassung der frühen Reformatoren nicht nur unwirtschaftlich, sondern auch geistlich unwirksam. Die »*erlösende Nächstenliebe*«, die die Reformatoren im Sinn hatten, fand sich eher in der direkten persönlichen Begegnung zwischen dem gläubigen Spender und dem dankbaren Empfänger, weniger in der geläufigen Vorstellung, der Empfänger solle im Rahmen einer kirchlichen Institution Nächstenliebe erfahren und empfangen.

Die lutherischen Reformatoren verwarfen auch den überkommenen Glauben, die Kirche sei, was die Nächstenliebe anginge, primärer Geber und Empfänger. Die Kirche, so argumentierten sie, sei dazu berufen, das Wort Gottes zu verkündigen, die Sakramente zu verwalten und die Heiligen zu erziehen. Über ihre unmittelbaren Gemeindeglieder hinaus Mildtätigkeit zu empfangen und zu gewähren lenke die Ortskirche von ihrem vorrangigen geistlichen Amt ab. Leitete die Kirche Klöster, Armenhäuser, mildtätige Einrichtungen, Hospitäler, Waisenhäuser u. a. beeinträchtige dies ihren zentralen Auftrag. Die Ortskirchengemeinde solle weiterhin den Zehnten von ihren Mitgliedern empfangen, wie die biblischen Gesetze es lehrten. Sie solle sich weiterhin um die unmittelbaren Bedürfnisse ihrer ansässigen Mitglieder kümmern, wie es die apostolische Kirche getan hatte. Die meisten anderen Leistungen an die Kirche und den Klerus waren aus Sicht der Reformatoren fehlgelenkt. Die meisten anderen Formen kirchlicher Wohlfahrtspflege, besonders solche im Zusammenhang mit Wallfahrten, Buße und Reinigung waren für die Reformatoren Ausdruck »geistlicher Bestechung«, die auf den erfundenen Sakramenten der Buße und der Krankensalbung und auf den falschen Lehren vom Fegefeuer und der Werkgerechtigkeit gründeten.[45]

An die Stelle der traditionellen kirchlichen Wohlfahrtspflege setzten die

---

(1988), 177, 188. Siehe des Weiteren ders.: Rich and Poor in Renaissance Venice: The Social Institutions of a Catholic State to 1620. Oxford 1971.
45. Siehe bes. WA 2, 742-758; WA 15, 293-313.

5. · Vom Evangelium zum Gesetz: Die lutherischen Reformationsgesetze

Reformatoren eine Reihe von lokalen Zivilbehörden der Fürsorge, die meist unmittelbar von der jeweiligen Bürgerschaft verwaltet wurden. In Anlehnung an spätmittelalterliche Vorbilder konzentrierten sich diese örtlichen Wohlfahrtssysteme in der Gemeindestiftung. Diese wurde von der örtlichen Obrigkeit geleitet und kam den ortsansässigen, für hilfebedürftig erachteten Armen und Notleidenden zugute. Die Gemeindestiftung bestand zunächst einmal aus den Besitztümern der kirchlichen Klöster und Schenkungen, die in den frühen Jahren der Reformation beschlagnahmt worden waren. Jene Gemeindestiftungen wurden gelegentlich noch durch Gemeindesteuern und Privatspenden ergänzt. In größeren Städten und Territorien des Reiches wurden mehrere solcher Gemeindestiftungen gegründet und die Armen bei der Inspruchnahme ihrer Dienste genauestens überwacht. Mindestens versorgte dieses System arme Menschen mit Nahrung, Kleidung und Obdach, außerdem bot es auch Nothilfe in Zeiten des Krieges, bei Unglücken oder Seuchen an. In großen und wohlhabenden Gemeinden unterstützte die Gemeindestiftung gelegentlich die Entwicklung eines umfangreichen örtlichen Wohlfahrtssystems, das öffentliche Waisenhäuser, Arbeitshäuser, Internate, Berufsausbildungsstätten, Hospitäler u. a. unterhielt, die von der örtlichen Obrigkeit verwaltet und beaufsichtigt wurden. Diese umfänglichen Formen der sozialen Wohlfahrtspflege erachteten die lutherischen Reformatoren als eine wesentliche Aufgabe der christlichen Obrigkeit als Vater des Gemeinwesens, der dazu berufen war, für seine politischen Kinder zu sorgen.[46]

Die letzten beiden Zusammenstellungen von Rechtsvorschriften in den Reformationsordnungen des 16. Jahrhunderts, nämlich zu Ehe und Bildung, werden uns noch ausführlicher in den nächsten beiden Kapiteln beschäftigen. Beide rechtlichen Themen waren das Herzstück der mittelalterlichen Theologie und des kanonischen Rechts gewesen. Beide waren sie nun das Herzstück der neuen lutherischen Theologie und Rechtswissenschaft

---

46. Das beste Beispiel für die Frühzeit ist die Leisniger Kastenordnung *Bruderliche voreingunge des gemenen Kasten gantzer eingepfarrten vorsamlunge zu leisneck* (1523), die von Luther beeinflusst war und von ihm mit einem Vorwort versehen wurde. Sie war ein Vorbild für viele spätere evangelische Gemeinwesen. Siehe WA 12, 11-15. Siehe weiterhin KNOBLER: Luther's Concept of the Poor, 193 ff.; HAROLD J. GRIMM: Luther's Contribution to Sixteenth-Century Organization of Poor Relief. In: AFR 61, (1970), 222; WILLIAM J. WRIGHT: Reformation Contributions to the Development of Public Welfare Policy in Hesse. In: Journal of Modern History 49 (1977), D1145; ders.: Capitalism, the State, and the Lutheran Reformation: Sixteenth-Century Hesse. Athens, OH 1988.

und gehörten zu den ersten schwierigen Themen, die die frühen Lutheraner reformieren wollten. Die Reformen, für die die frühen Lutheraner hier einstanden, oftmals ausdrücklich theologisch begründet, wurden alsbald in neue rechtliche Normen und Formen übertragen.

Sechstes Kapitel

Der Inbegriff aller weltlichen Gesetze: Die Reform des Eherechts

Fragen zur Sexualität, Ehe und Familie beschäftigten die lutherischen Theologen und Juristen bereits zu Beginn der Reformation. Die führenden theologischen Köpfe, Martin Luther, Philipp Melanchthon, Martin Bucer, Johannes Bugenhagen und Johannes Brenz, verfassten in den 1520er Jahren unabhängig voneinander ausführliche Abhandlungen zu diesen Themen. Zahlreiche führende Rechtsgelehrte behandelten in ihren Stellungnahmen und Kommentaren Rechtsfragen zur Ehe, wobei ihre Arbeiten häufig unmittelbar von der evangelischen Theologie und deren Vertretern beeinflusst waren. Nahezu jedes deutsche Gemeinwesen, das sich der evangelischen Sache anschloss, formulierte innerhalb des ersten Jahrzehnts nach Annahme der Reformation schriftliche Ehegesetze, die dann von den nachfolgenden Generationen gründlich überarbeitet wurden.

Die frühe intensive Beschäftigung mit der Ehe lag zu einem Teil in der reformatorischen Theologie begründet. Viele der zentralen Fragen der Reformation ergaben sich aus der dominierenden katholischen Theologie und dem kanonischen Eherecht. Die Rechtsprechung der Kirche in Eheangelegenheiten war in den Augen der Reformatoren ein skandalöses Beispiel dafür, wie sich die Kirche die Machtbefugnis der weltlichen Obrigkeit angeeignet hatte. Das Verständnis der Ehe als Sakrament, auf das die Kirche ihre Rechtsprechung gründete, warf schwerwiegende Fragen zur Sakramentstheologie und zur Bibelauslegung auf. Das kanonische Verbot der Ehe von Priestern und Ordensleuten stand in scharfem Gegensatz zu den evangelischen Lehren von der Priesterschaft und der christlichen Berufung. Die Ehehindernisse des kanonischen Rechts, das strikte Verbot der Ehescheidung und sein strenges Regelwerk zur Sexualität, Elternschaft, Erziehung und Bildung standen in erheblicher Spannung zur Bibelauslegung der Reformatoren. Die Tatsache, dass ein Jugendlicher ohne die elterliche Zustimmung oder den kirchlichen Segen eine Ehe eingehen konnte, stand nach Ansicht der Reformatoren der elementaren Verantwortung, die Familie, Kirche und Staat für ein Kind hatten, entgegen. Lehr- und Rechtsfragen zur Ehe nahmen folglich bereits viele der theologischen Hauptanliegen der lutherischen Reformation vorweg.

6 · Der Inbegriff aller weltlichen Gesetze: Die Reform des Eherechts

Die frühe Betonung der Ehe durch die Reformatoren beruhte auch zu einem Teil auf ihrem Rechtsdenken. Die Grundvoraussetzung für die aufkeimenden lutherischen Lehren vom Recht, der Gesellschaft und der Politik war die Annahme, dass das irdische Reich durch die drei natürlichen Stände der Hausgemeinschaft, der Kirche und des Staates gelenkt wurde. *Paterfamilias*, *Patertheologicus* und *Paterpoliticus* seien die drei natürlichen Ämter, durch die sich Gott offenbart habe und die seine Autorität in dieser Welt ausdrücken würden. Diese drei Ämter und Ordnungen seien vor Gott und voreinander gleichrangig. Jede sei dazu berufen, die wesentlichen Aufgaben im irdischen Reich zu erfüllen, ohne dabei vom jeweils anderen gehindert zu werden. Die Reform der Ehe war daher ebenso wichtig wie die Reform des Staates und der Kirche. Die Ehereform galt sogar als vorrangig, weil die eheliche Hausgemeinschaft nach Ansicht der Reformatoren der älteste, ursprüngliche und »wesentliche« der drei Stände war. Dennoch war er gegenüber den beiden anderen mindergeschätzt und für zweitrangig gehalten worden. Die Ehe sei der Inbegriff aller weltlichen Gesetze, schrieb Luther, und die Quelle, aus der die Kirche, der Staat und andere irdische Institutionen entspringen würden. *»Daruemb yhn auch Gott fur allen stenden auffs reichlichste gesegnet hat, dazu [Ehestand fur allen stenden gesegnet.] alles was ynn der welt ist, darauff gewand und yhm eingethan, das dieser stand yhe wol und reichlich versorget wuerde, Also das kein schertz noch furwitz, sondern trefflich ding und Goettlicher ernst ist umb das eheliche leben.«*[1]

Die frühe Betonung der Ehe durch die Reformatoren hatte zu einem weiteren Teil auch politische Gründe. Einige der frühen Vordenker der Reformation sahen sich einer massiven Verfolgung durch die katholische Kirche und ihre politischen Bundesgenossen ausgesetzt, da man ihnen vorwarf, kanonische Ehe- und Zölibatsgesetze verletzt zu haben.[2] Unter den ersten führenden Protestanten waren ehemalige Priester und Mönche, die ihrem Orden und Gelübde entsagt hatten und vielfach bald danach heirateten.[3] Es

---

1. WA 30/1, 161. Siehe WA Tr 3, Nr. 3528: »*Deinde incepit commendare coniugium, divinam ordinationem, unde omnia fluunt, et sine illo totus mundus mansisset vacuus, omnes creaturae vanae fuissent et nihil, quia propter hominem conditae sunt.*« Siehe ähnliche Ansichten in WA 30/1, 161 ff.; WA 49, 297 ff.; WA 2, 734; WA 6, 250 ff.; LC (1555), 323; WA 30/1, 125-238; und weitere Quellenangaben oben S. 122 ff. und unten S. 280 ff. sowie REINHARD SCHWARZ: Ecclesia, oeconomia, politia: Sozialgeschichte und fundamentalethische Aspekte der protestantischen Drei-Stände Lehre. In: HORST RENZ/FRIEDRICH-WILHELM GRAF (Hrsg.): Protestantismus und Neuzeit. Gütersloh 1984.
2. Siehe mehrere Beispiele in BRECHT, Bd. 2, 91 f.
3. Eines der ersten Beispiele dafür ist die Eheschließung des ehemaligen Mönchs

6 · Der Inbegriff aller weltlichen Gesetze: Die Reform des Eherechts

galt als Beweis für die Solidarität mit der neuen evanglischen Sache, Eheschließung und Scheidung in offenkundiger Verletzung des kanonischen Rechts und in offenem Ungehorsam gegenüber den bischöflichen Vorschriften zu vollziehen. Das war nicht nur ein Fall von Frevel und Ungehorsam. Es war eine regelrechte Schande, insbesondere wenn ein ehemaliger Mönch wie Bruder Martin Luther eine ehemalige Nonne wie Ordensschwester Katharina von Bora heiratete, ein *Prima-facie*-Fall von geistlicher Blutschande.[4] Als katholische Kirchengerichte wegen dieser Verletzung des kanonischen Rechts Anklage erhoben, leiteten protestantische Theologen und Juristen die Verteidigung ihrer Glaubensgeschwister ein und brachten eine Fülle von Verteidigungsschriften, Briefen, Predigttexten und Flugschriften hervor, in denen die traditionellen Normen angegriffen wurden und eine neue Theologie der Ehe verkündet wurde.

Die evangelischen Theologen sahen die Ehe nicht als sakramentale Institution des himmlischen Reichs an, sondern als einen sozialen Stand des irdischen Reichs. Die Ehe sei eine natürliche Einrichtung, die dem Gut und dem Zweck der gegenseitigen Liebe und Unterstützung von Ehemann und Ehefrau diene, und dazu der Zeugung und gemeinsamen Erziehung der Kinder wie auch dem gegenseitigen Schutz beider Ehepartner gegen sexuelle Sünde. Alle erwachsenen Menschen, auch die Priester und alle anderen Stände, sollten der Berufung zur Ehe folgen, da sie allesamt der Annehmlichkeiten der ehelichen Liebe und des Schutzes gegen sexuelle Sünde bedurften. War der eheliche Haushalt gut geordnet und geführt, dann dien-

---

Wenzeslaus Linck im April 1523 in Wittenberg, eine aufwändige Trauungszeremonie, an der Luther und mehrere andere frühe Reformatoren persönlich teilnahmen. Siehe BERND MOELLER: Wenzel Lincks Hochzeit: Über Sexualität, Keuschheit und Ehe in der frühen Reformation. In: Zeitschrift für Theologie und Kirche 97 (2000), 317.
Die zwei Jahre später stattfindende Eheschließung des ehemaligen Mönchs Martin Luther mit der ehemaligen Nonne Katharina von Bora wurde in wesentlich bescheidenerem Rahmen abgehalten. Siehe BRECHT, Bd. 2, 195 ff. Einer der vier Trauzeugen bei Luthers Eheschließung war der herausragende Wittenberger Rechtsgelehrte Johann Apel, ein ehemaliger Priester und Kanonist, der zwei Jahre zuvor von der katholischen Kirche entlassen und exkommuniziert worden war, weil er sich heimlich mit einer ehemaligen Nonne verheiratet hatte. Bald darauf schloss er sich der evangelischen Sache an. Siehe Defensio Iohannis Apelli ad Episcopvm Herbipolensem pro svo conivgio (Wittenberg 1523), mit einem Vorwort von LUTHER.

4. Siehe CARTER LINDBERG: The Future of a Tradition: Luther and the Family. In: DEAN O. WENTHE u. a. (Hrsg.): All Theology is Christology: Essays in Honor of David P. Scaer. Fort Wayne, IN 2000, 133-151, hier: 134.

te er als Vorbild der Autorität, Nächstenliebe und Erziehung im irdischen Reich, und als ein wichtiges Instrument für die Reform der Kirche, des Staates und der Gesellschaft. Die Eltern dienten ihren Kindern als »*Bischöfe*«. Die Geschwister dienten sich gegenseitig als Priester. Überhaupt sei der Haushalt – besonders der christliche Haushalt des verheirateten Pfarrers – eine Quelle »*evangelischer Impulse*« innerhalb der Gesellschaft.[5]

Obgleich von Gott geschaffen und geistlich erbauend, blieben Ehe und Familie doch ein gesellschaftlicher Bereich des weltlichen Reichs. Alle Gruppen könnten an dieser Institution teilhaben, ungeachtet ihres Glaubens. Obgleich von göttlichem Recht und geistlichem Rat abhängig, fielen Ehe und Familienleben unter die Rechtsprechung der weltlichen Obrigkeit und nicht der Kleriker, des bürgerlichen Rechts und nicht des kanonischen Rechts. Die Obrigkeit als Gottes Vizeregent des irdischen Reichs habe die Gesetze zur Eheschließung, zur Förderung und zur Auflösung der Ehe festzulegen, außerdem zum Sorgerecht für Kinder, zur Kinderbetreuung und -aufsicht, zum familiären Besitz, Erbanfall und den finanziellen Verpflichtungen.

Politische Führer übersetzten das neue protestantische Evangelium unverzüglich in bürgerliches Recht.[6] So wie der zivile Akt der Eheschließung oftmals den Übertritt zweier Menschen zum Protestantismus anzeigte, so sollte das bürgerliche Ehegesetz die Annahme der neuen evangelischen Theologie durch ein politisches Gemeinwesen symbolisieren. Die politischen Führer führten sehr bald neue, umfassende Ehegesetze in ihren Gemeinwesen ein. Sie bauten nicht selten auf bürgerlichen Gesetzen des Spätmittelalters auf, die bereits einige Aspekte der Institution Ehe abgedeckt hatten. Die ersten Reformationsordnungen zur Ehe und Familie wurden

---

5. Siehe Gustav M. Bruce: Luther as an Educator. Westport, CT 1979, 123; Gerald Strauss: Luther's House of Learning: Indoctrination of the Young in the German Reformation. Baltimore, MD 1978, 112, und allgemeiner behandelt in William Lazareth: Luther on the Christian Home. Philadelphia 1960.
6. Zwischen Historikern gibt es eine umfassende Diskussion darüber, ob die Obrigkeit die Reformation vereinnahmte, um sich der weitreichenden Rechtsprechung und des Reichtums der katholischen Kirche zu bemächtigen, oder aus der Überzeugung heraus, dass es ihre Aufgabe gewesen wäre, das irdische Reich nach neuen Glaubensrichtlinien zu reformieren und zu regieren. Zu den verschiedenen Standpunkten siehe z. B. Ozment: Protestants, bes. 67 ff.; Ronnie Po-Chia Hsia: Social Discipline in the Reformation: Central Europe 1550-1750. London/New York 1989; Heinrich Richard Schmidt: Konfessionalisierung im 16. Jahrhundert. München 1992; John W. O'Malley: Trent and all That: Renaming Catholicism in the Early Modern Era. Cambridge, MA 2000.

6 · Der Inbegriff aller weltlichen Gesetze: Die Reform des Eherechts

1522 erlassen. Mehr als 60 Rechtsordnungen gab es dann zu Luthers Tod im Jahre 1546. In den evangelischen Gebieten Deutschlands verdoppelte sich die Anzahl der neuen Ehegesetze in der zweiten Hälfte des 16. Jahrhunderts. Insgesamt bewirkten die neuen evangelischen Ehegesetze Folgendes: (1) Sie verlagerten die eheliche Rechtsprechung von der Kirche vorrangig auf den Staat; (2) Sie ermunterten die Geistlichen zur Eheschließung; (3) sie lehnten Zölibat, Jungfräulichkeit und Mönchtum als der Ehe übergeordnete Berufungen ab; (4) sie lehnten die Ehe als Sakrament ab, ebenso wie die religiösen Prüfungen und Einschränkungen, die den zukünftigen Ehepartnern auferlegt wurden; (5) sie modifizierten die Lehre von der Einwilligung in Verlobung und Eheschließung und verlangten die Anwesenheit der Eltern, von Trauzeugen, Geistlichen und Beamten bei der Eheschließung; (6) sie reduzierten die Zahl der Hindernisse für Verlobung und Putativehe erheblich; und (7) sie führten die Scheidung im modernen Sinn ein, wo Ehebruch, böswilliges Verlassen oder anderes Verschulden vorlagen, und räumten das Recht auf Wiederheirat ein, zumindest für den schuldlosen Ehepartner. Diese Änderungen bewirkten schließlich einen grundlegenden und dauerhaften Wandel für das eheliche Leben, die Ehelehre und das Eherecht im evangelischen Deutschland.[7]

---

7. Dieses Kapitel enthält zum Teil aktualisierte Auszüge aus meinem Buch: Vom Sakrament zum Vertrag. Ehe, Religion und Recht in der abendländischen Tradition. Louisville, KY 1997 (dt. Übersetzung Gütersloh 2008), Kapitel 1 und 2, das umfangreiche Angaben zur Primär- und Sekundärliteratur bietet [nachfolgend »Sakrament zum Vertrag« genannt]. Seit ich die beiden Kapitel verfasst habe, sind zahlreiche bedeutende Studien erschienen, viele davon mit ausgiebigen Bibliographien: STEVEN OZMENT: Ancestors: The Loving Family in Old Europe. Cambridge, MA 2001; ders.: Flesh and Spirit: Private Life in Early Modern Europe. New York 1999; ders.: The Bürgermeister's Daughter: Scandal in a Sixteenth-Century German Town. New York 1996; SUSAN C. KARANT-NUNN: The Reformation of Ritual: An Interpretation of Early Modern Germany. London/New York 1997, 6-42; JOEL F. HARRINGTON: Reordering Marriage and Society in Reformation Germany. Cambridge 1995; UWE SIBETH: Eherecht und Staatsbildung: Ehegesetzgebung und Eherechtsprechung in der Landgrafschaft Hessen(-Kassel) in der frühen Neuzeit. Darmstadt 1994; HERMAN SELDERHUIS: Marriage and Divorce in the Thought of Martin Bucer. Übers. v. John Vriend u. Lyle D. Biersma. Kirksville, MO 1999; LINDBERG: Luther and the Family; HELMAR JUNGHANS: Die evangelische Ehe. In: MARTIN TREU (Hrsg.): Katharina von Bora, die Lutherin. Wittenberg 1999; SCOTT HENDRIX: Luther on Marriage. In: Lutheran Quarterly 14/3 (2000), 335-350.

Das Erbe

Ehe und Familie waren der christlichen Kirche von Anfang an ein zentrales Anliegen. Die lutherischen Reformatoren führten diese Tradition ungebrochen fort, indem sie ihre eigene Theologie der Ehe und ihr Eherecht begründeten und positionierten. Es wird sich als lohnend erweisen, den geschichtlichen Verlauf einmal ausführlicher darzustellen, wodurch sich uns Kontinuität und Diskontinuität der traditionellen und evangelischen Lehr- und Rechtsanschauungen erschließen werden.

Die Theologie der Ehe

Die frühen Kirchenväter und apostolischen Kanones hatten gelehrt, dass die Institution der Ehe von Gott geschaffen und geordnet würde. Bereits im Paradies habe Gott den ersten Mann und die erste Frau zusammengeführt und ihnen geboten: »*Seid fruchtbar und mehret euch*« (Genesis 28). Gott habe sie als Gemeinschaftswesen erschaffen, die einander von Natur aus zugeneigt seien und sich gegenseitig anzögen. Gott habe ihnen die körperliche Fähigkeit verliehen, sich zu verbünden und Kinder zu zeugen. Gott habe ihnen geboten, sich zu lieben, sich beizustehen, sich gegenseitig zu versorgen und sich gegenseitig und ihren Kindern die Gottesliebe, die Nächstenliebe und die Selbstliebe einzuschärfen. Diese Pflichten und Besonderheiten der Ehe bestünden auch nach dem Sündenfall fort. So werde die Ehe auch zu einem Instrument gegen die Begierde, einem Balsam gegen die Unkeuschheit. Damit der sündhafte Mensch nicht vor Begierde glühe, habe Gott das Heilmittel der Ehe verordnet, wodurch die Partner ihre natürlichen Triebe und Leidenschaften auf den Dienst und die Liebe zum Ehepartner, den Kindern und der weiteren Gemeinschaft richten konnten.

Auf dieser Grundlage hatte Augustin (354-430), Bischof von Hippo Regius, seine berühmte Lehre vom dreifachen Gut *(bonum)* der Ehe entwickelt.[8] »*Gut also ist die Ehe in allem, was der Ehe eigentümlich ist. Das aber sind drei Dinge: die Ordnung der Fortpflanzung [proles], die Treue der*

---

8. Augustin, De Civitate Dei. lib. XIV, cap. 10, 21, 22. In: Corpus Christianorum Series Latina [hierab: CCSL] 48, 430, 443, 444, dt. Übersetzung: BVK1 16, 323, 344-345, 345-347; Lib. XV, cap. 16. In: CCSL 48, 478, dt. Übersetzung: BVK1 16, 399; Lib. XIX, cap. 7, 14. In: CCSL 48, 671, 680-682, dt. Übersetzung: BVK1 28, 217, 231-234.

Die Theologie der Ehe

Keuschheit [fides], das Heilsgeheimnis der Ehe [sacramentum].«⁹ Als ein geschaffenes, natürliches Instrument zur Zeugung mache die christliche Ehe den Liebesakt zu einer rechtmäßigen Handlung. Als ein Treuevertrag verleihe die Ehe Ehemann und Ehefrau gleiche Macht über den Körper des anderen, gleiches Recht, vom Ehepartner das Unterlassen von Ehebruch zu verlangen, und gleichen Anspruch auf einen gegenseitigen Dienst. »*Debent ergo sibi coniugati ..., uerum etiam infirmitatis inuicem excipiendae ad illicitos concubitus euitandos mutuam quodam modo seruitutem ...*«¹⁰ Als »eine Art sakramentales Band« *(copula quoddam sacramentum)* sei die Ehe ein Quell und Symbol des dauerhaften Bundes zwischen Christen.¹¹ »*Ist nun einmal der Ehebund geschlossen worden, so kann er auch in keiner Weise mehr gelöst werden; es sei denn durch den Tod des einen oder anderen der Ehegatten.*«¹²

Zeugung, Treue und Sakrament: Das war nach augustinischer Ansicht das dreifache Gut der Ehe. Darum sei die Institution der Ehe gut. Darum sei die Teilhabe an der Ehe gut. Das seien die Güter *(bona)*, auf die ein Mensch durch die Eheschließung hoffen dürfe und die er erwarten könne. Augustin führte die Güter der Ehe meist in dieser Reihenfolge auf, wodurch der erste Platz dem Gut der Zeugung zukam.¹³ Augustin verstand die Zeugung allerdings nicht als vorrangiges Gut der Ehe und die anderen als zweit-

---

9. Ders.: De gratia Christi et de peccato originali, lib. 2, cap. XXXIV, 39, in: CSEL 42, 197: »*Bonum ergo sunt nuptiae in omnibus quae sunt propria nuptiarum. Haec autem tria sunt: generandi ordinatio, fides pudicitiae, conubii sacramentum*«; dt. Übersetzung: Die Gnade Christi und die Erbsünde, II. Buch, Kap. XXXIV, 39: Die Lehre von der Erbsünde und ihrer Fortpflanzung wirft keinen Schatten auf das Gut der Ehe. In: ders.: Schriften gegen die Pelagianer. Bd. 2, lateinisch – deutsch, hrsg. v. Adolar Zumkeller. Würzburg 1964, 449.
10. Ders.: De bono coniugali, Kap. 6, in: CSEL 41, 194 f.; dt. Übersetzung: ders.: Das Gut der Ehe, übertr. v. Anton Maxsein. Würzburg 1949, Kap. 6, 9.
11. Ders.: De nuptiis et concupiscentia libri duo, in: CSEL 42, 211-319; dt. Übersetzung: Ehe und Begehrlichkeit. In: Schriften gegen die Pelagianer. Bd. 3. Hrsg. v. Adolar Zumkeller. Würzburg 1977, I. Buch, Kap. X, 11: Das Heilsgeheimnis der Ehe, in dem ihre Unauflöslichkeit wurzelt, 86 f.; I. Buch, Kap. XVII, 19: Die drei »Güter«, derentwegen die Ehe Lob verdient, 93.
12. »*Semel autem initum conubium in ciuitate dei nostri, ubi etiam ex prima duorum hominum copula quoddam sacramentum nuptiae gerunt, nullo modo potest nisi alicuius eorum morte dissolui.*« Ders.: De bono coniugali, Kap. 17, in CSEL 41, 209 f.; dt. Übersetzung: Das Gut der Ehe, übertr. v. Anton Maxsein. Würzburg 1949, Kap. 17, 23.
13. Ders.: De incompetentibus nuptiis, lib. II, cap. 12, bei DEFERRARI (Hrsg.): St. Augustine, 116. Vgl. auch ders.: Contra Faustum Manichaeum, lib. 19, cap. 26.

rangig. Gelegentlich änderte er die Reihenfolge seiner Aufzählung der ehelichen Güter in »Treue, Zeugung und Sakrament«.[14] Auch wenn er die Zeugung als erstes eheliches Gut aufführte, so machte Augustin doch deutlich, dass eheliche Treue und sakramentale Beständigkeit für eine gute Ehe entscheidend seien – und ausreichten, selbst wenn das Ehepaar kinderlos blieb oder dessen Kinder bereits das Haus verlassen hatten.[15]

Nachdem die patristische Lehre von der Ehe in den darauffolgenden Jahrhunderten endlosen Abwandlungen und Änderungen unterworfen war, kam die große Veränderung mit der päpstlichen Revolution der Jahre 1075 bis 1300. In diesem Zeitraum schüttelte der katholische Klerus unter Führung Papst Gregors VII. (Pontifikat: 1073-1085) seine königlichen und weltlichen Mitregenten ab und begründete die römisch-katholische Kirche als eine unabhängige, rechtliche und politische Körperschaft innerhalb der westlichen Christenheit. Die revolutionäre Machtübernahme der Kirche löste einen gewaltigen Wandel der westlichen Gesellschaft, Politik und Kultur aus. Die ersten modernen westlichen Universitäten wurden in Italien, Frankreich und England gegründet. Deren Hauptfakultäten des Rechts, der Theologie und der Medizin widmeten sich dem Studium der wiederentdeckten antiken Texten der griechischen Philosophie, des römischen Rechts und der patristischen Theologie.[16]

Dieses revolutionäre Umfeld bewirkte, dass die Kirche eine umfassende Systematik zur Ehetheologie und zum Eherecht entwickelte. Seit dem 12. Jahrhundert wurde die kirchliche Ehelehre kategorisiert, systematisiert und verfeinert, besonders durch die Arbeiten von Hugo von St. Viktor, Petrus Lombardus und Thomas von Aquin sowie durch die Vielzahl von ausführlichen Randbemerkungen und Kommentaren zu ihren Schriften, die in den darauffolgenden Jahrhunderten publiziert wurden.[17] Seit dem zwölften

---

14. Ders.: De genesi ad litteram, lib. 2, cap. 7, Nr. 12.
15. Ders.: De bona coniugali, cap. 3. Vgl. des Weiteren JOHN J. HUGO: St. Augustine on Nature, Sex, and Marriage. Chicago 1969, 126 ff.; AUGUSTINE REGAN: The Perennial Value of Augustine's Theology of the Goods of Marriage. In: Studia Moralia 21 (1983), 351-378.
16. Vgl. HAROLD J. BERMAN: Law and Revolution: The Formation of the Western Legal Tradition. Cambridge, MA 1983.
17. Vgl. insbesondere RAINER BERNDT (Hrsg.): Hugonis de Sancto Victore. De sacramentis christiane fidei. Berlin 2007, Teil II; COLLEGIO DI SAN BONAVENTURA (Hrsg.): Petri Lombardi Sententiae in IV Libris Distinctae. Bd. 2. Liber III et IV. Rom 1981, lib. IV, Dist. 26-42, 416-509; THOMAS VON AQUIN: Scriptum super Libros Sententiarum Petri Lombardiensis, Sent. IV., Abschn. 26 ff. In: Opera Omnia Sancti Thomae Aquinatis Doctoris Angelici (Rom 1882), Bd. 7.2 [im Folgen-

Die Theologie der Ehe

Jahrhundert wurde auch das kanonische Eherecht systematisiert, zuerst durch Gratians *Decretum* (etwa 1140), dann durch eine Fülle von Rechtskommentaren sowie neuen päpstlichen und konziliaren Gesetzen, die schließlich den *Corpus Iuris Canonici* bilden sollten.[18]

Die Theologen und Kirchenrechtler des Mittelalters betrachteten die Ehe auf dreifache Art: (1) als eine geschaffene, natürliche Verbindung, die den Naturgesetzen unterlag, (2) als einen beiderseitigen Vertrag, der dem allgemeinen Vertragsrecht unterlag, und (3) als ein Sakrament des Glaubens, das den geistlichen Gesetzen der Kirche unterlag.

Erstens wurde die Ehe als eine geschaffene, natürliche Verbindung verstanden, die, um es mit dem Ausdruck Augustins wiederzugeben, zweierlei diente: »*den Gesunden eine Pflicht und den Kranken ein Heilmittel*«.[19] Als eine geschaffene, natürliche Institution unterstehe die Ehe dem Naturrecht, werde durch Vernunft und Gewissen erfasst, und fände sich oftmals in der Bibel bestätigt. Das Naturrecht, so lehrten die mittelalterlichen Autoren, vermittle den Willen Gottes, der besage, dass gesunde Menschen heiraten, wenn sie die Geschlechtsreife erlangt haben, dass sie Kinder bekommen, aufziehen und versorgen, dass sie ihren Blutsverwandten und Angehörigen natürlich verbunden bleiben und sich um diese in schlechten Zeiten, bei Krankheit und im Alter kümmern sollten. Es schreibe eine heterosexuelle, lebenslange Verbindung zwischen den Partnern vor, die auf gegenseitiger Fürsorge und Treue basiere. Es fordere die Liebe für den Ehepartner und die Kinder.[20] Es verbiete Bigamie, Inzest, Gewalttätigkeit, Unzucht, Vielehe, Sodomie und andere widernatürliche Handlungen.[21]

---

den »Comm. Sent.« genannt], überarb. bei dems.: Summa Theologiae. Teil III (Suppl.), q. 41-68 [im Folgenden »S. T.« III Suppl. genannt]; ders.: Summa contra Gentiles. Buch III, Teil II, cap. 122-126 [im Folgenden »S. C. G.« genannt].

18. Vgl. Zusammenstellung in Emil Ludwig Richter/Emil Friedberg (Hrsg.): Corpus Iuris Canonici. 2 Bde. Leipzig 1879-1881. Siehe Liste späterer Titel der kanonischen Gesetze in Coing: Handbuch, Bd. 1, 1011 ff., mit Auszügen in Rudolf Weigand (Hrsg.): Die Naturrechtslehre der Legisten und Dekretisten von Irnerius bis Accursius und von Gratian bis Johannes Teutonicus. München 1967, 283 ff. und umfangreiche Auswertung in James A. Brundage: Law, Sex, and Christian Society in Medieval Europe. Chicago 1987, 176-550.
19. Petrus Lombardus: Liber Sententiarum, Buch 4, Abschn. 26.2; Aquin: S. T., II-II, Frag. 151-156; III, Frag. 41, Art. 1; Hugo von St. Viktor: Sacraments, 325-329.
20. Vgl. John T. Noonan: Marital Affection in the Canonists. In: Studia Gratiana 12 (1967), 489; Jean Leclercq: Monks on Marriage: A Twelfth Century View. New York 1982, 12-39, 72-81; Alan MacFarlane: Marriage and Love in England, 1300-1840. Oxford 1986, 124 ff., 321 ff.
21. Vgl. Texte in Weigand: Naturrechtslehre, 283-298.

6 · Der Inbegriff aller weltlichen Gesetze: Die Reform des Eherechts

Viele Autoren des Mittelalters ordneten jedoch, den Lehren des Paulus in 1. Korinther 7 folgend, die Aufforderung zur Fortpflanzung derjenigen zur zölibatären Kontemplation unter, ebenso wie sie das natürliche Verlangen zur geschlechtlichen Vereinigung dem spirituellen Verlangen nach Seligkeit unterordneten.[22] Denn, so Petrus Lombardus: »*Die erste Einrichtung [der Ehe im Paradies] war dem menschlichen Geschlecht befohlen, die zweite wurde ihm gewährt, damit sie Unkeuschheit verhindere. Dieses Gewähren ist allerdings keine Belohnung, sondern lediglich eine Abhilfe; denn sie wählt nicht die besseren Dinge. Wer sie zurückweist, verdient das Todesurteil. Eine Handlung, die erlaubt ist, ist keine unvermeidliche Handlung, sondern eine freiwillige.*«[23] Nach dem Sündenfall bleibe die Ehe als Verpflichtung bestehen, allerdings nur für diejenigen, die durch die geschlechtliche Sünde versucht würden. Für diejenigen, die nicht versucht würden, sei die Ehe der schlechtere Lebensweg. Besser und tugendhafter sei es, nach einem geistlichen Leben der Ehelosigkeit und inneren Einkehr zu streben als nach einem weltlichen Leben der Ehe und Familie. Denn die Ehe würde als eine Einrichtung der natürlichen Sphäre angesehen, nicht als eine der übernatürlichen. Obgleich sie von Gott zum Heil des Menschen bestimmt worden sei, so diene sie doch hauptsächlich dem Wohl der menschlichen Gemeinschaft, nicht der Vervollkommnung des Einzelnen. Die Teilhabe an ihr bewirke lediglich, dass ein Mensch frei von Sünde und Laster bleiben könne. Sie trüge dabei nichts Wesentliches zur Tugendhaftigkeit des jeweiligen Ehepartners bei. Das Zölibat und das Leben der Kontemplation dagegen seien eine Berufung der übernatürlichen Sphäre. Die Teilhabe an ihr steigere die Tugendhaftigkeit eines Menschen und unterstütze sein Streben nach Seligkeit.[24] Dieses Streben, so Thomas von Aquin, sei »*ein großes Hindernis*«, weil sie den Men-

---

22. Petrus Lombardus: Liber Sententiarum, Abschn. 26.3-4; Aquin: S. T. III (Suppl.), q. 41, Art. 2. Siehe weitere Quellenangaben und Texte in Joseph Friesen: Geschichte des kanonischen Eherechts bis zum Verfall der Glossenliteratur. 2. Aufl. Nachdr. Aalen 1963, 25 ff.
23. Eigene Übersetzung. Collegio Di San Bonaventura (Hrsg.): Petri Lombardi Sententiae in IV Libris Distinctae. Bd. 2. Liber III et IV. Rom 1981, Buch 4, Dist. XXVI, cap. 3-4, 418: »[H]umano generi propter vitandam fornicationem indultum esse coniugium. Indulgentia vero, quia meliora non eligit, remedium habet, non praemium; a qua si quis declinaverit, meretur exitiale iudicium. Quod secundum indulgentiam conceditur voluntarium est, non necessarium ...«
24. Christopher N. L. Brooke: The Medieval Idea of Marriage. Oxford/New York 1991, 61-92.

schen zwinge, sich mit den fleischlichen und natürlichen Seiten des Lebens zu befassen anstelle der geistlichen und übernatürlichen.²⁵

Zweitens sei die Ehe auch Gegenstand einer vertraglichen Beziehung im Rahmen allgemeiner vertragsrechtlicher Vorschriften. Die Ehe stütze sich auf das beiderseitige Einverständnis der Partner, um rechtsgültig und bindend zu werden. »*Weder die Zustimmung zum Zusammenleben noch die fleischliche Vereinigung macht eine Ehe aus*«, schrieb Petrus Lombardus, »*sondern die Zustimmung zur ehelichen Gesellschaft.*«²⁶ Gestalt und Aufgabe der ehelichen Gemeinschaft sowie die Voraussetzungen, ihr beitreten zu können, würden vom Naturrecht vorgegeben. Aber die Entscheidung, dieser Gemeinschaft beizutreten, liege bei den Partnern. Eine Ehe sei darum, so der Gedanke des Petrus Lombardus, »*viri mulierisque coniunctio maritalis, inter legitimas personas, individuam vitae consuetudinem retinens*«.²⁷

Als Vertrag unterliege die Ehe allgemeinen moralischen Vertragsprinzipien, die das kanonische und das bürgerliche Recht des Mittelalters bestimmt hatten.²⁸ Eines dieser Prinzipien sei die vertragliche Freiheit, die somit auch für den Ehevertrag gelte.²⁹ Eheverträge, die unter Zwang, aus Furcht, durch arglistige Täuschung oder durch Einfluss der Eltern, der Dienst-, Feudal- oder Gutsherren geschlossen würden, seien als nicht bindend anzusehen.³⁰ Ein zweites allgemeines Vertragsprinzip besagte, dass beiderseitige Vereinbarungen, ob mit oder ohne Formalia eingegangen, rechtlich bindend seien. Waren ein Formfehler, der Wegfall der Vertragsgrundlage oder ein Umstand gegeben, der den Vertrag ungültig machte, dann konnte sich jeder der Partner an ein Gericht wenden, um seine Forderung geltend zu machen. Dieses allgemeine Prinzip war auch für Eheverträ-

---

25. THOMAS VON AQUIN: Summa Theologiae. Teil III (Suppl.), q. 41, Art. 2, in: S. Thomae Aquinatis Summa Theologiae. Bd. 5. Madrid 1954, 189.
26. Eigene Übersetzung. COLLEGIO DI SAN BONAVENTURA (Hrsg.): Petri Lombardi Sententiae in IV Libris Distinctae. Bd. 2: Liber III et IV. Rom 1981, Buch 4, Dist. 28, cap. 3, 435: »*Dicamus igitur quod consensus cohabitationis vel carnalis copulae non facit coniugium, sed consensus coniugalis societatis ...*«; zu früheren Auffassungen vgl. BRUNDAGE: Law, Sex, and Christian Society, 235-242, 260-278.
27. COLLEGIO DI SAN BONAVENTURA (Hrsg.): Petri Lombardi Sententiae in IV Libris Distinctae. Bd. 2: Liber III et IV. Rom 1981, Buch 4, Dist. 27, cap. 2, 422: »*Sunt igitur nuptiae vel matrimonium viri mulierisque coniunctio maritalis, inter legitimas personas, individuam vitae consuetudinem retinens.*«
28. Vgl. HAROLD J. BERMAN: Faith and Order: The Reconciliation of Law and Religion. Atlanta 1993, 190-196.
29. JOHN T. NOONAN: Canons and Canonists in Context. Goldbach 1997, 173-198.
30. Vgl. CHARLES J. REID: The Canonistic Contribution to the Western Rights Tradition. In: Boston College Law Review 33 (1991), 37, 73-80.

ge gültig. Ehemann und Ehefrau hatten dasselbe Recht, vor Gericht Klage einzureichen, handelte es sich dabei um die Durchsetzung eines bloßen Eheversprechens, um das Erlöschen einer elementaren und gesetzlichen Ehebedingung oder um die Einforderung des ehelichen Rechts auf den Körper des Ehepartners.[31]

Drittens würde die Ehe durch Christus in den Rang eines Sakraments erhoben, womit sie unter die geistlichen Gesetze der Kirche fiel.[32] Im Unterschied zu den anderen sechs Sakramenten erfordere die Eheschließung keine Formalia und keine priesterliche oder laikale Unterweisung, keine Zeugen oder anderweitige Mitwirkung anderer. Die beiden Partner seien sich gegenseitig »Sakramentsverwalter«. Beim Empfang des Sakraments leite sie ihr Gewissen, und ihr eigenes Zeugnis würde im Streitfall ausreichen, um eine bestehende Ehe zu beweisen. Obwohl das IV. Laterankonzil von 1215 und spätere kanonische Gesetze das Paar ausdrücklich aufforderten, das Einverständnis aller vier Elternteile einzuholen, das Aufgebot in der Kirche bekannt zu machen, die Verbindung mit dem priesterlichen Segen feierlich zu begehen, Trauzeugen zur Hochzeit zu laden und den Ehegebräuchen des Wohnortes zu folgen, war keiner dieser Schritte absolute Bedingung.

Gleich den anderen sechs Sakramenten wurde die Ehe als ein Instrument der Heiligung angesehen, die, wurde sie zwischen Christen geschlossen, denjenigen Gnade verlieh, die ihr keine Hindernisse in den Weg legten. Die Ehe heiligte das christliche Paar, indem es ihm ermöglichte, Gottes Gesetz zur Ehe zu erfüllen, und indem es das Paar daran erinnerte, dass Christus, der Bräutigam, die Kirche zu seiner Braut erwählt und ihr seine größte Liebe und Hingabe zugedacht habe, sogar bis zum Tod. Sie heiligte die christliche Gemeinschaft, indem sie die Kirche erweiterte und die Kinder als Gottesvolk erzog. Die natürlichen Aufgaben der Ehe, die Zeugung und die Erziehung, erhielten dann eine geistliche Bedeutung, wenn sie von Christen innerhalb der erweiterten christlichen Kirche erfüllt würden.

Wurde eine Ehe als christliches Sakrament gelebt, so verwandelte sie die Beziehung zwischen Ehemann und Ehefrau, so wie die Taufe das Wesen des

---

31. Vgl. RUDOLF WEIGAND: Die bedingte Eheschließung im kanonischen Recht. München 1963; REID: The Canonistic Contribution, 80-91.
32. JAROSLAV PELIKAN: Reformation of Church and Dogma (1300-1700). Chicago 1984, 51 ff.; BRUNDAGE: Law, Sex, and Christian Society, 430 ff. Luthers Lehrer, Gabriel Biel, hielt das Sakrament der Ehe für »*das hervorragendste und vorrangigste hinsichtlich Zeitpunkt und Ort seiner Einrichtung sowie Bedeutung und Wirkmacht seines Zweckes*« (Sermones dominicales. Hagenau 1510, xix.)

Getauften änderte. Bei der Taufe verwandelte die scheinbar einfache kultische Handlung, Wasser auf die Stirn zu sprengen, den Täufling auf geistliche Weise – die Erbsünde Adams wurde aufgehoben und dem Täufling göttlicher Schutz und Beistand im Leben zugesagt. Damit wurde der Getaufte in das Heiligste der Kirche, in die geistliche Obhut der Eltern und Großeltern, in die Gemeinschaft und an den Tisch der Gemeinde aufgenommen. Ähnlich verhalte es sich auch bei der Ehe: Die einfache kultische Handlung, durch die ein christlicher Mann und eine christliche Frau in gegenseitigem Einverständnis die Ehe eingingen, verwandelte ihre Beziehung auf geistliche Weise. Damit wurde die Sünde des Geschlechtsaktes aufgehoben und göttlicher Beistand bei der Erfüllung ihrer ehelichen und elterlichen Pflichten zugesagt, womit die Ehe in die Hierarchie der Institutionen aufgenommen wurde, zu denen auch die universale Kirche gehört.[33]

Es handelte sich um das simple Austauschen eines Versprechens zwischen christlichen Partnern, der dieser Verbindung sakramentalen Charakter verlieh und Gottes heiligende Gnade bewirkte. Weder die Segnung der Ehe durch die kirchliche Trauung noch der Vollzug der Ehe durch die körperliche Vereinigung waren für das sakramentale Geschehen von Bedeutung. Sogar eine heimlich geschlossene, nicht vollzogene Ehe zwischen Mann und Frau, die in der Lage waren, dem Naturrecht gemäß eine eheliche Gemeinschaft zu bilden, konnte ein Instrument sein, um sakramentale Gnade zu erlangen. Die gegenseitige Willensbekundung und die aufrichtige Heiratsabsicht beider Parteien bewirkte die Verleihung der sakramentalen Gnade. Die Früchte dieser sakramentalen Gnade durchdrangen die Institution der Ehe von diesem Moment an.[34]

War dieser Kanal der sakramentalen Gnade erst einmal weit geöffnet, so konnte er nicht mehr geschlossen werden. Eine Ehe, die ordnungsgemäß zwischen Christen geschlossen worden war und mit dem Naturrecht in Einklang stand, war demnach eine unauflösbare Verbindung, ein stetig offener Kanal der Gnade. Thomas von Aquin erläuterte dies in einem bedeutenden Abschnitt über die Unauflösbarkeit der Ehe folgendermaßen:

»Da die Sakramente auch bewirken, was sie andeuten, ist anzunehmen, dass durch dieses Sakrament den Eheleuten Gottes Gnade verliehen wird, wodurch sie dann zur Vereinigung Christi und seiner Kirche gehören. Dies ist

---

33. Vgl. bes. THEODORE MACKIN: What is Marriage. New York 1982, 20-22, 31-33, 332f.
34. THOMAS VON AQUIN: Summa Theologiae. Teil II-II, q. 100, Art. 2, in: S. Thomae Aquinatis Opera Omnia. Bd. 2. Stuttgart/Bad Cannstatt 1980, 655f.

6 · Der Inbegriff aller weltlichen Gesetze: Die Reform des Eherechts

äußerst notwendig für sie, damit sie sich nicht von Christus und seiner Kirche lösen, wenn sie mit geschlechtlichen und weltlichen Dingen umgehen.

Da die Vereinigung von Ehemann und Ehefrau ein Abbild der Vereinigung Christi und seiner Kirche ist, muss dieses Abbild auch dem entsprechen, was es darstellt. Die Vereinigung Christi mit seiner Kirche ist eine Vereinigung von einer Person mit einer anderen, und diese hat ewig zu währen. Denn es gibt nur eine Kirche ... und Christus wird nie von seiner Kirche getrennt sein. Er sagte dies selbst im letzten Kapitel des Matthäusevangeliums: ›Siehe, ich bin bei euch bis an das Ende der Welt ...‹ Daraus folgt notwendigerweise, dass eine Ehe, insofern sie ein Sakrament der Kirche ist, eine unauflösbare Verbindung sein muss.«[35]

Thomas von Aquin bemühte sich, das mittelalterliche Verständnis der Ehe als einer natürlichen, vertraglichen und sakramentalen Einrichtung in das traditionelle augustinische Verständnis der ehelichen Güter Zeugung, Treue und Sakrament einzuflechten.[36]

Werde die Ehe als eine natürliche Einrichtung angesehen, so Thomas' Argumentation, sei die Zeugung *(proles)* das vorrangige Gut. Unter Bezug auf Augustin und weitere frühe Autoren argumentierte Thomas, dass Mann und Frau von Natur aus dazu neigten, sich zusammenzutun, um gemeinsam Kinder zu haben, und die Natur den gesetzmäßigen Weg dorthin lehre, nämlich die freiwillige Eheschließung.[37] Zeugung bedeute allerdings mehr, als nur Kinder zu empfangen. Es bedeute auch, sie für das geistliche und das

---

35. THOMAS VON AQUIN: Summa contra Gentiles, lib. 4, cap. 78: De sacramento matrimonii, in: S. Thomae Aquinatis Opera Omnia. Bd. 2, 145: »(n. 4) *Et quia sacramenta efficiunt quod figurant, credendum est quod nubentibus per hoc sacramentum gratia conferatur, per quam ad unionem christi et ecclesiae pertineant; quod eis maxime necessarium est, ut sic carnalibus et terrenis intendant quod a christo et ecclesia non disiungantur.* (n. 5) *Quia igitur per coniunctionem maris et feminae christi et ecclesiae coniunctio designatur, oportet quod figura significato respondeat. Coniunctio autem christi et ecclesiae est unius ad unam perpetuo habendam: est enim una ecclesia, ... nec unquam christus a sua ecclesia separabitur, dicit enim ipse matth. ult.: ecce, ego vobiscum sum usque ad consummationem saeculi. Necesse est igitur quod matrimonium, secundum quod est ecclesiae sacramentum, sit unius ad unam invisibiliter habendam.*«; dt. Übersetzung: ders.: Summa contra gentiles. Zweisprachige Studienausgabe. Hrsg. u. übers. v. Karl Allgaier u. a. Sonderausgabe Darmstadt 2001, 469.
36. THOMAS VON AQUIN: Commentarium in quatuor libros sententarium Magistri Petri Lombardi. Lib. IV, Dist. 26 ff; vgl. auch ders.: Summa Theologiae. Teil III (Suppl.), q. 49; Summa Contra Gentiles, lib. III, Teil II, Dist. 122-126.
37. Ders.: Commentarium in quatuor libros sententarium Magistri Petri Lombardi. Lib. IV, Dist. 26, q. 1; Dist. 33, q. 1.

weltliche Leben zu erziehen. Das Gut der Zeugung in dieser erweiterten Bedeutung könne nicht einfach durch die rechtmäßige Bindung von Ehemann und Ehefrau und den Geschlechtsakt erreicht werden. Es verlange auch den Aufbau einer vertrauensvollen, gefestigten und dauerhaften Verbindung von Ehemann und Ehefrau, sodass sich beide als Vater und Mutter die Erziehung ihrer Kinder teilen könnten. In diesem natürlichen Sinne sei das vorrangige Gut der Ehe die Zeugung; die nächstrangigen Güter seien Treue und sakramentale Beständigkeit.[38]

Würde die Ehe als vertraglicher Bund betrachtet, so sei Treue *(fides)* das vorrangige Gut. Thomas argumentierte, dass eheliche Treue keine geistliche Treue sei, sondern eine Treue der Gerechtigkeit. Das bedeutete: die Treue zu halten, treu zu sein und seinen Versprechen treu zu bleiben, die man im Ehekontrakt gegeben habe. Schon Augustin hatte gesagt, dass die eheliche Treue den Verzicht auf Geschlechtsverkehr mit einem weiteren Partner verlange und die »ehelichen Pflichten« anerkenne (das hieß, dem begründeten geschlechtlichen Verlangen des Ehepartners nachzugeben). Doch die eheliche Treue umfasste auch die Verpflichtung, mit dem Ehepartner unauflösbar körperlich und geistlich verbunden zu sein, beste Freunde zu sein und umfassend und gleichberechtigt an der Person, dem Eigentum, der Familie und dem Ruf – ja, am ganzen Leben des Ehegatten teilzuhaben. Es hieß, miteinander die Jugend zu verbringen und das Alter zu tragen, in Krankheit und Gesundheit, Wohlergehen und Unglück. Thomas betonte, dass die eheliche Treue in diesem erweiterten Verständnis selbst ein Gut sei. Sie müsse für die Zeugung von Kindern nicht unbedingt vorausgesetzt oder vorgesehen werden; mehr noch, ein Eheversprechen müsse nicht einmal eingelöst werden, um gültig und bindend zu sein.[39] In diesem vertraglichen Sinne sei die Treue *(fides)* das vorrangige Gut der Ehe; die nächstrangigen Güter seien das Sakrament und die Zeugung.[40]

Werde die Ehe als geistliche Institution angesehen, schrieb Thomas,

---

38. Ders.: Commentarium in quatuor libros sententarium Magistri Petri Lombardi. Lib. IV, Dist. 26, q. 1; Summa Theologiae. Teil III. (Suppl.), q. 49, Art. 2-3, 5; Summa Contra Gentiles. Lib. III, Teil II, Dist. 123, q. 1-10; Dist. 124, q. 3.
39. Ders.: Commentarium in quatuor libros sententarium Magistri Petri Lombardi, lib. IV, Dist. 26, q. 2; Dist. 27, q. 1; Dist. 31, q. 1; Dist. 33, q. 1; Dist. 41, q. 1; Summa Theologiae. Teil III (Suppl.), q. 42, 47, 49; Summa Contra Gentiles, lib. III, Teil II, Dist. 123, q. 3, 4, 8; Dist. 124, q. 4-5; Dist. 125, q. 6; Dist. 126, q. 1-6. Vgl. des Weiteren JOHN FINNIS: Aquinas: Moral, Political, and Legal Theory. Oxford 1998, 143-148.
40. THOMAS VON AQUIN: Summa Theologiae. Teil III (Suppl.), q. 29, Art. 2, in: S. Thomae Aquinatis Summa Theologiae. Madrid 1954.

6 · Der Inbegriff aller weltlichen Gesetze: Die Reform des Eherechts

»[r]espondeo dicendum quod aliquid dicitur in re aliqua principalius, altero duorum modorum: aut quia altero essentialius; aut quia dignius. Si quia dignius, sic omnibus modis sacramentum est principalius inter tria bona coniugii. Quia pertinet ad matrimonium inquantum est sacramentum gratiae. Alia vero duo pertinent ad ipsum inquantum est quoddam naturae officium. Perfectio autem gratiae est dignior perfectione naturae«.[41]

Thomas' Verständnis vom Gut des *sacramentum* ging deutlich über die Auffassung Augustins hinaus. Augustin hatte die Ehe als Sakrament bezeichnet, um ihre symbolische Beständigkeit zu zeigen. Augustin bezeichnete die Ehe als Sakrament, um ihre geistliche Wirksamkeit zu zeigen. Thomas war der Meinung, dass die Ehe als ein dauerhaftes Symbol der Verbindung Christi mit der Kirche nicht aufgelöst werden solle. Augustin dagegen meinte, dass die Ehe als ein beständiger Kanal der sakramentalen Gnade nicht aufgelöst werden könne. Thomas bezeichnete die Ehe als Sakrament, weil sie unauflösbar sei. Augustin bezeichnete die Ehe als unauflösbar, weil sie ein Sakrament sei.

Thomas von Aquins elegante Integration der drei Güter der Ehe fand zwischen 1300 und 1600 eine wachsende Zahl von Befürwortern. Luther, Melanchthon und weitere frühe evangelische Reformatoren kannten die Lehren von Thomas und Augustin sehr genau und nahmen vor allem diese und weniger diejenigen späterer Autoren des Mittelalters als Ausgangspunkt für ihre Kritik ebenso wie ihre Reformen traditioneller Methoden.

Das kanonische Eherecht[42]

Die mittelalterliche Kirche schuf auf dieser theologischen Grundlage ein vielschichtiges und umfassendes kanonisches Eherecht, welches in großen Teilen Deutschlands durch die Kirchengerichte vollzogen wurde.

Das kanonische Recht unterschied drei Schritte bei der Einwilligung in die Ehe: (1) die Verlobung oder das Versprechen, später einmal zu heiraten

---

41. Ders.: Commentarium in quatuor libros sententiarum Magistri Petri Lombardi, lib. IV, Dist. 31, q. 2; *Summa Theologiae*. Teil III (Suppl.), q. 49, Art. 3.
42. Zum kanonischen Eherecht des Mittelalters vgl. insbesondere BRUNDAGE: Sex, Marriage, and Christian Society, 229-550; R. H. HELMHOLZ: Marriage Litigation in Medieval England. Cambridge 1974, 25-111; RUDOLPH SOHM: Das Recht der Eheschließung aus dem deutschen und kanonischen Recht geschichtlich entwickelt. Nachdr. Aalen 1966, 107-186; und weitere Quellen, die in »Sakrament zum Vertrag« genannt sind, 254-259.

Das kanonische Eherecht

(»*Ich, Johann, verspreche, dich, Julia, zur Frau zu nehmen.*«); (2) das Versprechen, zum augenblicklichen Zeitpunkt zu heiraten, das eine echte und gültige Bindung auch ohne Geschlechtsakt begründete (»*Ich, Julia, nehme dich, Johann, nun zum Mann.*«); und (3) den Vollzug der Ehe durch den freiwilligen Geschlechtsakt. Keiner dieser Schritte bei der Eheschließung bedingte größere Formalitäten, um eine Gültigkeit und einen Anspruch zu begründen. Die ersten beiden Schritte erforderten nur den hörbaren Austausch von Worten oder, wenn ein Partner stumm, gehörlos oder zu einem Austausch de facto nicht in der Lage war, eine symbolische Entsprechung dafür. Die Partner konnten zu jedem Schritt etwas hinzufügen – zum Beispiel Bedingungen an die Verlobung knüpfen, einen öffentlichen Eid leisten oder die Eheschließung in einer Kirche im Rahmen einer öffentlichen Zeremonie begehen. Aber nichts davon war vorgeschrieben, auch wenn es die Kirche gerne sah. Eine formelle Urkunde oder die Anwesenheit von Zeugen waren bei der Verlobung nicht notwendig. Die Gegenwart von Autoritäten (ob Eltern, Dienstherren, Beamte oder Geistliche) zur Bestätigung oder Durchführung der Eheschließung war nicht notwendig. Der Vollzug der Ehe durch den Geschlechtsakt erforderte außer der freiwilligen Teilnahme beider Partner ebenfalls nicht viel. Der erzwungene Geschlechtsverkehr, auch innerhalb der Ehe, war dagegen Sünde und in besonders schweren Fällen sogar eine Straftat.

Das kanonische Recht kannte eine Vielzahl von gesetzlichen Hindernissen für den ersten Schritt der Verlobung – das hieß, waren eine oder mehrere Bedingungen nicht erfüllt, so konnte jeder der Partner die Verbindung lösen, ohne dass er sündig handelte. Der korrekt handelnde Partner durfte den Verlobten beziehungsweise die Verlobte abweisen, wenn der- oder diejenige ketzerische oder heidnische Neigungen zeigte, jemanden verführt hatte (insbesondere einen Verwandten des Partners), vergewaltigt worden war, zeugungsunfähig geworden war, nach der Verlobungshandlung missgestaltet oder geistig beeinträchtigt wurde, den Partner mehr als zwei Jahre verlassen hatte, oder einem Versprechen, das die Partner festgelegt hatten, nicht innerhalb der Verlobungszeit nachkam. In all diesen Fällen empfahl es sich für den schuldlosen Partner, Klage bei einem Kirchengericht einzureichen, damit die Verlobung annulliert wurde. Das christliche Gelübde mindestens einer der Partner zur Keuschheit oder zum Eintritt in einen religiösen Orden machte die Vereinbarung automatisch ungültig. Eine Verlobung konnte allerdings auch durch das gegenseitige Einvernehmen der Partner gelöst werden.

Ein Versprechen zur künftigen Eheschließung, dem ein Geschlechtsakt folgte, wurde als eine nach kanonischem Recht vollzogene Ehe angesehen und wurde somit als gültig, ja sogar als rechtsgültig betrachtet. Der Geschlechtsakt nach der Verlobung unterstützte die Annahme, dass die Partner vorbehaltlos vereinbart hatten, die Ehe zu schließen und die Ehe zu vollziehen. Diese Annahme konnte dadurch widerlegt werden, dass einer der Partner den Nachweis erbrachte, von dem anderen böswillig verführt worden zu sein. Auch dann noch wurde die Ehe allgemein als gültig erachtet – obgleich der Partner, der für die Verführung verantwortlich war, schwere Sünde auf sich geladen hatte.

Ebenso kannte das kanonische Recht mehrere Hindernisse für den zweiten Schritt der Ehevereinbarung, den Akt der Trauung. Davon gab es zwei Arten: (1) ausschließende Ehehindernisse, die den Ehevertrag für ungesetzlich und sündig erklärten, wobei eine Übertretung nicht zwangsläufig zur Nichtigkeit der Ehe führte; und (2) Ehenichtigkeitsgründe oder absolute Ehehindernisse, die die Einwilligung in einen Ehevertrag verboten und, sofern er schon geschlossen war, die Ehe für nichtig erklärten und unwiderruflich auflösten, unabhängig vom Wunsch der Ehepartner.

Ausschließende Ehehindernisse bezogen sich vorwiegend auf Fälle von Wiederheirat. Sie wurden in einem mittelalterlichen lateinischen Vers festgehalten, den Rechtslehrer beim Unterrichten ihrer Studenten in kanonischem Recht verwendeten:

Incestus, raptus, sponsatae mors uxoris
Susceptus propriae sobolis, mors presbyteralis
Vel si poeniteat solemniter, aut monialem
Accipiat, prohibent haec coniugium sociandum.[43]

Incestus hinderte den Partner daran, einen Blutsverwandten innerhalb des gesetzlich als bedenklich definierten Verwandtschaftsgrads zu ehelichen. *Raptus* hinderte einen Mann an der Eheschließung, wenn er seine zukünftige Ehegattin oder eine Angehörige derselben vergewaltigt oder böswillig verführt hatte. *Sponsatae mors uxoris* schloss die Wiederheirat mit einem Mann aus, der seine letzte Frau getötet hatte, sofern ihn nicht ein Gericht von den Vorwürfen vollständig entlastet hatte. *Susceptus propriae sobolis* schloss die Wiederheirat mit einem Mann aus, der in betrügerischer Weise oder in böswilliger Absicht Taufpate seines früheren Stiefkindes geworden war, um die Wiederheirat seiner Frau im Falle seines Todes zu verhindern. *Mors presbyteralis* verbot die Heirat mit einem Partner, der einen ordinierten Priester oder Mönch getötet hatte. *Si poeniteat solemniter* schloss die Ehe mit einem Partner aus, dem öffentliche und feierliche Buße für eine

43. Hostiensis: Summa de Matrimonio.

Todsünde auferlegt worden war. *Si monialem accipiat* war ein Ehehindernis, das die Heirat mit einer Nonne oder einem Mönch ausschloss, sobald sie die Profess abgelegt hatten.

Ehenichtigkeitsgründe erklärten sogar schon vollzogene Putativehen für rechtswidrig, wobei es zwar den Partnern freigestellt war, sich wieder zu verheiraten, sie jedoch häufig wegen schwerer Sünde und gelegentlich Todsünde unter Anklage gestellt wurden. Auch für diese Ehehindernisse gab es für Studenten der Jurisprudenz eine kurze lateinische Eselsbrücke:
Error, conditio, votum, cognatio, crimen
Cultus disparitis, vis, ordo, ligamen, honestas,
Dissensus, et affinis, si forte coire nequibis,
Haec facienda vetant connubia, facta retractant.[44]

Eine Gruppe von Ehenichtigkeitsgründen garantierte beiden Partnern die freiheitliche Einwilligung. Fehlte die Einwilligung eines der Partner *(dissensus)*, so wurde die Ehe nachträglich aufgelöst. Folglich beeinflusste der Nachweis eines schweren Falls von Nötigung, Einschüchterung, Zwang oder Gewalt *(vis)* durch einen Elternteil, den putativen Ehepartner oder eine dritte Partei die Einwilligung und konnte einen Ehevertrag außer Kraft setzen, besonders dann, wenn die Handlung kurz nach der ehelichen Verbindung bekannt wurde. Ein Irrtum *(error)* hinsichtlich der Identität eines der Partner und ein nachweislicher Zweifel an der Jungfräulichkeit der Braut vor der Ehe waren ebenfalls Gründe für die Annullierung einer Ehe.

Eine zweite Gruppe von Ehenichtigkeitsgründen legte fest, welche Partner überhaupt ihre freie Einwilligung geben konnten. Partner, die vor der Putativehe das christliche Gelübde des Zölibats *(votum)* in einem heiligen Orden *(ordo)* der Kirche abgelegt hatten, waren für alle Zeiten an Gott gebunden und konnten sich nicht durch eine Ehe an jemand anderen binden. Demnach wäre eine Eheschließung ihrerseits automatisch unwirksam gewesen. Christen konnten einen Ehevertrag weder mit Ungläubigen, noch mit Juden oder Heiden schließen *(cultus disparitas)*; denn das Sakrament der Taufe war eine Voraussetzung für die Ehe. Eine solche Ehe hätte die Einheit Christi mit seiner glaubenstreuen Kirche nicht symbolisieren können. Sobald sie entdeckt worden wäre, wäre sie automatisch annulliert worden. Fiel ein Partner nach der Eheschließung vom Glauben ab und blieb unverbesserlich, konnte ein Kirchengericht die Ehe für ungültig erklären, besonders dann, wenn das Paar Kinder hatte, die sich im anderen Fall zwischen den Glaubensbekenntnissen der Eltern hätten entscheiden müssen. Zwei Men-

44. Ebd.

schen, die bis zum vierten Grad mit einem gemeinsamen Vorfahren oder einem Paar (ob verheiratet oder nicht) verwandt waren und geschlechtliche Beziehungen unterhalten hatten, durften nicht heiraten. Das waren die Ehehindernisse der Blutsverwandtschaft und Verwandtschaft, die im 3. Buch Mose genannt werden. Sie wurden unter dem Sammelbegriff *cognatio* zusammengefasst: Eltern durften nicht ihre Adoptivkinder oder Enkelkinder heiraten, ebenso wenig die Ehepartner ihre Adoptivkinder. Jemand, der einen der Partner getauft oder gefirmt (später auch konfirmiert) hatte oder der ein Taufpate geworden war, durfte ihn oder sie nicht heiraten – denn er wurde als »geistiger Vater oder geistige Mutter« des Partners angesehen, der das Sakrament empfangen hatte. Niemand durfte den Verwandten ersten bis vierten Grades eines zwischenzeitlich verstorbenen Verlobten *(iustitia publicae honestae)* heiraten. Und ein Ehepartner, der einmal Ehebruch begangen hatte, durfte, nachdem ihm die Möglichkeit zur Wiederheirat gewährt worden war, keine Ehe mit dem oder der früheren Geliebten eingehen, wenn der- oder diejenige in irgendeinem Zusammenhang mit dem Tod *(crimen)* des früheren Ehepartners stand.

Eine dritte Gruppe von Ehenichtigkeitsgründen schützte die vollendete Heiligkeit und den heiligenden Zweck des Ehesakraments. Bedingungen zum Eheversprechen, die unrechtmäßig waren, im Widerspruch zum Sakrament standen oder den Nachkommen schaden konnten, ließen den Ehevertrag automatisch unwirksam werden. So war ein Eheversprechen mit der Bedingung, »*dass wir für eine Weile enthaltsam sind*«, gültig. Doch die Bedingung etwa, »*dass wir uns zur Empfängnisverhütung verpflichten*«, »*dass wir einen Schwangerschaftsabbruch vornehmen*« oder »*dass wir uns gegenseitig sexuelle Freiheiten zugestehen*«, machte den Ehevertrag ungültig. Solche Bedingungen waren dem geistlichen Zweck der Ehe abträglich – nämlich, sich in Liebe zu verbinden und Kinder im Dienste Gottes großzuziehen. Auch anhaltende Zeugungsunfähigkeit, Geistesschwäche oder Hexerei eines Partners waren ausreichende Gründe für eine Annullierung, wenn ein solcher Umstand bereits vor der Eheschließung bestand und dem Partner nicht bekannt war.

Eine vierte Gruppe von Ehehindernissen *(ligamen)* untersagte alle bigamen und polygamen Beziehungen, da sie den biblischen Geboten widersprachen, selbst dann, wenn die Partner gemeinsame Kinder hatten. Die Annullierung auf Grund eines solchen Ehehindernisses erforderte die Prüfung des früheren Ehevertrags des Partners, der nicht einmal durch den Tod des früheren Gatten oder eine formelle Annullierung gegenstandslos wurde.

Eine rechtsgültige Scheidung in Verbindung mit dem Recht auf Wiederheirat erlaubte das kanonische Recht nicht. Das einmal geschlossene sakramentale Band blieb unauflösbar, mit Ausnahme des physischen oder bürgerlichen Todes eines der Partner. Scheidung *(divortio)* im Sinne des kanonischen Rechts meinte nur die Trennung von Tisch und Bett *(a mensa et thoro)*. Ehemann und Ehefrau waren gleichermaßen klageberechtigt und konnten bei einem Kirchengericht auf Trennung klagen. Während der Streitigkeit konnte ein Kirchengericht den Ehemann dazu verpflichten, für den vorübergehenden Unterhalt seiner Frau aufzukommen, insbesondere dann, wenn jene bereits aus Angst vor dem Ehemann oder unter seinem Zwang den ehelichen Haushalt verlassen hatte. Sah ein Kirchengericht eine Scheidung wegen Ehebruchs, böswilligen Verlassens oder Grausamkeit als ausreichend begründet an, wurden die endgültig zerstrittenen Partner angewiesen, von nun an getrennt zu leben. Häufig gab es auch Auflagen für die Fürsorge und Betreuung der Kinder.[45] Getrennt lebende Ehegatten konnten vom körperlichen Band der Ehe befreit sein, nicht aber vom geistlichen. Ein weiterer Ehevertrag, der vor dem Tod des Partners geschlossen worden wäre, hätte Bigamie bedeutet, was nach kanonischem Recht eine Todsünde und nach bürgerlichem Recht ein Kapitaldelikt gewesen wäre.

Die neue evangelische Theologie der Ehe

Luthers Angriff

In seinen frühen Schriften griff Martin Luther die traditionelle katholische Theologie der Ehe und das kanonische Eherecht wiederholt an. Dass »*der eheliche stand ßo eyn iemerlich geschrey bey yderman hatt*« und in schlimmen Verruf gekommen sei, erklärte er in einer Predigt von 1522.

»*Es sind vil heydnischer bucher, die nichts denn weyber laster und ehlichs stands unlust beschreyben ... Man find auch noch teglich Eltern, die yhrer kranckheyt vergessen und des melhs, wie die mauß nu satt sind, die yhre kinder vom ehlichen stand tzu pfafferey und nonnerey hallten und reytzen, geben fur die muehe uund boße tage ym ehlichen leben, bringen alßo yhr eygene kinder dem teuffel heym, wie wyr teglich sehen, schaffen yhn gutte tage am leyb und die helle an der seelen.*«[46]

»*Denn der iamer durch Bepstlich verdampte gesetz alßo schendlich verwyrret ist, datzu durch hynlessig regiment, beyde geystlichs und welltlichs*

---

45. Vgl. die passenden Beispiele in HELMHOLZ: Marriage Litigation, 74-111.
46. WA 10/2, 292f.

schwerts ßo viel grewlicher mißbreuch und yrriger felle sich drynnen begeben haben, das ich nicht gern dreyn sehe, noch gern davon hoere. Aber fur nott keyn schewhen, ich muß hynan, die elenden verwyrreten gewissen tzu unterrichten, und frisch dreyn greyffen.«[47]

Wenn man Luther glauben will, waren überall Anzeichen für den Verfall der Ehe und des Eherechts zu finden.[48] Er klagte, dass Deutschland seit mehr als einem Jahrhundert unter sexuellem Sittenverfall leiden würde, der durch Gleichgültigkeit und Bestechlichkeit der Kirchen- und Staatsdiener hervorgerufen worden wäre. Geistliche und Laien würden häufig im Konkubinat leben, uneheliche Kinder zeugen und diese dann sich selbst überlassen. Das geringe Strafgeld, das die Bischöfe Geistlichen und Mönchen wegen sexueller Verfehlungen auferlegen würden – »Hurenzins« oder »Wiegenzins« genannt –, würde nur wenig abschreckende Wirkung auf solch klerikales Fehlverhalten haben, dagegen aber große Wirkung auf die Schatullen des Bischofs.[49] Die strengen Gesetze gegen Ehebruch, Unzucht, Sodomie und andere sexuelle Straftaten bestünden weitestgehend nur noch auf dem Papier. Anstößige Schriften und Bücher, die die sexuelle Freiheit und Freizügigkeit verherrlichten, könnten nahezu straffrei veröffentlicht werden. Schriften, die den Zölibat priesen und Ehe und Sexualleben missbilligten, würden vielen Paaren von der Ehe abraten und Eltern zuraten, ihre Kinder in Klöster zu schicken. Luther klagte, dass die Zahl der alleinstehenden Männer und Frauen, der Männer- und Frauenklöster, der Mönche und Nonnen neue Dimensionen erreicht hätten. Auch der eheliche Haushalt sei mehr von allgemeiner Verwirrung über die Rechtslage bestimmt als von den Gesetzen zur Eheschließung, zum ehelichen Leben und zur Auflösung der Ehe sowie von den Gesetzen, die den Umgang der Eltern mit den Kindern und den der Ehegatten untereinander regelten.

Luthers ausführliche Anklage der in Deutschland herrschenden Vorstellungen vom Sexual-, Ehe- und Familienleben war ein wenig übertrieben, weder so noch nie dagewesenen noch völlig haltlos. Bereits im vorangegangen, Jahrhundert hatte eine ganze Reihe von Theologen und Kanonisten ähnliche Angriffe geführt und dabei zahlreiche Reformen innerhalb des ka-

---

47. WA 10/2, 275.
48. WA 2, 166-171; WA 6, 404-469, 497-573; WA 12, 232-244; WA 15, 163-169, 293-313; vgl. des Weiteren STEVEN OZMENT: When Fathers Ruled: Family Life in Reformation Europe. Cambridge, MA 1983, 3-24; ders.: Protestants: The Birth of a Revolution. New York, 1992, 151-158; SCOTT HENDRIX: Masculinity and Patriarchy in Reformation Germany. In: Journal of the History of Ideas 56 (1995), 177.
49. WA 10/2, 105-158; vgl. des Weiteren LINDBERG: Luther and the Family, 135 f., und ders.: The European Reformations. Oxford 1996, 172 ff.

Die neue evangelische Theologie der Ehe

nonischen Rechts und zunehmend auch innerhalb des bürgerlichen Rechts angeregt.[50] Luther und seine Anhänger gingen jedoch über diese herkömmliche Kritik hinaus, indem sie den Verfall der Ehe nicht nur auf die Nachlässigkeit der Machthaber und die Gleichgültigkeit der Gesellschaft, sondern auch auf die Widersprüche innerhalb des traditionellen kanonischen Eherechts und der traditionellen Theologie der Ehe zurückführten.

Nach Einschätzung Luthers und anderer evangelischer Reformatoren beanspruchte das kanonische Recht, im Einklang mit dem Naturrecht und der Heiligen Schrift zu stehen. Stattdessen sei es voller Rechtsbestimmungen, die sich nicht aus dem Naturrecht oder der Heiligen Schrift ableiten ließen. Das kanonische Recht entmutige Erwachsene zu heiraten, hindere sie sogar daran: durch das feierliche Zelebrieren des Zölibats, das Verbot, die Gelübde des Zölibats und der Keuschheit zu brechen, die Erlaubnis, den Verlobungseid zu brechen, und durch die zahlreichen Ehehindernisse, die zur Annullierung einer Ehe führen könnten. Es animiere stattdessen zu Eheschließungen zwischen Minderjährigen: durch die Erklärung der Gültigkeit von Verbindungen, die im Geheimen und ohne elterliche Einwilligung geschlossen worden waren, und von Verlobungseiden, denen ein Geschlechtsakt gefolgt war. Das kanonische Recht hebe die Heiligkeit und den Ernst der Ehe hervor, indem es sie zum Sakrament erhoben habe. Trotzdem erlaube es einem Paar, diesen heiligen Bund zu schließen, ohne dass Geistliche oder die Eltern als Trauzeugen auftraten, Unterweisung gaben oder überhaupt teilhatten. Keusche und beeinträchtigte Menschen würden auf diese Weise von ihrer sündigen Leidenschaft zu Zügellosigkeit und allen Arten von sexuellen Abweichungen getrieben. Verheiratete Paare, die nicht mit den biblischen Regeln für die Ehe vertraut seien, würden viele unsittliche Gewohnheiten annehmen.[51]

Diese Widersprüche beim kanonischen Eherecht hätten ihren Ursprung in den Spannungen innerhalb der katholischen Ehetheologie, so die Argumentation Luthers und weiterer evangelischer Reformatoren. Auch wenn katholische Theologen die Heiligkeit und den heiligenden Zweck des Ehesakraments betonten, ordneten sie es deswegen keinesfalls der Ehelosigkeit

---

50. Vgl. Quellenangaben oben S. 71 ff., 87-94.
51. Vgl. ALBERT STEIN: Luther über Eherecht und Juristen. In: HELMUT JUNGHANS (Hrsg.): Leben und Werk Martin Luthers von 1526 bis 1546. 2 Bde. Berlin 1983, Bd. 1, 171 ff.; KÖHLER, 38 ff. Ein interessantes Beispiel für Luthers tiefes Verständnis des kanonischen Eherechts ist sein Brief an Robert Barnes von 1531, der auf die heikle Angelegenheit der Eheschließung und Ehenichtigkeitserklärung Heinrichs VIII. Bezug nimmt: WA Br 6, 178-188.

und dem Mönchtum unter. Auch wenn sie lehrten, dass die Ehe eine Pflicht sei, die allen Menschen durch das Naturrecht auferlegt werde, so würden sie doch einige durch die Beschränkungen des kanonischen Rechts von dieser Pflicht ausschließen. Aus diesen Gründen erfordere eine echte Reform des Eherechts eine neue theologische Grundlage. Luther und viele weitere Theologen arbeiteten darum in den ersten Jahren der Reformation emsig daran, eine solche neue theologische Grundlage zu schaffen. Häufig arbeiteten sie dabei mit gleichgesinnten Rechtsgelehrten zusammen.[52]

Traditionelle Grundlagen

Der Tradition gemäß betrachteten die lutherischen Reformatoren die Ehe gleichermaßen als natürlichen, vertraglichen und als geistlichen Stand. Die Ehe sei von Gott als monogame, präsumtiv lebenslange Verbindung eines gesunden Mannes und einer gesunden Frau geschaffen und geordnet worden. Die Ehe beruhe im Wesentlichen auf dem freiwilligen Einverständnis beider Partner. Die Ehe bringe den glaubenstreuen Parteien geistlichen Trost und Erbauung.

Darüber hinaus hielten es die Reformatoren mit Augustin, nach dem die Ehe sowohl eine Pflicht für die Gesunden als auch ein Heilmittel für die Kranken sei.[53] Gott habe Adam und Eva erschaffen, damit sie sich einander auf natürliche Weise zuwenden und sich gegenseitig anziehen sollten. Er

---

52. Für eine ausführliche Übersicht zu diesen theologischen und rechtlichen Schriften siehe: From Sacrament to Contract, 227-231. Für eine Erörterung der neuen evangelischen Theologie zur Ehe vgl. z. B. Emil Friedberg: Das Recht der Eheschließung in seiner geschichtlichen Entwicklung. Nachdr. Aalen 1968, 153-240; Walter Köhler: Luther als Eherichter. In: Beiträge zur sächsischen Kirchengeschichte 47 (1947), 18 ff.; Hans Liermann: Evangelisches Kirchenrecht und staatliches Eherecht in Deutschland. Rechtsgeschichtliches und Gegenwartsprobleme. In: Thomas Würtenberger u. a. (Hrsg.): Existenz und Ordnung. Festschrift für Erik Wolf. Frankfurt a. M. 1962, 43 ff.; Karl Michaelis: Über Luthers eherechtliche Anschauungen und deren Verhältnis zum mittelalterlichen und neuzeitlichen Eherecht. In: Festschrift für Erich Ruppel zum 65. Geburtstag. Hannover 1968, 43; Reinhard Seeberg: Luthers Anschauung von dem Geschlechtsleben der Ehe und ihre geschichtliche Stellung. In: Luther-Jahrbuch 7 (1925), 77; Klaus Suppan: Die Ehelehre Martin Luthers. Theologische und rechtshistorische Aspekte des reformatorischen Eheverständnisses. Salzburg 1971.
53. Vgl. WA 10/2, 276: »Denn es ist nitt eyn frey wilkoere odder radt, ßondern eyn noettig naturlich ding, das alles, was eyn man ist, muß eyn weyb haben, und was eyn weyb ist, muß eyn man haben.«

habe ihnen geboten, »*fruchtbar zu sein und sich zu mehren*«, die Erde zu füllen und ihre Kinder die Bedeutung und die Größe des Glaubens, des Gesetzes und der Ordnung Gottes zu lehren. Das Gebot, sich in der Ehe zu verbinden, sei nach dem Sündenfall doppelt wichtig, damit der Mensch nicht den teuflischen Versuchungen der Begierde und der Wollust erliege. Luther gab in seinem *Großen Katechismus* von 1529 dieser traditionellen Lehre deutlich Ausdruck:

»*[W]ie Gott diesen stand so herlich ehret und preiset damit das er yhn durch sein [Ehestand durch Gottes gepot geehret.] gepot beide bestetigt und bewaret. Bestetigt hat er yhn droben ym vierden gepot: ›Du solt vater und mutter ehren‹. Hie aber hat er yhn (wie gesagt) verwahret und beschutzet. Daruemb wil er yhn auch von uns geehret, gehalten und gefueret haben als einen Goettlichen, seligen stand, weil er yhn erstlich vor allen andern eingesetzt hat und daruemb unterschiedlich man und weib geschaffen (wie fur augen) nicht zur buberey sondern das sie sich zusamen halten, fruchtbar seyen, kinder zeugen, nehren und auffziehen zu Gottes ehren. Daruemb yhn auch Gott fur allen stenden auffs reichlichste gesegnet hat, dazu [Ehestand fur allen stenden gesegnet.] alles was ynn der welt ist, darauff gewand und yhm eingethan, das dieser stand yhe wol und reichlich versorget wuerde, Also das kein schertz noch furwitz, sondern trefflich ding und Goettlicher ernst ist umb das eheliche leben. Denn es ligt yhm alle macht daran, das man leute ziehe, die der welt dienen und helffen zu Gottes erkentnis, seligem leben und allen tugenden, widder die boesheit und den Teuffel zu streiten.*«[54]

Philipp Melanchthon gab in einem ausführlichen Abschnitt zur Ehe in seiner *Apologie* zur *Confessio Augustana* von 1531 dieselben Ansichten wieder, fügte aber noch hinzu, dass die Ehe nicht nur eine natürliche Pflicht und ein natürliches Heilmittel sei, sondern auch eine natürliche Einrichtung und ein natürliches Recht. Die Ehe sollte infolgedessen durch keine menschliche Ordnung erschwert oder behindert werden:

»*Erstlich ist geschrieben Gen. 1, daß Mann und Weib also geschaffen von Gott sind, daß sie sollen fruchtbar sein, Kinder zeugen usw., das Weibe geneigt sein zum Mann, der Mann wieder zum Weibe. Und wir reden hier nicht von der unordentlichen Brunst, die nach Adams Fall gefolgt ist, sondern von natürlicher Neigung zwischen Mann und Weib, welche auch gewesen wäre in der Natur, wenn sie rein geblieben wäre. Und das ist Gottes Geschöpf und Ordnung, daß der Mann zum Weibe geneigt sei, das Weib zum Mann ...*

[D]ieweil das göttliche Geschöpf und Gottes Ordnung natürlich Recht und

---

54. WA 30/1, 161 f.; vgl. auch WA 32, 299-544; WA 10/2, 275-403; ALTHAUS: Ethik, 83 ff.

6 · Der Inbegriff aller weltlichen Gesetze: Die Reform des Eherechts

Gesetz ist, so haben die Juriskonsulti recht gesagt, daß den Mannes und Weibes Beieinandersein und Zusammengehören ist natürlich Recht. So aber das natürliche Recht niemand verändern kann, so muß je einem jeden die Ehe frei sein. Denn wo Gott die Natur nicht verändert, da muß auch die Art bleiben, die Gott der Natur eingepflanzt hat, und sie kann mit Menschengesetz nicht verändert werden. … Dieweil aber das göttliche und natürliche Recht niemand zu ändern hat denn Gott allein, so muß der Ehestand jedermann frei sein. … Ist's nun natürlich Recht, so ist es Gottes Ordnung, also in die Natur gepflanzt, und ist also auch göttlich Recht. Dieweil aber das göttliche und natürliche Recht niemand zu ändern hat denn Gott allein, so muß der Ehestand jedermann frei sein. Denn die natürliche angeborne Neigung des Weibes gegen den Mann, des Mannes gegen das Weib ist Gottes Geschöpf und Ordnung. Darum ist's recht«.[55]

Diese katechetischen und bekenntnishaften Aussagen zur Ehe waren in evangelischen Kreisen allgemein bekannt und klangen in den Fachtexten der Theologen und Rechtsgelehrten immer wieder an.

Ebenso gemäß der Tradition lehrten die lutherischen Reformatoren das dreifache Gut der Ehe. Sie folgten Augustin und Thomas von Aquin und brachten diese Güter der Ehe in unterschiedliche Rangfolgen, je nachdem, welche Aspekte der Ehe sie jeweils hervorheben wollten. Die von den Reformatoren bevorzugte Formel von den ehelichen Güter war jedoch nicht die augustinische Trias aus Zeugung, Treue und Sakrament *(proles, fides et sacramentum)*. Die meisten Reformatoren gaben einer anderen Trias von Ehegütern den Vorzug: (1) die gegenseitige Liebe und Fürsorge von Ehemann und Ehefrau; (2) die Zeugung und Erziehung der Kinder; und (3) der gegenseitige Schutz der beiden Ehegatten vor sexueller Sünde.[56]

Diese Trias aus Liebe, Zeugung und Schutz war keine Erfindung der Reformation. Die Dreiheit war bereits mehr als 1000 Jahre zuvor in späten patristischen Texten und Texten des römischen Rechts erwähnt worden und wurde dann durch Isidor von Sevilla in seinen *Etymologiae* (etwa 633) gekonnt zusammengefasst.[57] Einige mittelalterliche Moralisten hatten diese Trias übernommen, um die Beweggründe *(causae)* eines Menschen für eine Eheschließung zu beschreiben. Diesen stellten sie die Güter *(bona)* gegenüber, die der Institution der Ehe eigen waren. Die Reformatoren dagegen lehnten diese mittelalterliche Unterscheidung ab. Aus der Perspektive Got-

---

55. Apologie, Art. 23.
56. WA 34, 52; From Sacrament to Contract, 96-108, 143-150.
57. »Etymologiae«, 9.7.27. Vgl. Erörterung bei GERMAIN GRISEZ: The Way of the Lord Jesus: Living a Christian Life. Quincy, IL 1993, Bd. 2, 558 ff.

tes habe die Ehe einen ihr innewohnenden Zweck, eine Aufgabe, deren Erfüllung sich Gott von seinen menschlichen Geschöpfen wünsche, argumentierten sie. Aus der Sicht der Menschen seien das die geschaffenen Güter, die alle Menschen erkennen sollten. Spitzfindige Unterscheidungen zwischen den Gütern und den Aufgaben bzw. den Ursachen und den Folgen der Ehe zu treffen, bedeute letztlich nichts anderes, als sich mit nutzloser Kasuistik abzugeben, so die Auffassung der meisten Reformatoren. Liebe, Zeugung und Schutz, das war die wesentliche Formel.

Die evangelische Formel von den Gütern der Ehe – Liebe, Zeugung und Schutz – überschnitt sich mit der augustinischen Formel der Treue, der Zeugung und des Sakramentes, aber sie ergänzte und verbesserte letztere auch auf entscheidende Art.

Eheliche Liebe

Wie Augustin betonten auch die evangelischen Reformatoren das Gut der ehelichen Treue *(fides)*. Der jeweilige Partner habe seinem ehelichen Versprechen und seinem Ehepartner treu zu bleiben. Eine einmal rechtsgültig geschlossene Ehe war für beide Partner präsumtiv lebenslang bindend. Eine Verletzung des Ehevertrags, ob sexuell, physisch, geistig oder psychisch, käme einer Sünde gegen das Gut der Treue gleich. Eine Beendigung der Ehe sei ebenfalls eine Sünde gegen dieses Gut, selbst wenn es manchmal als das kleinere Übel gerechtfertigt erscheine.

Anders als Augustin kleideten die Reformatoren das Gut der *fides* oftmals in die offenen Begriffe von ehelicher Liebe, Vertrautheit, Freundschaft und Kameradschaft – wobei sie Passagen aus Werken von Aristoteles, römischen Stoikern und Thomas von Aquin anführten, um ihren Standpunkt wirkungsvoll zu unterstreichen.[58] Luther war einer der stärksten Befürworter des Guts der ehelichen Liebe. »*Aber uber dye alle geht dye eheliche liebe*«, schrieb er. Die eheliche Liebe bewege Ehemann und Ehefrau, Folgendes zueinander zu sagen: »»*Ich will nit das deyne, ich will widder golt noch sylber, widder dyß noch das, ich will dich selb haben, ich wils gantz odder nichts haben‹. Alle andere liebe suchen etwas anders, dan den sie liebet, dyße alleyn will den glibten eygen selb gantz haben. Und wen Adam nit gefallen were, ßo were*

---

58. Vgl. Quellenangaben in: From Sacrament to Contract, 96-108, 143-150, und in meinem Artikel: The Goods and Goals of Marriage. In: Notre Dame Law Review 76 (2001).

es das lieblichste ding geweßen, brawt und brewtgam.«[59] Eine Ehe sei mehr als die Vereinigung des Fleisches, so Luther, wenngleich er sexuelle Intimität und Wärme für das Gedeihen einer Ehe als wesentlich empfand.[60] *»[E]s muß [auch] da seyn, daß Sinne und Herz, Sitten und Leben uberein und zusammen stimmen und Eines das Andere für gut halte und Geduld mit ihm habe.«*[61]

»[D]ie erste tugent des ehestands (…) ist, das sich ein man auff sein weib verlassen darff, sein leib und gut auff dieser erden dem weib troestlich befehlen, das es bey jhr als wol bewaret sey als bey jhm, … Gottes wort [ist] an deinem weibe und an deinem man geschrieben, wenn du dein weib also ansihest, als were nur eins und keins mehr auff dieser welt, und wenn du deinen man also ansihest, als were nur einer und sonst keiner mehr jnn der welt, das kein koenig, ja auch die Sonne nicht schoener scheinen und jnn deinen augen leuchten sol als eben dein fraw odder dein man, Denn alhie hastu Gottes wort, welchs dir die fraw odder den man zuspricht, schenckt dir die [Bl. a iij] fraw oder den man, Spricht: der man sol dein sein, die fraw sol dein, das gefelt mir so wol, alle Engel und Creaturn haben lust und freud darob, Denn es ist jhe kein schmuck uber Gottes wort, damit du dein weib ansihest als ein Gottes geschenck, Also kanstu kein bloeds gewissen haben.«[62]

Luther ließ diese innigen Gefühle nicht so weit gehen, dass er dafür die starke Stellung des Ehemannes gegenüber der Ehefrau und die traditionelle Führungsrolle des *paterfamilias* innerhalb des ehelichen Haushalts in Frage gestellt hätte. Luther vertrat keine moderne egalitäre Ehelehre. Genauso wenig gab Luther diese innigen Gefühle preis als der verbissene Prophet von Patriarchie, Paternalismus und Prokreation, den manche modernen Kritiker aus ihm machen wollen. Für Luther war die Liebe ein wichtiges, ja unerlässliches Gut der Ehe. Er befürwortete die Ehe zwischen einem sich liebenden Paar, sogar die eines jungen Mannes mit einer älteren Frau, die keine Kinder mehr bekommen konnte, oder zwischen einem Paar, das sicher war, keine Kinder bekommen zu können.[63] Wiederholt betonte er, dass Ehemann und Ehefrau geistliche, intellektuelle und emotionale »Partner«

---

59. WA 2, 167; siehe auch WA 13, 11; WA 17/2, 350 ff.; Althaus: Ethik, 84 ff.; Lindberg: Luther and the Family, 142 ff.
60. Luther unterschied die *»erste Liebe«* in der Ehe, die *»fruchtbar«*, *»heftig«*, und *»trunken«* sei von der tieferen *»rechtschaffene[n] Liebe«*, die mit der Zeit und der Erfahrung zwischen Ehemann und Ehefrau wachse. WA Tr 3, Nr. 3530. Siehe weiterhin Olavi Lähteenmäki: Sexus und Ehe bei Luther. Turku 1955.
61. WA TR 5, Nr. 5524.
62. WA 34, 52.
63. Vgl. z. B. WA Tr 4, Nr. 5212; WA 42, 264-549.

Die neue evangelische Theologie der Ehe

seien. Jeder von ihnen sollte Achtung und Respekt vor den Stärken des anderen haben. Seine eigene Ehefrau Katharina nannte er respektvoll »*Herr Käthe*« und sagte mehr als einmal über sie: »*Ego sum inferior dominus, ille superior; ego sum Aaron, ille est Moses meus.*«[64] Immer wieder schärfte er Ehemännern und Ehefrauen ein, die geistlichen, gefühlsmäßigen und geschlechtlichen Bedürfnisse des anderen ernst zu nehmen und alles zu teilen, was mit der Versorgung der Kinder und des Haushaltes zu tun hatte – ob es um das Wechseln der Windeln ihrer Kinder ging oder, waren jene erwachsen, ihnen bei der Einrichtung eines eigenen Zuhauses zu helfen.[65]

Andere deutsche Reformatoren schrieben mit ähnlichem Überschwang von dem Gut der ehelichen Liebe und Treue. Der Züricher Reformator Heinrich Bullinger, der in Deutschland sowie in England erheblichen Einfluss hatte, schrieb ganz ähnlich, dass Gott dem Ehemann und der Ehefrau etwas einpflanze, nämlich »*die liebe, das hertz uund der genius, die neigung un das zufallen zu sins gelychen da (…). [U]nder Eelüten [solle] die höchst liebe verbindung unnd einigkeit sin*«. Dabei würde sich das Paar einander »*die grossest liebe*« schenken und »*de[n] träffenlichest unverdroßnist dienst flyß (…) unnd eins das ander liebet, schirmpt, neert, duldet und glyche froud uund glychs leid mit einanderen tragend*«.[66] Auch der Straßburger Reformator Martin Bucer, der genauso auf beiden Seiten des Ärmelkanals ausgesprochen einflussreich war, schrieb überschwänglich über die eheliche Liebe. Ehepaare sollten

»nicht nur mit dem Körper, sondern auch im Geist vereint sein, mit solch einer Zuneigung zueinander, als gäbe es keine Beziehung zwischen Menschen, die liebevoller und inniger wäre oder hinsichtlich der gegenseitigen Pflichten von Liebe und Treue eine größere Bedeutung hätte. Sie sollen sich in all jenen himmlischen und menschlichen Angelegenheiten verständigen und übereinstimmen, die zu einem guten und glücklichen Leben beitragen. Die Ehefrau soll den Ehemann ehren und ihm gehorchen, wie die Kirche ihr Haupt Christus ehrt und ihm gehorcht. Der Ehemann soll seine Ehefrau lieben und ehren wie Christus seine Kirche. Darum sollen sie einander treu sein, wenn sie wahrhaft Ehemann und Ehefrau sein wollen vor Gott, den die Kirchen selbstverständlich in ihren Entscheidungen zu folgen haben. Nun aber sind der eigentliche und endgültige Zweck der Ehe weder der Beischlaf noch Kinder; denn das hieße, dass weder zwischen Josef und Maria, der Mutter Christi, noch zwischen vielen anderen heiligen Personen eine wahre Ehe bestanden hätte. Der voll-

---

64. WA Tr 4, 575.
65. WA 10/2, 295 ff.
66. Heinrich Bullinger: Der christlich Ehestand. Zürich 1540, Folio iii.b-iiii.

ständige, angemessene und hauptsächliche Zweck der Ehe ist die gegenseitige Verständigung über alle himmlischen und menschlichen Pflichten in höchster Güte und Zuneigung.«[67]

Kinder

Wie Augustin betonten die Reformatoren das Gut der Kinder *(proles)*, wenn eine solche Gnade von Natur aus möglich war und von Gott gewährt wurde. Die Reformatoren aber erweiterten die augustinische Darstellung um den Anspruch des Thomas von Aquin, dass das Gut der Zeugung eine christliche Bildung und Erziehung einschließe. Die Verantwortung dafür liege gleichermaßen bei Ehemann und Ehefrau.[68] Sie unterstrichen diese Ergänzung, indem sie die Einrichtung von Schulen zur religiösen und bürgerlichen Erziehung und Bildung aller Kinder anregten und eine ganze Flut von Katechismen, Lehrwerken sowie Handbüchern für die Hausgemeinschaft hervorbrachten, um das Ganze zu unterstützen.[69]

Nicht selten beschrieben die Reformatoren das Gut der Zeugung in derben Worten. Ebenfalls nicht selten sprachen sie frauenfeindlich vom weiblichen Intimbereich als von bloßen Anlaufstellen für lüsterne Ehemänner und bloßen Gefäßen für das Kinderkriegen.[70] Doch diese zweifelhaften Passagen müssen gegen die bereits genannten Elegien auf die eheliche Liebe abgewogen werden, ebenso wie gegen die verhaltenen und mehrheitlich gemäßigten Beschreibungen vom Gut der Zeugung. »*Coniugium est divina et legitima coniunctio maris et foeminae spe prolis, vel saltem vitandae fornicationis et peccati causa ad gloriam Dei. Finis ultimus est obedire Deo, et mederi peccato, invocare Deum, quaerere, amare, educare prolem ad gloriam Dei, habitare cum uxore in timore Domini, et ferre crucem.*«[71] Luther wünschte sich und seiner Käthe genauso wie allen anderen Ehepaaren die Freude, Kinder zu haben, nicht nur zu ihrem eigenen Wohl, sondern auch zur Ehre Gottes. Luther war davon überzeugt, dass die Zeugung für ein frommes

---

67. Bucer, RC, Buch II, Kap. 38.
68. WA Tr 5, Nr. 5513.
69. Siehe Kap. 7 unten.
70. Zitat aus WA Tr 4, Nr. 3921; vgl. ausführliche Quellenangaben und Erörterungen in HARRINGTON: Reordering Marriage, 71 ff.; SUSAN C. KARANT-NUNN: The Transmission of Luther's Teachings on Women and Matrimony: The Case of Zwickau. In: AFR 77 (1986), 31-46.
71. WA 2, 168 f.; WA 43, 310.

Ehepaar ein Werk der Schöpfung und des Erlösung zugleich war. Die Erziehung der Kinder, so schrieb er, »*ist auff erden das aller edlist theurist werck, weyll gott nicht liebers geschehen mag denn seelen erloeßenn. (…) ßo sihestu, wie reych der ehlich stand ist von gutten werckenn, dem got die seelen ynn den schoß gibt von eygenem leybe ertzeuget, an wilchen sie konnen alle christliche werck ueben. Denn gewißlich ist vater und mutter der kinder Apostel, Bisschoff, pfarrer, ynn dem sie das Euangelion yhn kundt machen. Und kurtzlich, keyn grosser, edler gewalt auff erden ist denn der elltern uber yhre kinder, Syntemal sie geystlich unnd welltlich gewallt uber sie haben. Wer den andern das Euangelion leret, der ist warlich seyn Apostel und bischoff. Huette und stebe unnd grosse landt machen wol gotzen, aber Euangelion leren macht Apostel und bisschoffe. Darumb sihe, wie gutt und reych es sey, was gottis werck und ordnung ist.*«[72]

Bewahrung vor der Sünde

Anders als Augustin betonten die frühen protestantischen Reformatoren die Bewahrung vor der sexuellen Sünde als eigenständiges Gut der Ehe, nicht nur als eine Funktion der *fides*. Seit dem Sündenfall würde die Wollust das Gewissen jedes Menschen durchdringen, so die feste Überzeugung der Reformatoren. Die Ehe sei seitdem nicht nur eine Wahlmöglichkeit, sondern eine Notwendigkeit für die sündige Menschheit. Denn ohne sie würde die lasterhafte Sexualität des Menschen die Macht über ein noch so gottesfürchtiges Gewissen gewinnen. Mann und Frau würden durch ihre eigene Natur zu käuflicher Liebe, zu Selbstbefriedigung, zu Voyeurismus und vielen weiteren sündigen Handlungen verführt. »*Das gar unmueglich ist, sich davon sondern und enthalten, und das alles durch Gottes wort, der es so macht und haben will*«, stellte Luther fest.[73] »*Wer aber yha einsam sein will, der thue den namen ›mensch‹ weg, und beweise odder schaffs, das er ein Engel odder geist sey, Denn einem menschen gibt noch gestats Gott nicht ynn keinen weg.*«[74] Luther schrieb, dass die Berufung zur Ehe nur von solchen Menschen außer Acht gelassen werden sollte, denen Gott die Gabe der Enthaltsamkeit verliehen habe. »*Dieße sind seltzam, und unter thausent menschen nicht eyner, denn es sind gottis besondere wunderwerck.*« Der Apostel Paulus hatte diese

---

72. WA 10/2, 301.
73. WA Tr 1, Nr. 233.
74. WA 18, 276; vgl. des Weiteren ALTHAUS: Ethik, 87 ff.

Gruppe als die der Impotenten und der Eunuchen bestimmt; wenige andere konnten auf eine solche einzigartige Gabe Anspruch erheben.[75]

Das Verständnis vom bewahrenden Gut der Ehe stützte den erbitterten Angriff der Reformatoren auf die traditionellen kanonischen Rechtbestimmungen vom Pflichtzölibat.[76] Von Klerikern, Mönchen und Nonnen die Einhaltung des Zölibates zu fordern liege nach Ansicht der Reformatoren jenseits der Zuständigkeit der Kirche und sei letzten Endes eine Quelle schwerer Sünde. Der Zölibat sei ein Gut, das Gott geben könne, nicht aber von der Kirche verlangt werden sollte. Jeder Einzelne und nicht die Kirche habe für sich zu entscheiden, ob ihm diese Gabe verliehen sei.[77] Indem sie die Ordensgelübde der Keuschheit und die priesterlichen Gelübde des Zölibats forderte, würde die Kirche die christliche Freiheit beschneiden und die Heilige Schrift, die Natur und die menschliche Vernunft missachten.[78] Mit der Institutionalisierung und Ermutigung zum Zölibat würde die Kirche Jugendliche und Unentschlossene ausnutzen. Indem sie Nahrung, Unterkunft, Sicherheit und Chancen bieten konnten, würden die Klöster arme oder Not leidende Eltern dazu verleiten, ihre Kinder zu einem keuschen Klosterleben zu verurteilen. Luther lehrte, dass der Zwang zum Zölibat keine gute Voraussetzung für einen wahren Gottesdienst sei. Im Gegenteil führe dies nur zu »eyttel hurerey« und er schrieb: »doch meyn hertz voll weyber stickt, und mit gedancken tag und nacht an weybern hange«.[79] Denn das Gewissen von Christen und Nichtchristen sei von der Wollust beherrscht und

---

75. WA 6, 279; WA 40/2, 1-184. Vgl. auch CR (1555), 112 ff., 137 ff.; INGE MAGER: »Es ist nicht gut, dass der Mensch allein sei« (Gen 2, 18). Zum Familienleben Philipp Melanchthons. In: ARG 81 (1990), 120-137.
76. WA 8, 577-669; WA 12, 232-244; LC (1521), 59 ff.; JOHANNES BUGENHAGEN: Von dem ehelichen Stande der Bischoffe vnd Diaken. Wittenberg 1525; ders.: Was man vom Closter Leben halten sol. Wittenberg 1529; HEINRICH SCHATT: Das priester ee nit wider des Göttlich, gaystlich, unnd weltlich recht sey. Augsburg 1523, und weitere Quellenangaben S. 87-94 unten. Vgl. allgemein BERNARD LOHSE: Mönchtum und Reformation. Luthers Auseinandersetzung mit dem Mönchsideal des Mittelalters. Göttingen 1963.
77. WA 50, 192-253.
78. Das ist der Kernpunkt von Luthers heftiger Kritik am Mönchsgelübde aus dem Jahre 1521, in WA 8, 577; WA 19, 287. Vgl. auch MELANCHTHON: CR 1, 195; APEL: Defensio, Folios A11-12.
79. WA 12, 98; vgl. des Weiteren SEEBERG: Luthers Anschauung, 94 ff.; AUGUST FRANZEN: Zölibat und Priesterehe in der Auseinandersetzung der Reformationszeit und der katholische Reform des 16. Jahrhundert. Münster 1969.

das zölibatäre und klösterliche Leben würden diese Versuchung nur verstärken.[80]

Einem Leben, das von innerer Einkehr und Zölibat geprägt ist, deswegen eine größere Spiritualität und heiligere Tugend zuzuschreiben, widersprach in den Augen der Reformatoren darüber hinaus der Bibel. Die Bibel lehre, dass jeder Mensch seiner Berufung mit Hilfe jener Gaben zu folgen habe, die Gott ihm verliehen habe. Die Gaben der Keuschheit und der Versenkung seien dabei nur zwei von vielen und unter keinen Umständen den Gaben der Ehe und der Kindererziehung vorzuziehen. Jede Berufung spiele im Heilsdrama eine gleichwichtige, heilige und tugendhafte Rolle, und ihre Erfüllung sei ein Dienst an Gott.[81] Luther schloss sich der Meinung des Apostels Paulus an, dass der zölibatär lebende Mensch »*baß predigen unnd gottis worts wartten*« solle. Er fügte jedoch auch hinzu: »*Gottis wort und predigen macht den keuschen stand besser denn der ehliche ist, wie yhn Christus und Paulus furet haben. An yhm selber aber ist er viel geringer.*«[82]

Dieses Verständnis vom Gut der Ehe als einem Schutz vor sexueller Sünde untermauerte auch den wiederholten Ratschlag der Reformatoren, dass Witwen und Witwer ebenso wie Geschiedene erneut heiraten könnten und sogar sollten, wenn eine angemessene Zeit der Trauer verstrichen war. Die mittelalterlichen Autoren hatten unter Bezug auf Paulus und einige der Kirchenväter eine Wiederheirat unter keinen Umständen befürwortet und begründeten dies damit, dass es sich dabei um eine Form von »Zweitehe« oder »aufeinanderfolgende Vielehe« gehandelt hätte. Die Reformatoren lehrten das Gegenteil: Eine Witwe, ein Witwer oder ein Geschiedener, insbesondere dann, wenn sie noch trauerten und sich einsam fühlten, profitiere oftmals von einem neuen Partner, insbesondere wenn noch Kinder versorgt werden müssten. Noch wichtiger sei es, dass ein hinterbliebener Partner, der die Freuden und die Wärme sexueller Vertrautheit kennengelernt habe und diese nun entbehren müsse, doppelt so stark durch die geschlechtliche Sünde versucht würde. Die Anweisung des Paulus, »*es ist besser zu heiraten, als sich in Begierde zu verzehren*«, würde für sie somit doppelt bindend. »*›Mich wundert‹, sprach D. Martinus, ›daß die Juristen sich so sehr ärgern an der Priester Digamei‹«, ist von Luther überliefert. »Die Juristen legen das Wörtlin Digamiam wünderlich aus, wenn einer eine Witwe nimmt &c.. Ach, wie ist so ein großer Unverstand und Unwissenheit im menschlichen Herzen, daß es nicht unterscheiden kann Gottes Gebot von Menschensatzungen! Eine, die an-*

---

80. Ebd. Vgl. auch APEL: Defensio, A11-A12.
81. LC (1521), 60-61; WA 50, 192-253.
82. WA 10/2, 302.

der, dritte, vierte &c.. Frau nach einander nehmen, ist je eine Ehe, und nicht wider Gott; aber Hurerey und Ehebrecherey treiben, das doch wider Gott ist, soll nicht hindern!«[83]

Luther, Bucer und Melanchthon erweiterten diesen Ratschlag auf einigermaßen abenteuerliche, wenn nicht gar skandalöse Weise, indem sie öffentliche Bigamie als die kleinere Sünde hinnahmen, im Vergleich zum öffentlichen Ehebruch oder wilder Ehe.[84] Luther wies in mehreren Passagen in seinen Briefen und Tischreden darauf hin.[85] Ein in seinen Tischreden beschriebener Fall aus dem Jahre 1532 lautete folgendermaßen: »*Casus, qui pertinet in confessionem et in libros, ad consolandas conscientias: Quidam vir duxit uxorem; illa in morbum Gallicum post aliquos liberos editos incidit nec potuit praestare debitum. Ibi maritus conquestus de carne negavit se ultra sustinere posse castitatis onus. Quaeritur, utrum sit ei concedenda secunda uxor? Respondeo alterum fieri necesse est, ut aut fiat adulter aut ducat secundam, quare consulerem ad secundam ducendam, sic tamen, das er die andere nit solt lassen, sed providere ei sufficienter, ut possit tolerare vitam. In summa, multi eiusmodi sunt casus, in quibus simpliciter videndum et cogitandum est: Hoc est lex, hoc euangelion.*«[86] Dies kann als ein Fall von Zweitehe aufgefasst werden, weniger als Bigamie. Er könnte so verstanden werden, dass mit einer zweiten Frau *(secunda uxor)* nach der Scheidung von der ersten Frau eine Verbindung eingegangen wurde, die erste aber trotz der Scheidung weiterhin versorgt werden musste. Die Scheidung wäre in diesem Fall, wie wir gleich sehen werden, strafrechtlich verfolgt worden, denn der Ehebruch der Frau hatte ja zu ihrer Syphilis-Erkrankung geführt.

Mit ihrem Rat an Landgraf Philipp von Hessen, dem Unterstützer des Marburger Rechtsgelehrten Johannes Eisermann, gingen Luther und seine Kollegen noch weiter.[87] Philipp von Hessen wurde im Alter von 19 Jahren aus diplomatischen Gründen mit Christine von Sachsen, der Tochter von Herzog Georg von Sachsen, verheiratet. Er erklärte, dass er »*nihe liebe oder brunstlichkeit zu ir gehabt, wie wol sie sust from, aber warlich sust unfreindt-*

---

83. WA Tr 3, Nr. 3609 B. Vgl. Bucer, RC, Buch 2, Kap. 23, 24, 34, 41, 44; Georg May: Die Stellung des deutschen Protestantismus zu Ehescheidung, Wiederverheiratung und kirchlicher Trauung Geschiedener. Paderborn 1965.
84. Siehe Luthers Äußerungen zur wilden Ehe Lamechs und Abrahams in WA 29, 144 ff., 303 ff.
85. Siehe z. B. WA Tr 1, Nr. 611; WA Tr 2, Nr. 1461; WA Br 6, 178-188.
86. WA Tr 1, Nr. 414.
87. Siehe oben S. 187 ff.

Die neue evangelische Theologie der Ehe

lich, heslich, auch übel geroch«, wiewohl ihn dieser Umstand nicht daran hinderte, sieben Kinder mit ihr zu zeugen. Während seiner gesamten Ehe und erst recht, nachdem seine Ehefrau mit fortschreitendem Alter »frigid« geworden sein soll, ließ sich Philipp auf Beziehungen mit Liebesdamen und Mätressen zweifelhafter Herkunft ein, was ihn schließlich an Syphilis erkranken ließ. Daraufhin schämte er sich für sein Verhalten, gestand alles ein und versprach, sich zu bessern. Er wollte jedoch nicht auf sexuelle Betätigung verzichten, weil er sonst in Versuchung kommen würde, zu seinen Mätressen und Liebesdamen zurückzukehren. Er hatte sich für eine einzelne Geliebte entschieden und beabsichtigte, sie zu heiraten, und ging davon aus, dass es besser wäre, eine zweite Ehe zu schließen, als die erste Ehe zu brechen. Philipp erbat Martin Bucers Rat und Segen in dieser bigamen Angelegenheit. Bucer riet zur Scheidung von seiner ersten Frau und zur neuen Eheschließung mit seiner damaligen Geliebten. Die Scheidung wäre rechtmäßig gewesen, wenn auch aus keinem anderen Grund als wegen wiederholten Ehebruchs, den Philipp auch gänzlich eingestanden hatte. Offensichtlich wollte Philipp keine öffentliche Buße für sein Verhalten riskieren. Er zog es deshalb vor, seine erste Frau zu behalten und zu versorgen, zugleich aber die zweite zu heiraten und ebenfalls zu versorgen, ganz so, wie es zu Zeiten Davids, Salomos und der Erzväter Israels gewesen war. Ein aufgewühlter Bucer legte den Fall Luther und Melanchthon vor, um deren Rat einzuholen. Luther berichtet uns, was anschließend geschah:

»Martinus Bucerus bracht eine Credentz vnd zeigt an, Wie der Landtgraff auff etlich mangel an seinem Gemahel sich nicht wuste keusch zuhalten, hette bißher auch so vnd so gelebt, das nicht gut ist, vnd solt Euangelisch, darzu der furnhembsten Heubter eins sein. Demnach nham erß auffs hochst vnd theurest bey Gott vnd auff sein gewissen, Er konte hinfurt solch laster nicht meiden, wo Jhm nicht zugelassen wurde, noch ein weib zunhemen. Wir aber erschracken solcher narration fast sehr vmb des wusten ergerniß, das folgen wurde, vnd baten, s. f. g. woltens Ja nicht thun. Darauf vns weiter gesagt wardt, Er konte es nicht lassen; Wo wirs nicht wolten zulassen, so wolte ers dennoch, vns vnangesehen, thun vnd vom keyser oder Bapst erlangen. Wir aber, solchs zuuorkomen, baten wir demutiglich, wo es s. f. g. Ja thun wolte oder (wie er sagte) auß gewissen vnd fur Got nicht anders zuthun wuste, s. f. g. woltens doch heimlich halten, weil solche not s. f. g. dazu zwünge, den fur der welt vnd des Reichs rechte were es nicht zuuerthedigen. Welchs vns also ist zugesagt. Demnach wolten wirs für Got mit Exempeln, alß Abrahae &c.., helffen so viel müglich zudecken. Solchs ist alles beichtweiß geschehen vnd gehandelt das man vns nicht kan schuldt geben, als hetten wirs willigich vnd gern oder mit lust vnd freuden gethan. Es ist vns hertzlich schwer gnug gewest, aber weil wirs nicht

6 · Der Inbegriff aller weltlichen Gesetze: Die Reform des Eherechts

haben konnen wehren, dachten wir doch daß gewissen zu retten, wie wir vermochten.«[88]

Philipp teilte diesen Ratschlag der Reformatoren offensichtlich mit anderen und feierte noch dazu in aller Öffentlichkeit seine zweite Hochzeit in offener Missachtung seiner eigenen Gesetze und der allgemeinen Reichsgesetze zur Bigamie. Das verursachte einen großen Skandal in Deutschland. Kaiser und Papst schalteten sich ein und verurteilten Philipp für sein Verhalten, Luther und Kollegen für ihren Rat. Zur Verteidigung Luthers und seiner Kollegen wurde angeführt, dass es sich lediglich um einen privaten, seelsorgerlichen Rat gehandelt habe, der nur zögerlich einer sichtlich gequälten Seele gegeben worden sei, welche sich weder in Enthaltsamkeit üben noch Charakterstärke zeigen konnte. Es muss jedoch zugleich gesagt werden, dass dieser Rat (in weiten Teilen) der allgemeinen Forderung der Reformatoren entsprach, dass eine der wesentlichen Aufgaben und Ziele der Ehe darin bestehen sollte, die Partner vor sexueller Sünde zu schützen.

Kein Sakrament

Während die Reformatoren das zweifache Gut der Ehe des Augustin, *fides* und *proles*, anerkannten – nicht, ohne dessen Bedeutung umfassend zu erweitern –, fanden sie für das Gut des *sacramentum* keinen Platz, weder im mittelalterlichen Sinn eines stetigen Kanals einer heiligenden Gnade noch im augustinischen Sinn der symbolischen Beständigkeit. Für die Reformatoren war die Ehe weder ein Sakrament der Kirche wie etwa die Taufe oder das Abendmahl noch eine bleibende Verbindung, die nur durch den Tod eines der beiden Partner gelöst werden konnte.

Für die Reformatoren war die Ehe eine soziale Institution des irdischen Reichs, kein Sakrament des himmlischen Reichs. Obwohl sie von Gott erschaffen worden sei, einem heiligen Zweck zu dienen, blieb die Ehe doch, um es mit Luthers Worten auszudrücken, eine natürliche Ordnung, »*ein weltlich eusserlich ding*«.[89] »*Es kan ia niemand leucken, das die ehe ein eusserlich weltlich ding ist wie kleider und speise, haus und hoff, weltlicher oberkeit unterworffen, wie das beweisen so viel keiserliche rechte daruber gestellet.*«[90]

---

88. Brief an den Kurfürsten Johann Friedrich von Sachsen (10. Juni 1540), WA Br 9, 133 f.; vgl. des Weiteren WA Br 8, 631 ff.; WA Tr 4, Nr. 5038, 5046, 5096.
89. WA 32, 376.
90. WA 30/3, 205. Siehe weiterhin HARTWIG DIETERICH: Das protestantische Eherecht in Deutschland bis zur Mitte des 17. Jahrhunderts, München 1970, 80 ff.;

Zugleich war Luther allerdings der Meinung, dass die Ehe die Einheit Christi mit seiner Kirche symbolisieren könne, wie es Paulus in Epheser 5,32 beschrieben habe. Die Opfer, die Ehemann und Ehefrau sich gegenseitig und ihren Kindern brächten, könnten die aufopfernde Liebe Christi am Kreuz verkörpern. »[E]in selige ehe und hausz« könnten »ein rechte kirche, ein auszerwelet Closter, ja ein Paradisz« auf Erden sein.[91] Allerdings machten diese Analogien und Metaphern aus der Ehe kein Sakrament wie die Taufe oder das Abendmahl. Die Sakramente seien Gottes Gaben und Zeichen der Gnade. Sie erinnerten die Christenheit an das Versprechen der Erlösung, die nur denjenigen gelte, die im Glauben seien.[92] Die Ehe gebe kein solches Versprechen und erfordere darum auch keinen solchen Glauben.[93] »Nusquam autem legitur«, schreibt Luther, »aliquid gratiae dei accepturum, quisquis uxorem duxerit. Quin nec signum est divinitus institutum in Matrimonio.« Die Heilige Schrift lehre, dass nur die Taufe und das Abendmahl (wohl auch die Buße) diese Gnadenzusage verleihen könnten. Alle anderen sogenannten Sakramente seien reines Menschenwerk, von der Kirche geschaffen, um ihre rechtlichen Kompetenzen zu erweitern und ihre Schatullen mit Hilfe von Gerichtskosten und Geldstrafen zu füllen.[94]

Weil die Ehe kein Sakrament sei, so die Argumentation der Reformatoren, sollte es auch keine formalen Religionsprüfungen für die Ehe geben. Man hätte es am liebsten gehabt, wenn die Partner im Glauben und zum Wohle ihrer selbst und ihrer Kinder geheiratet hätten, aber nichts zwang sie dazu. Religiöse Unterschiede sollten nicht als Hindernis für eine gültige Ehe angesehen werden, sondern als Aufforderung, in der Ehe noch glaubenstreuer zu werden und den wahren Glauben im anderen zu stärken. »Darumb wisse, das die ehe eyn eußerlich leyplich ding ist wie andere weltliche hanttierung. Wie ich nu mag mit eym heyden, Juden, Turcken, ketzer essen, trincken, schlaffen, gehen, reytten, kauffen, reden und handeln, alßo mag ich auch mit yhm ehelich werden und bleyben, und kere dich an der narren gesetze, die solchs verpieten, nichts. Man findt wol Christen, die erger sind ym unglawben ynnewendig (und der das mehrer teyll) denn keyn Jude, Heyde odder Turcke odder ketzer. Eyn heyde ist eben ßo wol eyn man und weyb von gott wol

---

WALTER KÖHLER: Zürcher Ehegericht und Genfer Konsistorium. Leipzig 1942, Bd. 2, 427 ff.
91. WA 6, 254.
92. Vgl. WA 6, 497-573; JAROSLAV PELIKAN: Spirit Versus Structure: Luther and the Institutions of the Church. New York 1968, 17-31, 113-138.
93. WA 6, 497-573.
94. WA 6, 550.

und gutt geschaffen als S. Peter und S. Paul und S. Lucia, schweyg denn als eyn loßer, falscher Christ.«[95]

Da die Ehe kein Sakrament sei, galten Scheidung und Wiederheirat als rechtmäßig, gelegentlich sogar als notwendig. Allerdings bekräftigten die Reformatoren, nicht anders als ihre katholischen Geschwister, dass die Ehe dauerhaft und mutmaßlich unauflösbar sein sollte. Diese Mutmaßung konnte beiseitegelassen werden, wenn eines der wesentlichen Güter der Ehe dauerhaft beeinträchtigt oder enttäuscht wurde. Wurde die eheliche Liebe von einem der Partner missachtet, durch Ehebruch, böswilliges Verlassen oder Gewalt, galt die Ehe als aufgelöst. Der schuldlose Ehepartner, der sich mit dieser Missachtung nicht abfinden wollte, konnte auf Scheidung und Zuerkennung des Rechts auf Wiederheirat klagen. Wurde bald nach der Hochzeit eine Zeugungsunfähigkeit festgestellt – durch Unfruchtbarkeit, Behinderung oder Krankheit, galt die Ehe ebenfalls als aufgelöst. Ehepartner, die sich mit diesem Zustand nicht abfinden wollten, konnten um Annullierung ersuchen, wonach sich zumindest der gesunde Ehepartner erneut verheiraten durfte. Und gab es ein Unvermögen, vor der Sünde zu bewahren, durch Frigidität, dauernde Trennung, böswilliges Verlassen, wurde die Ehe ebenfalls annulliert. Konnten die Partner nicht wieder zu einem normalen Zusammenleben und dauerhaften Hausfrieden bewegt werden, so mochten sie sich scheiden lassen und erneut heiraten.[96] In jedem einzelnen Fall hielt man eine Scheidung für schmerzhaft, sündhaft und traurig. Ein solcher Schritt sollte darum auch nur mit äußerstem Bedacht und nach eingehender Beratung gegangen werden. Dennoch war es ein rechtmäßiger, bisweilen unausweichlicher Schritt, der getan werden musste.

Martin Bucer stellte die evangelische Auffassung von Scheidung und Wiederheirat geradliniger dar als die meisten. Seine Argumentation ließ jedoch den großen Wandel, der durch die Ablehnung des Sakramentscharakters der Ehe stattgefunden hatte, erkennen. Die Ehe habe vier unentbehrliche Eigenschaften *(necessaria propria)*, schrieb Bucer, und weiter: *»Primum, ut coniuges cohabitent, & unā vivāt (…). Alterum, ut se invicem summa benevolentia & charitate complectantur, (…). Tertium, ut vir se praestet uxori caput & servatorem, (…) hoc est, doceat & instituat uxorem, ad omnem sanctimoniam vitae, & pietatem: (…) uxor verò, praestet se viro corpus, & adiutoriū, omni ministerio, quod ei secundum Dei vocationem, & donatā à Deo facultatem, praestare possit: in primis ad verum cultum Dei, deinde etiam ad caetera vitae huius commoda omnia. Quartum, ut & copulae*

---

95. WA 10/2, 283.
96. WA Br 3, 288-290; WA 15, 558 ff.; BRECHT, Bd. 2, 93 f.

carnalis officium sibi mutuò exhibeant.« Eine Ehe, die diese vier Eigenschaften aufweise, solle gepflegt und gewürdigt werden. Da, wo eine oder beide Parteien auch nur eine der Eigenschaften vernachlässigten, könne nicht mehr davon gesprochen werden, dass der Bund der Ehe zwischen ihnen weiterbestehen würde. Den äußeren Schein einer Ehe aufrechtzuerhalten, wenn eines der Güter verloren gegangen sei, so Bucers Argumentation, sei nicht nur ein schädlicher Brauch, sondern auch unbiblisch. »*Dominū populo suo, in quo certe voluit omnem vigere sanctimoniam, omniumque foederum, maximè verò coniugalis, perquàm religiosam observantiā, non permisisse solum, duris corde viris uxores suas repudiare, & repudiatis mulieribus aliis viris nubere, prioribus adhuc viventibus: verùm etiam disertè & graviter praecepisse, ut uxorem dimittat à se, quo nubat alteri, quicunque animum suum inducere nolit, ut uxorem suam amet, foveatque charitate coniugali.*«[97]

Weil die Ehe kein Sakrament war, so fielen viele ihrer Angelegenheiten nicht unter die Gerichtsbarkeit der Kirche, das hieß nicht in die gesetzliche Zuständigkeit des Klerus, der Konsistorien und der Gemeinden. Luther betonte dies mehrfach in seinen Predigten und Unterweisungen für gleichgesinnte Pfarrer: »*[W]ir haben sonst gnug zu thun in unserm Amt. Zum Andern, so gehet die Ehe die Kirche nichts an, ist außer derselben, ein zeitlich, weltlich Ding, drüm gehöret sie fur die Oberkeit. Zum Dritten, daß solche Fälle unzählig, sehr hoch, breit und tief sind, und bringen groß Aergerniß, die würden dem Euangelio zur Schande und Unehre gereichen. (…) Darum wollen wir diese Sache der weltlichen Oberkeit und den Juristen lassen, die werdens alsdenn wol verantworten. (…) [A]llein sollen die Pfarrherrn den Gewissen aus Gottes Wort rathen, da es von Nöthen ist; was aber Hadersachen belanget, das wollen wir die Juristen und Consistoria ausfechten und ausführen lassen.*«[98]

Das bedeute nicht, dass sich die Ehe außerhalb Gottes Vollmacht und Gesetz befände oder dass sie dem Einfluss und der Mitsprache der Kirche völlig entzogen sei. »*Denn solcher unrat kompt nirgend her denn das man den ehe stand nicht ansihet nach Gottes wort als sein werck und ordnung noch seines willens achtet, das er einem jglichen sein gmahl geben hat die selbige zubehalten und solch ungemach, so sich jm ehestand begibt, jm zugefallen zutragen, achtens nicht anders denn wie ein lauter menschlich, weltlich wesen, da mit Gott nichts zuschaffen habe.*«[99] Die bürgerliche Obrigkeit erhalte ihre Vollmacht von Gott. Ihr Wille müsse den Willen Gottes, ihr Gesetz das Ge-

---

97. BUCER, RC, Buch 2, Kap. 39, 38, 26.
98. WA Tr 4, Nr. 4716; vgl. auch WA Tr 2, Nr. 3267.
99. WA 32, 378.

6 · Der Inbegriff aller weltlichen Gesetze: Die Reform des Eherechts

setz Gottes ausdrücken. Ihre Ordnung müsse die Schöpfungsordnung und den Plan Gottes achten. Ihre bürgerliche Berufung sei nicht weniger geistlich als diejenige der Kirche. Zweifellos unterliege die Ehe gänzlich dem göttlichen Gesetz, doch dieses Gesetz habe nun die Obrigkeit anzuwenden, nicht der Klerus.[100]

Darüber hinaus blieben Fragen zur Eheschließung, der Förderung und auch der Auflösung einer Ehe ein wichtiger Gegenstand des öffentlichen Interesses, bei dem Kirchengeistlichen und Kirchenmitgliedern auch weiterhin eine Schlüsselrolle zukommen sollte. Erstens nahmen Luther und andere Reformatoren ihre Aufgabe ernst, bei Ehestreitigkeiten seelsorgerlichen Rat zu erteilen, besonders wenn Gewissensfragen im Vordergrund standen. In ihrer Eigenschaft als Pfarrer beantworteten die Reformatoren zahllose Privatbriefe an Gemeindeglieder, die sie um Rat gebeten hatten. Zweitens hatten Theologen und Prediger Obrigkeit und Untertanen gleichermaßen das Gesetz und den Willen Gottes hinsichtlich Ehe und Familie zu vermitteln. Und sie hatten dort Reformen zu fordern, wo die geltenden Ehegesetze dem Gesetz Gottes zuwiderliefen. Als Theologe veröffentlichte Luther eine große Zahl von Schriften und Predigttexten zu Fragen der Ehe und des Eherechts. Bisweilen war er dabei ziemlich überlastet; denn seine Vermittlung wurde immer und immer wieder erbeten. Drittens sollte das Kirchengemeindebüro ein öffentlich einsehbares Eheregister führen, in das sich alle verheirateten Paare eintragen lassen mussten. Es sollte der Information und Fürsorge dienen und allen Mitgliedern der Gemeinschaft die Hochzeit eines Paares anzeigen. Viertens hatten die Pfarrer und Lehrer der Ortskirche die Ehe ihrer Gemeindemitglieder vorzubereiten und zu regeln, indem sie die öffentlichen Aufgebote verkündeten, das Paar bei ihrer öffentlichen Hochzeitszeremonie in der Kirche segneten und unterwiesen, sexuelles Fehlverhalten oder schweres Vergehen gegen das Eherecht mittels öffentlicher Zurechtweisung, Kirchenbann oder in schweren Fällen mit der Exkommunikation ahndeten. Fünftens oblag es allen Mitgliedern der Kirche, sich an der geistlichen Erziehung und Unterweisung aller neuen Kinder zu beteiligen, wie es die allgemeinen Taufgelübde forderten.[101]

---

100. Vgl. DIETERICH: Das protestantische Eherecht, 44 ff., 81 ff.; SEEBERG: Luthers Anschauung, 93 ff.
101. Vgl. DIETERICH: Das protestantische Eherecht, 47, 86; ROLAND KIRSTEIN: Die Entwicklung der Sponsalienlehre und der Lehre vom Eheschluß in der deutschen protestantischen Eherechtslehre bis zu J. H. Böhmer. Bonn 1966, 39 ff.; WALTER KÖHLER: Die Anfänge des protestantischen Eherechtes. In: ZSS KA 74 (1941), 271, 278 ff.

Die Ehe als gesellschaftlicher Stand

Die Grundlage der offiziellen katholischen Lehre war die Ehe als ein Sakrament der Kirche. Dieses Verständnis hatte die natürliche und vertragsrechtliche Bedeutung der Ehe miteinander verknüpft und erhöht und gab ihr innerhalb der Hierarchie der Kirchenordnungen die Stellung einer Institution und eines Gnadenmittels. Die Grundlage der aufkommenden evangelischen Lehre war die Ehe als essentieller sozialer Stand des irdischen Reichs, die erste Ordnung der Schöpfung, durch die Gott sein Gesetz und seine Vollmacht, seine Liebe und seine Barmherzigkeit offenbare. Dieses evangelische Verständnis erhob die Ehe einerseits zu einer privaten, andererseits zu einer öffentlichen Institution, dessen ordnungsgemäße Gründung und Erhaltung für die rechte und ordnungsgemäße Gestaltung und Funktion der Kirche, des Staates und anderer irdischer Institutionen von Bedeutung waren. Die Ehe sei der Inbegriff aller weltlichen Gesetze, schrieb Luther. »[D]as aus dem ehestand als aus dem brunnen alle Obrikeit quellen und fließen«, lautete Georg Spalatins Erwiderung.[102] Die Ehe sei »nicht allein andern stenden gleich gesetzt ist sondern vor und uber sie alle gehet, Es seyen Keyser, Fursten, Bischove und wer sie wollen. Denn was beide geistliche und weltliche stende sind, muessen sich demuetigen und alle ynn diesem stand finden lassen«.[103]

Evangelische Moralisten und Rechtsgelehrte haben dem gleichermaßen zustimmen können. Das weltliche Leben habe »Stände« und »Werke«, die dem Zwecke dienten, das Menschengeschlecht zu erhalten, und seien mit ihren spezifischen Begrenzungen und Mitteln von Gott eingesetzt, schrieb Philipp Melanchthon. Die Ehe komme an erster Stelle, denn Gott wolle der Natur nicht einfach freien Lauf lassen, wie es die Tiere tun. Deshalb habe Gott die Ehe, siehe Genesis 2, Matthäus 19 und 1. Korinther 7, als ewige, untrennbare Gemeinschaft von Ehemann und Ehefrau eingesetzt. Die Ehe sei eine schöne und liebliche Gemeinschaft und eine Kirche Gottes, wenn zwei Menschen im wahren Glauben und Gehorsam gegen Gott zusammenlebten, ihn gemeinsam anriefen und ihre Kinder in der Erkenntnis Gottes und Tugend erzögen.[104] »Alle andere Stände«, so der Frankfurter Jurist Justin Göbler, »kommen auß dem Ersten eynigen stande, welcher der Ehestand heyßt, unnd von Gott geschaffen ist. Auß disem werden alle andere Stende,

---

102. GEORG SPALATIN: Vierzehen ursachen die billich yederman bewegen sollen den Ehestand lieb und hoch zuhaben und achten. Erfurt 1531, 2a.
103. WA 30/1, 162.
104. LC (1555), 323 f.

Gemeynen unnd versamlungen der menschen erbawen. (…) Dem Ehestand aber hanget auch an die haußhaltung, Oeconomia genannt, welches ein gemey und nötigs ding ist in aller welt. (…) Dann auß der haußhaltung kompt die Policei unnd ist ein Statt anders nicht dann vil heuser.«[105]

Der gesellschaftliche Bereich der Familie sollte alle Menschen, insbesondere die Kinder, die christlichen Werte, Sitten und Gebräuche lehren. Die Familie sollte der sündigen Gesellschaft als Beispiel für eine Gemeinschaft der Liebe und Partnerschaft, der Meditation und des Austauschs, von Gesang und Gebet dienen. Sie sollte Kirche und Staat als Vorbild der strengen, aber wohlwollenden elterlichen Disziplin, Regel und Autorität dienen. Sie sollte Reisenden, Witwen und Mittellose aufnehmen und für sie sorgen, eine Verpflichtung, die vorher hauptsächlich von den Orden und Klöstern übernommen worden war. Der gesellschaftliche Bereich der Ehe war folglich für den Heilsplan Gottes eine ebenso unverzichtbare Größe, wie es die Kirche für die katholische Welt gewesen war. Sie stand nicht länger innerhalb der kirchlichen Ordnung, sondern neben ihr. Mehr noch, der gesellschaftliche Stand der Ehe war für die gesellschaftliche Ordnung und den allgemeinen Zusammenhalt eine ebenso unverzichtbare Größe, wie es der Staat sein sollte. Die Ehe war nicht bloß eine Schöpfung des bürgerlichen Rechts, sondern eine göttliche Schöpfung, die dafür gedacht war, den Staat bei der Erfüllung seines göttlichen Auftrags zu unterstützen. Daher sollte die Ehe nicht als die schlechtere Wahlmöglichkeit angesehen werden, sondern als eine göttliche Berufung und gesellschaftlicher Rang, der für alle Menschen erstrebenswert war.[106]

Das beste Beispiel für einen idealisierten ehelichen Haushalt war das lokale Pfarrhaus, das Heim des verheirateten lutherischen Pfarrers. Die Reformatoren waren von Anfang an dafür, dass Pfarrer wie alle anderen Menschen verheiratet sein sollten, damit sie nicht durch sexuelle Sünde versucht würden, nicht auf die Freuden der ehelichen Liebe verzichten müssten und nicht vom großen göttlichen und menschlichen Schöpfungsakt, Kinder haben zu können, ausgeschlossen waren. Solche Argumente, zusammen mit der Theologie von der Priesterschaft aller Gläubigen und der Gleichstellung von Geistlichen und Laien, wogen für die frühen Reformatoren schwer genug, um damit die Priesterehe zu begründen und zu fördern, auch wenn dem tausend Jahre des kanonischen Rechts entgegenstanden. Das war nur ein umso stärkeres Argument für die Priesterehe. Die Priesterehe sollte sogar als beispielhaft gelten. Der Haushalt des Pfarrers

---

105. Justin Göbler: Der Rechten Spiegel. Frankfurt a. M. 1550.
106. WA 34, 73; WA 50, 651 f.; WA 50, 509-653.

sollte eine Quelle und ein Vorbild für die richtige Ordnung und Leitung der Ortskirche, des Staates und der weiteren Gesellschaft sein. Vor hundert Jahren schrieb Adolf von Harnack: »*Das evangelische Pfarrhaus, das Luther gegründet hat, ist zum Vorbild und Segen für das ganze deutsche Volk geworden, eine Pflanzstätte der Frömmigkeit und Bildung, eine Stätte sozialer Fürsorge und sozialen Ausgleichs. Ohne das deutsche Pfarrhaus ist die innere deutsche Geschichte seit dem 16. Jahrhundert nicht zu denken.*«[107]

Das neue bürgerliche Eherecht

Die neue Theologie der Ehe erleichterte den Reformatoren die Umgestaltung des geltenden deutschen Eherechts. Die neue Ehetheologie war gewissermaßen ein unmittelbar anwendbares Programm. Sie ermöglichte es den Zivilbehörden, die eheliche Rechtsprechung von der katholischen Kirche zu übernehmen, und versicherte den Behörden zugleich, dass dies eine Forderung der Heiligen Schrift sei, keine Sünde gegen die Kirche. Sie machte neue bürgerliche Ehegesetze notwendig, die im Einklang mit Gottes Wort standen, verlangte jedoch auch, dass die Kirche (und somit die Reformatoren selbst) die Zivilbehörden regelmäßig in Kenntnis setzten, was das Wort Gottes verlange. So wurden sowohl die Übernahme der ehelichen Rechtsprechung durch die Obrigkeit als auch die aktive Formulierung neuer Ehegesetze durch die Reformatoren als göttliche Aufgaben angesehen.

Die neuen lutherischen Ehegesetze waren breit gefächert und ließen drei wesentliche Neuerungen gegenüber dem traditionellen kanonischen Eherecht erkennen:[108] Das neue bürgerliche Eherecht modifizierte erstens die

---

107. ADOLF HARNACK: Martin Luther und die Grundlegung der Reformation, Berlin 1917, 50; zitiert in LINDBERG: Luther and the Family, 141. Vgl. des Weiteren HARRINGTON: Reordering Marriage, 83 ff.
108. Die beste Kurzdarstellung findet sich in SEHLING/RICHTER. Innerhalb der umfangreichen Literatur zur Verkündigung und Durchsetzung der neuen Gesetze siehe – neben den bereits genannten Quellen – MARTIN BRECHT: Anfänge reformatorischer Kirchenordnungen und Sittenzucht bei Johannes Brenz. In: ZSS KA 96 (1969), 322; HEINRICH GEFFCKEN: Zur ältesten Geschichte und ehegerichtlichen Praxis des Leipziger Konsistoriums. Leipzig 1894; ERNST-WILHELM KOHLS: Martin Bucers Anteil und Anliegen bei der Abfassung der Ulmer Kirchenordnung im Jahre 1531. In: Zeitschrift für evangelisches Kirchenrecht 15 (1970) 333; THOMAS MAX SAFLEY: Let No Man Put Asunder: The Control of Marriage in the German Southwest: A Comparative Study. 1550-1600. Kirksville,

traditionelle Lehre von der beiderseitigen Zustimmung und machte die Anwesenheit von Zeugen bei einer Eheschließung erforderlich; zweitens reduzierte es die Anzahl der Verlobungs- und Ehehindernisse erheblich; und es führte drittens die rechtsgültige Scheidung nach dem Schuldprinzip und das Recht auf Wiederheirat ein. Zusammengefasst vereinfachten diese Neuerungen die Gesetze zur Eheschließung und Ehescheidung, sorgten für eine stärkere öffentliche Wahrnehmung der Angelegenheiten rund um die Ehe und schützten die gesellschaftlichen Aufgaben von Ehe und Familie.

Das Zustimmungsrecht zur Ehe

Was nach kanonischem Recht galt, hatte nun auch nach dem neuen bürgerlichen Recht Gültigkeit: Das Band der Ehe wurde durch eine freiwillige Verbindung in beiderseitigem Einvernehmen der Partner geknüpft. Viele der Reformatoren akzeptierten jene traditionelle Lehre von der Zustimmung allerdings erst, nachdem erstens die kanonischen Unterscheidungen zwischen Verlobung oder Heiratsversprechen, der eigentliche Akt der Trauung und das gegenseitige Einvernehmen, die Ehe durch den Geschlechtsakt zu vollziehen, modifiziert waren; zweitens Eltern und Trauzeugen zur Teilnahme an der Eheschließung verpflichtet und drittens die Aufgaben der Kirche bei einer Eheschließung erweitert worden waren.

Luther war der eifrigste Befürworter dieser Reformen. Nach Luther waren die drei durch das kanonische Recht fixierten Formen der Zustimmung nicht mit der Heiligen Schrift zu belegen, außerdem semantisch verwirrend und eine Quelle öffentlichen Unheils. Luther zufolge mache die Bibel keinen Unterschied zwischen Trauung und Eheschließung. Jede Eheschließung, die freiwillig und in guter Absicht vollzogen werde, schaffe eine gültige, unauflösbare Ehe vor Gott und der Welt. Eine solche Ehe werde durch den Geschlechtsakt vollzogen. Die Heilige Schrift mache deutlich, was auch schon vor dem Vollzug der Ehe gelte: Ein solches Versprechen durch andere

---

MO 1984, 41 ff.; GOTTFRIED SEEBASS: Das reformatorische Werk des Andreas Osiander. Nürnberg 1967, 184 ff.; ANNELIESE SPRENGLER-RUPPENTHAL: Zur Rezeption des römischen Rechts im Eherecht der Reformatoren. In: ZSS KA 112 (1978), 363, 392 ff.; GEROLD TIETZ: Verlobung, Trauung, und Hochzeit in den evangelischen Kirchenordnungen des 16. Jahrhunderts. Diss. Phil. Tübingen 1969; FRANÇOIS WENDEL: Le mariage à Strasbourg à l'epoque de la réforme 1520-1692. Straßburg 1928, 77 ff.

geschlechtliche Beziehungen oder durch ein weiteres späteres Eheversprechen zu brechen ist Ehebruch.

Darüber hinaus hänge der Unterschied zwischen Trauung und Eheschließung von einem »*eitel Narrenspiel aus Worten*« ab, von lateinischen Worten, die im Deutschen keine Entsprechung hätten und den normalen Bürger nur verwirren würden. Die katholischen Kirchengerichte hatten die Formeln »›*Ich wil dich zum weibe haben*‹ *odder* ›*ich wil dich nemen, Jch wil dich haben*‹, ›*Du solst mein sein*‹« in der Regel als ein Eheversprechen ausgelegt, obwohl sie im allgemeinen deutschen Sprachgebrauch eigentlich für das präsentische Versprechen gedacht waren.[109] Die traditionellen Kirchengerichte hatten darauf bestanden, dass bei einer Trauung die lateinische Formel »*Accipio te in uxorem*« oder die deutsche Formel »*Ich nehme Dich zu meinem Weibe*« verwendet wurde, wobei keine der Formeln besonders populär waren. Luther beklagte, dass eine solche *Post-hoc*-Auslegung des Eheversprechens die Unkenntnis der einfachen Leute ausnutze, die Wünsche des Paares missachte und den Vorbehalt der Kirchengerichte gegenüber der Ehe offenbare. Durch eine solche Auslegung, dass viele Eheversprechen Verlobungen seien, machten sich die Kirchengerichte die äußerst großzügigen Bestimmungen zur Auflösung einer Verlobung zunutze, womit sie imstande waren, zahlreiche Ehen aufzuheben. Durch eine Verbindung zweier Lehren, nämlich die von der Deutung eines Eheversprechens als Verlobung und die von der Zulassung eines christlichen Gelübdes für die Auflösung einer Verlobung, hatten die Kirchenjuristen insgeheim den Zölibat und das Mönchtum unterstützt.

Um die allgemeine Unsicherheit zu beseitigen und Vorbehalte gegenüber der Ehe zu mildern, regte Luther erstens an, dass sämtliche Versprechen, in der Zukunft zu heiraten *(sponsalia de futuro)* als bindende Ehegelübde in der Gegenwart *(sponsalia de praesentia)* angesehen werden sollten, es sei denn, einer der Partner hatte ausdrücklich um eine Bedingung oder Regelung gebeten, die später in Kraft treten sollte. Ein gleich in welcher Sprache abgegebenes Eheversprechen, bei dem das Verb im Futur stand, genüge nicht, um den Vorbehalt zu entkräften. Eine ausdrücklich fixierte Bedingung sollte der Vermengung von Verlobung und Eheschließung entgegen-

---

109. WA 30/3, 211. Vgl. auch JOHANNES BRENZ: Wie in Eesachen vnnd den fellen so sich derhalben zutragen, nach Götlichem billichem rechten, Christenlich zu handeln sey. Nürnberg 1529, Kap. 2; SOHM: Das Recht der Eheschließung, 138 f., 197 f.; KIRSTEIN: Die Entwicklung, 28 ff. Die Zusagen sind zweideutig, da die Verben »will« und »sollst« zwar im Allgemeinen die Gegenwart bezeichnen, aber auch als Zukunftsform gedeutet werden können.

wirken. Luther wich später später ein wenig von seiner Position ab. Er erkannte den Nutzen einer Unterscheidung zwischen Verlobung und Eheversprechen an, betonte jedoch, dass der Zeitraum zwischen den beiden Versprechen ausgesprochen kurz sein solle (wie es bei ihm und Katharina von Bora der Fall gewesen war) und dass bei einer Auflösung der Verbindung eine große Beweislast gegen einen der Partner vorliegen müsse.[110]

Luther und seine Anhänger verliehen dem Eheversprechen seinen feierlichen und endgültigen Charakter nicht, ohne Sicherungen einzubauen. Erstens unterstrichen sie, dass das Paar vor jedem Eheversprechen die Einwilligung beider Elternpaare einholen solle, oder, falls ein Elternteil verstorben beziehungsweise nicht auffindbar sei, die Zustimmung der nächsten Angehörigen oder eines Vormunds. Sie argumentierten, diese Einwilligung würde von der Heiligen Schrift (im Gebot »*Du sollst deinen Vater und deine Mutter ehren*«) ebenso wie vom Naturrecht gefordert, vom römischen Recht und vom frühen kanonischen Recht. Durch die gängige Praxis der katholischen Kirche, heimlich geschlossene Ehen zu dulden, sei die Bedeutung der Einwilligung verloren gegangen. Luther argumentierte, dass die Eltern eine wichtige Rolle bei der Eheschließung spielen sollten. Sie hätten die Reife der Partner und sowie die Harmonie und Rechtmäßigkeit ihrer zukünftigen Verbindung zu beurteilen. Was noch wichtiger sei: Ihr Wille sollte für das Paar den Willen Gottes ausdrücken. So wie der Pfarrer und der Landesfürst habe jedes Elternteil die Vollmacht Gottes als dessen Vertreter erhalten, um innerhalb der Institution der Ehe eine ganz besondere Berufung zu erfüllen. Die Eltern seien für ihre Kinder Apostel, Bischöfe und Priester.[111] Geben die Eltern dem Paar ihre Einwilligung, gäben sie damit Gottes Einwilligung.

Eine Ehe, die ohne die elterliche Einwilligung geschlossen werde, war nach Ansicht Luthers und anderer Reformatoren präsumtiv ungültig.[112] Verweigerten die Eltern jedoch ihre Einwilligung grundlos, drängten sie ihr Kind zu einem zölibatären Leben oder zwängen sie eines der Kinder mittels ihrer Autorität gegen seinen Willen zur Ehe, erfüllten sie nicht länger eine göttliche Aufgabe. In solchen Fällen riet Luther dazu, dass das Kind einen Geistlichen oder Staatsbeamten um Zustimmung bat, sodass die Eheschließung auch gegen den Willen der Eltern stattfinden konnte.[113] Waren der Staatsbeamte oder der Geistliche nicht dazu bereit, riet Luther dem

---

110. WA Tr 2, Nr. 3179a. Siehe auch WA Tr 3, Nr. 3921.
111. WA 10/2, 275-304.
112. WA 30/2, 517-588; vgl. DIETERICH: Das protestantische Eherecht, 93-96.
113. WA Tr 5, Nr. 5441.

Das Zustimmungsrecht zur Ehe

Kind, Zuflucht an einem anderen Ort zu suchen oder einfach ohne eine solche Einwilligung zu heiraten.

Luther betonte seine Lehre von der elterlichen Einwilligung und deren Begrenzungen häufig in seinen Predigten, Briefen, *Consilia* und öffentlichen Schriften. Ein interessantes Beispiel dafür war Luthers Vermittlung im Fall des jungen Wittenberger Jurastudenten Johannes Schneidewin, der später ein anerkannter Rechtsprofessor an der Universität zu Wittenberg wurde und ein entschiedener Befürworter von Luthers Eherechtsreform. Während seines Studiums in Wittenberg war Schneidewin Mieter im Hause Luther. Er hatte sich in die dort ansässige Anna Dürer verliebt, wozu auch Luther seinen Segen gegeben hatte. Johannes hatte um die Einwilligung seiner verwitweten Mutter zur Ehe mit Anna in dessen Heimatstadt Stolberg gebeten. Die Mutter ignorierte jedoch die wiederholt vorgetragene Bitte. Luther schrieb daraufhin Frau Schneidewin dreimal, bat sie um Erlaubnis und versicherte ihr, dass beide Partner sich ernsthaft liebten und darauf warteten, heiraten zu können:

»Jch hab eüch geschrieben von ewrem son Johannes, wie er alhie mit einer ehrlichen Jungfrawen ynn grosser liebe verhafft, vnd wie yhr mein gutduncken wol vernomen, hette ich verhofft ein gut antwort. Aber weil mir dis auffhalten ewrs sons wil auch zu lang werden, bin ich verursacht, weiter an zu regen. Denn ich yhm auch nicht vngonstig, nicht gern wolt, das er solt ynn die asschen greiffen. Weil aber die Metze yhm so fast gefellet vnd yhm seines standes nicht vngleich, dazu ein fein from kind ehrlichs herkomens, So dunckt mich noch, yhr [muget] wol zu frieden sein, weil er sich kindlich gedemutiget vnd vmb diese Metzen gebeten, wie Samson thet. Derhalben euch hinfurt geburen wil als einer lieben mutter, yhren willen drein zu geben. (...) Summa, ich bitte, wollet ewr ia wor[t] nicht lenger verzihen, damit der gute geselle aus dem vnrugigen wesen kome, Denn ich kan nicht lenger halten, Sondern werde mussen von ampts wegen dazu thun.«[114]

Luther braucht nicht lange zu warten, bis er seines priesterlichen Amtes walten konnte. Er verheiratete das Paar knapp zwei Monate später. Der dankbare Professor Schneidewin widmete später sein erstes Buch zum Eherecht Martin Luther.[115]

Zweitens betonte Luther, dass das Eheversprechen in Anwesenheit von mindestens zwei Zeugen mit gutem Leumund öffentlich bekannt gegeben werden sollte und damit die elterliche Einwilligung ergänzt werde. Jene

---

114. WA Br 8, 453-455; vgl. auch WA Br 8, 492 f., 499.
115. JOHANNES SCHNEIDEWIN: In Institutionum imperialium titulum X. De nvptiis. Frankfurt 1562, Proömium.

6 · Der Inbegriff aller weltlichen Gesetze: Die Reform des Eherechts

Zeugen konnten die Trauung oder die Heiratsabsicht der Partner bestätigen und halfen dabei, dem Paar den Ernst und die Verantwortung ihrer Verbindung nahezubringen, ein Aufgabe, die mit Luthers Lehre von der Priesterschaft aller Gläubigen verbunden war.[116]

Drittens bestanden Luther und seine Anhänger darauf, dass das Paar vor dem Vollzug der Ehe sein Ehegelübde öffentlich in der Kirche wiederholen, den Segen und die Unterweisung durch den Priester empfangen und sich in das öffentliche Eheregister eintragen sollte, das in der Kirche auslag. Luther verstand die öffentliche Bekanntmachung der Ehe als Aufforderung an die Mitmenschen, das Paar zu unterstützen und ihm beizustehen, und als Warnung, keine geschlechtlichen Beziehungen mit den Partnern zu knüpfen, außerdem als Sicherheit gegen falsche oder unseriöse Heiratsversprechen, die einzig der Verführung des anderen Partners dienten. So wie die elterliche Einwilligung den Willen Gottes ausdrücken sollte, dass das Paar heiratet, sollten der Segen und die Unterweisung des Pfarrers den Willen Gottes zur Ehe ausdrücken als ein unlösbares Band der Liebe und des gegenseitigen Dienstes.[117]

Mit den Auflagen der elterlichen Einwilligung, der Zeugenschaft bei einer Trauung sowie der kirchlichen Beurkundung und dem formellen Vollzug der Ehe beabsichtigte Luther sehr bewusst, jene heimliche Ehe zu unterbinden, die das kanonische Recht, wenn auch nicht gefördert, so doch anerkannt hatte. Er machte aus der Ehe »eine öffentliche Einrichtung« und setzte sich für die Beteiligung einer dritten Partei ein. Luther bestand außerdem darauf, dass ein privates Ehegelübde, dem ein Geschlechtsakt gefolgt war, dann eine rechtsgültige Ehe begründete, wenn die Frau schwanger oder der Geschlechtsverkehr öffentlich bekannt geworden war. Dies sollte im Einzelfall eine zu gewährende Ausnahme zur gängigen Regel sein, die ein privates Eheversprechen nicht als ausreichende Grundlage für eine rechtsgültige Ehe ansah. Luther machte eine Ausnahme, wo es um die Legitimität und das Wohlergehen eines Kindes ging und darum, die Frau vor dem »strengen Vorurteil gegen den Eheschluss mit einer geschändeten Frau« zu schützen.[118]

Die Juristen erarbeiteten die rechtlichen Grundlagen dieser Reformen des Gesetzes von der ehelichen Zustimmung. Luthers Zusammenführung

---

116. WA 30/3, 205-248.
117. WA 30/3, 74-80; vgl. Erörterung bei KIRSTEIN: Die Entwicklung, 734; KÖHLER: Die Anfänge, 292.
118. Ebd. Vgl. des Weiteren MICHAELIS: Über Luthers eherechtliche Anschauungen und deren Verhältnis zum mittelalterlichen und neuzeitlichen Eherecht, 51 ff.

Das Zustimmungsrecht zur Ehe

von futurischen und präsentischen Eheversprechen fand ausschließlich bei denjenigen Juristen Unterstützung, die sich erst später der evangelischen Sache angeschlossen hatten. Die älteren Rechtsgelehrten wie Kling und Schürpf, aber auch der jüngere Lagus hielten sich, unbeeindruckt von ihren Streitgesprächen mit Luther, weiterhin an die traditionelle kanonische Unterscheidung von Trauformel und Eheversprechen und stellten jedem Versprechen eine darauf abgestimmte Gruppe von Ehehindernissen gegenüber. Einerseits wiesen sie die Gerichte an, Eheversprechen nach dem allgemeinen deutschen Sprachgebrauch auszulegen, andererseits übergingen sie stillschweigend die weiteren Empfehlungen Luthers.[119] Erst in der zweiten Hälfte des 16. Jahrhunderts bekamen Luthers Lehren den Status einer allgemeinen protestantischen Lehre und Praxis. Mit den Worten Rudolf Sohms: »*Mit den Aeusserungen Luther's stimmten die Kirchenordnungen und die gesammte evangelische Doctrin und Praxis bis in's 18. Jahrhundert überein.*«[120] Beust, Schneidewin, Henning Göde, Hemming, Monner, Mauser und weitere spätere evangelische Juristen relativierten oder lehnten den Unterschied zwischen Trauung und öffentlicher bedingungsfreier Verlobung gänzlich ab und verkürzten die Verlobungszeit, die bis zur Hochzeit verstreichen durfte. Wie Luther stritten sie gegen die geheime Ehe, befürworteten aber aus dem gleichen Grund wie Luther mehrheitlich die Ausnahmeregelung, nach der eine privat geschlossene Ehe, deren Vollzug öffentlich bekannt geworden oder der eine Schwangerschaft gefolgt war, anerkannt wurde.[121]

Luthers Reformen des Einwilligungsrechts in die Ehe fanden auch im neuen Zivilrecht ihren Niederschlag. In zahlreichen Gesetzen wurden die Begriffe »Verlöbnis« und »Ehe« synonym verwendet; eine öffentliche Verlobung wurde sogar wie eine bereits »geschlossene« Ehe behandelt.[122] Weitere Gesetze behielten zwar die traditionelle Unterscheidung zwischen Verlobungsgelübde und Eheversprechen bei, übertrugen einem öffentlichen bedingungsfreien Verlöbnis jedoch weitaus größere Bedeutung und Endgültigkeit, vorausgesetzt, (1) dieses Versprechen hatte Vorrang vor jeglicher ge-

---

119. DIETERICH: Das protestantische Eherecht, 121.
120. SOHM: Das Recht der Eheschließung, 198.
121. Vgl. ebd., 233 ff., eine gute zeitgenössische Zusammenschau der Ansichten findet sich bei JOACHIM VON BEUST: Tractatus connubiorum praestantiss, iuris consultorum. Jena 1591, Bd. 1, Folios 5a-5b.
122. Vgl. die Kirchenordnungen von Zürich (1529), Brandenburg-Nürnberg (1533), Württemberg (1536), Kassel (1539), Schwäbisch-Hall (1543), Köln (1543) und Tecklenburg (1588) sowie die Konsistorialordnungen von Brandenburg (1573) in RICHTER, Bd. 1, 135 ff., 209 ff., 270 ff., 304 ff.; Bd. 2, 16 ff., 47 ff., 476 ff. und 381 ff.

heimen Verlobung (auch ein nachträglich gegebenes), (2) sexuelle Freizügigkeit eines verlobten Partners wurde als strafbarer Ehebruch angesehen und (3) dieses Versprechen wurde aus den gleichen Gründen aufgehoben, die für eine Scheidung galten.[123] Als Folge daraus wurde die praktische Unterscheidung zwischen futurischen und präsentischen Versprechen in einigen deutschen Gemeinwesen gesetzlich erheblich enger gefasst.[124]

Der Forderung nach der elterlichen Einwilligung zur Ehe, besonders bei Kindern, die noch nicht volljährig waren, fand im 16. Jahrhundert die nahezu einmütige Zustimmung der Rechtsgelehrten ebenso wie der Gesetzgeber. Die elterliche Einwilligung war ein besonders häufig debattierter Gegenstand unter den Juristen. Sie suchten im römischen, frühen kanonischen und im germanischen Recht nach Hinweisen, die ihre neue Auffassung untermauerten. Für einige der älteren Rechtsgelehrten wie Kling und Schürpf, die eine stärkere Anlehnung an das kanonische Recht vertraten, war die elterliche Einwilligung absolut empfehlenswert, aber nicht zwingend notwendig. Paare, die ohne die Einwilligung der Eltern geheiratet hatten, sollten vom Staat mit einer Geldstrafe belegt und von der Kirche gemaßregelt werden; doch sollte es weder den Eltern noch den Partnern gestattet sein, die Ehe aufgrund dieser Unterlassung auflösen zu lassen. Mehrere spätere Juristen wie Monner, Mauser und Schneidewin vertraten die Ansicht, dass eine heimliche Ehe annulliert werden solle, sofern die Partner nicht ihre privaten Eheversprechen abgelegt hatten. Eine *Post-hoc*-Einwilligung der Partner sollte daran nichts ändern können. Nahezu alle Juristen sprachen sich dafür aus, dass das Paar die Einwilligung beider Väter und Mütter einholen müsse. Waren die Eltern verstorben oder nicht auffindbar, wurde eine strenge Reihenfolge erstellt, nach der die nächsten Angehörigen, Lehrer, Vormunde oder andere um ihre Einwilligung ersucht werden mussten. Zuletzt erörterten die Juristen im Einzelnen die Bedingungen, die die Eltern an ihre Einwilligung knüpfen konnten. Angemessene Bedingungen zum Zeitpunkt (»Du darfst meine Tochter heiraten, aber erst in einem Jahr«), zum Ort (»nur in der Kirche zu Wittenberg«) oder zum Auskommen (»nur wenn du eine feste Anstellung hast«) wurden von den Juristen allgemein anerkannt. Dagegen verwehrten sie mit Bedacht den Eltern die Möglichkeit, die Lehre vom Zustimmungsrecht dahingehend auszunutzen, an das Paar

---

123. Siehe die *Konsistorialordnung von Goslar* (1555) und die *Erklärung der Synode von Emden* (1571) in Richter, Bd. 2, 166 ff., 340. Siehe auch die Auffassungen des Hofgerichts zu Wittenberg, zitiert bei Sohm: Das Recht der Eheschließung, 199 f.
124. Siehe Übersicht bei Tietz: Verlobung, Trauung, und Hochzeit.

unangemessene Forderungen zu stellen oder diesem unzumutbare Beschränkungen aufzuerlegen. Monner und Mauser sprachen sich sogar dafür aus, dass Eltern oder Vormunde mit einer Geldstrafe belegt werden sollten, wenn sie ihre Zustimmungsvollmacht missbrauchten. Im Fall schweren Missbrauchs sollten sie sogar inhaftiert werden.[125]

Berücksichtigt man die große Aufmerksamkeit, die die elterliche Zustimmung bei Theologen und Juristen fand, ist es nicht weiter verwunderlich, dass die neuen Zivilgesetze häufig gerade diese Zustimmung zur Pflicht machten. Nur wenige Gesetze forderten jedoch, dass alle Eheverträge, die ohne die elterliche Zustimmung zustande gekommen waren, annulliert werden sollten.[126] Einerseits wurde die Anwesenheit von Zeugen oder die öffentliche Bekanntmachung der Verlobung in einer Kirche als hinreichender Ersatz anerkannt, andererseits forderten einige Gesetze auch ein strenges Strafmaß für Paare, die auf die elterliche Zustimmung verzichtet hatten.[127] Das Mitspracherecht der Eltern bei der Vorbereitung auf die Ehe wurde ebenfalls nachdrücklich in den neuen Gesetzen fixiert. Die Gerichte sollten Eltern verbieten, ihre Kinder gegen deren Willen in einen Orden oder ein Kloster zu schicken oder diese davon abzuhalten, ihren geistlichen Orden zu verlassen. Kinder, denen strenge Bedingungen oder Beschränkungen für ihre spätere Ehe auferlegt wurden, erhielten ein Beschwerderecht vor dem Amtsgericht. Bekam das Kind Recht, mussten die Eltern (oder der Vormund) mit einer Geldstrafe oder anderer Bestrafung rechnen.[128] In den

---

125. Vgl. DIETERICH: Das protestantischen Eherecht, 123-27.
126. Siehe die *Eheverordnung von Württemberg* (1537) in RICHTER, Bd. 1, 280. Offensichtlich nahm das Wittenberger Ehegericht diesen strengen Standpunkt ein, auch wenn die uneingeschränkte Zustimmung der Eltern in den Wittenberger Bestimmungen nicht festgelegt war. Vgl. DIETERICH: Das protestantischen Eherecht, 156 f.
127. Siehe z. B. die Kirchenordnungen von Basel (1529) und Brandenburg (1573) und die *Erklärung der Synode von Emden* (1571) in RICHTER, Bd. 1, 125; Bd. 2, 376, 340. Siehe auch die *Reformationsordnung von Hessen* (1526), die *Eheverordnung von Württemberg* (1553) und die *Schaumburg-Lippische Land- und Polizeiordnung* (1615), zit. bei GUSTAV SCHMELZEISEN: Polizeiordnung und Privatrecht. Münster/Köln 1955, 33 f.
128. Siehe die Satzung der *Wittenberger Konsistorialordnung* (1542), die *Cellische Kirchenordnung* (1545), die *Eheverordnung von Dresden* (1556), die *Territorialordnung von Preußen* (1577), die *Eheverordnung der Kurpfalz* (1582) und die *Schaumburg-Lippische Land- und Polizeiordnung* (1615) in SEHLING, Bd. 1, 20 ff., 292 ff., 343 ff., und SCHMELZEISEN: Polizeiordnung und Privatrecht, 36. Siehe beispielhafte Fälle auch in BEUST: Tractatus de iure connubiorum, Folios 82b-86a.

6 · Der Inbegriff aller weltlichen Gesetze: Die Reform des Eherechts

meisten Rechtsordnungen wurde die elterliche Zustimmung nicht länger gefordert, wenn das Kind einmal die Volljährigkeit erreicht hatte.[129]

Die Forderung nach der Anwesenheit von mindestens zwei Trauzeugen mit gutem Leumund wurde von nahezu allen Rechtsgelehrten und Gesetzgebern unterstützt. Einige frühe Gesetze hatten die Gültigkeit eines Eheversprechens ohne Zeugen gänzlich angefochten. Doch in den meisten Rechtsordnungen wurde es in das Ermessen des Gerichts gelegt, die Gültigkeit eines Eheversprechens zu beurteilen.[130] Anfangs wurden Eheschließungen ohne Zeugen nur selten annulliert. Als die Häufigkeit vorehelichen Geschlechtsverkehrs und vorehelicher Schwangerschaften jedoch zunahm und die Gerichte mit der zeitraubenden Beweisaufnahme zur Beziehung prozessierender Paare beschäftigt waren, wurden private Eheversprechen zunehmend abgeschafft. Partner, die ihr privates Eheversprechen vollzogen hatten, wurden mit Geldstrafen belegt, inhaftiert oder in einigen Rechtsordnungen sogar des Landes verwiesen. Im späten 16. Jahrhundert erhoben einige Territorien die Forderung, dass das Paar entweder einen Regierungsbeamten als Zeugen für ein Eheversprechen bestellte oder sein Versprechen im Rathaus oder einem anderen dafür zuständigen Amtsgebäude bekanntgaben.[131]

Viele Rechtsordnungen gestanden der Kirche eine unverzichtbare Aufgabe bei der Eheschließung zu. Paare waren unter Androhung schwerer Strafen verpflichtet, ihre Eheschließung durch einen Kirchenbeamten der Gemeinde eintragen zu lassen.[132] Die öffentliche kirchliche Trauungsfeier ebenso wie die Unterweisung und Segnung durch den Pfarrer waren nun auch für Paare vorgeschrieben, die ihre Verlobung zu einem früheren Zeitpunkt bekannt gegeben und die elterliche Einwilligung erhalten hatten.[133]

---

129. Vgl. z. B. die *Kirchenordnung von Goslar* (1555) in RICHTER, Bd. 2, 165. Die Volljährigkeit lag laut dieser Rechtsordnung für Männer bei 20 Jahren, für Frauen bei 18 Jahren; in anderen Rechtsordnungen lag die Volljährigkeit für Männer bei ganzen 27 Jahren, für Frauen bei ganzen 25 Jahren; vgl. SCHMELZEISEN: Polizeiordnung und Privatrecht, 35.
130. Die *Eheverordnung von Zürich* (1525), die von mehreren süddeutschen Städten übernommen wurde, war die erste Ordnung, die sämtliche unbezeugte Eheschließungen für ungültig *ab initio* erklärte. Vgl. KÖHLER: Die Anfänge, 74 ff. Typisch für frühe Satzungen waren die *Kirchenordnung von Ulm* (1531) und die *Eheverordnung von Württemberg* (1537), beide in RICHTER, Bd. 1, 158, 280.
131. Die *Eheverordnung von Württemberg* (1553) und die *Kirchenordnung von Goslar* (1555) in RICHTER, Bd. 2, 129, 165. Vgl. Erörterung bei KÖHLER: Die Anfänge, 292.
132. Siehe z. B. die *Kirchenverordnung von Ulm* (1531) in RICHTER, Bd. 1, 159.
133. Siehe die *Ordnung des Zürcher Ehe- und Chorgerichts* (1525), die Kirchenordnungen von Basel (1530), Kassel (1530), Ulm (1531), Straßburg (1534) und die Zi-

Das Zustimmungsrecht zur Ehe

Mehrere Ordnungen sahen ausdrücklich Strafen für verlobte Paare vor, die die Ehe schon vor der kirchlichen Zeremonie vollzogen hatten.[134] Schon in den 1550er Jahren konnte dieser »antizipatorische Geschlechtsakt« Gefängnis oder Bann ebenso wie Exkommunikation nach sich ziehen.[135]

Jene vier zusammenhängenden Reformen, die das bürgerliche Eherecht Deutschlands veränderten – die zunehmende Zusammenführung des bedingungsfreien futurischen und präsentischen Eheversprechens, die Pflicht zur elterlichen Zustimmung, Trauzeugen, die kirchliche Beurkundung und die Feier – blieben für die nächsten drei Jahrhunderte bindend, nicht nur in Deutschland, sondern auch in zahlreichen anderen westlichen Ländern. Diese Reformen gründeten zum einen in der neuen Theologie des lutherischen Sozialmodells der Ehe; zum anderen wurden sie von älteren Bestimmungen des römischen und des kanonischen Rechts abgeleitet, die am Vorabend der Reformation in Vergessenheit geraten waren.

Tatsächlich bewirkte das Konzil von Trient vergleichbare Änderungen hinsichtlich der kanonischen Gesetze zur Eheschließung, wobei hier die gleichen älteren Präzedenzfälle des kanonischen und des römischen Rechts herangezogen wurden wie von den Reformatoren. Diese Reformen jedoch gründeten sich auf die charakteristische Sakramentstheologie der katholischen Tradition. Durch das *Dekret Tametsi* (1563) bestimmte das Konzil, dass (1) ein Ehevertrag nur dann gültig werde, wenn die Partner in Gegenwart eines Priesters und von Zeugen ihren Trauungseid abgaben; (2) jede Verlobung dreimal öffentlich bekannt zu geben war, bevor die Hochzeit stattfinden konnte; und (3) jede Gemeinde ein öffentlich einsehbares und aktuelles Eheregister zu führen hatte. Weiterhin ermutigte das Konzil die Eltern darin (forderte dies jedoch nicht), ihre Kinder bei der Wahl des geeigneten Ehepartners zu beraten.[136]

---

tate und Erörterungen vieler späterer Satzungen in FRIEDBERG: Das Recht der Eheschließung in seiner geschichtlichen Entwicklung, 213-217, und SCHMELZEISEN: Polizeiordnung und Privatrecht, 45 f.

134. Siehe die Ordnungen von Nürnberg (1537), Augsburg (1553) und Ulm (1557), beschrieben in OZMENT: When Fathers Ruled, 36 ff.; KÖHLER: Die Anfänge, 296 ff.

135. Vgl. die *Eheordnung von Württemberg* (1553) in Richter, Bd. 2, 128, und die *Kirchenordnung der Rheinpfalz* (1563) in SEHLING, Bd. 6, 133.

136. Siehe oben Kap. 1.

6 · Der Inbegriff aller weltlichen Gesetze: Die Reform des Eherechts

Das Gesetz von den Ehehindernissen

Die lutherischen Theologen und Juristen bemühten sich mit der gleichen Entschlossenheit darum, die kanonischen Gesetze von den Ehehindernissen zu reformieren. Nach Ansicht der Reformatoren waren zahlreiche Begründungen für eine Aufhebung von Verlobungen und Ehen biblisch nicht zu belegen. Wieder andere hatten sich, auch wenn sie auf der Bibel beruhten, zu einer Quelle von Korruption und Verunsicherung entwickelt.

Der Bibel gemäß, wie sie die Reformatoren verstanden, war die Ehe eine Pflicht, die durch das Gesetz der Schöpfung festgeschrieben werde, und ein Recht des Menschen, das durch das Gesetz Christi geschützt werde. Kein menschliches Gesetz dürfe auf diese göttliche Pflicht einwirken oder dieses »göttliche Recht« verletzen, ohne durch das Gesetz Gottes bevollmächtigt zu sein.[137] Keine menschliche Autorität dürfe eine Ehe ohne göttliche Ermächtigung verhindern oder annullieren.[138] Melanchthon drückte es so aus, »*dass für die Verbindung von Mann und Frau das Naturrecht zuständig ist. Da aber das Naturrecht unveränderlich ist, muss auch das Recht auf Eheschließung immer bleiben.*«[139] Ehehindernisse, die nicht eindeutig dem Gebot Gottes und der Natur entsprächen, dürften daher nicht geduldet werden. Somit seien die Ehehindernisse, die die Heiligkeit des Ehesakraments schützten, nicht vertretbar, denn die Bibel lehre (im Verständnis der Reformatoren) nicht, das die Ehe ein Sakrament sei. Ehehindernisse, die den christlichen Gelübden des Zölibats und der Keuschheit zugute kämen, seien nutzlos, denn die Heilige Schrift ordne solche Gelübde dem Ehegelübde unter.

Sogar die biblisch basierten Ehehindernisse des kanonischen Rechts waren nach Ansicht der Reformatoren zu Quellen der Korruption und Verunsicherung geworden. Lange Zeit war es offizielle Praxis der Kirche gewesen, bestimmte Ehehindernisse (so zum Beispiel Blutsverwandtschaft und familiäre Zugehörigkeit) dann zu lockern, wenn sie für die Partner oder deren Kinder Unrecht verursachten. Die Parteien konnten von diesen Ehehindernissen dispensiert werden, wodurch sie von den Einengungen der

---

137. WA 6, 497-573.
138. Vgl. WA 6, 497-573 und WA 10/2, 275-304; dort werden die acht Hindernisse kritisiert, die in Angelo Carletti di Chivassos bekannter Bekenntnisschrift *Summa angelica de casibus conscientiae* (1486) dargelegt werden. Es war eines der Bücher, die Luther zusammen mit den Büchern des kanonischen Rechtes 1520 verbrannt hatte. Siehe oben S. 79.
139. Apologie Art. 23.

gesetzlichen Vorschriften befreit waren. Diese »billige« Praxis war bis dahin auf wenig Kritik gestoßen. Tatsächlich wurde sie von den Reformatoren fortgeführt, wie wir zuvor im berüchtigten Fall des Philipp von Hessen sehen konnten. Die Besorgnis der Reformatoren richtete sich auf den Missbrauch dieser Praxis in ganz bestimmten Bistümern in Deutschland. Ihrem Urteil nach hatten einige bestechliche Kleriker jene »billige« Vollmacht zum eigenen finanziellen Vorteil genutzt, indem jedes nur denkbare Ehehindernis gelockert wurde, wenn der Dispensbetrag nur hoch genug ausfiel. Klerikale Bestechlichkeit und ein regelrechtes Handelsgebaren um den Dispens vom Ehehindernis riefen den erbitterten Widerstand der Reformatoren hervor. »*In den heutigen Ehen*«, beklagte Luther, »*gibt es keine Hindernisse, die sie gegen Bezahlung nicht legitimieren können. Diese künstlichen Verordnungen scheinen ihre Existenz keinem anderen Grund zu verdanken als dem des Geldscheffelns und Seelenfangens.*«[140] Dieser Missbrauch entweihe nicht nur das priesterliche Amt, er führe im Fall des Ehehindernisses auch zu einem liberalen Gesetz für reiche Menschen und einem strikten Gesetz für arme. Außerdem konnten die Reformatoren darauf verweisen, dass die Ehehindernisse für den normalen Bürger inzwischen kaum noch zu verstehen seien. Die Beichtspiegel waren voller komplizierter Rechtserörterungen zu den Ehehindernissen, die der Uneingeweihte nicht verstehen konnte, und ohnehin nicht in der Sprache des einfachen Mannes gehalten.[141]

Als Antwort auf diese allgemeine Kritik entwickelten die Reformatoren ein vereinfachtes und ihrer Ansicht nach biblisches Gesetz der Ehehindernisse. Erstens übernahmen sie die Mehrzahl der physischen Ehehindernisse; zweitens akzeptierten sie mit gewissen Einschränkungen die Hindernisse, die die Einwilligung der Partner schützten; drittens übernahmen sie das Gesetz vom persönlichen Ehehindernis in einer stark gekürzten Form; und viertens verzichteten sie auf die geistlichen Ehehindernisse zum Schutz der Heiligkeit eines Sakraments.

Aufgrund der Bedeutung, die die Reformatoren der körperlichen und sexuellen Bindung von Ehemann und Ehefrau verliehen, akzeptierten sie bereitwillig die physischen Ehehindernisse des kanonischen Rechts, Zeugungsunfähigkeit und Doppelehe, mit Hinweis auf die gleichen bevorzugten Stellen bei Mose, in den Evangelien und bei Paulus.[142]

Indem sie die Lehre vom beiderseitigen Einverständnis zur Eheschlie-

---

140. WA 6, 553 f.; WA 10/2, 265 f.
141. Ebd. Siehe auch WA 6, 202–276; BUCER, RC, Kap. 17; zur Erörterung anderer Ansichten vgl. DIETERICH: Das protestantische Eherecht, 97 f.
142. Ebd.

ßung anerkannten, akzeptierten die Reformatoren zugleich die traditionellen Ehehindernisse, die das freiwillige Einverständnis gewährleisten sollten. Ein Mann und eine Frau, die unter Zwang, unter Druck oder durch Einschüchterung geheiratet hatten, galten folglich als »unverheiratet vor Gott«, sodass es ihnen überlassen war, die Verbindung wieder zu lösen. Sowohl lutherische Theologen als auch Juristen forderten jedoch im Gegensatz zu den Kanonisten, dass der Druck, der auf das Paar ausgeübt worden war, besonders stark und böswillig gewesen sein müsse, eine Forderung, die sie auf die patristische Autorität stützten. Wie die Kanonisten war die Vorgabe einer falschen Identität ein Grund für eine Annullierung. Allerdings erwarteten Luther, Bucer und Brenz von einem christlichen Paar, dass sie dem Beispiel von Jakob und Lea folgten und eine solche Verbindung als eine von Gott auferlegte Last annahmen. Diese Empfehlung wurde in manchen Gesetzen aufgegriffen. Mehrere Reformatoren erlaubten die Annullierung einer Ehe, die auf einem Irrtum beruhte, zum Beispiel auf der falschen Voraussetzung, dass die Ehefrau noch Jungfrau war. Denn wie es das mosaische und das paulinische Gesetz bereits deutlich gemacht hätten, verwehrte eine frühere Verpflichtung zur Ehe – unabhängig davon, ob sie durch ein Eheversprechen oder durch einen Geschlechtsakt entstanden war – eine spätere rechtsgültige Eheschließung. Demzufolge war eine zweite Putativehe von vornherein ungültig.[143]

Als die Reformatoren das bürgerliche Recht von den persönlichen Ehehindernissen formulierten, fühlten sie sich der Tradition des kanonischen Rechts weitaus weniger verbunden. Sie verwarfen mehrere Ehehindernisse und liberalisierten andere, um möglichst viele Erschwernisse für eine Ehe und falsche Auslegungen der Heiligen Schrift zu beseitigen.

Erstens verwarfen die Reformatoren Ehehindernisse, die dazu dienten, den Zölibat und die Keuschheit zu schützen. Kanonische Gesetze, die die Ehe von Klerikern, Mönchen und Nonnen verboten hatten, wurden einmütig als unbiblisch verworfen.[144] Mehrere Gesetze billigten ausdrücklich

---

143. Siehe allgemein ebd., WA 6, 202-276, und Erörterung in FRIEDBERG: Das Recht der Eheschließung in seiner geschichtlichen Entwicklung, 212 ff.; KIRSTEIN: Die Entwicklung, 28 ff., 57 ff.; KÖHLER: Die Anfänge, 375 ff. Für statuarische Beispiele siehe z. B. die Konsistorialordnungen von Brandenburg (1573) und Preußen (1584) in RICHTER, Bd. 2, 383 ff., 466 ff., zu Hindernissen, die das freiwillige Einverständnis beeinträchtigen; *Kurbrandenburgische Kirchenordnung* (1540) in RICHTER, Bd. 1, 323 ff., zum Hindernis bezüglich unsteter Bemühungen.

144. Siehe z. B. WA 30/2, 72-92; WA 10/2, 275-304; Erörterung weiterer Ansichten der Reformatoren in DIETERICH: Das protestantische Eherecht, 78 ff., 110 ff. Konservative Juristen wie Kling und Schürpf lehnten dieses Hindernis nach längerem

Das Gesetz von den Ehehindernissen

die Priesterehe und mahnten die Betroffenen, ihre Nachkommen als gesetzmäßige Kinder und Erben anzuerkennen.[145] Kanonische Gesetze, die eine Wiederheirat derjenigen verboten hatten, die einen späteren Geistlichen, einen Mönch oder eine Nonne geehelicht hatten, fanden im neuen bürgerlichen Recht keine Entsprechung. Die traditionelle Auffassung, dass Zölibats- und Keuschheitsgelübde eine Verlobung oder eine nicht vollzogene Ehe automatisch annullierten, fand nur unter den frühen, konservativen Rechtsgelehrten wie Kling oder Schürpf Akzeptanz.[146]

Zweitens verwarfen bzw. vereinfachten die Reformatoren die komplizierten Beschränkungen, die für Blutsverwandte, Familienmitglieder und geistlich oder gesetzlich verbundene Menschen galten. Nur ältere lutherische Rechtsgelehrte und Gesetzgeber erkannten die kanonische Formel vom Ehehindernis der Blutsverwandtschaft an, das die Annullierung einer Ehe zwischen Partnern ermöglichte, die Blutsverwandte vierten Grades waren.[147] Mehrere Reformatoren akzeptierten Beschränkungen nur für Partner, die bis zum dritten oder zweiten Grad blutsverwandt waren; beide Auffassun-

---

Zögern endgültig ab; seit 1536 hielt Schürpf Kinder von Geistlichen endgültig für unehelich und empfahl, dass ihnen keine Hinterlassenschaften und Erbteile zugesprochen werden sollten. Vgl. STINTZING, 275.

145. Die Kirchenordnungen von Northeim (1539), Kurbrandenburg (1540) und Braunschweig-Wolfenbüttel (1543) sowie die *Konsistorialordnung von Wittenberg* (1542) in RICHTER, Bd. 1, 287 ff., 323 ff., 367 ff., und Bd. 2, 56 ff.
146. WA 6, 497-573.
147. Die frühen Autoren, die diese Haltung einnahmen – Brenz, Kling, Balthasar Klammer, Mauser und Monner, übernahmen die traditionelle Lehre als ein Ehehindernis; sie befürworteten die Annullierung einer rechtsgültigen Eheschließung nur dann, wenn die Partner im zweiten Grad blutsverwandt waren. Um ihre Haltung zu rechtfertigen, zitierten diese Autoren aus der Heiligen Schrift (Lev 18,6-13) als erstrangige Quelle; aus dem römischen Recht (Gesetzessammlung 23, 2, 53, 68) als zweitrangige Quelle; aus dem kanonischen Recht und dem germanischen Stammesrecht als drittrangige Quelle; und aus dem kanonischen Recht als viertrangige Quelle. Vgl. DIETERICH: Das protestantische Eherecht, 131-135. Es sollte hier betont werden, dass die strenge Auslegung der Hindernisse zur Blutsverwandtschaft bis zum vierten Grad viele Hunderte von möglichen Ehepartnern ausschloss – eine bedeutsame Einschränkung für diejenigen, die in kleinen isolierten Gemeinschaften lebten. Vgl. RUDOLPH WEIGAND: Ehe- und Familienrecht in der mittelalterlichen Stadt. In: ALFRED HAVERKAMP (Hrsg.): Haus und Familie in der spätmittelalterlichen Stadt. Tübingen 1984, 173; RICHARD KOEBNER: Die Eheauffassung des ausgehenden deutschen Mittelalters. In: Archiv für Kulturgeschichte 9 (1911), 136.

6 · Der Inbegriff aller weltlichen Gesetze: Die Reform des Eherechts

gen fanden Aufnahme in die Gesetze.[148] Luthers wiederholt vorgebrachtes Argument, nur jene kleine Gruppe von Ehehindernissen der Blutsverwandtschaft zu übernehmen, die im Buch Levitikus genannt seien, wurde mehrfach abgelehnt.[149] Zugleich wurden die kanonischen Ehehindernisse der Verwandtschaft und des Anstands, die die Ehe mit einem Blutsverwandten des verstorbenen Ehepartners oder Verlobten ersten bis vierten Grades annullierten, in ihrer modifizierten Form nur von älteren lutherischen Rechtsgelehrten und Gesetzgebern anerkannt.[150] Die Argumente der Theologen zur Milderung dieser Einschränkungen auf »angeheiratete Verwandte« dritten, zweiten und selbst ersten Grades fanden allesamt Eingang in die Gesetzgebung.[151]

Drittens verwarfen nahezu alle Reformatoren und Gesetzgeber die geistlichen Ehehindernisse, die eine Ehe zwischen Taufpaten und deren Patenkindern verboten hatten.[152]

Viertens wurden die gesetzlichen Ehehindernisse, die Eheschließungen zwischen Partnern, die auf verschiedene Weise durch Adoption verwandt

---

148. Eine aufschlussreiche Übersichtstafel findet sich bei MELANCHTHON: De arbore consanguinitatis et affinitatis, sive de gradibus. Wittenberg 1540, Folio aii-bii. Zu Osianders Haltung siehe die Zusammenfassung in JUDITH W. HARVEY: The Influence of the Reformation on Nürnberg Marriage Laws, 1520-1535. Ph.D. Diss. Ohio State University 1972), 250. Hindernisse zur Blutsverwandtschaft dritten Grades wurden übernommen in die *Württemberger Eheverordnung* (1537), in das *Cellische Ehebedenken* (1545), die *Mecklenburger Kirchenordnung* (1557), die *Hessische Reformationsordnung* (1572), die *Mecklenburger Polizeiordnung* (1572) und die *Lübecker Ordnung* (1581), jeweils zu finden in RICHTER, Bd. 1, 280; SEHLING, Bd. 1, 296; Bd. 5, 212; SCHMELZEISEN: Polizeiordnung und Privatrecht, 50 ff. Hindernisse zur Blutsverwandtschaft des zweiten Grades wurden in die *Sächsischen Generalartikel* (1557) übernommen; siehe dazu RICHTER, Bd. 2, 178 ff.
149. Siehe WA 10/2, 265 f., 275-304, und Korrekturen in WA Br 7, 152 f. Das levitische Recht hinsichtlich der Hindernisse zur Blutsverwandtschaft wurde in spätere Satzungen übernommen, z. B. in die *Brandenburger Ordnung* (1694) und in die *Preußische Kabinettsordnung* (1740); Zitate und Erörterungen dazu in SCHMELZEISEN: Polizeiordnung und Privatrecht, 51 f.
150. Vgl. DIETERICH: Das protestantische Eherecht, 135 f.
151. Ebd., 100, 161.
152. Ebd., 100, 136. Die meisten Satzungen übergingen die geistlichen Hindernisse stillschweigend – erst später wurden Satzungen entworfen, die deren Gültigkeit eindeutig verneinten. Siehe z. B. die *Kirchenordnung von Niedersachsen* (1585) und die *Braunschweiger Polizeiordnung* (1618); Zitate und Erörterungen dazu in SCHMELZEISEN: Polizeiordnung und Privatrecht, 53.

Das Gesetz von den Ehehindernissen

waren, verboten hatten, gemildert und in einigen Rechtsordnungen gänzlich aufgegeben.[153]

Fünftens verwarfen mehrere Rechtsordnungen, die Luthers Zusammenführung von futurischen und präsentischen Eheversprechen übernommen hatten, das kanonische Ehehindernis für Mehrfachbeziehungen. Die Kanoniker hatten sich an den Grundsatz gehalten, dass eine Verlobung immer dann aufgelöst wurde, wenn ein Partner bereits früher ein Eheversprechen abgegeben oder sexuelle Beziehungen unterhalten hatte. Diese Regelung wurde von den Reformatoren nur dann übernommen, wenn das Verlobungsgelübde an Bedingungen geknüpft gewesen war. Sie vertraten den Standpunkt, dass ein bedingungsfreies, öffentliches Verlobungsgelübde nicht aufgehoben werden könne und somit einer anschließenden körperlichen oder mündlichen Eheverpflichtung übergeordnet sei.[154]

Die Reformatoren lehnten die geistlichen Hindernisse des Unglaubens und des Frevels ab, die zum Schutz der Heiligkeit eines Ehesakraments geschaffen worden waren. Das kanonische Recht hatte zum einen die Ehe zwischen Christen und Nichtchristen untersagt, zum anderen eine Annullierung ermöglicht, wenn sich einer der Partner gänzlich von der Kirche losgesagt hatte. Nur Paare, die durch die Taufe geheiligt und im Glauben treu waren, hatten die Einheit Christi mit seiner Kirche symbolisieren können. Nach Auffassung der Reformatoren habe die Ehe keine solche symbolische Aufgabe für das Christentum und setze demnach auch nicht die Taufe und die Einheit im Glauben voraus.[155] Die Kanonisten hatten auch die Ehe mit einer Person verboten, die öffentlich Buße (für eine Todsünde) abgelegt hatte oder wegen eines Sexualdelikts verurteilt worden war. Denn durch die schwere Sünde seiner Vergangenheit sei die eheliche Verbindung dauerhaft belastet gewesen, womit weder der Sünder noch sein Ehepartner die heiligende Gnade des Sakraments empfangen könne. Nach Ansicht der Reformatoren verleihe die Ehe keine solche heiligende Gnade und habe daher auch keine solche Reinheit zur Bedingung. Allerdings schrieb Luther: »*Laster und sund soll man straffen, aber mit ander straff, nicht mit ehe verpieten.*

---

153. Dieses Hindernis wurde von einigen frühen Reformatoren wie Kling, Schürpf und Brenz nicht angetastet. Viele spätere Juristen, die das Hindernis ablehnten, bestanden darauf, dass man dem Kind alle Ansprüche hinsichtlich Rechtssicherheit und Erbanfall gewähren müsse, so, als wäre es ein leibliches Kind. Vgl. Dieterich: Das protestantische Eherecht, 101, 137.
154. Siehe das *Cellische Ehebedenken* (1545), die *Konsistorialordnung von Goslar* (1555) und die *Eheverordnung von Dresden* (1556) in Sehling, Bd. 1, 295; Richter, Bd. 2, 166; Sehling, Bd. 1, 343.
155. Dieterich: Das protestantische Eherecht, 68, 102.

(...) *David brach die ehe mit Bachsaba, Urias weyb, und ließ datzu yhrn man todten, das er alle beyde laster verwirckt, noch gab er dem Bapst keyn gelt und nam sie darnach zur ehe und tzeuget den konig Salomon mit yhr.*«[156] Ein Teil der Rechtsgelehrten und Gesetzgeber pflichtete ihm bei.

Das Recht auf Scheidung und Wiederheirat

Der Angriff der Reformatoren auf das kanonische Gesetz von den Ehehindernissen stand in engem Zusammenhang mit ihrem Angriff auf das kanonische Scheidungsrecht. So wie sie viele Ehehindernisse als Verstöße gegen das Recht zur Eheschließung verwarfen, lehnten sie auch das kanonische Scheidungsrecht als eine Beschneidung des Rechts ab, eine Ehe aufzuheben und eine neue zu schließen.

Seit dem 12. Jahrhundert hatte die Kirche durchweg gelehrt, dass die Scheidung erstens für die Partner nur eine Trennung von Tisch und Bett bedeute; zweitens eine solche Trennung von einem Kirchengericht bei Nachweis von Ehebruch, böswilligem Verlassen und Gewalt angeordnet werden musste (die Scheidung konnte also nicht auf eigenen Wunsch erfolgen); und drittens trotz der Scheidung das sakramentale Band zwischen den Ehepartnern unversehrt blieb und darum keiner der Partner die Freiheit hatte, erneut zu heiraten, zumindest nicht, bis der getrennt lebende Ehepartner verstorben war. War der Bund der Ehe einmal geschlossen, so konnte er nicht gelöst werden, auch wenn die Partner erbitterte Feinde geworden waren.

Teilweise wurde das kanonische Scheidungsrecht in der Praxis durch das Gesetz von den Ehehindernissen abgeschwächt, sodass es Partnern möglich wurde, eine Putativehe auflösen zu lassen und erneut zu heiraten. Doch eine Annullierungsvereinbarung bedeutete lediglich, dass die Ehe niemals existiert hatte, da sie widerrechtlich geschlossen worden war. Ein Kirchengericht hatte den Nachweis zu führen, dass ein absolutes Ehehindernis beziehungsweise ein Ehenichtigkeitsgrund vorlag. Eine Annullierungsvereinbarung bedeutete häufig auch, dass die Partner durch ihre Verbindung schwere Sünde auf sich geladen hatten und daher der Bußdisziplin (und bisweilen auch gesetzlicher Strafe) unterlagen. Eine solche Annullierung konnte bei weitem nicht so leicht erwirkt werden, wie sich das die Protestanten des 16. Jahrhunderts gedacht hatten. Besonders schwierig war es,

---

156. WA 10/2, 283.

wenn die Partner die Ehe vollzogen hatten und Kinder daraus hervorgegangen waren.[157]

Die lutherischen Reformatoren begründeten ihre Ablehnung der traditionellen Lehre mit Argumenten, die in der Heiligen Schrift, der Geschichte und ihrem Nutzen gründeten. Die Heilige Schrift lehre, dass die Ehe eine natürliche Einrichtung des irdischen Reichs sei, keine sakramentale Einrichtung des himmlischen Reichs. Dies war den Reformatoren besonders wichtig. Das Wesen der Ehe sei die Gemeinschaft von Ehemann und Ehefrau im diesseitigen Leben, nicht ihre sakramentale Bindung im zukünftigen Leben.[158] Damit ein Paar in diesem irdischen Leben »eine wahre Ehe« begründen könne, so Martin Bucer, verlange Gott von ihnen, dass sie zusammenlebten und mit Körper und Geist vereinigt seien. Das Ziel einer Ehe sei es, alle Pflichten miteinander zu erörtern, die göttlichen ebenso wie die menschlichen, einer mit dem anderen in größtmöglicher Güte und Liebe.[159] Eine unversöhnliche Trennung der Partner käme einer Aufhebung der Ehe gleich, da der Zweck einer wohlwollenden Ehegemeinschaft nicht mehr erfüllt werde. Die traditionelle Lehre, dass auch dauerhaft getrennt lebende Partner durch die Ehe verbunden blieben, beruhe dagegen auf der unbiblischen Annahme, dass die Ehe ein bindendes Sakrament sei.

Weiterhin kritisierten die Reformatoren, dass die Kirche eine Scheidung mit einer gerichtlich bestätigten Trennung gleichsetze und sie den Geschiedenen eine Wiederheirat verwehre, was durch die Heilige Schrift nicht zu begründen sei. Der Begriff *divortium*, wie er in der Heiligen Schrift gebraucht würde, meine die Aufhebung der Ehe, nicht bloß eine Trennung.

---

157. Siehe R. H. HELMHOLZ: *The Spirit of the Classical Canon Law*. Athens, GA 1996), 240 f.
158. WA 30/3, 205-248; CR 7, 487; 21, 1079 ff.; JOHANNES BUGENHAGEN: *Vom ehebruch vnd weglauffen*. Wittenberg 1539, 1541, Folio 171 ff.; BRENZ: *Wie in Ehesachen ... christenlich zu handeln sei*, Folio 185 ff.; JOHANNES SCHNEIDEWIN: *In Institutionum imperialium titulum X. De nvptiis*. Frankfurt a. M. 1571, 484 ff.; KONRAD MAUSER: *Explicatio erudita et utilis X. tituli inst. de nuptiis*. Jena 1569, 335 ff.; BASILIUS MONNER: *Tractatus duo. I. De matrimonio. II. De clandestinis conjugiis*. 2. Aufl. Jena 1604, 203 ff. Siehe weiterhin HANS HESSE: Evangelisches Ehescheidungsrecht in Deutschland. Bonn 1960; FRIEDRICH ALBRECHT: Verbrechen und Strafen als Ehescheidungsgrund nach evangelischem Kirchenrecht. Inaug.-Diss., München 1903; J. GRABNER: Ueber Desertion und Quasidesertion als Scheidungsgrund nach dem evangelischen Kirchenrecht. Inaug.-Diss., Leipzig 1882; AEMILIUS RICHTER: Beiträge zur Geschichte des Ehescheidungsrechts in der evangelischen Kirche. Aalen 1958.
159. BUCER: *Common Places*, 465.

Kein philologischer Hinweis aus biblischer oder früher patristischer Zeit ließe auf etwas anderes schließen. Mittelalterliche Autoren hätten den Begriff in ihrem Sinne ausgelegt, um das sakramentale Konzept von der Ehe zu untermauern.[160] Wo die Heilige Schrift die Scheidung zulasse, so glaubten die Reformatoren, lasse sie auch eine Wiederheirat zu. »*Hie sihestu, das umbs ehbruchs willen*«, schrieb Luther beispielsweise, »*Christus man und weyb scheydet, das, wilchs unschuldig ist, mag sich verendern.*«[161] Andere Reformatoren betrachteten ein Scheidungsurteil und das Recht auf Wiederheirat als »ein und dasselbe«.[162] Wie jeder Einzelne habe auch der Geschiedene Gottes Aufforderung zur Gründung einer Familie zu beherzigen und Gottes Heilmittel gegen Unkeuschheit und andere sexuelle Sünden anzunehmen. Dem Geschiedenen die geistlichen und leiblichen Vorzüge der Ehe vorzuenthalten, wie es die Kirche traditionell getan hatte, dürfe nicht geduldet werden. Es sei unbiblisch und führe zu aller Art sexueller Sünde.

Die Reformatoren ergänzten die biblischen Argumente für eine Scheidung und Wiederheirat durch Argumente aus der Geschichte. Sie stützten ihre Auslegung der Bibel mit Kommentaren der Kirchenväter. Dort fanden sie eine Fülle von Präzedenzfällen für das Scheidungs- und das Wiederheiratsrecht: im mosaischen Gesetz, Dtn 24,1 (Erlaubnis zur Scheidung bei »Unreinheit«), und in zahlreichen Bestimmungen der christlich-römischen Kaiser, besonders im *Codex Theodosianus* (438), *Codex Iustinianus* (534) und in den *Leges Novellae* (535).[163]

Jene historischen Scheidungsgesetze waren allerdings kaum mit den Lehren des Evangeliums zu vereinbaren: Christus hatte die Scheidung nur bei Ehebruch und nur als eine besondere Ausnahme zu dem folgenden Gebot gestattet: »*Was nun Gott zusammengefügt hat, soll der Mensch nicht scheiden*« (Markus 10,2-12; Lukas 16,18; Matthäus 5,31-32 und 19,3-19). Paulus hatte in diesem Zusammenhang in 1. Korinther 7,15 darauf hingewiesen,

---

160. Ebd., 416 f.; WA 30/3, 205-248.
161. WA 10/2, 288.
162. Zitiert aus Ozment: When Fathers Ruled, 84.
163. Luther griff hier ein weiteres Argument auf: »Scheidet« die christliche Obrigkeit eine Ehe, so handele sie dabei, als sei sie Gott, da sie ja Gottes Vizeregent ist. Vgl. z. B. WA Tr 1, Nr. 414: »*Ego autem sentio iudicium de coniugiis pertinere ad iurisconsultos. Cum enim iudicent de patre, matre, filiis, servis, cur non etiam de ipsa vita coniugum? Iam quod opponunt caesaris legem de divortio non esse sequendam, quod scriptum sit: Quae Deus coniunxit, homo non separet, respondeo: Cum caesar [als Stellvertreter Gottes] legibus suis separat, non separat homo, sed Deus [in der Person seines Stellvertreters], quia homo significat hic privatum. Sicut cum dicit: Non occides, praecipit privato, non magistratui.*«

dass eine Scheidung bei böswilligem Verlassen gestattet sei: »*Wenn aber der Ungläubige sich scheiden will, so lass ihn sich scheiden. Der Bruder oder die Schwester ist nicht gebunden in solchen Fällen. Zum Frieden hat euch Gott berufen.*« Die Gesetze des Mose und die des Römischen Reichs kannten für eine Trennung der Ehe zahlreiche weitere Gründe als nur den Ehebruch und böswilliges Verlassen. Das mosaische Gesetz gestattete die Scheidung wegen aller Arten von »*Unreinheit*«, Schamlosigkeit und Unverträglichkeit. Im römischen Recht hatte sich ein Ehepartner scheiden lassen können, wenn sich sein Partner des Hochverrats oder des Ikonoklasmus schuldig gemacht, ein Verbrechen oder Betrug gegenüber einer dritten Partei begangen oder er Familienmitglieder misshandelt, verlassen, bedroht oder auf andere Weise schlecht behandelt hatte. Eine Scheidung war auch dann gestattet, wenn ein Ehemann seine Ehefrau fälschlich des Ehebruchs beschuldigt oder die Ehefrau beschämend oder sittenwidrig gehandelt hatte (zum Beispiel durch einen Schwangerschaftsabbruch, Bigamie oder Exhibitionismus), straffällig, schamlos oder zeugungsunfähig geworden war oder sich dauerhaft dem Geschlechtsverkehr entzog. In der spätrömischen Kaiserzeit war eine Scheidung bereits dann gestattet worden, wenn darüber gegenseitiges Einvernehmen der Partner bestand. Dem schuldlosen Partner war in den meisten Fällen gestattet worden, sich erneut zu verheiraten.[164] Eine so liberale Rechtsauffassung stand in einem dauernden Spannungsverhältnis zu dem Gebot des Neuen Testaments, dass die Ehepartner unlösbar miteinander verbunden seien, nur dann nicht, wenn Unkeuschheit und Unglauben festgestellt worden waren.

Die Reformatoren lösten diese Spannung, indem sie eine Unterscheidung trafen: zwischen Sittengesetzen, die für Christen im himmlischen Reich formuliert wurden, und Zivilgesetzen, die für alle Menschen im irdischen Reich formuliert wurden. Die Reformatoren lehrten, dass das Gebot Christi ein absoluter moralischer Maßstab für Christen sei. Es verlange von ihnen Liebe, Geduld, die Fähigkeit zu verzeihen und einen versöhnlichen Geist. Es lege fest, was uneingeschränkt richtig sei und wie das wahre Gesetz ausgesehen hätte, wenn das irdische Reich frei von Sünde und nur von voll-

---

164. *Codex Theodosianus* 3.16.1,2; *Codex Justinianus* 5.17.8,9,10. Die Scheidung im gegenseitigen Einverständnis, die von Kaiser Anastasius I. 497 genehmigt worden war, wurde etwa 40 Jahre später durch Justinians Novelle 117.8-14 aufgehoben. Vgl. allgemein SUSAN TREGGIARI: Roman Marriage: Iusti Coniuges from the Time of Cicero to the Time of Ulpian. Oxford 1991, 435 ff.; JUDITH EVANS GRUBB: Law and Family in Late Antiquity: The Emperor Constantine's Marriage Legislation. Oxford 1995, 203 ff.

6 · Der Inbegriff aller weltlichen Gesetze: Die Reform des Eherechts

kommenen Christen bevölkert gewesen wäre. Doch sei das irdische Reich ein gefallenes Reich, in dem viele seiner sündigen Bürger das Sittengesetz missachten würden. Darum müssten die weltlichen Autoritäten Gesetze erlassen, die die Ehe und ihre gesellschaftliche Bedeutung förderten und schützten und Frieden und Ordnung in der sündigen Gesellschaft bewahrten. Die positivierten Gesetze der deutschen Obrigkeiten ebenso wie die Gesetze des Mose und der spätrömischen Kaiser müssten aus diesem Grund unweigerlich der moralischen Einstellung zur Ehe abträglich sein. Stattdessen sollten sie Scheidung und Wiederheirat ermöglichen.[165] »*Wie denn auch noch wol zuraten were (wenn weltlich oeberkeit solchs wolt ordnen)*«, schrieb Luther,»*umb etlicher seltzamer, eigensinnigen, storrigen kopffe willen, die nichts uberal leiden koennen und gar nicht zum ehelichen leben dienen, man liesse sie sich scheiden, Denn man kan doch nicht anders regiren umb der leute bosheit willen, man mus offt etwas nach lassen, ob es gleich nicht wolgethan jst, das nicht ein ergers geschehe.*«[166] In Wahrheit seien einige Haushalte irreparabel beschädigt, führte Bugenhagen diesen Gedanken fort. Dies sei ein Schandfleck für die Kirche und für den Staat, der besser entfernt werden solle, damit er nicht noch mehr Übel verursache.[167] Das Scheidungs- und Wiederheiratsrecht solle sich somit wie andere positivierte Gesetze auch nach den moralischen Normen der Heiligen Schrift und den pragmatischen Belangen der Zweckmäßigkeit und der guten Regierungsführung richten.

Aus ihrer Zusammenstellung von Argumenten aus der Heiligen Schrift, der Zweckmäßigkeit und aus der Geschichte folgerten die Reformatoren, dass die rechtsgültige Scheidung zusammen mit dem Recht auf Wiederheirat erstens von Mose und Christus begründet sei, die Zunahme von Scheidungen zweitens aus der Sünde hervorgehe und ein Heilmittel gegen noch größere Sünde sei, und drittens Gott die erweiterten Gründe für eine Scheidung in der Geschichte offenbart habe. Auf dieser Grundlage sprachen sich die Reformatoren für ein neues bürgerliches Scheidungs- und Wiederheiratsrecht aus. Sie präzisierten die triftigen Gründe für eine Scheidung und ein entsprechendes Verfahren, dem sich einander entfremdete Paare unterziehen müssten.

---

165. WA 32, 299-544; Bucer, Common Places, 411 ff.; die Ansichten von Brenz und Bugenhagen werden erörtert in Ozment: When Fathers Ruled, 89 ff.; Sprengler-Ruppenthal: Zur Rezeption, 395 ff.
166. WA 32, 377 f.; siehe auch Bucer: Common Places, 411 f., und Erörterung zu weiteren Reformatoren in: Richter: Beiträge, 32 ff.; Ozment: When Fathers Ruled, 89.
167. Bugenhagen: Vom Ehebruch und weglauffen, Folio miii-oiii.

Das Recht auf Scheidung und Wiederheirat

Die lutherischen Reformatoren und Gesetzgeber Deutschlands erkannten Ehebruch als Scheidungsgrund übereinstimmend an und beriefen sich dabei auf die Autorität der Heiligen Schrift und mit gewissen Einschränkungen auf das römische und das frühe kanonische Recht.[168] Theologen wie Luther und Bugenhagen sprachen sich jedoch dafür aus, dass beiden Partnern zunächst einmal Zeit gegeben werden solle, ihre Angelegenheit privat zu regeln. Sie gaben dem Ehebrecher den Rat, um Vergebung zu bitten, und dem schuldlosen Ehepartner Vergebung zu gewähren. Weiterhin forderten sie Pfarrer und Freunde auf, bei der Rettung einer gefährdeten Ehe auf jede nur erdenkliche Art mitzuwirken. Diese Empfehlungen fanden gesetzlichen Rückhalt. Zahlreiche Eheordnungen griffen die Ratschläge der Reformatoren auf.[169] Strafgesetze sahen vor, dass die Bestrafung eines Ehebrechers nicht eher erfolgen konnte, bevor der schuldlose Partner auf Scheidung geklagt hatte. Wurde eine solche Klage nicht erhoben, konnte der Richter nur dann ein Strafverfahren gegen den Ehebrecher einleiten, wenn dessen Vergehen »offen, zweifelsfrei und empörend« gewesen war.[170] Und selbst in solchen Fällen zogen es die Behörden vor, weniger strenge Strafen (also weder Bann noch Haftstrafen) zu verhängen, sodass ein erneutes Zusammenfinden der Partner immer noch möglich war. Wo die Bemühungen um private Versöhnung scheiterten und das weitere Zusammenleben der Partner unweigerlich Leid hervorrief und ihrem Wohlergehen und dem

---

168. Zahlreiche Kirchenordnungen und Satzungen werden zitiert und erörtert in Hans Dietrich: Evangelisches Ehescheidungsrecht nach den Bestimmungen der deutschen Kirchenordnungen des 16. Jahrhunderts. Berlin 1892, 12-14, 164; Hesse: Evangelische Ehescheidungsrecht, 31-33; Albrecht: Verbrechen und Strafen, 43-46. Die *Kirchenordnung von Lübeck* (1531) und die *Eheverordnung von Württemberg* (1537), die von Brenz entworfen wurde, sowie die *Eheverordnung der Pfalz* (1563) und die *Kirchenordnung von Hüttenberg* (1555) berufen sich hauptsächlich auf das römische Recht und die Heilige Schrift, um diesen Scheidungsgrund zu unterstreichen. Vgl. Sehling, Bd. 5, 356; Richter, Bd. 1, 280; Bd. 2, 257, 163. Melanchthon und Kling beziehen sich in ihren Erörterungen zum Ehebruch mehrfach auf frühe kanonische und patristische Schriften. CR 21, 103, und Melchior Kling: Matrimonialium causarum tractatus, methodico ordine scriptus. Frankfurt a.M. 1553, Folio 101f. Vgl. auch Richter: Beiträge, 29f., zu den Ansichten von Kling.
169. WA 10/2, 275-304. Vgl. Erörterung in Ozment: When Fathers Ruled, 85ff.; Hesse: Evangelisches Ehescheidungsrecht, 32.
170. *Bambergische peinliche Halsgerichtsordnung (Bambergensis)*, Art. 145 (1507), überarbeitet wiedergegeben in der *Constitutio Criminalis Carolina*, Art. 120 (1532), in Josef Kohler/Willy Scheel (Hrsg.): Die peinliche Gerichtsordnung Kaiser Karls V. Constitutio Criminalis Carolina. Nachdr. Aalen 1968, 63.

ihrer Kinder abträglich war, konnte der schuldlose Ehepartner die Klage auf Scheidung einreichen.

Dem Ehemann und der Ehefrau wurde gleichermaßen das Recht auf Scheidungsklage gewährt. War eine gewisse Frist verstrichen, so durfte sich der schuldlose Partner erneut verheiraten, meist nach ein paar Monaten oder einem Jahr. Der Ehebrecher hatte mit strengen strafrechtlichen Maßnahmen zu rechnen, die sich nach dem Ernst des Vergehens richteten. Dies reichte von einer Geldstrafe oder einer kurzen Haftstrafe bis hin zur Verbannung oder Hinrichtung, wo es sich um einen notorischen Ehebrecher handelte. Die Forderung vieler Reformatoren nach Hinrichtung aller geschiedenen Ehebrecher fand bei den Behörden keine Billigung, auch wenn manche Rechtsordnungen, davon beeinflusst, ihr Strafmaß für den Ehebruch erhöhten.[171] Nur der hartnäckige und unbelehrbare Ehebrecher lief Gefahr, hingerichtet zu werden.[172]

Obgleich einige Theologen und konservative Gesetzgeber den Ehebruch als den einzigen Scheidungsgrund anerkannten, so bemühte sich die Mehrzahl ihrer Kollegen um ein toleranteres Scheidungsrecht.[173] Böswilliges Ver-

---

171. Vgl. z. B. BUGENHAGEN: Vom Ehebruch und weglauffen, Folio oiii-piii.
172. Vgl. z. B. BUCER, Common Places, 410f. Zur Reaktion der Zivilbehörden darauf siehe DIETERICH: Das protestantische Eherecht, 105 ff.; HARVEY: The Influence, 113 ff.; KOCK: Studium Pietatis, 141 ff.; KÖHLER: Die Ehe, 109 ff. Die *Bambergensis* und die *Carolina* verlangten jedoch den »Tod durch das Schwert« als Strafmaß für den Ehebruch; diese Satzungen sahen weiterhin vor, dass der schuldlose Ehegatte, der bei Entdeckung des untreuen Ehepartners unmittelbar einen oder beide Ehebrecher tötete, straffrei blieb. Diese Bestimmungen, die jahrhundertelang zum germanischen Stammesrecht gehört hatten, wurden Ende des 16. Jahrhunderts nur noch in seltenen Fällen angewandt. Auch dann, wenn der Ehebrecher begnadigt worden war, wurde ihm das Recht auf Wiederheirat abgesprochen. Strenge Strafen erwarteten ihn im Fall einer erneuten Anklage bei Prostitution, Homosexualität oder anderer Sexualdelikte. Vgl. SCHMELZEISEN: Polizeiordnung und Privatrecht, 53 f.
173. Das war in den Reihen der Theologen z. B. die Ansicht von Ambrosius Blaurer und Johannes Oecolampadius und bei den Juristen z. B. die Ansicht von Schürpf, Schneidewin, Kling und den Verfassern der Kirchenordnungen von Schwäbisch-Hall (1531) und von Niedersachsen (1585). Anfangs befürwortete Johannes Brenz die Scheidung nur, wenn dieser Grund vorlag, später erkannte er mehrere Scheidungsgründe an. Aber auch später sah Brenz die Erlaubnis zur Wiederverheiratung nur für Opfer von Ehebruch vor, während er Kirchenstrafen für Kirchenangehörige forderte, wenn sie sich aus einem anderen Grund als Ehebruch scheiden ließen. Vgl. KÖHLER: Die Anfänge, 302; HESSE: Evangelisches Ehescheidungsrecht, 32 f.; ALBRECHT: Verbrechen und Strafen, 14-16; SCHMELZEISEN: Polizeiordnung und Privatrecht, 61.

lassen war für die meisten Reformatoren Grund genug, eine Scheidung zuzulassen. Jemand, der seinen Ehepartner und seine Familie vorsätzlich verlassen habe, zerstöre das Band der gegenseitigen Liebe, des Dienstes und der Fürsorge, das für den Bestand der Ehe und für die ordnungsgemäße Erziehung der Kinder notwendig sei. Nicht jede Abwesenheit eines Ehepartners durfte dagegen als eine Form böswilligen Verlassens angesehen werden. Theologen wie Bugenhagen und Juristen wie Schneidewin betonten nachdrücklich, dass das Verlassen offenkundig absichtlich und böswillig geschehen sein musste, eine Voraussetzung, die in mehrere Gesetze Eingang fand.[174] Demnach war keine Scheidung möglich, wenn der Ehemann in der Armee des Landesherrn diente, sich wegen einer Ausbildung oder aus geschäftlichen Gründen außer Landes aufhielt, oder ins Ausland gereist war. Die Scheidung auf Grund böswilligen Verlassens war nur dann möglich, wenn die Abwesenheit des Partners unentschuldbar und unbillig war, die Familie ernsthafter Bedrängnis ausgesetzt hatte oder grundlos ausgedehnt worden war, sodass man davon ausgehen musste, der Abwesende sei verstorben, straffällig geworden oder habe Ehebruch begangen. Der verlassene Ehepartner konnte in diesem Fall erneut heiraten. Kehrte der verschollen Geglaubte doch noch zurück, stand er solange unter dem Verdacht des Ehebruchs, bis seine Unschuld bewiesen war.[175] Kehrte der Abwesende nicht mehr zurück, konnte der Ehepartner nach einem festgesetzten Zeitraum einen Scheidungsantrag für die *Ex-parte*-Scheidung einreichen oder sein Recht einklagen, sich erneut verheiraten zu dürfen. Keine Legislative nahm Luthers Empfehlung an, dass der verlassene, gut beleumundete Partner nur ein Jahr zu warten brauchte, bevor er die einseitige Scheidung einreichen konnte. Es gingen allerdings auch nur wenige Gesetzgeber so weit, den ganzen Zeitraum von sieben bis zehn Jahren festzusetzen, den das römische Recht vorgeschrieben hatte.[176] Wartefristen von drei Jahren nach dem Zeitpunkt des Verlassens waren die rechtliche Norm.

Ein Quasi-Verlassen, das unvertretbare Enthalten vom Geschlechtsver-

---

174. BUGENHAGEN: Vom Ehebruch und weglauffen, Folio oiii-piii. Vgl. die Kirchenordnungen von Pommern (1535) und Lippe (1538) in RICHTER, Bd. 1, 250 ff.; Bd. 2, 499 ff.; Zitate und Erörterungen zu weiteren Satzungen in HESSE: Evangelisches Ehescheidungsrecht, 33-35; DIETRICH: Evangelisches Ehescheidungsrecht, 17-25; GRABNER: Über Desertion, 63 ff.; SCHMELZEISEN: Polizeiordnung und Privatrecht, 60 f.
175. Siehe z. B. die Kirchenordnungen von Goslar (1531) und von Celle (1545) sowie die *Konsistorialordnung von Mecklenburg* (1571) in RICHTER, Bd. 1, 156; SEHLING, Bd. 1, 295 ff.; Bd. 5, 239 ff.
176. Siehe WA Tr 3, Nr. 4499; WA Tr 5, Nr. 5569.

kehr, fand als Grund für eine Scheidung nur wenig Zustimmung. Luther, Brenz, Bucer und der Jurist Balthasar Klammer argumentierten, dass der freiwillige Verzicht auf einen so essentiellen Aspekt der Ehe mit dem Verzicht auf die Ehe selbst gleichbedeutend sei. Diese Handlungsweise missachte zudem die Aufforderung des Paulus in 1. Korinther 7: »*Entziehe sich nicht eins dem andern, es sei denn eine Zeit lang, wenn beide es wollen.*« Luther erteilte benachteiligten Ehepartnern den Rat, den Partner über seine Unzufriedenheit zu unterrichten und den Pfarrer oder Freunde um ein Gespräch mit dem Partner zu bitten. Blieb der eine Ehepartner enthaltsam, dann billigte er anscheinend, dass der andere, benachteiligte Ehepartner die Scheidung beantragte und die Genehmigung zur Wiederheirat erwirkte.[177] Diese Auffassung wurde nur in wenige Gesetze übernommen.[178]

Auf Druck mehrerer liberaler Reformatoren, an ihrer Spitze Martin Bucer, fanden zahlreiche weitere Scheidungsgründe Eingang in die Rechtsordnungen der lutherischen Territorien. Bereits in den 1520er Jahren erkannten Zürich und Basel unter dem Einfluss Ulrich Zwinglis folgende Scheidungsgründe an: neben Ehebruch und böswilligem Verlassen Zeugungsunfähigkeit, schwerwiegende Unverträglichkeit, Krankheiten, die die sexuelle Aktivität dauerhaft hinderten, Verbrechen, Betrug, ernsthafte Bedrohung von Leib und Leben eines Ehepartners durch den anderen.[179] Bis in die 1550er Jahre fanden weitere Scheidungsgründe ihre gesetzliche Festlegung: konfessionelle Differenzen eines Paares, Schädigung des guten Rufs eines der Ehepartner, Schmähung und Misshandlung, Verschwörung oder Pläne gegen den Ehepartner, inzestuöse und bigame Handlungen, strafbares Aufsuchen von »öffentlichen Spielen« oder verruchten Orten sowie Verrat oder Sakrileg.[180] Auch wenn kein einzelnes Ehegesetz dieser Zeit alle genannten Scheidungsgründe übernahm, so ermöglichten doch einige die Scheidung, die sie jeweils auf irgendeine Art und Weise aus der Schrift oder dem römischen Recht von Justinian herleiteten.[181]

---

177. WA 10/2, 275-304. Siehe auch Dietrich: Evangelisches Ehescheidungsrecht, 25-31.
178. Die Kirchenordnungen von Lippe (1538), Göttingen (1542), Mecklenburg (1552), die *Württemberger Eheverordnung* (1553) und die *Konsistorialordnung von Preußen* (1584) in Richter, Bd. 1, 365; Bd. 2, 120, 130, 466, 499.
179. Ozment: When Fathers Ruled, 93.
180. Siehe Satzungen in Dietrich: Evangelisches Ehescheidungsrecht, 31 ff.; Hesse: Evangelisches Ehescheidungsrecht, 35 ff.; Köhler: Die Anfänge, 303 ff. Siehe eine zeitgenössische Zusammenschau bei Joachim von Beust: Tractatus de iure connubiorum (1591), Folio 54b-59.
181. Siehe die Kirchenordnungen von Hannover (1536) und von Hüttenberg (1555)

Zusammenfassung und Fazit

Die Reformatoren drängten darauf, dass die Scheidung genauso wie die Eheschließung eine öffentliche Handlung sein sollte. Das eheliche Band dürfe nicht im Geheimen geknüpft werden, also dürfe es auch nicht im Geheimen gelöst werden. Die Kommune und die Kirche sollten von ihrer Absicht unterrichtet und die Scheidung bei einem bürgerlichen Gericht beantragt werden.[182] Diese Forderung nach Öffentlichmachung war ein ernstliches Hindernis für die Scheidung. Paare, die ihre Scheidungsabsicht öffentlich bekanntmachten, erbaten damit nicht nur den Rat und den Beistand ihrer Freunde und des Pfarrers, sondern ernteten dadurch häufig auch den Spott der Gemeinschaft und Strafandrohung seitens der Kirche. Außerdem hatten die Richter einen großen Ermessensspielraum bei der Ablehnung oder Verzögerung von Scheidungsklagen und bei der Gewährung von aufschiebenden Rechtsbehelfen in Ermangelung eines unwiderruflichen Rechtsbehelfs. Besonders bei konservativen Gerichten hatte der Kläger eine starke Beweislast zu tragen, indem er zeigen musste, dass die Scheidung gemäß der gesetzlichen Bestimmungen gerechtfertigt war, alle Bemühungen um Versöhnung vergeblich geblieben waren und dass kein anderer Rechtsbehelf anwendbar war.[183]

Zusammenfassung und Fazit

Wie die katholische Kirche lehrten auch die lutherischen Reformatoren, dass die Ehe eine natürliche, vertragliche und geistliche Einrichtung sei, die dem göttlichen Recht unterliege. Außerdem lehrten sie, dass die Ehe in sich die Güter der gegenseitigen Liebe und Treue der Ehepartner, des gegen-

---

sowie die *Eheverordnung der Pfalz* (1563), zit. bei DIETRICH: Evangelisches Ehescheidungsrecht, 31 f. Eine ähnliche Regelung wird vorgeschlagen von BASILIUS [ERASMUS] SARCERIUS: Corpus iuris matrimonialis. Vom Vrsprung anfang vnd herkhomen Des Heyligen Ehestandts. Frankfurt a. M. 1569, Folio 216.

182. Siehe z. B. WA 6, 497-573; WA 10/2, 275-304; WA 30/3, 205-248. Siehe vergleichbare Methoden in der Schweiz, beschrieben in THOMAS MAX SAFLEY: Canon Law and Swiss Reform: Legal Theory and Practice in the Marital Courts of Zurich, Bern, Basel, and St. Gall. In: R. H. HELMHOLZ (Hrsg.): Canon Law in Protestant Lands. Berlin 1992, 187.

183. Die konservativen Methoden der Gerichte von Nürnberg, Zürich und Basel sind beschrieben in HARVEY: The Influence, 153 ff.; OZMENT: When Fathers Ruled; ADRIAN STAEHELIN: Die Einführung der Ehescheidung in Basel zur Zeit der Reformation. Basel 1957, 101 ff.

6 · Der Inbegriff aller weltlichen Gesetze: Die Reform des Eherechts

seitigen Schutzes beider Partner vor sexueller Sünde und der gemeinsamen Zeugung und Erziehung der Kinder einschloss.

Anders als die katholische Kirche lehnten die lutherischen Reformatoren dagegen die Geringschätzung der Ehe gegenüber dem Zölibat und das Verbot der Priesterehe ab. Der Mensch sei zu sehr der sündigen Leidenschaft verfallen, um auf die Ehe verzichten zu können. Die Familie sei für den Heilsplan Gottes eine zu wichtige gesellschaftliche Institution, als dass sie beengt werden dürfe. Das Leben im Zölibat sei nicht tugendhafter als das eheliche Leben, diesem nicht unwillkürlich übergeordnet und auch keine Vorbedingung für den Dienst an der Kirche. Im Gegenteil sei das fromme lutherische Pfarrhaus eine Quelle und ein Vorbild der Autorität und der Freiheit, der Treue und Barmherzigkeit für die ganze Gemeinschaft, die ihm nacheifern solle.

Entgegen der katholischen Kirche lehnten die lutherischen Reformatoren die Vorstellung der Ehe als Sakrament ab. Sie lehrten, dass die Ehe ein Stand des weltlichen Reichs sei, keine Ordnung des himmlischen Reichs. Auch wenn die Ehe eine heilige Institution Gottes sei, so verlange sie dennoch als Voraussetzung keinen Glauben und keine reine Lauterkeit und spende auch keine heiligende Gnade, gerade so, wie es die echten Sakramente täten. Vielmehr habe sie einen ganz bestimmten Nutzen im Leben des Einzelnen und der Gesellschaft, so wie das Gesetz einen dreifachen Nutzen aufweise. Sie dränge die Prostitution, die Promiskuität und andere sexuelle Sünden der Öffentlichkeit zurück; dies sei ihr bürgerlicher Nutzen. Sie offenbare der Menschheit ihre Sündhaftigkeit und ihre Bedürftigkeit nach der Gabe Gottes in Form der Ehe; dies sei ihr theologischer Nutzen. Sie lehre Liebe, Zurückhaltung und andere öffentliche Tugenden und Moralvorstellungen; dies sei ihr erzieherischer Nutzen. Alle gesunden Männer und Frauen konnten eine solche Verbindung eingehen, sofern sie nur die Gesetze zur Eheschließung beachteten.

Als Stand des weltlichen Reichs unterstand die Ehe dem Landesherrn, nicht dem Papst. Das bürgerliche Recht, nicht das kanonische Recht müsse die Ehe regeln. Eheliche Streitfälle müssten vor den Zivilgerichten verhandelt werden, nicht vor den Kirchengerichten. Die Ehe unterstehe weiterhin dem Gesetz Gottes, doch dieses Gesetz müsse nun durch die Zivilbehörden vollstreckt werden. Sie seien als Gottes Vizeregenten berufen, das weltliche Reich zu lenken. Die Kirchenbeamten seien aufgefordert, die Obrigkeit über das Gesetz Gottes zu unterrichten und mit ihr zusammenzuarbeiten, um die Ehe zu propagieren und zu regeln. Die Theologen müssten den Sinn von Gottes Gesetz für das Sexualleben, die Ehe und das Familienleben erläutern und verdeutlichen. Sämtliche Kirchenmitglieder seien als Priester

Zusammenfassung und Fazit

dazu aufgefordert, diejenigen zu beraten, die Eheabsichten hätten, diejenigen zu ermahnen, die eine Aufhebung der Ehe beziehungsweise eine Scheidung wünschten, und an der geistlichen Erziehung aller getauften Kinder teilzuhaben. Nur habe die Kirche nun nicht mehr die formale Rechtsgewalt über die Ehe.

Die Reformen des deutschen Eherechts, die während der lutherischen Reformation durchgeführt wurden, spiegelten dieses neue Verständnis der Ehe wider. Bürgerliche Ehegerichte ersetzten die Kirchengerichte in zahlreichen lutherischen Gemeinwesen, meist auf Veranlassung der Reformatoren. Neue bürgerliche Ehegesetze wurden erlassen, von denen viele die evangelischen Lehrmeinungen zur Ehe deutlich erkennen ließen. Lutherische Juristen in ganz Deutschland veröffentlichten Abhandlungen über das Eherecht. Diese bekräftigten die Grundsätze der von den Theologen geschaffenen Ehelehre und brachten sie in eine juristische Form.

Das neue bürgerliche Eherecht enthielt eine Reihe von bedeutenden Neuerungen, die unmittelbar auf die Theologie und Initiative Luthers, Melanchthons, Bucers, Brenz' und Bugenhagens und auf die Ideen einer großen Zahl von evangelischen Mitstreitern zurückzuführen waren. Da die Reformatoren die untergeordnete Bedeutung der Ehe gegenüber dem Zölibat ablehnten, mussten sie auch all jene Gesetze ablehnen, die die Wiederheirat derer untersagten, die einen Geistlichen oder Ordensangehörigen geheiratet hatten, und die eine Aufhebung des Ehegelübdes durch ein Keuschheitsgelübde zuließen. Da die Reformatoren die sakramentale Natur der Ehe ablehnten, mussten sie auch Ehehindernisse wie Verbrechen, Ketzerei und das Verbot der Scheidung im modernen Sinne ablehnen. Die Ehe war für sie die Gemeinschaft eines Paares im Diesseits, nicht seine sakramentale Verbindung im Jenseits. War eine solche Gemeinschaft auseinandergefallen, gab es viele anerkannte Gründe wie Ehebruch oder böswilliges Verlassen, aufgrund derer sich das Paar scheiden lassen konnte. Da der Mensch wegen seiner lüsternen Natur Gottes Heilmittel der Ehe bedürfe, gaben die Reformatoren zahlreiche rechtliche, geistliche und blutsverwandtschaftliche Ehehindernisse auf, die nicht aus der Heiligen Schrift abzuleiten waren. Aus der Betonung der göttlichen Verantwortung des Landesherrn, der erzieherischen Aufgabe der Kirche und der Familie sowie der Priesterschaft aller Gläubigen folgte für die Reformatoren, dass Eheschließung und Scheidung eine Sache der Öffentlichkeit sein sollten. Die Gültigkeit des Eheversprechens richte sich nach der elterlichen Einwilligung, der Anwesenheit von Trauzeugen, der kirchlichen Segnung und Beurkundung sowie der priesterlichen Zeremonie. Paare, die eine Scheidung wünschten, müssten ihre Absicht bei der Kirche und den Behörden bekanntgeben und die Scheidung bei einem Zivilgericht einreichen. Bei Eheschließung und Ehescheidung unterliege das Paar dem Gesetz Gottes, wie es im bürgerlichen Recht Gestalt gefunden habe, und dem Willen Gottes, wie er sich in den Ratschlägen der Eltern, der Bekannten und Verwandten sowie der Priester offenbare. Als Ganzes veränderten diese Reformen das Leben, die Lehre und das Gesetz der Ehe und Familie im evangelischen Deutschland.

Zugleich muss aber auch betont werden, dass die lutherischen Reformatoren vieles aus dem kanonischen Recht in ihr bürgerliches Eherecht übernommen haben. Kanonische Rechtsbestimmungen, die die Ehe auf das gegenseitige Einvernehmen der Partner gründeten, blieben, wenn auch leicht verändert, in Kraft. Kanonische Verbote unnatürlicher Beziehungen und die kanonischen Regeln bei Verstößen gegen die natürlichen Aufgaben der Ehe blieben in Kraft. Kanonische Ehehindernisse, die das freie Einvernehmen schützten, die die Verbote der Heiligen Schrift gegenüber der Verwandtenehe zur Anwendung brachten und die körperliche Beziehung des Paares regelten, wurden weitgehend beibehalten. Diese kanonischen Gesetze waren sowohl mit katholischen als auch mit lutherischen Auffassungen von der Ehe zu vereinbaren und blieben daher weitgehend in Geltung.

Darüber hinaus griffen die lutherischen Rechtsgelehrten und Richter bei der Formulierung ihrer Lehren zum Eherecht großzügig auf die kanonischen Rechtstexte und Autoritäten zurück. Im späten 16. Jahrhundert abgegebene richterliche und juristische Stellungnahmen zu Fällen, bei denen es um strittige Verlobungen, Misshandlung der Ehefrau, Inzest, das Sorgerecht für Kinder, böswilliges Verlassen, Ehebruch, Scheidung, Annullierung und vergleichbare Angelegenheiten ging, waren voller Hinweise auf das *Decretum*, die Dekretalen und auf verschiedene Texte der Kanonisten.[184] Die von lutherischen Juristen formulierten Einträge in Rechtsverzeichnissen und Rechtshandbüchern zur Ehe stützten sich häufig und ganz bewusst auf Quellen der katholischen Theologie und des kanonischen Rechts.[185] Die

---

184. Siehe z. B. die Zusammenstellung von Fällen in VON BEUST: Tractatus de iure connubiorum. Bei den Fällen und Kommentaren beruft sich von Beust eklektisch auf protestantische, katholische und römische Autoritäten. Beim Kollisionsrecht werden die Autoritäten im Allgemeinen nebeneinander aufgeführt, wobei protestantische Quellen meist katholischen vorgezogen wurden, rechtliche Stellungnahmen meist theologischen. Eine Übersicht der Autoritäten führt mehr als 20 Kanonisten auf, darunter solche führenden Köpfe wie Gratian, Hostiensis, Innozenz III., Innozenz IV., Jason de Maino, Johannes Andreae, Johannes de Imola, Parnormitanus und Paulus de Castro.
185. Siehe z. B. JOHANN OLDENDORP: Lexicon Iuris. Frankfurt a. M. 1546/1553, 138 f.; ders.: Collatio iuris civilis et canonici, maximam adferens boni & aequi. Köln

Zusammenfassung und Fazit

von lutherischen Juristen verfassten Traktate zum Eherecht stützten sich stärker auf die Autoren des kanonischen Rechts und des römischen Rechts als die neuen protestantischen Texte. Die lutherischen Reformatoren standen hinsichtlich ihrer Auffassungen zur Ehe innerhalb der westlichen Tradition. Ihre neue Ehetheologie bewahrte trotz zahlreicher deutlicher Änderungen einen Großteil der Lehren der römisch-katholischen Tradition. Ihr neues bürgerliches Eherecht verdankte vieles dem kanonischen Recht, welches es eigentlich ersetzen sollte.

1541, Art. »Matrimonio«. Siehe weitere Erörterung zu Oldendorp oben S. 108-117, 203-221.

Siebentes Kapitel

Das *seminarium civitatis*: Die Reform des Bildungsrechts

Die lutherische Reformation war nicht nur eine fundamentale Reform der Kirche, des Staates und der Familie, der drei institutionellen Pfeiler des weltlichen Reichs. Sie war zugleich eine fundamentale Reform der Schule und anderer Bildungseinrichtungen. Luther hatte die Bedeutung einer Bildungsreform bereits in seinen aufsehenerregenden Schriften von 1520 signalisiert.[1] Und bis zum Ende des 16. Jahrhunderts war eine umfangreiche Sammlung von evangelischen Predigten, Flugschriften und Monographien zum Thema Bildung entstanden. Dazu kamen mehr als 100 neue evangelische Schulordnungen.

Die früh einsetzenden Bemühungen der lutherischen Reformatoren um die Erneuerung des Bildungswesens hatten sowohl theologische als auch pragmatische Gründe. Denn die neue evangelische Theologie setzte ein Mindestmaß an Bildung in der Gesellschaft voraus. Die Lehren von der *sola scriptura* und der Beteiligung von Laien an der landessprachlichen Liturgie setzten die Fähigkeit zu lesen und zu schreiben ebenso voraus wie eine gewisse Vertrautheit mit der Bibel, den Katechismen und den liturgischen Texten. Die Lehren von der Priesterschaft aller Gläubigen und die Vokation aller zu einer gottgegebenen Berufung erforderten den leichten Zugang zu Bildungsmaßnahmen, die der je besonderen Berufung und Begabung entsprachen. Die Lehre vom bürgerlichen, theologischen und erzieherischen Gebrauch des Gesetzes im weltlichen Reich setzte ein umfassendes Verständnis der Sittengesetze des Gewissens und der bürgerlichen Gesetze des Staates gleichermaßen voraus. Die traditionellen pädagogischen Überzeugungen und Methoden in Deutschland konnten nach Ansicht der Reformatoren der neuen Theologie nicht gerecht werden.

Außerdem war eine zügige Bildungsreform für die Lösung der dringendsten praktischen Aufgaben in der Frühzeit der lutherischen Reformation entscheidend. Die evangelischen Kirchenführer suchten händeringend nach gleichgesinnten Pfarrern und Lehrern für ihre neuen evangelischen

---

1. Siehe insbes. WA 6, 457 ff.

7 · Das *seminarium civitatis*: Die Reform des Bildungsrechts

Gemeinden und Wohlfahrtseinrichtungen. Die evangelische Obrigkeit bedurfte ziviler Juristen und Räte, um die vielen Kanonisten zu ersetzen, die bisher die Zivilverwaltung gebildet hatten. Der unvermittelte Sturm auf Dome, Klöster und Kantoreien in der Frühzeit der Reformation legte vorerst das niedere Bildungswesen in Deutschland lahm. Der plötzliche Wegfall der traditionellen Formen der Stiftungen, Zehntenzahlungen und Bußleistungen entzog den deutschen Schülern wichtige Finanzierungsquellen. Das jähe Wegfallen von zahlreichen Positionen innerhalb der Kirchenverwaltung gab den Eltern die Frage auf, ob man die Kinder überhaupt noch auf die verbliebenen Schulen schicken sollte. Kurzum: Bildungsfragen forderten schon bald die ganze Aufmerksamkeit der Reformatoren.

Die Suche nach Antworten auf diese Fragen machte aus der lutherischen Reformation im Wesentlichen eine Bildungsbewegung. Die lutherische Reformation hatte ihren Ursprung in der Universität gehabt, in Luthers Vorlesungen über die Psalmen und die Paulusbriefe, seiner Autorität als Professor, mit der er die Kirche aufforderte, sich selbst zu reformieren, und seinem Akt, die Bücher des kanonischen Rechts und die Beichtbücher vor dem Gebäude der Rechtsfakultät der Wittenberger Universität zu verbrennen.

Die lutherische Reformation fand ihre Führungspersönlichkeiten in den Reihen der akademisch gebildeten Theologen und Rechtsgelehrten der deutschen Universitäten, deren Rektoren und Senatoren sich schützend vor sie stellten, obwohl ihnen Exkommunikation, Interdikt oder finanzielle Notlagen drohten.[2]

Die führenden Reformatoren der 1520er bis 1550er Jahre schafften die Grundlage für ein umfassendes System öffentlicher Bildung in Deutschland, das dem Recht und der Kontrolle der bürgerlichen Obrigkeit unterstand. Das neue Bildungswesen ließ Hunderte neuer Lateinschulen, Knaben- und Mädchenschulen entstehen, die verpflichtenden Unterricht in den traditionellen freien Künsten und dem neuen protestantischen Glauben anboten. Diese Entwicklung führte auch zur Entstehung einer Fülle von allgemeinverständlichen Traktaten und öffentlichen Vorträgen, die dazu gedacht waren, Menschen jeglicher Herkunft zu lehren, was für Leib und Seele wichtig sei. Die neue Druckindustrie produzierte Flugschriften und Traktate über

---

2. Siehe Heiko A. Oberman: University and Society on the Threshold of Modern Times: The German Connection. In: James M. Kittelson/Pamela J. Transue (Hrsg.): Rebirth, Reform, and Resilience: Universities in Transition, 1300-1700. Columbus, OH 1984, 19; Lewis W. Spitz: The Importance of the Reformation for the Universities: Culture and Confessions in the Critical Years, 42.

den Handel, Geographie, Geschichte, Recht, Medizin, Ökonomie, Ackerbau, Familie und weitere Bereiche des bürgerlichen Lebens. Dazu kamen verschiedene Bibelausgaben, Katechismen, Gebetbücher und allerlei Ratgeber für das christliche Alltagsleben.[3] Philipp Melanchthon, der »*Lehrer Deutschlands*«, fand für jenes neue deutsche Bildungswesen den treffenden Ausdruck vom *seminarium civitatis;* denn nun konnten der rechte Glaube und ein umfassendes Wissen in die Bevölkerung getragen werden.[4]

Das Erbe

In den Jahrhunderten vor der lutherischen Reformation hatte die Kirche die deutsche Bildung dominiert. Die Kirche betrachtete »die Lehre« als eine besondere apostolische Berufung ihrer Geistlichen neben der Verkündigung und der Verwaltung der Sakramente. Die letzten uns überlieferten Worte, die Christus an seine Jünger gerichtet hat, lauten: »*Darum gehet hin und machet zu Jüngern alle Völker: Taufet sie auf den Namen des Vaters und des Sohnes und des Heiligen Geistes und l e h r e t sie halten alles, was ich euch befohlen habe. Und siehe, ich bin bei euch alle Tage bis an der Welt Ende.*«[5] Die Berufung zur Lehre war nach Auffassung der Kirche durch die apostolische Sukzession auf den Papst und seine Bischöfe übergegangen. Dies ver-

3. Siehe allgemein MARK U. EDWARDS, JR.: Printing, Propaganda, and Martin Luther. Berkeley/Los Angeles 1994; CARMEN LUKE: Pedagogy, Printing, and Protestantism: The Discourse on Childhood. Albany, NY 1989; ROBERT SCRIBNER: For the Sake of Simple Folk: Popular Propaganda for the German Reformation. Cambridge 1981; MIRIAM USHER CHRISMAN: Conflicting Visions of Reform: German Lay Propaganda Pamphlets, 1519-1530. Atlantic Highlands, NJ, 1996; dies.: Lay Culture, Learned Culture: Books and Social Change in Strasbourg, 1480-1599. New Haven, CT 1982.
4. Zum Ausdruck »*seminarium civitatis*« (wörtlich: »*Seminar der Stadt*«) siehe PHILIPP MELANCHTHON, In laudem novae scholae (1526), MW 3, 69. Zur weiteren Verwendung des Begriffs und seiner Bedeutung siehe GERHARD MÜLLER: Philipp Melanchthon zwischen Pädagogik und Theologie. In: WOLFGANG REINHARD (Hrsg.): Humanismus im Bildungswesen des 15. und 16. Jahrhundert. Weinheim 1984, 95-106, hier: 97-99. Zu Melanchthons Titel des *Praeceptor Germaniae* siehe KARL HARTFELDER: Philipp Melanchthon als Praeceptor Germaniae. Berlin 1899; HEINZ SCHEIBLE: Melanchthon: Eine Biographie. München 1997.
5. Matthäus 28,19f. Siehe Artikel in JOHN M. TODD (Hrsg.): Problems of Authority. Baltimore, MD 1962; YVES CONGAR/BERNARD D. DUPUY (Hrsg.): L'Episcopat et l'eglise universelle. Paris 1962.

pflichtete sie einerseits, über den in der Bibel überlieferten Glauben zu wachen, andererseits seine Bedeutung für das tägliche Leben zu deuten. So würde die Bibel unverfälscht an jede neue Generation weitergegeben und der Sinngehalt der Bibel durch eine lebendige christliche Tradition gedeutet.[6]

Die Kirche hatte ihre Lehrautorität auf vielfache Weise ausgeübt. Die Bibel wurde durch die Abschriften der Mönche und der päpstlichen Schreiber überliefert, später durch die Veröffentlichungen autorisierter Buchdrucker. Die christliche Tradition entstand durch zahlreiche päpstliche Dekretalen und Enzykliken, Konzilsbeschlüsse und Konzilsurteile, Diözesanentscheidungen und Diözesananordnungen, vielfältige offizielle Riten, Gebete, religiöse Vorschriften, Glaubensbekenntnisse und Katechismen sowie theologische Schriften.[7]

Die formale Schulbildung war eine der wichtigsten Instrumente für die Kirche, ihre Lehrautorität auszuüben. Der Schulunterricht war wie alle anderen Formen der kirchlichen Lehrtätigkeit im Wesentlichen religiös ausgerichtet, um allen sozialen Schichten die Grundsätze und Gebräuche des christlichen Glaubens nahezubringen. Schon im späten 7. Jahrhundert hatte die Kirche ihre ersten Schulen in Deutschland gegründet. Bis 1550 entstand ein dichtes Netz von kirchlichen Schulen, für die die Grundsätze des kanonischen Rechts und die regionalen Bestimmungen der Ortsbischöfe und -synoden galten.[8]

Vor allem die Dom-, Kloster- und Gemeindeschulen erteilten die formale Primärbildung in Deutschland. Diese Schulen erteilten sowohl humanistischen als auch religiösen Unterricht, im Wesentlichen für den angehenden

---

6. Einleitung des *Katechismus Romanus;* Der römische Katechismus: Katechismus romanus nach dem Beschlusse des Konzils von Trient für die Pfarrer. Übersetzt nach der zu Rom 1855 veröffentlichen Ausgabe mit Sachregister. 2. Aufl. Kirchen/Sieg 1993.
7. Frederick Eby/Charles F. Arrowood: The History and Philosophy of Education, Ancient and Medieval. New York 1940, 758-761.
8. Neben zahllosen älteren Studien siehe ebd., 715-836; Friedrich Paulsen: Geschichte des gelehrten Unterrichts auf den deutschen Schulen und Universitäten vom Ausgang des Mittelalters bis zur Gegenwart. 3. Ausg. Leipzig 1919, 7-52; Johannes Janssen: Geschichte des deutschen Volkes seit dem Ausgang des Mittelalters. 15. Aufl. London 1905, Bd. 1, 25-60. Für aktuelle Studien siehe Quellenangaben und Erörterungen bei Ernst Ralf Hintz: Learning and Persuasion in the German Middle Ages. New York/London 1997; Nikolaus Henkel: Deutsche Übersetzungen lateinischer Schultexte: Ihre Verbreitung und Funktion im Mittelalter und in der frühen Neuzeit. München 1988; Klaus Petzold: Die Grundlagen der Erziehungslehre im Spätmittelalter und bei Luther. Heidelberg 1969.

geistlichen und weltlichen Klerus. Die jüngsten Schüler wurden im Lesen, Schreiben und Singen unterrichtet. Die etwas älteren Schüler wurden zuerst im *Trivium* (Grammatik, Rhetorik und Dialektik), später im *Quadrivium* (Arithmetik, Geometrie, Musik und Astronomie) unterrichtet, wozu meist griechische und römische Texte verwendet wurden. Fortgeschrittenen Schülern wurden als Vorbereitung auf ihren kirchlichen Dienst biblische und theologische Kenntnisse vermittelt. Kirchliche Lehrer *(scholastici),* die in scholastischer Theologie und Philosophie ausgebildet waren, begleiteten die Kinder und Jugendlichen durch diese Stufenfolge, die der Kontrolle und Verwaltung der Bischöfe und Ordensoberen unterlag.[9] Zahlreiche bedeutende Dom- und Klosterschulen wurden durch großzügige Schenkungen gefördert, womit die Kosten für Lehrkräfte, Texte und Unterrichtsgebühren weitgehend bestritten werden konnten. Auch wenn die Mehrzahl dieser Schüler adliger Herkunft war oder Gelehrtenfamilien entstammte, konnten auch begabte Jugendliche aller Gesellschaftsschichten durch Empfehlung und Förderung seitens der Gemeinden, Waisenhäuser und Klöster diese Schulen besuchen.[10]

Die Kirche erteilte die Primärbildung aber auch mit wenig formalen Mitteln. Einige der größeren Klöster und Domherrschaften unterrichteten an »externen« oder »Kollegschulen« Chormitglieder, Ministranten und Kirchenbeamte in den Grundbegriffen des Lesens und der Musik. Kantoreien und Bruderschaften wurden durch Stiftungen unterstützt, damit die Bildung der Jugend gewährleistet war. Klöster boten den jungen Mädchen der Umgebung Unterricht in Hauswirtschaft, aber auch Humanistik an. Gemeindepfarrer vermittelten ihren Katechumenen die Grundzüge des Lesens und Schreibens, den Kirchgängern die Grundlagen der Moral und der Religion.[11] Mehrere Beschlüsse deutscher Synoden und Ratsversammlungen des 15. Jahrhunderts legten den Geistlichen nahe, Kanzel und Beichtstuhl zu nutzen, um ihrer Gemeinde die Lehren des Evangeliums, des Dekalogs und des Katechismus zu vermitteln.[12]

Ein Dutzend deutscher Universitäten, die zwischen 1348 und 1506 gegründet worden waren, boten akademischen Unterricht in Theologie, Me-

---

9. Siehe WILLIAM S. LEARNED: The Oberlehrer: A Study of the Social and Professional Evolution of the German Schoolmaster. Nachdr. Cambridge, MA 1986, mit ausgew. Quellen in: HENKEL: Lateinische Schultexte.
10. Regelung durch das III. Laterankonzil (1179), Canon 18, und das IV. Laterankonzil (1215), Canon 11; in: H. J. SCHROEDER: Disciplinary Decrees of the General Councils: Text, Translation, and Commentary. New York 1937, 229 f., 252 f.
11. PAULSEN: Geschichte, 13 ff.
12. JANSSEN: Geschichte, Bd. 1, 34 ff.; Catechismus Romanus, xiii-xx.

7 · Das *seminarium civitatis*: Die Reform des Bildungsrechts

dizin, Recht und Geisteswissenschaften an.[13] Obwohl die Universitäten unabhängige Körperschaften waren und damit formal außerhalb der kirchlichen Gerichtsbarkeit standen, so unterlagen sie zumindest einem starken Einfluss durch die Kirche. Die Kirche gewährte das Privileg zur Gründung einer Universität und die Lehrzulassung für Professoren.[14] Geistliche und Mönche bildeten die Mehrzahl des Lehrpersonals. Die Klöster förderten studentische Verbindungen und die Bereitstellung von Stiftungsmitteln, damit die Studenten, besonders die auswärtigen, untergebracht und versorgt werden konnten. Gemeindepfarrer und Domherren wirkten als Universitätsprediger. Generalversammlungen und Ortssynoden erließen Verordnungen zum Lehrplan, zum Lehrkörper und zur Studentenschaft der Universitäten. Ortsbischöfe und örtliche Kirchengerichte entschieden einen Großteil der Streitfälle zwischen Studenten, Professoren und den verschiedenen Vertretern der Kirchenhierarchie, wobei die Kirchengerichte die volle personenbezogene Zuständigkeit für die Studenten innehatten.[15]

Trotz ihrer vielen Einrichtungen und ihres großen Einflusses hatte die Kirche kein Monopol auf das deutsche Bildungswesen des Spätmittelalters. Bis 1500 entstanden in den Städten Dutzende von unabhängigen privaten Internaten und Tagesschulen, die von einem oder mehreren weltlichen Lehrern geleitet und durch private Gebühren getragen wurden. Große Handwerks- und Kaufmannsgilden unterhielten eigene Schulen, zum einen zur Ausbildung von Lehrlingen, zum anderen zum Unterricht der Familienmitglieder von Zunftangehörigen.[16] Die *Brüder vom Gemeinsamen Leben*, eine religiöse Laienbewegung, deren Ursprung in den Niederlanden lag, war der bekannteste einer ganzen Reihe von religiösen Laienorden für Männer und Frauen, die eine anspruchsvolle Ausbildung in humanwissenschaftlichen und in den klassischen Fächern anboten und die reichlich Zulauf durch deutsche Studenten fanden.

Bis 1500 hatten zudem mehrere deutsche Städte (besonders solche, die der Hanse angehörten) ein eigenes System von Ratsschulen entwickelt, oftmals gegen den klerikalen Widerstand – Lateinschulen, landessprachliche Lese- und Schreibschulen, dazu eine begrenzte Zahl von Mädchenschulen.

---

13. Hastings Rashdall: The Universities of Europe in the Middle Ages. Überarb. Aufl. London/Oxford 1936, Bd. 2, 211-288; Theodor Muther: Aus dem Universitäts- und Gelehrtenleben im Zeitalter der Reformation. Erlangen 1866, Nachdr. Graz 1966.
14. Die Universität zu Wittenberg wurde bei ihrer Gründung 1502 allerdings nicht von der Kirche privilegiert. Siehe Oberman: University and Society, 28.
15. Eby/Arrowood: History, 761-769; Paulsen: Geschichte, 28 f.
16. Paulsen: Geschichte, 17-21.

Hierdurch entstand eine Konkurrenz zu den Kirchenschulen, sodass sich Studenten wie Geldgeber entscheiden mussten.[17] Diese Stadtschulen wurden durch städtische Beamte und Syndici geleitet und durch Gemeindesteuern und Privatspenden finanziert. Bei ihnen ging es vor allem darum, neue Jahrgänge von Zivilangestellten, Kaufleuten und Verwaltungsfachleuten auszubilden. Die volkssprachlichen Jungen- und Mädchenschulen konnten zwar nicht das Lehrpensum oder das Ansehen ihrer kirchlichen Pendants erreichen, bei den Lateinschulen war dies jedoch der Fall. Die Lateinschulen hielten fundierten Unterricht in den sieben freien Künsten, wodurch die Grundlage für eine gute berufliche Ausbildung oder ein erfolgreiches Universitätsstudium geschaffen wurde. In traditionsreichen, wohlhabenden Bistümern wie Köln, Worms und Mainz war es der Kirche möglich, die Zahl der Kloster- und Domschulen zu erhöhen, damit die Konkurrenz der Stadtschulen nicht zu übermächtig wurde. Um 1500 betrieb allein Köln 11 Domschulen und 15 Klosterschulen.[18] Dort, wo der bischöfliche Einfluss von alters her geringer war, wie in Nürnberg, Hamburg und Lübeck, dominierten die Stadtschulen das örtliche Bildungswesen.

Auch mehrere der deutschen Universitäten – obgleich von der Kirche privilegiert und anerkannt – wurden durch beträchtliche landesherrliche Dotationen unterstützt. Der Aufbau der Universitäten war so gestaltet, dass einerseits Kleriker und Theologen, andererseits Regierungsräte, Richter, Gesandte, Anwälte und Beamte für den Dienst in den deutschen Territorien ausgebildet werden konnten. An den Universitäten von Wittenberg, Tübingen, Ingolstadt und Frankfurt an der Oder war es sogar so, dass nur geringe Immatrikulationsgebühren anfielen, wenn sich die Immatrikulierten verpflichteten, nach ihrem Hochschulabschluss in landesherrliche, keinesfalls in bischöfliche Dienste zu treten.[19] Diese ersten Eingriffe in das kirchliche Lehramt waren auch die ersten Schritte auf dem Weg zur Schaffung eines neuen bürgerlichen Bildungswesens in Deutschland durch die Reformatoren.

---

17. Zu landessprachlichen Schulen vgl. insbesondere CORNELIA NIEKUS MOORE: The Maiden's Mirror: Reading Materials for Girls in the Sixteenth and Seventeenth Centuries. Wiesbaden 1987; zu Lateinschulen vgl. HENKEL: Lateinische Schultexte. Für eine Liste von städtischen Schulen – einige wurden schon im 13. und frühen 14. Jahrhundert gegründet – siehe EBY/ARROWOOD: History, 821-825.
18. LEARNED: The Oberlehrer, 4.
19. OBERMAN: University, 28 f.; SPITZ: The Importance, 47 f.

7 · Das *seminarium civitatis*: Die Reform des Bildungsrechts

Die neue lutherische Bildungstheologie

Kritik

In seinen frühen Schriften griff Luther die Bildungstradition der Kirche vehement an. Die Volksschulen waren seiner Erfahrung und Auffassung nach *»die helle und das fegfewr unser schulen, da wir ynnen gemartert sind uber den Casualibus und temporalibus da wir doch nichts denn eyttel nichts gelernt haben durch so viel steupen, zittern, angst und jammer«.*[20] Der Lehrplan sah nur eine dürftige Kost lateinischer Grammatik und griechischer Lyrik vor und bestand im Grunde nur aus dem Auswendiglernen des Kirchenkalenders, des Dekalogs, von Credo, Vaterunser und ausgewählten Kirchenliedern und Beichtformeln. Der Absolvent einer solchen Schule blieb *»doch eyn armer ungelerter mensch seyn leben lang (…), der widder zu glucken noch zu eyer legen getuecht hatt.«*[21]

Nach Luthers Ansicht waren auch einige Universitäten »Mördergruben«, »Molochtempel« und »Synagogen des Verderbens«. Selbst einige der besten Universitäten Deutschlands seien zu Gebäuden der Unzucht und der Ausschweifung verkommen. Ihre Verantwortlichen würden die Dotierungen oftmals zum eigenen Vorteil benutzen. Ihre Lehrer würden im Wohlstand leben und ihre Verantwortung vernachlässigen, ohne dafür belangt zu werden. Ihre Fakultäten würden zu wenig Wert auf Unterweisung in Religion und Moral legen und zu einer Überbewertung des Rationalismus und der Scholastik neigen. »[A]llein der blind heydnischer meyster Aristoteles regiert« die Universitäten, »auch weytter den Christus«, klagte Luther. Aristoteles' Physik, Metaphysik und Ethik würden das Evangelium verfälschen und »stracks der gnaden gottis und Christlichen tugenden entgegen« stehen. Darum zieht Luther für sich den logischen Schluss: *»Die universiteten dorfften auch wol eyner gutten starken reformation.«*[22] Luther ging noch weiter: *»[E]go simpliciter credo, quod impossibile sit ecclesiam reformari, nisi funditus canones, decretales, scholastica theologia, philosophia, logica, ut nunc habentur, eradicentur et alia studia instituantur.«*[23] *»Ja was hat man gelernt ynn hohen schulen und kloestern bisher, denn nuer esel, kloetz und bloch warden?«*[24]

---

20. WA 15, 46; vgl. auch WA 40/1, 529 f. zu ungeeigneten Lehrmeistern.
21. WA 15, 51.
22. WA 6, 457 f. Vgl. auch WA Br 1, 88 f., 99, 149 f.
23. Luther: Brief an Trutvetter vom 9. Mai 1518, WA Br 1, 169-170.
24. WA 15, 31.

Luther war mit seiner Kritik nicht alleine. Seit dem frühen 15. Jahrhundert wandten sich bedeutende deutsche Humanisten wie Rudolf Agricola, Johannes Reuchlin und Jakob Wimpfeling neben vielen anderen gegen die kirchlichen Schulen und Universitäten. Sie warfen diesen eine Verrohung der reinen lateinischen, griechischen und hebräischen Sprache vor, des Weiteren die Verfälschung klassischer und patristischer Texte und die Manipulation aller Studenten und Studien zu Dienst und Selbstverherrlichung der Kirche.[25] Mancher, der sich früh der lutherischen Sache angeschlossen hatte, gab seinen Empfindungen ähnlichen Ausdruck. Der junge Martin Bucer zeigte sich entsetzt über das »überraschende Fehlen« von Bibeln und Katechismen bei den Volks- und Lateinschulen von Straßburg und erwartete sowohl von den Lehrern als auch von den Predigern, dass sie wieder die rechte religiöse Unterweisung zu den Grundpfeilern ihrer Pädagogik machen sollten.[26] Der Wittenberger Rechtsgelehrte Johann Apel beklagte sich bitterlich, »*das unter dreissig gelarten iuristen nit einer ein rechten lateinischen brief schreiben kann*«, geschweige denn eine ordentliche Vorlesung halten könne.[27]

Philipp Melanchthon nannte die Lateinschulen seiner Zeit »Sümpfe der Verderbtheit«. Die Schulen seien auf Besitz, Stolz und Täuschung gebaut und würden von Barbaren geleitet, die sich auf ordinäre Weise und unter Anwendung von Gewalt und Schrecken Titel und Auszeichnungen angemaßt hätten und Männer mit bösartigen Mitteln festhalten würden.[28] Besonders empörte er sich über die »Verrohung« der klassischen Sprachen Griechisch und Latein, über Unkenntnis hinsichtlich der klassischen Geschichte und der frühen Kirchengeschichte und über das außerordentliche

---

25. Siehe REINHARD: Humanismus im Bildungswesen; LEWIS W. SPITZ: The Religious Renaissance of the German Humanists. Cambridge, MA 1963, 20-80; BERND MOELLER: Reichsstadt und Reformation. Bearb. Neuausgabe Berlin 1987; ders. (Hrsg.): Studien zum städtischen Bildungswesen des späten Mittelalters und der frühen Neuzeit. Göttingen 1983.
26. MOELLER: Reichsstadt, 43-72; AMY NELSON BURNETT: Church Discipline and Moral Reformation in the Thought of Martin Bucer. In: Sixteenth Century Journal 22 (1991), 439, 440-445; WILLIAM J. WRIGHT: The Impact of the Reformation on Hessian Education. In: Church History 44 (1975), 182, 186 ff. Zu Bucers späteren Bemühungen um die Bildungsreform vgl. BUCER: DS, 7, 509 ff.; WILHELM DIEHL: Martin Bucers Bedeutung für das kirchliche Leben in Hessen. In: Schriften des Vereins für Reformationsgeschichte 22 (1904), 39.
27. Zit. nach THEODOR MUTHER: Doctor Johann Apell. Ein Beitrag zur Geschichte der deutschen Jurisprudenz. Königsberg 1861, 6.
28. MW 3, 29 f.; vgl. des Weiteren HARTFELDER: Melanchthon, 413-416.

Maß an allgemeiner Unkenntnis, die auf den Gebieten des Rechts, der Theologie und der Medizin zu seiner Zeit herrschte.[29] Wie Luther machte auch Melanchthon die Universitäten dafür verantwortlich – diese »Synagogen des Teufels«, wie er sie nannte, mit ihrem Streben nach beständiger »päpstlicher Hegemonie« und »*wie abscheulich die überall in der Theologie faselten, die uns anstelle der Lehre Christi aristotelische Spitzfindigkeiten dargeboten haben*«.[30] Heutzutage, schrieb Melanchthon, könne niemand die Künste oder Theologie studieren, ohne die trockene scholastische Philosophie, wie sie von Rom begünstigt wurde. Und niemand könne Jura studieren, ohne unablässig im »tyrannischen kanonischen Recht« gedrillt zu werden. Doch ein strebsamer junger Mann sei dadurch gefangen, denn niemand könne ohne Universitätsausbildung in irgendein »einflussreiches öffentliches Amt« kommen.[31]

Es sei an dieser Stelle angemerkt, dass die »einflussreichen öffentlichen Ämter«, die Luther, Melanchthon und weitere Reformatoren selbst bekleideten, die Übertreibung ihrer frühen Angriffe auf das traditionelle Bildungswesen Deutschlands bis zu einem gewissen Grad widerlegten. Schließlich hatten Luther, Melanchthon und zahlreiche andere Reformatoren ihre gesamte Ausbildung an deutschen Kirchenschulen und Universitäten durchlaufen. Denn von Anfang ihres öffentlichen Wirkens an hatten sie eine außergewöhnliche Gelehrtheit und theologische Vielseitigkeit bewiesen, die wohl kaum möglich gewesen wäre, wenn ihr Zerrbild des deutschen Bildungswesens so gestimmt hätte. Dazu kommt, dass Luther dem Nutzen eines allzu ausgedehnten klassischen und scholastischen Wissenserwerbs innerhalb der elementaren und höheren Bildung gegenüber skeptisch blieb, während Melanchthon später ein bedeutender Lehrer der Ethik, der Politik und der Philosophie von Aristoteles, Cicero, der römischen Rechtsgelehrten und der mittelalterlichen Scholastiker wurde – ein Vorbild, dem viele seiner Studenten nacheiferten.[32]

---

29. MW 3, 29-42; CR 11, 231-239. Vgl. des Weiteren Sachiko Kusukawa: The Transformation of Natural Philosophy: The Case of Philip Melanchthon. Cambridge 1995, 37 ff.
30. LC (1521), 17.
31. CR 1, 286, 342-343; CR 11, 108, 617.
32. Vgl. insbesondere Heinz Scheible: Philipp Melanchthon. In: Carter Lindberg (Hrsg.): The Reformation Theologians. An Introduction to Theology in the Early Modern Period. Oxford 2001; ders. (Hrsg.): Melanchthon in seinen Schülern. Wiesbaden 1997.

Rekonstruktion

Luther und seine Anhänger gründeten ihre Bildungsreformen auf ihre markante Zwei-Reiche-Lehre. Insbesondere Luther und Melanchthon betonten, dass die Bildung für das Bestehen des himmlischen Reichs wesentlich sei, wie Luther sich einmal ausdrückte.[33] Bildung sei auch für die dauerhafte Wahrung des Evangeliums wesentlich. Die antiken Sprachen Hebräisch, Griechisch und Latein »*sind die scheyden, darynn dis messer des geysts stickt*« und sollten jeder Generation getreu überliefert werden. Die antiken Künste der Rhetorik, Logik und Dialektik seien für die rechte Verkündigung und das verstandesgemäße Verständnis der Heiligen Schrift wesentlich.[34] Das Licht des Evangeliums werde ohne Bildung ausgelöscht, schrieb Melanchthon.[35] Es sei ein großer Fehler zu meinen, dass Pfarrer aus irgendwelchem Holz geschnitzt werden könnten und der Religionsunterricht ohne Bildung und ohne langes Training gelingen könnte.[36] Bildung sei für das geistliche Gedeihen jedes gläubigen Christen gleichermaßen wesentlich. Jeder Mensch, als Individuum verantwortlich vor Gott, solle so weit unterrichtet werden, dass er in der Lage sei, täglich in der Bibel zu lesen, ihre Inhalte zu verstehen und Entscheidungen zu treffen, die in ihren Lehren gründen. Jeder Gläubige, als ein Mitglied der Priesterschaft aller Gläubigen, solle in den Gebräuchen der christlichen Disziplin und Nachfolge unterwiesen werden sowie in den Fertigkeiten, die notwendig seien, um jener Berufung zu folgen, zu der Gott sie ausersehen habe. Die Heilige Schrift fordere so die Menschen immer wieder auf, sich und ihre Kinder zu bilden, um Gott und dem Evangelium hinreichend zu dienen.[37]

33. WA 50, 509-653; WA Tr 5, 28: »*Es ist aber als vill in einer stadt an eim schulmeister gelegen als am pfarherr. Burgermeister vnd fursten vnd adel konnen wir greaten; schulen kan man nicht geraten, den sie mussen doch die weldt regieren.*«
34. WA 15, 13.38; 6, 458. Zu Melanchthons Ansichten vgl. insbesondere MW 3, 41, 111; CR 11, 231-239.
   Zu ähnlichen Auffassungen von Humanisten, die der evangelischen Sache nahestanden, vgl. insbesondere das Werk von Johannes Sturm (1507-1589), einem Mitarbeiter (beziehungsweise Kollegen) Martin Bucers in Straßburg und Gründer der bekannten zehnstufigen Grund- und Hauptschule in Straßburg, die in Deutschland, der Schweiz und Frankreich bereitwillig übernommen wurde. Vgl.: Joannis Sturmii de institutione scholastica opuscula selecta. In: REINHOLD VORMBAUM (Hrsg.): Die Evangelischen Schulordnungen des sechzehnten Jahrhunderts. Gütersloh 1860, Bd. 1, 653-745.
35. CR 11, 612.
36. CR 11, 613 f.
37. CR 11, 353.

7 · Das *seminarium civitatis*: Die Reform des Bildungsrechts

Zugleich glaubten die Reformatoren an die Bedeutung der Bildung für das Bestehen des weltlichen Reichs. Und so schrieb Luther: »*ob schon keyn seel noch hymel odder helle were, und sollten alleyne das zeyttlich regiment ansehen nach der wellt, ob das selb nicht duerffe viel mehr gutter schulen und gelerter leutte denn das geystliche.*«[38] Denn die Bildung fördere das Gemeinwohl. »*Nu ligt eyner stad gedeyen nicht alleyne darynn, das man grosse schetze samle, feste mauren, schoene heusser viel buechsen und harnisch zeuge. Ja wo des viel ist und tolle narren drueber komen, ist so viel deste erger und deste groesser schade der selben stad. Sondern das ist einer stad bestes und aller reichest gedeyen, heyl und krafft, das sie viel feyner gelerter, vernuenfftiger, erbar, wol gezogener burger hatt, die kuenden darnach wol schetze und alles gut samlen, hallten und recht brauchen.*«[39] Entgegen dem verbreiteten deutschen Volksglauben, die Gebildeten seien im täglichen Leben zögerlich und nutzlos (»*die Gelehrten die Verkehrten*«), betonten die Reformatoren den bedeutenden Anteil der gebildeten Bürger am Erfolg einer Gemeinschaft.[40] Es sei diesen eher möglich, das moralische und bürgerliche Gesetz zu verstehen und mit ihrem Leben zu vereinbaren.[41] Sie seien nüchterner im Urteil, gemäßigter im Charakter und in ihrem Handeln sittlich reifer. Sie würden ihre Geschäfte besser tätigen. Sie würden die kulturelle und sprachliche Bildung besitzen, um erfolgreich mit ausländischen Kaufleuten und

---

38. WA 15, 43.
39. WA 15, 34. Siehe auch MW 3, 64 f., wo MELANCHTHON Folgendes zu bedenken gibt: »*Nulla arte, nullo opificio, non hercule frugibus ipsis terra natis, ... tantopere opus est, atque scientia litterarum. Nam cum sine legibus ac iudiciis, et sine religionibus, nec teneri respublicae nec congregari coetus hominum, gubernarique possint, hominum genus ferarum ritu vagabitur, si hae occiderint ...*«.
40. Vgl. HEIKO A. OBERMAN: Die Gelehrten die Verkehrten: Popular Response to learned Culture in the Renaissance and Reformation. In: ders.: The Impact of the Reformation. Grand Rapids, MI 1994, 201-224.
41. LUTHER verknüpfte die Schulbildung mit dem erzieherischen Gebrauch des Gesetzes, was nicht ohne Weiteres nachzuvollziehen ist. Siehe WA 15, 35: »*Also hats die nott allezeyt erzwungen und erhallten ynn aller wellt, auch bey den heyden, das man zuchtmeyster und schulmeyster hatt muessen haben, so man anders ettwas redlichs hatt woellen aus eym volck machen. Daher ist auch das wort ›zuchtmeyster‹ ynn sanct Paulo Gal. 4. alls aus dem gemeynen brauch menschlichs lebens genomen, da er spricht ›Das gesetze ist unser zuchtmeyster gewesen‹.*« Vgl. auch WA 40/1, 529 ff. MELANCHTHON machte die Verbindung zwischen Schulbildung und dem erzieherischen Gebrauch des Gesetzes in seiner *Catechesis Puerilis* (1532/1558) deutlich, CR 23, 103, 176 f. Siehe Erörterung bei MÜLLER: Melanchthon, 103. Zur Lehre vom dreifachen Gebrauch des Gesetzes siehe S. 138-143, 170-172, 187 f. oben.

Regenten umzugehen.[42] Sie würden für soliden Wohlstand sorgen und die Wohltätigkeit und das Wohlergehen der Gemeinschaft fördern.[43] Melanchthon drückte das so aus: »die besseren Bücher bringen die bessere Moral; die bessere Moral bringt die bessere Gemeinschaft«.[44] »*Also hats die nott allezeyt erzwungen und erhallten ynn aller wellt, auch bey den heyden, das man zuchtmeyster und schulmeyster hatt muessen haben, so man anders ettwas redlichs hatt woellen aus eym volck machen.*«[45]

Das Bildungswesen diente auch den drei wichtigen Ständen Familie, Kirche und Staat und profitierte gleichzeitig von ihnen – es war ein »pädagogisches Dreieck«, wie Melanchthons treffender Ausdruck lautete.[46] Bildung lehre Eltern und Kinder gleichermaßen die Grundzüge der Hauswirtschaft und Haushalterschaft sowie die Bedeutung und die Wichtigkeit, ein Kind, eine Mutter, eine Ehefrau, ein Vater und ein Ehemann von wahrhaft christlichem Wesen zu sein. Sie bereite Theologen, Pfarrer, Lehrer, Kirchendiener und viele andere Berufsstände darauf vor, die Arbeit der sichtbaren Kirche erfolgreich weiterzuführen. Sie bereite Juristen, Räte, Beamte und andere Angehörige der neuen bürgerlichen Bürokratie darauf vor, die klerikale Bürokratie abzulösen, auf die sich die deutsche Obrigkeit bisher gestützt habe. Die Reformatoren maßen dem Nutzen der Bildung für den Erhalt und die Fortdauer der sichtbaren Kirche große Bedeutung bei. »*Deus servavit ecclesiam per scholas; scholae sunt conservatrices ecclesiae*«, schrieb Luther. »*Cum scholae crescunt, tum bene res agitur et ecclesia est salva.*«[47] Verkümmerten

---

42. WA 30/2, 565.
43. WA 30/2, 547.
44. CR 1, 70-73 und Erörterung bei MÜLLER: Melanchthon, 96-98.
45. WA 15, 35.
46. Zit. nach WERNER WIATER: »Es sollen die Kirch und Schul gleiche Lehr haben«. Staat, Kirche und Schule bei Philipp Melanchthon. In: REINHARD GOLZ/WOLFGANG MAYRHOFER (Hrsg.): Luther und Melanchthon im Bildungsdenken Mittel- und Osteuropas. Münster 1997, 72-84. Vgl. des Weiteren CR 11, 107, 127, 214, 445, 617; 26, 90; ROLF B. HUSCHKE: Melanchthons Lehre vom Ordo politicus. Tübingen 1968, 61 ff. Zu den vergleichbaren Ansichten Luthers siehe WA 50, 509-653; F. M. SCHIELE: Luther und das Luthertum in ihrer Bedeutung für die Geschichte der Schule und der Erziehung. In: Preußisches Jahrbuch 31 (1908), 383; FRIEDRICH FALK: Luthers Schrift an die Ratsherren der deutschen Städte und ihre geschichtliche Wirkung auf die deutsche Schule. In: Luther-Jahrbuch 19 (1937), 55, 67-71, dort wird betont, wie wichtig Luther die Bildung für den *ordo economicus, ordo ecclesiasticus* und *ordo politicus* hielt.
47. WA Tr 5, 239 f.: »*Wenn Schulen zunehmen, so stehets wol, und die Kirche bleibt rechtschaffen; (...) denn Gott erhält die Kirch durch Schulen, Schulen erhalten die Kirch.*«

7 · Das *seminarium civitatis*: Die Reform des Bildungsrechts

sie, so würde die Kirche erschüttert. Die Reformatoren betonten auch den Wunsch nach einer gebildeten religiösen und bürgerlichen Führungsschicht.[48] »*Wir Theologen und Juristen muessen bleiben odder sollen allesampt mit uns untergehen*«, äußerte Luther. »*Wo die Theologen wenden, da wendet Gottes wort und bleiben eitel Heiden, ja eitel teuffel, Wo die Juristen wenden, da wendet das Recht sampt dem friede, und bleibt eitel raub, mord, frevel und gewallt, ja eitel wilde thiere.*«[49]

Kraft dieser Argumente stellten die Reformatoren eine Reihe von Grundsätzen zur Bildung auf, die schon bald innerhalb der evangelischen Gemeinschaften Deutschlands und mancher umliegender Gebiete allgemein anerkannt wurden.

Erstens lag die Zuständigkeit für das reguläre Schulwesen größtenteils bei der örtlichen Obrigkeit. Allerdings sollten die Eltern sicherstellen, dass ihre Kinder auf christliche Weise erzogen und unterwiesen wurden, die Gebetstexte und den Katechismus erlernten und Beispiele der Liebe und der Disziplin kennenlernten.[50] Die Zünfte und Kaufmannsgilden sollten weiterhin Lehrlinge im Handwerk und im Handel ausbilden. Die bürgerlichen Obrigkeiten – Kaiser, Fürsten, Herzöge und Stadträte – waren jedoch »die Väter der Gemeinschaft« und »*oberster furmund der iugent*« und trugen dabei die entscheidende administrative Verantwortung für das reguläre Bildungswesen.[51] Sie mussten Schulen gründen und unterhalten, ebenso bereitwillig, wie sie Burgen bauen, Armeen aufstellen und Gesetze verkünden ließen. Verfügte die Obrigkeit bereits über öffentliche Schulen, so sollte sie diese weiterführen und ausbauen. Fielen Kirchenschulen unter ihren Zuständigkeitsbereich, sollte sie diese konfiszieren und in öffentliche Einrichtungen umwandeln.

Die Überführung des Schulwesens in die Zuständigkeit der Obrigkeit entzog der sichtbaren Kirche nicht jegliche Verantwortung zur schulischen Unterrichtung. Man sprach der Bildung auch nicht ihre religiöse Prägung ab.[52] Man betonte, dass die Ortskirche weiterhin täglich ihre Mitglieder die Heilige Schrift, die Liturgie und die Gebetstexte lehren sollte. Die örtliche Kirchengemeinde sollte weiterhin die Kinder die Bibel, den Katechismus,

---

48. Vgl. insbes. CR 11, 78-82.
49. WA 30/2, 578.
50. Siehe z. B. WA 30/1, 123-238; Gustav M. Bruce: Luther as an Educator. Westport, CT 1979, 213-219. Vgl. auch MW 3, 70; Bucer, DS 7, 509 ff. und Zitate aus Texten von Johannes Bugenhagen in: Julius Robert Rost: Die pädagogische Bedeutung Bugenhagens. Inaugural-Diss., Leipzig 1890, 14-16.
51. WA Br 4, 133.
52. Vgl. insbes. CR 11, 606-618.

die Kirchenlieder, die Psalmen, die Liturgien und die Gebetstexte lehren – nicht nur am Sonntag, sondern auch vor und nach jedem Schultag, so die Empfehlung von Johannes Bugenhagen.[53] Die Kirchenführer sollten weiterhin die Obrigkeit zu den Geboten Gottes beraten und »*[i]nn sonderheit treibe auch da selbest die Oberkeit und Eltern, das sie (...) kinder zihen zur Schule*«.[54] Aber die kirchliche Lehrautorität war nach Meinung der Reformatoren inhaltlich zu schwach, als dass die Kirche der vorrangige Hüter des Schulwesens hätte sein können. Die kirchliche Lehrtätigkeit richtete sich zu sehr an die eigenen Gemeindemitglieder, zu wenig an die gesamte Bürgerschaft. Sie wurde zu sehr von den geistlichen Angelegenheiten des himmlischen Reichs, zu wenig von den weltlichen Angelegenheiten des irdischen Reichs gefangengenommen. Der Kirche die Zuständigkeit für das gesamte Schulwesen zu verleihen, das hätte bedeutet, sie von ihrer göttlichen Botschaft und Sendung abzulenken. Nur die Obrigkeit als »Vater der ganzen Gemeinschaft« hatte Autorität genug, um die Schulen zu leiten.[55]

Die Obrigkeit sollte weiterhin die christliche Sendung und das christliche Amt der Schule bewahren. Denn die Obrigkeit war Gottes Vizeregent in dieser Welt. Sie war berufen, das Wort und den Willen Gottes im irdischen Reich zu vermitteln und zu bewahren. Gott habe die menschliche Gesellschaft so geschaffen, dass darin einige die anderen in Religion unterrichten könnten, schrieb Melanchthon. Seit die Fürsten die Hüter der menschlichen Gesellschaft seien, gehöre es zu ihnen, dafür zu sorgen.[56] Ja, »*ideo enim appellantur Dii a Spiritu sancto, ut divina dona in terris, religionem, civilem statum et omnes honestas artes tueantur ac retineant. Propter hanc procurationem divinarum rerum gerunt augustum titulum, quo nullam habet Magistratus ornamentum maius aut venerabilis.*«[57]

Zweitens solle die Obrigkeit sowohl den Eltern als auch den Kindern vielfache Möglichkeiten bieten, sich selbst zu bilden. Jede Gemeinde solle über öffentliche Büchereien verfügen, damit die eigenständige Bildung

---

53. Siehe JOHANNES BUGENHAGEN: Schulordnung aus der Braunschweig'schen Kirchenordnung (1543). In: VORMBAUM: Schulordnungen, Bd. 1, 44, 46 ff., sowie Erörterung bei ROST: Bugenhagen, 40-42. Bugenhagen war die kirchliche Beteiligung an der religiösen Erziehung von Kindern wichtiger als anderen Reformatoren. An einer Textstelle betonte er sogar, dass Pfarrer, die nicht an Schulgründungen teilnahmen und nicht die Bibel und die Religion lehrten, »weichlich und nicht viel wert« seien. Zit. nach ebd., 13.
54. WA 30/1, 350 f.
55. Siehe z. B. MW 3, 111.
56. Ebd.
57. CR 11, 213. Vgl. weitere Erörterungen in SCHEIBLE: Philipp Melanchthon.

7 · Das *seminarium civitatis*: Die Reform des Bildungsrechts

und die Festigung des Wissens gefördert werden konnten. Schullehrer und Professoren sollten regelmäßig öffentliche Vorträge zu Sachgebieten wie Medizin, Handel, Landwirtschaft, Geographie und Recht halten.[58] Die Obrigkeit solle ihren Bürgern den Anspruch der moralischen und bürgerlichen Gesetze nahebringen – dadurch, dass die Gesetzestexte an öffentlichen Plätzen aushingen, diese durch Flugschriften und Broschüren verbreitet sowie von der Kanzel herab und im Rathaus verkündet würden.[59] Das Ideal der Reformatoren war eine umfassend gebildete Bürgerschaft, bei der jeder seiner Berufung gemäß eine zusätzliche Fachausbildung erhielt.

Drittens solle die Obrigkeit die Schulpflicht für Kinder einführen, womit zumindest das elementarste Wissen vermittelt werden konnte. Die Reformatoren einigten sich nur unter Vorbehalt auf diesen Grundsatz, da er ihren bevorzugten Lehren *von der Freiheit eines Christenmenschen* und von der familiären Verantwortung deutlich widersprach. Sie ließen ihren Vorbehalt allerdings fallen, als ihnen ein dramatisches Nachlassen der Schulanmeldungen Mitte der 1520er Jahre auffiel. Die deutschen Stadtschulen beklagten den Mangel an potentiellen, geschweige denn begabten Schülern bitterlich. Ein Teil von ihnen schloss umgehend und enttäuscht die Pforten. Die Zahl der Hauslehrer und privaten Internate sank jäh ab. Die deutschen Universitäten verloren ihre Studenten in einem bedenklichen Ausmaß. Die Universität von Köln hatte 1516 noch 370 Studenten, 1524 nur noch 54. Luthers Alma Mater in Erfurt zählte 1520 ganze 311 Studenten, 1527 nur noch 14. Die Universität von Wien immatrikulierte 1519 ganze 661 Studenten, 1532 nur noch 12. Die Universität von Rostock zählte 1500 ganze 300 Studenten, 1529 überhaupt keine mehr. Trotz aller reformatorischen Begeisterung blieb auch die Universität von Wittenberg nicht verschont: 1521 waren es noch 245 Studenten, 1527 nur noch 73.[60] »*Weil ich sehe, das sich der gemein man, frembd stellet gegen die schulen zu erhalten*«, stellte Luther alarmiert fest: »*[I]ch sehe, das »der gemeine man frembd stellet gegen die Schulen zu erhalten und jhre kinder gantz und gar von der lare zihen und allein auff die narunge und bauchs sorge sich geben*«. Nahezu alle städtischen

---

58. Vgl. MARTIN BUCER: Ulmer Kirchenordnung. In: RICHTER: Bd. 1, 157f.; mit Erörterungen des Klagerechts in: ERNST-WILHELM KOHLS: Martin Bucers Anteil und Anliegen bei der Abfassung der Ulmer Kirchenordnung im Jahre 1531. In: Zeitschrift für evangelisches Kirchenrecht 15 (1970), 333, 356; ders.: Die Schule bei Martin Bucer in ihrem Verhältnis zu Kirche und Obrigkeit. Heidelberg 1963, 33ff.
59. Bucers Ansichten siehe ebd. und bei MELANCHTHON in: CR 1, 706-708; CR 21, 127, 132; 23,176f.
60. EBY: Development, 64.

Autoritäten würden die Schulen zugrunde gehen lassen, als seien sie von aller Verantwortung entbunden.[61]

Im Nachhinein lässt sich feststellen, dass eine ganze Reihe von Faktoren zu diesem dramatischen Rückgang der Schüler und Studenten führte – ein drei Generationen lang anhaltender humanistischer Angriff auf das traditionelle deutsche Bildungswesen; das Versiegen der klösterlichen und kirchlichen Dotierungen, mit denen Studenten bisher unterstützt worden waren; das Zögern der bürgerlichen Obrigkeiten, konfiszierte Kirchengebäude in öffentliche Schulen umzuwandeln; die sozialen Unruhen als Folge des Ritterkriegs, des Bauernkriegs und deren Schäden; das Auftreten einer Pestwelle sowie Missernten in den frühen und mittleren 1520er Jahren; das Erwachen einer allgemeinen Abneigung gegen Bildung überhaupt; und viele weitere Faktoren. Was immer auch passierte, Luthers Zeitgenossen gaben ihm und seinen Anhängern voll und ganz die Schuld. Ein bekannter Spruch von Erasmus lautete: »Wo immer das Luthertum vorherrscht, da sind die Wissenschaften zugrunde gegangen.«[62]

Die Reformatoren forderten immer nachdrücklicher die verbindliche Teilnahme am Unterricht. Wenn der *paterfamilias* den Nutzen und die Berechtigung der Bildung seiner Kinder nicht ausreichend würdige, dann müsse sich der *paterpoliticus* einschalten – im Interesse der Kinder und der Gemeinschaft. »*Jch halt aber, das auch die oberkeit hie schuldig sey die unterthanen zu zwingen, jhre kinder zur schulen zu halten, sonderlich die, da von droben gesagt ist*«, so Luthers Feststellung. »*Denn sie ist warlich schuldig, die obgesagten empter und stende zu erhalten, das Prediger, Juristen, Pfarher, Schreiber, Ertzte, Schulmeister und der gleichen bleiben, denn man kan der nicht emperen, Kan sie die unterthanen zwingen, so da tuechtig da zu sind, das sie muessen spies und buechsen tragen, auff die mauren lauffen und anders thun, wenn man kriegen sol, Wie viel mehr kan und sol sie hie die unterthan zwingen, das sie jhre kinder zu Schulen halten.*«[63]

Viertens sollten Kinder im frühestmöglichen Alter mit dem Unterricht beginnen. Wenn das Christentum erneuert werden sollte, schrieb Luther, »*ßo muß man furwar an den kindern anheben*«.[64] Ähnlich äußerte sich Justus Menius in einem pädagogischen Werk, dessen Vorwort von Luther stammte: Männer, die ihrem Land dienen sollten, müssten dazu von frühes-

---

61. WA 30/2, 526; vgl. weiterhin MW 3, 70-82; GERALD STRAUSS: Luther's House of Learning. Baltimore/London 1978, 268-299.
62. Zit. nach EBY: Development, 64.
63. WA 30/2, 586.
64. WA 2, 170.

ter Kindheit an erzogen werden; auf keine andere Weise könne Eindruck auf sie gemacht werden.⁶⁵ Die Reformatoren begründeten diese Empfehlung unmittelbar mit ihrer Gnadentheologie. Bugenhagen zufolge »*De gedoften kynderken leuen in der gnaden Gades, (...) weten nichts gudes noch böses, wo wol se van unser sundliken nature (...) Wen ouers de tidt kumpt, dat se vornunnftich beginnen to werden, so kumpt ock de slange alse to Adam unde Even, unde beginnet de kindere to leren alle undöget (...). Denne is id tidt, denne wert van vns geuordert, dat me se leren schal*«.⁶⁶ Denn die rechte religiöse Unterweisung sollte sie von zartestem Alter an gegen diese Versuchungen schützen.

Fünftens sollte es genügend Schulen geben. Sie sollten allen Kindern zugänglich sein.⁶⁷ Jungen und Mädchen sollten in getrennten Schulen unterrichtet werden, die nicht zu weit von ihrem Zuhause entfernt lagen.⁶⁸ Reiche und Arme sollten diese gleichermaßen besuchen können. Öffentliche und private Geldmittel sollten als Ausbildungshilfe für gering bemittelte Studenten bereitgestellt werden – entweder aus Konfiskationen (klösterlicher Besitz und klösterliche Stiftungen) oder als Erlös aus Privatspenden, die bisher für den Ablass, Messen, Vigilien, Wallfahrten und allerlei Formen religiöser Pflichtgaben verwendet worden waren.⁶⁹

Sechstens sollten die Schulen als »*seminarium civitatis*«⁷⁰ dienen, die ihren Schülern das echte Christentum und ein breites Wissen vermittelten. »*Fur allen dingenn solt in den hohen unnd nydern schulen die furnehmst und gemeynist lection sein die heylig schrifft*«, verkündete Luther 1520, womit er das große Thema der *sola scriptura* anklingen ließ.⁷¹ Fürwahr, »*Wir solten auch, wo die hohen schulen fleyssig weren in der heyligen schrifft, nit dahyn*

---

65. Zit. nach STRAUSS: Luther's House of Learning, 35.
66. JOHANNES BUGENHAGEN: Schulordnung aus der Braunschweig'schen Kirchenordnung (1528). In: VORMBAUM: Schulordnungen, Bd. 1, 9.
67. WA 30/2, 545; WA 30/2, 60-63. Siehe auch PHILIPP MELANCHTHON: Brief an Justus Jonas in Halle über Wittenberger Ereignisse (1546). In: GUSTAV KAWERAU: Der Briefwechsel des Justus Jonas. Halle 1884-1885, Bd. 2, 158. Zur Bedeutung von Mädchenschulen bei den Reformatoren vgl. MOORE: The Maiden's Mirror.
68. WA 6, 461; vgl. des Weiteren SUSAN C. KARANT-NUNN: The Reality of Early Lutheran Education: The Electoral District of Saxony – a Case Study. In: Luther-Jahrbuch 57 (1990), 128; ROST: Bugenhagen, 23-25; JUSTUS MENIUS: Vorwort zu Luthers Katechismus (1529). In: GUSTAV L. SCHMIDT: Justus Menius. Der Reformator Thüringens nach archivalischen und andern gleichzeitigen Quellen. Gotha 1867, Bd. 2, 189 f.
69. WA 15, 30; 30/2, 522-588.
70. MW 3, 69.
71. WA 6, 461.

schicken yderman, wie itzt geschicht«.[72] Auch Melanchthon schärfte seinen Lesern wiederholt ein: »[S]*o ist doch weiter zu betrachten, dass Gott mehr Künste gegeben hat, die zu diesem leiblichen Leben dienen, und dennoch Anleitung geben zu Verstand göttlicher Schrift. (...) bedarf man im ganzen Leben allerlei Historien, Geographi, Rechnung, Messens, Calender, Sprachen, item der Arznei«.*[73] Doch trotz ihres überzeugten Festhaltens am Grundsatz der *sola scriptura* glaubten die evangelischen Reformatoren, dass die biblische Unterweisung allein nicht genüge, um einen Lehrplan zu füllen. Letztlich sei Bildung mehr eine Angelegenheit des irdischen Reichs als des himmlischen Reichs; ihre Verwirklichung hinge von den Texten des Verstandes und zugleich von den Texten der Offenbarung ab. Daher entwarfen die Reformatoren neue Lehrpläne für den Hausunterricht, die Volksschulen, die Lateinschulen und auch für die Universitäten. Die Lehrpläne wurden beiden Geboten, dem der Frömmigkeit und dem der Bildung, gerecht.

Um den Hausunterricht, der oftmals die einzige Möglichkeit war, Kindern in ländlichen Gebieten und in Kleinstädten Bildung zu vermitteln, bemühte sich Melanchthon in besonderem Maße. Hierzu entwickelte er das *Handtbuchlein wie man die Kinder zu der Geschrifft vnd Lere halten soll* (1524)[74], den *Catechismus puerilis* (1532/1558)[75] und für Fortgeschrittene das Werk *Loci communes rerum theologicarum* (1521).[76] Die jüngsten Schüler sollten das Alphabet und die Grammatik erlernen, wobei verschiedene Lehrmethoden zur Anwendung kamen, die Melanchthon in seinen früheren Lehrbüchern zur lateinischen und griechischen Grammatik beschrieben

---

72. WA 6, 461.
73. CR 5, 130.
74. PHILIPP MELANCHTHON: Handtbuchlein wie man die Kinder zu der Geschrift und lere halten soll. Wittenberg 1521/1524/1530.
75. CR 23, 103, 117.
76. LC (1521), 82. Obwohl diese Arbeit allgemein für das erste protestantische Werk zur systematischen Theologie gehalten wird, macht Melanchthons Sendschreiben seine erzieherische Absicht deutlich: »*Porro, quod ad argumenti summam attinet, indicantur hic christianae disciplinae praecipui loci, ut intelligat iuventus, et quae sint in scripturis potissimum requirenda et quam foede hallucinati sint ubique in re teologica, qui nobis pro Christi doctrina Aristotelicas argutias prodiere.*« (*Was nun weiter den Stoff im ganzen anbelangt, werden hier die wichtigsten Hauptpunkte der christlichen Lehre vermittelt, damit die Jugend einsieht, wonach sie in der Schrift hauptsächlich fragen muss und wie abscheulich die überall in der Theologie faselten, die uns anstelle der Lehre Christi aristotelische Spitzfindigkeiten dargeboten haben.*) Ebd., 18 f. Melanchthon bediente sich vieler Themen aus seinen *Loci communes,* um »*der Ordinanden Examen*« für die höheren Theologieschulen in Wittenberg zu entwerfen. CR 23, xxxv.

7 · Das *seminarium civitatis*: Die Reform des Bildungsrechts

hatte.[77] Die etwas älteren Schüler lernten zahlreiche religiöse Texte auswendig und wurden in deren Verstehen geschult – das Vaterunser, das Ave Maria, die christlichen Glaubensbekenntnisse, Psalm 66, die Zehn Gebote, die Seligpreisungen und mehrere Kapitel aus den Evangelien und den Paulusbriefen. Fortgeschrittene Schüler sollten in den sieben freien Künsten unterrichtet werden, ergänzt durch eine umfassende Einführung in theologische Themenbereiche wie Sünde, Gnade, Recht, Liebe und die Sakramente. Nach Abschluss des Seminars sollten die besten Schüler zu weiterführendem Wissenserwerb an die Universitäten geschickt werden.

Für die Lateinschulen planten Melanchthon, Luther und Bugenhagen gemeinsam einen noch anspruchsvolleren Lehrplan. Die Schüler sollten in Gruppen aufgeteilt werden und sich ihren Begabungen und Interessen gemäß entwickeln können.[78] In der ersten Unterrichtsstufe sollten die Schüler das Alphabet, verschiedene Gebetstexte und Glaubensbekenntnisse erlernen, dazu noch die lateinische Grammatik des Donatus und die Verse des Cato kennenlernen. In der zweiten Unterrichtsstufe sollten die Schüler durch Untersuchung der Werke verschiedener klassischer und humanistischer Autoren in Grammatik weiterführend unterrichtet werden, in Religion durch die Psalmen und die Evangelien, das Vaterunser, den Dekalog, das Glaubensbekenntnis, in der Morallehre durch die Verse von Terenz, Plautus, Erasmus und ganz besonders durch Äsops Fabeln (die Luther ins Deutsche übersetzte). In der dritten, der fortgeschrittenen Stufe sollten sich die Schüler in die Werke von Ovid, Cicero und Vigil vertiefen und sich mit Dialektik, Rhetorik und Poetik befassen. In allen drei Stufen sollten die Schüler nach dem Willen der Reformatoren in Latein als der Hauptsprache unterrichtet werden, bedeutende religiöse und geisteswissenschaftliche Passagen auswendig lernen, gründlich in Musik und Hymnologie ausgebildet werden und regelmäßig Unterricht in Leibeserziehung, Mathematik, den Naturwissenschaften und in Geschichte erhalten, wenn dafür genug Zeit blieb. Allen drei Stufen sollte die Verwendung zu vieler und zu nutzloser Lehrbücher erspart werden. Das gründliche Lesen und Verstehen einiger

---

77. CR 20, 3, 193, 391.
78. Unterricht der Visitatoren an die Pfarrherrn im Kurfürstentum Sachsen (1528/1538), WA 26, 195-240, hier: 236-240. Eine ähnliche Einteilung enthält die von JOHANNES BUGENHAGEN verfasste *Braunschweiger Schulordnung von 1528*. In dem Kapitel »Van dem arbeyt in den Scholen« weist Bugenhagen auf Folgendes hin: »*Mit dem arbeyde unde duinge in den Scholen, schal id mit der tidt tom meysten geholden warden, alse Philippus Melanchthon hefft bescreuen im (...) Underrichtinge der Visitatorn an de Parnere etc.*« In: VORMBAUM: Schulordnungen, Bd. 1, 14.

weniger, aber bedeutender Texte sei sehr viel sinnvoller als das oberflächliche Lesen einer ganzen Bibliothek. Daher verfasste Melanchthon neue Texte zur lateinischen und zur griechischen Grammatik, zur Rhetorik, Dialektik, Moralphilosophie und Naturphilosophie. Außerdem versah er mehrere neue Texte zum schulischen Gebrauch jeweils mit einem ambitionierten Vorwort.[79]

Die Reformatoren gingen davon aus, dass die meisten Schüler durch das gesamte lateinische Lehrpensum überfordert waren. Andererseits gab es ja Kinder, denen es auf Grund ihrer Anlagen und ihres Charakters leichtfiel, die vorgegebene Schulausbildung erfolgreich zu durchlaufen. Viele Schüler wollten auch nach dem Erwerb des Grundwissens noch etwas lernen, entweder im Hausunterricht, innerhalb einer Zunft oder an einer Volksschule. Nur die begabtesten Schüler sollten so gefördert werden, dass sie alle denkbaren Unterrichtsfächer durchlaufen und das Universitätsstudium absolvieren konnten, um dann gut für den kirchlichen Dienst oder den Staatsdienst vorbereitet zu sein.[80] Ein Schüler sollte sich nicht schämen, wenn er die Lateinschule mittendrin abbrechen musste, noch sollte man ihn unbedingt dort halten wollen. »*[D]enn es mussen nicht alle knaben Pfarher, Prediger, Schulmeister warden*«, Doktoren, Richter und Anwälte.[81] Jeder Mensch habe seinen Platz im Reich Gottes, und jede Berufung, der gewissenhaft gefolgt werde, sei in den Augen Gottes gleichermaßen ehrenhaft und nützlich.

Für das deutsche Volksschulwesen mit seiner getrennten Erziehung der Jungen und der Mädchen gab Johannes Bugenhagen die allergenauesten und umfassendsten Empfehlungen. Anders als die Lateinschulen sollten die Volksschulen ein weniger anspruchsvolles und weniger starres Lehrpensum anbieten. Die Schüler sollten in die Grundlagen des Lesens, des Schreibens und der Arithmetik eingeführt werden, wobei die Lehrtexte beliebig ausgewählt werden konnten. Sie sollten den Dekalog, das Vaterunser und das Apostolikum lernen, die Psalmen lesen und Kirchenlieder singen können sowie die biblische Geschichte kennen. Nach Erwerb dieses Grundwissens sollten die Schüler im landwirtschaftlichen, kaufmännischen, hauswirtschaftlichen oder in einem anderen Bereich praktisch ausgebildet werden, womit sie wichtige Aufgaben innerhalb der Ortsgemeinschaft übernehmen konnten. Der Unterricht sollte unter Berücksichtigung des Orts-

---

79. Siehe KUSUKAWA (Hrsg.): Melanchthon Orations; HANS-RÜDIGER SCHWAB: Philipp Melanchthon. Der Lehrer Deutschlands: Ein biographisches Lesebuch. München 1997.
80. W 30/2, 461 f.
81. WA 30/2, 545.

7 · Das *seminarium civitatis*: Die Reform des Bildungsrechts

dialekts grundsätzlich in deutscher Sprache abgehalten werden, auch wenn Schüler mit entsprechender Begabung oder bei entsprechendem Interesse Griechisch, Latein und Hebräisch erlernen konnten.[82]

In seinen späteren Jahren legte Luther noch größeren Wert auf die Rolle des Katechismus bei der religiösen Unterweisung in den Lateinschulen und Volksschulen – und ließ an einigen Stellen sogar anklingen, dass der Katechismusunterricht wichtiger sei als das Lesen in der Bibel ohne Anleitung. Luther hob die Bedeutung des Katechismus stärker hervor, um der zunehmenden geistigen Nachlässigkeit seiner Anhänger und der zunehmenden geistigen Freiheit der Antinomisten entgegenzutreten, die er in den späten 1520er Jahren festzustellen glaubte.[83] Verärgert äußerte sich Luther zur Verfälschung der Lehren, die ihm in Predigten und Briefen begegnet waren: *»Aber es will jetzund ein jglicher Meister uber die Schrift sein, und meinet ein jder, er verstehe sie sehr wol, ja, hab sie gar ausstudiret.«*[84] Als Antwort darauf verfasste Luther seine beiden bekannten Katechismen: den *Kleinen Katechismus* und den *Großen Katechismus*. Beide Katechismen stellten die Worte des Dekalogs, des Apostolikums sowie des Vaterunsers dar und gaben Erläuterungen dazu; die Erläuterungen des *Großen Katechismus* zu den jeweiligen Texten waren noch ausführlicher, zusätzlich wurden die Sakramente der Taufe und der Eucharistie einzeln behandelt.[85]

Luther schuf seine Katechismen weder, um seine theologischen Ansätze unverrückbar zu kanonisieren, noch, um Schüler und Studenten vor umfassender biblischer und humanistischer Unterweisung zu bewahren.[86] Luthers Katechismen waren keine kanonisierten protestantischen Glaubensbekenntnisse. Es waren schlichte, prägnante und überkonfessionelle Äußerungen zu den Grundlagen des christlichen Glaubens, die in einem vorwiegend pastoralen und praktischen Ton gehalten waren. Luther hatte sie nach eigenem Bekunden verfasst, um *»mancherley odder anderley text und form der Zehen gebot, Vater unser, Glauben, der Sacrament etc.«* zu er-

---

82. Siehe *Der Ehrbaren Stadt Hamburg christliche Ordnung* (1529), Art. 6 *(Van der düdeschen Schruffschole)* und Art. 7 *(Van der Jungkfruwen Schole)*. In: RICHTER: Bd. 1, 127 f., und weitere Erörterung bei ROST: Bugenhagen, 20-30.
83. Siehe z. B. WA Tr 5, Nr. 6288.
84. WA Tr 5, Nr. 6008.
85. Großer Katechismus, WA 30/1, 123-238; Kleiner Katechismus, WA 30/1, 346-402; Ein ausführlicher Kommentar findet sich in ALBRECHT PETERS: Kommentar zu Luthers Katechismen. Göttingen 1990-1994.
86. Vgl. dagegen STRAUSS: Luther's House of Learning, 155 ff.; RICHARD GAWTHROP/ GERALD STRAUSS: Protestantism and Literacy in Early Modern Germany. In: Past and Present 104 (1984), 31, 35 ff.

setzen, mit denen sich die Schüler und Studenten konfrontiert sahen. Er erwartete von den Lehrern, entweder seine Katechismen zu übernehmen oder »*erwele dir welche form du wilt und bleib da bey ewiglich*«, damit die Schüler und Studenten nicht in Verwirrung gerieten. Nur von denjenigen Lehrern und Pfarrern, »*welche es nicht besser vermuegen*« und die »*ungeschickt*« waren und »*untuechtig sind zu leren*«, forderte er die genaue Befolgung seiner katechetischen Formulierungen.[87]

Luther empfahl wiederholt, dass ein Lehrer auch auf beliebige andere Katechismen und religiöse Leitfäden zurückgreifen sollte, auch dann, wenn sie vor den seinen erschienen waren – die des katholischen Theologen Jean Gerson[88], die seiner theologischen Mitstreiter Melanchthon, Bucer oder Brenz[89] oder aber diejenigen der lutherischen Rechtsgelehrten wie Christoph Hegendorf.[90] Luther war von der Güte seiner katechetischen Formulierungen nicht annähernd so überzeugt, wie einige Autoren unserer Tage glauben. Denn weder Luthers Katechismen noch die seiner Glaubensbrüder

---

87. Vorrede zum Kleinen Katechismus (1529), WA 30/1, 346-353.
88. JEAN GERSON: Opusculum tripartitum de praeceptis decalogi, de confessione et de arte moriendi (1487), mit Erörterung bei HAROLD J. GRIMM: Luther's Catechisms as Textbooks. In: HAROLD J. GRIMM/THEODORE HOELTY-NICKEL (Hrsg.): Luther and Culture. Columbus, OH 1960, 119, 121. Zur Fülle von katholischen Katechismen des 15. Jahrhunderts und deren anhaltendem Einfluss auf die Reformatoren vgl. FERDINAND COHRS: Die evangelischen Katechismusversuche vor Luthers Enchiridion. 4 Bde. Berlin, 1900-1902; aktualisiert und korrigiert in TIMOTHY J. WENGERT: Law and Gospel: Philip Melanchthon's Debate with John Agricola of Eisleben over Poenitentia. Grand Rapids, MI 1997.
89. Siehe MELANCHTHON: Catechesis puerilis (1532/1558), CR 20, 100. Zu Bucers Katechismus vgl. BURNETT: Church Discipline, 441; AUGUST ERNST/JOHANN ADAM: Katechetische Geschichte des Elsasses bis zur Revolution. Straßburg 1897, 115 ff. Zum Katechismus von Brenz aus dem Jahr 1527 siehe JULIUS HARTMANN/KARL JÄGER: Johann Brenz: Nach gedruckten und ungedruckten Quellen. Hamburg 1840, Bd. 1, 123-131; zu seinem Katechismus oder seinen Kinderpredigten aus dem Jahr 1533 vgl. STEVEN E. OZMENT: Protestants: The Birth of a Revolution. New York 1992, 104-117.
90. Siehe Zusammenstellung bei ERNST-WILHELM KOHLS: Evangelische Katechismen der Reformationszeit vor und neben Martin Luthers Kleinem Katechismus. Gütersloh 1971; GUSTAV KAWERAU u. a. (Hrsg.): Zwei älteste Katechismen der lutherischen Reformation. Halle 1890, 3-17. Der Katechismus des evangelischen Juristen und Theologen Christoph Hegendorf, einem Freund von Melanchthon, und der des lutherischen Magisters, Schulleiters und Rektors Hermann Tulichius, wurden viel benutzt, sowohl in der lateinischen als auch in der deutschen Fassung: Die zehen Gepot, der glaub, vnd des Vater vnser, fur die kinder, kurtzlich ausgelegt. Wittenberg 1527.

7 · Das *seminarium civitatis*: Die Reform des Bildungsrechts

sollten dazu dienen, den Lehrplan der Lateinschulen oder etwa der Volksschulen zu beschneiden. Sie waren lediglich dazu gedacht, die Bibellesungen zu ergänzen, die der Schüler täglich zu Hause und in der Kirche hören konnte, und den Inhalt der vielen geisteswissenschaftlichen Texte des Lehrplans zu erhellen.

Die Bildungsgrundsätze der Reformatoren berücksichtigten einerseits die deutschen Gegebenheiten, waren aber andererseits darauf gerichtet, der traditionellen Vorherrschaft der katholischen Kirche im Erziehungs- und Bildungswesen Einhalt zu gebieten. Zum einen bewahrten die Reformatoren viel von der deutschen Bildungstradition. Die Idee der vom Staat getragenen öffentlichen Bildung knüpfte direkt an Erfahrungen an, die man mit den Lateinschulen und Volksschulen in den großen Städten gemacht hatte. Die dreifache Unterteilung des Unterrichts entsprach dem Aufbau der Kloster- und Domschulen. Die Idee der vom Staat getragenen Unterstützung gering bemittelter Schüler und Studenten knüpfte an den Brauch der Landesherrn, Zünfte und Klöster an, Ausbildungshilfen zu gewähren. Die Lehrpläne der Grundschulen stellten den Religionsunterricht in den Mittelpunkt und behielten die sieben freien Künste sowie eine Reihe von Texten bei, die das kanonische Recht vorschrieb. Die protestantischen Universitäten hielten an den traditionellen Satzungen, der Einteilung in Fakultäten und den akademischen Graden fest.

Zum anderen glichen die Reformatoren die bisherigen Erziehungsmethoden ihren eigenen Vorstellungen an, die in der Zwei-Reiche-Lehre wurzelten. Ihrer Ansicht nach sollte die christliche Obrigkeit die Amtskirche als den obersten Schutzherren und Bewahrer der öffentlichen Schulen und Universitäten ersetzen. Das bürgerliche Recht sollte das kanonische Recht als das geltende Recht zu Erziehung und Bildung ersetzen. Die Schule sollte die Kirche und das Heim als wichtigste Bildungseinrichtung ersetzen. Die Bibel sollte die scholastischen Texte als wichtigsten Teil des Lehrplans ersetzen. Die allgemeine Berufung aller Christen sollte die besondere Berufung der Kleriker als die *raison d'être* der Bildung ersetzen. Nach Ansicht der Reformatoren sollte die Bildung ihren religiösen Charakter beibehalten, jedoch stärkerer politischer Einflussnahme unterliegen und zunehmend bürgerlichen Zwecken dienen.

Diese neuartigen Bildungsgrundsätze stießen auf zurückhaltende Aufnahmebereitschaft in den jungen evangelischen Gemeinschaften Deutschlands. Speziell Luther verwendete viel Zeit auf die Verteidigung der Grundsätze, sowohl in Briefen als auch in seinen Predigten, darunter die häufig veröffentlichten *An die Radherrn aller Stedte deutsches Lands; das sie Christliche Schulen auffrichten und hallten sollen* (1524) und *Eine Predigt, das man*

Die neue lutherische Bildungstheologie

Kinder zur Schulen halten solle« (1530). Luthers Eintreten für die neuen Bildungsprinzipien war eine Mischung aus Schmeicheln und Drohen.

Zum einen versuchte der Pfarrer in Luther, zurückhaltende Eltern und Schüler vom Nutzen und der Berechtigung der Bildung zu überzeugen. *»Da sihe, keiser und konige mussen Cantzeler, vnd schreiber, Rethe Juristen vnd gelerten haben, Kein furst ist er mus Cantzeler, Juristen, Rethe gelerte vnd schreiber haben, Also auch alle grauen, herrn, Stedte, schlosser mussen Sindicos stat schreiber vnd sonst gelerte haben Jst doch kein eddel man, er mus einen schreiber haben, Vnd das ich von gemeinen gelerten auch sage, Wo sind noch die bergwerck, kauffleute, hantierer.«* »*Auch so rechen du selbs«*, fuhr Luther fort, *»wie viel pfarhen vnd predig stuele, Schulen, kustereien furhanden sind die noch itzt das mehrer teil gnugsam versorget sind, vnd teglich ledig werden.«* Wenn sich die Schüler nicht an den Schulen anmeldeten, *»Jch wil gern sehen, wo man vber drey iar wolle pfarher, Schulmeister, kuster nemen?«* Waren seine Leser immer noch nicht überzeugt, dann äußerte sich Luther: *»Jch wil hie schweigen, wie eine feine lust es ist, das ein man gelert ist, ob er gleich kein ampt nimer mehr hette, das er daheimen bey sich selbs allerley lesen, mit gelerten leuten reden vnd vmbgehen, ynn frembden landen reisen vnd handeln kan«.*[91]

Zum anderen warf der Prophet in Luther im Zusammenhang mit diesen Bildungsgrundsätzen vermeintlich Andersdenkenden Gotteslästerung und Verrat vor. *»Hastu nu ein kind das zur lere tüchtig, vnd kanst yhn dazu halten, Thusts aber nicht, (...) So thustu so viel an dir ist, widder welltliche oberkeit (...) Denn so dir Gott ein kind gegeben hat, tüchtig vnd geschickt zu solchem ampt vnd du zeuchsts nicht dazu, Sihest, allein auff den bauch vnd zeitliche narung, So nim fur dich, das register droben gestellet, vnd durchlauff dasselbige ynn seinen angezeigten guten wercken vnd wundern, so wirstu sehen vnd finden, welch ein froemlin vnd kreütlin du bist Denn so viel an dir ist, so entzeuchstu Gott einen Engel, einen diener, einen konig vnd fursten ynn seinem reich Einen heiland vnd troster der menschen an leib vnd seel an gut vnd ehre, Einen heubtman vnd ritter widder den teuffel, damit du einreumest dem teuffel vnd forderst yhm sein reich, also, das er die seelen ynn sunden, tod, hellen, behellt, vnd viel mehr hin ein teglich bringt.«*[92]

---

91. WA 30/2, 550, 565.
92. WA 30/2, 542, 562.

7 · Das *seminarium civitatis*: Die Reform des Bildungsrechts

Das neue bürgerliche Recht zur öffentlichen Bildung

Die deutschen Obrigkeiten zeigten sich gegenüber den reformatorischen Bildungsgrundsätzen weitaus aufgeschlossener als die deutschen Untertanen. Die bisherigen kirchlichen Lehren hatten den Obrigkeiten nur wenig Raum für eine Mitwirkung bei der Bildung und nur geringen Einfluss auf die wirkungsmächtigen Kirchenschulen und kirchlichen Stiftungen innerhalb des territorialen Herrschaftsbereichs gelassen. Der Versuch einer bürgerlichen Einflussnahme auf das kirchliche Lehramt wurde als Sünde verstanden, die durch Interdikt oder Kirchenbann bestraft werden musste. Dagegen erklärten die neuen protestantischen Lehren die Obrigkeit zum vorrangigen Hüter der Bildung. Jene sei von Gott berufen, die unvollkommenen Kirchenschulen und ihre Stiftungen zu übernehmen und sie ihrem göttlichen Auftrag zuzuführen. Sowohl die pflichtbewussten als auch die um Mehrung bemühten Obrigkeiten erhielten durch diese Lehren einen Anstoß und setzten die pädagogischen Grundsätze der Reformatoren schon bald in bürgerliches Recht um. Sie verkündeten während der ersten beiden Generationen der deutschen Reformation eine Flut von neuen Schulgesetzen – einige als eigenständige Schulordnungen, die Mehrzahl aber als Bestimmungen innerhalb umfassender Kirchenordnungen und allgemeiner Polizeiordnungen, die von den Stadtoberen oder Territorialherren erlassen wurden.[93]

Die lutherische Reformation nahm vor allem auf die Grundbildung in Deutschland unmittelbaren und weitreichenden Einfluss.[94] Im Ganzen gesehen schufen die Schulordnungen ein zweigleisiges Grundschulwesen. Erstens sind die Lateinschulen und die Ratsschulen zu nennen, die das Herzstück des neuen Schulsystems waren – entweder entstammten sie der vorreformatorischen Zeit oder sie lösten die zuvor konfiszierten Dom- und Klosterschulen ab. Wie in vorreformatorischen Zeiten wurden diese Schulen meist durch die jeweiligen Stadträte eingerichtet und unterhalten sowie durch städtische Beamte, durch Inspektoren und gelegentlich auch durch Amtsrichter betreut, denen die volle Zuständigkeit für das Bildungswesen

---

93. Die ergiebigsten Zusammenstellungen sind zu finden bei KUNKEL, RICHTER, SEHLING, VORMBAUM: Schulordnungen; JOHANN M. REU: Quellen zur Geschichte des kirchlichen Unterrichts in der evangelischen Kirche Deutschlands zwischen 1530 und 1600. Gütersloh 1904-1935; KLAUS GOEBEL: Luther in der Schule: Beiträge zur Erziehungs- und Schulgeschichte: Pädagogik und Theologie. Bochum 1985.
94. Für eine Übersicht über die neuen Grundschulen, die unter evangelischem Einfluss standen, siehe GEORG MERTZ: Das Schulwesen der deutschen Reformation im 16. Jahrhundert. Heidelberg 1902, 192-204.

übertragen worden war. Ebenso wie in vorreformatorischen Zeiten zogen die städtischen Lateinschulen die bedeutendste steuerliche Unterstützung sowie die besten Lehrer an sich und wiesen zugleich den anspruchsvollsten Lehrplan für Religion und die freien Künste auf. Die Volksschulen für Jungen und die für Mädchen (sie hießen damals Leseschulen, Schreibschulen oder Küstenschulen) konnten meist mit weniger schönen Räumlichkeiten, weniger regelmäßigen Steuermitteln, weniger qualifizierten Lehrern aufwarten, denn sie sollten vor allem die elementaren Lese- und Schreibfähigkeiten und beruflichen Grundkenntnisse an die örtlichen Kinder und Jugendlichen vermitteln.[95]

Zweitens sind außer den Stadtschulen die damals neuartigen Landesschulen oder Fürstenschulen zu nennen, die einerseits dazu gegründet wurden, zukünftige Staatsbeamte für den landesherrlichen Dienst auszubilden, und andererseits begabte Schüler auf die höhere Bildung an den Universitäten vorzubereiten. Diese Landesschulen waren »Innovation« der Reformation und als solche ein wesentliches Instrument zur Erweiterung des Aufgabenbereichs und zur Stützung der Macht des Territorialherrn.[96] Die Landesschulen sollten von ihrer Anlage her die bestehenden Stadtschulen ergänzen, aber nicht mit ihnen konkurrieren; und so verschafften die Fürsten und Herzöge den Stadtschulen regelmäßig Geldmittel, da diese weiterhin Teil des regionalen Bildungswesens bleiben konnten.

Im Regelfall wurden die Landesschulen auf Initiative (und wenn nötig, durch die finanzielle Unterstützung) des Territorialherrn und des Landesrats gegründet, unter die Territorialgesetzgebung gestellt und durch unabhängige Inspektoren beaufsichtigt, die durch den Landesrat bevollmächtigt waren. Häufig waren die Landesschulen der einzige Weg, um auf dem Lande eine Volks- und Hauptschulbildung zu vermitteln. In den Städten dienten sie oftmals als »Interimsinternate«, sog. *Pädagogia*, an die gering bemittelte, aber begabte Schüler der Lateinschulen und Volksschulen zur Vorbereitung auf ein Universitätsstudium gesandt wurden. Neben den Latein- und Volksschulen gediehen auch die privaten Seminarschulen in den Städten – trotz größter Bemühungen des Stadtrats, sie wieder verschwinden zu lassen.[97]

---

95. Siehe ERNST C. HELMREICH: Religious Education in German Schools: An Historical Approach. Cambridge, MA 1959, 14-16.
96. FRIEDRICH PAULSEN: Das deutsche Bildungswesen in seiner geschichtlichen Entwicklung. Leipzig 1906, 65.
97. Vgl. z. B. STRAUSS: Luther's House of Learning, 316. Hier wird gezeigt, wie der Nürnberger Stadtrat während des gesamten 16. Jahrhunderts vergeblich mit den privaten Seminarschulen rang, 1613 aber doch noch 48 dieser Schulen in einer privaten Zunft zusammenschloss; HELMREICH: Religious Education, 21. Dort

7 · Das *seminarium civitatis*: Die Reform des Bildungsrechts

Öffentliche Schulen in der Stadt: Beispiel Braunschweig

Die *Braunschweiger Schulordnung* von 1528 ist ein typisches Beispiel für das neue Stadtrecht. Sie wurde von Johannes Bugenhagen entworfen und entfaltete schon bald große Außenwirkung.[98] Die Ordnung ließ sowohl den Hang der Reformatoren erkennen, ihre neuartigen Grundsätze mit institutionellen Formen traditioneller Art zu vermischen, als auch die Neigung der örtlichen Obrigkeit, ihr neues Schulwesen bis ins kleinste Detail zu regeln.

Die Einleitung der Schulordnung gab einen kurzen Überblick zu den pädagogischen Grundsätzen der Reformatoren, war mit Bibelzitaten reichlich versehen und enthielt Mahnungen wie eine Predigt. »*Id is billich vnde Christlick recht*«, so der Anfang der Einleitung, »*alse gesecht is, dat wy vnse kynderken Christo tor döpe bringen*«, um sie zu lehren, Richtig und Falsch voneinander zu unterscheiden, damit sie die Früchte des Geistes und die Erkenntnis Christi erlangten. In ihrer Pflicht, für eine solche Erziehung und Bildung zu sorgen, sollten sich Eltern und Obrigkeit ergänzen. Ein Teil der Unterweisung sollte zu Hause und in der Kirche stattfinden. Das Hauptwissen sollte in der Schule vermittelt werden. Die Eltern sollten ihre Kinder zur Schule schicken, auch wenn es bequemer erschien, sie zu Hause zu behalten, und bedenklich, sie dem neuen Gedankengut auszusetzen und auf ungewisse Aussichten für ihren Lebensweg in Kauf zu nehmen. Die Einleitung endete mit einer leidenschaftlichen Betonung des reformatorischen Glaubens an den religiösen und bürgerlichen Nutzen der Bildung:

»*Dorum is (…) vor alle andere dinge, vor nödich angesehen, gude scholen uptorichten unde dar to besolden ehrlike, redelike, gelerde Magister unde gesellen, Gade dem almechtigen ton eren, der idget tom besten, unde to willen der gantzen stadt, Dar inne de arme unweteneidget moge tuchtich geholden werden, leren de teyn gebot Gades, den louen, dat vader unse, de sacramente Christi, mit der uthlegginge so vele alse kyndern denet. Item leren singen latinische Psalme, lesen uth der scrifft latinische lectien alle dage. Dar to scholekunst, dar uth me lere sulks vorstän. Unde nicht alleyne dat, sonder ock dar uth midt der tidt mogen werden gude scholemeystere, gude predigere, gude rechtuorstandige, gude arsten, gude Gadesfruchtende, tuchtige, ehrlike, redelike, gehorsame, fruntlike, gelerde, fredesame, nicht wylde, sonder frölike borge-*

---

steht, dass in München im Jahr 1560 an die 16 nicht den Vorschriften entsprechende private Seminarschulen mit drei anerkannten Lateinschulen um Studenten konkurrierten.

98. Die Ordnung ist wiedergegeben in Vormbaum: Schulordnungen, Bd. 1, 8-18 und Richter, Bd. 1, 106-119.

re, de ock so vortan öre kynder tom besten mogen holden, unde so vortan kyndes kynd. Sulck wil Got van uns hebben.«

Die Ordnung widmete sich ausführlich den Regeln für die Lateinschulen der Jungen. Allein sieben von den zehn Artikeln behandelten die Leitung der Schulen. Eine Stadt sollte über zwei feste Lateinschulen verfügen, die in den Gebäuden der ehemaligen Domschulen eingerichtet werden konnten und mindestens mit einem Rektor, einem Choristen und einem Gehilfen besetzt wurden. Die Ordnung schrieb alles bis ins Kleinste vor: die Verantwortlichkeiten, die Zuständigkeitsbereiche, die sittlichen Ansprüche, die Qualifikationen, die Vergütung, die Unterbringung und Verpflegung aller Schulbediensteten sowie die Aufgabenverteilung zwischen ihnen. Sie legte das für den Stadtrat verbindliche Prozedere bei der Klärung von Streitfragen zwischen den Schulbediensteten, den Schülern und den Gemeindemitgliedern (namentlich den Eltern der Schulkinder) fest. Sie schrieb einen Lehrplan vor, mit dem es nach dem Wortlaut der Ordnung »*mit der tidt tom meysten geholden werden*« sollte, »*alse Philippus Melanchthon hefft bescreuen im boke dat dissen titel hefft: Underrichtinge der Visitatorn an de Parnere*«.

Die *Braunschweiger Ordnung* gab Melanchthons Wunsch nach einer dreifachen Unterteilung der Klassen und Lehrinhalte ziemlich genau wieder, ließ aber den Lehrkörpern die Freiheit, Melanchthons ausschließlich auf dem Lateinischen aufbauendes Lehrpensum in gewissen Grenzen durch Griechisch, Hebräisch und Deutsch zu ergänzen. Die Ordnung verfügte, dass die Schulgehilfen den Eltern eine Unterrichtsgebühr abverlangten, die sich nach den finanziellen Möglichkeiten der Familien richtete. Adlige Eltern mussten für jeden angemeldeten Schüler Schulgeld zahlen, das doppelt so hoch bemessen war wie die Durchschnittsgebühr. Bei den meisten Eltern blieb es bei einem geringen Schulgeld. Manche Eltern konnten den Betrag des Schulgelds senken, indem sie einem auswärtigen Schüler Unterkunft und Verpflegung gewährten. Andere Eltern wiederum konnten mit Unterstützung des Stadtrats versuchen, einige fromme reiche Leute zu finden, die begabten armen Jungen das Schulgeld bezahlen. »*Weren ouers so arme lüde de nichts vormochten, unde wolden doch öre kyndere ock gerne holden tom besten, de mogen gan to den vorstendern der gemeynen Schat Casten in örem wickbelde de werden in sulkem valle dem Scholemeystere anseggen und sulke kyndere thobringen, um Gades willen antonemen.*« Im Alter von 12 Jahren und dann noch einmal mit 16 Jahren, sollte der Schulleiter beurteilen, ob der jeweilige Schüler eine höhere Bildung anstreben oder »*eynne redelike unde Gotlike neringe nach der werlde lope*« ergreifen sollte, nachdem er einen bestimmten Wissenstand erreicht hatte. Nur eine sehr kleine Zahl von

7 · Das *seminarium civitatis*: Die Reform des Bildungsrechts

Schülern sollte nach dem 16. Lebensjahr ein Universitätsstudium aufnehmen, »*dat se geschicket konnen werden andere to leren, unde mechtich öre kunst to brucken, de offere me Gade, dat se ander lüden denen im geystliken unde werliken regimente.*«

Die *Braunschweiger Ordnung* setzte stillschweigend Volksschulen voraus, die nach Jungen und Mädchen getrennt waren. Nur staatlich genehmigte Volksschulen waren in der Stadt zugelassen; amtlich nicht anerkannte Hauslehrer und die sogenannten Winkelschulen wurden strikt verboten. Die Ordnung ließ eine nicht näher angegebene Anzahl von Jungenschulen zu, die hauptsächlich dazu diente, »*to leren uth dem worde Gades, de teyn gebot, den Louen, dat Vader unse, van den beyden van Christo ingesetteden sacramenten (…) unde Christlike senge.*« Zwei deutsche Schullehrer wurden durch den Stadtrat ernannt, erhielten Grundbezüge und waren befugt, Gebühren von ihren Schülern zu verlangen. Über den Lehrplan, die Einrichtungen, die Zuständigkeit der Schullehrer und andere Belange dieser Schulen verlautete nichts.

Die Volksschulen für Mädchen wurden in der Ordnung wesentlich ausführlicher behandelt, da sie eine gänzlich neue Einrichtung für die Stadt waren. Vier Mädchenschulen wurden in der Stadt gegründet. Lehrerinnen, »*de in dem Euangelio vorstendich syn, unde van gudem gerüchte*« waren, sollten »*alse der gantzen stadt Christlike denerinnen*« ernannt werden, wobei die Unterrichtung der jungen Mädchen als Herzensangelegenheit einer Lehrerin angesehen wurde. Der Stadtrat sollte für ihre Grundbezüge sorgen. Sie konnten diese ergänzen, indem sie von den etwas besser gestellten Schülern Gebühren verlangten. Die Ordnung befasst sich ziemlich ausführlich mit den (beschränkten) Aufgaben und dem (bescheidenen) Lehrplan der Mädchenschulen. Die Mädchen sollten »*men eynne stunde, edder tom högesten twe stunde, des dages in de Schole gan*« besuchen, und dies für »ein oder höchstens zwei Jahre«. Die jungen Mädchen müssten nur Lesen lernen und ein paar Erläuterungen zu den Zehn Geboten, dem Glaubensbekenntnis und dem Vaterunser sowie den Sakramenten. Außerdem sollten sie einige Passagen aus dem Neuen Testament auswendig lernen, in denen es um den Glauben, die Liebe und die Geduld des Kreuzes ging, sowie etwas heilige Geschichte und christliche Lieder. Durch eine solche Ausbildung würden junge Mädchen dazu befähigt, nützliche, geschickte, glückliche, freundliche, gottesfürchtige, weder abergläubische noch starrsinnige Hausfrauen zu werden, die ihre Bediensteten kontrollieren und ihre Kinder erziehen könnten.

Die *Braunschweiger Ordnung* weist der Kirche und ihren Geistlichen separate Aufgaben innerhalb des Bildungswesens zu. Die Kirchen sollten ihre

Öffentliche Schulen in der Stadt: Beispiel Braunschweig

Pforten verlässlich jeden Morgen und Abend öffnen, sodass die Kinder den Tagesablauf kennenlernten – Schriftlesung, Singen der christlichen Psalmen und Kirchenlieder, Abhalten der Vesper und der Mette unter Leitung eines Choristen oder des Pfarrers. Dieses Verfahren der täglichen Frömmigkeitsübungen sollte der Ordnung gemäß die Kinder dazu bringen sich daran zu gewöhnen, sich den Heiligen Schriften so zuzuwenden als würden sie zum Spielen gehen.[99] Als Inspektoren für das Schulwesen sollten Geistliche jeweils in der Wochenmitte in der Schule oder in öffentlichen Gebäuden Unterricht zur Heiligen Schrift abhalten – es sollte in Latein unterrichtet werden, um einen Kontrast zu den Predigten herzustellen, die innerhalb des Gottesdienstes in Deutsch gehalten wurden. Die Kirchen waren gehalten, den Schülern materielle Hilfe unterschiedlicher Art zukommen zu lassen, Schüler und Absolventen der örtlichen Schulen als Messdiener und Chormitglieder anzustellen sowie Unterkunft für frisch verheiratete Schulgehilfen bereitzustellen. Der beste Pfarrer der Gemeinschaft sollte dazu verpflichtet werden, zusammen mit fünf Ratsherren und dem Stadtkämmerer sämtlichen Stadtschulen halbjährliche Inspektionsbesuche abzustatten, um sicherzustellen, dass sie ihrem Auftrag »in jeder Hinsicht« gerecht würden.

Die *Braunschweiger Ordnung* sah auch eine breitere öffentliche Mitwirkung am Bildungswesen vor. Öffentliche Büchereien sollten auf Rechnung der Stadt jeweils in der Nähe der Schulen eingerichtet werden. Die Büchereien sollten die Schriften der bedeutendsten Kirchenväter, des Ambrosius, des Augustinus, des Hieronymus und anderer Gelehrter, die sich zur Heiligen Schrift geäußert hatten, zugänglich machen und sie sollten allen Mitgliedern der Gemeinschaft offenstehen.[100] Die Ordnung sah den Bau eines öffentlichen Hörsaals *(lectorium)* vor, dazu ein Angebot regelmäßiger, öffentlicher Vorträge zu verschiedenen Themen. Zwei Rechtsgelehrte sollten von der Stadt angestellt werden, um dreimal wöchentlich Vorlesungen über die *Institutiones* und den *Kodex* aus Justinians *Corpus Iuris Civilis* zu halten, darüber hinaus über alle anderen Themen, die der Stadtrat und der Diakon für sachgerecht hielten. Einer oder mehrere Doktoren der Medizin sollten

---

99. Der letzte Abschnitt »Vam singende unde lesende der scholekynderen in der kerken« findet sich bei FRIEDRICH KOLDEWEY: Braunschweigische Schulordnungen. In: Monumenta Germaniae Paedagogica, Bd. 1, 27 ff., nicht dagegen in Vormbaums Wiedergabe der gleichen Ordnung.
100. Siehe RICHTER, Bd. 1, 6, 113, zum Artikel »Van de librye«. Siehe auch *Schulordnung aus der Hamburgischen Kirchenordnung* (1529), Art. 5, Nachdr. in VORMBAUM: Schulordnungen, Bd. 1, 18, 25; die Schulordnung kam schon in Bugenhagens vorletzter Fassung der *Braunschweiger Kirchenordnung* (1528) vor, wurde aber zum Termin der Verkündigung der Ordnung noch leicht überarbeitet.

7 · Das *seminarium civitatis*: Die Reform des Bildungsrechts

dreimal wöchentlich Vorlesungen über Hygiene, Ernährung sowie die Pflege Armer und Kranker halten, an der Krankenversorgung teilnehmen und innerhalb der Gemeinschaft niedergelassen sein. Schulrektoren, Inspektoren und ihre begabtesten Studenten sollten täglich die Bibel auslegen, was weniger der Unterweisung ihrer Studenten diente als vielmehr der geistlichen Erbauung ihrer Zuhörer.[101] Durch all diese Maßnahmen sollte die gesamte Gemeinschaft von religiösem und bürgerlichem Wissen erfüllt werden.

Bugenhagens *Braunschweiger Ordnung von 1528* wurde in evangelischen Kreisen schon bald als vorbildhaft betrachtet. Sowohl Luther als auch Melanchthon lobten sie wegen ihrer gelungenen Ausführung und der geglückten Verwirklichung evangelischer pädagogischer Grundsätze sehr und sagten ihr eine weite Verbreitung in ganz Deutschland und in Skandinavien voraus.[102] Die darauffolgenden zwei Generationen von Stadträten und ihre Berater übernahmen vorbehaltlos ihren Aufbau und ihre Sprache bei der Schaffung der eigenen Rechtsvorschriften. Die vor 1559 erlassenen Verordnungen zu den Stadtschulen hatten eines gemeinsam: Ihr Text begann mit einer Wiedergabe der evangelischen pädagogischen Grundsätze, oftmals ergänzt durch eine Stellungnahme zu theologischen Themen, die den höheren Geistlichen vor Ort wichtig waren. Die damals geltenden Ordnungen zu den Stadtschulen enthielten detaillierte Bestimmungen zum Aufbau, zum Unterricht, zum Lehrplan und zur Leitung der Lateinschulen, weiterhin zur Einrichtung von getrennten Volksschulen für Jungen und Mädchen, und schließlich zu gestaffelten Schulgebühren und/oder verschiedenen Formen der Unterstützung gering bemittelter Schüler, zu öffentlichen Büchereien und zu öffentlichen Lesungen über Recht, Medizin, Theologie und über die Geisteswissenschaften.

Die örtlichen Obrigkeiten schufen eigene Variationen der *Braunschwei-*

---

101. Der Artikel »Vam Lectorio« fand sich in der vorletzten Fassung der *Braunschweiger Schulordnung*, wurde allerdings kurz vor der Verkündigung der Ordnung entfernt. Der gleiche Artikel findet sich wortgetreu in Bugenhagens *Hamburger Schulordnung*, siehe dazu SEHLING, Bd. 5, 488, 499; sie war 1529 verabschiedet worden und fand in Braunschweig praktische Anwendung. Um die Bandbreite der Bestimmungen dieser frühen Stadtordnungen aufzeigen zu können, sind hier Erörterungen zu den Bestimmungen der *Braunschweiger Ordnung* aufgenommen.
102. Siehe Briefe in EIKE WOLGAST (Hrsg.): Dr. Johannes Bugenhagens Briefwechsel. Hildesheim 1966, und ausführliche Erörterung bei LUISE SCHORN-SCHÜTTE: »Papocaesarismus« der Theologen? Vom Amt des evangelischen Pfarrers in der frühneuzeitlichen Stadtgesellschaft bei Bugenhagen. In: AFR 79 (1988), 230.

ger Schulordnung – teils aus praktischen Erwägungen, teils um eigene Ideen zu verankern. Auch wenn sich die Variationen mit der Zeit und in Wechselwirkung mit den verschiedenen Rechtsordnungen breit auffächerten, so sind doch einige grobe Gemeinsamkeiten innerhalb der uns vorliegenden Stadtgesetze und Fallbeispiele auszumachen.

Erstens forderten die größeren Städte, dass das Niveau der Lateinschulen ansteigen müsse. Die Mindestanforderungen an die pädagogische Befähigung der Lehrer und Inspektoren wurden angehoben, die Anforderungen an Sittlichkeit und Lebensweise erhöht. Nach 1550 verlangten die Verordnungen zu den Stadtschulen grundsätzlich, dass nur akademisch gebildete Theologen als Rektoren und Inspektoren Anstellung finden durften und dass gut ausgebildete Juristen und Sachverständige an der Leitung der Schule Anteil haben sollten. Behördlich zugelassene Lehrwerke wurden jetzt der Regelfall. Die Stadträte erwarteten nun anspruchsvollere Lehr- und Bewertungsverfahren sowie eine genauere Differenzierung zwischen den einzelnen Unterrichtsklassen. Johannes Sturms zehnklassige Hauptschule in Straßburg bildete eine löbliche Ausnahme zu der üblichen Einteilung der Klassen in vier oder fünf Gruppen.

Zweitens wurde das Gefälle zwischen den Lateinschulen auf der einen Seite und den getrennten Volksschulen für Jungen und für Mädchen auf der anderen Seite immer stärker. In vielen Großstädten und Landstädten wurden die Gelder für die Ausstattung, die Lehrmaterialien und die Lehrkräfte der Volksschulen spürbar gekürzt. Auch die Schulordnungen wurden weniger genau beachtet. Bei der 1543 überarbeiteten Fassung der *Braunschweiger Schulordnung* finden sich, anders als bei ihrem Vorläufer von 1528, keine Bestimmungen zur Finanzierung oder zum Fortbestand der Volksschulen, obwohl die sechs Volksschulen der Stadt um ihre Existenz rangen. So wurden die Volksschulen mehrerer Städte einfach geschlossen; zahlreiche andere wurden nur noch zur Berufsausbildung für Lehrlinge genutzt, an der sich wohlmeinende, aber darin ungeübte Schneider, Schuster, Zimmerleute und Küster freiwillig beteiligten.[103]

Drittens nutzten die Stadträte die örtlichen Gemeindekirchen zunehmend als Behörden für das Bildungswesen. In den größeren Städten wurde von den Pfarrern erwartet, dass sie in den örtlichen Schulen unterrichteten und dort auch beratend wirkten. Von den Konsistorien wurde erwartet, dass sie finanzielle Mittel für Schulen und Schülerunterkünfte bereitstellten sowie Schullehrer und Inspektoren betreuten. Die Kirchengebäude sollten

---

103. Siehe z. B. HELMREICH: Religious Education, 15 f.; ders.: Joint School and Church Positions in Germany. In: Lutheran School Journal 79 (1943), 157.

den Schulleitern zu Verfügung gestellt werden, wenn ihre Schulen überfüllt seien (was eher der Normalzustand war). Von kirchlich besoldeten Chorleitern wurde erwartet, dass sie am Musikunterricht der Schulen teilnahmen.

In den kleineren Städten, wo der reguläre Schulbetrieb schwieriger aufrechtzuerhalten war, stützten sich die Obrigkeiten noch stärker auf die Ortskirche. Der geweihte Ort für den Sonntag wurde an Werktagen zum Schulhaus. Das Pfarrhaus wurde zum Wohnheim gering bemittelter, aber begabter Schüler. Die Ortspfarrer und ihre engsten Mitarbeiter sollten regelmäßig Unterricht in der Heiligen Schrift, im Katechismus, in Gesang und in verschiedenen humanistischen Texten abhalten, damit die Jugend nicht gänzlich vernachlässigt werde.

Die öffentlichen Landesschulen: Beispiel Württemberg

Während Johannes Bugenhagens Schulordnung der Stadt Braunschweig von 1528 als Vorbild für die neue städtische Rechtsprechung dienen konnte, so war Johannes Brenz' *Schulordnung für das Herzogtum Württemberg von 1559* das Vorbild für die neue territoriale Rechtsprechung.[104] Wie Bugenhagen versah Brenz diese Ordnung mit einer einleitenden Apologie zur staatlichen Erziehung, der ausführliche Bestimmungen zur niederen Bildung und zur schulischen Zuständigkeit der Kirche, des Staates und der Gemeinde folgten. Anders als Bugenhagen ging Brenz dabei viel rationaler und selbstsicherer vor – denn er hatte die ersten beiden Phasen der Bildungsreform des lutherischen Deutschland mitgemacht. Die *Württemberger Schulordnung* enthält keine Bibelzitate und Mahnungen, wie sie noch bei

---

104. Nachdruck mit einigen Auslassungen bei VORMBAUM: Schulordnungen, Bd. 1, 68-165, und vollständig bei AUGUST L. REYSCHER (Hrsg.): Vollständige, historisch und kritisch bearbeitete Sammlung der Württembergischen Gesetze. Stuttgart 1828-51. Themenbezogene Lehrmaterialien ebd., Bd. 8, 106 ff.; Bd. 11/1, 2 ff.; Bd. 11/2, 24 ff. Die *Württemberger Schulordnung* war Teil der um einiges umfangreicheren *Württemberger Kirchenordnung*, die von Brenz und mehreren seiner Kollegen verfasst worden war. Die Ordnung entlehnte umfangreiche Passagen der *Rechtsordnung Württembergs*, wie sie im vorhergehenden Jahrzehnt erlassen worden war: das *Württembergische Bekenntnis* (1551), die *Württembergische Kirchenordnung* (1553), die *Württembergische Eheordnung* (1553), die *Wohlfahrtsordnung* (1552) und vor allem die *Klosterordnung* (1556). An der Entstehung mehrerer Ordnungen hatte Brenz großen Anteil.

der Braunschweiger und den ihr folgenden Ordnungen zu finden sind. Ebenso enthält sie keine flehenden Bitten um Mithilfe bei diesem neuartigen, schwierigen Vorhaben an die Obrigkeiten und Bürger. Auf fast 100 eng beschriebenen Textseiten versuchte man mit der *Württemberger Schulordnung*, das Schulwesen des Herzogtums strikt zu regeln und endgültig festzuschreiben.

Der Einleitungstext zur Schulordnung stellt gleich den Nutzen von Bildung für die drei Bereiche des irdischen Reichs in den Mittelpunkt. Aufrechte, weise, gelehrte, begabte und gottesfürchtige Männer gehörten in das heilige Predigtamt, den weltlichen Magistrat und administrative Ämter und das häusliche Leben. Mit diesen Worten beginnt die Einleitung. Schulen seien das richtige Mittel, welche von Gott eingesetzt und geführt würden, wo eben solche Menschen ausgebildet werden könnten. Unsere Vorväter hätten einen beträchtlichen Teil ihrer irdischen Güter an Klöster und Stiftungen gespendet, um Schulen und Studien zu unterstützen. In diesen Tagen würden wir unsere Kraft den öffentlichen Schulen widmen und verlangen, dass sie durch das Fürstentum unbedingt und mit allen Mitteln und ernsthafter Aufmerksamkeit umgesetzt würden.

Die Ordnung gebietet, dass keinem Kind die Bildung vorenthalten wird und dass es keine Beliebigkeit in den Unterrichtsmethoden und -mitteln geben soll. Der Schulbesuch sei eine Pflicht. Die Bestimmungen verlangen, besondere Sorge zu tragen, dass wirklich in jeder Kommune von den führenden Städten bis zu den kleinen Dörfern im Fürstentum Schulen für die Kinder vorhanden und erreichbar sind. Die Unterrichtsgestaltung soll für alle Orte einheitlich sein, denn Abweichungen bei den Unterrichtsmethoden und Autoren der Lehrbücher seien in der Pädagogik mehr Hindernis als Hilfe. Daher verordnen die Bestimmungen ein uniformes und universales Bildungsprogramm mit klarer Trennung in Klassen und ausführlichen Vorgaben für die Autoren der Lehrbücher, Unterrichtsstunden, Vorträge und dergleichen. Schulbedienstete sollen unter keinen Umständen irgendetwas nach ihren Vorstellungen ändern, so eine Mahnung innerhalb der Schulordnung. Jede Schule sollte mit den anderen übereinstimmen.

Eine vollständige Vereinheitlichung des Bildungswesens wurde noch nicht erreicht. Die *Württemberger Schulordnung* verfügte vier Arten der niederen Bildung, wobei sich traditionelle und neuartige Einrichtungen ergänzten – (1) Lateinschulen, (2) Klosterschulen, (3) Volksschulen und (4) landesherrliche Internate.

Die Lateinschulen für Jungen (Partikularschulen) standen im Mittelpunkt des neuen Schulsystems. Die bereits in den größeren Städten vorhandenen Lateinschulen sollten weitergeführt, neue Lateinschulen in jeder klei-

7 · Das *seminarium civitatis*: Die Reform des Bildungsrechts

neren und mittleren Stadt gegründet werden. Im Idealfall sollte es in jeder Lateinschule fünf Klassen geben, die von den Schülern je nach Begabung in unterschiedlicher Zeit durchlaufen werden. In der Praxis konnten in den kleineren Städten meist nur die ersten zwei oder drei Klassen angeboten werden (woher der Name Trivialschule rührte). Die begabtesten »Absolventen« dieser Anstalten konnten nun die Schulen der nächstgrößeren Stadt oder die fünfklassigen Mittelschulinternate besuchen. Die Ordnung legte einen genauen, einheitlichen Lehr- und Stundenplan für jede der fünf Klassen fest. Der Lehrplan umfasste religiösen und humanistischen Unterricht nach bewährtem evangelischem Muster. Zahlreiche Lehrtexte, die Melanchthon in seiner *Kursächsischen Schulordnung* von 1528 vorschrieb, sind auch hier zu finden, nebst seinen Lehrwerken zur Grammatik, Rhetorik und Dialektik, seiner Exegese der Sprichwörter, seines lateinischen Katechismus und weiterer Lehrbücher. Jede Klasse sollte den Schultag mit einem Gebet und einem Lied beginnen und beenden. Ein Gottesdienst und eine kurze Andacht waren zur Mittagszeit abzuhalten. Jeder Stunde des Schultages war ein bestimmtes Schulfach zugeordnet, dessen Unterrichtung genau vorgeschrieben war. Den Lehrern war es streng untersagt, von diesem Schema abzuweichen.

Die Ordnung behandelt das erwünschte sittliche Verhalten und die Disziplin der Jungen der Lateinschulen bis ins Einzelne. Solange die Jungen noch zart und formbar waren, so eine Bestimmung, sollten sie mit der göttlichen Moral, wie sie von der Heiligen Schrift vermittelt würde, vertraut gemacht werden. Die Ordnung fasste diese göttliche Moral in einer siebenteiligen Bestimmung zusammen, in der die Anwesenheitszeiten, die Kleidung, das Lernverhalten und andere Pflichten der Schüler behandelt werden. Familie und Kirche sollten die Schule bei der Erziehung der Jugend unterstützen. Die Schulleiter sollten Eltern und Pfarrern regelmäßig Auskunft über ihre erzieherischen Maßnahmen geben, vor allem im Fall etwas lebhafterer Schüler. Die Eltern sollten regelmäßig die Schulen aufsuchen, um sich einen Eindruck von den Fortschritten ihrer Kinder zu machen und um die Methoden des Schulleiters beurteilen zu können. Die Pfarrer sollten sich besonders mit den Lebhafteren und den scheinbar Unverbesserlichen unter den Jugendlichen befassen. Auch sollten ihre Predigten und ihre Unterrichtstätigkeit darauf gerichtet sein, Eltern und Schülern gleichermaßen die christliche Moral näherzubringen und einzuprägen.

Die Schulleiter der Lateinschulen und ihre Mitarbeiter sollten gelehrt, gottesfürchtig, fleißig und unermüdlich sein. Keiner könne ihre Referenzen besser beurteilen, als der Gemeindekirchenrat unter Leitung des Gemeindepfarrers. Bewerber für Lehrerstellen sollten nach bestimmten Kriterien sorgfältig ausgewählt werden: Erziehung, Familienherkunft, moralische Auffassung und natürlich religiöse Überzeugung. Sie sollten sowohl mit den lutherischen Glaubenssätzen der *Confessio Augustana* vertraut sein als auch mit den regionalen Ausformungen dieser Lehre, wie sie in dem offiziellen Bekenntnis und dem Katechismus des Herzogtums wiedergegeben waren. Aussichtsreiche Bewerber wurden zusammen mit Konsistorialbeamten nach Tübingen eingeladen, um an der theologischen Fakultät der Universität eine Vorlesung zu halten und an einer Disputation teilzunehmen. Diejenigen, die diese Prüfung bestanden, konnten sich nun in ihrer Ortsgemeinschaft fest einrichten. Am Ende der Amtseinführung lasen sie den vollen Wortlaut der *Württemberger Schulordnung* vor Vertretern des Stadtrats und des Konsistorialgerichts laut vor. Nach ihrer Einführung mussten sie monatlich durchgeführte Inspektionen und vierteljährlich durchgeführte Prüfungen durch die Ortspfarrer und drei »gelehrte Männer« der Gemeinde absolvieren.

Während die Lateinschulen von Württemberg ihren allgemeinen Unterricht gegen eine feste Gebühr abhielten, boten die Klosterschulen ihren theologischen Unterricht meist kostenlos an. Die von Brenz gegründeten Klosterschulen blieben umstritten. Sie waren in ehemaligen Ordensgebäuden des ganzen Herzogtums eingerichtete Internate und verdankten ihre Entstehung der Enteignung klösterlichen Besitzes durch die Obrigkeit. Ihre Entstehung gründete auf dem alleinigen Zweck, junge Menschen zu Lehrern und Predigern der Kirche auszubilden. Ihre Pforten sollten nur heranwachsenden Jungen mit großer Begabung offenstehen, die aus gutem christlichen Haus stammten. Sie wurden dem Schulinspektor vom Ortspfarrer oder einem Adligen vorgeschlagen. Einige der Jungen konnten aus den Lateinschulen übernommen werden, in der Regel sollten es aber Jungen sein, die einerseits eine frühe Begabung zeigten, andererseits aus einfachen Verhältnissen stammten, wodurch der Besuch der Lateinschule für sie nicht möglich gewesen wäre. Die Klosterschulen sollten von diesen Jungen nur geringes oder überhaupt kein Schulgeld verlangen, wenn die Eltern oder der Vormund einen ausführlichen Beitrittsvertrag eingingen, der die Zustimmung zu einer geistlich orientierten Ausbildung des Schülers enthielt.

Trotz aller gegen die Klöster gerichteten Bestrebungen von Brenz und weiteren Reformatoren der ersten Stunde griff die *Württemberger Schulordnung* auf die umfangreichen monastischen Erfahrungen früherer Tage zurück. Die Jungen sollten außerhalb ihrer Familien zusammen untergebracht werden und unter der strengen Aufsicht eines Schulinspektors oder Schullehrers stehen. Der Tagesablauf der Schüler bestand aus Schulaufgaben, Andachtsübungen sowie Lesen, Schreiben und freiem Sprechen. Die Schulordnung legt den sorgfältig abgestuften Lehrplan in allen Einzelheiten fest. Neben dem obligatorischen Unterricht in den freien Künsten erhielten die Schüler eine anspruchsvolle und sorgfältige Ausbildung in der Heiligen Schrift, der Kirchengeschichte, der formalen Theologie, der Homiletik, der Liturgie, der Hymnologie und weiteren Fächern. Die Ordnung enthält ansehnliche Aufzählungen moralischer Ansprüche, denen die Jungen genügen sollten und nach denen sie beurteilt wurden. Sie nennt auch längere Abschnitte aus der Heiligen Schrift, dem Katechismus, Gebetstexten und liturgischen Riten, die sorgfältig auswendig gelernt und wiedergegeben werden sollten. Nach vier oder fünf Unterrichtsjahren sollten alle Schüler in der Lage sein, eine einfachere kirchliche Funktion innerhalb des Herzogtums zu übernehmen – zum Beispiel als Küster, Assistent oder Katechet. Ebenso konnten sich geistliche Tutoren der Schüler annehmen, was der Vorbereitung auf ein Pfarramt oder für den höheren kirchlichen Verwaltungsdienst förderlich war. Die besten Schüler konnten auf Stipendien hoffen, die ihnen eine theologische Ausbildung in Tübingen ermöglichten. Die dortigen Hochschulabgänger konnten unmittelbar in den eigenständigen Pfarrdienst wechseln, eine Stellung als Schullehrer annehmen oder sogar Professor an einer theologischen Fakultät werden.

Die *Württemberger Ordnung* enthält nur wenige Bestimmungen zu den landessprachlichen Volksschulen. Diese wichen kaum von der bisherigen Norm ab. Getrennte Schulen für Jungen und für Mädchen sollten eingerichtet werden, sodass die ganze Jugend gut unterrichtet und in der Furcht Gottes, der rechten Lehre und gutem Benehmen unterwiesen werden konnte. Der Lese- und Schreibunterricht war naturgemäß das Wichtigste an der Schule – zuerst ging es um die Beherrschung des Alphabets, dann um fundiertes grammatikalisches Wissen und schließlich um eine lesbare Handschrift und die korrekte Aussprache des regionalen Dialekts. Der Unterricht war aber auch deshalb so wichtig, weil die Schüler nicht nur die Heilige Schrift genau kennen sollten, sondern auch den Katechismus und das Glaubensbekenntnis der *Württemberger Kirchenordnung*.

Zwei neu gegründete »Mittelschulinternate« *(Paedagogia)* in Stuttgart und Tübingen dienten mehreren pädagogischen Zielen. Dort erteilte man weiterführenden Unterricht für Schüler, deren örtliche Lateinschulen nicht über alle fünf Unterrichtsklassen verfügten. Die »*Paedagogia*« bot voruniversitären Unterricht und Unterricht für Absolventen der Lateinschulen und einiger Klosterschulen an, deren Voraussetzungen für ein Universitätsstudium nicht ausreichend erschienen. Mit der Zeit wurden sie zu einem Karriere-Sprungbrett für Jugendliche (insbesondere aus angesehenen Familien), die für eine höhere Laufbahn im Dienst des Württembergischen Herzogtums vorgesehen waren.[105]

Brenz entwickelte mit seiner *Württemberger Schulordnung von 1559* das Muster eines ganzheitlichen Schulwesens für das Deutschland des 16. Jahrhunderts. Seine Ordnung war ein gelungener Ausdruck der reformatorischen Bildungsideale.[106] Die unabhängigen und in sich verschiedenen Kirchenschulen, Stadtschulen und Privatschulen wurden in einem öffentlichen Schulwesen zusammengefasst, das zentral durch die christliche Obrigkeit geleitet wurde. Die Lehrpläne und Unterrichtsmethoden, deren Vielfalt einst so groß gewesen war, wurden in eine einheitliche Form gebracht, bei der religiöser und humanistischer Unterricht gleichberechtigt waren. Die bisher ungerecht verteilten Bildungsmöglichkeiten wurden dadurch abgemildert, dass die Schulen nun allen Kindern offenstanden – Jungen und Mädchen, Reichen und Armen, Landkindern und Stadtkindern. Die bisherigen Versäumnisse bei der Bildung des Laienstands konnten nun aufgeholt werden. Jeder Bürger sollte Lesen und Schreiben können sowie die wichtigste Literatur kennen. Nun gab es ein Schulwesen, das auf den evangelischen Bildungsidealen basierte und so gestaltet war, dass die evangelischen Lehrmethoden und Neuerungen für die nächsten Generationen fortbestehen konnten.

Das Gesetz der Bücher ist bekanntlich nicht immer das Gesetz des Handelns. Die zahlreichen Fachstudien zur Wirksamkeit des neuen Bildungswesens – in Württemberg, aber auch in vielen Städten und Territorien im Deutschland des 16. Jahrhunderts – zeigen, dass die neuen Territorial- und Stadtgesetze eine Idealvorstellung repräsentierten, die nicht verwirklicht werden konnte.[107] Steuerlisten lassen ständige Streitigkeiten um die Vertei-

---

105. MARC RAEFF: The Well-Ordered Police State: Social and Institutional Change Through Law in the Germanies and Russia, 1600-1800. New Haven, CT 1983, 139.
106. Ein ähnlich durchdachtes Modell, das zu großen Teilen auf der *Württemberger Schulordnung* aufbaute, wurde durch die *Sächsische Kirchenordnung von 1580* begründet; VORMBAUM: Schulordnungen, Bd. 1, 230; SEHLING, Bd. 1/1, 359.
107. Siehe z. B. LUDWIG VON FRIEDEBURG: Bildungsreform in Deutschland: Geschichte und gesellschaftlicher Widerspruch. Frankfurt a. M. 1989; Symposium on Education in the Renaissance and Reformation. In: Renaissance Quarterly 43 (1990), 1; GOEBEL (Hrsg.): Luther in der Schule; SCOTT H. HENDRIX: Luther's Impact on the Sixteenth Century. In: Sixteenth Century Journal 16 (1985), 3; R. A. HOUSTON: Literacy in Early Modern Europe: Culture and Education, 1500-1800. New York/London 1988; JAMES KITTELSON: Successes and Failures of the German Reformation: The Report from Strasbourg. In: ARG 73 (1982),

lung der Stiftungsgelder, um die Besoldung der Schullehrer und um die Unterhaltskosten für die Schulen und andere Einrichtungen erkennen. Unterlagen zu Schulinspektionen und Kirchenvisitationen zeigen anhaltende Probleme auf: pflichtvergessene und ungeschliffene Lehrer, eigenmächtige Inspektoren und Pfarrer, eigenwillige Schüler, Eltern, die sich in schulische Angelegenheiten mischen, und vieles mehr. Die Gerichtsakten sind voll von Streitfällen zwischen Schullehrern, Eltern und Zivilbehörden, bei denen es sich um alles Mögliche handelt, von Zahlungsrückständen bis hin zu organisierter Prostitution. Die Zensusunterlagen weisen auf eine anhaltend hohe Analphabetenrate innerhalb der Bevölkerung hin.

Dieser auf regionalen Studien beruhende Hinweis lässt die allzu günstige Beurteilung einiger Befürworter Luthers und der Reformation hinsichtlich der evangelischen Bildungsreformen in einem anderen Licht erscheinen.[108] Das beweist jedoch nicht, dass das neue Bildungswesen der evangelischen Reformatoren ein Misserfolg war – wie es von einigen Autoren unserer Tage behauptet wird.[109] Der Hinweis auf einen angeblichen Misserfolg beruht im Wesentlichen auf Aufzeichnungen, die Unzufriedenheit und Widerwillen anzeigen – wie Aufzeichnungen überhaupt dazu neigen, negative Empfindungen an die Nachwelt weiterzugeben. Es zeigen sich nur die üblichen Probleme, die jedes Erziehungs- und Bildungssystem in der Praxis hat – darunter unser eigenes. Dieser Hinweis muss gegen die unbestreitbare Tatsache abgewogen werden, dass die lutherische Reformation das deutsche Bildungswesen dauerhaft umformte. Letzteres verdiente die Charakterisierung, öffentlich, egalitär, pluralistisch und humanistisch zu sein eher, als

---

153; Klaus Leder: Kirche und Jugend in Nürnberg und seinem Landgebiet: 1400-1800. Neustadt 1973; Geoffrey Parker: Success and Failure During the First Century of the Reformation. In: Past and Present 136 (1992), 43; William J. Wright: Evaluating the Results of Sixteenth Century Educational Policy: Some Hessian Data. In: Sixteenth Century Journal 18 (1987), 411.

108. Vgl. z. B. Franklin V. N. Painter: Luther on Education. St. Louis, MO 1928, 168. Luthers Predigt zur Erziehung aus dem Jahr 1524 wird hier als »the most important educational treatise ever written«, bezeichnet, Luther selbst »as the greatest not only of religious, but of educational reformers«.

109. Kritische Betrachtungen zu dem Werk von Strauss in: Steven Ozment Review: Luther's House of Learning: Indoctrination of the Young in the German Reformation by Gerald Strauss. In: Journal of Modern History 51 (1979), 837; Lewis W. Spitz: American Historical Review 85 (1980), 143; Mark U. Edwards, Jr.: History of Education Quarterly 21 (1981), 471.

jeder vorausgehende Versuch dazu, denn die Bevölkerung war jetzt lese- und schreibkundiger, gebildeter und aufgeschlossener als zuvor.[110] Das Bildungsrecht und das Schulwesen, so wie sie die lutherische Reformation geformt hatte, blieben die Grundpfeiler der Bildung für die nächsten drei Jahrhunderte, nicht nur in Deutschland, sondern auch in vielen anderen Teilen des protestantischen Europas.[111]

Zusammenfassung und Fazit

Bis zum 16. Jahrhundert hatte die katholische Kirche ein differenziertes System der religiösen Erziehung und Bildung für die westliche Christenheit geschaffen. Kathedralen und Dome, Klöster, Kantoreien, kirchliche Bruderschaften und größere Gemeinden boten die Grundformen der niederen Bildung an, die durch die allgemeinen und regionalen kanonischen Rechtsbestimmungen der Kirche geregelt waren. Junge Schüler wurden im *Trivium* und im *Quadrivium* unterrichtet und lernten die Glaubensbekenntnisse, die Katechismen und die Beichtbücher. Begabte Absolventen wurden auf kirchlich anerkannte Universitäten geschickt, um die Kernfächer Recht, Theologie und Medizin zu studieren. Die Grundlage des kirchlichen Bildungswesens war der Missionsbefehl Christi an die Apostel und ihre Nachfolger: »Machet zu Jüngern alle Völker«, damit die Völker die Bedeutung und die Wichtigkeit des christlichen Glaubens kennenlernen. Die große Mehrheit der Studenten wurde für den geistlichen oder den administrativen Dienst in der Kirche ausgebildet.

---

110. Vgl. KARL HOLL: Die Kulturbedeutung der Reformation. In: ders.: Gesammelte Aufsätze zur Kirchengeschichte. 7. Aufl. Tübingen 1948, Bd. 1, 518; H. G. HAILE: Luther and Literacy. In: Publications of the Modern Language Association 91 (1976), 816 f.; ders.: Luther: An Experiment in Biography. Princeton, NJ 1980, 81-92.
111. Für neuere Literatur siehe z. B. GOLZ/MAYRHOFER (Hrsg.): Luther und Melanchthon; KARIN MAAG (Hrsg.): Melanchthon in Europe: His Work and Influence Beyond Wittenberg. Grand Rapids, MI 1999; HEINZ SCHEIBLE: Die Reform von Schule und Universität in der Reformationszeit. In: Luther-Jahrbuch 66 (1999), 266; ders. (Hrsg.): Melanchthon in seinen Schülern. Wiesbaden 1997, und die Zusammenstellung von Texten bei KARL ERNST NIPKOW/FRIEDRICH SCHWEITZER (Hrsg.): Religionspädagogik. Text zur evangelischen Erziehungs- und Bildungsverantwortung seit der Reformation. 2 Bde. München/Gütersloh 1991-1994.

7 · Das *seminarium civitatis:* Die Reform des Bildungsrechts

Die lutherische Reformation formte dieses gesamteuropäische System kirchlicher Bildung zu einem regionalen und nationalen System staatlicher Bildung in Deutschland um. Luther, Melanchthon, Bugenhagen, Brenz und weitere führende protestantische Reformatoren kritisierten die Kirche sowohl für ihr institutionalisiertes Bildungsmonopol als auch für die von ihr ausgehende Gefahr, den Schülern Religion und Humanismus verfälscht zu vermitteln. Als Reaktion darauf führten sie ein »säkulares« öffentliches Bildungswesen ein, das durch zweierlei gekennzeichnet war: (1) »Laisierung« (eigentlich »Verbürgerlichung«) – der Ausgleich des traditionellen gesellschaftlichen Unterschieds zwischen geistlichem Stand und Laienstand bei der Bestimmung des Nutzens und der Ziele der Bildung, und (2) »Temporalisierung« (eigentlich »Verweltlichung«) – der vorrangige Einsatz bürgerlicher Amtsträger und bürgerlicher Methoden zur Gestaltung und Leitung des Schulwesens.[112] Nach Ansicht der Reformatoren sollte vor allem die staatliche Obrigkeit als »Vater der Gemeinschaft« für Erziehung und Bildung innerhalb der Gemeinschaft zuständig sein. Der Schulbesuch war für Jungen und für Mädchen vorgeschrieben, sollte allen unabhängig von ihren finanziellen und physischen Möglichkeiten offenstehen und war gekennzeichnet durch regulären Unterricht im Klassenraum und sowie neue bürgerliche Bildungsmöglichkeiten in Form von Gemeindebibliotheken und Vorträgen. Der Lehrplan sollte biblische und evangelische Wertvorstellungen mit humanistischem und berufsbezogenem Wissen verbinden. Die Schüler sollten auf Grund ihres Alters und ihrer Begabung in verschiedene Klassen eingeteilt werden. Mit der Zeit sollte ihre Eignung für weltliche oder für geistliche Aufgaben beurteilt werden.

Die theologischen Reformatoren des 16. Jahrhunderts bauten auf den Bemühungen der Rechtsreformer des 14. und 15. Jahrhunderts auf. Das von ihnen geschaffene System staatlich gelenkter und öffentlicher Bildung baute direkt auf den bereits in den größeren Städten bestehenden Latein- und Volksschulen auf. Das System staatlich gelenkter Wohlfahrtseinrichtungen und Bruderschaften zur Unterstützung gering bemittelter Schüler baute auf der bisherigen Praxis der Landesherrn, Bruderschaften und Klöster auf, schulbezogene Stiftungen zu unterhalten. Die Lehrpläne für die Grundschulen stellten den Religionsunterricht in den Mittelpunkt und be-

---

112. Die Begriffe stammen von Hans Liermann: Handbuch des Stiftungsrechts. Tübingen 1963, 124 f.; siehe auch Henry J. Cohn: Church Property in the German Protestant Principalities. In: E. I. Kouri/ Tom Scott (Hrsg.): Politics and Society in Reformation Europe: Essays for Sir Geoffrey Elton on his Sixty-Fifth Birthday. New York 1981, 158.

Zusammenfassung und Fazit

hielten die sieben freien Künste sowie eine Reihe von Texten bei, die bis dato das kanonische Recht vorgeschrieben hatte.

Die Reformatoren glichen die bisherigen Erziehungsgrundsätze und -methoden jedoch ihren eigenen Vorstellungen an, die in der Zwei-Reiche-Lehre begründet lagen. Im Laufe der Zeit ersetzte die christliche Obrigkeit die Amtskirche als den obersten Schutzherren und Bewahrer der öffentlichen Schulen und Universitäten. Das bürgerliche Recht des Staates ersetzte das kanonische Recht der Kirche als das geltende Bildungsrecht. Die Bibel ersetzte die scholastischen Texte als das wichtigste Werk des Lehrplans. Deutsch ersetzte Latein als gebräuchliche Sprache der gebildeten Klassen in Deutschland. Die allgemeine Berufung aller Christen ersetzte die besondere Berufung der Kleriker als die *raison d'être* der Bildung. Erziehung und Bildung behielten ihren religiösen Charakter bei. Sie unterlagen aber nun stärkerer politischer Einflussnahme und dienten zunehmend bürgerlichen Zwecken.

Trotz aller Unterschiede setzten sowohl die protestantische als auch die katholische Bildungstradition die Existenz einer religiösen Grundlage voraus – zum einen bewährte religiöse Überzeugungen und Werte, die im Unterricht vermittelt werden sollten, zum anderen kirchliche Strukturen und Bedienstete, die für den Schulbetrieb sorgten. Nach Jahrzehnten erbitterter Auseinandersetzungen kamen beide Konfessionen zu dem Ergebnis, dass das Miteinander zweier oder sogar mehrerer religiöser Gemeinschaften innerhalb eines Gemeinwesens zumindest im Bildungswesen einer Berücksichtigung der Bedürfnisse religiös Andersdenkender bedurfte. Der *Augsburger Reichs- und Religionsfrieden von 1555* gestand schließlich dem Landesherrn zu, sich auf den lutherischen oder den katholischen Glauben für sein Gemeinwesen festzulegen – nach dem Grundsatz *cuius regio, eius religio*. Aber der Friede gewährte auch etwas anderes: überzeugten Lutheranern und Katholiken das Recht, private, auf das Haus begrenzte religiöse Erziehung zu pflegen, Schülern und Studenten das Recht, zur Fortsetzung ihrer Ausbildung ungehindert in ein anderes Territorium zu wechseln, das ihren konfessionellen Vorstellungen entsprach.[113] Nach mehreren Jahrzehnten der Religionskriege übertrug der *Westfälische Friede von 1648* das gleiche Akkomodationsprinzip auf die kalvinistischen Gemeinden. Im Verlauf der Zeit sollten dann noch weitere Konfessionen in Deutschland davon profitieren.[114]

---

113. Abgedruckt in SIDNEY Z. EHLER/JOHN B. MORRALL (Hrsg.): Church and State Through the Centuries. Westminster MD, 1954, 164-173.
114. Abgedruckt ebd., 189-193.

Schlussbetrachtung

Noch vor einem Jahrhundert war Martin Luther für die meisten Protestanten der gottesfürchtige David, der den päpstlichen Goliath mit den bloßen Steinen der Heiligen Schrift zu Boden streckte. Für die meisten Katholiken war Luther dagegen das siebenköpfige Tier, das die abendländische Christenheit mit seinem ketzerischen Gebrüll heimsuchte. Für die meisten Protestanten war Luther der große Prophet der neuen Freiheit, der das Recht und die Kultur des Abendlandes von der Gewaltherrschaft der katholischen Kirche befreit hatte. Für die meisten Katholiken war Luther dagegen der unheilvolle Priester des Säkularismus, der das Recht und die Kultur des Abendlandes von seinen christlichen Wurzeln abgeschnitten hatte.[1]

Glücklicherweise sind diese konfessionellen Zerrbilder von Luther und der Reformation heute größtenteils verblasst. So erkennen die meisten Protestanten heute an, dass die lutherische Reformation Teil und Ergebnis einer ganzen Reihe spätmittelalterlicher Reformbewegungen war und viele der Grundüberzeugungen und Institutionen der neuen evangelischen Kirchen auf der katholischen Theologie und dem kanonischen Recht aufbauten. Die meisten Katholiken erkennen heute an, dass Luther der zwar polternde, aber begnadete Prophet einer neuen christlichen Weltsicht war – der gellende, aber hellsichtige Architekt einer neuen biblischen Theologie vom Wesen des Menschen, vom gesellschaftlichen Pluralismus und von der Religionsfreiheit. Ansichten, die heute auch die katholische Kirche teilt.[2]

Die lutherische Reformation des 16. Jahrhunderts bescherte dem geistlichen Leben in Deutschland fundamentale Veränderungen. Sie systemati-

---

1. Zu unterschiedlichen Darstellungen von Luthers Persönlichkeit vgl. z. B. Peter N. Brooks (Hrsg.): Seven-Headed Luther. Oxford 1983; Mark U. Edwards, Jr.: Printing, Propaganda, and Martin Luther. Berkeley/ Los Angeles 1994; Jacques Maritain: Three Reformers: Luther – Descartes – Rousseau. New York 1947; Robert Scribner: For the Sake of Simple Folk: Popular Propaganda for the German Reformation. Cambridge 1981; James Stayer: Martin Luther, German Saviour: German Evangelical Theological Factions and the Interpretation of Luther, 1917-1933. Montreal 2000.
2. Vgl. die Quellenangaben und Erörterung in meinen Aufsätzen: A Dickensian Era of Religious Rights: An Update on Religious Human Rights in Global Perspective. In: William and Mary Law Review 42 (2001), 726 ff., und The Goods and Goals of Marriage. In: Notre Dame Law Review 76 (2001) 3, 1019-1071.

sierte die Lehre auf radikale Weise neu: Sie verringerte die Anzahl der Sakramente. Sie interpretierte den geistlichen Symbolismus neu. Sie übersetzte die Bibel und den Gottesdienst in die Volkssprache. Sie veränderte den Gottesdienst und den Gemeindegesang. Sie gab Kanzel und Predigt neues Gewicht. Sie erweiterte Katechese und religiöse Unterweisung. Sie beschränkte die Privilegien des Klerus und den kirchlichen Besitz. Sie löste kirchliche Stiftungen und Schenkungen auf. Sie untersagte den Kult mit religiösen Gegenständen. Sie verwarf die Verehrung von nichtbiblischen Personen. Sie verbot den Ablasshandel und den Totenkult. Sie riet von religiösen Pilgerfahrten ab. Sie verringerte die Anzahl der Feiertage. Sie lockerte die geistlichen Kleider- und Speisegebote. Sie reformierte die Kirchenzucht, die Kirchenverwaltung und vieles mehr.

Freilich bauten einige dieser religiösen Veränderungen auf zwei Jahrhunderten reformerischer Tätigkeit durch spätmittelalterliche Humanisten, Konziliaristen, Pietisten, Nominalisten und Nationalisten auf. Und freilich hatten einige der religiösen Veränderungen, die die lutherische Reformation eingeführt hatte, ihre Parallelen in den katholischen Reformbewegungen, insbesondere während und nach dem Konzil von Trient (1545-1563). Es war aber vor allem die lutherische Reformation, die diesen bereits vorhandenen Reformbestrebungen in Deutschland institutionellen Ausdruck verlieh. Die religiösen Veränderungen, die die Reformatoren einführten, wurden zu einem beispiellosen evangelischen Ganzen zusammengefasst und sind nachfolgenden Generationen durch Hunderte von dicken Beichtbüchern, Katechismen, Glaubensbekenntnissen und Kirchenordnungen überliefert.

Die lutherische Reformation veränderte auch das deutsche Rechtsleben auf nachhaltige Weise, mitunter als unmittelbarer Ausdruck der neuen lutherischen Theologie. Die lutherischen Reformatoren zogen radikale Schlussfolgerungen aus der theologischen Konzeption von der Obrigkeit als dem Vater des Gemeinwesens. Sie galt als von Gott berufen und sollte ihren politischen Kindern die beiden Tafeln des Dekalogs vermitteln. Diese Vorstellung sorgte für eine massive Verlagerung der Macht und der Besitztümer der Kirche auf den Staat und führte schließlich zu einem nachhaltigen System staatlich errichteter Kirchen, Schulen und Wohlfahrtseinrichtungen. Die lutherischen Reformatoren ersetzten die traditionelle Vorstellung von der Ehe als einem Sakrament durch die neue Vorstellung von der ehelichen Gemeinschaft als einem sozialen Stand, zu dem alle Menschen – Kleriker und Laien gleichermaßen – berufen waren. Auf dieser Grundlage schufen die Reformatoren ein neues weltliches Eherecht mit den Bestimmungen der elterlichen Zustimmung, der staatlichen Beurkun-

Schlussbetrachtung

dung, der kirchlichen Einsegnung, der Anwesenheit von Trauzeugen für die Rechtsgültigkeit einer Ehe ebenso wie das Recht der rechtskräftigen Scheidung im Fall von Ehebruch, böswilligem Verlassen und anderem Verschulden mit dem anschließenden Recht auf Wiederverheiratung für die schuldlose Partei. Die lutherischen Reformatoren ersetzten das traditionelle Verständnis von Bildung als einem kirchlichen Lehramt durch ein neues Verständnis von der öffentlichen Schule als einem »weltlichen Priesterseminar« für alle, das auf die je eigene Berufung vorbereitete. Die Obrigkeiten ersetzten den Klerus als Regenten über Bildung und Erziehung. Das weltliche Recht ersetzte hier das kanonische Recht als oberstes Gesetz, und die allgemeine Berufung aller Christen ersetzte die besondere Berufung zum Geistlichen als höchstes Ziel von Erziehung und Bildung. Die lutherischen Reformatoren entwickelten die Lehre von der notwendigen Einheit von Recht und Billigkeit im Gewissen des christlichen Richters. Sie entwickelten neue Lehren von der praktischen Rechtsauslegung und vom gottesfürchtigen richterlichen Aktivismus. Sie befürworteten die Zusammenlegung der Kirchengerichte und der staatlichen Gerichte und den Zusammenschluss von rechtlichen Verfahren mit billigkeitsrechtlichen Rechtsmitteln. Lutherische Reformatoren führten eine neue Lehre vom bürgerlichen, theologischen und erzieherischen Gebrauch des Gesetzes ein. Sie entwickelten bemerkenswerte neue Lehren vom Gesetz Gottes, vom Naturgesetz und vom weltlichen Gesetz und eine ganzheitliche Lehre von der retributiven, der abschreckenden und der rehabilitierenden Funktion des Gesetzes und der Obrigkeit.

Freilich hatten sich auch einige dieser rechtlichen Veränderungen bereits in der spätmittelalterlichen Praxis angedeutet und hatten ihre Analogien in den damaligen katholischen Reformbewegungen. Als besonders bedeutsam erwiesen sich für die lutherische Reformation die »Rechtsreformen« deutscher Städte und Territorien des 15. Jahrhunderts, die darauf abzielten, Macht, Besitztümer und Privilegien der katholischen Kirche zu beschränken und zugleich einen Teil der bewährten kanonischen Rechtsverfahren, -strukturen und -institutionen in weltliches Recht zu übertragen. Ein Gutteil des kanonischen Rechts des Mittelalters, das die lutherischen Reformatoren mit Füßen getreten und schließlich sogar verbrannt hatten, fand auf diese Weise seinen Weg in das Privatrecht, das öffentliche Recht und das Strafrecht des reformatorischen Deutschlands. Aber wieder war es die lutherische Reformation, durch die das juristische Erbe des Mittelalters in Deutschland eine einzigartige neue Rechtsgestalt erhielt, die in Hunderten von juristischen Monografien, Konsilien, Fallbeispielen und Rechtsordnungen festgehalten wurde, die lutherische Rechtsgelehrte und Theologen entworfen hatten.

Schlussbetrachtung

Das rechtliche Vermächtnis der lutherischen Reformation

Nahezu ein halbes Jahrtausend, nachdem die lutherische Reformation in der kleinen Stadt Wittenberg ihren Ausgang genommen hatte, hat sie immer noch maßgeblichen Einfluss auf das abendländische Recht.

Ein Gutteil unseres modernen abendländischen Rechts zu Ehe, Bildung und Erziehung und sozialer Wohlfahrt ist unverkennbar von der lutherischen Reformationstheologie geprägt. In den meisten abendländischen Rechtsordnungen wird heute die Ehe noch immer als weltliche und zugleich als geistliche Institution angesehen, deren Gründung wie Aufhebung besonderen rechtlichen Verfahren unterliegen. Eltern müssen noch immer in die Ehen minderjähriger Kinder einwilligen. Trauzeugen müssen noch immer die Aufrichtigkeit des ehelichen Versprechens bestätigen. Pfarrer oder Standesbeamte müssen die eheliche Verbindung auch heute noch bestätigen oder gar segnen. Scheidung und Annullierung bedürfen auch heute noch eines öffentlichen Gerichtsverfahrens, bei dem der Unterhalt des finanziell abhängigen Ehepartners und der Kinder geklärt wird.

In den meisten westlichen Rechtsordnungen wird die Elementarbildung heutzutage als Grundrecht des Bürgers und als grundlegende Pflicht des Staates angesehen. Alphabetisierung und Wissenserwerb werden auch heute noch als Voraussetzung für das persönliche Fortkommen und die gesellschaftliche Partizipation angesehen. Die Gesellschaft macht es auch heute noch allen schwer, die sich der Bildung entziehen wollen. Der Staat wird auch heute noch als verantwortliche Instanz für die bürgerliche Bildung und Erziehung verstanden und erfüllt diese Aufgabe unmittelbar durch seine eigenen öffentlichen und allgemeinen Schulen oder mittelbar durch seine Akkreditierung und Aufsicht privater Schulen.

Die Fürsorge für Arme und Bedürftige wird heute in den meisten abendländischen Rechtsordnungen als wesentliche Aufgabe des Staates und als grundlegende Bürgerpflicht angesehen. Das Aufkommen des modernen abendländischen Wohlfahrtsstaates im Laufe des letzten Jahrhunderts ist zu keinem geringen Teil als ein moderner institutioneller Ausdruck des lutherischen Ideals von der Obrigkeit als dem Vater des Gemeinwesens zu verstehen, dazu berufen, für alle seine politischen Kinder zu sorgen. Das gleichzeitige Aufkommen des neuen wohltätigen Bürgers ist zu keinem geringen Teil ein moderner institutioneller Ausdruck des lutherischen Ideals vom Priestertum aller Gläubigen, jeder Einzelne von ihnen dazu berufen, dem Nächsten hingebungsvoll zu dienen. Die Lutheraner des 16. Jahrhunderts und die westliche Gesellschaft des 21. Jahrhunderts scheinen die Überzeugung zu teilen, nach der der Staat nicht nur Kriege zu führen, Verbrechen zu bestrafen und den Frieden zu bewahren habe, sondern auch Verantwortung für Bildung und Gemeinwohl trage, Barmherzigkeit und Moral zu fördern, Glauben und Religiosität zu ermöglichen habe. Zudem scheinen sie die Auffassung zu teilen, nach der das Recht nicht nur den grundlegenden Nutzen habe, den Bürgern eine Moral des Sollens aufzuzwingen, sondern zugleich den höheren Nutzen, den Bürgern zu einer Moral des Strebens zu verhelfen.

Der heutige Kampf der westlichen Welt um das Recht lässt sich auch auf das rechtliche Vermächtnis der lutherischen Reformation zurückführen. Zum Beispiel verdrängten die lutherischen Reformatoren die Kirche als geistliches Oberhaupt Deutschlands als Ausdruck der zu wahrenden Religionsfreiheit. Stattdessen »salbten« sie den Staat als neues geistliches Oberhaupt Deutschlands als Ausdruck ihres christlichen Republikanismus. Seit dieser Zeit befinden sich Deutschland und andere protestantische Länder in dem ernsthaften rechtlichen Dilemma, das staatliche Etablieren von Religion zu unterbinden und zugleich die Religionsfreiheit für alle zu garantieren – ein Kampf, der auch heutzutage in Deutschland noch nicht vorbei ist.[3] Ebenso sprachen die lutherischen Reformatoren dem Klerus die Rolle als Mittler zwischen Gott und dem Laienstand ab, ausgehend vom Priestertum aller Gläubigen im 1. Petrusbrief. Letztlich setzten sie jedoch den Ehemann zwischen Gott und Ehefrau, als Interpretation der paulinischen Lehre von der Autorität des Mannes in der Familie. Die lutherischen Reformatoren ächteten Klöster und Mönchtum. Im Zuge dessen findet aber auch die Berufung vieler alleinstehender Frauen ein Ende, indem die Berufung zur Ehe ein solches Gewicht bekam. Seitdem befinden sich protestantische Frauen in einem erbitterten rechtlichen Ringen um prinzipielle Gleichberechtigung in der ehelichen Gemeinschaft und in der Gesellschaft – ein Kampf, der in konservativeren protestantischen Gemeinschaften längst noch nicht gewonnen ist.

Luthers rechtliches Vermächtnis sollte daher weder übermäßig romantisiert noch über Gebühr verdammt werden. Diejenigen, die Luther als den Vater der Freiheit, der Gleichheit und der Brüderlichkeit feiern, täten gut daran, sich an seinen ausgeprägten Hang zum Elitismus, Etatismus und Chauvinismus zu erinnern. Diejenigen, die in den Reformatoren nur die kampflustigen Verbündeten der Unterdrückung sehen, sollten bedenken, dass sie auch gutwillige Befürworter der sozialen Wohlfahrt waren. Luther,

---

3. Siehe MARTIN HECKEL: The Impact of Religious Rules on Public Life in Germany. In: JOHAN VAN DER VYVER/JOHN WITTE, JR. (Hrsg.): Religious Human Rights in Global Perspective: Legal Perspectives. Den Haag/Boston/London 1996, 191 ff.

Schlussbetrachtung

der zur dialektischen Beweisführung neigte und sich mit den menschlichen Tugenden und Lastern auskannte, wäre vermutlich zu einem ähnlichen Urteil gelangt.

Doppelte Vorsicht ist geboten, wo Verbindungslinien zwischen dem Luthertum des 16. Jahrhunderts und dem Nationalsozialismus des 20. Jahrhunderts gezogen werden. Allzu leicht finden moderne Kritiker Gehör, die direkt und leichtfertig Verbindungslinien von Martin Luther zu Adolf Hitler ziehen, von Luthers entsetzlicher Schrift *Von den Juden und ihren Lügen* aus dem Jahr 1543 zu Hitlers grauenhafter Ermordung der Juden in den Ghettos und Konzentrationslagern.[4] Solche unvorstellbaren Tragödien wie die Shoah verlangen nach einer Erklärung, und eine einflussreiche deutsche Persönlichkeit wie Luther wird da unweigerlich zur Zielscheibe.

Doch wir müssen uns an die grundlegenden Tatsachen und Rechtsgrundsätze erinnern, bevor wir eine solche Klage erheben. Zu den schlichten Tatsachen gehört es, dass die Ausfälle des späten Luther gegen das Judentum in scharfem Kontrast zu seiner früheren Parteinahme für die Juden standen, in traurigem Einklang dagegen mit dem mehr als ein Jahrtausend alten Antijudaismus und Antisemitismus in der christlichen Tradition.[5] Zweifellos befeuerte Luther diese christliche Tradition des Antisemitismus in einem nicht unerheblichen Maße, was ohne Frage aufs Schärfste verurteilt werden muss – sogar doppelt, weil wir davon ausgehen können, dass er sich der Wirkung seiner Worte auf seine Anhängerschaft bewusst war. Indes waren Luthers Worte nicht schroffer als die vieler anderer Protestanten, Katholiken und orthodoxer Christen vor und nach seiner Zeit, die die Juden verdammten und alle möglichen rigorosen Maßnahmen gegen sie forderten. Und immerhin handelte Luther nicht nach seinen Worten, wie es viele Christen vor ihm getan hatten und nach ihm tun sollten mit ihrer gewalttätigen Verfolgung, Ghettoisierung, Pogromen, Ausgrenzung oder schlichtem Mord an den Juden.

Luther für die Gräueltaten der Shoah anzuklagen hieße jedoch nicht nur, grundlegende Tatsachen, sondern auch wesentliche Rechtsgrundsätze in Frage zu stellen. Die Verjährungsfrist für Mord beträgt in den meisten abendländischen Jurisdiktionen nicht mehr als drei Jahre, oftmals sogar nur ein Jahr und einen Tag. So abscheulich die Taten eines Angeklagten

---

4. WA 53, 412-552.
5. Siehe z. B. Heiko Oberman: Wurzeln des Antisemitismus. Christenangst und Judenplage im Zeitalter von Humanismus und Reformation. 2. durchges. Aufl. Berlin 1981; Mark U. Edwards, Jr.: Luther's Last Battles: Politics and Polemics, 1531-1546. Ithaca/London 1983, 115 ff.

auch gewesen sein mögen, kann er nur dann des Mordes angeklagt werden, wenn das Opfer an den Folgen dieser Tat innerhalb der Verjährungsfrist verstirbt. Diese gesetzliche Regelung führt bisweilen zu empörenden Entscheidungen – etwa dann, wenn das Opfer ein oder zwei Tage nach dem Ende der Verjährungsfrist verstirbt oder Angeklagte ihrer Haftbarkeit durch einen bloßen Zufall in der Chronologie der Ereignisse entgehen. Stattdessen will eine Gemeinschaft mit der Verjährungsfrist einen endgültigen Abschluss des Falls herbeiführen. Fast 400 Jahre liegen zwischen Luthers entsetzlicher Schrift und den Gräueltaten der Nationalsozialisten.

Darüber hinaus beruht die Anklage wegen Mordes auf dem Nachweis eines eindeutigen Kausalzusammenhangs zwischen dem schuldhaften Handeln des Angeklagten und dem Tod des Opfers. Die Tat des Angeklagten muss den Tod des Opfers unmittelbar herbeigeführt haben – eine Tat, ohne die der Tod nicht eingetreten wäre. Das Verhalten des Angeklagten muss die unmittelbare Ursache für den Tod des Opfers sein – ein Zusammentreffen von Zeit, Ort und Vorhersehbarkeit ohne das Eingreifen Dritter. Zweifellos sind die Ausfälle des späten Luther gegen die Juden ein Glied in der Kausalkette, die letztlich zur Shoah führte. Und doch waren sie nur ein Glied von Tausenden in der Kausalkette und noch dazu weit entfernt in Zeit, Ort und Vorhersehbarkeit der tatsächlichen Gräuel der Shoah.

Vielleicht sollte die Verjährungsfrist für Völkermord, anders als bei Mord, aufgehoben werden und nicht begrenzt sein. Möglicherweise sollten lange Kausalketten dazu dienen, alle christlichen Hassprediger gegen die Juden in Erinnerung zu halten und nicht durch die Anwendung von Grundsätzen auf Einzelfälle zu entlasten – so entfernt sie von den tatsächlichen Ereignissen der Shoah zeitlich wie auch der Sache nach sein mögen. Möglicherweise sind die Emotionen hier ein besserer Ratgeber als ein Gerichtsurteil, um mit einer Tragödie von solchem Ausmaß umzugehen. Möglicherweise ist das so. Aber bei allem rhetorischen Größenwahn wäre Luther meines Erachtens über die Shoah genauso entsetzt gewesen wie wir. In den mehr als hundert dicken Bänden seiner gesammelten Schriften, die uns überliefert sind, findet sich verschwindend wenig, was darauf hinweist, dass er eine diabolische Brutalität solchen Ausmaßes geduldet hätte.

Das theologische Vermächtnis der lutherischen Reformation

Nahezu ein halbes Jahrtausend, nachdem die lutherische Reformation ihren Anfang genommen hat, nimmt sie noch immer erheblichen Einfluss auf die abendländische Theologie. Die lutherischen Kirchen halten bis zum heutigen Tag an den zentralen theologischen Lehren der lutherischen Reformation fest: *sola fide*, *sola gratia* und *sola scriptura*, das Priestertum aller Gläubigen, die Unterscheidung zwischen Gesetz und Evangelium, zwischen Glaube und Werken. Die großen evangelischen Katechismen, Beichtbücher und Glaubensbekenntnisse der Reformation haben einem Lutheraner von heute genau so viel zu sagen wie einem Lutheraner im Jahr 1530. Luthers großartige Kirchenlieder verleihen vielen evangelischen Gottesdiensten auch heute noch einen einzigartigen Glanz. Die zeitlose Sprache von Luthers deutscher Bibelübersetzung und der Deutschen Messe fasziniert den deutschen Protestanten von heute genauso, wie sie die Gelehrtensprache der King-James-Bibel und das anglikanische *Book of Common Prayer* den modernen englischen Protestanten bestimmt.

Darüber hinaus prägt die lutherische Reformation auch weiterhin die moderne protestantische Theologie und Ethik auf maßgebliche Weise. Insbesondere Luthers Grundgedanken zur menschlichen Natur und zur Gleichheit und Freiheit des Menschen haben die theologische Haltung vieler Protestanten gegenüber den Kernfragen des modernen individuellen und gemeinschaftlichen Lebens geformt.

Erstens lässt Luthers *simul iustus et peccator*, nach dem Menschen zugleich Sünder und Heilige sind, viele Protestanten einem allzu optimistischen Menschenbild und der Vermengung von menschlicher Würde und Heiligkeit gegenüber skeptisch bleiben. Solche Auffassungen berücksichtigen die Radikalität der menschlichen Sünde und die Notwendigkeit der göttlichen Gnade nicht hinlänglich. Sie machen das natürliche Bedürfnis des Menschen nach Disziplin und Ordnung, Verantwortung und Rechenschaft nicht genügend glaubhaft. Sie verleihen dem beständigen Zusammenspiel von bürgerlichem, theologischem und pädagogischem Gebrauch des Gesetzes und dem immerwährenden Anspruch, Abschreckung, Vergeltung und Rehabilitation bei der Inanspruchnahme von Autoritäten innerhalb der Familie, der Kirche, des Staates und anderer Gemeinschaften abzuwägen, keine ausreichende Glaubhaftigkeit. Sie geben zu wenig Einsicht in die Notwendigkeit, dass jedes Obrigkeitsamt vor Missbrauch zu schützen ist. Eine Lehre von der Würde des Menschen, die die gleichzeitige Verderbtheit und Heiligkeit des Menschen nicht berücksichtigt, so meinen viele Protestanten, sei theologisch unzulänglich und noch dazu politisch gefährlich.

Luther war schwerlich der Einzige, der diese grundlegende Einsicht in die zweifache Natur des Menschen gewonnen hatte, die auch zahlreichen anderen Ansätzen zugrunde lag. Seine Formel des *simul iustus et peccator* war vielmehr die knackige christliche Zusammenfassung einer allgemeinen

Erkenntnis vom Wesen des Menschen, die bis in die frühen griechischen und hebräischen Quellen des Abendlandes zurückverfolgt werden kann. Die eindrucksvollen Werke von Homer, Hesiod und Pindar wirken wie Chroniken einer fortwährenden Dialektik von Gut und Böse, Tugend und Laster, Helden und Schurken in der griechischen Antike. Und die ersten Bücher der hebräischen Bibel zeichnen ein Bild eben jener zwei menschlichen Naturen, wie sie nunmehr mit Jahwes Zeichen versehen sind. Das vertrautere Bild ist wohl das von Adam und Eva, die von Gott zu seinem Bilde gleich geschaffen und mit den natürlichen Rechten und Pflichten ausgestattet wurden, das Leben weiterzugeben, das Land zu bestellen und die Schöpfung zu bebauen und zu bewahren (Genesis 1,26-30; 2,7; 2,15-23). Das weniger vertraute Bild ist das ihres ersten Kindes, Kain, der seinen Bruder Abel totschlägt und von Gott dafür zur Rechenschaft gezogen und für seine Sünde verflucht wird. »[D]er Herr machte ein Zeichen an Kain«, um sein Leben zu verschonen und um zu zeigen, dass er trotz der Schwere dieser Sünde ein Kind Gottes blieb (Genesis 4,1-16).[6] Eine Botschaft dieses alten hebräischen Textes lautet, dass wir nicht nur die geliebten Kinder Adams und Evas sind, die zu Gottes Ebenbild geschaffen sind mit allen göttlichen Privilegien und Vorrechten des Paradieses. Wir sind zugleich die sündigen Geschwister Kains, die das Zeichen Gottes tragen und in der Gewissheit leben, dass wir Gott Rechenschaft darüber ablegen müssen, was wir getan haben, und dass es Vergebung auch für die schwersten Sünden gibt, die wir begangen haben.

Luther war davon überzeugt, dass wir letztlich nur durch den Glauben und die Hoffnung auf Christus der göttlichen Vergebung und der ewigen Erlösung gewiss sein können. Weiterhin war er sicher, dass ein Mensch seine Verderbtheit nur durch das Studium der Bibel, Gebet, Gottesdienst, Nächstenliebe und ein sakramentales Leben ausgleichen und nach größerer Heiligkeit streben könne. – Woran ich im Übrigen genauso glaube wie viele andere Christen auch. – Das bedeutet nicht, dass nur Christen in diesem Leben die zweifache Natur des Menschseins erkennen könnten und es nur ihnen gegeben wäre, die Verderbtheit des Menschen und sein Streben nach Heiligkeit in Einklang zu bringen. Jede Religion, die uns als »Jekyll und Hyde« ernst nimmt, hat ihre eigene Vorstellung von der letztgültigen Versöhnung dieser beiden Naturen und ihre eigenen Wege, sie in diesem Leben

---

6. Dies ist lediglich eine von vielen Deutungen der Geschichte von Kain und Abel. Für weitere Deutungen vgl. RUTH MELLINKOFF: The Mark of Cain. Berkeley/Los Angeles 1981; CLAUS WESTERMANN: Genesis 1-11. Neukirchen-Vluyn 1983.

in der Balance zu halten. Doch wer sind wir Christen, dass wir voraussagen könnten, wie Gott eines Tages darüber urteilen wird?

Außerdem war Luther davon überzeugt, dass die drohende Gewissheit, eines Tages vor Gott Rechenschaft ablegen zu müssen, letztlich doch eine Quelle des Trostes sei und kein Schreckensszenario. Die ersten Sünder der Bibel – Adam, Eva und Kain – haben von Gott einen fairen Prozess bekommen: Sie wurden mit Beweisen konfrontiert, dazu aufgefordert, sich zu verteidigen, erhielten Gelegenheit, ihre Reue zu bekunden, wurden vor der Todesstrafe bewahrt, und es wurde ihnen ein zweiter Prozess am Tag des Jüngsten Gerichts zugesichert, diesmal mit göttlichem Beistand, nämlich Christus, der selbst ernannte »*Fürsprecher bei dem Vater*« (1. Johannes 2,1). Luther erinnert uns daran, dass Gott nur ein einziges Mal bewusst auf ein faires göttliches Gerichtsverfahren verzichtet hat, nämlich im Prozess um die Todesstrafe gegen seinen eigenen Sohn. Es war das einzige Mal überhaupt und das einzige Mal, dass ein solcher Verzicht notwendig war. Die politischen Folgerungen liegen für die Protestanten auf der Hand: Wenn Gott uns einen fairen Prozess garantiert, sollten wir gegenüber anderen dasselbe tun. Garantiert Gottes Gericht ein Mindestmaß an grundlegenden Verfahrens- und Beweisregeln, an Rechtsvertretung und Verteidigung, sollten menschliche Gerichtsverfahren dasselbe zugestehen. Das Einfordern eines ordentlichen Gerichtsverfahrens ist ein tiefes menschliches Bedürfnis und hat Protestanten, gemeinsam mit Menschen aller Epochen, zu entschiedenen Befürwortern von Verfahrensrechten gemacht.

Zweitens lässt Luthers Lehre vom »freier Herr sein über alle Dinge« und dem Priestertum aller Gläubigen viele Protestanten für Freiheit und Gleichheit eintreten – freilich in ihrem je eigenen theologischen Selbstverständnis. In der neuzeitlichen abendländischen Tradition wird die Verteidigung von Freiheit und Gleichheit meist mit der Souveränität des Volkes und den unveräußerlichen Grundrechten begründet. Die Unabhängigkeitserklärung der Vereinigten Staaten von Amerika (1776) proklamiert: »*Wir halten diese Wahrheiten für ausgemacht, dass alle Menschen gleich erschaffen worden, dass sie von ihrem Schöpfer mit gewissen unveräußerlichen Rechten begabt worden*«.[7] In der Allgemeinen Erklärung der Menschenrechte von 1948 heißt es: »*Alle Menschen sind frei und gleich an Würde und Rechten geboren.*« Protestanten können die Normen von Freiheit und Gleichheit in diesen Doku-

---

7. »We hold these truths to be self-evident, that all men are created equal, that they are endowed by their Creator with certain unalienable Rights, that among these are Life, Liberty and the pursuit of Happiness.«

menten eher teilen als die Theorien von der Souveränität des Volkes und den damit verbundenen unveräußerlichen Rechten.

Es ist der Kern der protestantischen Lehre von der Freiheit, dass wir Herren über alle irdischen Dinge sind. Wir besitzen die vollkommene Freiheit des Gewissens und sind in unserer Beziehung zu Gott gänzlich ohne Schuld. Wir genießen eine souveräne Immunität gegenüber allen menschlichen Ordnungen und Einschränkungen, auch denen der Kirche und des Klerus, wenn sie diese göttliche Freiheit zu beeinträchtigen suchen. Formulierungen wie »souveräne Immunität« klingen nach modernen liberalen Vorstellungen von einer »Souveränität des Volkes«. Und der Ausdruck »Herrschaft«, d. h. Herr über alle Dinge zu sein, erinnert an das demokratische Grundrecht auf »Selbstbestimmung«. Protestanten haben hier längst in den Liberalen und anderen starke Verbündete gefunden, die darum für Gewissensfreiheit und demokratische Freiheitsrechte eintreten. Aus theologischen Gründen werden viele Protestanten jedoch nicht um der Souveränität des Volkes, sondern um der absoluten Souveränität Gottes willen für die Gewissensfreiheit einstehen.

Es ist der Kern der protestantischen Lehre von der Gleichheit, dass wir alle Priester vor Gott sind: *»Ihr aber seid das auserwählte Geschlecht, die königliche Priesterschaft, das auserwählte Volk, das Volk des Eigentums«* (1. Petrus 2,9; vgl. Offenbarung 5,10; 20,6). *»Hier ist nicht Jude noch Grieche«* unter euch, *»hier ist nicht Sklave noch Freier, hier ist nicht Mann noch Frau; denn ihr seid allesamt einer in Christus Jesus«* (Galater 3,28; vgl. Kolosser 3,10 f. und Epheser 2,14 f.). Diese und viele andere Bibelstellen, auf denen Luther immer wieder insistierte und die er wiederholt kommentiert hat, haben seit jeher egalitaristische Impulse im Protestantismus befördert: Alle sind vor Gott gleich. Alle sind Priester, die ihren Nächsten dienen sollen. Alle haben eine Berufung, die von Bedeutung ist. Alle haben Gaben, die sie einbringen sollen. Die allgemeine Berufung aller zur Priesterschaft überwindet kulturelle, wirtschaftliche, geschlechtsspezifische und andere Unterschiede.

Diese Lehren haben seit Luthers Lebtagen manche protestantischen Gruppen dazu bewogen, von einem kommunitaristischen Naturzustand auszugehen, in dem das Leben gnädig und angenehm ist und lange währt. Die meisten protestantischen Gruppen betrachten das Leben im Naturzustand dagegen als unzivilisiert, garstig und kurz, da es von der Sünde verkehrt sei. Die meisten Protestanten glauben, dass Gesetz und Obrigkeit notwendig und hilfreich sind. Solche Ordnungen müssten jedoch so offen, egalitaristisch und demokratisch wie möglich sein. Einer Hierarchiebildung dürfe nur so weit wie nötig nachgegeben werden. Zwar haben Lutheraner

Schlussbetrachtung

und andere Protestanten diese Grundideale im Laufe der Jahrhunderte selbst immer wieder missachtet und sich an allen erdenklichen Formen von Elitismus, Chauvinismus, Rassismus, Antisemitismus, der Tyrannis, Patriarchie, Sklaverei und Apartheid und anderen beteiligt. Nicht selten verstiegen sie sich dabei in skandalöse Heuchelei und Kasuistik, um ihre Einstellung zu rechtfertigen. Doch das Bedürfnis nach einem Egalitarismus – vor dem alle Menschen gleich sind, der alle Berufungen mit Respekt behandelt, der alle Gemeinschaften horizontal anordnet und das Leben im weltlichen Reich so gestaltet, dass niemandem der Zugang zu Gott erschwert wird – ist ein lutherisches Genom in der theologischen DNA des Protestantismus.

Drittens und letztens hat Luthers Vorstellung, dass der Mensch frei vom Gesetz und zugleich daran gebunden ist, gehörige Auswirkungen auf unser modernes Verständnis der Menschenrechte. Für Luther ist der Christ frei, den Geboten des Glaubens zu folgen – oder ein wenig geläufiger und zeitgemäßer ausgedrückt: Ein Mensch besitzt Rechte, um Pflichten zu erfüllen. Freiheiten und Gebote, Rechte und Pflichten gehören in Luthers Formeln zusammen. Von dem einen zu sprechen, ohne dabei das andere zu erwähnen, wäre letztlich destruktiv. Rechte zu haben ohne entsprechende Pflichten als Richtschnur verführt zur Selbstgefälligkeit. Pflichterfüllung ohne entsprechende Rechte führt nur allzu leicht in tiefe Schuldverstrickung.

Protestanten übersetzen darum längst die moralischen Pflichten des Dekalogs in reziproke Rechte. Die erste Tafel des Dekalogs schreibt die Liebespflichten fest, die jeder Mensch Gott gegenüber schuldig ist: Ihm und seinem Namen die Ehre geben, den Sabbat als Tag der Ruhe und des Gottesdienstes heiligen, keine anderen Götter haben und kein falsches Zeugnis ablegen. Die zweite Tafel des Dekalogs legt die Liebespflichten fest, die jeder Mensch seinen Nächsten gegenüber schuldig ist: Vater und Mutter ehren wie alle anderen Obrigkeiten, nicht töten, kein Ehebruch, nicht stehlen, kein falsches Zeugnis ablegen, nichts unrechtmäßig begehren. Protestanten sprechen sich seit langem dafür aus, dass Kirche, Staat und Familie gleichermaßen dafür verantwortlich sind, diese grundlegenden moralischen Pflichten zu vermitteln und geltend zu machen. Zugleich ist es die Aufgabe jedes Einzelnen, dafür Sorge zu tragen, dass er selbst und seine Nächsten der Erfüllung seiner moralischen Pflichten nachkommen. Dies ist eine wichtige Triebkraft für Protestanten, Pflichten in Rechte zu übersetzen. Die Pflichten eines Menschen gegenüber Gott können in Religionsrechte gefasst werden: das Recht, dem Herrn und seinem Namen die Ehre zu geben, das Recht, am Sabbattag zu ruhen und Gottesdienst zu halten, das Recht, keine falschen Götter anzubeten und keine falschen Zeugnisse abzulegen. Die Pflichten eines Menschen gegenüber seinem Nächsten können wiederum in das Recht des Nächsten übersetzt werden, diese Pflicht erfüllt zu wissen. Aus den Pflichten eines Menschen, nicht zu töten, die Ehe nicht zu brechen, nicht zu stehlen und kein falsches Zeugnis abzulegen, folgt das Recht des anderen auf Leben, Eigentum, Treue und unbeschädigtes Ansehen. Das Eintreten eines Menschen für die zuletzt genannten Rechte bedeutet nicht zwangsläufig, dass er aus reiner Eigenliebe handelt. Es bedeutet genauso, aus Nächstenliebe zu handeln. Eigene Rechte einzufordern ist immer auch eine karitative Handlung, indem der Nächste auf diese Weise zur eigenen gottgewollten Pflichterfüllung angehalten wird.[8]

Der große amerikanische Rechtswissenschaftler GRANT GILMORE schrieb einst: »*Je besser die Gesellschaft ist, desto weniger Gesetz wird es geben. Im Himmel wird es kein Gesetz geben, und der Löwe wird neben dem Lamm liegen. In der Hölle wird es nichts als Gesetz geben, und die Normsetzungsverfahren werden peinlich genau überwacht werden.*«[9] Dies entspricht einer weit verbreiteten protestantischen Vorstellung, die LUTHER in einigen seiner frühen Schriften ausführlich vorlegt. Ein Protestant, der sich dagegen eher an LUTHERS späteren und tragfähigeren Einsichten orientiert, könnte durchaus zu der genau gegensätzlichen Prognose kommen: Im Himmel wird es das reine Gesetz geben, und so wird das Lamm neben dem Löwen liegen. In der Hölle wird es kein Gesetz geben, und darum werden sich alle auf ewige Zeiten gegenseitig verschlingen. Der Himmel wird Normsetzungsverfahren verherrlichen, und jeder wird immer das bekommen, was Recht ist. Die Hölle wird die reine Willkür verherrlichen, und niemand wird jemals wissen, was ihn erwartet.

---

8. Zu zeitgenössischen protestantischen Vertretern vgl. LUTHERISCHER WELTBUND (Hrsg.): Theologische Perspektiven der Menschenrechte. Genf 1977; WOLFGANG HUBER/HEINZ EDUARD TÖDT: Menschenrechte: Perspektiven einer menschlichen Welt. Stuttgart 1977; WOLFGANG VÖGELE: Menschenwürde zwischen Recht und Theologie. Begründungen von Menschenrechten in der Perspektive öffentlicher Theologie. Gütersloh 2000; WALTER HARRELSON: The Ten Commandments and Human Rights. Philadelphia 1979.
9. GRANT GILMORE: The Ages of American Law. Chicago 1977, 110-111.

Namens- und Sachregister

Abgaben, kirchliche/religiöse, 93, 108, 243
- Abgabenfreiheit, 88

Ablass, 348
- Ablasshandel, 19, 75, 79, 84, 375

Agricola, Johann, 79, 353
Agricola, Rudolf, 339
- Aktenversendung, 178, 236

Allgemeinwohl, 109, 180
- *siehe auch:* Gemeinwohl

Althusius, Johannes, 213
Ambrosius, 361
Andreae, Johann, 60, 107, 113, 328
Annaten, 19, 84, 89, 93
Apel, Johann, 91 f., 114, 235, 259, 288 f., 339
Aquin, Thomas von, 51, 79, 162, 170, 264 ff., 269 ff., 272, 282 f., 286
Aretinus, Angelus, 107
Aristoteles, 162, 187, 193, 206, 217, 283, 338, 340
Augsburg, 80
- Augsburger Religionsfriede (1555), 22, 34, 44, 68, 102, 120, 176, 183, 228, 244, 373
- Reformationsgesetz (1537), 247; (»*Reformationsgesetze*« rangieren häufig auch als »*Kirchenordnungen*«)

Augsburger Bekenntnis (1530), 104, 163, 241 f., 281, 367
- *Augsburger Apologie* (1531), 102 f.
- *siehe auch:* Melanchthon, Philipp

Augustin, 124 f., 127, 169, 262 ff., 265, 270 ff., 280, 282 f., 286 f., 292, 361

Baden, Reformationsgesetz (1511), 68
- Territoriale Rechtsverordnung (1495), 72

Bamberg
- *Bambergensis* (1507), 90, 321 f.
- Strafrechtsreform (1507), 68

Bayern, Reformationsgesetz (1518), 68
Berman, Harold J., 17 f.
Berthold, Bruder, 59
Bettelei, Betteln, 19, 21, 74, 252
- *siehe auch:* Zölibat und Mönchtum

Bigamie, *siehe:* Polygamie
Bilderstum, 119
- Bilderverehrung, 29

Bildung
- Bildungsrecht, 331-358
- Bildungstheologie, lutherische, 338-355
- Bildungswesen, 331 ff., 336 ff., 340, 343 f., 347, 354, 356 f., 361, 363, 365, 369 ff.
- Domschulen, 334 f., 337, 354, 356, 359
- Kirchenschulen, 93, 337, 340, 344, 356, 369
- Klosterschulen, 335, 337, 356, 365, 367 f.
- Landesschulen, 357, 364-371
- Landessprachliche Schulen, 336 ff.
- Lateinschulen, 40, 332, 336 f., 339, 349-352, 354, 356 f., 359, 362 f., 365 ff., 368
- Lehrplan, -pläne, 40, 336, 338, 349 f., 354, 357, 359 ff., 362, 366, 368 f., 372 f.
- Zuständigkeit für B., 356, 359 f., 364
- *siehe:* Brenz, Johannes; Bugenhagen, Johannes; Kanonisches Recht; Luther, Martin; Melanchthon, Philipp; Zivilrecht

Billigkeit, 23, 30, 34 f., 63, 110, 117, 123, 157, 201, 203-207, 216-221, 224 f., 228 ff., 377

Namens- und Sachregister

– *siehe auch:* Eisermann, Johannes; Kanonisches Recht; Luther, Martin; Melanchthon, Philipp; Oldendorp, Johann
Billigkeitsgerichte, 35, 229
Blaurer, Ambrosius, 322
Blaurer, Thomas, 99
Bonifatius VIII., Papst, 148
Brandenburg, 66
– Brandenburger Ordnung (1540), 246
– Konsistorialordnung (Kirchenordnung) von Brandenburg (1573), 305
– Reformationsgesetz (1533), 246
Bremen, Reformationsgesetz (1534), 247
Brenz, Johannes, 32, 36, 39, 102, 235, 246, 257, 301, 312, 315, 321 f., 324, 327, 353, 364, 357, 369, 372
– Eherechtsreform, 257 ff.
– Kirchenordnung, 102
– Reformationsgesetze von B., 246
– Schulordnung, 364
Braunschweig, 92
– Reformationsgesetze (1528, 1531, 1543), 247
– Schulordnung (1528), 350, 358 ff.
– *siehe auch:* Bugenhagen, Johannes
Bucer, Martin, 32, 36, 202
– Bildungstheologie, 339, 341, 353
– Ehe, Eherecht, 317, 324, 327
– Ehehindernisse, 312
– Eheliche Liebe, 257, 285
– Erziehung, 203
– Gemeinwesen, christliches, 32, 202
– Polygamie, 290 f.
– Rechtsgutachten *(consilia)*, 235
– Reformationsgesetze von Ulm (1531) u. a., 202, 247, 305, 346
– Scheidung und Wiederverheiratung, 294 f., 312
– Zölibat, 91
Bugenhagen, Johannes, 36, 100, 235
– Bildungsrecht / -reform, 39, 350, 358, 362, 364, 372
– Eherecht, 257, 327
– Erziehung, 345, 348, 351

– Heirat und Scheidung, 320 f., 323
– Rechtsgutachten *(consilia)*, 235
– Reformationsgesetze, 241, 247
Bullinger, Heinrich, 285
Bußsakrament, 41 f., 60 ff., 85 f., 145, 177, 223, 242, 249, 253
– Beichtbücher, 39, 44, 59, 170, 332, 371, 376, 382
– Beichte, 62, 94, 145
– Beichtspiegel, 311

Calvin, Johannes, 185
– Calvinismus, 49
– Calvinisten, 124
Capito, Wolfgang, 89
Castro, Paulus, 107, 328
Cato, 350
Caritas
– *siehe:* Eisermann, Johannes; Luther, Martin; Melanchthon, Phillip; Öffentliche Wohlfahrt
Chemnitz, Martin, 184 f.
Cicero, 187, 193, 206, 216, 340, 350
Clavasio, Angelus de, 59

Dekalog, 30 ff., 141, 153, 169, 173, 184 f., 224 f., 335, 338, 350 ff., 376, 386
– Grundlage, Quelle des Naturrechts, 46, 164, 168, 174, 186
– Grundlage des Kirchenrechts, 176, 182
– *siehe auch:* Eisermann, Johannes; Luther, Martin; Melanchthon, Philipp; Oldendorp, Johann
Dekretale, 59, 106, 111 f., 114 ff., 238, 328, 334
Decretum Gratiani (1140), 79, 104 f., 112 f., 116, 207, 265, 328
Dilthey, Wilhelm, 49, 162
Donatus, 350
Drei-Stände-Lehre, *siehe:* Luther, Martin; Melanchthon, Philipp
Dresden, 242
– Eheverordnung von D. (1556), 307, 315

Namens- und Sachregister

Duaren, François, 213
Duns Scotus, Johannes, 79

Eck, Johann, 79f., 97
Ehe
- als natürliche Verbindung, 113, 265
- als Heilmittel, 38, 262, 265, 280f., 318, 327
- als (kein) Sakrament, 13, 37ff., 60f., 85f., 177, 223, 257, 259, 261, 263f., 268ff., 272, 275, 279, 282, 292-297, 310, 316ff., 326f., 376
- *siehe auch:* Sakramententheologie
- als sozialer Stand, 38, 297
- Annullierung, Auflösung einer Ehe, 38f., 73, 114, 185, 260, 278, 296, 301f.
- Ehegelübde, 301, 304, 310, 327
- Ehegüter, 282
- Eheliche Liebe, 283-286
- Eherecht, 13, 106, 182, 257-277, 296ff., 299f., 303, 309 u.ö.
- Ehevertrag, 267, 274-277, 283, 307, 309
- Einwilligung / Zustimmung, 274f., 305, 311
- Einwilligung der Eltern, 39, 261, 272, 279, 302ff., 306, 308, 327
- Geheime E., 279, 305, 325
- Grundlagen der E. (kath.-theol.), 280-283 u.ö.
- Kinder aus einer E., 262ff., 279ff., 286f.
- Hindernis, 39, 72, 89, 106, 112, 257, 261, 266, 273-276, 279, 293, 300, 305, 310-316, 325, 327
- Kirchlicher / priesterlicher Segen, 257, 268, 304
- Priesterehe, 89, 91, 298, 313, 326
- Putativehe, 39, 261, 275, 312, 316
- Scheidung / Wiederheirat / Wiederverheiratung, 39, 96, 106, 112, 114, 185, 187, 214, 261, 274, 276f., 289ff., 294, 300, 313, 316-325, 327
- Theologie der Ehe (ev.), 277-280

- Verlobung, 39, 72, 261, 272ff., 279, 300ff., 305-310, 313, 315, 328
- Zeugen der E. / Trauzeugen, 39, 114, 261, 268, 279, 300, 303f., 307ff., 327, 377f.
- Zivilrecht der E., *siehe oben:* Eherecht
- Zuständigkeit (kirchliche), 58, 94, 295
- *siehe auch:* Brenz, Johannes; Bucer, Martin; Bugenhagen, Johannes; Kanonisches Recht; Luther, Martin; Melanchthon, Philipp; Polygamie; Zivilrecht; Zölibat und Mönchtum
Eisermann, Johannes
- *Von dem Gemeinen Nutzen (1533),* 189, 202
- *Von der guten Ordnung des Gemeinwesens (1556),* 189
- Anwendung der Gesetze / rechtliche Anwendung, 186-190
- Bibel (höchste Rechtsquelle), 222
- Christliches Gemeinwesen, 32, 192ff., 194ff., 225f.
- Gesellschaftsvertrag, Lehre vom, 190, 192f., 197, 202
- Juristen, 198, 200-203
- Lutherische Theologie, 189
- Marburger Schule, 187
- Menschsein, 195-198
- Naturrecht, 32, 190ff.
- Obrigkeit, 198ff., 227
- *siehe:* Philipp von Hessen
- Privatsphäre, 197
- Rechtslehre, lutherische, 186-190
- Republikanismus, protestantischer, 32
- *usus-legis-*Lehre, 225
Emser, Hieronymus, 79, 97
England, 65, 203, 229, 264, 285
Erasmus, D. von Rotterdam, 48, 92, 99, 137, 350
Erbach, Reformationsgesetz (1520), 68
Erfurt, Universität zu, 346
Erziehung / Bildung, 33, 46, 94, 257, 286, 354, 358, 371-373, 377

Namens- und Sachregister

Eucharistie, 60, 62, 223, 241 f., 352
Everardus, Nicolaus, 63, 213

Ferrarius, Johannes Monatus, 187, 189
- *siehe:* Eisermann, Johannes
Frankreich, 58, 66, 213, 264, 341
Franken, Reformationsgesetz (1512), 68
Frankfurt am Main
- Rechtsreformation (1509), 68, 74
- Rechtsreformation (1578), 74
Frankfurt an der Oder
- Rechtsreform, 246
- Universität zu F., 205, 235, 337
Freiburg im Breisgau
- Rechtsreformation (1520), 68 f.
- Reformationsstatut (1520), 69, 73
- *siehe auch:* Zasius, Ulrich
Freiburg, Johannes von, 59
Friedrich III., Kurfürst, 97

Gemeinwesen, 22, 31 f., 34, 39 f., 43 f., 55, 57, 66 f., 69 f., 92 f., 96, 189, 192 ff., 196 u. ö.
- Christliches G., 32, 190, 194 ff., 198-203 u. ö.
- Gemeinwesentheorie, lutherische, 32
- *siehe auch:* Eisermann, Johannes
Gemeinwohl, 26, 32, 109, 148, 173, 178-186, 186-190, 196, 200, 202 f., 210, 226, 342, 379
- *siehe auch:* Eisermann, Johannes; Melanchthon, Philipp; Oldendorp, Johann
Gerson, Jean, 353
Gesellschaftsvertrag, 192 f., 197, 202
- Lehre vom G., 190
- *siehe:* Eisermann, Johannes; Luther, Martin
Gilmore, Grant, 387
Goldene Regel, 164, 189
Göttingen, Reformationsordnung (1530), 92, 246 f.
Gratian, 51, 113
- *siehe auch: Decretum Gratiani* (1140), 79, 81, 102, 104 f., 113, 207, 265

- *siehe auch:* Kanonisches Recht
Gregor VII., Papst, 231
Greifswald, Universität zu, 204, 235
Großes Schisma, 65
Grumbach, Angula von, 87 f., 91
Günzburg, Johann Eberlin von, 89

Halle, Reformationsgesetz (1541), 246
Hamburg
- Rechtsreformation (1497), 68
- Reformationsgesetz (1529), 247
Hannover
- Kirchenordnung (1536), 94
Heckel, Johannes, 122
Hegel, G. W. F., 45
Hegendorf, Christoph, 213, 353
Heidelberg
- Universität zu, 162
- Rechtsreform, 246
Heiliges Römisches Reich, 10, 14, 43, 55 ff., 66 f., 149, 231 f., 244, 319
- Reichspolizeiordnungen (1530, 1548, 1577), 244
- *siehe auch:* Maximilian, Kaiser; Reichskammergericht; Römisches Gesetz; Sigismund, Kaiser; Zivilgesetz
Hemming, Nikolaus, 184 ff., 235, 247, 305
Hendrix, Scott, 17
Herford, Reformationsgesetz (1532/34), 247
Herzberg, Reformationsordnung/-gesetz (1538), 246
Hessen
- Reformationsordnung/-gesetz (1526, 1533, 1537, 1566), 92, 94, 194, 246
Hieronymus, 361
- Territorialgesetz (1526), 246
Hildesheim, Stadtreformationsgesetz (1944), 247
Hitler, Adolf, 50, 380
- *siehe auch:* Luther, Martin
Holborn, Hajo, 56
Hostiensis, 81, 107, 113, 328

Hotman, François, 213
Hugo von St. Viktor, 264
Humanismus, 48, 51, 372
– Rechtshumanismus / rechtlicher H., 44, 51
– *siehe auch:* Bildung / Erziehung; Melanchthon, Philipp
Hurenzins, 278
Hus, Johann, 64

Imola, Johannes de, 107, 328
Ingolstadt, Universität zu, 337
Innozenz III., Papst, 107, 328
Innozenz IV., Papst, 107, 328
Isidor von Sevilla, 282

Jena
– Universität zu, 115 f.
– Rechtsreform, 246
Jonas, Justus, 36, 88, 235, 246
Jurisdiktion
– Anspruch auf J., 60
– kirchliche, 76, 148
– geistliche / weltliche J., 55, 59, 226
– J. der Juristen, 160
– *siehe auch:* Heiliges Römisches Reich; Kanonisches Recht; Zivilrecht

Kanonisches Recht
– Angriffe Luthers gegen das K., 19 f., 81, 82-86, 87 f., 92, 97, 100, 121
– Bürgerliches Recht und K., 95, 108 ff., 208
– Grundlage des protestantischen Zivilrechts, 30
– Humanistische Attacken auf das K., 65
– Quelle christliche Billigkeit, 30, 35, 63, 110, 117
– *siehe auch:* Allgemeinwohl; Bildung; Ehe; Gratian; Jurisdiktion; Luther, Martin; Melanchthon, Philipp; Oldendorp, Johann; Sakramente; Schlüssel(gewalt)
Kant, Immanuel, 216

Kassel
– Kirchenordnung (1530), 308
– Reformationsgesetz (1539), 247
Katechismus / Katechismen, 22, 39, 48, 141, 163, 281, 286, 331, 333 ff., 344, 352 f., 364, 366 ff., 371, 376, 382
– *siehe auch:* Bildung / Erziehung; Luther, Martin
Katharina von Bora, 97, 259, 302
Kling, Melchior, 111 ff., 115, 235, 305 f., 313, 315, 321 f.
Köln, 57, 67
– Rechtsreformation (1437), 68
– Reformationsgesetz (1543), 246
– Universität zu K., 205, 337, 346
Königsberg, Universität zu K., 115, 235
Konstantin I., Kaiser, 64
Konstantinische Schenkung, 64
Konstanz, Konzil von (1415-1418), 65, 232
Konziliarismus, 48, 65
– *siehe auch:* Großes Schisma
Krankensalbung, 41 f., 85, 223, 253
– *siehe auch:* Letzte Ölung
Kurbrandenburg
– Kirchenordnung (1540), 312 f.
– Konsistorialordnung (1543), 107
Kues, Nicholas von, 64
Kuyper, Abraham, 49

Laibach
– Reformation der Strafgesetzordnung (1514), 68
Lagus, Konrad, 115, 213, 235, 305
Leipzig
– Rechtsreform, 246
– Universität zu, 80, 116, 235, 242
Leisnig, Reformationsgesetz (1523), 32, 246, 254
Letzte Ölung, 60, 249
Leo X., Papst, 80
Linck, Wenzislaus, 89, 259
Lombardus, Petrus (Peter), 61, 264, 266 f.
Lübeck, 205, 215, 337
– Lübecker Ordnung (1581), 314

Namens- und Sachregister

- Reformationsgesetz (1530, 1531), 247
- siehe auch: Bugenhagen, Johannes; Oldendorp, Johann

Lüneburg, 92
- Reformationsgesetz (1527, 1542, 1543), 246

Luther, Martin
- An den christlichen Adel deutscher Nation von des christlichen Standes Besserung (1520), 55
- Eine Predigt, das man Kinder zur Schulen halten solle (1530), 354
- Sermon von den guten Werken (1520), 141
- Von der Babylonischen Gefangenschaft der Kirche (1520), 80
- Ein' feste Burg ist unser Gott (1529), 156
- Von der Freiheit eines Christenmenschen (1520), 19, 80, 85, 94, 132, 346
- 95 Thesen (1517), 79, 97 f.
- Deutsche Messe und Ordnung des Gottesdienstes (1526), 100
- Großer Katechismus (1529), 141, 242, 281, 352
- Unterricht der Visitatoren an die Pfarrherren (1528), 100
- Sermon vom ehelichen Stand (1530), 288
- Kleiner Katechismus (1529), 242, 352
- »An die Ratsherren«. An die Ratsherren aller Städte deutschen Landes, dass sie christliche Schulen aufrichten und halten sollen (1524), 343
- Von weltlicher Obrigkeit (1523), 132
- Allgemeinwohl / Gemeinwohl, 26, 32, 109, 148, 173, 178-185, 342
- Anthropologie / Lehre vom Menschen, 129-133, 156
- Bildung, Bildungswesen / Erziehung, Erziehungswesen, 337-355
- Billigkeit, 23, 117, 123, 157, 217, 377
- Dekalog, 31, 141, 153, 338, 350 ff., 376, 386
- Dialektik, 123, 144, 335
- Drei-Stände-Lehre, 129, 186
- Ehe und Familie, Eheleben / Eherecht, 13, 36, 127, 169, 223, 248, 257, 260, 262, 278
- Erkenntnislehre, 24, 62, 123, 136 ff., 156
- Erziehung / Erziehungswesen, 37 f., 40, 46, 94, 96, 136, 152, 247 ff., 257, 259 f., 268, 271, 282, 287, 289, 354
- Exemtionen / Immunitätsrechte / Privilegien für Kleriker, 71, 83, 93, 385
- Freiheit, 12, 19, 21 ff., 52, 80, 90, 94 f., 101 f., 127, 130, 204, 288, 326, 346, 375, 379, 382
- Gebrauch der Gesetze (usus legis)
- Gewissen / Gewissensfreiheit, 19, 24, 33 f., 84 ff., 102, 131, 136, 143, 153, 183, 187, 331, 385
- Göttliches Gerichtsverfahren, 384
- Heiligung, 142 f.
- Juden, 50, 153, 380 f.
- Juristen, 10, 20
- Kanonisches Recht, 19, 22, 30, 40, 44, 55 f., 63, 66, 79-87, 100, 117, 152-155, 272, 277
- Katechese, 36, 223, 248, 376
- Katechismus, 22, 352, 364, 368
- Kirchenverfassung, 23, 29, 223
- Kleriker / Klerus und Laien (Unterscheidung), 14, 19, 26, 40, 146, 152, 376
- Klosterauflösung, 91, 188
- Naturrecht, 153, 164 f., 169, 170-172, 211 ff.; siehe auch: Melanchthon, Philipp
- Obrigkeit, religiöse, 20, 22, 26, 27 f., 30, 33 ff., 37 f., 40, 43, 86, 96 f., 108, 112, 125 f., 129, 141, 144, 148 f., 150 ff., 169, 173; siehe: Zwei-Reiche-Lehre; siehe auch: Melanchthon, Philipp; Oldendorp, Johann, u. a.
- Ontologie / Lehre vom Sein, 13, 24 f., 124-129, 132, 145, 156

Namens- und Sachregister

- Papst und päpstliche Macht, 19 f., 25, 62, 64, 71, 76 f., 82 ff., 93 f., 100, 106, 116 ff., 119, 147, 209, 340, 375
- Priesteramt der Gläubigen, 14, 18 ff., 21, 26, 42, 62, 80, 91, 121, 132 f., 135, 146, 160, 172, 187, 189, 196, 251 f., 298, 304, 327, 331, 341, 378 f., 382, 384
- Rechtfertigung aus Glauben, 12, 20 f., 42, 80, 85, 91, 102, 121, 130, 141 ff., 160, 164, 170, 189, 233, 252
- Rechtfertigungslehre, 12, 138
- Recht und Ordnung, 101, 193
- Rechtschaffenheit, 130
- Römisches Recht, 109 f., 112, 114, 127, 155, 160, 321, 323
- Sakramente / Sakramentenlehre, 26, 36, 60 f., 79 ff., 85 f., 145, 148, 248, 257 ff., 292-297
- Scheidung, 258 f., 290, 316-325
- Strafrecht, 47, 68 f., 118, 178 f.; siehe auch: Melanchthon, Philipp
- Theologie und Recht, 11, 22, 37, 118 f., 180, 351, 354
- Zivilrecht, s. u.: Zivilrecht / Bürgerliches Recht *(ius civile)*
- Zölibat, 19, 39, 91 f., 106, 258, 279, 288 f., 326
- Zwei-Reiche-Lehre, 14, 26, 121-158
- Zwei-Schwerter-Lehre, 26, 147 f., 209

Mainz, 57, 62, 67, 337
Marburg
- Universität zu, 28 f., 115, 186 ff., 194, 203, 205 f., 221, 235
- Rechtsreform in M., 246 f.
- *siehe auch*: Eisermann, Johannes; Oldendorp, Johann

Marsilius von Padua, 64
Marty, Martin, 17 f.
Mauser, Konrad, 305 ff., 313
Maximilian, Kaiser, 67
Melanchthon, Philipp
- *Ein Katechismus für Kinder (1532, 1558)*, 342, 349

- *Handbüchlein wie man die Kinder zum Schreiben und Lesen anhalten soll (1521, 1524, 1530)*, 349
- *Über die Umgestaltung des Jugendunterrichts (1518)*, 162
- *Unterricht der Visitatoren an die Pfarrherren im Kurfürstentum Sachsen (1528)*, 242 f
- *Allgemeine Grundbegriffe der Theologie (1521, 1535, 1543, 1555)*, 141, 184, 349
- Allgemeinwohl / Gemeinwohl, 178-186
- Bildung, 339 ff., 343, 349, 351, 359, 362, 366
- Billigkeit, 117, 218
- Dekalog, 168 ff., 174, 177, 185 f.
- Drei-Stände-Lehre, 186
- Ehe und Familie, 257, 272, 281, 290, 297, 310
- Erkenntnislehre, 165 ff., 185
- Gebrauch / Anwendung des Gesetzes *(usus legis)*, 171, 186, 222, 227
- Kanonisches Recht, 79, 110, 117
- Klerikale Vorrechte und Privilegien, 88
- Moralphilosophie, 174, 176, 206, 351
- Nationale positivierte Gesetze, 173, 177, 182
- Naturrecht, 109, 164 ff., 168 ff., 170 ff., 173 ff., 178 f., 181 ff., 189 f., 217
- Obrigkeit, christliche, 96, 108 ff., 176, 200, 345
- Reformationsgesetze, 246 f.
- Römisches Recht, 47, 109 f.
- Sprachwissenschaft, 28
- Strafrecht, 178 ff.
- Tyrannei, 183
- Verträge / Vertragsrecht, 180 f.
- Ziviler / bürgerlicher Ungehorsam, 176, 183
- Zwei-Reiche-Lehre, 164, 175, 186
- *siehe auch*: Augsburger Bekenntnis; Bildung; Ehe; Kanonisches Recht; Römisches Recht; Zivilrecht

Namens- und Sachregister

Menius, Justus, 347
Minden, Reformationsgesetz (1530), 247
Monner, Basilius, 305 ff., 313
Moral, bürgerliche / weltliche / öffentliche, 29, 31, 37, 46, 96, 153, 171, 174, 222, 224, 239
- *siehe:* Eisermann, Johannes; Luther, Martin; Melanchthon, Philipp; Oldendorp, Johann; Zivilrecht
Moral, biblische / christliche / geistliche / private / religiöse, 29, 31 f., 36 f., 163, 171 f., 173 f., 206, 209-212, 222, 224, 248, 366
Morus, Thomas, 48

Niebuhr, Reinhold, 50
Nürnberg, 105, 337
- Rechtsreformation (1479, 1481), 68
- Reformationsgesetz (1526, 1540), 246
- Reformationsordnung (1533), 246
- Stadtreformation (1479), 74

Oberman, Heiko, 48
Obrigkeit, 20 ff., 26 ff., 83 f., 92 f., 95 ff., 108 ff., 125-129, 139 ff., 147-152, 173-186, 199 f., 209 f., 214 ff., 225 ff., 295 f., 343-347, 363 ff., 372 f., 376 ff., 385 f. u. a.
- *siehe:* Eisermann, Johannes; Luther, Martin; Melanchthon, Philipp; Oldendorp, Johann; Zivilrecht; Zwei-Reiche-Lehre; Zwei-Schwerter-Lehre
Ockham, Wilhelm, 51
Oecolampadius, Johannes, 322
Oldendorp, Johann, 204 ff.
- *De iure et aequitate forensis disputatio (1541),* 205
- *Ratsmannenspiegel (1530),* 205
- *Collatio Iuris civilis et Canonici (1541),* 113
- *Lexicon iuris (1546/1553),* 113
- *Topicorum Legalium (1545),* 113
- *Was billig ist und recht (1529),* 205
- Biblisches (göttliches) Recht, 211

- Billigkeit / Recht und B., 34, 203-207, 216-221, 224 f., 229
- Dekalog, 224
- Gebrauch des Gesetzes *(usus legis),* 224
- Gemeinwohl / -wesen, 203, 210
- Gewissen, 212, 219 f.
- Kanonisches Recht, 111, 113 f., 209, 220
- Naturrecht, 211
- Obrigkeit, geistliche / religiöse, *siehe:* Obrigkeit
- Quellen des Rechts, 207 ff.
- Römisches Recht, 204
- Schöpfungsordnung, 209
- Zivilrecht / Bürgerliches Recht *(ius civile),* 114, 207, 213-216
- Zwei-Schwerter-Lehre, 270
Ölung, Sakrament der letzten
- *siehe:* Letzte Ölung
Ordination, 241, 243
Osiander, Andreas, 246, 314
Osnabrück, Reformationsgesetz (1543), 247
Ostfriesland, Reformationsgesetz (1529), 247

Panormitanus, 81, 112 f.
Papsttum, 148
- Tyrannei des P., 76, 117
- *siehe auch:* Jurisdiktion; Kanonisches Recht; Luther, Martin; Schlüssel(gewalt)
Pelikan, Jaroslav, 9, 19, 161
Penna, Lucas, 107
Pfalz, 66 f., 75, 117, 321, 325
Pfalzneuburg, Reformationsgesetz (1543), 246
Pfründen, 19, 75, 84, 89, 93, 98, 108, 214, 298
Philipp, Landgraf von Hessen, 28, 187 ff., 199, 202, 290 ff., 311
Platon, 193
Polizeiordnung, 239, 243, 356
- Definition der P.: *siehe* in vielen Literaturhinweisen

396

Namens- und Sachregister

- Reichspolizeiordnung (1530, 1548, 1577), 244
- *siehe auch:* Oldendorp, Johann

Polygamie, 112
- Konkubinat, 21, 74, 91, 112, 278
- *siehe auch:* Ehe; Philipp, Landgraf von Hessen

Pommern
- Kirchenordnung (1535), 94, 247

Priesterschaft aller Gläubigen, 14, 42, 80, 91, 135, 172, 189, 196, 252, 298, 304, 327, 331, 341
- *siehe auch:* Luther, Martin; Melanchthon, Philipp

Preußen
- Konsistorialordnung (1584), 324
- Reformationsgesetze (1525, 1540, 1544), 246
- Territorialordnung (1577), 307

Pullan, Brian, 252

Recht
- Einrichtungen, kirchliche / religiöse, 41, 83, 253, 336
- Einrichtungen, bürgerliche / gemeinnützige, 215, 229, 250
- Kircheneigentum, 66, 75, 93, 118, 182, 205, 223, 251
- Macht und Besitz (kirchlich), 55, 93
- *siehe auch:* Bildung; Heiliges Römisches Reich; Luther, Martin; Melanchthon, Philipp; Moral, bürgerliche u. a.; Obrigkeit; Reichskammergericht; Schöffen; Sozialfürsorge

Rechtsgutachten *(consilia)*, 60, 71, 81, 98, 235

Rechtshumanismus, 44

Reform, Reformation
- Definitionen, 28, 32, 35-45 u. ö.
- Reformationsgesetze, 36, 68 f., 71, 231-255

Reformbewegungen vor 1517, 377
- Rechtsreformationen, 35, 57, 68 ff., 74, 233 f., 236, 238

- *siehe auch:* Humanismus; Konziliarismus; Konzil von Trient

Reformationsgesetze, lutherische, 237
- *siehe auch:* Bildung; Ehe; Erziehung; Sozialfürsorge; Zivilrecht

Reichskammergericht, 67 f., 233
- *siehe auch:* Heiliges Römisches Reich

Reuchlin, Johannes, 339

Ritschl, Albrecht, 49

Rosellus, Antonius, 107

Rostock, 205
- Reformationsgesetz (1530), 92, 246 f.
- Universität zu, 204, 346

Sakramente, 14, 21, 26, 36, 42, 45, 60 f., 84 ff., 90, 95, 110, 135, 145, 177, 223, 241, 247 f., 269, 293, 333, 360, 376
- Sakramententheologie, 60, 79 f., 257, 309
- *siehe auch:* Bußsakrament; Ehe; Eucharistie; Kanonische Recht; Konfirmation; Krankensalbung; Letzte Ölung; Taufe; Ordination

Sachsen
- Kirchenordnung für Sachsen (1539, 1580), 243
- Reformationsordnung (1538), 246
- Territorialgesetz (1533), 246

Schatzgeyer, Kaspar, 90

Scheidung, *siehe:* Ehe, Eherecht

Schleswig-Holstein
- Stadtreformationsgesetz (1542), 247

Schlüsselgewalt, 61 f., 84, 90, 135

Schneidewin, Johannes, 115, 235, 303, 305 f., 322 f.

Schöffen, 69 f., 187
- Schöffengericht, 70, 233

Schürpf, Hieronymus, 82, 97 f., 111, 119, 235, 305 f., 313, 315, 322

Schwäbisch-Hall
- Reformationsgesetz (1526, 1531, 1543), 246, 305, 322

Schwarzenberg, Johann Freiherr von, 90 f., 244

397

Sehling, Emil, 238 (*siehe:* zahlreiche Literaturhinweise zu S.)
Seligpreisungen, 131, 164, 168, 350
Seneca, 193
Sigismund, Kaiser, 65, 72 f.
- Reformatio Sigismundi (1439), 232
- *siehe auch:* Heiliges Römisches Reich
Soziale Fürsorge, 41
- *siehe auch:* Wohlfahrt; Wohlfahrtseinrichtung, -organisation, -pflege, -staat, -system
Soest, Reformationsgesetz (1533), 247
Sohm, Rudolph, 305
Spengler, Lazarus, 104 ff., 110 f., 114
Steuer(n), 26, 34, 62, 75, 84, 89, 93, u. ö.
- *siehe auch:* Wiegenzins
- *siehe auch:* Hurenzins
- *siehe auch:* Zehnt(zahlung)
Stintzing, Roderich von, 87, 204 (*siehe:* zahlreiche Literaturhinweise zu S.)
Straßburg, Reformationsgesetz (1524), 247
Sturm, Johannes, 341, 363

Taufe, Sakrament der / taufen, 60-62, 85 f., 177, 223, 238, 241 f., 268 f., 275, 298 ff., 315, 333, 352
Teutleben, Kaspar von, 114
Tirol, Strafgesetzreform (1499), 68
Trient, Konzil von (1545-1563), 48, 60 f., 119, 309, 376
- Reformbewegungen, 76, 375 ff.
Trier, 57, 67
Troeltsch, Ernst, 45-54, 203
Tübingen
- Rechtsreformation (1497), 68, 246
- Universität zu, 162, 235, 337, 367 f.

Ulm, 72
- Reformationsgesetz (1531), 247, 299, 308

Vehus, Hieronymus (Badischer Kanzler), 111
Vitoria, Francisco di, 48

Volksschule, 338, 349, 351 f., 354, 357, 360, 362 f., 365, 368, 372
von Beust, Joachim, 107, 328
von Harnack, Adolf, 299

Weber, Max, 45, 49
Wesenbeck, Matthias, 115
Westfälischer Frieden (1648), 176, 373
Whitehead, Alfred North, 11 f.
Wiedertäufer, 124, 138, 175, 188
Wiegenzins, 278
Wimpfeling, Jakob, 339
Winkler, Benedict, 186
Wien, Universität zu, 346
Wittenberg, 81 f., 100, 306, 378
- Reformationsgesetz: »Wittenberger Reformation« (1533, 1545), 240-246
- Universität zu, 28, 58, 79, 88, 97, 106, 111 f., 114 ff., 121, 159, 162, 186 f., 221, 229, 235, 332, 336 f., 346
- »Wittenberger Hochschulcharta« (1536), 115
- »Wittenberger Konsistorialordnung« (1542), 241
- Wittenberger Religionsgesetze, 242
- »Wittenberger Schule«, 186 f.
Wohlfahrt, Wohlfahrtseinrichtung, -organisation, -pflege, -staat, -system, 36 f., 40, 42 f., 57, 73, 89, 93, 96, 107, 118, 152, 163, 196, 200 f., 249 ff., 253 f., 332, 372, 376, 378 f.
Wohlhaupter, Eugen, 64
Wohltätigkeitswesen, 94
Wolfenbüttel, Kirchenordnung (1543), 107, 247, 313
Worms
- Reichstag zu W. (1521), 56, 97, 111, 220, 245
- Reformationsgesetz von (1498, 1499), 68, 69, 73
Württemberg,
- Bildungswesen in W., 369
- *s. u.:* Schulordnung
- Eheverordnung von W. (1537, 1553), 307 ff., 314

- Öffentliche Landesschulen, 364-371
- Reformationsordnungen (1536, 1537, 1553, 1556, 1559), 246
- Schulordnung für das Herzogtum Württemberg (1559), 364
- Wohlfahrtsordnung (1552), 364
- *siehe auch:* Brenz, Johannes

Würzburg
- Strafrechtsreform (1447), 68

Zasius, Ulrich, 98 f.
Zehnt, 21, 42, 103, 108, 243 f., 248, 251, 253
- *siehe auch:* Abgaben
- Zehntabgabe / Zehntzahlung, 28, 75, 84, 151, 208, 332

Zivilrecht / Bürgerliches Recht *(ius civile)*, 21 f., 47, 51, 69, 107, 114, 115 ff., 118, 178, 180, 188, 223, 233, 260, 305, 356
- Ehezivilrecht, 112, 305
- Zivilrechtler, 207, 221
- Zivilrechtsordnungen, 69

Zwei-Reiche-Lehre, 14, 24 ff., 29, 40, 101, 121-157, 164 f., 175, 186 f., 221, 341, 354, 373
Zwei-Schwerter-Lehre, 26, 147 f., 209 f.
Zwingli, Ulrich, 324